1 MONTH OF
FREE
READING

at

www.ForgottenBooks.com

By purchasing this book you are eligible for one month membership to ForgottenBooks.com, giving you unlimited access to our entire collection of over 1,000,000 titles via our web site and mobile apps.

To claim your free month visit:

www.forgottenbooks.com/free369054

ISBN 978-0-266-31293-2
PIBN 10369054

This book is a reproduction of an important historical work. Forgotten Books uses
state-of-the-art technology to digitally reconstruct the work, preserving the original format
whilst repairing imperfections present in the aged copy. In rare cases, an imperfection in
the original, such as a blemish or missing page, may be replicated in our edition. We do,
however, repair the vast majority of imperfections successfully; any imperfections that
remain are intentionally left to preserve the state of such historical works.

PUBLIÉ PAR LA SOCIÉTÉ DES LIVRES RELIGIEUX DE TOULOUSE.

Toulouse, Imp. A. CHAUVIN et FILS, rue des Salenques, 28.

HISTOIRE

DES

PROTESTANTS

DE FRANCE

PAR

G. DE FÉLICE

CONTINUÉE DEPUIS 1861 JUSQU'AU TEMPS ACTUEL

PAR

F. BONIFAS

———

SEPTIÈME ÉDITION

———

TOULOUSE

SOCIÉTÉ DES LIVRES RELIGIEUX

DÉPÔT : RUE ROMIGUIÈRES, 7

—

1880

AVERTISSEMENT DES ÉDITEURS

SUR CETTE NOUVELLE ÉDITION

Nous avons publié et répandu quinze mille exemplaires de
*l'*Histoire des Protestants de France *en quelques an-*
nées, et cet ouvrage nous est encore demandé chaque jour.
On est heureux de voir que l'attention générale se soit
portée avec tant de sympathie vers cette branche si impor-
tante et si peu connue des annales de notre pays. L'intérêt
n'a guère été moins vif au dehors. Trois traductions an-
glaises de cette Histoire *ont paru dans la Grande-Breta-*
gne et aux Etats-Unis ; il en existe aussi des traductions
en allemand et en hollandais.

Ce succès a engagé les éditeurs à faire une nouvelle
édition de cet écrit dans le format in-8° et à bon marché,
afin de le mettre, le plus possible, à la portée de tous ceux
que les événements relatifs à l'histoire du protestantisme
français peuvent intéresser.

Mais les éditeurs n'ont pas cru devoir se borner à re-
produire purement et simplement l'œuvre remarquable de

*M. de Félice. M. de Félice avait conduit l'*Histoire des Protestants de France *jusqu'en* 1861. *La mort l'a enlevé à la science et à la defense de la foi chrétienne et l'a empêché de donner un nouveau développement à son œuvre, qu'il complétait à mesure que le temps marchait. Cependant des événements d'une importance capitale, comme le retour à la constitution synodale de l'Eglise réformée, exigeaient une continuation à l'*Histoire des Protestants. *Les éditeurs n'ont pas cru pouvoir faire mieux que de confier au savant professeur de Montauban, M. Bonifas, le soin de poursuivre cette œuvre jusqu'à l'époque actuelle. Ils ne doutent pas que le public ne fasse l'accueil qu'il mérite au travail si clair et si solide de M. Bonifas, et ne le considère comme un digne complément de l'*Histoire des Protestants de France.

PRÉFACE

La première esquisse de cet écrit est faite depuis plusieurs années. Des circonstances particulières, auxquelles sont venues se joindre les préoccupations générales du pays, ont empêché l'auteur d'y mettre plus tôt la dernière main. Les mêmes causes expliquent pourquoi il a renfermé en un seul volume une histoire qui, pour être bien développée, en demanderait plusieurs.

Nous avions commencé à travailler sur un plan beaucoup plus étendu. Mais l'époque présente, avec ses incertitudes et ses appréhensions, n'est pas favorable aux longs ouvrages. Ecrivains et lecteurs manquent également de loisir. On ne trouvera donc ici qu'un simple abrégé des annales si riches et si variées de la Réforme française.

Pour gagner de l'espace, nous avons réduit à la moindre mesure possible l'indication des sources où nous avons puisé. Il aurait été facile de remplir des pages entières de ce que les Allemands nomment la *littérature* du sujet. Mais ces détails bibliographiques, tout en prenant une grande place, n'auraient servi qu'aux savants de profession, qui n'en ont guère besoin; et c'est seulement lorsque nous avons emprunté à un auteur ses propres paroles, ou que nous avons rapporté des événements sujets à controverse, qu'il nous a paru nécessaire d'indiquer nos autorités.

Les histoires générales de France, que l'on peut supposer connues de la plupart des lecteurs, nous ont aussi offert un moyen d'abréger la nôtre. Ce qui se trouve partout, comme les guerres du protestantisme au seizième siècle, les intrigues de parti, les influences de cour mêlées aux luttes religieuses, nous ne l'avons rappelé qu'en peu de mots. Il fallait en dire quelque chose ponr expliquer la suite des faits, mais on pouvait se renfermer là-dessus dans des bornes étroites. L'essentiel pour nous, c'était précisément ce que les autres historiens négligent de raconter : le développement, la vie, les succès et les revers intérieurs du peuple réformé. Au lieu de prendre notre point de vue au dehors, nous l'avons placé au dedans. Là est l'histoire *spéciale* du protestantisme qui manquait à notre littérature.

Chacune des périodes de la Réforme française a été exposée, il est vrai, dans des écrits anciens ou récents; mais il n'existe dans notre langue aucun ouvrage qui ait résumé d'une manière suivie cette histoire tout entière. Il y avait donc un vide à combler. Nous l'avons entrepris, et nous espérons que ce livre, tout insuffisant qu'il est, donnera du moins quelques idées justes sur les choses et les hommes de la communion réformée de France.

Il est triste de penser que l'histoire des protestants soit si peu connue dans leur propre pays, et, s'il faut l'avouer, parmi les membres de leurs propres Eglises. Elle offre pourtant des intelligences d'élite et de nobles âmes à contempler, de grands exemples à suivre, et de précieuses leçons à recueillir.

Le protestantisme a subi, devant l'opinion nationale, le sort des minorités et des minorités vaincues. Dès qu'on a cessé de le craindre, on n'a plus daigné le connaître, et, à la faveur de cette indifférence, des préventions de toute nature se sont accréditées et maintenues contre lui. C'est un déni de justice qu'il ne doit pas accepter et un malheur dont il doit s'affranchir. L'histoire est la commune propriété de tous.

Il ne s'agira ici, toutefois, que de l'une des deux branches du protestantisme français. Les luthériens de l'Alsace, ou chrétiens de la confession d'Augsbourg, annexés à notre pays depuis le règne de Louis XIV, et qui forment environ un tiers du nombre total des protestants, resteront complètement en dehors de ce livre (1). Ils

(1) Depuis que M. G. de Félice a écrit cette préface à laquelle nous avons cru devoir ne rien changer, l'Alsace a été annexée à l'empire l'Allemagne,

ont une origine, une langue, un culte, une organisation
à part, et, quoique tous les prosélytes de la Réformation du seizième siècle soient unis par les liens les plus
intimes, les disciples de Luther et ceux de Calvin ont
des annales distinctes. Les premiers comptent déjà en
Alsace plus d'un historien recommandable, et nous
n'avions pas à refaire une œuvre qu'ils sont mieux en
état que nous d'accomplir. C'est donc des réformés
proprement dits, ou de ces huguenots dont le nom a
tant de fois retenti dans l'ancienne France, que nous
avons voulu nous occuper.

On ne doit pas chercher dans cet ouvrage un esprit
de secte ou de système. L'esprit de système est utile
peut-être dans une histoire théologique ou philosophique ; il permet de mesurer tous les événements, toutes
les opinions à une règle invariable, et de les subordonner à une haute et suprême unité ; mais tel n'a pas été
notre dessein. Nous nous sommes proposé d'être narrateur plutôt que juge, et de faire connaître l'histoire
plutôt que de la faire parler en faveur d'une théorie. On
conçoit que, pour l'histoire ecclésiastique en général,
qui a été tant de fois racontée, un auteur s'efforce de
la ramener à un point de vue systématique : c'est le seul
moyen de donner à son travail un caractère d'originalité

ce qui a considérablement diminué le nombre des chrétiens de la confession
d'Augsbourg en France.

et en quelque sorte sa raison d'existence. Quant à l'histoire des protestants français, qui n'a jamais été entiérement écrite, il fallait rapporter d'abord les faits d'une manière simple, claire, impartiale, sans adopter un type qui aurait pu les dénaturer. D'autres viendront ensuite qui, s'emparant de ces faits, les arrangeront autour d'une philosophie ou d'une théologie.

Il ne nous convenait pas davantage de prendre parti sur les questions qui divisent entre eux les protestants. C'eût été de la controverse et non de l'histoire. Nous n'avions point à décider qui a eu raison ou tort en ces matières, et notre plume aurait trahi notre volonté si, dans les pages qu'on va lire, aucune opinion croyait trouver une apologie ou une attaque. Vérité et justice pour tous, autant qu'il nous a été possible de discerner le vrai et le juste : nous ne pouvions aspirer à rien de moins, et l'on ne peut nous demander rien de plus.

Cette impartialité n'est pas une neutralité indifférente et inerte, ou ce qu'on a nommé quelquefois l'*impersonnalité*. Dans les grandes luttes du protestantisme, nous sommes du côté de l'opprimé contre l'oppression, des victimes contre les bourreaux, du droit contre la force brutale, de l'égalité contre le privilège et de la liberté contre le despotisme. Le principe de l'inviolabilité de la conscience humaine, que les peuples modernes ont puisé dans l'Evangile, est le nôtre ; et nous nous estimerons bien récompensé de nos efforts si la lecture de cet ouvrage inspire, avec le sentiment des heureux effets de la vie chrétienne, une aversion plus profonde contre toute persécution religieuse, de quelque nom, de quelque prétexte qu'elle essaie de se couvrir.

Liberté de la pensée, liberté de la foi, liberté des cultes sous la sauvegarde et dans les limites du droit commun, complète égalité des confessions religieuses, et, au-dessus de cette égalité même, la charité, l'amour fraternel, qui respecte l'errant tout en s'attachant à redresser l'erreur : voilà nos maximes. Elles nous ont constamment guidé dans ce travail, et plaise à Dieu que notre conviction passe tout entière dans l'esprit, dans la conscience du lecteur ! les générations contemporaines n'ont encore que trop besoin d'un pareil enseignement.

Il était impossible de faire ce livre sans raconter de période en période, la dernière exceptée, d'affreuses injustices et des cruautés effroyables ; car c'est là l'histoire même du protestantisme depuis son origine jusqu'à la veille de la révolution de 1789. Aucune population chrétienne n'a été plus longtemps persécutée que le peuple réformé de France. Il fallait remplir notre devoir d'historien ; mais nous avons tâché d'atténuer ce qu'il avait de pénible, en insistant sur la piété et la persévérance des proscrits beaucoup plus que sur les attentats des proscripteurs. Au milieu des massacres, en face des échafauds et des bûchers, dans les sanglantes expéditions contre les assemblées du désert, nous n'avons regardé les oppresseurs qu'en passant, et nos yeux se sont arrêtés sur les victimes. Cette réserve nous a été doublement bonne, et comme précepte de charité et comme règle de composition littéraire. Tout ouvrage qui irrite l'âme au lieu de la dilater et de l'élever est mauvais.

Les vieilles passions, d'ailleurs, doivent être éteintes, non seulement chez ceux dont les pères ont éprouvé tant de souffrances, mais encore dans le cœur des hommes qui tiennent aujourd'hui la place des plus obstinés adversaires du protestantisme. Bien que le clergé catholique se déclare immuable dans ses croyances et ses maximes, on peut espérer que cette immutabilité ne s'applique point au principe de la persécution. Les progrès de la morale publique ont plus ou moins pénétré partout, et le glaive de l'intolérance, qui s'est, hélas! retourné contre le prêtre même, dans des jours funestes, ne trouverait plus, sans doute, une seule main pour le relever.

Les réformés de France n'ont jamais voulu devenir dans leur patrie une Irlande protestante. S'ils ont dû trop souvent rester à part de la grande famille nationale, ce fut leur malheur et non leur faute. Ils ne s'étaient point séparés : on les avait jetés dehors. Et chaque fois que la porte leur a été rouverte, ne le fût-elle qu'à demi; chaque fois qu'ils ont pu, sans manquer à leurs saintes et inviolables obligations envers Dieu, rentrer dans le sein de la nation, ils l'ont fait avec joie et sans arrière pensée. Maintenant que la loi civile est égale pour tous, ils ne forment en aucun sens, ni de près ni de loin, un parti politique distinct et tiennent à honneur de se confondre dans cette vaste unité qui est la force et la gloire de notre pays.

Théodore de Bèze disait dans ses vieux jours au roi Henri IV : « Mon désir est que les Français s'aiment les uns les autres. » Ce vœu du vénérable réformateur est celui de tous les protestants, et, certes, les circonstances actuelles en font plus que jamais un impérieux devoir ; non que nous partagions le découragement de beaucoup d'hommes honorables : nous avons confiance dans l'amour de Dieu, dans la puissance de son esprit, dans le progrès de l'humanité. Où d'autres signalent des germes de mort, nous voyons les commencements d'une vie nouvelle et plus haute. Mais la transition sera laborieuse, le succès difficile ; et pour atteindre à de meilleures destinées, ce n'est pas trop du concours persévérant de tous les chrétiens sincères et de tous les bons citoyens.

G. DE FÉLICE.

INTRODUCTION

La Réformation du seizième siècle est le plus grand
événement des temps modernes. Elle a tout renouvelé
dans les pays protestants, et presque tout modifié dans
les pays catholiques : doctrines religieuses et morales ;
institutions ecclésiastiques et civiles, sciences et lettres,
de telle sorte qu'il est impossible de creuser un peu
avant dans une idée ou un fait quelconque sans se trouver face à face avec cette œuvre immense. La Réformation marque le point de départ d'un monde nouveau :
Dieu seul en peut connaître les développements et la fin.

Il importe d'examiner comment, dans les premières
années du seizième siècle, elle est sortie des besoins
de l'intelligence et de la conscience générale. Elle fut
tout à la fois l'expression d'un état profond de malaise, le
moyen d'un grand relèvement, et le gage du progrès
vers un meilleur avenir.

La papauté avait rendu, sans doute, plus d'un service
à la chrétienté dans les temps de barbarie. Il serait injuste de lui refuser l'honneur d'avoir servi de centre à

l'unité européenne, et fait souvent prévaloir le droit sur
la force brutale. Mais à mesure que les peuples avan-
çaient, Rome devint moins capable de les conduire, et
lorsqu'elle osa se dresser comme une infranchissable
barrière devant la double action de l'esprit de Dieu et
de l'esprit de l'homme, elle reçut une blessure qui, malgré de vaines apparences, va s'élargissant de génération
en génération.

Dans les matières de croyance et de culte, le catholicisme romain avait admis par ignorance ou par transaction beaucoup d'éléments païens. Sans renier les
dogmes fondamentaux du christianisme, il les avait défigurés et mutilés au point de les rendre presque mécon-
naissables. C'était le monde, à parler vrai, qui, forçant
en masse les portes de l'Eglise chrétienne, y avait fait
entrer avec lui ses demi-dieux sous les noms de saints
et de saintes, ses rites, ses fêtes, ses lieux consacrés,
son encens, son eau lustrale, son sacerdoce, tout enfin,
jusqu'aux insignes de ses prêtres : tellement que le po-
lythéisme se survivait en grande partie à lui-même sous
le manteau de la religion du Christ.

Cet amas d'erreurs et de superstitions s'était naturellement grossi durant les longues ténèbres du moyen âge.
Peuples et prêtres y avaient mis la main. Des fausses
traditions du catholicisme on voyait d'époque en époque surgir quelque fausseté nouvelle, et il est facile de
marquer dans l'histoire de l'Eglise la date de toutes les
grandes altérations que le christianisme a subies. Les
défenseurs les plus dévoués du saint-siège avouent que
la corruption était extrême à l'entrée du seizième siècle.
« Quelques années avant l'apparition de l'hérésie calvi-
» niste et luthérienne, » dit Bellarmin, « il n'y avait
» presque plus de sévérité dans les lois ecclésiastiques,

» ni de pureté dans les mœurs , ni de science dans les
» saintes lettres, ni de respect pour les choses sacrées,
» ni de religion (1). »

La prédication, d'ailleurs très rare, contribuait à épais-
sir les ténèbres, ce semble, bien plus qu'à les dissiper.
Bossuet le reconnaît avec des précautions qui ne voilent
qu'à demi sa pensée : « Plusieurs prédicateurs ne prê-
» chaient que les indulgences, les pèlerinages, l'aumône
» donnée aux religieux, et faisaient le fond de la piété
» de ces pratiques qui n'en étaient que l'accessoire. Ils
» ne parlaient pas autant qu'il fallait de la grâce de Jé-
» sus-Christ (2). »

La Bible se taisait sous la poudre des vieilles bibliothèques. On la tenait attachée en quelques lieux par une
chaîne de fer : triste image de l'interdiction dont elle
était frappée dans le monde catholique.

Après l'avoir enlevée aux fidèles, le clergé, par une
conséquence toute simple, avait fermé la Bible dans ses
propres écoles. Peu de temps avant la réforme, défense
avait été faite à des professeurs d'Allemagne d'expliquer la Parole sainte dans leurs leçons publiques ou
privées. Les langues originales de l'Ancien et du Nouveau Testament étaient, pour ainsi dire, suspectes d'hérésie ; et lorsque Luther éleva la voix, on eut peine à
trouver dans l'Eglise de Rome quelques docteurs capables de discuter avec lui sur le texte des Ecritures.

Dans ce grand silence des auteurs sacrés , l'ignorance, le préjugé, l'ambition, l'avarice parlaient librement.
Le prêtre se servit souvent de cette liberté, non pour la
gloire de Dieu, mais pour la sienne , et la religion, des--

(1) Bellarm. Op. t. VI , p. 296.
(2) *Hist. des Variations* , l. V, 1.

tinée à transformer l'homme à l'image de son Créateur, en vint à transformer le Créateur lui-même à l'image de l'homme cupide et intolérant.

La théologie, après avoir jeté un vif éclat dans les beaux jours de la scolastique, avait par degré perdu son ardeur aussi bien que son autorité, et était devenue un immense recueil de questions curieuses et frivoles. Sans cesse occupée à aiguiser dans de puériles disputes la pointe de sa dialectique, elle ne répondait pas plus aux besoins de l'esprit qu'à ceux du cœur humain.

Les masses populaires semblaient suivre, en général, leur ancienne voie, mais par habitude et tradition plutôt que par dévouement. L'enthousiasme du moyen âge avait pris fin, et l'on eût vainement cherché dans l'Eglise ces grandes inspirations qui avaient fait lever l'Europe tout entière au temps des croisades.

Quelques hommes pieux restaient dans les presbytéres, dans les cloîtres, parmi les laïques, faisant effort pour saisir la vérité à travers les voiles dont on l'avait couverte ; mais ils étaient épars, suspects et gémissants.

La discipline avait partagé les altérations de la doctrine. Le pontife de Rome ayant, à la faveur des fausses décrétales, usurpé le titre et les fonctions d'évêque universel, prétendait exercer la plupart des droits qui appartenaient, dans les premiers siècles, aux chefs des diocèses ; et comme il ne pouvait être partout à la fois, comme il obéissait d'ailleurs à ses passions ou à ses intérêts plus qu'à ses devoirs, il aggravait les abus qu'il aurait dû extirper.

Ce qu'était le souverain pontife pour les évêques, les moines mendiants, les vendeurs d'indulgences, et autres agents vagabonds de la papauté, l'étaient pour les simples curés et les prêtres de paroisse. L'autorité régulière et légitime devait céder la place à ces intrus qui, en promettant de redresser les troupeaux, ne faisaient que les pervertir.

Tout était désordre et anarchie. Une puissance despotique au sommet de l'Eglise; au milieu et en bas, des usurpations croissantes, des luttes scandaleuses et sans fin : la chrétienté avait encore moins à se plaindre d'être trop gouvernée que de l'être mal.

Illusoire dans les rangs du clergé, la discipline en était venue à être une source de démoralisation pour les laïques. Aux longues et sérieuses pénitences des temps anciens avait succédé le rachat des péchés à prix d'argent. Si, du moins, il avait fallu payer chaque faute à part, on aurait été forcé de compter encore avec ses vices. Le mal extrême fut que l'on pouvait les racheter tous à la fois, les racheter d'avance, pour toute sa vie, pour tous les siens, pour toute sa postérité, pour une commune entière. Dès lors, plus d'autorité. On se moquait de l'absolution du prêtre, parce qu'on l'avait déjà payée de sa bourse, et le pouvoir clérical que Rome soutenait d'un côté, elle le renversait de l'autre.

Le trafic des indulgences se faisait par les mêmes moyens que le négoce ordinaire : il avait ses entrepreneurs en grand, ses directeurs et sous-directeurs, ses bureaux, ses tarifs, ses commis-voyageurs. On vendait les indulgences à l'enchère, au son de la caisse, sur les places publiques. Elles étaient débitées en gros et en détail, et l'on y employait les agents qui pratiquaient le mieux l'art de tromper et de dépouiller les hommes.

C'est surtout cette sacrilège industrie qui a porté à l'Eglise romaine un coup fatal. Rien n'irrite autant les peuples que de trouver dans la religion moins de moralité qu'en eux-mêmes, et cet instinct est juste. Toute

religion doit améliorer ceux qui y croient. Quand elle
les déprave, quand elle les fait descendre au-dessous
de ce qu'ils seraient sans elle, il faut qu'elle tombe ;
car elle n'a plus son essentielle et suprême raison
d'existence.

Comment, du reste, les membres du clergé auraient-
ils fait respecter les devoirs moraux qu'ils étaient les
premiers à transgresser ? Nous ne voulons par rappeler
ici les honteux et universels dérèglements tant de fois
attestés par des déclarations authentiques, entre autres
par les *cent griefs* qui furent présentés à la diète de Nuremberg en 1523, avec la signature d'un légat même du
pape Adrien. Beaucoup de prêtres payaient une taxe publique pour vivre dans un commerce illégitime, et en
plusieurs endroits de l'Allemagne on était allé jusqu'à
leur faire une obligation de ce désordre, afin d'en éviter
de plus grands.

Outre les indulgences, Rome avait inventé toute sorte
de moyens pour grossir ses revenus : appellations, ré-
servations, exemptions, provisions, dispenses, expectati-
ves, annates. L'or de l'Europe y eût été complètement
absorbé, si les gouvernements n'y avaient mis quelques
barrières ; et les nations les plus pauvres devaient encore s'appauvrir pour gorger des pontifes qui, pareils
au sépulcre, ne disaient jamais : C'est assez.

Les évêques et les chefs d'ordres monastiques en agissaient de même dans les différentes provinces de la catholicité. Tout leur servait à accroître les propriétés de
l'Eglise : la guerre et la paix, les triomphes et les malheurs publics ; les succès et les revers des particuliers,
la foi des uns et l'hérésie des autres. Ce qu'ils ne pouvaient obtenir de la libéralité des fidèles, ils le cherchaient dans la spoliation de ceux qui ne l'étaient pas.

Aussi, comme le rapportent les griefs de Nuremberg, le clergé régulier et séculier possédait-il en Allemagne la moitié du territoire. En France, il en avait le tiers ; ailleurs, encore davantage, et les domaines ecclésiastiques étant affranchis de tout impôt, prêtres et moines, sans porter les charges de l'Etat, en recueillaient les bénéfices.

Non seulement ils jouissaient de privilèges énormes pour leurs biens : ils en avaient d'autres pour leurs personnes. Tout clerc était un oint du Seigneur, une chose sacrée pour le juge civil. Nul n'avait le droit de mettre la main sur lui, avant qu'il eût été jugé, condamné, dégradé par les membres de son ordre. Le clergé formait ainsi une société entièrement distincte de la société générale. C'était une caste placée en dehors et au-dessus du droit commun ; ses immunités l'emportaient sur la souveraineté de la justice, et des auteurs dignes de foi racontent que des misérables entraient dans le sacerdoce ou dans les cloîtres uniquement pour se couvrir de crimes avec impunité.

Si les prêtres ne permettaient pas au magistrat de les poursuivre, ils s'attribuaient à eux-mêmes le droit d'intervenir sans cesse dans les procès des laïques. Testaments, mariages, état civil des enfants, et une foule d'autres affaires qu'on appelait mixtes, étaient portées devant leur tribunal, de manière qu'une partie considérable de la justice dépendait du clergé, qui ne dépendait lui-même que de ses pairs et de son chef. Organisation utile peut-être dans les temps d'ignorance, lorsque les ecclésiastiques possédaient seuls quelques lumières, mais qui, en se perpétuant jusqu'au seizième siècle, après la renaissance des lettres, devenait la plus inique des prérogatives, la plus intolérable des usurpations.

Il y a aujourd'hui des écrivains qui tracent un magnifique idéal de l'état du catholicisme avant Luther. Mais ont-ils jamais étudié cette époque? et ceux qui déclament avec le plus de violence contre la Réforme supporteraient-ils un seul jour les abus qu'elle a détruits?

Aussi doit-on dire, pour l'honneur de l'humanité, que d'âge en âge, devant chaque erreur et chaque empiètement du pouvoir sacerdotal, s'étaient levés de nouveaux et courageux adversaires. Dans une période reculée, Vigilance et Claude de Turin; puis, les Vaudois et les Albigeois; plus tard, les Wicléfites, les Hussites, les Frères de Moravie et de Bohème : communautés petites et faibles, écrasées par les papes ligués avec les princes, mais qui, du haut de leurs échafauds et de leurs bûchers, se transmirent le sacré flambeau de la foi primitive, jusqu'à ce que, saisi par la puissante main de Luther, il répandit au loin ses clartés sur le monde chrétien.

Une autre protestation, parallèle à la précédente, et qu'on a qualifiée de protestantisme catholique, s'était incessamment renouvelée dans le sein même de l'Eglise, surtout depuis l'apparition des mystiques du moyen âge. Parmi les théologiens, Bernard de Clairvaux, Gerson, d'Ailly, Nicolas de Clémangis; parmi les poètes, le Dante et Pétrarque; des conciles mêmes, tenus à Pise, à Constance et à Bâle; les plus grands par la piété et le caractère, par le génie et la science, avaient fait entendre le même cri : « Une réforme ! une réforme dans l'Eglise ! une réforme dans le chef et dans les membres, dans la foi et dans les mœurs! » Mais ce mouvement catholique échoua toujours, parce qu'il ne s'attaquait pas à la racine du mal. Le secret de tout obtenir n'est-il pas celui de tout vouloir et de tout oser?

Tandis que la papauté persécutait la première de ces protestations et tâchait de séduire l'autre, un nouvel ennemi se leva : le plus redoutable de tous, parce qu'il pouvait prendre les formes les plus diverses, parce qu'il se montrait partout en même temps, parce que ni artifices ni supplices ne pouvaient le dompter. Et quel était cet antagoniste ? L'esprit humain lui-même se réveillant de son long sommeil. Le quinzième siècle lui avait rendu les livres de l'antiquité. Il se sentit animé tout à coup d'un immense besoin d'investigation et de renouvellement ; et reprenant à la fois la philosophie, l'histoire, la poésie, les sciences, les arts, toutes les merveilles des âges les plus florissants de la Grèce et de l'ancienne Rome, il comprit qu'il pouvait et devait marcher dans son indépendance.

La découverte de l'imprimerie vint en aide à la renaissance des lettres. Le vieux monde reparut tout entier dans le même temps que Christophe Colomb en découvrait un nouveau. Plus de trois mille écrits furent publiés de l'an 1450 à l'an 1520. Ce fut une prodigieuse activité qui ne connaissait ni crainte ni fatigue ; et qu'est-ce que l'Eglise pouvait opposer à ce premier élan de l'esprit humain si heureux et si fier de rentrer en possession de soi ? Le bûcher de Savonarole ne l'effraya point ; tout au plus jugea-t-il bon de prendre un détour, dans les traités de Pomponace, pour arriver au même but.

Le saint-siège, qui avait été quelquefois si habile, ne le fut pas en face de ce vaste mouvement. Plusieurs papes se succédèrent, ineptes, ou avides d'argent, ou souillés de crimes effroyables : Paul II, Sixte IV, Innocent VIII, Alexandre VI, Jules II. Le dernier, Léon X, ayant les goûts voluptueux de la race des Médicis à laquelle il appartenait, sans en avoir la grandeur ni le cou-

rage, prêtre sans science théologique, pontife sans gravité, faisant disputer ses bouffons sur l'immortalité de
l'âme à la fin de ses banquets, et s'amusant aux frivoles
divertissements du théâtre quand l'Allemagne était en
feu, semblait avoir été choisi d'en-haut pour aplanir la
voie à la Réformation.

Tout était donc prêt. A peine pose-t-on le pied au
seuil du seizième siècle qu'on entend ces bruits sourds
qui, dans le monde moral comme dans le monde physique, annoncent l'approche de l'orage. Les cœurs sont
oppressés, les esprits sont inquiets : je ne sais quoi
d'extraordinaire va venir. Les rois sur leurs trônes, les
savants dans leurs cabinets, les professeurs dans leurs
chaires, les hommes pieux dans leurs oratoires, les hommes d'armes eux-mêmes sur les champs de bataille, se
sentent tressaillir, et révèlent, tantôt par de brèves paroles, tantôt par des actes de violence, les pressenti-
ments dont ils sont poursuivis.

En 1511, l'empereur Maximilien et le roi Louis XII
convoquent à Pise un concile, afin de ramener Jules II à
son devoir, et de remédier aux maux de l'Eglise. Plusieurs cardinaux y assistent, malgré les défenses du saint-
siège ; et le 21 avril 1512, le pape Jules est suspendu,
comme notoirement incorrigible et contumace. « Lève-
toi, César, » écrivent d'un commun accord les membres de cette assemblée à l'empereur Maximilien ; « lève-
» toi, tiens-toi debout et veille ; l'Eglise tombe ; les
» gens de bien sont opprimés ; les impies triomphent. »

Jules II oppose concile à concile, et réunit dans la
basilique de Latran les prélats qui lui sont restés fidèles. Mais là même, devant ce pontife qui ne savait que
le métier des armes. Egide de Viterbe, général de l'Ordre des Augustins, accuse les prêtres d'avoir laissé la

prière pour l'épée et de s'en aller, au sortir des combats, dans des maisons de prostitution. « Peut-on contempler, » demande-t-il, « sans verser des larmes de » sang, l'ignorance, l'ambition, l'impudicité, l'impiété » régnant dans les lieux saints, d'où elles devraient être » à jamais bannies ? »

A l'ouïe de ces cris de détresse qui descendent de si haut, les nations épouvantées en appellent à un nouveau concile général, comme si l'expérience ne leur avait pas appris que ces grandes assemblées, si prodigues de paroles, étaient stériles pour une œuvre de réformation ! Mais la multitude ne savait d'où viendrait la délivrance, et dans son angoisse, elle se rattachait aux illusions de ses vieux souvenirs.

Au milieu de cette attente inquiète et générale, les adversaires s'enhardissaient. Reuchlin revendiquait les droits de la science contre l'enseignement barbare des universités. Le noble Ulrich de Hutten, représentant de la chevalerie dans cette grande lutte, annonçait, en remplaçant les coups d'épée par des appels à la raison publique, l'avènement d'une nouvelle civilisation. Erasme, le Voltaire de l'époque, faisait rire les rois, les seigneurs, les cardinaux et le pape même, aux dépens des moines et des docteurs, et ouvrait en se jouant la porte par laquelle devait passer le monde moderne. Alors parut Martin Luther.

Je n'ai pas à écrire l'histoire du réformateur. Envoyé à Rome pour s'occuper des affaires de l'Ordre des Augustins, il y avait trouvé une profonde et vaste incrédulité, une immoralité révoltante. Luther retourne en Allemagne, le cœur brisé, la conscience agitée de doutes amers. Une vieille Bible qu'il a découverte dans le couvent d'Erfurt lui révèle une religion toute différente de celle qui lui a été enseignée. Cependant la pensée ne lui vient pas encore d'entreprendre la réforme de l'Eglise. Pasteur et professeur à Wittemberg, il se borne à répandre autour de lui de saines doctrines et de bons exemples.

Mais Jean Tetzel, un marchand d'indulgences, audacieux jusqu'à l'effronterie, cupide jusqu'au cynisme, naguère condamné à la prison pour des crimes notoires, et menacé d'être noyé dans l'Inn par les habitants du Tyrol, ose interposer son vil trafic entre la parole de Luther et les âmes qui lui sont confiées. Luther s'indigne; il relit sa Bible : et en 1517, il affiche à la porte de la cathédrale de Wittemberg ces quatre-vingt-quinze thèses qui vont exciter dans toute l'Europe un si formidable retentissement.

C'est la révolte de sa conscience qui lui a fait rechercher dans la Bible de nouvelles armes contre l'Eglise de Rome. C'est la même révolte morale qui rassemblera autour de lui des milliers, et bientôt des millions de disciples. Luther s'est placé à la tête des gens de bien irrités.

Au dogme de la justification par les œuvres, qui a produit tant d'extravagantes pratiques et de honteux excès, il oppose la justification par la foi à la rédemption de Jésus-Christ. Toute sa doctrine est résumée dans cette parole de saint Paul : « Vous êtes sauvés par grâce, par la foi; et cela ne vient pas de vous; c'est un don de Dieu (1). » Cette doctrine avait le double avantage de s'appuyer sur des textes bibliques, et de renverser du même coup indulgences, œuvres surérogatoires des saints, pèlerinages, flagellations, pénitences, mérites ar-

(1) Ephés., II, 8.

tificiels ; elle correspondait ainsi aux plus hautes idées', aux meilleures aspirations religieuses, intellectuelles et morales de l'époque.

Luther a fait un premier pas. Il en appelle encore, néanmoins, du pape mal instruit au pape mieux informé. Mais au lieu d'une ordonnance de réformation, Rome envoie une bulle d'excommunication. Le docteur de Wittemberg la brûle solennellement avec les décrétales du saint-siège, le 10 décembre 1520, en présence d'innombrables spectateurs. La flamme qui en sortit alla éclairer l'Europe, et projeter sur les murs du Vatican une lueur sinistre.

Le 17 avril 1521, Luther comparaît devant la diète de Worms. Il a contre lui le pape et l'Empereur, les deux plus grandes puissances du monde, mais il a pour lui les forces vives de son siècle. Quand on le somme de se rétracter, il invoque le témoignage de la Bible. S'il est convaincu d'erreur par elle, il se rétractera ; sinon, non. L'envoyé de Rome refuse d'ouvrir le livre qui condamne la papauté, et Charles-Quint commence à voir qu'il y a ici-bas quelque chose de supérieur à la puissance du glaive.

L'œuvre marche. Il est intéressant d'observer que Luther n'arriva pas avec un système déjà complet et fermé. Il vint avec un premier grief contre les abus de l'Eglise romaine, puis avec un second ; et d'une main renversant par degrés le viel édifice du catholicisme, tandis que de l'autre il construisait l'édifice nouveau, il ne comprit lui-même tout ce qu'il avait mission de faire qu'à mesure qu'il le faisait.

Après le soulèvement de sa conscience, le redressement de la doctrine ; après la doctrine, la réforme du culte ; après le culte, l'établissement de nouvelles insti-

tutions ecclésiastiques. Luther n'alla jamais au delà de
ses convictions, ni ne devança de trop loin le mouvement de l'esprit public. C'est par là qu'il retint sous son
drapeau ceux qui s'y étaient rassemblés, et qu'il fut
aidé dans son travail par la pensée commune. Luther
donna beaucoup à la génération contemporaine, et en
reçut peut-être encore davantage.

L'une de ses œuvres les plus laborieuses et les plus
utiles fut la traduction de la Bible en allemand. Elle fixa
la langue de son pays et en affermit la foi.

Huit ans après la publication des quatre-vingt-quinze
thèses, en 1525, Luther épouse Catherine de Bora, étant
persuadé avec Æneas Sylvius, qui devint pape sous le
nom de Pie II, que s'il y a de fortes raisons pour interdire aux prêtres le mariage, il y en a de plus fortes pour
le leur permettre. Le réformateur n'apporta dans cet
acte solennel, ni une précipitation qui eût compromis
son caractère, ni des retards qui eussent démenti ou affaibli ses maximes. Il avait alors quarante-deux ans, et,
de l'aveu de ses adversaires mêmes, il avait passé toute
« sa jeunesse sans reproche, dans la continence (1). »

En 1530, Mélanchthon, le compagnon d'œuvre de
Luther, présente à la diète d'Augsbourg, d'accord avec
lui, la confession de foi qui, pendant des siècles, a servi
de point de ralliement à la Réforme luthérienne. Les protestants montrèrent de la sorte qu'ils n'avaient secoué le
joug de Rome que pour accepter sans réserve les enseignements de la Bible, tels du moins qu'ils les comprenaient dans la mesure des lumières de leur temps.

Il y eut de nombreuses et pesantes épreuves dans la
vie de Luther : les excès des anabaptistes, la révolte des

_____

(1) Bossuet, *Hist. des Variations*, l. II, 13.

paysans, les passions de princes qui mêlèrent aux questions religieuses des calculs politiques, les emportements de quelques-uns de ses disciples, la faiblesse et la timidité de plusieurs autres. Il fut souvent attristé, non abattu ; et le même esprit de foi qui lui avait ouvert la route l'y fit marcher avec une inébranlable constance.

Luther mourut en 1546. Quelques heures avant sa fin, il disait : « Jonas, Cœlius, et·vous qui êtes ici, » priez pour la cause de Dieu et de son Evangile ; car » le concile de Trente et le pape sont dans une grande » fureur. » Et quand la sueur froide le prit, il se mit à prier en ces termes : « O mon cher Père céleste, Dieu » et Père de mon Seigneur Jésus-Christ, Dieu de toute » consolation, je te rends grâces de ce que tu m'as révélé » ton cher fils Jésus-Christ, en qui je crois, lequel j'ai » prêché et confessé, lequel j'ai aimé et glorifié. Je te » prie, Seigneur Jésus-Christ, d'avoir soin de ma pauvre » âme. » Puis, il dit trois fois en latin : « Père, je remets » mon esprit entre tes mains. Tu m'as racheté, ô Eternel, » Dieu de vérité. » Alors, sans agonie, sans efforts, il rendit le dernier soupir.

Pendant que la Réformation changeait la face de l'Allemagne, elle pénétrait aussi dans les montagnes et les vallées de la Suisse. Elle y avait même apparu plus tôt. Ulrich Zwingle fut encouragé et fortifié par la parole de Luther, mais il ne l'avait pas attendue. « J'ai commencé » à prêcher l'Evangile l'an de grâce 1516, » écrivait-il, « c'est-à-dire lorsque le nom de Luther n'avait pas été » prononcé dans nos contrées. Ce n'est pas de Luther » que j'ai appris la doctrine de Christ : c'est de la Pa- » role de Dieu. »

Un autre marchand d'indulgence, Bernardin Samson, poussa Zwingle, en 1518, à se déclarer ouvertement.

Toujours, on le voit, la révolte de la conscience contre
les désordres de l'autorité catholique. La Réforme a été
une protestation de la morale outragée, avant d'être un
renouvellement religieux.

Ce Carme déchaussé, venu d'Italie, était d'une impudence qui devait indigner le vice même. « Je puis par-
» donner tous les péchés, » s'écriait-il ; « le ciel et
» l'enfer sont soumis à mon pouvoir, et je vends les mé-
» rites de Jésus-Christ à quiconque veut les acheter en
payant comptant. » Il se vantait d'avoir enlevé des sommes énormes à un pays pauvre. Quand on n'avait pas
d'espèces monnayées, il prenait, en échange de ses
bulles papales, de la vaisselle d'or et d'argent. Il faisait
crier par ses acolytes à la multitude qui se pressait devant ses tréteaux : « Ne vous gênez pas les uns et
» les autres. Laissez d'abord venir ceux qui ont de l'ar-
» gent ; nous verrons ensuite à contenter ceux qui n'en
» ont point. »

Ulrich Zwingle attaqua dès lors le pouvoir du pape,
le sacrement de la pénitence, le mérite des œuvres cé-
rémonielles, le sacrifice de la messe, l'abstinence des
viandes, le célibat des prêtres : devenant plus ferme et
plus décidé à mesure que la voix publique répondait
plus énergiquement à la sienne.

Le réformateur de la Suisse était modeste, affable, populaire et d'une vie irréprochable. Il avait une profonde
connaissance des Ecritures, une foi vivante, une solide
érudition, des idées claires, un langage simple et précis,
une activité sans bornes. Nourri de la littérature grecque et romaine, et plein d'admiration pour les grands
hommes de l'antiquité, il eut quelques opinions qui parurent nouvelles et hardies à son époque. Zwingle admet-
·tait, comme plusieurs anciens Pères de l'Eglise, l'action

permanente et universelle de l'Esprit divin dans l'humanité. « Platon, » disait-il, « a aussi bu à la source divine ; et si les deux Caton, si Camille et Scipion » n'avaient pas été vraiment religieux, auraient-ils été si » magnanimes (1) ? »

Appelé à Zurich, il y enseigna, non ce qu'il avait reçu de la tradition romaine, mais ce qu'il avait puisé dans la Bible. « C'est là un prédicateur de la vérité, » disaient les magistrats ; « il nous annonce les choses telles qu'elles sont. » Et dès l'an 1520, le conseil de Zurich publia une ordonnance qui enjoignait à tous les ecclésiastiques de ne prêcher que ce qu'ils pouvaient prouver par les Ecritures.

Trois ans après, le pape Adrien, voyant grandir l'autorité de Zwingle, essaya de le gagner. Il lui adressa une lettre où il le félicitait de ses excellentes vertus, et chargea son légat de lui tout offrir, *tout, excepté le siège pontifical.* Adrien connaissait le prix de l'homme, non son caractère. Au moment même où de si hautes dignités lui étaient offertes, Zwingle disputait à Zurich contre les délégués de l'évéque de Constance, et remportait une éclatante victoire.

D'autres débats s'ouvrirent en présence des magistrats et du peuple. Enfin, le 12 avril 1525, parut un édit ordonnant d'abolir la messe et de célébrer la communion selon la simplicité de l'Evangile.

On doit remarquer ici la différence des âges et des mœurs. Au seizième siècle, le pouvoir civil décidait du changement de religion ; au dix-neuvième, on verrait là une usurpation intolérable. Plus la civilisation avance, plus elle diminue, dans les matières spirituel-

---

(1) Œcol. et Zw. Op., p. 9.

les, la part de l'Etat, pour accroître celle de l'individu.

Les cantons helvétiques s'étant rangés, les uns du côté de la Réformation, les autres du côté de Rome, une guerre de religion éclata entre eux, la pire des guerres. D'aprés un ancien usage, le premier pasteur de Zurich devait accompagner l'armée. Zwingle s'y conforma. L'historien Ruchat raconte qu'il se mit en chemin comme si on l'eût conduit à la mort, et que ceux qui prirent garde à ses gestes observèrent qu'il ne cessait de prier Dieu pour lui recommander son âme et l'Eglise.

Le 11 octobre 1531, il fut renversé sur le champ de bataille de Cappel. Il se releva; mais, pressé par la foule qui fuyait, il retomba trois fois. « Hélas! quel malheur est ceci ? » dit-il. « Eh bien! ils peuvent tuer le corps, mais ils ne peuvent pas tuer l'âme. » Ce furent les derniéres paroles qu'il put articuler. Etendu sur le dos, les mains jointes et les yeux levés au ciel, le mouvement de ses lèvres indiquait qu'il était en prières. Des soldats l'ayant ramassé sans le connaître, lui demandèrent s'il voulait se confesser et invoquer la Vierge et les saints. Il fit signe de la tête que non, et relevant les yeux au ciel il poursuivit ses muettes prières. C'est un hérétique opiniâtre, s'écrièrent les soldats, et un officier, lui donnant un coup de pique sous le menton, acheva de le tuer. Ulrich Zwingle était âgé de quarante-quatre ans, d'autres disent de quarante-sept.

Des jugement divers ont été portés sur cette fin tragique, et l'on y peut voir encore le changement des opinions. Notre époque plaindrait tout au moins un ministre de l'Evangile mourant au milieu d'une scène de carnage; on en pensait autrement il y a trois siècles. « Zwingle » exerçant son ministère en l'armée, » dit Théodore de Bèze, « fut tué en bataille, et son corps brûlé par l'en-

» nemi : Dieu honorant en cet endroit son serviteur d'une
» double couronne, vu qu'un homme ne saurait mourir
» plus honnêtement et plus saintement qu'en perdant cette
» vie corruptible pour le salut de sa patrie et pour la
» gloire de Dieu (1). »

Malgré des échecs de plus d'un genre, la Réformation
s'étendit rapidement dans une grande partie de l'Europe,
et s'y enracina.

En Allemagne, la Saxe, la Hesse, le Brandebourg,
le Palatinat, la Poméranie, beaucoup d'autres Etats de
second ordre, et presque toutes les villes libres ; à l'est,
la majorité des populations de la Hongrie ; au nord, le
Danemark, la Norwège, la Suède et une partie de la
Pologne brisèrent les chaînes du catholicisme romain.

En Angleterre et en Ecosse, deux mouvements distincts conduisirent les peuples à la foi protestante : l'un
dirigé par le roi Henri VIII, l'autre par le pasteur Jean
Knox. De là des différences de principes et d'organisation qui ont subsisté jusqu'à nos jours.

La Réformation pénétra dans le midi de l'Europe,
mais sans pouvoir s'y établir. En Espagne la longue lutte
soutenue contre les Arabes avait identifié le catholicisme
avec l'esprit de nationalité, et l'Inquisition se tenait debout, appuyée sur le fanatisme populaire. En Italie, le
scepticisme des savants, les innombrables ramifications
du clergé, les intérêts d'une multitude de familles engagés dans le maintien de l'ancien ordre ecclésiastique, la
passion des masses pour les beaux-arts et les pompes

(1) *Les vrais Portraits*, etc., trad. du latin, de Th. de Bèze, p. 85. —
Comme nous faisons ici une œuvre, non de philosophe, ni de philologue,
mais d'historien écrivant pour toutes les classes de lecteurs, à l'ancienne
orthographe nous substituerons la nouvelle dans nos citations, et quand il
se rencontrera un mot ou un tour devenu inintelligible, nous le remplacerons
par l'équivalent moderne.

du culte romain, arrêtèrent les progrès du protestantisme.

Aux portes de la France, la Suisse d'un côté avec
quelques petits Etats limitrophes, l'Alsace, la Lorraine,
le pays de Montbéliard, qui sont devenus depuis des
provinces françaises ; de l'autre côté, les Flandres et
la Hollade écoutèrent avec sympathie la prédication des
idées nouvelles. Ainsi la Réformation se déployait sur
toutes les frontières de la France, en même temps
qu'elle travaillait à pénétrer et à s'étendre au dedans.

Nous arrivons enfin à l'histoire qui fait le sujet que ce
livre. Elle nous mettra devant les yeux de grands triomphes suivis de grandes catastrophes, et d'effroyables
persécutions qui ne furent surpassées que par la constance des victimes. C'est tout ensemble un des plus importants chapitres des annales de la nation française,
et l'une des plus intéressantes pages de la Réformation.

HISTOIRE

DES

PROTESTANTS

DE FRANCE

LIVRE PREMIER

DEPUIS LES COMMENCEMENTS DE LA RÉFORME EN
FRANCE JUSQU'A L'OUVERTURE DU COLLOQUE DE
POISSY.

(1521-1561)

I

La ville de Meaux fut la première en France qui entendit annoncer publiquement les doctrines de la Réformation. C'était en 1521 : quatre ans après que Luther eut affiché ses thèses contre les indulgences, et l'année même où il comparaissait devant la diète de Worms.

Deux prédicateurs attiraient surtout l'attention des habitants de Meaux : Jacques Lefèvre et Guillaume Farel; l'un, âgé de près de soixante et dix ans, mais encore plein d'activité dans sa verte vieillesse; l'autre jeune, décidé, ardent, et, selon le témoignage des contemporains, faisant retentir les places publiques et les temples de sa voix de tonnerre.

Jacques Lefèvre était né à Etaples, petite ville de Picardie. Doué d'un esprit curieux et vaste, il avait tout

embrassé dans ses études : langues anciennes, belles-
lettres, histoire, mathématiques, philosophie, théologie ;
et, dans ses longs voyages, il avait recueilli tout ce qu'on
pouvait apprendre à la fin du quinzième siècle. De retour
en France, il fut nommé professeur de l'université de
Paris, et rassembla autour de sa chaire de nombreux
élèves. Les docteurs de Sorbonne, inquiets de sa science
et jaloux de sa réputation, le surveillaient d'un œil défiant. Il montrait cependant une dévotion extrême, étant
l'un des plus assidus à la messe et aux processions,
passant des heures entières au pied des images de Marie,
et prenant plaisir à les orner de fleurs.

Lefèvre avait même entrepris de refaire la légende
des saints, mais il n'alla pas jusqu'au bout; car ayant lu
attentivement la Bible pour compléter son travail, il y
avait vu que la sainteté de beaucoup de héros du calen-
drier romain ressemble peu à l'idéal de la vertu chrétienne. Une fois sur ce nouveau terrain, il ne le quitta
plus; et toujours sincère devant ses disciples comme
avec sa conscience, il attaqua publiquement quelques-
unes des erreurs de l'Eglise catholique. A la justice des
œuvres extérieures il opposa la justice par la foi, et
annonça un prochain renouvellement dans la religion des
peuples. Cela se passait en 1512.

Il est important de noter ces dates, parce qu'elles
prouvent que les idées de réforme, non seulement dans
le culte ou la discipline, mais dans le fond des dogmes,
se manifestèrent à la fois en plusieurs lieux, sans que
les hommes qui se placèrent à la tête du mouvement
aient pu s'entendre. Quand une révolution religieuse ou
politique est mûre, elle apparaît de tous côtés, et nul ne
saurait dire qui a été le premier à y mettre la main.

Parmi ceux qui écoutèrent avec avidité les nouvelles

opinions de Jacques Lefèvre était Guillaume Farel que nous avons déjà nommé. Né près de Gap, en 1489, et instruit dans la fidèle observance des pratiques dévotes, il y avait cherché, ainsi que son maître, la paix de son cœur. Jour et nuit, comme il l'a raconté lui-même dans une confession adressée *à tous seigneurs et peuples*, il invoquait la Vierge et les saints ; il se conformait scrupuleusement aux jeûnes prescrits par l'Eglise, tenait le pontife de Rome pour un dieu sur la terre, voyait dans les prêtres les intermédiaires obligés de toutes les bénédictions célestes, et traitait d'infidèle quiconque n'avait pas une ferveur pareille à la sienne.

Quand il entendit son maître vénéré enseigner que ces pratiques servaient de peu, et que le salut vient de la foi en Jésus-Christ, il en ressentit une profonde agitation. Le combat fut long et terrible. D'un côté, les leçons et les habitudes de la maison paternelle, tant de souvenirs, tant de prières, tant d'espérances ! De l'autre, les déclarations de la Bible, le devoir de tout subordonner à la recherche de la vérité, la promesse d'une rédemption éternelle. Il étudia les langues originales pour mieux saisir le sens des Ecritures, et après les douleurs de la lutte, il se reposa dans de nouvelles et plus fermes convictions.

Farel et Lefèvre se prirent l'un pour l'autre d'une étroite amitié, parce qu'il y avait entre eux tout à la fois ressemblance de principes et contraste de caractères. Le vieillard tempérait l'impétuosité du jeune homme, et celui-ci fortifiait le cœur un peu craintif du vieillard. L'un inclinait vers la spéculation mystique, l'autre vers l'action, et ils se prêtaient mutuellement ce qui manquait à chacun d'eux.

Il se trouvait à Meaux un troisième personnage de

plus haut rang, qui les encourageait de son crédit et de
sa parole. C'était l'évêque lui-même, Guillaume Briçonnet, comte de Montbrun, ancien ambassadeur du roi
François Ier près du saint-siège. Comme Luther, il avait
rapporté du séjour de Rome peu d'estime pour la papauté,
et sans vouloir s'en séparer entièrement (la suite le fit
voir), il cherchait à en corriger les abus.

Quand il revint dans son diocèse, il fut révolté des
désordres qui y régnaient. La plupart des curés prenaient
les revenus de leurs charges, mais n'en remplissaient
pas les devoirs. Ils demeuraient d'ordinaire à Paris, dé_
pensant leur argent à une vie licencieuse, et envoyant
à leur place de pauvres vicaires qui n'avaient ni instruction ni autorité. Puis, au temps des grandes fêtes, venaient des moines mendiants qui, prêchant de paroisse
en paroisse, déshonoraient la chaire par d'ignobles bouf-
fonneries, et s'inquiétaient moins d'édifier les fidèles que
de remplir leur besace.

Briçonnet essaya de mettre fin à ces scandales, et de
contraindre les curés à résidence. Pour toute réponse ils
lui intentèrent des procès devant le métropolitain. Alors
l'évêque, se tournant vers des hommes qui n'appartenaient pas à son clergé, appela auprès de lui, non seulement Lefèvre d'Etaples et Farel, mais encore Michel
d'Arande, Gérard Roussel, François Vatable, professeurs ou prêtres de mœurs exemplaires, et qui s'accordaient à enseigner une religion épurée.

La prédication se fit d'abord dans des réunions particulières ; ensuite, le courage croissant avec le nombre
des auditeurs, on monta dans les chaires publiques.
L'évêque prêchait à son tour ; et comme s'il eût pressenti
qu'il se démentirait au jour de la persécution, « il avait,
en prêchant, prié le peuple que, encore qu'il changeât

d'opinion, eux se gardassent de changer comme lui (1). »

A l'ouïe de ces discours qui les invitaient à donner, non leur bourse à l'Eglise, mais leur cœur à Dieu, la surprise des habitants de Meaux fut grande. C'étaient en général des gens de métier, cardeurs de laine, drapiers, foulons et autres artisans. De la ville et des campagnes d'alentour le peuple accourait dans les églises, et chacun au dehors ne parlait que des nouveaux docteurs.

Lefèvre d'Etaples et Briçonnet, voulant appuyer leur enseignement sur la seule autorité invoquée par la Réformation, publièrent les quatre Evangiles en langue française. L'évêque enjoignit à son receveur de les distribuer gratuitement aux pauvres, et *n'y épargna*, dit Crespin, *or ni argent*. Tout le monde se mit à les lire. Dimanches et fêtes étaient consacrés à cette étude. On emportait même les Evangiles dans les champs et dans les ateliers, pour les ouvrir à ses heures de récréation ; et ces bonnes gens se disaient l'un à l'autre : « A quoi nous peuvent servir les saints et les saintes qui ont peine à se suffire à eux-mêmes ? Notre seul médiateur est Christ. »

Comme ils prenaient la religion au sérieux, la réforme des mœurs s'ensuivit. Blasphèmes, ivrognerie, querelles, dérèglements de toute sorte firent place à une façon de vivre mieux rangée et plus pure. Le mouvement s'étendit au loin. Des journaliers de Picardie et d'autres lieux, qui venaient au temps de la moisson travailler dans les environs de Meaux, rapportèrent chez eux les semences des doctrines qu'ils y avaient entendu prêcher. De là les commencements de plusieurs Eglises. Cette influence fut si grande que c'était en France une locution proverbiale, dans la première moitié du seizième siècle, de désigner

(1) Fontaine, *Hist. cathol. de notre temps*, p. 53.

tous les adversaires de Rome sous le nom d'hérétiques
de Meaux.

A la même époque, Briçonnet envóyait la traduction
de la Bible à la sœur de François Ier, Marguerite de
Valois, qui la lisait et la faisait lire autour d'elle. Tout
annonçait donc à la Réforme française de rapides succès,
lorsque le bras de la persécution vint l'arrêter.

II

Les prêtres et les moines du diocèse de Meaux, voyant
leur crédit s'affaiblir et leurs revenus décroître, avaient
porté plainte devant la Sorbonne. Ils y trouvèrent bon
accueil. La Sorbonne, en butte aux railleries des hommes
lettrés, et attaquée par les novateurs, était dans la position difficile d'une ancienne institution devancée par
l'opinion publique. Elle sentit que si elle ne se hâtait de
frapper de grands coups, elle serait perdue.

A la tête de cette Faculté de théologie était un certain
Noël Beda, ou Bedier, docteur de science médiocre,
mais remuant, hardi, âpre à la dispute, capable de tout
renverser pour un point de théologie scolastique, et
prompt à chercher sa force dans la populace, quand il
manquait de plus honorables auxiliaires. Il avait pour
acolytes les maîtres Duchéne et Lecouturier, qui dominaient sur leurs confrères par l'emportement de leurs
passions et de leur langage.

Luther avait invité la Sorbonne, en 1521, à examiner
son livre sur la *Captivité de Babylone*. Cette compagnie
déclara que sa doctrine était blasphématoire, insolente,
impie, déhontée, et qu'il fallait la poursuivre moins par
des arguments que par le fer et le feu. Elle compara
Luther aux plus grands hérésiarques et à Mahomet lui-

même, demandant qu'il fût contraint par tous les moyens possibles de se rétracter publiquement. Le doux Mélanchthon oublia sa modération accoutumée en répondant à cette sentence qu'il appelait le *décret furieux des théologastres de Paris*. « Malheureuse est la France, » disait-il, « d'avoir de pareils docteurs. »

Ces théologiens ouvrirent donc les bras aux plaignants de Meaux; et comme un évêque était impliqué dans la cause, ils demandèrent main-forte au parlement de Paris.

Le parlement n'aimait pas les moines, et se défiait des prêtres. Il avait revendiqué et défendu contre eux, avec une persévérante énergie, les droits de la juridiction laïque. Mais il tenait pour l'une des maximes fondamentales de l'Etat cette devise des vieux temps : *Une foi, une loi, un roi*, et ne croyait pas qu'il fût plus tolérable d'avoir deux religions dans un pays que deux gouvernements.

Le chancelier Antoine Duprat employait toute son autorité à pousser la magistrature vers les mesures de violence. Homme sans religion et sans mœurs, évêque et archevêque sans avoir mis le pied dans ses diocèses, inventeur de la vénalité des charges, signataire du concordat qui indigna les parlements et le clergé même, nommé cardinal pour avoir abaissé le royaume devant le saint-siège, il s'accusa sur son lit de mort de n'avoir suivi d'autre loi que son intérêt, et celui du roi seulement après le sien. Antoine Duprat s'était amassé des richesses immenses; et quand il fit bâtir à l'Hôtel-Dieu de Paris de nouvelles salles pour les malades : « Elle sera bien grande, » dit François Ier, « si elle peut contenir tous les pauvres qu'il a faits. »

La cour voulant s'assurer l'appui du pape dans les guerres d'Italie, favorisa aussi l'esprit de persécution.

Louise de Savoie, qui gouvernait le royaume en l'absence de son fils, alors prisonnier à Madrid, proposa, en 1523, la question suivante à la Sorbonne : *Par quels moyens on pourrait casser et extirper la doctrine damnée de Luther de ce royaume très chrétien, et entièrement l'en purger?* Beda et les siens répondirent qu'il fallait poursuivre l'hérésie avec la dernière rigueur; sinon, qu'il en résulterait un grand préjudice à l'honneur du roi et de Madame Louise de Savoie, et qu'il semblait même à plusieurs qu'on en avait déjà trop enduré. Ces théologiens avaient soin, on le voit, de confondre la cause du trône avec la leur.

Le pape Clément VII eut recours, deux ans après, à la même tactique. « Il est nécessaire, » écrivait-il au parlement de Paris, « en ce grand et merveilleux désor-
» dre qui vient de la furie de Satan, et de la rage et im-
» piété de ses suppôts, que tout le monde fasse ses efforts
» pour garder le salut commun, attendu que cette for-
» cénerie ne veut pas seulement brouiller et détruire la
» religion, mais aussi toute principauté, noblesse, lois,
» ordres et degrés. »

Le clergé tint des conciles, à Paris, sous la présidence du cardinal Duprat, et à Bourges, sous celle de l'arche-vêque François de Tournon, où les réformateurs furent accusés d'avoir trempé dans une *conjuration exécrable*, et le roi très chrétien exhorté à étouffer dans tous ses domaines ces *dogmes de vipères.* Les hérétiques opiniâtres devaient être exterminés, et les moins coupables faire en prison une pénitence perpétuelle avec *le pain de dou-leur et l'eau de tristesse.*

Nous avons anticipé sur notre récit, afin de montrer quels furent en France les premiers auteurs des persécu-tions. On remarquera que l'Italie y joua le principal rôle avec la régente Louise de Savoie ; avec les cardinaux qui sont par-dessus tout princes romains ; avec les moines et les prêtres, qui font profession d'être sujets du saint-siège avant d'appartenir à leur pays. Cette observation reparaîtra en divers endroits de notre histoire, et nous prouverons en son lieu que la Saint-Barthélemy fut, selon l'expression d'un écrivain moderne, un *crime italien*. Revenons maintenant à l'église de Meaux.

L'évêque Briçonnet fit d'abord tête à l'orage ; il osa même traiter les Sorbonistes de pharisiens et d'hypocrites ; mais cette fermeté dura peu ; et quand il vit qu'il aurait à répondre de ses actes devant le parlement, il recula. Dans quelle mesure abjura-t-il la foi qu'il avait prêchée ? On l'ignore. Tout se fit à huis clos devant une commission composée de deux conseillers clercs et de deux conseillers laïques du parlement. Après avoir été condamné à payer une amende de deux cents livres, Briçonnet retourna dans son diocèse, et tâcha de ne plus faire parler de lui (1523-1525).

Les nouveaux convertis de Meaux furent plus persévérants. L'un d'eux, Jean Leclerc, ayant affiché à la porte de la cathédrale un placard où il accusait le pape d'être l'Antechrist, fut condamné, en 1523, à être fouetté pendant trois jours dans les carrefours de la ville, et marqué au front d'un fer chaud. Lorsque le bourreau lui imprima le signe d'infamie, une voix retentit dans la foule, disant : *Vive Jésus-Christ et ses enseignes !* On s'étonne, on regarde : c'était la voix de sa mère.

L'année suivante, Jean Leclerc souffrit le martyre à Metz, qui n'était pas encore une ville de France.

Le premier de ceux qui furent brûlés, pour cause d'hérésie, dans les anciennes limites du royaume, était né à Boulogne, et se nommait Jacques Pauvent ou Pavanes. Disciple de Lefèvre qu'il avait accompagné à

Meaux, il fut accusé d'avoir écrit des thèses contre le purgatoire, l'invocation de la Vierge et des saints, et l'eau bénite. « C'était, » dit Crespin, « un homme de » grande sincérité et intégrité (1). »

On le condamna, en 1524, à être brûlé vif sur la place de Grève. Pavanes, jeune encore, avait, dans un moment de faiblesse, prononcé une espèce de rétractation. Mais il reprit bientôt tout son courage, et marcha au supplice d'un front calme : plus heureux de mourir en confessant sa foi que de vivre en la reniant. Au pied du bûcher, il parla du sacrement de la cène avec tant de force qu'un docteur disait : « Je voudrais que Pavanes n'eût point parlé, quand même il en eût coûté à l'Eglise un million d'or. »

Les exécutions se multiplièrent. L'une des victimes les plus illustres de ces premiers temps fut Louis de Berquin, dont Théodore de Bèze a dit, avec quelque exagération sans doute, qu'il aurait été pour la France un autre Luther, s'il eût trouvé. en François Ier un second Electeur de Saxe. L'histoire de sa vie et de sa mort jette un grand jour sur les commencements de la Réformation dans notre pays.

Louis de Berquin était d'une famille noble de l'Artois. Bien différent des anciens chevaliers, qui ne connaissaient que la cape et l'épée, il s'appliquait sans relâche aux exercices de l'esprit : homme franc, du reste, loyal, ouvert pour ses amis, généreux aux pauvres, et parvenu à l'âge de quarante ans sans être marié, ni avoir donné sujet au moindre soupçon d'incontinence : *chose merveilleusement rare entre les courtisans*, dit une vieille chronique.

Comme Lefèvre et Farel, il était fort dévot. Avant

(1) *Hist. des Martyrs*, p. 93.

que le Seigneur l'eût attiré à la connaissance de son Evangile, il était, selon le récit de Crespin, « grand sec-
» tateur des constitutions papistiques, grand auditeur des
» messes et sermons, observateur des jeûnes et jours de
» fêtes... La doctrine de Luther, alors bien nouvelle en
» France, lui était en extrême abomination » (p. 96).

Mais deux choses le détachèrent du catholicisme. Esprit éclairé, il méprisait la grossière ignorance des docteurs de Sorbonne; cœur sans fraude, il s'indignait de leurs ténébreuses manœuvres; et comme il avait son franc-parler à la cour, il s'en expliquait librement devant François Ier, qui le tenait en grande affection, et pour son caractère, et aussi à cause de son mépris des moines.

Une controverse qu'il eut sur des subtilités d'école avec le docteur Duchéne, ou *maître de Quercû*, comme on l'appelait, lui fit ouvrir la Bible. Berquin fut étonné tout ensemble de n'y pas trouver ce qu'il cherchait, et d'y trouver ce qu'il n'y cherchait pas. Rien sur l'invocation de la vierge Marie; rien sur plusieurs des dogmes réputés fondamentaux dans l'Eglise romaine; et, d'une autre part, des articles importants dont Rome fait à peine mention dans ses formulaires. Ce qu'il pensa là-dessus, le gentilhomme le déclara de bouche et par écrit. Les Sorbonistes, empressés de le surprendre en faute, le dénoncèrent au parlement en 1523, et joignirent à leurs plaintes quelques extraits de ses livres, dont ils avaient fait *du venin à la manière des araignées*, dit encore notre chronique. Mais sur de pareils griefs, comment condamner un conseiller et un favori du roi ? Il fut renvoyé absous. Les docteurs de Sorbonne prétendirent que c'était une grâce qui devait l'exciter au repentir; Berquin leur répondit que c'était tout simplement un acte de justice.

La querelle alla en s'aigrissant. Le gentilhomme s'étant mis à traduire quelques petits écrits de Luther et de Mélanchthon, Noël Beda et ses suppôts firent une descente dans sa bibliothèque. Deuxième plainte au parlement, et citation devant l'évêque de Paris. Heureusement François Ier évoqua l'affaire devant son conseil, et renvoya Berquin libre, en l'exhortant à être plus prudent à l'avenir.

Mais il n'en fit rien. Les convictions fortes ne consentent jamais à se taire. De là le troisième emprisonnement de Berquin. Pour cette fois, les Sorbonistes espéraient qu'il ne leur échapperait plus. François Ier était à Madrid; Marguerite de Valois n'avait aucun pouvoir; Louise de Savoie secondait les persécuteurs. Le parlement était décidé à sévir. On comptait déjà les jours que Berquin avait à vivre, lorsqu'un ordre du roi, daté du 1er avril 1526, enjoignit de suspendre l'affaire jusqu'à son retour.

Quand il fut de nouveau en liberté, les conseils des tièdes et des timides ne lui manquèrent pas. Erasme en particulier, qui, selon les historiens du temps, voulait *rester neutre entre l'Evangile et la papisterie et nager entre deux eaux*, ayant appris qu'il voulait publier une traduction d'un de ses livres latins, en y ajoutant des notes, lui écrivit lettres sur lettres pour l'engager à s'abstenir. « Laissez là ces frelons, » disait-il. « Par-dessus tout, ne » me mêlez point à ces affaires. Mon fardeau est assez » lourd. Si c'est votre plaisir de disputer, soit; pour moi, » je n'en ai nulle envie. » Et ailleurs : « Demandez une » légation en pays étranger; voyagez en Allemagne. Vous » connaissez Beda et ses pareils; c'est une hydre à mille » têtes qui lance de tous côtés son venin. Vos adversaires » s'appellent légion. Votre cause fût-elle meilleure que » celle de Jésus-Christ, ils ne vous lâcheront pas qu'ils

» ne vous aient fait périr cruellement. Ne vous fiez pas
» trop à la protection du roi. Dans tous les cas, ne me
» commettez pas avec la Faculté de théologie (1). »

Erasme avait épuisé sa banale rhétorique pour faire
céder le brave gentilhomme. « Et savez-vous ce que j'y
» ai gagné ? » dit-il naïvement à l'un de ses amis ; « j'ai
» redoublé son courage. » En effet, Berquin résolut de
prendre l'offensive, et, comme cet ancien roi, d'attaquer
Rome dans Rome. Il tira des livres de Beda et de ses confrères douze propositions qu'il accusa devant François Ier
d'être malsonnantes, contraires à la Bible et hérétiques.

La clameur des Sorbonistes fut immense. Quoi ! eux-
mêmes, les défenseurs de la foi, les colonnes de l'Eglise,
ils se voyaient taxés d'hérésie par un luthérien qui avait
mille fois mérité le dernier supplice ! et, après avoir
poursuivi les autres, ils en étaient réduits à se justifier !

Le roi, qui n'était pas fâché d'humilier ces docteurs
turbulents, écrivit à la Sorbonne pour lui ordonner de
censurer les douze propositions dénoncées par Berquin,
ou de les établir sur des textes de la Bible. L'affaire prenait une tournure grave, et l'on ne sait ce qui serait
arrivé, si une image de la Vierge n'avait été mutilée,
en ce temps-là, dans un carrefour de Paris.

Les Sorbonistes s'emparent aussitôt de l'accident. C'est
un vaste complot ; c'est un attentat contre la religion,
contre le prince, contre l'ordre et la tranquillité du
royaume ! Toutes les lois vont être renversées, toutes
les dignités abolies ! Voilà le fruit des doctrines prêchées
par Berquin ! Aux cris de la Sorbonne et des prêtres, le
parlement, le peuple, le roi même s'émeuvent. Guerre
aux briseurs d'images ! plus de merci pour les héréti-

(1) Erasme Epp., t. II, p. 1206.

ques! Et Berquin rentre en prison pour la quatrième fois.

Douze commissaires, délégués par le parlement, le condamnent à faire abjuration publique, puis à rester détenu tout le reste de sa vie, après avoir eu la langue percée d'un fer chaud. « J'en appelle au roi, » s'écrie Berquin. — « Si vous ne vous soumettez pas à notre sentence, » lui répondit un des juges, « nous ferons que jamais vous n'en appeliez ailleurs. » — « J'aime mieux mourir, » dit Berquin, « que d'approuver seulement par mon silence que l'on condamne ainsi la vérité. » — « Qu'il soit donc étranglé et brûlé sur la place de Grève! » dirent les juges d'une même voix.

On attendit que François Ier fût absent pour exécuter la sentence; car on craignait qu'un dernier reste d'affection ne se réveillât dans le cœur du monarque pour son loyal serviteur. Le 10 novembre 1529, six cents hommes escortèrent Berquin au lieu du supplice. Il ne donna aucun signe d'abattement. « Vous eussiez dit » (c'est Erasme qui le raconte d'après un témoin oculaire) « qu'il était dans » une bibliothèque à poursuivre ses études, ou dans un » temple à méditer sur les choses saintes. Quand le bour- » reau, d'une voix rauque, lui lut son arrêt, il ne changea » point de visage. Il descendit du tombereau d'un pas » ferme. Ce n'était pas l'abrutissement d'un scélérat en- » durci; c'était la sérénité, la paix d'une bonne con- » science. »

Berquin voulut parler au peuple. On ne l'entendit point, les moines ayant apposté des misérables pour couvrir sa voix de leurs clameurs. Ainsi la Sorbonne de 1529 avait donné à la commune de Paris de 1793 le lâche exemple d'étouffer sur l'échafaud les paroles sacrées des mourants.

Après l'exécution, le docteur Merlin, grand pénitencier, dit tout haut devant le peuple que personne en France, depuis plus de cent ans peut-être, n'était mort en meilleur chrétien.

III

Il était resté, malgré les persécutions, un grand nombre de luthériens dans la ville de Meaux (1).

Ces fidèles, abandonnés de leurs prédicateurs et désavoués par l'évêque, s'assemblaient en secret. Une chaumière isolée, le galetas d'un cardeur de laine, le taillis d'un bois, tout leur était bon, pourvu qu'ils pussent lire les Ecritures et prier ensemble. De temps à autre, l'un d'eux, arraché de son humble asile, allait sceller sa foi de son sang.

Les prédicateurs s'étaient dispersés. Jacques Lefèvre, après de longues traverses, termina sa carrière à Nérac, sous la protection de Marguerite de Valois. Trop vieux pour jouer dans la Réforme française un rôle actif, il en suivait de loin les progrès. Il dit en mourant : « Je laisse mon corps à la terre, mon esprit à Dieu, et mon bien aux pauvres. » Ces paroles ont été gravées, dit-on, sur la pierre de son tombeau.

Guillaume Farel n'était ni d'un âge ni d'un caractère à s'arrêter devant la persécution. Il s'en alla, au sortir de

---

(1) On doit observer que le nom de *protestant* ne fut généralement donné en France aux disciples de la Réforme qu'à la fin du dix-septième siècle, et il ne serait pas plus exact de les appeler ainsi, dans la première moitié de notre histoire, que de désigner sous le nom de *Français* les contemporains de Clovis. On les nomma dans les commencements *luthériens, sacramentaires,* puis *calvinistes, huguenots, religionnaires,* ou *ceux de la religion.* Ils s'appelaient eux-mêmes les *évangéliques,* les *fidèles,* les *réformés.* Le nom de *protestant* ne s'appliquait alors qu'aux disciples de la Réforme luthérienne en Allemagne.

Meaux, prêcher l'Evangile dans les montagnes du Dauphiné. Trois de ses frères partagèrent sa foi. Encouragé
par ce succès, il se mit à parcourir les villes et les campagnes.

Ses appels agitant toute la contrée, les prêtres tra-
vaillent à la soulever contre lui; mais son ardeur s'ac-
croît avec le péril. Partout où il a une place pour y
poser le pied, sur le bord des rivières, aux angles des
rochers, dans le lit des torrents, il en a une pour annoncer la nouvelle doctrine. On le menace, il tient ferme;
on l'enveloppe, il échappe; on le pousse hors d'un lieu,
il reparaît dans un autre. Enfin, quand il se voit comme
enserré de toutes parts, il se retire en Suisse par des
chemins de traverse, et arrive à Bâle au commencement
de l'an 1524. Là, pour suppléer au défaut de la parole
vivante, il multiplie la parole écrite, et fait imprimer des
milliers de Nouveaux Testaments qui vont se disséminer
en France par la main des colporteurs. La Bible est un
prédicateur qu'on peut aussi brûler, sans doute, mais
c'est un prédicateur qui renaît de ses cendres.

Çà et là se levaient d'autres missionnaires de la Réforme. L'histoire doit en conserver les noms : à Grenoble, Pierre de Sebville; à Lyon, Amédée Maigret; à
Mâcon, Michel d'Arande; à Annonay, Etienne Macho-
polis et Etienne Renier; à Bourges et à Orléans, Melchior
Wolmar, docte helléniste venu d'Allemagne; à Toulouse,
Jean de Caturce, licencié en droit et professeur.

Ce dernier souffrit le martyre, et les circonstances en
sont mémorables. Trois chefs d'accusation l'avaient fait
saisir au mois de janvier 1532. Il avait proposé, la veille
de la fête des Rois, de remplacer, par la lecture de la
Bible, les danses accoutumées. Au lieu de dire : *Le roi
boit*, il avait crié : *Que Jésus-Christ règne en nos cœurs!*

Enfin, il avait tenu une assemblée de religion à Limoux, sa ville natale.

Traduit devant les juges, il leur dit : « Je suis prêt à me justifier de tout point. Faites venir ici des gens instruits avec des livres; nous discuterons la cause article par article. » Mais on craignit de tenter l'épreuve. Jean de Caturce était homme de grand sens; il avait l'esprit net, la parole prompte, et citait les Ecritures avec un merveilleux à-propos. On lui offrit sa grâce à condition qu'il se rétracterait dans une leçon publique. Il refusa et fut condamné à mort comme hérétique obstiné.

Bientôt après, conduit sur la place Saint-Etienne, il est dégradé de sa tonsure, puis de son titre de licencié. Pendant cette cérémonie qui dure trois heures, il explique la Bible aux assistants. Un moine l'interrompt pour prononcer le *sermon de la foi catholique*, comme faisaient les inquisiteurs. Il avait pris pour texte ces paroles de saint Paul : « L'Esprit dit expressément qu'aux derniers temps quelques-uns se révolteront de la foi, s'adonnant aux esprits séducteurs et aux démons... » et il s'arrêtait là. « Suivez, suivez au texte, » lui crie Caturce. Mais l'autre n'ouvrant pas la bouche, le martyr prononce à haute voix la suite du passage : « Enseignant des mensonges par hypocrisie, ayant la conscience cautérisée, défendant de se marier, ordonnant de s'abstenir des viandes que Dieu a créées pour les fidèles (1). » Le moine était muet de honte, et le peuple admirait la singulière présence d'esprit de Jean de Caturce.

On lui fait endosser un habit de bouffon, selon l'usage introduit par les anciens persécuteurs des Albigeois; et ramené devant ses juges qui lui lisent son arrêt de mort,

(1) I Tim., IV, 1-3.

il s'écrie : « O palais d'iniquité ! ô siège d'injustice ! »
Deux cent trente ans après, Jean Calas aurait pu prononcer les mêmes paroles, en descendant les degrés du
même palais de Toulouse.

Cependant la violence de la persécution n'empêchait
pas les prosélytes de se multiplier. Il y en avait de tout
rang, et ils étaient déjà si nombreux dans un canton de
la Normandie qu'on l'appelait la *petite Allemagne*, comme
on le lit dans une lettre de Bucer, adressée à Luther en
1530. Plus d'un religieux dépouillait le froc pour embrasser la foi réformée. J'en citerai un seul exemple qui
sera en quelque manière le type d'une foule d'autres.

François Lambert, né à Avignon én 1487, avait conçu
dès son enfance une profonde vénération pour les Franciscains qui passaient chaque jour devant sa porte.
« J'admirais, » dit-il, « leur costume sévère, leur visage
» recueilli, leurs yeux baissés, leurs bras dévotement
» croisés, leur démarche grave, et j'ignorais que, sous
» ces peaux de brebis, se cachaient des loups et des
» renards. »   .

Les religieux avaient aussi remarqné la naïve exaltation du jeune homme. « Venez chez nous, » lui dirent-
ils ; « le couvent a de bons revenus ; vous vivrez en paix
dans votre cellule, et vous y poursuivrez vos études tout
à votre aise. » Il fut reçu novice à l'âge de quinze ans
et trois mois. Son temps d'épreuve se passa bien. Les
moines eurent soin de lui cacher leurs querelles et leurs
désordres. « L'année suivante je prononçai mes vœux, »
ajoute Lambert, « n'ayant pas la moindre idée de ce que
» je faisais. »

En effet, dès qu'on ne craignit plus de le voir partir,
quelles tristes découvertes ! quels cruels mécomptes ! Il
espérait vivre parmi des saints, et ne trouvait que des

hommes déréglés et des impies. Quand il en exprimait
sa peine, on se moquait de lui.

Pour sortir du couvent sans rompre ses vœux, il se
fit nommer *prédicateur apostolique;* mais sa position n'en
devint pas meilleure. On l'accusait de négliger les intérêts de l'Ordre. « Quand je revenais bien fatigué de mes
» courses, » dit-il, « les injures et les malédictions étaient
» l'ordinaire assaisonnement de mes repas. » Ses confrères lui reprochaient surtout d'avoir trop durement censuré
ceux qui les hébergeaient, bien que plusieurs fussent de
vils usuriers ou des hanteurs de mauvais lieux. « Que
faites-vous? » lui disait-on; « ces gens-là vont se fâcher;
ils ne nous donneront plus ni table ni logement. » —
« C'est-à-dire, » continue Lambert, « que ces esclaves
» de leurs ventres craignaient moins de perdre les âmes
» de leurs hôtes que leurs dîners. »

De désespoir, il eut la pensée de se faire Chartreux,
afin d'écrire, s'il ne pouvait plus prêcher. Mais un nouvel orage, et le plus terrible de tous, vint fondre sur lui.
Les moines découvrirent dans sa cellule quelques traités
de Luther. Luther dans une maison de religieux! Ils se
mirent à vociférer d'une seule voix : *Hérésie! hérésie!* et
brûlèrent ces écrits sans en lire une seule ligne. « Quant
» à moi, » dit Lambert, « je crois que les livres de Luther
» contiennent plus de vraie théologie qu'on n'en trou-
» verait dans tous ceux des moines, depuis qu'il y a des
» moines au monde. »

On le chargea, en 1523, de porter des lettres au général de l'Ordre; mais soupçonnant quelque perfidie, il
profita de sa liberté pour passer la frontière d'Allemagne,
et alla s'asseoir au pied de la chaire de Luther. « Je re-
» nonce, » dit-il, en terminant son récit, « à toutes les rè-
» gles des Frères Mineurs, sachant que le saint Evangile

» doit être ma seule règle, et celle de tous les chrétiens.
» Je rétracte tout ce que j'ai pu enseigner de contraire à
» la vérité révélée, et je prie ceux qui m'ont entendu de
» le rejeter comme moi. Je me délie de toutes les ordon-
» nances du pape, et je consens à être excommunié par
» lui, sachant qu'il est lui-même excommunié par le Sei-
» gneur (1). »

Il se maria dans la même année 1523, et fut le premier religieux de France qui ait rompu le vœu du célibat. Il revint sur les frontières, à Metz et à Strasbourg,
et voulut aussi aller à Besançon. Mais ayant rencontré
partout de grands obstacles, il retourna en Allemagne,
fut nommé professeur à Marbourg, et servit à répandre
la foi réformée dans le pays de Hesse. Il y mourut en
1530, avec la réputation d'un chrétien fidèle et d'un
savant théologien.

Pendant que la nouvelle religion faisait des prosélytes
dans les villes, dans les campagnes et jusque dans les
couvents des provinces, elle commençait à pénétrer à
Paris. Elle y trouva un puissant protecteur en Marguerite de Valois. « Son nom, » dit Théodore de Bèze, « est
» digne d'un honneur perpétuel, à cause de sa piété, et de
» la sainte affection qu'elle a montrée pour l'avancement
» et la conservation de l'Eglise de Dieu, tellement que
» nous lui sommes obligés de la vie de plusieurs bons
» personnages (2). »

Marguerite de Valois était née à Angoulême, en 1492.
Mariée en 1509 au duc d'Alençon, et en 1527 à Henri II,
roi de Navarre, elle fut aussi éminente par son esprit
que par son rang. Il est douteux que le recueil des con-

---

(1) Voir la narration de Lambert dans Gerdès, *Hist. Réform.*, t. IV, Doc.,
p. 21-281.

(2) *Les vrais Portraits*, etc.

tes licencieux qu'on lui attribue soit sorti de sa plume ;
mais lors même qu'elle y aurait travaillé, ce serait un
tort de jeunesse qu'elle a noblement réparé depuis. Marguerite fut vertueuse dans une cour dissolue.

Ayant ouï parler d'une réforme qui secouait le joug
des traditions humaines, elle voulut la connaître, et s'en
entretint avec Lefèvre d'Etaples, Farel et Briçonnet.
Elle goûta leurs idées, lut la Bible, et adopta les nouvelles doctrines, toutefois avec cette nuance de mysti-
cisme qui caractérisait quelques-uns de ceux dont elle
écoutait les leçons (1).

Le volume de poésies qu'elle publia sous le titre de
Marguerites de la Marguerite des princesses, contient de
touchantes révélations sur l'état de son âme. Elle protégea les prédicateurs de la Réforme, leur donna de l'argent pour leurs voyages, les accueillit dans des retraites sûres, et en fit sortir plusieurs de prison. Aussi dans
leur correspondance, la nommaient-ils la bonne dame,
la très excellente et très chère chrétienne.

Intelligente et dévouée, elle avait rendu à son frère,
François Ier, pendant qu'il était captif à Madrid, des services qui ne s'oublient pas, et avait acquis sur lui une
influence qu'elle tournait au profit des nouvelles idées.

François Ier n'a jamais bien su ce qu'il était ni ce qu'il
voulait en matière de religion. Doué de qualités plus
brillantes que solides, il prenait souvent pour des calculs profonds les variations de son humeur. Fier par-
dessus tout d'être roi-chevalier, il avait de l'antique chevalerie la passion des armes et celle des aventures
galantes, mais il n'en avait plus la sévère loyauté. L'Italie

---

(1) Nous ne pouvons esquisser ici que les grands traits. Si l'on veut connaître l *école mystique* des premiers temps de la Réforme française, on doit
lire la monographie de *Gérard Roussel*, par M. le professeur C. Schmidt, etc.

des Borgia et des Machiavel avait, pour ainsi parler, déteint sur lui; et s'il n'avait pas protégé les gens de lettres qui se sont généreusement acquittés envers lui devant la postérité, on se demanderait s'il eut autre chose que les apparences des vertus qui lui ont fait donner le nom de grand roi.

La Réformation lui plaisait comme une machine de guerre contre les moines qu'il tenait en mépris; mais elle rebutait par ses austères maximes un prince qui avait rempli sa cour de favorites. Les prêtres ne se lassaient pas, d'ailleurs, de lui représenter les disciples de la nouvelle religion comme des ennemis de tout ordre social. L'historien Seckendorf cite une lettre, datée de la cour de France en 1530, où ils sont accusés de vouloir la chute des princes, la parfaite égalité des droits, et même la rupture des mariages et la communauté des biens. François Ier fut très frappé de ces calomnies, et Brantôme rapporte qu'il disait : « Ces nouveautés ne » tendent à rien moins qu'au renversement de toute mo- » narchie divine et humaine. »

Cela fait comprendre pourquoi, en certains moments de son règne, bien qu'il ne fût pas naturellement cruel, il se montra si impitoyable envers les réformés. Il croyait agir en homme d'Etat, et cherchait à étouffer dans des flots de sang les sinistres fantômes dont le clergé catholique avait peuplé son esprit.

Ce fut, du reste, un étrange et intéressant spectacle que celui de la lutte entre Marguerite de Valois et son frère sur la conduite à tenir envers les réformés. Tantôt c'est la femme chrétienne qui l'emporte. François Ier résiste à la Sorbonne. Il promet de prendre des luthériens *le plus qu'il pourrait et le plus avant qu'il pourrait ;* il veut leur accorder ce qu'on a nommé *la messe à sept points ,* où la suppression de sept abus dans le culte de l'Eglise romaine. Tantôt c'est le prince catholique ou politique qui paraît triompher. Marguerite de Valois fléchit devant les emportements de son frère, s'enveloppe de docilité et de silence, reprend même certaines pratiques du catholicisme, et voile enfin sa foi de telle manière qu'on dispute encore pour savoir si elle est morte dans l'ancienne communion ou dans la nouvelle.

IV

Il sembla, en 1533, que de meilleurs jours allaient se lever sur la Réforme française. La reine-mère, Louise de Savoie, qui pensait racheter par une fanatique bigoterie les désordre de sa jeunesse, venait de mourir. François Ier avait fait alliance avec les protestants de la ligue de Smalcalde, et le crédit de Marguerite de Valois s'en était accru. Elle en profita pour faire ouvrir les chaires de Paris à Gérard Roussel, Courault et Bertault, qui inclinaient vers les doctrines réformées. L'évêque Jean du Bellay ne s'y opposa point. Il avait beaucoup de lecture et dans ses lettres à Mélanchthon il signait : *Le vôtre de cœur.*

La foule fut grande dans les églises. Noël Beda et d'autres docteurs de Sorbonne essayèrent de soulever le peuple ; mais ils furent exilés par le Parlement. Alors la colère des moines ne respecta plus rien. Ils firent jouer dans leur collège de Navarre une pièce ou Marguerite de Valois, lisant la Bible et jetant son fuseau, était subitement changée en furie d'enfer. Les Sorbonistes condamnèrent en même temps un livre de Marguerite intitulé : *Le Miroir de l'Ame pécheresse*, où il n'était fait mention, ni des saints, ni du purgatoire, ni d'une autre rédemption que de celle de Jésus-Christ. Un Cordelier déclara en plein sermon que Marguerite méritait d'être enfermée dans un sac et jetée au fond de la rivière.

C'était plus d'insolence que le roi n'en pouvait endurer. Il fit punir les régents du collège de Navarre, et désavouer la censure de la Sorbonne par l'université en corps. Il parlait même d'infliger au Cordelier la peine dont celui-ci avait menacé Marguerite de Valois ; mais elle intercéda pour lui, et la punition fut commuée.

Ces dispositions de François Ier ne durèrent pas longtemps. Ayant eu une entrevue avec Clément VII à Marseille, au mois d'octobre 1533, pour le mariage de son fils Henri avec Catherine de Médicis, nièce du pape , et désirant s'allier avec ce pontife pour la conquête du Milanais, le rêve de toute sa vie , il revint à Paris très animé contre les hérétiques. Beaucoup de luthériens ou de sacramentaires, comme on les appelait alors , furent jetés en prison, et la chaire fut interdite aux trois prédicateurs suspects.

Les nouveaux convertis, déjà très nombreux, ne supportaient pas tous avec patience les coups de la persécution, et gémissaient de n'avoir plus de pasteurs. Sur ces entrefaites arriva un nommé de Féret, apportant de la Suisse des placards contre la messe, et il proposa de les répandre dans tout le royaume. Les plus sages s'y opposèrent, disant que trop de précipitation pourrait tout perdre. Mais les exaltés, ainsi qu'il arrive presque toujours dans les moments de crise , firent prévaloir leur avis.

Le 18 octobre 1534, les habitants de Paris trouvèrent sur les places publiques, dans les carrefours, aux murs des palais, aux portes des églises un placard ayant ce titre : « Articles véritables sur les horribles, grands et

importables abus de la messe papale, inventée directement contre la sainte cène de notre Seigneur, seul Médiateur et seul Sauveur Jésus-Christ. »

Ce document est écrit d'un style âpre et violent. Papes, cardinaux, évêques et moines y sont poursuivis
d'amères invectives. Il se termine ainsi : « En somme,
» vérité leur fait défaut, vérité les menace, vérité les
» pourchasse, vérité les épouvante, par laquelle en bref
» leur règne sera détruit à jamais. »

Le peuple s'attroupe autour des placards. Il circule
des rumeurs atroces, telles que les masses en inventent
dans leurs jours de colère. On dit que les luthériens ont
tramé une affreuse conspiration, qu'ils veulent mettre le
feu aux églises, tout brûler, tout massacrer. Et la multitude crie : *Mort, mort aux hérétiques!* Les prêtres, les
moines, trompés les premiers peut-être, attisent ces fureurs. Les magistrats, bien que plus calmes, s'irritent
d'une attaque si hardie contre l'ordre ecclésiastique du
royaume.

Au château de Blois, où était alors François Ier,
l'orage éclate avec une égale violence. Un placard avait
été affiché (plusieurs soupçonnent que ce fut par une
main ennemie) à la porte même de la chambre du roi.
Le prince y voit une insulte, non seulement contre son
autorité, mais contre sa personne, et le cardinal de
Tournon enfonça si avant cette pensée dans son cœur,
qu'il délibéra, dit un historien, de tout exterminer, s'il
eût été en sa puissance.

Aussitôt des ordres sont donnés de se saisir des sacramentaires, morts ou vifs. Le lieutenant-criminel, Jean
Morin, se fait assister d'un certain gaînier ou faiseur
d'étuis, qui avait été *avertisseur* pour les assemblées secrètes, et auquel on promet la vie sauve, à condition

qu'il mènera les sergents dans toutes les maisons des
hérétiques. Les uns, informés à temps, prennent la
fuite ; les autres, hommes et femmes, ceux qui avaient
blâmé les placards comme ceux qui les avaient approuvés, sont entassés pêle-mêle dans les prisons.

On rapporte que le lieutenant-civil, étant entré chez
l'un d'eux, Barthélemy Milon, qui était perclus de tout
son corps, lui dit : « Allons, lève-toi. — Hélas! monsieur, » répondit le paralytique, « il faudrait un plus
grand maître que vous pour me faire lever. » Des sergents l'emportèrent, et il alla raffermir le courage de ses
compagnons de captivité.

Leur procès fut bientôt fait. Mais pour la Sorbonne et
le clergé, ce n'était pas assez du sang des hérétiques.
Ils voulaient frapper l'imagination du peuple par une
procession *généralissime*, et, en persuadant au roi d'y
assister, le lier décidément au système de la persécution.
Cette fête marque une date importante dans notre récit ;
car c'est de ce moment que le peuple de Paris intervint
dans la lutte contre les hérétiques ; et une fois monté
sur la scène, il n'en descendit qu'à la fin de la Ligue.
Dans l'enchaînement des idées et des faits, cette procession, entremêlée de supplices, fut la première des
sanglantes journées du seizième siècle ; la Saint-Barthélemy, les Barricades, l'assassinat d'Henri III et l'assassinat d'Henri IV devaient la suivre.

Un chroniqueur du temps, Simon Fontaine, docteur
de Sorbonne, nous en a laissé une longue description.
Ce fut le 29 janvier 1535. Une foule innombrable était
venue de toute la contrée environnante. « Il n'y avait
» tant soit petit bout de bois ou de pierre saillant des
» murailles qui ne fût chargé, pourvu qu'il y eût place
» pour une personne. Les toits des maisons étaient cou-

» verts d'hommes petits et grands , et on eût jugé les
» rues pavées de têtes humaines. »

Jamais tant de reliques n'avaient été promenées par
les rues de Paris. On sortit pour la première fois le re-
liquaire de la Sainte-Chapelle. Des prêtres portaient la
tête de saint Louis, un morceau de la vraie croix, la vraie
couronne d'épines, un vrai clou et le vrai fer de la lance
qui avait percé le corps du Seigneur. La châsse de sainte
Geneviève , patronne de Paris, était portée par la corporation des bouchers, qui s'étaient préparés à ce saint
office par un jeûne de plusieurs jours, et chacun avait à
cœur de toucher la précieuse relique du bout du doigt,
ou de son mouchoir ou de son bonnet.

Cardinaux, archevêques et évêques, chapés et mitrés,
figuraient en leur place. Puis venait le roi , tête nue,
une torche de cire ardente à la main ; derrière lui marchaient tous les princes, chevaliers, conseillers des parlements, corps de métiers, confréries. Le long des maisons se tenaient les bourgeois avec des cierges allumés,
et ils s'agenouillaient au passage du saint-sacrement.

Après la messe, le roi dîna au palais de l'évêque avec
ses fils, la reine et les princes du sang. Le repas fini ,
il appela le clergé, les ambassadeurs, les seigneurs, les
présidents des cours de justice, tous les notables ; et
s'étant assis sur un trône, il protesta qu'il ne pardonne-
rait pas même à ses enfants le crime d'hérésie, et que
s'il savait que l'un des membres de son corps en fût infecté, il le retrancherait de ses propres mains.

Le même jour, six luthériens furent brûlés. Aux plus
fermes on avait d'avance coupé la langue, de peur
qu'une parole de foi ou une prière, sortant du milieu
des flammes, n'allât remuer la conscience des bourreaux. On les avait suspendus à une potence mobile qui,

s'élevant tour à tour et s'abaissant, les plongeait dans le
feu et les en retirait, jusqu'à ce qu'ils fussent entièrement
consumés. C'était le supplice de l'*estrapade*. Le féroce
empereur de Rome qui souhaitait que ses victimes se
sentissent mourir n'avait pas inventé cela, et l'Inquisition d'Espagne accordait aux Sarrasins et aux Juifs la
faveur d'être brûlés plus vite.

En retournant au Louvre, François Ier fut témoin de
ces exécutions. Le bourreau attendait qu'il passât pour
lui en donner le spectacle.

Une ordonnance fut ensuite rendue, prononçant l'extermination des hérétiques, avec peine de mort contre
ceux qui les cacheraient, et promesse du quart des biens
des victimes pour les dénonciateurs.

François Ier eut bientôt sujet de se repentir d'avoir
cédé à cet accès de frénésie. Les protestants d'Allemagne en furent indignés et menacèrent de s'allier contre
lui avec la maison d'Autriche. Il leur fit donner des explications par son ambassadeur, Guillaume de Langey, disant que ceux qu'il avait mis à mort étaient des séditieux, des sacramentaires, et non des luthériens. Il reprit
même, pour se réconcilier avec la ligue de Smalcalde,
les ouvertures qui avaient été faites à Mélanchthon, afin
de l'attirer à Paris ; et il publia un édit plus doux, qui
ordonnait de relâcher les personnes suspectes d'hérésie,
à la condition qu'elles abjureraient avant six mois. Cet
édit de Coucy, rédigé pour des raisons politiques, ne fut
jamais bien exécuté.

Marguerite de Valois se retira dans le Béarn, où sa
petite cour devint l'asile des hommes célèbres qui échappaient à la persécution. Beaucoup de familles refugiées
apportèrent dans ces provinces leur industrie et leur fortune. Tout prit une face nouvelle. Les lois furent corri-

gées, les arts cultivés, l'agriculture perfectionnée, des écoles ouvertes, et le peuple fut préparé à recevoir les enseignements de la Réformation.

La reine de Navarre mourut en 1549, pleurée des Béarnais, qui aimaient à répéter sa généreuse maxime : « Les rois et les princes ne sont par les maîtres et seigneurs des petits, mais seulement des ministres que Dieu a établis pour les servir et conserver. »

Marguerite de Valois fut la mère de Jeanne d'Albret et l'aïeule de Henri IV.

V

En butte à des calomnies qui descendaient du trône, et de là se répandaient dans toute l'Europe ; accusés d'être des séditieux, des blasphémateurs, des ennemis de Dieu et des hommes ; jugés et condamnés à huis clos ; ayant enfin la langue coupée avant de subir le dernier supplice, les réformés de France n'avaient aucun moyen de justification, et leur martyre même était déshonoré.

C'est alors que parut dans l'*Institution de la religion chrétienne* la plus énergique des apologies. « Voici, » dit Calvin dans la préface de son commentaire sur les Psaumes, « ce qui me porta à publier l'*Institution :* premiè-
» rement, afin de décharger d'une injuste accusation
» mes frères, dont la mort était précieuse devant
» Dieu ; et, de plus, afin que, comme les mêmes sup-
» plices pendaient sur la tête de plusieurs pauvres
» fidèles, les nations étrangères fussent touchées de
» quelque ressentiment de leurs maux, et en prissent
» quelque soin. »

Ce livre annonça le véritable chef de la Réforme fran-

4

çaise. Luther était trop loin, et son génie allemand ne pouvait sympathiser complètement avec le nôtre. Guil-laume Farel était trop ardent; il n'avait pas ce caractère ferme et contenu qui doit présider aux grandes entre-prises. Les autres étaient obscurs. On attendait dans les Eglises naissantes l'homme capable de se placer à leur tête, et Calvin fut cet homme-là.

Sa vie est partout; je n'en raconterai que ce qui doit entrer dans le plan de cette histoire.

Jean Calvin naquit en 1509 à Noyon, en Picardie. Destiné dès son enfance à la prêtrise, il fut gratifié d'un bénéfice ecclésiastique à l'âge de douze ans. Mais la vo-lonté de son père et la sienne l'ayant détourné de la théologie, il alla étudier le droit à Bourges et à Orléans. il s'y distingua par sa précoce intelligence et par la sévé-rité de ses mœurs.

La Réformation agitait alors toutes les écoles savantes. Maîtres et élèves ne s'occupaient guère d'autre chose, soit par esprit de curiosité, soit par besoin de cons-cience et de foi. Calvin fut un de ces derniers, et la Bi-ble qu'il reçut des mains d'un de ses parents, Pierre-Robert Olivétan, le détacha du catholicisme, comme elle avait déjà fait pour Zwingle et Luther. Les trois grands réformateurs sont arrivés au même but par le même chemin.

Il n'était pas de ceux qui se taisent sur ce qu'ils croient. Les auditeurs affluèrent autour de lui, et la solitude qu'il aimait lui devint impossible. « De mon côté, » dit-il en-core dans la préface de son commentaire sur les Psau-mes, « d'autant qu'étant d'un naturel sauvage et hon-» teux, j'ai toujours aimé repos et tranquillité, je com-» mençai à chercher quelque cachette et moyen de me » retirer des gens; mais tant s'en faut que je vinsse à

» bout de mon désir qu'au contraire toutes retraites **et**
» lieux à l'écart m'étaient comme écoles publiques. »

Calvin comprit que son temps et ses forces ne lui
appartenaient plus. Il prêcha dans des assemblées se-
crétes à Bourges et à Paris. « Il avança merveilleuse-
» ment le royaume de Dieu en plusieurs familles, » dit
Théodore de Bèze, « enseignant la vérité, non point
» avec un langage affecté dont il a toujours été ennemi,
» mais avec telle profondeur de savoir, et telle et si so-
» lide gravité en son langage, qu'il n'y avait homme
» l'écoutant qui n'en fût ravi en admiration (1). » Il
avait alors vingt-quatre ans.

Un discours qu'il composa, en 1533, pour le recteur
de l'université de Paris, et qui fut taxé d'hérésie par la
Sorbonne, le força de prendre la fuite. Il se sauva,
dit-on, par une fenêtre. Quelques moments après, les
sergents envahissaient son logis.

Il se retira, sous le nom de Charles d'Espeville, à
Angouléme, et fut reçu dans la maison du chanoine Louis
de Tillet, où il eut une riche bibliothèque à son service.
Il était déjà occupé de son grand ouvrage sur la religion
chrétiènne, et y travaillait avec tant d'ardeur qu'il passait souvent les nuits sans dormir et les jours sans manger. Quand il avait achevé un chapitre, il le lisait à ses
amis, et en ouvrant son manuscrit, il avait coutume de
dire : « Trouvons la vérité. »

Il sema les doctrines de la Réforme dans le Poitou
et la Saintonge, publiquement quand il le pouvait, secrètement quand la persécution était trop violente. On montre encore, près de Poitiers, une excavation à laquelle
la tradition populaire donne le nom de *grotte de Calvin.*

---

(1) *Hist des Egl. réf.*, p. 6.

Comme il s'y trouvait un jour avec plusieurs de ses disciples, l'un d'eux lui représenta qu'il fallait bien que le
sacrifice de la messe fût vrai, puisqu'il était célébré dans
tous les lieux de la chrétienté. « Voilà ma messe, » répondit Calvin en montrant la Bible. Puis, jetant son
bonnet de mante sur la table, et levant les yeux au ciel,
il s'écria : « Seigneur, si au jour du jugement tu me re-
prends que je n'ai été à la messe, et que je l'ai quittée,
je te dirai avec raison : Seigneur, tu ne me l'as pas
commandé. Voilà ta loi ; voilà l'Ecriture que tu m'as
donnée, dans laquelle je n'ai pu trouver autre sacrifice
que celui qui fut immolé à l'autel de la croix. »

La cène fut célébrée au fond de la grotte par Calvin
et ses amis. Ainsi, quatorze siècles avant, les chrétiens
communiaient dans les catacombes de Rome ; ainsi, deux
siècles après, les réformés de France ont communié au
désert ; et plus tard, dans les jours de la Révolution, les
prêtres catholiques ont dressé leurs autels au fond des
bois.

Sans cesse en danger de mort, Calvin alla s'établir
à Bâle, la cité de refuge des Français, quand la Genève de la Réforme n'existait pas encore. C'est là
qu'il mit la dernière main à son *Institution de la Religion
chrétienne*, et qu'il la fit paraître au mois d'août 1535.

Ce fut le premier monument théologique et littéraire
de la Réforme française. On peut disputer sur les idées
de Calvin (il était de son temps comme nous sommes du
nôtre), mais on ne peut pas lui contester son génie. Dès
qu'il a posé ses prémisses, qui correspondent au niveau
intellectuel et moral de l'époque ; il les poursuit avec
une incomparable vigueur de logique. Son système est
achevé.

En se répandant au loin dans les écoles, les châteaux

des gentilshommes, les maisons des bourgeois, les ateliers même du peuple, l'*Institution* devint le plus puissant des prédicateurs. Autour de ce livre, les réformés
se rangèrent comme autour d'un drapeau. Ils y trouvèrent tout : doctrine, discipline, organisation ecclésiastique ; et l'apologiste des martyrs fut le législateur de leurs
enfants.

Ne nous arrêtons pas sur le grand style de l'*Institution*.
Calvin tenait peu à la gloire des lettres, quoi qu'en ait
dit Bossuet. Il allait droit aux choses, et l'expression venait claire, énergique, vivante, par cela même qu'il ne
s'inquiétait que de la justesse des pensées.

Dans son épître dédicatoire à François Ier, il réfute
les objections suivantes qu'on adressait aux disciples de
la Réforme : Votre doctrine est nouvelle et incertaine ;
— vous ne la confirmez par aucun miracle ; — vous êtes
en contradiction avec les Pères ; — vous renversez la
tradition et la coutume ; — vous faites la guerre à
l'Eglise ; — vous engendrez des séditions. En terminant,
Calvin supplie le roi d'examiner la confession de foi des
réformés, afin que, voyant qu'ils sont d'accord avec la
Bible, il ne les traite plus comme hérétiques. « C'est
» votre office, sire, » lui dit-il, « de ne détourner ni vos
» oreilles ni votre cœur d'une si juste défense, principa-
» lement quand il est question de si grande chose, c'est
» à savoir comment la gloire de Dieu sera maintenue sur
» terre... O matière digne de vos oreilles, digne de vo-
» tre juridiction, digne de votre trône royal ! »

On assure que le roi ne daigna pas même lire cette
épître. Quelque intrigue de cour, ou un caprice de la
duchesse d'Etampes absorbait apparemment ses loisirs.
Si l'on considérait, non la main de Dieu qui conduit tout,
mais les causes visibles des événements, à quoi tien-

draient les destinées politiques et religieuses des nations ?

Son *Institution* à peine terminée, Calvin alla voir en Italie Renée de France, fille de Louis XII et duchesse de Ferrare, qui avait, comme Marguerite de Valois, ouvert son cœur à la foi réformée. Il s'établit entre eux un commerce de lettres qui ne fut jamais interrompu, et Calvin écrivait encore à Renée sur son lit de mort.

En 1536, il fut nommé pasteur et professeur à Genève. La révolution religieuse, morale, intellectuelle, politique même qu'il y fit entrer avec lui, est en dehors de notre travail. Ajoutons seulement que, du fond de sa nouvelle patrie, il ne cessa d'agir sur la France par ses livres, ses lettres, et par les nombreux étudiants qui, après avoir été nourris de ses leçons, rapportaient dans les Eglises ce qu'il leur avait enseigné. Calvin fut le guide des réformés français, leur conseiller, l'âme de leurs premiers synodes ; et l'immense autorité qu'il exerça sur eux était si bien reconnue qu'on leur donna, vers le milieu du seizième siècle, le nom de *calvinistes*.

« Il était d'une nature remuante le plus possible pour » l'avancement de sa secte, » dit Etienne Pasquier. « Nous » vîmes quelquefois nos prisons regorger de gens abusés, » lesquels sans cesse il exhortait, consolait, confirmait » par lettres, et ne manquait de messagers auxquels les » portes étaient ouvertes, nonobstant quelques diligen- » ces que les geôliers y apportassent (1). »

En considérant les irréparables pertes que le réformateur a fait subir à l'Eglise romaine, on s'étonne peu des anathèmes qu'elle lui a prodigués, et dont elle le poursuit encore. A la grandeur de ses blessures, elle a mesuré la grandeur de ses coups. Nous n'écrivons pas l'apolo-

---

(1) *Recherches sur la France*, t VII, p. 911.

gie de Calvin; mais quelques courtes explications peuvent être ici à leur place.

On a taxé Calvin d'ambition. Il n'avait que celle des hommes de génie, qui sont poussés au premier rang par l'instinct des esprits médiocres et par la force même des choses. En refusant d'y monter, ils ne seraient pas humbles : ils seraient infidèles à leur mission et prévaricateurs. Le vulgaire qui les voit élevés si haut crie à l'orgueil : c'est qu'il juge de la vocation des grandes âmes sur la sienne.

On a dit aussi que Calvin était absolu et inflexible dans ses idées. Oui, parce qu'il avait des croyances fortes avec la conscience de sa supériorité. Et si l'on tient compte des besoins de son époque, on reconnaîtra peut-être que c'était le seul moyen d'empêcher les nouvelles doctrines de s'échapper en tous sens et de se perdre.

Qu'il nous paraisse, à la distance où nous sommes de lui, avec nos opinions et nos mœurs, être tombé dans des erreurs graves, on le conçoit. Mais pour le bien juger, c'est à son point de vue, c'est à celui de son siècle qu'il faut nous placer, et non pas au nôtre.

On ne cesse de rappeler le supplice de Michel Servet. Si l'on dit que ce fut un acte profondément déplorable, on parlera juste ; mais si l'on accuse Calvin de contradiction avec ses propres maximes, on prouvera seulement qu'on ne les a jamais étudiées. Les protestants ont réclamé le droit de cité en Allemagne, en Suisse, en France, au nom, au seul nom de la vérité divine dont ils se jugeaient les fidèles interprètes, et nullement au nom de la liberté de croyance et de culte. Il suffit, pour s'en convaincre, de lire le détail de leurs procès. On ne trouverait pas, dans tout le volume des martyrs de Crespin, un mot où il y soit question de la tolérance entendue dans le sens de Bayle, de Locke et de la pensée moderne. Ils se justifient par des textes de la Bible, et somment leurs adversaires de prouver que leur foi n'y est pas conforme, ou de les absoudre. Leur défense est là, elle n'est que là. Si on leur eût proposé d'accorder à ceux qui regardaient eux-mêmes comme hérétiques ou impies des droits semblables aux leurs, ils y auraient vu une révolte contre la loi de Dieu. Ce n'est donc pas Calvin qui a dressé le bûcher de Michel Servet : c'est le seizième siècle tout entier (1).

Si Rome voit ici une excuse pour sa propre intolérance, nous y consentons. Mais ce n'en est pas une pour ses raffinements de cruauté; ce n'en est pas une pour ses égorgements en masse, ni pour ses pérpétuelles violations de la foi jurée. Ou il fallait n'accepter aucun traité de paix, aucun contrat entre les deux cultes, ou, quand on l'avait accepté, il fallait le tenir.

Observons encore que si les deux communions étaient intolérantes au seizième siècle, l'une l'était en vertu de

---

(1) On peut lire là-dessus quelques pages remarquables de M. Guizot dans le *Musée des protestants célèbres*, art. CALVIN. Le supplice de Michel Servet a fourni le sujet d'une polémique sans cesse renouvelée. Un habile historien de notre époque, M. Mignet, y a encore consacré une longue et savante dissertation. Ce serait entièrement sortir de notre plan que d'entrer dans ces détails. Bornons-nous à indiquer les points suivants : 1. Servet n'était pas un hérétique ordinaire ; il était hardiment panthéiste et outrageait le dogme de toutes les grandes communions chrétiennes, en disant que le Dieu en trois personnes était un Cerbère, un monstre à trois têtes ; 2. il avait déjà été condamné à mort par les docteurs catholiques à Vienne, en Dauphiné ; 3. l'affaire fut jugée, non par Calvin, mais par les magistrats de Genève ; et si l'on objecte que son avis dut influer sur leur décision, il faut se souvenir que les conseils des autres Cantons réformés de la Suisse approuvèrent la sentence d'une voix unanime ; 4. il était enfin d'un intérêt suprême pour la Réforme de séparer nettement sa cause de celle d'un incrédule tel que Servet. L'Eglise catholique, qui accuse aujourd'hui Calvin d'avoir participé à sa condamnation, l'eût bien plus accusé, au seizième siècle, d'avoir sollicité son acquittement.

son principe, et l'autre malgré le sien. La Réforme, en posant le droit d'examen individuel, avait indirectement établi la liberté religieuse. Elle n'a pas aperçu du premier coup toutes les conséquences de son principe, parce que les réformateurs avaient emporté avec eux une partie des préjugés de leur première éducation; mais elle devait les découvrir tôt ou tard, et c'est à bon droit qu'elle est regardée comme la mère de toutes les libertés modernes.

Calvin n'a aidé qu'à l'érection d'un seul bûcher. Son cœur n'était pas cruel, et il avait horreur de tous les actes de meurtre qui n'avaient pas été autorisés par une sentence régulière de justice. Il retint plus d'une fois les mains de ceux qui voulaient se baigner dans le sang de François de Guise, l'égorgeur de Vassy. « Je puis protes-» ter, » écrivait-il à la duchesse de Ferrare, « qu'il n'a tenu » qu'à moi que, devant la guerre, gens de fait et d'exé-» cution ne se soient efforcés de l'exterminer du monde, » lesquels ont été retenus par ma seule exhortation. »

Il fut quelquefois impatient et irascible, et il s'en est accusé lui-même. Mais les sentiments affectueux et doux qu'on s'attendrait le moins à rencontrer dans l'âme austère du réformateur ne lui étaient pas étrangers. Lisez sa correspondance avec ses intimes amis, Farel et Viret : comme ou y entend la voix de l'homme qui se reposait au sein de l'amitié des pénibles devoirs de sa charge! Et avec quelle émotion le ministre Des Gallards, qui avait passé seize ans près de lui, parle de sa bonté !

Il mourut pauvre. Son désintéressement fut si grand que le sceptique Bayle, venant à raconter qu'il n'avait laissé, y compris sa bibliothèque, que la valeur de trois cents écus, ne peut retenir un cri d'admiration. « C'est » une des plus rares victoire, » dit-il, « que la vertu et » la grandeur d'âme puissent remporter sur la nature, dans

» ceux mêmes qui exercent le ministère évangélique. »

Les prodigieux travaux de Calvin accablent notre imagination. « Je ne crois point, » dit Théodore de Bèze,
« qu'il se puisse trouver son pareil. Outre qu'il prêchait
» tous les jours de semaine en semaine, le plus souvent
» et tant qu'il a pu il a prêché deux fois tous les diman-
» ches. Il lisait trois fois la semaine en théologie. Il faisait
» les remontrances au consistoire, et comme une leçon
» entière tous les vendredis en la conférence de l'Ecriture
» que nous appelons congrégation ; et il a tellement conti-
» nué ce train jusqu'à la mort, que jamais il n'y a failli
» une seule fois, si ce n'a été en extrême maladie. Au
» reste, qui pourrait raconter ses autres travaux ordinai-
» res ou extraordinaires ? Je ne sais si homme de notre
» temps a eu plus à ouïr, à répondre, à écrire, ni de
» choses de plus grande importance. La seule multitude
» et qualité de ses écrits suffit pour étonner tout homme
» qui les verra, et plus encore ceux qui les liront. Et ce
» qui rend ses labeurs plus admirables, c'est qu'il avait
» un corps si débile de nature, tant atténué de veilles
» et de sobriété par trop grande, et, qui plus est, sujet
» à tant de maladies, que tout homme qui le voyait n'eût
» pu penser qu'il eût pu vivre tant soit peu ; et toute-
» fois, pour tout cela, il n'a jamais cessé de travailler
» jour et nuit après l'œuvre du Seigneur. Nous lui fai-
» sions remontrance d'avoir plus d'égard à soi, mais sa
» réplique ordinaire était qu'il ne faisait comme rien, et
» que nous souffrissions que Dieu le trouvât toujours
» veillant et travaillant comme il pourrait, jusqu'à son
» dernier soupir (1). »

Calvin mourut le 27 mai 1564, âgé de cinquante-cinq

(1) *Vie de Calvin*, p. 44, 128 et *passim*.

ans moins un mois. Il avait la taille moyenne, le visage, pâle, le teint brun, les yeux brillants et sereins. Il était soigneux et modeste en ses habits. Il mangeait si peu que, pendant plusieurs années, il ne fit par jour qu'un seul repas.

Quelques semaines avant sa mort, il dicta un testament dans lequel il prend Dieu à témoin de la sincérité de sa foi, et lui rend grâces de l'avoir employé au service de Jésus-Christ et de la vérité.

VI

Les persécutions qu'on a vues jusqu'ici paraissent modérées auprès de celles dont furent victimes les Vaudois de la Provence. Pour trouver une si épouvantable boucherie, il faut remonter jusqu'à l'extermination des Albigeois.

Le 18 novembre 1540, le parlement d'Aix rendit un arrêt portant ce qui suit : Dix-sept habitants de Mérindol seront brûlés vifs. Leurs femmes, enfants, parents et serviteurs seront amenés en justice, et s'ils ne peuvent être saisis, ils seront tous bannis à perpétuité du royaume. Les maisons de Mérindol seront brûlées et rasées jusqu'aux fondements, les bois coupés, les arbres fruitiers arrachés, et le lieu rendu inhabitable, sans que personne y puisse bâtir. « Arrêt, » dit un contemporain, « le plus exorbitant, cruel et inhumain qui fût ja» mais donné en aucun parlement, et semblable en tout » et par tout à l'édit du roi Assuérus contre le peuple » de Dieu. »

Un cri d'horreur s'éleva dans toute la Provence. Il est triste d'avoir à dire que les prêtres furent les plus acharnés à poursuivre l'exécution du jugement. Et lors-

que le premier président Chassanée leur représenta que
le roi pourrait être mécontent d'une si grande destruction
de ses sujets : « Si le roi le trouve mauvais à pre-
» miére vue, » dit un évêque, « nous le lui ferons trouver
» bon ; nous avons les cardinaux pour nous, notamment
» le cardinal de Tournon, à qui l'on ne pourrait faire
» chose plus agréable. »

Les Vaudois présentèrent requête à François Ier, qui,
désirant alors vivre en bonne intelligence avec les princes protestants de l'Empire, donna commission à Guillaume de Langey, le même qui avait été son ambassadeur en Allemagne, de faire une enquête sur cette peu-
plade. J'emprunte à son rapport et à d'autres historiens
du temps les détails qu'on va lire.

Ces Vaudois formaient une population d'environ dix-
huit mille âmes. Ils étaient venus du Piémont et du Dauphiné en Provence, et y habitaient depuis trois cents
ans. Quand ils arrivèrent, le pays était inculte et livré à
de continuels brigandages ; mais, défriché par leurs mains,
il se couvrit d'abondantes moissons. Tel domaine qui,
avant leur établissement, ne se louait que quatre écus,·
en rapporta trois à quatre cents. Ils avaient bâti Mérindol, Cabriéres et vingt autres bourgs ou villages.

C'étaient des gens paisibles, de bonnes mœurs, aimés
de leurs voisins, fidèles à leurs promesses, payant bien
leurs dettes, prenant soin de leurs pauvres, et charitables envers l'étranger. On ne pouvait les induire à blas-
phémer ni à jurer en aucune manière ; ils ne faisaient de
serment que lorsqu'ils en étaient requis en justice. On
les connaissait encore à ceci, que s'ils se trouvaient en
quelque compagnie où l'on tînt des propos malhonnêtes,
ils se retiraient aussitôt pour en témoigner leur déplaisir.

On n'avait rien à leur reprocher sinon que, lorsqu'ils·

allaient par les villes et par les marchés, ils ne fréquentaient guère les églises des couvents, et s'ils y entraient, ils faisaient leurs prières sans regarder ni saints
ni saintes. Ils passaient devant les croix et les images
des chemins sans témoigner aucune révérence. Ils ne
faisaient dire aucune messe, ni *libera me*, ni *de profun-
dis;* ils ne prenaient point d'eau bénite, et si on leur
en offrait par les maisons, ils n'en savaient aucun gré.
Ils n'allaient pas en pèlerinage pour gagner des pardons.
Quand il tonnait, ils ne faisaient pas le signe de la
croix, et on ne les voyait apporter aucune offrande
pour les vivants ni pour les morts.

Longtemps ignorés, les Vaudois n'excitaient ni la cupidité des prêtres ni la colère des grands, et les gentilshommes dont ils augmentaient les revenus les cou-
vraient de leur protection. Ils se choisissaient d'entre
eux des pasteurs, ou *Barbes*, comme ils les nommaient,
pour les instruire dans la connaissance et la pratique des
Ecritures.

Le roi Louis XII passant dans le Dauphiné en 1501,
on lui dénonça ces hérétiques. Il fit faire une enquête,
et, après l'avoir lue, il ordonna de jeter dans le Rhône
les procédures déjà commencées, en disant: « Ces gens-là
sont meilleurs chrétiens que nous. »

Lorsqu'ils entendirent parler, vers l'an 1530, de la
prédication de Luther et de Zwingle, ils envoyèrent en
Suisse et en Allemagne quelques-uns de leurs Barbes,
qui reconnurent dans la Réforme une sœur de leur propre communion. Encouragés par ces nouveaux amis, les
Vaudois firent imprimer à Neuchâtel, en 1535, la première édition de la Bible traduite en français par Robert Olivétan. On raconte qu'ils y dépensèrent plusieurs
centaines d'écus d'or.

Le clergé romain s'en irrita, et d'autant plus, que des gentilshommes, des avocats, des conseillers de justice, des théologiens même se tournaient du côté de l'hérésie. Un arrêt fut prononcé en 1535 contre les Vaudois. Un deuxième arrêt, celui que nous avons cité, fut rendu en 1540. François Ier, adoptant l'avis de Guillaume de Langey, leur accorda des lettres de pardon, mais à condition qu'ils rentreraient dans l'Eglise de Rome au bout de trois mois. C'était retirer d'une main ce qu'il donnait de l'autre.

Ces braves gens ne perdirent pas courage. Ils envoyèrent au parlement d'Aix et à François Ier leur confession de foi, où ils avaient pris soin d'établir toutes leurs doctrines, article par article, sur des textes de l'Ecriture. S'étant fait lire cette confession, le roi, *comme ébahi*, dit Crespin, demanda en quel endroit on y trouvait faute, et nul n'osa ouvrir la bouche pour y contredire.

Les évêques de Provence, n'étant pas appuyés dans leur système de persécution, donnèrent commission à trois docteurs en théologie de convertir les Vaudois ; mais, chose merveilleuse ! tous trois se convertirent eux-mêmes à la religion proscrite. « Il faut que je confesse, » disait l'un de ces docteurs, après avoir interrogé quelques catéchumènes, « que j'ai été souvent à la Sorbonne » pour ouïr les disputes des théologiens, et que je n'y » ai pas tant appris que j'ai fait en écoutant ces petits » enfants. »

La colère des prêtres fut au comble ; et le premier président Chassanée étant mort, ils persuadèrent à son successeur, Jean Meynier, baron d'Oppède, de poursuivre les hérétiques à outrance. On envoya en même temps des mémoires au roi, où les Vaudois étaient accusés de vouloir s'emparer de Marseille pour former une sorte de canton républicain, à l'exemple des Suisses. François Ier ne fut pas dupe de cette fable ridicule ; il savait bien que quelques milliers de pauvres paysans ne pouvaient faire de la Provence une république. Mais il venait de conclure avec Charles-Quint, sous la média-tion de Paul III, un traité où les deux monarques s'étaient promis d'exterminer l'hérésie. Ce prince était d'ailleurs gravement malade, et le cardinal de Tournon, aidé de plusieurs évêques, le sollicita, au nom de son salut éternel, de révoquer ses lettres de pardon. Il écrivit donc au parlement d'Aix, le Ier janvier 1545, d'éxécuter l'arrét prononcé contre les Vaudois.

Le baron d'Oppède, qui paraît avoir apporté des mo-tifs de jalousie et de vengeance personnelle dans cette horrible entreprise, rassembla des bandes de mercenai-res qui, dans les guerres d'Italie, s'étaient accoutumés aux plus affreux brigandages. Il leur donna quelques officiers de la Provence, et se mit en campagne le 12 avril. Alors commença un carnage exécrable. Ce n'était plus, dit un historien, des gentilshommes ni des soldats : c'étaient des bouchers.

Les Vaudois sont surpris et massacrés, comme dans une chasse de bêtes fauves ; leurs maisons sont brûlées, leurs moissons arrachées, les arbres déracinés, les puits comblés, les ponts détruits. Tout est mis à feu et à sang ; et les paysans des environs, se joignant aux bour-reaux, achèvent de piller les misérables restes de la dé-vastation.

Ceux des Vaudois qui ont pu fuir sont errants par les bois et les montagnes ; mais les plus faibles, vieillards, femmes et enfants, sont forcés de s'arrêter, et le soldat les tue, après avoir assouvi ses brutales passions. A

Mérindol, il ne restait qu'un pauvre idiot qui avait promis deux écus à un soldat pour sa rançon. D'Oppède
les donne de sa bourse pour disposer de ce malheureux
et, le faisant attacher à un mûrier, il commande de le
tuer à coups d'arquebuses. Plus d'un gentilhomme ne
put retenir ses larmes.

Le 19 avril, sur l'appel du vice-légat, cette armée de
bourreaux entre dans le comtat Venaissin qui appartenait au pape, et de nouvelles bandes de brigands accourent sous la conduite des prêtres. On met le siège
devant le bourg de Cabriéres. Soixante hommes, les
seuls qui y fussent restés, tiennent bon pendant vingt-
quatre heures. On leur promet la vie sauve ; mais à
peine sortis sans armes, ils sont hachés en pièces. Des
femmes, enfermées dans une grange, sont brûlées vives.
Un soldat, ému de pitié, veut leur faire passage ; mais
on les repousse dans les flammes à coups de hallebardes. L'église de Cabriéres est souillée par d'infâmes
débauches, et les degrés de l'autel sont inondés de sang.
Le clergé d'Avignon bénissait les égorgeurs : il avait
prononcé une sentence portant qu'on ne ferait point de
quartier. Le jour devait venir où la glacière d'Avignon
compterait d'autres victimes ! Il y a sur la terre une justice pour les classes privilégiées qui abusent de leur pouvoir : elle est quelquefois tardive, mais sûre.

Les Vaudois périrent en grand nombre dans leurs retraites sauvages. Le vice-légat et le parlement d'Aix
avaient défendu, sous peine de mort, de leur donner
ni asile ni vivres : « ce qui en tua, » dit Bouche, l'historien de la Provence, « une très grande quantité. »
Plusieurs de ces malheureux firent supplier d'Oppède
de leur accorder la grâce de partir, sans rien emporter
que leur chemise. « Je sais ce que j'ai à faire de ceux

» de Mérindol et de leurs semblables,» répondit-il ; « je les enverrai habiter au pays d'enfer, eux et leurs enfants. »

Deux cent cinquante prisonniers furent exécutés à mort, après un procès dérisoire : acte plus atroce peut-être que le massacre, puisqu'il fut commis de sang-froid. D'autres, les plus jeunes, les plus robustes, furent envoyés aux galères. Quelques-uns parvinrent à gagner les frontières de la Suisse.

Le nom des Vaudois disparut presque entièrement de la Provence, et leur contrée redevint inculte comme elle l'était trois siècles auparavant.

L'histoire a conservé les pieuses paroles que prononcèrent ceux des Vaudois qui s'étaient réfugiés avec leurs pasteurs dans les gorges des montagnes. Se préparant à mourir, et contemplant de loin les ruines enflammées de leurs maisons, vieillards et jeunes gens s'exhortaient les uns les autres. « La moindre sollicitude que nous » devons avoir, » disaient-ils, « c'est de nos biens et de » notre vie ; mais la plus grande et principale crainte qui » nous doit émouvoir, c'est que nous ne défaillions point » en la confession de notre Seigneur Jésus-Christ et de » son saint Evangile. Crions à Dieu, et il aura pitié de » nous. »

Le massacre des Vaudois souleva en France une indignation universelle : les âmes n'y étaient pas encore impitoyables, comme elles le devinrent pendant les guerres de religion. Le roi se plaignit que ses ordres eussent été outrepassés ; mais malade et presque mourant, il se laissa vaincre par les instances du cardinal de Tournon, et n'eut pas le courage de punir les bourreaux. Seulement, à ses dernières heures, il somma son fils d'en tirer vengeance, ajoutant que s'il ne le faisait point, sa mémoire serait en exécration au monde entier.

L'affaire fut appelée en effet devant le parlement de
Paris, en 1550 : elle occupa cinquante audiences. L'avocat des Vaudois, ou plutôt de la dame du Cental, qui
se plaignait d'avoir été ruinée, parla sept jours de suite
avec une force qui faisait dire qu'il montrait les choses
au lieu de les raconter. Le baron d'Oppède se défendit
lui-même, et osa commencer son plaidoyer par ces paroles du Psalmiste : « Fais-moi justice, ô Dieu, et soutiens
mon droit contre la nation cruelle. » Il fut acquitté.
L'avocat général Guérin fut seul condamné à mort ; et
l'on eut soin de marquer dans la sentence qu'il avait
commis des malversations dans le service des deniers
du roi, comme si tout un peuple égorgé n'était point,
aux yeux de ses juges, un crime suffisant !

VII

Vers la fin du règne de François Ier, et sous celui de
son fils Henri II, la Réformation prit en France un tel
accroissement, qu'il nous est impossible de le suivre
dans tous ses détails. Gens de lettres, de robe, d'épée,
d'église même, accouraient à l'envi sous sa bannière.
Plusieurs grandes provinces, le Languedoc, le Dauphiné,
le Lyonnais, la Guyenne, la Saintonge, le Poitou, l'Orléanais, la Normandie, la Picardie, la Flandre ; les villes
les plus considérables du royaume, Bourges, Orléans,
Rouen, Lyon, Bordeaux, Toulouse, Montpellier, La Rochelle, se peuplèrent de réformés. On a calculé qu'ils
formèrent en peu d'années près du sixième de la population, et c'en était l'élite. Ils auraient pu répéter le mot
de Tertullien : « Nous ne datons que d'hier, et nous
sommes partout. »

Si la persécution en éloignait quelques-uns, elle en

amenait un plus grand nombre par cet instinct qui soulève la conscience humaine contre l'injustice, et la fait pencher du côté des victimes. D'ailleurs, au-dessus de la férocité des bourreaux, planaient la foi, la constance et la sérénité des martyrs.

Le mouvement une fois donné, tout s'ébranla. Il y avait dans les intelligences, dans les cœurs, et pour ainsi dire jusque dans l'air qu'on respirait, un immense besoin de réformes religieuses. On se mit à réfléchir que la religion ne doit pas se transmettre comme un nom ou une terre dont on hérite, mais qu'il faut, avant de la recevoir, l'examiner par soi et pour soi. On se mit aussi à considérer de plus près les énormes abus de l'Eglise romaine et l'on se détacha en foule de cette communion dégénérée.

Les bénéfices ecclésiastiques étaient distribués, surtout depuis le concordat qui avait aboli les formes électives, à des favoris de cour, des hommes d'armes, des gens d'intrigue, et même à des enfants : tous incapables de remplir les devoirs de leurs charges. Il y avait des prélats surnuméraires qu'on appelait par dérision évêques volants ou portatifs. Les cardinaux donnaient l'exemple du désordre. Les prélats vivaient à Paris dans le scandale. Les membres du clergé inférieur étaient, en général, immoraux et cupides, les moines ignares et déhontés. On comparait leur conduite à celle des prédicateurs de la Réforme, hommes simples, pauvres et graves pour la plupart, et le contraste était si frappant que les cœurs honnêtes n'y résistaient point. Sans quelques grands seigneurs d'un côté, et le bas peuple de l'autre, l'Eglise de Rome était perdue en France.

Les nobles de province, qui ne s'étaient pas dépravés dans l'atmosphère de la domesticité royale, inclinaient

presque tous vers les idées nouvelles. Ils nourrissaient
contre les privilèges des prêtres et contre leurs envahis-
sements territoriaux une hostilité sourde mais ancienne,
qui n'attendait que l'occasion d'éclater. Ils avaient aussi
de grands loisirs au fond de leurs châteaux, depuis que
les guerres de seigneur à seigneur étaient sévèrement
interdites ; et en lisant les Ecritures, le soir, autour du
foyer féodal, ils étaient entraînés, presque à leur insu,
vers les enseignements de Luther et de Calvin.

Les gens du tiers-état, qui avaient reçu une éducation
lettrée, avocats, légistes, professeurs, notables bourgeois, étaient comme gagnés d'avance, par leurs études
même, à ces opinions. « Surtout, » dit naïvement un
historien très dévoué au catholicisme, « les peintres,
» horlogers, imagiers, orfèvres, libraires, imprimeurs,
» et autres qui, en leurs métiers ont quelque noblesse
» d'esprit, furent des premiers aisés à surprendre (1). »

Les marchands qui voyageaient dans les pays étrangers en rapportaient des impressions favorables à la
Réforme. Ils avaient pu reconnaître que cette religion,
en corrigeant les mœurs des peuples, développait du
même coup leur commerce, et contribuait aux progrès
de leur industrie.

Beaucoup d'ecclésiastiques séculiers et réguliers furent
aussi ébranlés dans les provinces. Ayant reçu les ordres
sans avoir appris autre chose que la barbare théologie
de l'école, ils avaient enseigné leur dogme avec bonne
foi. Mais placés en face du dogme nouveau, ils y voyaient
le sceau de la vérité. Ils prenaient alors quelque métier
pour vivre, et tout en travaillant de leurs mains, prê-

---

(1) Florim. de Rémond, *Histoire de la naissance, etc., de l'hérésie de ce
siècle*, l. VII, p. 931.

chaient en secret les doctrines de la Réforme. Ils étaient encouragés par la pensée que Rome s'entendrait tôt ou tard avec les réformateurs dans un concile général. De là, chez quelques-uns, des contradictions qui n'ont pas été suffisamment comprises par nos anciens historiens.

Les colporteurs de Bibles et d'écrits religieux aidèrent puissamment à ces conquêtes de la foi nouvelle. On les appelait porte-balles, porte-paniers ou libraires. Ils appartenaient à différentes classes de la société ; plusieurs étaient étudiants en théologie, ou même ministres de l'Evangile.

Les imprimeries de Genève, de Lausanne, de Neuchâtel, spécialement fondées pour couvrir la France d'écrits de religion, leur fournissaient des livres. Et puis, le bâton à la main, le panier sur le dos, par le chaud et le froid, dans des chemins écartés, à travers les ravins et les fondrières des campagnes, ils s'en allaient frapper de porte en porte, mal reçus souvent, toujours menacés de mort, et ne sachant le matin où leur tête reposerait le soir. C'est par eux surtout que la Bible pénétra dans le manoir du noble et sous le chaume du villageois.

Exposés comme les anciens Vaudois du Piémont à de cruelles poursuites, les nouveaux colporteurs imitèrent leur adresse, en plaçant au haut de leurs paniers des pièces d'étoffe ou autres objets non suspects, tandis qu'ils enfermaient au fond la marchandise prohibée. « Pour avoir plus facile accès dans les villes, aux » champs, dans les maisons de la noblesse, » dit encore Florimond de Rémond, « aucuns d'entre eux se faisaient » colporteurs de petits affiquets pour les dames, cachant » au fond de leurs balles ces petits livrets dont ils fai- » saient présent aux filles ; mais c'était à la dérobée,

» comme d'une chose qu'ils tenaient bien rare pour en
» donner le goût meilleur » (l. VII, p. 874).

La quantité de victimes qu'ils fournirent aux échafauds et aux bûchers fait supposer que ces humbles
porte-paniers étaient en grand nombre. Nous ne pouvons nous y arrêter; mais l'histoire doit à leur héroïque
dévouement de raconter au moins le martyre de l'un
d'entre eux.

Un Dauphinois, nommé Pierre Chapot, après avoir
fait quelque séjour à Genève, fut employé comme cor-
recteur d'imprimerie à Paris, et dans ses moments de
loisir il allait vendant des livres de religion. Un espion
de la Sorbonne le surprit en 1546, et Chapot fut cité
devant la *Chambre ardente* du Parlement. Son air doux,
sa tenue modeste, ses appels à la justice des conseillers,
la Bible qu'il invoquait avec assurance, attendrirent les
juges, et il obtint permission d'entrer en dispute avec
trois docteurs de théologie. Ceux-ci vinrent à contre-
cœur, disant que c'était une chose de mauvaise conséquence de disputer avec des hérétiques.

Chapot s'appuya sur des textes de l'Ecriture, et les
autres lui répondirent par les conciles et les traditions.
Alors, se tournant vers les conseillers, l'accusé les supplia de ne s'en rapporter qu'aux déclarations de l'Evangile. Piqués au vif, les Sorbonistes dirent aux juges :
« Pourquoi vous êtes-vous laissé mener à la fantaisie
» d'un méchant et rusé hérétique ? Pourquoi nous avez-
» vous fait venir pour disputer sur des articles déjà
» censurés et condamnés par la Faculté de théologie ?
» nous en ferons plainte à qui il appartiendra. » Et ils
s'en allèrent tout irrités.

Eux sortis, le colporteur dit d'une voix calme : « Vous
» voyez, Messieurs, que ces gens-ci ne donnent pour

» toutes raisons que des cris et des menaces ; il n'est
» donc pas besoin que je vous fasse connaître plus lon-
» guement la justice de ma cause. » Et tombant à deux
genoux, les mains jointes, il supplia Dieu d'inspirer à
la compagnie un jugement droit pour l'honneur et la
gloire de son nom. Quelques juges, émus de compassion, étaient d'avis de le relâcher. Mais l'opinion contraire prévalut, et il n'obtint d'autre faveur que de n'avoir
pas la langue coupée avant d'être brûlé vif.

On le conduisit à la place Maubert. Il fut soutenu par
deux hommes pour monter sur la charrette ; car la torture lui avait brisé les membres. Du haut de cette nouvelle chaire : « Peuple chrétien ! » s'écria-t-il, « quoique
» vous me voyez ici amené à la mort comme un mal-
» faiteur, et que je me sente coupable de tous mes pé-
» chés, je prie chacun d'entendre que j'ai à mourir main-
» tenant comme un vrai chrétien, et non pour aucune
» hérésie, ou parce que je suis sans Dieu. Je crois en
» Dieu le Père tout puissant, et en Jésus-Christ qui,
» par sa mort, nous a délivrés de la mort éternelle. Je
» crois qu'il a été conçu du Saint-Esprit, qu'il est né de
» la vierge Marie.. »

Il fut interrompu par le docteur Maillard, l'un de ceux
avec lesquels il avait disputé devant le Parlement. « Mon-
» sieur Pierre, » lui dit-il, « c'est ici que vous devez
» requérir pardon à la vierge Marie que vous avez si
» grièvement offensée. » — « Monsieur, je vous prie, »
répliqua le patient, « laissez-moi parler ; je ne dirai rien
» qui soit indigne d'un bon chrétien. Pour la vierge
» Marie, je ne l'ai nullement offensée, ni ne voudrais
» l'avoir fait. » — « Eh! dites seulement un *ave Ma-*
» *ria.* » — « Non, je ne le dirai point. » Et il répétait
sans cesse : « Jésus, fils de David, aie pitié de moi! »

En ce moment, le docteur ordonna de serrer la corde,
et le martyr rendit son âme à Dieu.

Après l'exécution, les théologiens de la Sorbonne
firent de grandes plaintes à la Chambre ardente, et déclarèrent que si l'on permettait aux hérétiques de parler,
tout serait perdu. Le Parlement décida que les condamnés auraient tous la langue coupée, sans exception.

Les disciples de la religion nouvelle avaient entre eux
des signes de reconnaissance; et quand ils étaient trop
nombreux pour former une seule assemblée, ils se divisaient par *petites bandes*. Les plus résolus ou les plus lettrés se chargeaient d'expliquer la Bible. C'étaient quelquefois de pauvres artisans qui faisaient les exhortations
à tour de rôle. On se réunissait le soir, ou de nuit, ou
de grand matin, afin d'échapper à l'œil des adversaires.
Tout était bon pour ces assemblées : une grange, une
cave, un galetas, le fond d'un bois, une ouverture de
rocher sur la montagne.

On déguisait, en certains lieux, l'objet des réunions
par des moyens qui révèlent à la fois la simplicité et la
rigueur des temps. « Pour faire des assemblées, » dit
Florimond de Rémond en parlant de ceux de Paris,
« on faisait choix de quelque maison qui eût des huis
» dérobés, afin de pouvoir au besoin se sauver, et aussi
» entrer par diverses avenues. Et celui qui faisait le pré-
» dicant portait des dés et des cartes, afin de pouvoir
» les jeter sur le tapis au lieu de la Bible, et couvrir
» leur fait par le jeu... Le ministre de Mantes était plus
» avisé, quand prêchant en cachettes, à Paris, à la Croix-
» Verte, près le Louvre, il faisait mettre des jetons sur
» la table et des contes pour tromper les survenants,
» s'ils n'étaient de son troupeau » (l. VII, p. 910).

Lorsqu'un pasteur visitait en passant ces petites assemblées, c'était une grande joie pour tous. On l'écoutait pendant de longues heures ; on recevait de sa main les symboles de la sainte Cène ; on se racontait mutuellement les persécutions qu'on avait endurées, celles qu'on attendait encore, et en se séparant, on se disait adieu pour l'échafaud et pour le ciel.

Tant qu'une forme régulière d'Eglise n'était pas établie, et en l'absence d'un ministre de l'Evangile, on s'abstenait d'administrer les sacrements. Calvin et les pasteurs de la Réforme ne voulaient pas autoriser chaque petite assemblée à se faire donner la communion par un homme sans vocation reconnue. « Nous ne som- » mes nullement d'avis que vous commenciez par ce » bout, et même que vous soyez hâtés d'avoir la sainte » Cène, jusqu'à ce que vous ayez un ordre établi entre » vous, » écrivait Calvin, en 1553, aux fidèles dispersés dans la Saintonge.

Mais si les sacrements leur manquaient dans les commencements, ils avaient une grande rigidité de mœurs et de discipline. Les pêcheurs étaient repris, les errants admonestés, et les auteurs de scandales exclus de la communion. « Ils se déclaraient, » dit l'historien que je ne me lasse pas de citer, parce qu'il paraît avoir bien connu les disciples de la Réforme, « ils se déclaraient » ennemis du luxe, des débauches publiques, des folâtre- » ries du monde, trop en vogue parmi les catholiques. » En leurs assemblées et festins, au lieu de danses et » haut-bois, c'étaient lectures des Bibles qu'on mettait » sur table, et chants spirituels, surtout des psaumes » quand ils furent rimés. Les femmes, à leur port et » habits modestes, paraissaient en public comme des » Eves dolentes ou Madeleines repenties, ainsi que di- » sait Tertullien de celles de son temps. Les hommes,

» tous mortifiés, semblaient être frappés du Saint-
» Esprit » (l. VII, p. 854).

L'opinion populaire ne s'y abusait point, et Catherine
de Médicis le disait un jour dans son langage frivole :
« Je veux me tourner vers la nouvelle religion, afin de
passer pour prude et pour pieuse. »

Ce fut l'époque la plus florissante et la plus pure de
la Réforme française. Il y avait bien parmi les fidèles
quelques esprits inquiets, remuants, qui n'y apportaient
qu'une vaine passion de nouveauté; il y avait aussi des
brouillons qui compromettaient la cause commune, et des
tièdes que l'on qualifiait de temporiseurs, moyenneurs
ou nicodémites. Mais les rivalités des grandes maisons
du royaume et les querelles politiques ne s'étaient pas
encore mêlées à la religion. Les réformés souffraient, et
ne se vengeaient point; ils acceptaient la mort sans essayer de la rendre, et se montraient plus sévères pour
eux-mêmes que pour leurs ennemis.

VIII

Dans un siècle plus éclairé, les grands progrès de la
Réforme eussent bientôt amené une transaction. Malheureusement les esprits n'y étaient pas mûrs, et nul ne
comprenait qu'il pût y avoir deux religions dans le même
Etat.

François Ier, assiégé de femmes et de prêtres, était
mort en 1547, peu regretté des catholiques, qui lui reprochaient de n'avoir pas assez fait pour l'Eglise, et encore moins des réformés, qui l'accusaient de les avoir
cruellement persécutés. Son fils Henri II, qui lui succéda,
était âgé de vingt-neuf ans. Il avait un naturel doux,
une physionomie ouverte, une parole abondante et fa-

cile, de la grâce dans les manières ; mais il manquait
de toutes les hautes qualités d'un roi. Mal instruit des
affaires, et incapable de s'y livrer avec suite, il passait
le meilleur de son temps à se divertir avec les familiers
de sa cour. Le gouvernement tomba aux mains des favoris et des favorites, Anne de Montmorency, le duc
François de Guise, le maréchal de Saint-André, Diane
de Poitiers, duchesse de Valentinois ; et c'est sous son
règne que commencèrent les grandes factions qui cou-
vrirent la France de ruines et de sang.

Henri II, de concert avec sa femme italienne, Catherine de Médicis, ouvrit la cour aux arts magiques et aux
sortilèges. De là, des actes de honteuse crédulité chez
les uns, et de froide impiété chez les autres. « Deux
» grands péchés, » dit un vieil historien, « se glissèrent
» en France sous le règne de ce prince, à savoir,
» l'athéisme et la magie (1). »

Aux fêtes du couronnement de la reine, en 1549,
Henri II déploya beaucoup de magnificence. Et comme
la volupté et le sang ont des affinités naturelles, il voulut joindre à la pompe des tournois le spectacle du supplice de quatre luthériens.

L'un d'eux était un pauvre tailleur, ou *couturier*, qu'on
avait mis en prison pour avoir travaillé dans les jours défendus, et prononcé de mauvais propos contre l'Eglise
de Rome. Le roi, ayant exprimé le désir d'interroger
par passe-temps quelqu'un des hérétiques, le cardinal de
Lorraine fit amener devant lui ce couturier, supposant
qu'il ne saurait dire aucune parole de bon sens. Il y fut
trompé. Le couturier tint tête au roi et aux prêtres avec
une grande présence d'esprit. La favorite Diane de Poi-

---

(1) Jean de Serres, *Recueil de choses mémorables*, etc., p. 64.

tiers, selon le récit de Crespin, « en voulut dire aussi
» sa râtelée, mais elle trouva son couturier qui lui tailla
» son drap autrement qu'elle n'attendait. Car celui-ci,
» ne pouvant endurer une arrogance tant démesurée en
» celle qu'il connaissait être cause de persécutions si
» cruelles, lui dit : Contentez-vous, madame, d'avoir in-
» fecté la France, sans mêler votre venin et ordure en
» chose tant sainte et sacrée comme est la vraie religion
» et la vérité de notre Seigneur Jésus-Christ » (p. 189).

Henri II fut si irrité de sa hardiesse qu'il résolut de le
voir brûler vif. Il vint donc se placer à une fenêtre en
face du bûcher. Le pauvre couturier, l'ayant reconnu,
tourna sur lui un regard si ferme, si fixe, empreint de
tant de calme et de courage, que le roi ne put soutenir
cette muette, mais terrible accusation. Il s'éloigna, effrayé,
bouleversé jusqu'au fond de l'âme, et crut voir pendant
plusieurs nuits se dresser à son chevet la sinistre image
de la victime. Il fit serment de ne plus assister à ces affreux supplices, et tint parole. Un prince plus véritablement chrétien les eût abolis.

Loin de se calmer, la persécution s'aggrava. En 1551
parut le fameux édit de Châteaubriant qui attribuait tout
ensemble aux juges séculiers et aux juges ecclésiastiques
la connaissance du crime d'hérésie, de sorte que, par un
complet renversement de toute justice, les accusés, absous
devant un tribunal, pouvaient être condamnés devant un
autre. Il y avait défense expresse d'intercéder pour eux,
et les arrêts devaient être exécutés nonobstant appel.
Le tiers des biens des condamnés appartenait aux délateurs. Le roi confisquait pour lui-même les propriétés
de ceux qui se réfugiaient hors de France. Il était interdit d'envoyer de l'argent ou des lettres aux fugitifs. On
imposa enfin aux suspects l'obligation de présenter un

certificat d'orthodoxie catholique. Cette législation atroce fut copiée par les hommes de la Terreur, mais avec des adoucissements.

Il se commit des bassesses infâmes. Tel favori, telle courtisane, pour le prix des plus honteux services, obtint les dépouilles d'une famille, ou même d'un canton tout entier. On se disputait, on se partageait en plein soleil, à la face du pays, les propriétés des victimes. On dénonçait, et au besoin l'on inventait des hérétiques pour avoir plus de biens à confisquer, et beaucoup d'abbayes ou de maisons nobles y arrondirent leurs domaines, comme elles l'ont encore fait plus tard à la révocation de l'édit de Nantes. Elles ont perdu depuis ces propriétés si mal acquises : les jugements de Dieu s'exécutent en leur jour.

Ce n'était pas même assez de l'édit de Châteaubriant. Le pape Paul IV, le cardinal de Lorraine, la Sorbonne, une foule de prêtres demandaient que la France devînt une terre d'inquisition. La bulle en fut expédiée en 1557 et le roi la confirma par un édit. Mais en vain força-t-il la main au parlement dans un lit de justice : les magistrats laïques temporisèrent, ajournèrent, et au milieu de tant de hontes, celle-là du moins fut épargnée à la France.

Exaspéré de ces retards, le fougueux Paul IV, dont la tête était, dit-on, dérangée par l'âge, fulmina une bulle où il déclarait que tous ceux qui tomberaient dans l'hérésie, prélats, princes, rois même et empereurs, seraient déchus de leurs bénéfices, dignités, états et empires, lesquels il livrait au premier occupant catholique, sans qu'il fût même au pouvoir du saint-siège de les restituer. Paul IV confondait les temps : sous le pontificat de Grégoire VII ou d'Innocent III, une pareille bulle aurait mis l'Europe en feu; sous le sien, ce n'était qu'un acte de folie.

Mais à défaut de l'Inquisition, la Sorbonne et le clergé avaient fait de la haine contre les hérétiques le premier, le plus saint des devoirs, et ne négligeaient rien pour souffler dans les âmes un fanatisme implacable. On en put voir les effets dans l'affaire de la rue Saint-Jacques, au commencement du mois de septembre 1557.

La bataille de Saint-Quentin venait d'être perdue. Des armes avaient été distribuées au peuple avec ordre de se tenir prêt à tout événement. Chacun craignait de voir l'Espagnol aux portes de Paris, et dans la commune terreur, on s'accusait d'avoir été trop doux envers les hérétiques. « Nous n'avons pas assez vengé l'honneur de Dieu, et Dieu se venge sur nous, » disaient à la fois les hommes du peuple et les gens d'église. Ainsi, quand Rome fut attaquée par les Barbares, les païens s'accusaient d'avoir trop ménagé les chrétiens. Ainsi, quand Paris fut menacé en 1792, après la prise de Verdun, on s'accusa d'avoir trop épargné le clergé et l'aristocratie, et l'on fit les journées de septembre. Les arguments des passions sont toujours les mêmes.

Trois à quatre cents fidèles étaient réunis, le soir, pour célébrer la Cène, dans une maison de la rue Saint-Jacques, derrière la Sorbonne. On y comptait beaucoup de gentilshommes et de gens de loi. Les dames et demoiselles appartenaient, excepté quatre ou cinq, à des famille nobles; il y en avait plusieurs de la cour.

Des bacheliers ou docteurs en théologie, logés à la Sorbonne, avaient fait le guet et donnèrent le signal d'alarme. Craignant que l'assemblée ne se séparât avant qu'ils fussent en force, ils avaient entassé un grand amas de pierres pour assommer ceux qui sortiraient. En effet vers l'heure de minuit, le service achevé, les fidèles ouvrirent la porte ; mais à peine sur le seuil, ils furent assaillis d'une grêle de pierres accompagnée d'effroyables vociférations, et contraints de rentrer.

A ce tumulte tout le quartier s'éveille. On crie aux armes. Des rumeurs sinistres agitent la foule. « Est-ce l'Espagnol qui a surpris la ville ? — Non, « pas encore, » disent les uns, « mais ce sont des scélérats qui ont vendu le royaume à l'ennemi. — Non, » répondent les autres, « ce sont ces luthériens, ces hérétiques damnés qui se réjouissent des malheurs de la France. Mort, mort aux hérétiques ! » La rue se remplit d'hommes armés de hallebardes, de piques, de javelines, d'arquebuses, de tout ce qui leur est tombé sous la main.

Les fidèles, craignant d'être massacrés sur l'heure, tombent à genoux, et supplient Dieu de leur venir en aide. Puis ils se mettent à délibérer sur ce qu'ils ont à faire. Se barricader jusqu'à l'arrivée des sergents, c'était se dévouer à une mort presque certaine. Se frayer un passage à travers cette multitude furieuse n'était guère moins dangereux. Les plus hardis s'y décident pourtant, assurés que le seul moyen d'arrêter leurs adversaires est de faire bonne contenance. Les gentilshommes tirent leur épée et marchent en tête: les autres suivent. Ils traversent la foule au milieu d'une grêle de pierres et sous les piques des assaillants. Mais la nuit les favorise: ils en sont quittes pour des blessures. Un seul tomba ; il fut foulé aux pieds et tellement mutilé qu'il n'offrait plus de forme humaine.

Que vont devenir, cependant, ceux qui n'ont pas osé sortir ? Ce sont presque tous des femmes et des enfants. Ils veulent fuir par les jardins, mais toutes les issues sont gardées. A la pointe du jour ils essaient de descendre dans la rue, mais ils sont battus et refoulés. Les femmes, comptant sur la pitié que leur faiblesse commande, se présentent aux fenêtres, et implorent à mains jointes la compassion des misérables qui commençaient à forcer les portes, mais il n'y avait plus d'entrailles dans ce ramas de forcenés. Et déjà, remettant leur vie à Dieu, elles se préparaient à mourir, lorsque, sur le matin, arriva le lieutenant-civil avec une troupe de sergents.

Il s'enquiert de ce qui s'est fait, et en apprenant que la réunion s'est passée à lire la Bible, à célébrer la Cène, à prier pour le roi et pour la prospérité du royaume, il en est si touché que des larmes lui en viennent aux yeux. Pourtant il doit s'acquitter de sa charge. Il fait d'abord sortir les hommes liés deux à deux ; on les insulte, on les frappe, surtout ceux qui par leur barbe ou par leurs robes longues semblaient être des prédicants. Il veut garder les femmes dans la maison ; mais le peuple menace d'y mettre le feu. Elles sortent à leur tour. On les accable de lâches outrages, leurs vêtements sont mis en pièces, leurs cheveux arrachés, et elles arrivent à la prison du Châtelet, le visage couvert de boue et de sang. On y enferma cent vingt à cent quarante victimes.

Des propos exécrables étaient colportés contre les nouveaux croyants, dans les chaires, dans les confessionnaux, dans les collèges, sur les marchés, à la cour même. On n'y avait pas mis de frais d'invention ; c'étaient mot pour mot les vieilles calomnies des païens contre les assemblées des premiers chrétiens. On accusait les hérétiques de ne pas croire en Dieu, d'immoler de petits enfants. d'éteindre les lumières... Je n'achève pas : relisez l'histoire de l'Eglise primitive.

Et comme il faut, ce semble, que dans les affaires humaines le ridicule prenne toujours place à côté du tragique, un certain évêque d'Avranches distribua dans tout Paris un libelle où, comparant le son des cloches du service catholique à celui des arquebuses qui avaient interrompu le culte luthérien, il débitait une suite d'antithèses : « Les cloches sonnent, et les arquebuses ton- » nent ; celles-là ont un son doux, et celles-ci un son » épouvantable ; celles-là ouvrent les cieux, celles-ci » ouvrent les enfers... » Et le prélat bouffon en concluait que le catholicisme a tous les signes de la véritable Eglise.

Les réformés publièrent des apologies qu'ils firent jeter secrètement jusque dans la chambre du roi. Mais ils sollicitèrent en vain une enquête sérieuse. Leurs ennemis n'en voulaient point ; ils jugeaient plus commode d'applaudir aux bandes de misérables qui, s'attroupant chaque jour sur les places destinées aux exécutions capitales, demandaient à grands cris le sang des hérétiques.

Avant la fin de septembre, trois prisonniers furent mis en chapelle ; un vieillard, un jeune homme et une femme, Mme de Graveron, de la famille de Luns, en Périgord. Elle n'avait que vingt-trois ans et était veuve depuis quelques mois. Au moment d'aller au supplice elle quitta ses habits de deuil, et revêtit, dit Crespin, le chaperon de velours et autres accoutrements de fête, comme pour recevoir cet heureux triomphe.

Après ces trois victimes, quatre autres furent encore immolées. Pendant ce temps, l'Europe protestante s'était émue à la voie de Calvin et de Farel. Les cantons suisses, le comte Palatin, l'Electeur de Saxe, le duc de Wurtemberg, le marquis de Brandebourg intercédèrent pour les prisonniers. Henri II avait besoin de l'appui des protestants, et fit grâce. Tout dans cette affaire devait

donc être honteux, tout, jusqu'à l'acte d'amnistie arraché
à un roi de France par l'intervention de l'étranger.

IX

Battue au dehors des plus violents orages, la Réforme
française n'oublia rien pour s'affermir au dedans. Son
organisation avait dû être longtemps défectueuse et incomplète. D'abord, comme on l'a vu, c'étaient de simples réunions sans pasteurs fixes ni administration régulière des sacrements. Point d'Eglise alors, dans le sens
dogmatique du mot, mais seulement les germes et les
éléments épars des Eglises. Ainsi se passèrent environ
trente années.

Ensuite les troupeaux eurent un consistoire, des ministres, une autorité stable, une discipline reconnue.
L'exemple en avait été donné par les fidèles de Paris,
en 1555. Un gentilhomme qui les recevait dans sa maison, M. de la Ferriére, leur proposa de choisir un pasteur. On lui fit de nombreuses objections, mais ses
instances l'emportèrent, et l'assemblée nomma un ministre, des anciens et des diacres. La même organisation
fut adoptée à Poitiers, Angers, Bourges et autres lieux.
Ainsi se constitua l'Eglise particulière, ou la commune
ecclésiastique.

Il restait un grand pas à faire. Les Eglises étaient iso-
lées et indépendantes les unes des autres. Il fallait les
confédérer, les réunir en une seule Eglise générale, soit
pour y maintenir l'unité de croyance et de discipline,
soit pour opposer une plus forte barrière aux coups de
l'ennemi.

Tel fut le sujet dont s'entretint avec ses collègues le

pasteur Antoine de Chandieu, qui s'était rendu de Paris
à Poitiers vers la fin de l'an 1558. Tous résolurent de
convoquer le plus tôt possible à Paris, avec l'agrément
du consistoire, un synode général : « non pour attribuer
» quelque prééminence ou dignité à cette Eglise, » comme
l'observe expressément Théodore de Bèze, « mais parce
» que c'était alors la ville la plus commode pour rece-
» voir secrètement beaucoup de ministres et d'anciens »
(t. I, p. 108, 109).

En face des gibets élevés sur les places publiques et
des lois de sang qui pesaient sur les réformés, les difficultés d'exécution étaient immenses. Aussi n'y eut-il
que onze Eglises qui envoyèrent des députés à ce synode :
Paris, Saint-Lô, Dieppe, Angers, Orléans, Tours, Poitiers, Saintes, Marennes, Châtellerault, Saint-Jean-
d'Angely. Ces députés se réunirent sous la présidence
du pasteur François Morel, sieur de Collonges, le
25 mai 1559.

Il y a dans les délibérations de cette assemblée une
simplicité et une grandeur morale qui nous saisissent de
respect. Rien de déclamatoire ni de violent ; c'est une
dignité calme, une force paisible et sereine, comme si
les membres du synode discutaient dans une paix profonde, sous la garde des lois. Et pourtant l'historien de
Thou dit qu'ils bravaient une mort presque certaine ! On
a beaucoup admiré l'Assemblée constituante reprenant
ses débats sur une loi judiciaire, après la fuite de
Louis XVI : ici le spectacle est plus grand, parce qu'il
y fallait plus d'énergie et d'abnégation.

C'est alors que furent posées les bases de la Réforme
française. Les synodes suivants n'ont fait que changer
quelques termes de la confession de foi et développer
les points de discipline. Ce qu'il y avait d'essentiel fut

établi du premier coup. Le code dogmatique et le code
ecclésiastique étaient l'expression de ce qu'on a nommé
le calvinisme. Notre tâche ne doit être ici que celle de
narrateur.

La confession de foi se composait de quarante articles
embrassant tous les dogmes regardés comme fondamentaux au seizième siècle : Dieu et sa Parole, la Trinité ;
la chute de l'homme et son état de condamnation ; le
décret du Seigneur envers les élus ; la rédemption gra-
tuite en Jésus-Christ, vrai Dieu et vrai homme ; la participation à cette grâce par la foi que donne le Saint-
Esprit ; les caractères de la véritable Eglise ; le nombre
et la signification des sacrements. La Bible était posée
comme la règle unique et absolue de toute vérité.

La discipline contenait aussi quarante articles. Elle a
été fort étendue depuis dans les assemblées synodales ;
car elle a fini par se diviser en quatorze chapitres ou
sections, renfermant deux cent vingt articles ; mais
toutes les idées capitales étaient dans la rédaction primitive.

Voici un court aperçu de cette constitution ecclésiastique.

Partout où il y a un nombre suffisant de fidèles, ils
doivent se constituer en forme d'Eglise, c'est-à-dire
nommer un consistoire, appeler un ministre, établir la
célébration régulière des sacrements et la pratique de la
discipline. Tout doit sortir de ce premier degré.

Le consistoire est élu pour la première fois par la
commune voix du peuple ; il se complète ensuite par les
suffrages de ses propres membres ; mais les nouveaux
choix doivent toujours être soumis à l'approbation du
troupeau, et, s'il y a opposition, le débat doit être vidé,
soit au colloque, soit au synode provincial. Nulle condi-

tion de fortune, ni autre semblable, pour être du consis-
. toire.

L'élection des pasteurs est de même notifiée au peuple, après avoir été faite par le synode provincial ou le
colloque. Le nouvel élu prêche pendant trois dimanches
consécutifs. Le silence du peuple est tenu pour exprès
consentement. S'il y a des réclamations, elles sont portées devant les corps chargés du choix des pasteurs. Jamais on ne peut passer outre contre le vœu de la majorité.

Un certain nombre d'Eglises forment la circonscription
d'un colloque. Les colloques s'assemblent au moins deux
fois l'an. Chaque Eglise y est représentée par un pasteur. L'office de ces compagnies est d'arranger les difficultés qui pourraient survenir, et en général de pourvoir à ce que réclame le bien des troupeaux.

Au-dessus des colloques sont les synodes provinciaux,
également composés d'un pasteur et d'un ancien de chaque Eglise. Ils se réunissent au moins une fois l'an. Ils
décident de ce qui n'a pu être vidé dans les colloques
et de toutes les affaires graves de leur province. Le nombre de ces synodes a varié. On en a compté habituellement seize, après la réunion du Béarn à la France.

Enfin, au sommet de la hiérarchie était placé le synode national. Il devait, autant que possible, être convoqué d'année en année, ce qui néanmoins n'a presque
jamais eu lieu, à cause du malheur des temps.

Composé de deux pasteurs et de deux anciens de
chaque synode particulier, le synode national jugeait en
dernier ressort toutes les grandes affaires ecclésiastiques, et chacun était tenu de lui obéir. Les délibérations commençaient par la lecture de la confession de
foi et de la discipline. Les membres de l'assemblée de-

vaient adhérer à l'une, et pouvaient proposer des corrections sur l'autre. La présidence appartenait de droit à un pasteur. La durée des sessions était indéterminée. Avant la clôture, on désignait la province où se tiendrait le synode suivant.

Cette constitution avait été dictée par Calvin. Elle atteste la puissance et l'étendue de son génie organisateur. Partout le principe électif qui garantissait la liberté; partout le pouvoir qui maintenait l'autorité; ainsi l'ordre, par la combinaison de ces deux éléments. De plus, l'équilibre entre les pasteurs et les laïques; le renouvellement périodique et fréquent des synodes provinciaux et nationaux; des Eglises fortement unies sans la moindre trace de primauté. C'était le régime presbytérien dans ses données essentielles. On demanderait aujourd'hui, sans doute, que la part du peuple ne fût pas bornée à un simple droit de véto, et que le nombre des laïques l'emportât sur celui des pasteurs aux divers degrés de juridiction. Mais si l'on se reporte aux idées qui avaient cours au seizième siècle, on verra que cette charte ecclésiastique surpassait de beaucoup les institutions civiles. Le principe de l'égalité des croyants, pasteurs ou laïques, grands ou petits, en était la base, et de là sortait naturellement l'égalité des citoyens; car l'Etat et l'Eglise tendent toujours à être, dans leurs attributions respectives, la contre-partie l'un de l'autre.

Il faut ajouter que tous ces corps électifs, depuis les consistoires jusqu'au synode national, formaient une sorte de jury qui avait mission de connaître des fautes privées, et d'infliger des peines spirituelles. Ces peines étaient l'admonition particulière, la remontrance en consistoire, la suspension de la cène, enfin, pour les grands scandales, l'excommunication et le retranchement de l'Eglise. Les têtes les plus hautes devaient se courber, comme les plus humbles, sous cette pénalité religieuse, et en certains cas faire confession publique de leurs désordres. Henri IV, déjà roi de Navarre, s'y soumit en plus d'une rencontre.

On s'étonne de nos jours de cette intervention dans les actes privés ; mais alors peu de gens songeaient à s'en plaindre. Le pouvoir ecclésiastique pénétrait sans obstacle et sans effort dans la vie du foyer. On croyait que la loi religieuse doit s'enquérir des fautes que la loi civile ne peut pas atteindre, et les réformés devaient d'autant plus recourir à ce genre de pénalité, qu'on les accusait de n'être sortis de l'Eglise romaine que pour satisfaire plus librement leurs passions.

Le 29 mai 1559, quand les députés du premier synode général, avant de se séparer, confondirent leurs âmes dans la prière, ils purent bénir Dieu de l'œuvre qu'il leur avait permis d'accomplir. La Réforme française était constituée.

X

Le parlement de Paris commençait à montrer de l'hésitation devant la masse croissante des calvinistes. Il s'était divisé en trois partis : les catholiques violents, ayant à leur tête le premier président Gilles Lemaître, qui voulaient persister dans l'ancien système de persécution ; les hommes du milieu, déjà nommés les politiques, au nombre desquels figuraient Christophe de Harlay, Seguier et de Thou, le père de l'historien, qui travaillaient à rapprocher les deux religions par des concessions réciproques ; enfin, les réformés secrets, ayant pour chefs Anne Dubourg et Louis Dufaur, qui de jour en jour se déclaraient plus ouvertement. Ces divisions produisirent entre les deux chambres du parlement une diversité de jurisprudence, la Grand'Chambre continuant à sévir contre les hérétiques, et la Tournelle cherchant les moyens de les acquitter.

Ces commencements d'indulgence effrayèrent le clergé. « Si le bras séculier manque à son devoir, » dit au roi le cardinal de Lorraine, « tous les méchants se jetteront dans cette détestable secte ; ils briseront le pouvoir ecclésiastique, et après ce sera le tour du pouvoir royal. »

Henri II l'écouta d'autant plus volontiers, qu'il venait de conclure avec le roi d'Espagne la honteuse paix de Cateau-Cambrésis, où les deux monarques s'étaient engagés, par un article secret, à exterminer l'hérésie ; et pour gage du traité, sa fille Elisabeth devait épouser Philippe II. Il fut donc convenu que le prince irait en personne au parlement, afin de couper court aux divisions par un acte d'autorité. C'était d'ailleurs, comme l'observa encore le cardinal, le plus agréable spectacle à offrir aux seigneurs espagnols, qui venaient chercher à Paris la royale fiancée, que de faire brûler en place publique une demi-douzaine de conseillers luthériens. » Il fallait, » pour employer ses expressions, « donner curée à ces grands d'Espagne. »

Henri II alla en effet tenir un lit de justice, le 10 août 1559, et invita les conseillers à lui donner franchement leur avis sur les moyens d'apaiser les différends de religion. Le premier président Gilles Lemaître exalta le zèle de Philippe-Auguste qui, en un seul jour, avait fait brûler six cents Albigeois. Les hommes du milieu se bornèrent à de vagues généralités. Les calvinistes secrets, en particulier Anne Dubourg, demandèrent des réformes religieuses au moyen d'un concile national. « On voit commettre tous les jours, » dit-il, « des crimes qu'on laisse impunis, tandis qu'on invente de nouveaux supplices contre des hommes qui n'ont commis aucun crime. Ce n'est pas chose de petite importance de condamner ceux qui, du milieu des flammes, invoquent le nom de Jésus-Christ. »

Le prince irrité le fit arrêter en plein parlement par son capitaine des gardes, et dit à haute voix qu'il voulait le voir brûler de ses deux yeux. Mais lui-même, blessé d'un éclat de lance dans un tournoi, mourut un mois après, et l'on assure qu'à ses derniers moments il se souvint avec douleur d'Anne Dubourg et des autres conseillers enfermés à la Bastille. « Ils sont innocents, » s'écria-t-il, « et Dieu me punit de les avoir persécutés. » Le cardinal de Lorraine se hâta de rassurer sa conscience, en disant que c'était une suggestion du démon.

Anne Dubourg était né en 1521 à Riom, en Auvergne, d'une famille considérable. Son oncle avait été chancelier de France. Après avoir étudié la théologie, reçu les ordres, et professé le droit à Orléans, il occupa depuis l'an 1557 un siège au parlement de Paris. Homme docte, intègre et dévoué à tous ses devoirs, on ne pouvait l'accuser que d'être du parti de la religion.

La mort du roi ne suspendit point son procès. L'évêque de Paris le fit dégrader des ordres, et, contre l'usage, l'affaire fut instruite, non devant les chambres assemblées, mais par des commissaires. Quelques magistrats l'engagèrent à faire une confession de foi en termes ambigus, afin que, sans blesser sa propre conscience, il pût contenter celle de ses juges. Dubourg s'y refusa ; il désavoua même son avocat Marillac qui l'avait défendu par des phrases à double sens, et il fut condamné à être brûlé vif.

Il entendit la lecture de l'arrêt sans changer de visage, et pria Dieu de pardonner à ses juges. « Quoi qu'il y ait, » dit-il, « je suis chrétien ; oui, je suis chrétien ; et je crierai encore plus haut, mourant pour la gloire de mon Seigneur Jésus-Christ. »

Comme les réformés avaient tenté de lui fournir des moyens d'évasion, il fut enfermé dans une cage de fer, vieux meuble de Louis XI qu'on alla déterrer à la Bastille. Dubourg s'y résigna : il chantait les louanges de Dieu dans cette étroite prison.

C'était la coutume de réserver pour les grandes fêtes le supplice des scélérats les plus insignes, et celui d'Anne Dubourg fut fixé au 23 décembre 1559, avant-veille de Noël. Six cents hommes furent mis sous les armes. On avait fait même planter des potences et entasser du bois dans plusieurs carrefours, afin que le lieu de l'exécution ne fût connu qu'à la dernière heure. Dubourg voulut se dépouiller lui-même de ses vêtements : » Mes amis, » dit-il au peuple, « je ne suis point ici comme un larron ou un meurtrier, mais c'est pour l'Evangile. » On lui présenta un crucifix qu'il repoussa de la main, et lorsqu'on le suspendit au gibet, il s'écria : « Mon Dieu, ne m'abandonne point, afin que je ne t'abandonne. »

Ainsi mourut, à l'âge de trente-huit ans, le pieux et illustre magistrat. « Son supplice, » dit Mézeray, « in-» spira à plusieurs cette persuasion que la croyance que » professait un si homme de bien et si éclairé ne pou-» vait être mauvaise (1). » Et Florimond de Rémond,

(1) *Abrégé chron.*, t. V, p. 14.

alors écolier, avoue que tous fondaient en larmes dans les collèges, qu'ils plaidaient sa cause après sa mort, et que ce bûcher fit plus de mal que cent ministres n'auraient pu faire avec leurs prêches.

L'année suivante, le chancelier Olivier prononçait avec désespoir le nom d'Anne Dubourg sur son lit de mort; et le cardinal de Lorraine s'étant approché : « Ah! cardinal, » lui dit-il, « tu nous fais tous damner. »

Au milieu de ces persécutions les affaires de l'Etat devenaient de plus en plus critiques. Le nouveau roi, François II, était à peine âgé de seize ans. Débile de corps, faible d'esprit, sa personne, selon l'énergique parole d'un vieil historien, était exposée au premier occupant. Catherine de Médicis, les Guises, les Châtillons, les Bourbons, le connétable Anne de Montmorency, tous exploitèrent cette impuissante fiction de la royauté d'un enfant, et mêlèrent aux discussions religieuses les querelles de leurs ambitions politiques. Nous n'en dirons que ce qui appartient directement au sujet de cet écrit.

Venue en France depuis vingt-six ans, Catherine de Médicis avait apporté de la patrie de Machiavel l'art de la dissimulation, et s'y était exercée pendant les longues humiliations qu'elle avait subies sous le règne des favorites de Henri II. Femme artificieuse et vindicative, galante sans avoir même l'excuse de la passion, aspirant au pouvoir par le besoin de l'intrigue autant que par l'orgueil du commandement; tête forte cependant, et qui, en poursuivant le bien, aurait pu accomplir de grands desseins; mais n'ayant plus ni foi ni sens moral, et constamment occupée à ruiner l'autorité des autres pour affermir la sienne, elle embrassa tour à tour et abandonna tous les partis. Aucune femme et mère de nos rois, Isabeau de Bavière exceptée, n'a fait autant de mal à la France que cette Italienne (1).

Les Guises, plus encore que Catherine de Médicis et les Valois, furent pendant quarante ans les véritables chefs du parti catholique dans notre pays, et sans eux, comme le remarque Mézeray, la nouvelle religion y serait peut-être devenue dominante. Cette famille, branche cadette des ducs de Lorraine, n'était établie en France que depuis la fin du règne de Louis XII. Claude de Lorraine vint y chercher fortune en 1513, *avec un valet et un bâton*. Il eut d'Antoinette de Bourbon six fils et quatre filles, qui réussirent tous à s'élever aux plus grands emplois.

François Ier s'en défia dans les derniers temps de sa vie, et recommanda à son fils de tenir les Lor.ains à distance. Mais Henri II avait trop peu de hauteur d'esprit et de force de caractère pour suivre ce sage conseil. Il permit à ces étrangers, qui avaient des intérêts distincts de ceux de sa race et de son royaume, de prendre en main les affaires publiques ; et après l'avénement de François II, qui épousa leur nièce Marie Stuart, de deux ans plus âgée que lui, les Guises devinrent tout-puissants.

Le cardinal Charles de Lorraine, archevêque de Reims, et possédant en bénéfices ecclésiastiques un revenu de

---

(1) On doit se souvenir, ici et dans d'autres parties de ce livre, qu'il s'agit des Italiens du seizième siècle, nobles et prêtres, qui, sans cesse témoins, à Rome, à Florence, à Naples, de scènes de meurtre, d'empoisonnement et de turpitude, étaient tombés au dernier degré de la dépravation. Ce sont eux, l'histoire l'atteste, qui ont inventé, conseillé, préparé, accompli en France les crimes les plus monstrueux de l'époque. Mais nous sommes bien loin de faire peser cette terrible responsabilité sur la nation italienne d'aujourd'hui : nation intelligente et généreuse, qui s'est relevée par ses malheurs même, et que l'adversité doit nous rendre doublement respectable.

trois cent mille écus (plusieurs millions de la monnaie actuelle) avait de la science, des manières affables, une grande facilité de parole, beaucoup de dextérité dans le maniement des hommes et des affaires, une politique profonde et une ambition vaste. Il n'aspirait à rien de moins qu'à la couronne de France pour son frère et à la tiare pour lui-même. Aussi Pie V, un peu inquiet du rôle qu'il jouait dans l'Eglise, l'appelait-il le pape d'au delà des monts. Du reste, prêtre sans convictions arrêtées, et prêchant à demi la confession d'Augsbourg, *pour plaire à messieurs les A llemands*, comme parle Brantôme ; décrié par ses mauvaises mœurs qu'il ne prenait pas même souci de voiler, et se faisant huer du peuple au sortir de la maison d'une courtisane ; pusillanime enfin devant le danger autant qu'il était arrogant dans la bonne fortune.

Son frère, le duc François de Guise, moins éclairé, moins éloquent, avait des qualités plus hautes. Grand homme de guerre, intrépide, libéral, il avait noblement servi la France dans la défense de Metz, la prise de Calais et de Thionville, la victoire de Renty. Son caractère était naturellement élevé et généreux, mais irascible, mais cruel même, quand on ne pliait point devant lui ; et comme il n'entendait rien aux controverses de religion ni aux détours de la politique, il mettait au service des manœuvres du cardinal sa vaillante épée.

Les deux frères étaient dans cette favorable position de pouvoir s'aider l'un de l'autre sans jamais se heurter. L'un ne pouvait prétendre à la couronne de France, ni l'autre à la tiare. Le prêtre donnait à sa maison l'appui des gens d'Eglise, et le soldat celui des gens de guerre. Au dehors ils étaient soutenus par Philippe II et par le saint-siège, et ces étrangers contractaient des alliances avec l'étranger, non comme des sujets, mais comme des souverains.

Sous François II, le cardinal de Lorraine se fit nommer surintendant des finances. Le duc de Guise obtint, malgré les protestations du connétable, le commandement en chef de l'armée ; et étant tout ensemble grand chambellan, grand veneur, grand maître, généralissime, oncle d'un roi de seize ans et frère du cardinal, il avait une autorité au moins égale à celle des anciens maires du palais.

De l'autre côté étaient les Bourbons, princes du sang mais à un degré éloigné, de fortune médiocre, et suspects à la couronne depuis la trahison de l'ancien connétable qui avait pris les armes contre son roi.

Antoine de Bourbon, le chef de sa race, avait épousé Jeanne d'Albret, qui lui apporta le titre de roi de Navarre sans lui en donner le royaume. Prince irrésolu, indolent, timide par caractère, courageux par occasion, il flotta entre les deux doctrines : tantôt faisant prêcher la foi réformée dans le Béarn, la Saintonge, le Poitou, et allant chanter des psaumes au Pré-aux-Clercs, en 1558, malgré les cris de la Sorbonne ; tantôt se retournant vers la religion catholique et persécutant les fidèles. Le premier et le dernier mot de toute sa vie fut la passion de recouvrer le royaume de Navarre, ou des domaines équivalents. Il mourut sans y réussir, et ce long rêve ne servit qu'à le faire abandonner et moquer de tous.

Son frère, le prince Louis de Condé, avait un génie plus pénétrant et un plus mâle caractère. Spirituel, enjoué, quelquefois frivole, mais intrépide par-dessus tout et adoré du soldat, il défendit vaillamment la cause des réformés, sans leur inspirer jamais une pleine confiance.

Instruit dans les nouvelles idées par sa femme et sa belle-mère, il se montra plus ambitieux que religieux, et le peu de sévérité de ses mœurs a toujours fait douter de la sincérité de sa foi.

On peut demander si les Bourbons, y compris même Henri IV, n'ont pas apporté à la Réforme française plus de dommage que de profit. Ils l'ont jetée dans la politique, poussée sur les champs de bataille, traînée dans leurs querelles particulières; et puis, quand elle leur eut donné la couronne, ils l'ont reniée.

Une autre famille, moins haute par le rang, mais plus éminente par les vertus, celle de Châtillon, servit plus fidèlement la cause. Elle se composait de trois frères : Odet de Châtillon, François d'Andelot et Gaspard de Coligny. Leur mère, Louise de Montmorency, sœur du connétable, penchait déjà vers la Réforme. Elle était tenue, dans ces temps de licence, pour un rare exemple de chasteté. En mourant, elle défendit qu'on lui amenât aucun prêtre, disant que Dieu lui avait fait la grâce de le craindre et de l'aimer.

François d'Andelot, le plus jeune des trois frères, fut le premier à se déclarer franchement pour la nouvelle religion. Fait prisonnier dans les guerres d'Italie, et détenu au château de Milan, il avait reçu quelques livres de piété des mains de Renée de France. Envoyé plus tard en Ecosse, il avait pu étudier de près la doctrine et les pratiques de la Réformation. C'était un chevalier brave, loyal, sans reproche, le digne héritier de Bayard.

En allant dans la Bretagne où étaient les biens de sa maison, il emmena un pasteur qui prêchait de ville en ville, les portes ouvertes : chose inouïe en 1558. Henri II lui en fit de vifs reproches. « Sire, » lui répondit d'Andelot, « vous ne trouverez pas étrange qu'après avoir fait mon devoir à votre service, j'emploie le reste de mon temps au salut de mon âme. C'est pourquoi je vous supplie de laisser ma conscience sauve, et de vous servir du corps et des biens qui sont entièrement vôtres. — Mais je ne vous avais pas donné cet ordre, » dit le roi en lui montrant le collier qu'il portait au cou, « pour en user ainsi. Vous avez promis et juré d'aller à la messe et de suivre votre religion. — Je ne savais pas, » répliqua l'intègre chevalier, « ce que c'était que d'être chrétien, et je ne l'aurais pas accepté à cette condition, si Dieu m'eût touché le cœur comme il l'a fait à présent. »

Ne pouvant plus se contenir, le roi, qui était à souper, jeta en travers de la table son assiette qui alla frapper le dauphin, et peu s'en fallût qu'il ne perçât d'Andelot de son épée. Il le fit jeter en prison, et lui ôta sa charge de colonel général de l'infanterie, qui fut donnée à Blaise de Montluc.

Cette affaire fit grand bruit. Calvin écrivit au prisonnier pour le féliciter de son courage, et le pape Paul IV s'indigna qu'on n'eût pas mené le coupable droit au supplice. Vainement l'ambassadeur de France lui représenta qu'on ne pouvait traiter de la sorte un Châtillon, le neveu du connétable, le frère de l'amiral ; l'intraitable pontife insistait, disant : « Un hérétique ne revient jamais ; c'est un mal où il n'y a de remède que le feu. »

Des parents, des amis intervinrent ; d'Andelot consentit à laisser dire une messe dans la chambre de sa prison, mais sans y prendre aucune part, et il fut remis en liberté.

Gaspard de Coligny, le plus grand homme laïque de la Réforme française, doit nous arrêter plus longtemps. Nous nous attacherons surtout à faire connaître le côté

religieux de son caractère, et les détails de vie intérieure négligés par les autres historiens.

Né à Châtillon-sur-Loing en 1516, Coligny fut instruit dans les lettres par Nicolas Bérault, professeur
très renommé à cette époque, et il y prenait tant de
goût qu'on le força de les interrompre, de peur qu'il ne
fût détourné de la carrière des armes. A vingt-cinq ans,
il était colonel général de l'infanterie française, et par
ses règlements il introduisit une sévère discipline dans
ces bandes de mercenaires qui, avant lui, ressemblaient
plus à des brigands qu'à des soldats. « Ces ordonnances, » dit Brantôme, « ont été les plus belles et les
» plus politiques qui furent jamais faites en France, et
» je crois que depuis qu'elles ont été faites, les vies d'un
» million de personnes ont été conservées, et autant de
» leurs biens et facultés ; car auparavant ce n'était
» que pillerie, volerie, brigandage, rançonnements,
» meurtres, querelles et paillardises parmi ces bandes.
» Voilà donc l'obligation que le monde doit à ce grand
» personnage » (t. IV, p. 204).

On ne sait en quel temps Coligny fit les premiers pas
vers la nouvelle doctrine. Dès l'an 1555, on le voit seconder l'entreprise du chevalier de Villegagnon qui lui proposait de fonder au Brésil une colonie de réformés français. L'amiral y trouvant le double avantage d'ouvrir un
lieu de retraite à des gens persécutés, et d'enrichir son
pays d'un établissement colonial, fit donner à Villegagnon deux navires avec une somme de dix mille livres ;
mais cette expédition n'eut point de succès.

Devenu prisonnier des Espagnols après la malheureuse bataille de Saint-Quentin, il demanda la Bible et
d'autres livres de religion. Il se livra tout entier à cette
étude, et c'est alors qu'il paraît avoir acquis sur les prin-

cipes de la Réforme des convictions fermes et profondes.

Quand il eut payé sa rançon, il se retira dans son manoir de Châtillon-sur-Loing ; et voulant s'appliquer aux choses religieuses, il remit à son frère d'Andelot, avec la permission du roi, la charge de colonel général de l'infanterie. Il renonça au gouvernement de Paris et de l'Ile-de-France en faveur de son cousin, le maréchal de Montmorency, fils du connétable, et supplia Henri II avec les plus vives instances de lui désigner un successeur pour son gouvernement de Picardie. « Ce qui dès ce » temps-là, » dit l'auteur des *Mémoires de Coligny*, « donna » sujet à plusieurs d'entrer en soupçon qu'il avait changé » de religion : étant bien vrai qu'il fit paraître que son » esprit était tout à fait éloigné de convoitise d'honneur » et de puissance (1). »

Voilà cependant l'homme que plusieurs historiens ont accusé d'avoir pris les armes et fomenté des révoltes par esprit d'ambition ! L'histoire ainsi écrite est l'une des plus grandes hontes de l'humanité.

Coligny fut encouragé dans ses pieuses résolutions par Charlotte de Laval, sa femme, qui ne cessait de l'inviter à se déclarer ouvertement. « Donc l'amiral, se voyant » être si souvent et avec tant d'affection pressé par elle, » résolut de lui en parler une bonne fois, comme il fit, » lui représentant bien au long que, depuis tant d'années, » il n'avait vu ni ouï dire qu'aucun, soit en Allemagne » ou en France, qui eût fait profession ouverte de la » religion, ne se fût trouvé accablé de maux et de cala- » mités ; que par les édits de François Ier et de Henri II,

---

(1) *Mémoires de Coligny*, p. 18. On présume qu'ils ont été rédigés par Cornaton, l'un des plus fidèles serviteurs de l'amiral. Nous avons l'édition imprimée à Grenoble en 1669. Ce qui suit en est extrait d'une manière abrégée.

» rigoureusement observés par les parlements, ceux qui
» en étaient convaincus devaient être brûlés vifs à petit
» feu en place publique, et leurs biens confisqués au
» roi ; que toutefois, si elle était disposée avec tant de
» confiance à ne pas refuser la condition commune à ceux
» de la religion, de son côté, il ne manquerait pas à son
» devoir » (p. 20).

Charlotte de Laval ayant répondu que c'était là le sort
des vrais chrétiens dans tous les siècles, Coligny n'hésita
plus. Il confessa ses croyances devant ceux qui venaient
le visiter, exhorta ses serviteurs à suivre son exemple,
leur donna les Ecritures à lire, prit des hommes de piété
pour gouverner ses enfants, et réforma entièrement le
train de sa maison. Il commença aussi à fréquenter les
assemblées, mais il ne participait pas encore à la Cène,
ayant des doutes sur ce point. Il en avait discuté avec
de savants ministres, demandant des explications sur la
présence réelle et autres sujets semblables, sans avoir
pu voir clair dans cette doctrine.

Un jour donc, se trouvant dans une assemblée à Vat-
teville, comme on allait célébrer la Cène, il se leva ; et
après avoir prié la compagnie de ne·pas prendre scandale
de son infirmité, il invita le ministre à s'expliquer un
peu plus au long sur le sacrement. Celui-ci fit un ample
discours sur la matière. « L'amiral, instruit par ces pa-
» roles, rendit premièrement grâce à Dieu, et dès lors
» résolut en son esprit de participer à ce sacré et saint
» mystère au premier jour qu'il se célébrerait. Cela ayant
» été divulgué par toute la France, il est incroyable de
» dire la joie et consolation que toutes les Eglises en
» reçurent » (p. 22).

Il conserva toute sa vie ses habitudes de piété, et les
pratiqua plus ouvertement, à mesure que la liberté des

croyants augmentait. « Aussitôt qu'il était sorti du lit
» assez matin, ayant pris sa robe de chambre, et s'étant
» mis à genoux, comme aussi tous les autres assistants,
» il faisait lui-même la prière en la forme accoutumée
» aux Eglises de France ; après laquelle, attendant l'heure
» du prêche qui se faisait de deux jours l'un avec le
» chant des psaumes, il donnait audience aux députés
» des Eglises qui lui étaient envoyés, ou donnait le
» temps aux affaires publiques dont il continuait encore
» un peu à traiter, après le prêche, jusqu'à l'heure du
» dîner.

» Etant debout près de la table dressée, et sa femme à
» son côté, s'il n'y avait point eu de prêche, l'on chan-
» tait un psaume, et puis l'on disait la bénédiction ordi-
» naire : ce qu'une infinité, non seulement de Français,
» mais de capitaines et colonels allemands peuvent
» témoigner qu'il a fait observer, sans intermission d'un
» seul jour, non seulement en sa maison et en son repos,
» mais aussi dans l'armée. La nappe étant ôtée, se levant
» et tenant debout avec les assistants, il rendait grâces
» lui-même, ou les faisait rendre par son ministre.

» Le même se pratiquait au souper ; et voyant que
» tous ceux de sa maison se trouvaient malaisément à
» la prière du soir, au temps qu'il fallait reposer, il
» ordonna que chacun vînt à l'issue du souper, et qu'a-
» près le chant des psaumes, la prière se fît. Et ne se
» peut dire le nombre de ceux d'entre la noblesse fran-
» çaise qui ont commencé d'établir dans leur famille
» cette religieuse règle de l'amiral, qui les exhortait
» souvent à la véritable pratique de la piété, disant que
» ce n'était pas assez que le père de famille vécût sainte-
» ment et religieusement, si par son exemple il ne ré-
» duisait les siens à la même règle.

» Lorsque le temps de la Cène s'approchait, il appe-
» lait tous ceux de sa maison, leur représentant qu'il ne
» lui fallait pas seulement rendre compte à Dieu de sa
» vie, mais aussi de leurs déportements, et il les récon-
» ciliait ensemble, s'il y avait quelque dissension entre
» eux.

» Sa taille était moyenne, ses membres bien propor-
» tionnés, son visage calme et serein, sa voix agréable
» et douce, mais un peu tardive et lente, sa com-
» plexion bonne, son geste et son marcher pleins de
» bienséance et d'une gracieuse gravité. Il buvait peu
» de vin, mangeait peu et dormait au plus sept heures »
(p. 94-97).

On connaît le caractère que Gaspard de Coligny a
déployé dans les affaires publiques. Doué des qualités
les plus diverses et les plus élevées, homme de génie
dans la guerre et dans la politique, sévère pour lui, indulgent pour les autres, jamais enorgueilli par la bonne
fortune ni abattu par la mauvaise, ami de son pays, dévoué à son roi en tout ce qui n'engageait pas sa conscience, les plus illustres hommes d'Etat aussi bien que
les plus habiles capitaines ont estimé à honneur de lui
être comparés. Peut-être avait-il les défauts de ses qualités. Il parut quelquefois manquer de résolution, parce
qu'il fut trop loyal pour pousser jusqu'au bout ses avantages contre la royauté ; et manquer de prévoyance,
parce que la perfidie qu'il ne trouvait point dans son
cœur, il la soupçonnait difficilement chez les autres.

Si l'on cherche dans les temps rapprochés de nous et
dans un ordre de choses différent un personnage que
l'on puisse mettre en parallèle avec lui, on prononcera,
sans doute, le nom du général Lafayette. L'homme du
seizième siècle et celui de la fin du dix-huitième eurent

une foi entière en la justice de leur cause. L'un et l'autre firent pour elle les plus généreux sacrifices, et y déployèrent jusqu'à la fin une inébranlable constance. Tous deux eurent dans les mains, en plusieurs rencontres, les plus grands intérêts de l'Etat. Tous deux furent tenus pour les plus honnêtes gens de leur époque. Mais Lafayette avait les masses populaires avec lui ; Coligny les eut contre lui dans les trois quarts de la France. Aussi, avec un plus haut génie politique et guerrier, eut-il moins de succès.

Le troisième frère, Odet de Châtillon, était l'aîné de la famille. Nommé cardinal par Clément VII à l'âge de dix-sept ans, il demanda des réformes sans adopter complètement la Réformation. Il finit par se marier avec une demoiselle de maison noble, Isabelle de Hauteville, qu'on appelait Madame la cardinale ou Madame la comtesse de Beauvais, quand elle allait s'asseoir dans les appartements de la cour en qualité de femme d'un pair de France ; singularité curieuse, même pour ce temps-là. Odet de Châtillon mourut en Angleterre quelques années après, empoisonné par l'un de ses domestiques. Brantôme et de Thou rendent le meilleur témoignage à son jugement et à son intégrité.

XI

Catherine de Médicis avait exprimé dans ses jours d'abaissement quelques sentiments favorables à la Réforme, et ceux de la religion supposèrent d'abord qu'elle les appuierait auprès de son fils François II. Coligny et d'autres seigneurs calvinistes lui écrivirent qu'ils espéraient trouver en elle une seconde Esther. Mais ses bonnes dispositions n'étaient qu'une vaine apparence. « Je n'entends rien à cette doctrine, » disait-elle ; « ce qui m'avait émue à leur vouloir du bien, c'était plutôt une pitié et compassion naturelle de femme que pour être informée si cette doctrine est vraie ou fausse. »

D'accord avec la reine-mère et la cour de Madrid les Guises tinrent les Bourbons à l'écart et firent publier de nouveaux édits pour l'extermination des hérétiques. On institua dans chaque parlement des Chambres ardentes, ainsi nommées parce qu'elles condamnaient au feu sans pitié tous ceux qu'on accusait du crime d'hérésie. Ce fut un vaste système de terreur, où l'ombre même de la justice n'apparaissait plus. Délations, confiscations, pillages, arrêts de mort, supplices atroces, les mêmes scènes épouvantèrent, au commencement de 1560, les principales villes de France : Toulouse, Dijon, Bordeaux, Lyon, Grenoble, Poitiers, et les provinces qui en dépendaient.

A Paris, les commissaires de quartiers faisaient des visites journalières dans les maisons suspectes. Un certain Démocharès ou Mouchy, qui a donné à la langue le terme de mouchard, se mit en campagne avec une bande de misérables qui tâchaient de surprendre les hérétiques mangeant de la viande aux jours défendus, ou faisant des assemblées. Ils surveillaient particulièrement le faubourg Saint-Germain, qu'on appelait alors la petite Genève.

Beaucoup de gens furent saisis et maltraités. Ceux qui pouvaient fuir quittèrent la place, laissant meubles, argent, provisions, tous leurs biens, à la merci des bandits chargés du rôle de sergents. On pillait, on saccageait les maisons, au rapport de Théodore de Bèze, comme dans une ville prise d'assaut ; les charrettes pleines de meubles encombraient les rues ; un *tas de garne-*

ments allait glaner et dévaster ce qu'avaient laissé les
premiers pillards. « Mais ce qui était le plus à déplo-
rer, » ajoute cet historien, « c'était de voir les pauvres
» petits enfants qui demeuraient sur le carreau, criant
» à la faim avec gémissements incroyables, et qui al-
» laient par les rues mendiant, sans qu'aucun osât les
» recueillir, sinon qu'il tombât au même danger ;
» aussi en faisait-on moins de cas que des chiens »
(tome I, page 147).   ·

D'abominables moyens avaient été mis en œuvre pour
accroître la fureur du peuple de Paris. On voit encore
dans de vieilles collections des gravures qui représentent
les hérétiques tuant des prêtres à coups d'arquebuses ,
jetant des moines à l'eau, égorgeant des enfants, étran-
glant des femmes et des vieillards, et il y avait des gens
apostés sur les places publiques pour commenter ces
infamies.

Le peuple répondit à ces lâches provocations en plaçant des images de la Vierge au coin des rues. Il épiait
la contenance des passants , et malheur à qui n'ôtait
point son chapeau ! malheur à qui refusait de mettre
quelque pièce de monnaie dans le tronc, ou *épargne-
mailles*, qu'on lui présentait pour avoir de quoi payer
les cierges ! On criait à l'hérétique ; on le traînait au
Châtelet, et les prisons furent tellement encombrées
qu'il fallut hâter les supplices pour faire place à de nouvelles victimes.

Voici encore un trait qui peint l'état des esprits. Deux
malheureux apprentis qu'on avait gagnés déclarèrent
qu'il se commettait des turpitudes dans les assemblées
secrètes des calvinistes. Le cardinal de Lorraine alla
aussitôt en faire part à la reine mère , en aggravant son
récit de toutes les souillures qu'on avait autrefois re-

prochées aux Gnostiques , aux Messaliens , aux Bor-
borites , aux Manichéens , aux Cathares , de sorte que
les réformés semblaient avoir recueilli , comme dans
un égout , les abominations de tous les siècles.

Entre les personnes désignées étaient la femme et les
deux filles d'un célèbre avocat de Paris. Elles se livrè-
rent elles-mêmes à la justice , aimant mieux perdre la
vie que l'honneur. On les confronta avec les deux apprentis. Ces derniers rougirent, balbutièrent, se contre-
dirent dans leurs propos , et il devint évident qu'ils
avaient fait un exécrable mensonge. Quelques magistrats
indignés voulaient qu'on les mît en prison à la place de
ces femmes outragées. Ce fut le contraire qui arriva :
les calomniateurs furent absous, et les femmes restèrent
au fond des cachots.

A la même époque, les Guises firent d'autres mécontents qui se rapprochèrent des calvinistes, èt de là sortit l'entreprise connue sous le nom de conspiration
d'Amboise.

Beaucoup de gentilshommes étaient venus à la cour,
afin de réclamer le prix de leur sang versé au service
du roi, ou celui des terres dont ils avaient été dépouillés
dans ces temps de confusion et de désordre. Le cardinal
de Lorraine, prenant peur de la présence de tant de gens
de guerre , fit publier une proclamation qui ordonnait à
tous les solliciteurs, de quelque condition qu'ils fussent,
de vider la place en vingt-quatre heures, sous peine de
mort. Un gibet fut même dressé aux portes du château
pour confirmer la menace. Les gentilshommes s'en allèrent, l'âme profondément ulcérée d'un affront que jamais
roi de France n'avait fait à sa brave noblesse.

La guerre commença par des pamphlets où l'on accusait les Lorrains d'avoir usurpé les droits des princes du

sang, de tenir la couronne en tutelle, bien qu'ils fussent étrangers, et de fouler aux pieds toutes les anciennes lois du royaume. « La France n'en peut plus, »
disait-on dans ces feuilles, « et demande la convocation
» des Etats généraux pour mettre ordre à ses affaires. »

Bientôt, des discours, les mécontents passèrent aux
actes. Ceux de la religion éprouvèrent des scrupules.
Pouvaient-ils recourir à la force pour obtenir le redressement de leurs griefs ? Ils consultèrent des théologiens
de Suisse et d'Allemagne, qui répondirent qu'il était
licite de s'opposer au gouvernement usurpé des Lorrains,
pourvu qu'un des chefs légitimes, savoir, un prince du
sang, fût à la tête, et qu'on se fît appuyer par les Etats
généraux.

Malgré cela, le plus grand nombre des réformés refusa
de participer à cette entreprise, dans laquelle, dit Brantôme, *il n'entra pas moins de mécontentement que de hugue-
noterie.* Coligny n'y fut point initié, et ceux qui y trem-
pèrent avaient expressément réservé la personne et
l'autorité du roi. Ils ne se proposaient que de chasser les
Lorrains, et de rendre à des princes français le gouvernement de la France. Louis de Condé était le chef invisible ou *muet* de la conspiration ; La Renaudie, qui représentait les mécontents politiques plutôt que les mécontents religieux, en fut le chef visible.

Instruits du complot par la trahison de l'avocat Des
Avenelles, les Guises quittèrent en hâte la ville de Blois,
et allèrent s'enfermer avec François II dans le château
d'Amboise. Le pauvre jeune roi leur disait en pleurant :
« Qu'ai-je fait à mon peuple qu'il m'en veuille ainsi ? Je
» veux entendre ses doléances et lui faire raison. Je ne
» sais, mais j'entends qu'on n'en veut qu'à vous. Je dési-
» rerais que pour un temps vous fussiez hors d'ici, pour

» voir si c'est à vous ou à moi qu'on en veut. » Les Lorrains se gardèrent bien de céder à cet avis; car une fois
hors de la cour, ils auraient vu se lever toute la noblesse
de France pour leur défendre d'y rentrer.

Dans les premiers moments d'épouvante, le cardinal
de Lorraine avait fait porter au parlement une ordonnance d'amnistie, dont les prédicants et ceux qui avaient
conspiré sous prétexte de religion étaient seuls exceptés.
Mais quand il fut assuré du triomphe, il égala ses ven-
geances à ses terreurs, et elles furent effroyables. Douze
cents conjurés périrent à Amboise. La place publique
était couverte de gibets ; le sang ruisselait par les rues.
Nulle enquête ni forme de procès ; et comme les bourreaux ne pouvaient suffire, on jeta les prisonniers par
centaines, pieds et poings liés, dans les flots de la Loire.
Ce même fleuve était destiné à engloutir d'autres victimes : à travers les siècles, le cardinal Charles de Lorraine et Carrier de Nantes se donnent la main.

On fit plus en 1560. Les Guises réservaient les principaux « pour l'après-dînée, » comme le raconte Regnier
de la Planche, afin de donner quelque passe-temps aux
dames qu'ils voyaient s'ennuyer si longuement dans ce
château-fort. La reine mère, ses fils, les dames d'honneur, les courtisans se mettaient aux fenêtres, *comme s'il
eût été question de voir jouer quelque momerie.* « Et leur
» étaient les patients montrés par le cardinal, avec des
» signes d'un homme grandement réjoui, pour d'autant
» plus animer le prince contre ses sujets (1). »

Plusieurs des condamnés firent preuve d'une mâle fermeté. Un gentilhomme nommé Villemongis, ayant trempé
ses mains dans le sang de ses compagnons, les leva au

(1) La Planche, *Histoire de France sous François II*, p. 214.

ciel en s'écriant : « Seigneur, voici le sang de tes en-
» fants injustement répandu ; tu en feras la vengeance. »

Le baron de Castelnau, qui, ayant été pris par les
Espagnols dans les guerres de Flandres, avait employé,
comme l'amiral Coligny, les longs jours de sa captivité
à lire la Biblé, fut interrogé dans la prison d'Amboise
par les Guises et le chancelier Olivier. Celui-ci lui demanda, en se moquant, ce qui avait pu faire d'un
homme d'armes un si savant théologien. « Lorsque je
vous suis venu voir à mon retour de Flandres, » dit
Castelnau, « je vous ai appris comment j'avais passé
mon temps. Vous m'approuviez alors, et nous étions
de bonne intelligence. Pourquoi ne le sommes-nous
plus ? C'est qu'étant disgracié, vouz parliez sincèrement. Aujourd'hui, pour plaire à un homme qui vous
méprise, vous êtes traître à votre Dieu et à votre
conscience. » Le cardinal voulut venir en aide au
chancelier, disant que c'était lui qui l'avait fortifié dans
la foi, et il se mit à développer une thèse de controverse. Castelnau en appela au duc François de Guise,
qui répondit qu'il n'y entendait rien. « Plût à Dieu qu'il
en fût autrement ! » s'écria le prisonnier ; « car je
vous estime assez pour croire que si vous étiez aussi
éclairé que votre frère le cardinal, vous vous emploie-
riez à de meilleures choses. »

Ayant été condamné à mort pour crime de lèse-majesté : « Il fallait donc, » dit-il avec amertume, « déclarer que les Guises sont rois de France. » Et livrant sa
tête au glaive du bourreau, il en appela de l'injustice
des hommes à la justice de Dieu.

Ces barbares exécutions enflammèrent les haines des
partis et ouvrirent la porte aux guerres civiles. La conjuration d'Amboise devint populaire parmi les réformés.

Brantôme rapporte que plusieurs disaient : « Hier, nous
» n'étions pas de la conjuration, et nous n'en aurions
» pas été pour tout l'or du monde ; aujourd'hui, nous en
» serions pour un écu, et nous disons que l'entreprise
» était bonne et sainte. »

Les Lorrains, cependant, tâchaient de tourner au profit de leur ambition l'affaire d'Amboise. Dès le 17 mars,
le duc de Guise se fit nommer lieutenant général du
royaume. François II promettait d'avoir pour agréable
tout ce qui serait fait, ordonné et exécuté par son oncle.
C'était abdiquer la couronne, ou, pour mieux dire,
mettre la réalité à la place de la fiction.

Le cardinal de Lorraine osa même revenir à son projet favori d'établir l'Inquisition en France comme en
Espagne. Il avait déjà obtenu l'adhésion du conseil privé,
et arraché le consentement de la reine mère. Mais le
coup fut détourné par le chancelier Michel de l'Hospital,
qui fit adopter, au mois de mai 1560, l'édit de Romo-
rantin, par lequel il rendait aux évêques la connaissance du crime d'hérésie. Cet édit prodiguait les peines
les plus cruelles ; mais du moins le pied des inquisiteurs
ne souillait pas la terre de France.

XII

La même année 1560, si pleine de violences et de
sang, fut témoin d'un nouveau pas de la Réforme
française : l'établissement du culte public. Cela était
dans la force des choses. Quand des villages, des provinces presque entières avaient embrassé la foi des réformateurs, les assemblées secrètes devenaient impossibles. Tout un peuple ne va pas s'enfermer dans des
forêts et des cavernes pour invoquer son Dieu. Devant

qui, d'ailleurs, se cacherait-il? Devant lui-même? L'idée est absurde.

Non seulement la nécessité commandait aux réformés de faire ce dernier pas : ils y étaient encore poussés par les calomnies dont on poursuivait leurs assemblées secrètes. Quel meilleur moyen avaient-ils de convaincre leurs ennemis de mensonge que de se réunir à la clarté du soleil et de leur dire : Venez et voyez?

·Ainsi les premiers chrétiens étaient sortis des catacombes, malgré les édits des empereurs, dès qu'ils furent devenus nombreux. Les mêmes causes produisent toujours les mêmes effets.

Calvin et d'autres hommes graves, sans désapprouver absolument ces manifestations, en découvraient mieux les suites, et conseillèrent d'agir avec une prudente réserve. Mais l'impulsion populaire était trop forte. Nîmes, Montpellier, Aigues-Mortes donnèrent l'exemple, et le culte public s'établit de proche en proche dans le Languedoc, le Dauphiné, la Provence, le Béarn, la Guyenne, la Saintonge, le Poitou et la Normandie.

Avertis par le comte de Villars, le maréchal de Termes et les autres gouverneurs des provinces, les Guises répondirent qu'il fallait faire pendre les prédicants sans forme de procès, instruire criminellement contre les huguenots qui assistaient aux prêches, et *nettoyer le pays de cette infinité de canailles qui vivaient comme à Genève.* Ces ordres ne furent point strictement exécutés ni ne pouvaient l'être. Les Lorrains ne distinguaient pas entre les temps : ce qui était possible contre quelques milliers de sectaires obscurs et sans crédit, ne l'était plus devant des millions de prosélytes, au nombre desquels se trouvait plus de la moitié des grandes familles du royaume.

En quelques places du Dauphiné, à **Valence**, à Montélimar, à Romans, ceux de la religion prirent à leur usage les Eglises catholiques : nouvelle imitation des anciens chrétiens qui avaient envahi les temples du paganisme. C'était encore inévitable dans les lieux où la population en masse avait changé de doctrine. Les pierres du sanctuaire n'appartiennent à une religion qu'autant qu'on y croit; si le peuple n'y croit plus, ces pierres lui reviennent, et il les consacre à son culte nouveau.

Le duc de Guise éprouva d'autant plus de dépit des affaires du Dauphiné, qu'il était gouverneur de cette province. Les entreprises des hérétiques étaient à ses yeux un affront personnel, et il mit en campagne un certain Maugiron, qui surprit les villes de Valence et de Romans, les livra au pillage, fit pendre les principaux habitants, et décapiter deux ministres avec cette inscription au cou : *Voici les chefs des rebelles.* Ces barbaries provoquèrent des représailles. Deux gentilshommes de la religion, Montbrun et Mouvans, firent des courses dans le Dauphiné et la Provence à la tête des bandes armées, pillèrent les églises, maltraitèrent les prêtres qui avaient poussé au meurtre des réformés, et célébrèrent leur culte l'épée à la main.

Un tel état de choses ne pouvait subsister. Ce n'était ni la paix ni la guerre, ni la liberté des religions, ni la domination absolue d'une seule. Il fallait y porter remède sous peine de livrer le royaume à une complète anarchie, et le conseil du roi résolut de convoquer une assemblée de notables à Fontainebleau. Les Guises n'y consentirent qu'à contre-cœur; mais effrayés eux-mêmes d'une situation qu'ils ne pouvaient plus dominer, ils cédèrent à l'influence des politiques ou du tiers-parti qui commençaient à se former sous la direction du chancelier de L'Hospital.

On avait fixé le 21 août 1560 pour l'ouverture de l'assemblée. Le jeune roi y prit place sur son trône, dans la grande salle du palais de Fontainebleau, ayant près de lui sa femme Marie d'Ecosse, la reine-mère et ses frères. Cardinaux, évêques, membres du conseil privé, chevaliers de l'ordre, maîtres des requêtes, les ducs de Guise et d'Aumale, le connétable, l'amiral, le chancelier, tous étaient là, excepté les princes de Bourbon qui, craignant un piège, avaient refusé de venir.

Le duc de Guise rendit compte de l'administration de l'armée, le cardinal de Lorraine de celle des finances. Cependant si importantes que fussent ces matières, les notables y prêtèrent peu d'attention : ils sentaient que la seule grande affaire du moment était la question religieuse.

Coligny avait promis aux réformés de donner le signal. Tout à coup, il se lève, s'approche du trône, s'incline avec respect, et présente deux requêtes, l'une au roi, l'autre à la reine mère, portant cette inscription : *Supplication de ceux qui, en diverses provinces, invoquent le nom de Dieu suivant la règle de la piété*. Les assistants s'étonnent de tant de hardiesse ; car la peine de mort était toujours suspendue sur la tête des hérétiques. Mais le roi François II, à qui l'on n'avait pu faire d'avance la leçon sur cette démarche, accepte gracieusement les suppliques, et les donne à lire à son secrétaire des commandements.

Les fidèles attestaient que leur foi était celle du Symbole des apôtres, qu'ils avaient toujours agi en loyaux sujets du roi, et qu'on les avait indignement calomniés en les accusant d'un esprit de trouble et de sédition. « L'Evangile dont nous faisons profession nous ensei- » gne tout le contraire, » disaient-ils, « et même nous

» n'avons point honte de confesser que nous n'entendî-
» mes jamais si bien notre devoir envers Votre Majesté
»que nous ne l'avons entendu par le môyen de la
» sainte doctrine qui nous est prêchée. » En terminant
ils demandaient la permission de s'assembler en plein
jour, et se soumettaient à être punis comme rebelles,
s'ils étaient rencontrés dans des assemblées nocturnes
ou illicites.

On remarqua que ces pièces ne portaient point de signature. « Il est vrai, » répondit l'amiral; « mais ac-
» cordez-nous permission de nous réunir, et en un jour
» je vous apporterai cinquante mille signatures de la
» seule province de Normandie. » — « Et moi, » interrompit le duc de Guise d'un ton haut, « j'en trouve-
» rai cent mille qui signeront le contraire de leur propre
» sang. »

Les débats furent repris le 23 août. Deux prélats, on
est heureux de le constater, Jean de Montluc , évêque
de Valence , et Charles de Marillac , archevêque de
Vienne, y proposèrent des moyens de conciliation. Tous
deux avaient exercé des ambassades en Italie et visité
les pays protestants. Chose mémorable, que les évêques
de France qui avaient vu de près Rome et la Réforme
aient généralement incliné vers les nouvelles idées !

Jean de Montluc fit une énergique peinture des désordres dont l'Eglise était remplie. Il compara les ministres calvinistes , hommes lettrés , diligents , ayant toujours le nom de Jésus-Christ à la bouche, ne craignant
point de perdre la vie pour confirmer leur doctrine, il
les compara aux prêtres catholiques , et à ce propos il
prononça des paroles qui méritent de trouver place dans
l'histoire :

« Les évêques (j'entends pour la plupart) ont été pa-

» resseux, n'ayant aucune crainte de rendre compte à
» Dieu du troupeau qu'ils avaient en charge, et leur
» plus grand souci a été de conserver leur revenu, et
» d'en abuser en folles et scandaleuses dépenses : telle-
» ment qu'on en a vu quarante résider à Paris pendant
» que le feu s'allumait dans leurs diocèses. Et en même
» temps l'on voit bailler les évêchés aux enfants et à
» des personnes ignorantes, qui n'avaient ni le savoir
» ni la volonté de faire leur état. Les ministres de cette
» secte n'ont pas failli de le remontrer à ceux qui ont
» voulu les écouter.

» Les curés sont avares, ignorants, occupés à toute
» autre chose qu'à leur charge, et pour la plupart ont
» été pourvus de leurs bénéfices par moyens illicites. Et
» en ce temps qu'il fallait appeler à notre secours les
» gens de savoir, de vertu et de bon zèle, autant de
» deux écus que les banquiers ont envoyés à Rome, au-
» tant de curés nous ont-ils envoyés.

« Les cardinaux et les évêques n'ont fait difficulté de
» bailler les bénéfices à leurs maîtres d'hôtel, et, qui plus
» est, à leurs valets de chambre, cuisiniers, barbiers et
» laquais. Les menus prêtres, par leur avarice, igno-
» rance et vie dissolue, se sont rendus odieux et mé-
» prisables à tout le monde. Voilà les bons remèdes
» dont on a usé pour procurer la paix de l'Eglise ! »

Montluc indiqua deux moyens de résoudre les difficultés pendantes : l'un était de faire prêcher tous les
jours devant le roi, les reines et les seigneurs de la
cour, et de remplacer les *folles chansons* des filles d'honneur par les Psaumes de David ; l'autre, de convoquer
sans délai un concile universel libre, et, si le pape refu
sait, un concile national.

L'archevêque Marillac fit entendre les mêmes plain

tes, appuya les avis de Montluc, et proposa de décider, en outre, qu'on ne ferait plus rien dans l'Eglise à prix d'argent, « attendu qu'il n'est pas licite, » disait-il, « de faire marchandise des choses spirituelles. »

Le lendemain, 24 août, ce fut à l'amiral Coligny à parler. Il demanda comme les deux évêques, la convocation d'un concile libre, soit général, soit national, et ajouta qu'il fût permis, en attendant, à ceux de la religion de s'assembler pour prier Dieu. « Donnez-leur des » temples ou autres édifices en chaque endroit, » dit-il, » et envoyez-y des gens pour veiller à ce que rien ne se » fasse contre l'autorité du roi et le repos public. Si » vous en agissez de cette façon, le royaume sera tout » aussitôt paisible, et les sujets contents. »

Mais le cardinal de Lorraine repoussa bien loin cette requête. « Est-il raisonnable, » demanda-t-il, « d'être » plutôt de l'opinion de telles gens que de celle du roi? » Et quant à leur bailler des temples ou lieux d'assem- » blée, ce serait approuver leur hérésie, ce que le roi » ne saurait faire sans être perpétuellement damné. » Le cardinal ne voyait pas non plus grande nécessité à la convocation d'un concile, puisqu'il ne fallait que réformer les mœurs des gens d'église, ce qu'on pouvait faire par des admonitions générales ou privées.

Néanmoins les Guises, n'étant soutenus, dans l'assemblée de Fontainebleau, ni par le chancelier, ni par le connétable, consentirent à la convocation des Etats généraux pour le mois de décembre suivant, et annoncèrent qu'il serait pris des mesures préparatoires pour la tenue d'un concile national.

Le pape Pie IV fut très inquiet de la seule idée de ce concile, craignant d'en voir sortir, ou le schisme, ou tout au moins le rétablissement de la pragmatique-sanction.

Il écrivit au roi de France pour lui dire que sa couronne serait en péril, et au roi d'Espagne pour le supplier d'intervenir. Mais n'obtenant point de réponse satisfaisante, il résolut de rouvrir les sessions du concile de Trente, qui étaient depuis longtemps suspendues. Le pontife de Rome aimait mieux une assemblée en majorité italienne qu'il tenait sous la main, qu'un concile national de France qui pourrait délibérer sans lui, et peut-être contre lui.

On remarquera que les hommes les plus éclairés des deux communions, Montluc, Marillac, l'Hospital, Coligny, s'accordaient à demander la convocation d'un concile national. Il ne faut pas se tromper sur ce qu'il y avait au fond de ce projet. Ce n'était pas la liberté religieuse, comme nous l'entendons aujourd'hui ; c'était tout simplement l'espoir que, par des concessions mutuelles, le Catholicisme et la Réforme parviendraient à se réunir sur un terrain commun. Le principe qu'il ne peut pas y avoir deux religions dans un seul état dominait encore les meilleurs esprits.

XIII

En donnant les mains à la convocation des Etats généraux, les Lorrains nourrissaient plus d'une arrière-pensée. Ils se flattaient d'en finir avec les Bourbons, d'envelopper les huguenots dans la ruine de leurs chefs, et de conquérir la majorité dans les Etats par la séduction ou par la terreur.

Antoine de Bourbon et le prince de Condé furent invités à venir occuper leurs sièges de princes du sang. Ils savaient que de grands dangers les y attendaient, mais un refus aurait été représenté comme une rupture ouverte avec l'autorité royale. Les caractères opposés des deux princes concoururent encore à leur faire accepter l'invitation. Le roi de Navarre était trop faible pour braver si directement la couronne ; Louis de Condé trop hardi pour s'exposer au soupçon de la craindre. L'un se mit en route, parce qu'il n'osait pas assez ; l'autre, parce qu'il osait trop.

A peine entré à Orléans, Condé fut arrêté sous l'accusation de haute trahison, et l'on nomma des commissaires pour le juger. Il refusa de répondre, disant qu'un prince du sang ne devait être jugé que par le roi et les pairs, toutes les chambres du parlement assemblées. Les Lorrains lui firent signifier une ordonnance qui le déclarait coupable de lèse-majesté, s'il persistait dans son refus. « Il ne faut pas tolérer, » disait le duc de Guise, « qu'un petit galant, pour prince qu'il soit, fasse de telles » bravades. Il faut couper d'un seul coup la tête à l'hé- » résie et à la rébellion. »

Le chef de la maison de Bourbon s'humilia devant le duc et le cardinal, en sollicitant la grâce de son frère. Ils le reçurent avec hauteur, et le firent garder à vue. Tous les historiens rapportent qu'ils formèrent contre lui-même un horrible projet d'assassinat. Comme on n'osait le mettre en jugement, on avait résolu de l'appeler devant François II, qui, se prenant de querelle avec lui, tirerait son épée. A ce signal les courtisans devaient se jeter sur Antoine de Bourbon et le poignarder.

Averti du complot, l'excès du danger lui inspira quelque courage, et il dit au capitaine Renti : « Je m'en vais » au lieu où il y en a qui ont juré ma mort. Si je meurs, » prenez la chemise que j'ai sur moi ; portez-la à ma » femme, puisque mon fils n'est pas encore en âge de » pouvoir venger ma mort, et qu'elle l'envoie aux princes » chrétiens qui me vengeront. » Alors il entra dans la

chambre du roi, et le cardinal de Lorraine ferma la porte
après lui. Le roi lui tint quelques rudes propos ; mais
soit timidité d'enfant, soit pitié, il n'osa pas donner le
signal. *O le lâche! ô le poltron!* murmurait François de
Guise caché derrière la porte. Un roi de dix-sept ans
chargé d'assassiner son oncle! Quelles mœurs! quel
règne! quelle cour (1)!

Le cardinal de Lorraine avait aussi imaginé, pour l'extermination des hérétiques, un plan analogue à ceux qui
avaient été exécutés contre les Albigeois du Languedoc
ou les Maures d'Espagne. On voudrait, pour l'honneur
de l'espèce humaine, pouvoir nier de si exécrables desseins ; mais ils sont attestés par des écrivains catholiques, et même par le jésuite Maimbourg.

Le cardinal avait donc décidé de faire signer à tous
les Français une formule de foi dressée par la Sorbonne
en 1542, formule, dit Jean de Serres, *que nul homme de
la religion n'eût voulu pour mille vies approuver ni signer.* Le
roi devait la présenter, le jour de la Noël, à tous les
princes, officiers et chevaliers de la cour ; la reine, à
toutes les dames et demoiselles du palais ; le chancelier,
aux députés des Etats généraux et aux maîtres des requêtes ; les chefs des parlements et des bailliages, à leurs
subordonnés ; les gouverneurs des provinces, aux gentilshommes ; les curés, à tous les habitants de leurs paroisses ; les maîtres de maison enfin, à leurs serviteurs.
Quiconque eût refusé sa signature, ou demandé seulement un sursis, devait être dès le lendemain exécuté
à mort, ou, suivant la version mitigée de Maimbourg,
dépouillé de tous ses biens et banni du royaume. Quatre

---

(1) Voir snr ce fait Regnier de la Planche, Jean de Serres, d'Aubigné, de
Thou, et, parmi les historiens plus modernes, Anquetil, Sismondi, M. Lacretelle, et autres.

maréchaux devaient battre les provinces avec leurs troupes pour prêter main-forte à cette loi d'extermination.
Le cardinal, joignant le burlesque à l'atroce, appelait
cette formule de foi *la ratière des huguenots.*

Jamais les réformés de France n'avaient été réduits à
une si affreuse extrémité, lorsque tout à coup François II
fut atteint d'une grave maladie. Le cardinal de Lorraine
fit faire à Paris des processions publiques pour sa gué-
rison. Le jeune prince invoquait la Vierge et les saints,
disant, avec le fanatisme imbécile dans lequel il avait été
nourri, que s'il plaisait à Dieu de lui rendre la santé, il
n'épargnerait ni femme, ni mère, ni frères, ni sœurs,
pour peu qu'ils fussent soupçonnés d'hérésie. Ces vœux
ne furent pas exaucés. François II mourut dans sa dix-
septième année, après un règne de dix-sept mois, le
5 décembre 1560.

Personne ne prit soin de ses funérailles, tellement la
reine mère, les Bourbons, les Guises, les cardinaux et
les courtisans étaient occupés de leurs propres affaires.
François II fut conduit à Saint-Denis par un vieil évêque
aveugle et deux anciens serviteurs de sa maison.

Avant qu'il eût rendu le dernier soupir, les Lorrains
étaient allés se barricader dans leur logis, où ils resté-
rent trente-six heures, jusqu'à ce qu'ils fussent rassurés
sur les intentions de la reine mère et du roi de Navarre.
On leur conserva leurs gouvernements et dignités, mais
ils ne furent plus les maîtres de l'Etat. Charles IX, âgé
de dix ans et demi, fut proclamé roi, Catherine de Médicis régente, et Antoine de Bourbon lieutenant général
du royaume. Il aurait pu, comme premier prince du
sang, réclamer la régence; mais il perdit la partie par
manque de fermeté. Le prince de Condé sortit de prison;
le connétable Anne de Montmorency reprit son office de

grand-maître auprès du nouveau roi ; et l'amiral Coligny, ne demandant rien pour lui-même, tâcha d'employer ces circonstances à obtenir le libre exercice de la religion. Toute la face des affaires se trouva changée. Les fidèles respiraient.

Les Etats généraux s'ouvrirent à Orléans le 13 décembre. Le chancelier Michel de l'Hospital, prenant le premier la parole au nom du roi mineur et de la régente, avoua que le dérèglement de l'Eglise avait été cause de la naissance des hérésies, et qu'une bonne réformation pourrait seule les éteindre. Il conseilla aux catholiques de *se garnir de vertus et de bonnes mœurs*, et d'attaquer leurs adversaires avec les armes de la charité, de la prière et de la persuasion. « Le couteau vaut peu contre » l'esprit, » dit-il : « la douceur profitera plus que la » rigueur. Otons ces noms diaboliques, ces noms de par- » tis, factions et séditions : *luthériens, huguenots, papistes*. » Ne changeons pas le nom de chrétien. » Il conclut en proposant la réunion d'un concile national pour pacifier tous les différends de religion.

L'orateur du tiers-état, Jean Lange, avocat au parlement de Bordeaux, attaqua très vivement trois vices du clergé catholique : l'ignorance, l'avarice et le luxe, laissant entrevoir que les troubles cesseraient quand ces abus seraient corrigés.

Jacques de Silly, seigneur de Rochefort, parla pour la noblesse, et n'épargna pas plus les prêtres que l'orateur du tiers. Il se plaignit de leur intervention dans l'administration de la justice, de leurs grands biens, de la non-résidence des évêques, de leur défaut de zèle pour l'instruction des troupeaux, et finit en demandant des temples pour les gentilshommes de la religion.

Quelques mois après, aux Etats de Saint-Germain, un autre orateur du tiers, le premier magistrat de la ville d'Autun, proposa même, en s'appuyant sur ses cahiers, d'aliéner les biens de l'Eglise, qu'il estimait à 120 millions de livres. Le roi ferait vendre ces biens, et en réserverait 48 millions qui, au denier douze, produiraient un revenu annuel de 4 millions, qui suffiraient pour l'entretien des prêtres. Il resterait 72 millions, dont 42 seraient employés à éteindre les dettes de la couronne, et les 30 autres à encourager l'agriculture et le commerce. Quant aux différends de religion, le même orateur proposait de les vider dans un concile national, *libre et légitime, de sûr accès et retour.*

On est confondu de rencontrer en 1560 des pensées qui ne se sont accomplies qu'en 1789. C'était la grande voix de la nation qui se faisait entendre. Les guerres civiles n'avaient pas encore fanatisé les esprits et rendu les cœurs impitoyables. Ce fut un de ces courts moments où la Réforme pouvait devenir dominante en France. La noblesse était aux trois quarts gagnée; la bourgeoisie était prête, la magistrature attendait, et le menu peuple, déjà favorable aux idées nouvelles dans une partie du royaume, n'aurait-il pas suivi l'impulsion dans l'autre ? Qu'est-ce donc qui arrêta ce vaste mouvement, d'où aurait pu sortir une nouvelle France, une nouvelle Europe ? Regardons à Dieu d'abord, dont les voies sont enveloppées de mystères. Mais en regardant aux hommes, que trouvons-nous ? Chez plusieurs, sans doute, des convictions sincères, le poids des anciennes traditions, le respect des souvenirs et des habitudes : n'attribuons pas seulement à des motifs égoïstes les grands événements· humains. Mais il faut signaler aussi la tortueuse politique de Catherine de Médicis, l'ambition des

Guises, les intrigues du roi d'Espagne, les calculs et la cupidité du clergé.

La position des prêtres était difficile aux Etats généraux d'Orléans, et ils y apportèrent d'autant plus de violence qu'ils se sentaient plus faibles. L'orateur qu'ils avaient choisi, Jean Quintin, professeur en droit canon, commença par exprimer le regret que la noblesse et le tiers eussent voulu parler pour leur propre compte, attendu que les Etats généraux formaient un corps dont le roi était la tête, et dont l'*Eglise était la bouche.* Il accusa les hérétiques de n'avoir d'autre évangile que celui d'abattre les autels, de se soustraire à l'obéissance ecclésiastique, et de renverser les lois civiles : sur quoi il invita Sa Majesté à les poursuivre à outrance, le glaive n'étant pas pour autre chose entre ses mains. Il ajouta que, puisqu'ils étaient excomuniés, il ne fallait ni habiter, ni converser, ni marchander avec eux ; mais les battre, les frapper jusqu'à la mort, de peur de participer à leur péché.

« Sire, » dit-il en finissant, « tout le clergé de votre
» royaume à deux genoux, de corps et de cœur hum-
» blement fléchis devant Votre Majesté, vous prie d'être
» son protecteur et défenseur. Que si quelque fossoyeur
» de vieilles hérésies mortes et ensevelies s'ingérait de
» vouloir renouveler aucune secte déjà condamnée, et
» qu'à cette fin il présentât requête, demandât des tem-
» ples.et la permission d'habiter ce royaume » (ici tous les regards se tournèrent vers Coligny qui était assis en face de l'orateur), « nous supplions qu'il soit
» tenu et déclaré pour hérétique, et qu'on procède
» contre lui selon la rigueur des lois canoniques et
» civiles, afin que le méchant soit retiré du milieu de
» nous. »

Bien qu'on fût accoutumé aux déclarations et aux invectives des prêtres, cette harangue dictée par un fanatisme sauvage étonna les Etats généraux. L'amiral demanda satisfaction à la reine mère de l'insulte qui lui avait été faite, et Jean Quintin fut forcé de lui adresser des excuses. « Peu de jours après, » dit Jean de Serres, « il en mourut de fâcherie, se voyant découvert par plu- » sieurs réponses que l'on publia contre sa harangue, où » ses calomnies et faussetés étaient solidement réfutées » (p. 128).

XIV

Les Etats généraux avaient servi la cause de la Réforme. Le cardinal de Lorraine, mécontent de n'y avoir joué qu'un rôle secondaire, se retira dans son archevêché de Reims. Le duc de Guise s'éloigna de la cour ; et la reine mère, voyant que les deux ordres laïques désapprouvaient les persécutions religieuses, témoigna, de concert avec le chancelier L'Hospital, quelque bonne volonté pour les calvinistes.

Coligny faisait prêcher la foi réformée dans ses appartements, et Catherine de Médicis ouvrit la chaire du palais de Fontainebleau à l'évêque Montluc, le même qui s'était si fortement élevé contre les abus de l'Eglise romaine dans l'assemblée des notables. Les courtisans, toujours prompts à se ranger du côté de la fortune et de la puissance, affluaient autour des nouveaux orateurs, et laissaient parler dans le désert un moine jacobin qui prêchait le carême.

« Il me semble, » dit avec aigreur le jésuite Maimbourg à propos de la reine mère, « qu'à en juger le » plus favorablement, on peut dire hardiment que si

» tout ce qu'on lui vit faire en cette occasion n'était
» qu'une feinte, elle fit très mal de feindre si bien qu'elle
» donna lieu de croire qu'elle était de la nouvelle secte.
» Car non seulement elle permit que les ministres prê-
» chassent dans les appartements des princes, où tout
» le monde accourait en foule pour les entendre, tan-
» dis qu'un pauvre jacobin qui prêchait le carême à Fon-
» tainebleau fut abandonné ; mais elle voulut assister
» elle-même avec toutes les dames aux sermons de
» l'évêque de Valence, qui prêchait tout ouvertement,
» dans l'une des salles du château, les nouveaux dog-
» mes qu'il avait tirés des hérésies de Luther et de Cal-
» vin. Il se fit tout à coup un si étrange changement à
» la cour, qu'on eût dit qu'elle était toute calviniste.
» Quoiqu'on fût en carême, on vendait publiquement de
» la viande qu'on servait sur toutes les tables. On ne
» parlait plus d'ouïr la messe, et le jeune roi, qu'on y
» menait encore pour sauver les apparences, y allait
» presque tout seul. On se moquait de l'autorité des
» papes, du culte des saints, des images, des indulgen-
» ces, des cérémonies de l'Eglise, qu'on traitait de su-
» perstitions (1). »

Si le jésuite a raison de dire que ce n'était qu'une
feinte pour la reine mère d'aller au prêche, il aurait pu
ajouter que c'en était une aussi de sa part d'aller à la
messe. Incrédule comme on avait coutume de l'être de
son temps dans les classes élevées de l'Italie, Catherine de Médicis croyait peut-être encore à la magie et
aux sortilèges, mais non à la vérité chrétienne ; et au
lieu de servir Dieu, elle se servait de lui.

Quoi qu'il en soit, l'impulsion se communiqua aux

(1) *Histoire du calvinisme*, p. 192, 193.

provinces. Comment interdire les assemblées publiques de la religion, lorsqu'on pouvait invoquer l'exemple même de la cour? Les timides s'enhardirent, les temporiseurs se décidèrent. Ce fut un enthousiasme général. Les écrits de controverse et d'appel inondèrent le royaume. Nous en avons un ample recueil sous les titres de *Complainte apologique des Eglises*, *Exhortation chrétienne au roi de France*, *Remontrances à la reine et au roi de Navarre*, et autres semblables.

Dans ces jours de ferveur et d'espérance, les fidèles croyaient que le triomphe de la Réforme était complètement entre les mains des chefs de l'Etat. « Il ne tient » qu'à vous seuls, » écrivaient-ils à Catherine de Médicis et à Antoine de Bourbon, « que Jésus-Christ soit » connu et adoré par tout le royaume, en toute vérité, » justice et sainteté. Car si vous dites que toutes supers- » titions et idolâtries soient extirpées, cela sera inconti- » nent fait, sans qu'il y soit jamais plus contredit. Ce » seul mot, sortant de votre bouche, chassera tous ceux » qui ont mal versé en l'Eglise. Ce seul mot les rendra » sans force, ni vertu, ni puissance. »

Les pasteurs manquaient. On écrivit en Suisse pour en avoir. Genève, le pays de Vaud, le canton de Neufchâtel, en fournirent autant qu'ils purent. Ils se privèrent même de ceux dont les services leur étaient le plus utiles, afin de satisfaire à des besoins encore plus pressants que les leurs. Beaucoup de jeunes gens, instruits sous l'œil de Calvin, et d'autres d'âge mûr, de professions diverses, furent consacrés au ministère de l'Evangile. Tous voyaient, dans les élans de leur foi, une grande nation à conquérir.

Les prêtres, de leur côté, on peut le croire, ne s'endormaient point; et comme ils ne trouvaient plus guère d'appui à la cour, ils se retournèrent vers le peuple. Il y eut des troubles dans plusieurs villes, à Pontoise, à Amiens, et particulièrement à Beauvais. Le cardinal Odet de Châtillon, accusé d'avoir, le jour de Pâques 1561, célébré la Cène dans son palais à la manière de Genève, fut assailli par la populace, et il fallut que le maréchal de Montmorency vînt de Paris avec une nombreuse escorte pour étouffer la sédition.

L'Hospital envoya aux baillis et sénéchaux des lettres patentes ordonnant d'élargir les prisonniers pour cause de religion et de ne plus pénétrer dans l'intérieur des maisons sous prétexte d'assemblées illicites. Mais le parlement de Paris, mécontent de l'envoi de ces lettres avant qu'elles eussent été enregistrées, et mal disposé pour la Réforme depuis qu'on en avait enlevé, par un coup d'autorité, Anne Dubourg et six à sept autres conseillers, demanda que les précédentes ordonnances fussent exactement observées.

Cette opposition, néanmoins, eût été impuissante, s'il ne s'en était formé une autre sous le nom de triumvirat. Elle se composait du duc de Guise, du connétable de Montmorency et du maréchal de Saint-André. Derrière cette association était le cardinal de Lorraine avec la masse du clergé; au-dessus, le pape et Philippe II; au-dessous, le peuple, surtout celui du Nord et de l'Ouest. Ce triumvirat, qui parvint à gagner même le roi de Navarre, fut le plus grand obstacle aux progrès de la Réforme en France : il importe donc d'en expliquer l'origine et les caractères.

Le duc de Guise, tenu à distance par Catherine de Médicis et haï des princes du sang, ne pouvait relever à lui seul l'autorité que la mort de François II lui avait fait perdre. Il eut recours à l'étranger, et s'unit étroitement avec l'ambassadeur d'Espagne, qui avait reçu de Philippe II l'ordre d'entretenir des troubles dans le royaume, afin de l'affaiblir et de le livrer à sa merci. Cet ambassadeur, comme le remarque avec raison l'abbé Anquetil, jouait le rôle d'un ministre d'état francais. Il donnait ses avis dans toutes les affaires, louait, improuvait, corrigeait, et les Guises ne faisaient qu'un avec lui.

Cependant l'appui de l'Espagnol n'aurait pas suffi aux Lorrains. Une femme perdue, l'ancienne favorite de Henri II, Diane de Poitiers, qui craignait qu'on ne lui redemandât les dépouilles des huguenots, s'entremit pour réconcilier le vieux connétable avec le duc de Guise.

Anne de Montmorency était alors âgé de soixantequatre ans. Compagnon d'armes de François Ier, qui l'avait nommé connétable en 1538, c'était un brave chevalier, un loyal serviteur de la couronne, capable de supporter la disgrâce avec courage, mais d'un esprit étroit, d'un caractère brusque, prenant l'entêtement pour de la force et la rudesse pour de la dignité. En religion il ne savait autre chose sinon qu'il était le premier baron chrétien, et que les rois, ses maîtres, étaient catholiques. Il en concluait qu'il ne devait faire à l'hérésie aucun quartier.

Brantôme nous apprend quelle était la singulière piété d'Anne de Montmorency. Il jeûnait le vendredi très régulièrement, et ne manquait pas de répéter ses patenôtres matin et soir ; mais parfois il les interrompait disant : « Allez-moi pendre un tel ; attachez celui-là à un arbre ; » faites passer celui-là par les piques ; boutez-moi le » feu à un quart de lieue à la ronde. » Puis il continuait ses dévotions, comme si de rien n'était.

Il n'avait pas les mains entièrement nettes quant aux

affaires de finances qu'il avait gérées sous Henri II, et lorsqu'il sut que les Etats généraux allaient lui demander de rendre ses comptes, il s'imagina que c'était une intrigue des Bourbons qui en voulaient à son honneur aussi bien qu'à sa bourse. Depuis ce moment il s'éloigna d'eux.

En vain son fils aîné, le maréchal de Montmorency, *estimé l'un des plus sages seigneurs du royaume*, dit Mézeray, lui représenta qu'il ne pouvait ni ne devait se séparer des princes du sang et de ses neveux les Châtillons, pour devenir l'instrument de la maison de Lorraine, l'opiniâtre connétable répondait toujours : « Je suis bon » serviteur du roi et de mes petits maîtres (c'est ainsi » qu'il désignait les jeunes frères de Charles IX), et je » n'endurerai pas qu'on improuve les actions du feu roi, » pour l'honneur de Sa Majesté. »

La femme du connétable, Madeleine de Savoie, qui *était ordinairement environnée de prêtres et de moines*, selon le récit de Jean de Serres, *l'enflamma par ses crieries*. Elle lui faisait grandement valoir son titre de premier baron chrétien..« Comme premier officier de la couronne, » lui disait-elle, « et issu non seulement du premier ba » ron, mais du premier chrétien de France, vous ne » devez pas endurer la diminution de l'Eglise romaine, » l'ancienne devise de la maison de Montmorency étant : » *Dieu aide au premier chrétien!* »

Diane de Poitiers, Madeleine de Savoie, les Lorrains, les prêtres, l'ambassadeur de Philippe II firent si bien, que le duc de Guise et Anne de Montmorency communièrent ensemble le jour de Pâques. Les habiles entremetteurs de l'affaire n'avaient eu garde d'oublier la conscience du vieillard.

Le troisième personnage du triumvirat était Jacques

d'Albon, maréchal de Saint-André.. Malgré sa grande charge militaire, il n'avait aucune consistance par lui-même, et cherchait des alliés pour se faire une position. C'était un épicurien qui avait dilapidé les biens confisqués sur les huguenots ; Brantôme, si indulgent pour les vices des hommes de cour, dit de lui : « Il a été fort su-» jet de tout temps à aimer ses aises, plaisirs et grands » luxes de table. Il a été le premier qui les a introduits » à la cour, et certes par trop excessifs. Il se montra un » vrai Lucullus en bombances et magnificences » (t. III, p. 278).

Voilà les auteurs du triumvirat, et les prétendus amis de la religion catholique. Ce furent des motifs humains qui les réunirent, et la religion ne fut que leur prétexte.

Les Guises avaient repris confiance et courage. Il y parut bien dans le langage tenu par le cardinal de Lorraine, après le sacre de Charles IX, au mois de mai 1561. Il fit de grandes plaintes contre les assemblées des huguenots qui allaient croissant, et demanda qu'un nouvel édit fût délibéré et rédigé en plein parlement, devant les princes, les seigneurs et tous les membres du conseil privé.

Les séances durèrent vingt jours. Il en sortit une ordonnance qui, tout en accordant une amnistie pour les fautes commises de part et d'autre, et en invitant les prêtres à ne plus soulever le peuple, défendait les assemblées publiques de religion jusqu'à la réunion d'un concile national, sous peine de confiscation des biens et de bannissement. Cette ordonnance, qui ne fut adoptée qu'à la majorité de trois voix, porta le nom d'édit de Juillet.

Le parti catholique se flattait d'avoir remporté une grande victoire, et le duc de Guise dit, en sortant de la

cour du parlement : « Pour soutenir cet édit, mon épée
» ne tiendra jamais au fourreau. » Mais n'était-il pas insensé d'espérer que des hommes qui, pendant quarante
ans, avaient affronté les échafauds et la flamme des bûchers, s'arrêteraient devant la peine du bannissement ?
La suite le fera bien voir, et la France devait traverser
encore de terribles catastrophes avant que les deux partis fussent disposés à établir la paix sur de plus équitables conditions.

LIVRE DEUXIÈME

(1561-1598.)

Ⅱ

Toutes les ordonnances rendues dans les derniers temps
sur les matières de religion n'étaient que provisoires.
Elles annonçaient la prochaine réunion d'un concile qui
devait clore définitivement les controverses, et ce fut
bientôt en France un cri général.

L'idée n'était pas nouvelle. Dès le lendemain de la
Réforme, l'Allemagne avait demandé la convocation d'un
concile œcuménique et vraiment libre. Les papes s'y
étaient longtemps refusés ; ils se souvenaient des grandes
assemblées de Constance et de Bâle, et craignaient de
se trouver face à face avec ces Etats généraux de l'Eglise.
Vaincus enfin par les instances des princes et des peuples,
ils avaient choisi pour le lieu de la réunion une ville
d'Italie, peuplé le concile de leurs créatures, et suspendu
ou rouvert les sessions , tantôt dans un endroit , tantôt
dans un autre, selon les calculs de leur politique. Les
protestants ne pouvaient reconnaître ce vain simulacre de
concile universel, et n'y parurent point. Les catholiques
éclairés de France en furent eux-mêmes révoltés, et
l'on en vint au projet de réunir un concile national.

La plupart des cardinaux et des évêques français n'en voulaient pas. « A quoi bon disputer avec des gens si » opiniâtres, » disait le vieux cardinal de Tournon ; « s'ils tiennent à exposer leurs moyens de défense, qu'ils » aillent au concile de Trente ; on leur donnera des » saufs-conduits, et ils se justifieront s'ils le peuvent. » Cependant le cardinal de Lorraine, connaissant mieux l'esprit de la cour, et comptant beaucoup sur son élo- quence pour terrasser les huguenots, comme le lui re- prochent les écrivains de son parti, fut d'un avis différent. Il proposa d'autoriser, non un concile, mais un *colloque*, ou une simple conférence théologique, et il obtint, à l'aide de ce moyen-terme, le consentement des chefs du clergé.

Toute cette affaire, du reste, était pleine de réticences, d'arrière-pensées, de malentendus, et cela seul fait bien comprendre le caractère et l'issue du colloque de Poissy.

Les pasteurs réformés, se rappelant ce qui s'était passé à Zurich, à Genève, et en d'autres lieux de la Suisse et de l'Allemagne, voulaient traiter avec les prêtres d'égal à égal en prenant la Bible pour suprême arbitre de la controverse, et en accordant au chef de l'Etat le droit de prononcer en dernier ressort entre les deux partis.

Les cardinaux et les évêques l'entendaient tout autre- ment. Point d'égalité. Ils se tenaient pour les seuls vrais représentants de l'Eglise, et regardaient les docteurs de la Réforme comme des égarés qu'ils daignaient écouter par pure condescendance. Ils n'acceptaient pas la Bible pour unique arbitre du débat. Ils se réservaient enfin d'être juges dans leur propre cause, et de décider à eux seuls ce qu'il fallait admettre ou condamner.

Le clergé catholique, en un sens, était plus dans le vrai, puisqu'il n'appartient pas au pouvoir civil de résoudre des questions religieuses ; mais, dans un autre sens, il était complètement dans le faux ; car en consentant à discuter sur ces matières devant les dépositaires de l'autorité politique, il avait l'air d'accorder ce que réellement il n'accordait pas. Le colloque de Poissy ne pouvait être, à ce compte, qu'une simple passe d'armes théologique, ou plutôt, comme il y parut dans la suite, une pure moquerie. Les prêtres étaient bien sûrs, quoi qu'il arrivât, de gagner leur procès, puisqu'ils se réservaient le droit absolu de le trancher.

Les pasteurs, convoqués au nombre de douze, arrivèrent accompagnés de vingt-deux députés laïques. Le plus éminent d'entre eux était Théodore de Bèze ; il venait tenir la place de Calvin pour lequel les magistrats de Genève avaient inutilement réclamé des otages de haut rang.

Théodore de Bèze était né en 1519 à Vézelay, petite ville de Bourgogne, d'une famille noble. On le confia aux soins du célèbre professeur Melchior Wolmar, qui lui fit lire les Ecritures, et, par son exemple autant que par ses leçons, répandit dans son âme les premières semences de la piété. Trente ans après, Bèze lui en témoignait sa reconnaissance, et l'appelait du nom de père en lui envoyant sa profession de foi.

Ces pieux enseignements semblèrent d'abord étouffés sous les passions de la jeunesse. Entouré à Paris de tout ce qui pouvait l'égarer, aimable, riche, plein d'esprit, il vécut en homme du monde, publia un volume de poésies légères sous le nom de *Juvenilia*, et contracta un mariage secret. Il ne voulut pas le rendre public, parce qu'un de ses oncles, qui était dans les ordres, s'était démis en sa faveur des revenus de quelques bénéfices ecclésiastiques.

Une grave maladie vint réveiller sa conscience. « A
» peine avais-je la force de me relever, » écrit-il à Wolmar,
» que rompant toutes mes chaînes et faisant mes petits
» paquets, je quittai tout à la fois ma patrie, mes pa-
» rents, mes amis, pour suivre Christ. Je m'exilai vo-
» lontairement et me retirai à Genève avec ma femme. »
Il y fit bénir son mariage devant l'Eglise, et désavoua
toutes les fautes de sa jeunesse. Cela se passait au mois
de novembre 1548 ; il avait alors vingt-neuf ans et quatre mois.

Le jésuite Garasse, le jésuite Maimbourg, et, ce qui
nous étonne davantage, le cardinal de Richelieu, se sont
emparés des poésies d'un étudiant de vingt ans pour
attaquer l'austère mémoire du réformateur. Ne savaient-
ils donc pas comprendre les droits sacrés du repentir ?

Devenu pauvre parce qu'il avait tout subordonné à
ses convictions, Théodore de Bèze, l'homme élégant des
salons de Paris, résolut de se faire imprimeur, en s'asso-
ciant avec Jean Crespin, l'auteur de l'*Histoire des Martyrs*. Mais s'il était assez humble pour accepter cette
position, il avait trop de mérite pour y rester. Il fut
nommé professeur de langue grecque à Lausanne, et
plus tard professeur de théologie, recteur de l'académie
et pasteur à Genève.

C'est là que se formèrent d'intimes relations entre lui
et Calvin. Tous deux vivaient de la même foi et de la
même espérance; tous deux apportaient le même zèle à
propager en France les doctrines de la Réforme. Calvin
avait un génie plus mâle et plus vaste, une logique plus
sévère, un coup d'œil plus pénétrant, une science plus
profonde, une volonté plus forte : il fut le guide et le
maître de Théodore de Bèze. Mais celui-ci avait une
parole plus facile et plus abondante, des manières plus

aimables, quelque chose de mieux adapté aux rapports
de la vie sociale. L'un était plus propre à remuer et à
gouverner les hommes, l'autre à traiter avec eux. On a
dit quelquefois que Bèze avait été le Mélanchthon du
nouveau Luther. Il y a du vrai dans ce rapprochement.
Cependant le réformateur de l'Allemagne paraît avoir eu
plus besoin de Mélanchthon que celui de Genève de
Théodore de Bèze. Mélanchthon fut le conseiller, l'appui de Luther, et le compléta; Bèze ne fut que le plus
illustre des disciples de Calvin.

On aime à voir avec quelle modestie il allait se plaçant
derrière lui, l'écoutant avec déférence, et ne cherchant
d'autre gloire, si même il en cherchait aucune, que celle
de reproduire l'image de son maître. « Il s'attacha si fort
» à Calvin, » dit son biographe Antoine de la Faye,
« qu'il ne le quittait presque jamais. La conversation de
» ce grand homme lui fut si avantageuse qu'il y fit des
» progrès incroyables, et en la doctrine et en la con-
» naissance de la discipline ecclésiastique (1). »

Il a composé beaucoup d'écrits, dont la plupart ont un
caractère polémique et transitoire. Ses ouvrages les plus
considérables sont des commentaires sur le Nouveau Testament, des recueils de sermons, la traduction en vers français d'une partie des psaumes, et
l'histoire des Eglises réformées de France jusqu'à l'an
1562.

Bèze alla prêcher à Nérac et dans le Béarn, en 1560,
sur l'appel du roi de Navarre. A peine était-il de retour
à Genève qu'il fut appelé au colloque de Poissy, comme
étant, après Calvin, le plus capable de soutenir la cause
de la Réforme dans cette assemblée. « Il avait, » dit

---

(1) *Vie de Théod. de Bèze*, p. 207, 208.

encore son biographe, « une taille médiocre, le visage
» bien fait, un maintien fort agréable... Dieu lui avait
» donné un esprit au-dessus du commun, un jugement
» exquis, une mémoire merveilleuse, une éloquence
» singulière, et une affabilité si engageante qu'il gagnait
» le cœur de tous ceux qui le voyaient. »

Dès son arrivée à Poissy, il prêcha publiquement à
la cour, devant une assemblée attentive et recueillie.
C'était le 24 août 1561. Onze ans après, jour pour jour,
Charles IX et Catherine de Médicis faisaient sonner le
tocsin de la Saint-Barthélemy. O inconstance des choses humaines ! ô profonds mystères de l'avenir !

Le même soir, s'étant rencontré dans les appartements du roi de Navarre avec le cardinal de Lorraine,
il y eut entre eux une conversation sur les articles de
doctrine, et notamment sur la communion. Le cardinal
parut ne pas tenir beaucoup au dogme de la transsubstantiation, pourvu que la présence réelle fût maintenue
en quelque manière, et après avoir écouté Bèze jusqu'au
bout, il lui dit : « Je suis bien aise de vous avoir vu et
» entendu, et je vous adjure, au nom de Dieu, que vous
» conefériez avec moi, afin que j'entende vos raisons, et
» vous les miennes, et vous trouverez que je ne suis pas
» si noir qu'on m'a fait. »

Là-dessus Mᵐᵉ de Crussol, qui était *libre en paroles*,
s'écria : « Vous êtes bon homme aujourd'hui, mais com-
» ment serez-vous demain ? Apportez de l'encre et du
» papier pour faire signer au cardinal ce qu'il a dit et
» avoué, car il dira bientôt tout le contraire. » Elle avait
deviné juste. Le bruit courut, dès le lendemain, que du
premier coup le cardinal avait fermé la bouche au professeur de Genève. Le connétable en exprima sa joie
au dîner de la reine. « J'y étais, » répondit froidement

Catherine de Médicis, « et je puis vous assurer que » vous êtes mal informé. »

Les pasteurs présentèrent des requêtes où ils demandaient que les évêques ne fussent pas leurs juges, puisqu'ils étaient leurs parties adverses ; que le colloque fût présidé par le roi et les grands personnages de l'Etat ; que tous les différends fussent décidés par la seule Parole de Dieu, et que des secrétaires, choisis des deux côtés en nombre égal, rédigeassent des procès-verbaux qui ne feraient foi qu'après avoir été approuvés et signés. C'était mettre le doigt sur le nœud de la question ; mais les évêques auraient rompu vingt colloques plutôt que de consentir à de tels arrangements. La reine mère le savait bien ; elle fit une réponse vague où elle invitait les pasteurs à se contenter de sa simple parole que les prélats ne seraient pas juges de la discussion, et elle ne voulut rien promettre par écrit.

La veille du colloque, douze docteurs de Sorbonne arrivèrent à Saint-Germain, l'air contristé, et supplièrent Catherine de ne pas laisser parler les hérétiques, ou du moins de ne leur accorder cette faveur qu'à huis clos. « Cela n'apportera point d'édification, » disaient-ils, » et le roi est en si bas âge qu'il pourrait être infecté de » cette doctrine. — Je me suis engagée pour de bon- » nes raisons, » répondit la reine ; « on ne peut plus » s'en dédire ; mais tenez-vous en pas ; tout ira bien ! »

II

Le colloque de Poissy s'ouvrit le 9 septembre 1561. C'était le grand spectacle du moment pour la chrétienté. Le pape tremblait de perdre la plus belle de ses provinces, et avait envoyé en hâte le cardinal de Ferrare

avec le général des Jésuites, pour mettre empêchement
au colloque. Le roi d'Espagne, moitié par politique,
moitié par fanatisme, craignait que l'accord des religions ne se fît en France. Les Etats catholiques et les
Etats protestants attendaient avec la même impatience
l'issue du débat.

Au jour fixé, on se rassemble dans le réfectoire des
religieuses de Poissy. Le roi Charles IX, enfant de onze
ans, s'assied sur son trône, ayant à sa droite et à sa
gauche les princes et les princesses de sa famille, les
chevaliers de l'ordre, les officiers et les dames de la
cour. Sur les deux côtés latéraux du carré long sont les
cardinaux de Tournon, de Lorraine, de Châtillon, de
Bourbon, de Guise et d'Armagnac ; au-dessous d'eux,
une foule d'évêques et de docteurs. Les députés des
Eglises réformées n'avaient pas encore été introduits :
première marque d'inégalité.

Le jeune roi se lève, et récite un discours dans lequel
il exhorte les assistants à se dépouiller de toute passion,
et à discuter seulement pour l'honneur de Dieu, l'acquit
de leur conscience et le rétablissement de la paix du
royaume. Le chancelier Michel de l'Hospital prend ensuite la parole. « Vous êtes assemblés, » dit-il, « pour
» procéder à la réformation des mœurs et de la doctrine.
» Il ne convient pas d'attendre le concile général, vu que
» plusieurs princes diffèrent d'y envoyer, que les autres
» n'en veulent point, et qu'il sera composé de gens
» étrangers pour la plupart, qui ne connaissent pas nos
» affaires. Quant à ce qu'on dit qu'il ne faut pas tenir
» deux conciles en même temps, ce n'est pas la première
» fois qu'il en a été ainsi. Le meilleur moyen de s'en-
» tendre est de procéder par humilité, en laissant les
» subtiles et curieuses disputes. Il n'est pas besoin de

» plusieurs livres, mais de bien comprendre la Parole
» de Dieu, et de s'y conformer le plus qu'on pourra.
» N'estimez point ennemis ceux qu'on dit de la nouvelle
» religion, qui sont chrétiens comme vous et baptisés,
» et ne les condamnez point par préjugé. Recevez-les
» comme le père fait de ses enfants. »

Les prélats montrèrent beaucoup d'humeur à ce discours. L'idée d'une réformation dans la *doctrine*, et le
conseil de ne prendre pour règle que la Parole de Dieu,
semblaient donner gain de cause aux requêtes des réformés. Le cardinal de Tournon demanda copie du discours
du chancelier, afin d'en délibérer avec ses collègues,
parce qu'il contenait, dit-il, plusieurs choses de grande
conséquence, qui n'avaient pas été mentionnées dans les
lettres de convocation. Le colloque était donc menacé
de se rompre avant d'avoir commencé ; mais L'Hospital
refusa, et l'on passa outre.

Enfin, Théodore de Bèze est introduit par le duc de
Guise avec dix autres pasteurs (Pierre Martyr n'était pas
encore arrivé), et les vingt-deux députés laïques. Leur
costume grave et simple fait un étrange contraste avec
les insignes des prélats et des gens de cour. Néanmoins,
ils se présentent avec assurance ; car ils savent qu'ils
ont Dieu au-dessus d'eux, et derrière eux une grande
partie de la nation.

Ils veulent franchir la balustrade pour s'asseoir à
côté des docteurs catholiques. On les arrête : nouvelle
marque d'inégalité. Il convenait aux prêtres que les disciples de la Réforme fussent retenus à la barre comme
des accusés. Ils s'inclinent avec respect, tête nue ; puis
Théodore de Bèze, fléchissant le genou avec les pasteurs, fait une solennelle confession des péchés du peuple, et implore la bénédiction du ciel sur l'assemblée.

On l'écoute avec autant d'émotion que d'étonnement.

Après avoir remercié le roi de la faveur qu'il a accordée aux réformés de pouvoir se justifier devant lui, il s'adresse aux prélats, et les supplie, au nom du grand Dieu qui sera le juge de tous, de se joindre à lui, non pour se livrer à de stériles discussions, mais pour découvrir la vérité. Il ne veut pas attaquer ce qu'il sait être éternel, c'est-à-dire la vraie Eglise du Seigneur. Il promet de s'amender, lui et ses frères, s'il se trouve quelque erreur en eux. « Et plût à Dieu, » s'écrie-t-il, « que, sans passer plus outre, au lieu d'arguments con- » traires, nous pussions tout d'une voix chanter un can- » tique et nous tendre les mains les uns aux autres ! »

Bèze expose alors les doctrines capitales de la Réforme ; et, sur les points de discipline, il déclare, entre autres choses, que les réformés font profession d'obéir à leurs rois et supérieurs, avec cette seule réserve que la première obéissance est due à Dieu, le Roi des rois et le Seigneur des seigneurs. Son discours achevé, il fléchit de nouveau le genou avec ses frères, et présente à Charles IX la confession de foi des Eglises de France.

Un profond silence avait régné dans toute l'assemblée jusqu'à l'endroit où il disait, en parlant du sacrement de la communion : « Si quelqu'un nous demande si » nous rendons Jésus-Christ absent de la sainte Cène ; » nous répondrons que non. Mais si nous regardons à » la distance des lieux, comme il le faut faire quand il » s'agit de sa présence corporelle et de son humanité » distinctement considérée, nous disons que son corps » est éloigné du pain et du vin autant que le haut ciel » est éloigné de la terre... »

A ces mots, de longs murmures avaient éclaté dans les rangs des évêques. Les uns s'écriaient : *Il a blas-*

phémé! D'autres se levaient et voulaient sortir. Le cardinal de Tournon avait interrompu l'orateur, et prié le roi de lui imposer silence, ou de leur permettre de se retirer. Mais le roi, la reine, les princes restèrent paisiblement à leur place, et Bèze put expliquer sa pensée, qui se résumait en ceci : d'un côté, que le corps de Jésus-Christ est au ciel, et non ailleurs ; de l'autre, que le fidèle est fait participant de son corps et de son sang par la foi, d'une manière spirituelle.

A peine eut-il cessé de parler, que le cardinal de Tournon, tremblant et balbutiant de colère, dit au roi : « Nous pensions bien que ces nouveaux évangélistes » pourraient dire des choses indignes de l'oreille d'un » roi très chrétien. Mais nous vous prions de n'y pas » ajouter foi et de suspendre votre jugement jusqu'à ce » qu'on y ait répondu. Nous espérons bien que vous » serez ramené... (et se reprenant aussitôt), non pas » ramené, mais entretenu dans la bonne voie. »

Il faut lire sur cet étrange incident la discussion soulevée plus d'un siècle après entre Bossuet, Basnage et Bayle. Que le cardinal de Tournon, le doyen des cardinaux français, vieillard de soixante et douze ans, se soit emporté, on l'excuse par son grand âge. Mais comment expliquer les clameurs des autres chefs du clergé ? Bèze n'avait fait que reproduire en termes mesurés la doctrine des réformés sur l'eucharistie. Les prélats devaient la connaître; ils devaient aussi prévoir que Bèze la soutiendrait. Que signifiait donc cette colère subite ? Ou elle était feinte ou elle était insensée. Ne cherchait-on qu'un prétexte pour rompre le colloque? En admettant même que les évêques ne vissent dans leurs adversaires que des accusés, encore un accusé a-t-il tout au moins le droit **d'exposer** ses convictions, et .l'interrompre par le

cri de blasphème, c'était, encore une fois, la plus flagrante des contradictions.

Après la séance, les prélats tinrent conseil avec leurs
théologiens pour aviser à ce qu'ils avaient à faire. » Plût
» à Dieu, » leur dit le cardinal de Lorraine, « qu'il eût
» été muet ou que nous eussions été sourds! » Leur
embarras était grand : il fallait enfin répondre, non plus
par des supplices, mais par des raisons. Ils convinrent
que l'on se bornerait à justifier les deux points de l'Eglise
et de la cène; et Claude d'Espence, le plus instruit de
leurs docteurs, fut chargé de préparer les matériaux du
discours que le cardinal de Lorraine devait prononcer.

Dans l'intervalle, les évêques résolurent de dresser
une confession de foi qu'ils signeraient tous, et qu'ils
présenteraient ensuite à la signature des pasteurs. Si
ces derniers refusaient, l'anathème devait être immédiatement fulminé contre eux, et toute discussion finie. C'est
ainsi que le clergé romain prétendait conférer avec ses
adversaires! Il faut dire que quelques théologiens catholiques eurent la pudeur de combattre les résolutions
de la majorité.

Les députés des Eglises, en ayant été instruits, se
plaignirent au roi, disant qu'il était contraire à tout ordre
divin et humain, quand même les évêques seraient leurs
juges, de les condamner sams les avoir entendus. « Nous
déclarons, » ajoutaient-ils, « que, si par faute de nous
avoir ouïs, les troubles ne se peuvent apaiser, ou que
de plus grands surviennent à notre grand regret, nous
en sommes quittes et nets, parce que nous avons cherché et suivi tous les moyens de concorde. » Le chancelier promit de faire droit à ces plaintes, et força les
évêques de se désister de leur projet.

Le 16 septembre, dans le même réfectoire de Poissy

et devant la même assemblée, le cardinal de Lorraine prononça son discours sur les deux articles convenus. Il déclara que l'Eglise ne peut faillir, et que si une partie vient à errer, on doit recourir au siège romain, reconnu dès les temps antiques pour être le premier de la chrétienté. Quant à la sainte cène, il insista sur la présence réelle, et déplora que ce qui nous a été donné pour un moyen d'union fût devenu un sujet de discorde. Enfin, il adressa un pathétique appel au roi, le suppliant de demeurer dans la religion que ses ancêtres lui avaient transmise depuis Clovis.

Théodore de Bèze demanda la permission de répliquer sur-le-champ; mais les prélats s'étaient déjà levés en tumulte, et le cardinal de Tournon dit au roi : « Si ceux » qui se sont séparés veulent souscrire à ce qui a été dit » par monsieur de Lorraine, ils seront plus amplement » entendus dans les autres points. Sinon, que toute au- » dience leur soit déniée; que Votre Majesté les ren- » voie et en purge son royaume! C'est ce que vous de- » mande humblement l'assemblée des prélats, afin que » dans ce royaume très chrétien il n'y ait qu'une foi, » une loi et un roi. »

Les docteurs de la Réforme purent comprendre alors quelle misérable dérision c'était, dans l'intention des prélats, que ce colloque de Poissy. Nul débat libre; pas même l'apparence d'une délibération; pas même la patience d'un tribunal qui écoute jusqu'au bout les accusés. Une adhésion inconditionnelle, absolue sur les deux points de l'Eglise et de la cène qui emportaient logiquement tous les autres; sinon, l'anathème et le bannissement.

Ils en firent de nouveau des plaintes amères, mais inutiles. A parler vrai, depuis ce moment il n'exista plus de colloque ; et le cardinal de Ferrare , qui arriva sur ces entrefaites, confirma le clergé dans ses résolutions, en disant que le pape avait appris avec un extrême déplaisir la tenue de cette espèce de concile national. Il n'y eut donc plus que des entretiens particuliers , en présence de quelques personnes rigoureusement choisies, et les députés laïques des Eglises n'obtinrent pas même la permission d'y assister.

Le 24 septembre, dans la petite chambre priorale de Poissy, Théodore de Bèze discuta sur les deux articles contestés avec le cardinal de Lorraine, le docteur Claude d'Espence, et un certain Claude de Saintes , *petit moine blanc*, moitié théologien , moitié bouffon, qui traita son adversaire d'anabaptiste pour avoir dit qu'il avait reçu le Saint-Esprit.

Le cardinal de Lorraine avait préparé une surprise dont il attendait beaucoup : c'était de faire disputer des docteurs luthériens contre les calvinistes. Dès le commencement du colloque, il avait écrit au gouverneur de Metz de lui envoyer quelques théologiens de la confession d'Augsbourg, bien instruits, et surtout bien entêtés de leurs sentiments. Les théologiens vinrent en effet ; mais l'un d'eux étant mort de la peste en arrivant à Paris, on n'osa pas appeler immédiatement les autres à la cour.

Néanmoins le cardinal ne voulut pas perdre tout le fruit de son ingénieuse invention ; et tirant de son sein un cahier qu'il avait reçu des comtes palatins , il somma les ministres de déclarer, oui ou non, s'ils en signeraient les trois ou quatre principaux articles. Ceux-ci demandèrent le temps d'y réfléchir.

Le 26 septembre, ils se présentèrent devant la reine, qui avait auprès d'elle les chefs du clergé, et lui dirent qu'ils désiraient savoir si le cardinal de Lorraine et les autres prélats, renonçant au dogme de la transsubstantiation, apposeraient eux-mêmes leur signature à l'extrait de la confession d'Augsbourg. « Si l'on veut que nous signions quelque chose, » poursuivit Théodore de Bèze, « il est raisonnable que M. le cardinal de Lorraine signe aussi ce qu'il nous présente au nom de sa compagnie. »

Le cardinal fut très piqué de la proposition. « Nous ne sommes pas égaux, vous et nous, il s'en faut bien, » dit-il. « Pour moi, je ne suis astreint à signer sur la parole d'aucun maître; je ne souscris ni à ceux qui ont fait cette confession, ni à vous. — Puis donc que vous-même, » répondit Bèze, « ne voulez pas y souscrire, il n'est pas juste de demander que nous y souscrivions. » Bossuet prétend que Théodore de Bèze ne se tira d'affaire que par une subtilité. C'est possible; mais son antagoniste lui en avait donné l'exemple.

A cette même conférence assistait Jacques Lainez, le général des Jésuites, qui venait d'arriver avec le légat. Il prononça en langue italienne un discours qui étonna les plus fougueux catholiques, tant il était ridicule et insolent. Après avoir comparé les hérétiques à des renards et à des loups, il dit qu'on ne devait point discuter avec eux, mais les renvoyer devant le concile de Trente, et qu'il n'appartenait ni aux laïques, ni aux femmes de juger de ces matières. Ce dernier trait tombait sur Catherine de Médicis qui s'en montra fort offensée.

Passant à la question de la cène, le général des Jésuites voulut l'expliquer en disant que Jésus-Christ est présent dans le sacrement, comme un roi qui jouerait lui-même son rôle dans des fêtes célébrées en son honneur. Il appuya longuement sur cette comparaison, en pous-

sant de grands soupirs, et il se mit à pleurer à la fin de
son discours. Bèze lui répondit avec dédain qu'il « avait
» fait de la cène une farce, dont il voulait que Jésus-Christ
» fût le bateleur, ce qui était un propos inepte et indigne
» d'être dit et entendu. » Laissant alors ce personnage, il entra dans un débat plus sérieux avec Claude
d'Espence.

Tel a été le début des Jésuites dans notre pays : il
ne faisait guère présager le grand rôle qu'ils devaient
y jouer plus tard. Ce furent les prélats réunis à Poissy
qui les autorisèrent à s'établir en France; de sorte que,
selon la judicieuse remarque d'un historien, l'assemblée
dont on attendait un arrangement équitable entre les religions ne servit qu'à introduire dans le royaume ceux
qui ne reculèrent devant aucun moyen pour l'empêcher.

Le colloque fut réduit à des proportions encore plus
étroites. La reine mère chargea quelques théologiens
des deux partis de rédiger un formulaire commun sur
la doctrine de la cène. Les cinq délégués catholiques
ayant été choisis parmi les plus modérés, parvinrent à
se mettre d'accord avec les réformés à l'aide de ces
termes vagues que chacun peut interpréter comme il
lui plaît.

La nouvelle s'en étant répandue à la cour, beaucoup
de gens s'en réjouirent, et Catherine de Médicis fit
chercher Théodore de Bèze pour lui témoigner son contentement. Le cardinal de Lorraine, ayant lu la formule,
parut en être satisfait. Mais l'assemblée du clergé et les
docteurs de Sorbonne protestèrent que cette pièce était
insuffisante, captieuse, erronée, hérétique; et pour en
finir, ils présentèrent à la reine une confession rédigée
dans le sens le plus strictement catholique, en demandant que les ministres, s'ils refusaient de la signer, fus-

sent tenus pour des gens obstinés, séparés de l'Eglise, et chassés du royaume très chrétien.

Il n'y avait plus rien à débattre dès lors, et le colloque se termina le 9 octobre. Un seul point y fut mis en pleine lumière : c'est que l'espérance de ramener les deux communions à l'unité par des concessions mutuelles était illusoire, et qu'il fallait, ou les faire exterminer l'une par l'autre, ou les faire vivre l'une à côté de l'autre. Cette dernière idée, si peu comprise jusque-là, commença à poindre dans quelques intelligences d'élite, et en particulier dans celle du chancelier l'Hospital, comme nous le verrons bientôt.

III

Malgré la mauvaise issue du colloque de Poissy, le courage des réformés en redoubla, parce qu'ils avaient eu l'avantage d'exposer leur foi devant les chefs du royaume et les princes de l'Eglise romaine. On ne pouvait plus les accuser de crimes infâmes, ni les livrer sans forme de procès au glaive du bourreau. Les timides, les indécis accoururent sous l'étendard de la Réforme, et l'on vit se reproduire un mouvement analogue à ceux que nous avons déjà signalés en d'autres occasions.

Des villes importantes, Milhau, Sainte-Foy, Lacaune, et des centaines de villages se détachèrent d'un seul coup du catholicisme. Un pasteur, nommé Beaulieu, annonçait à Farel que trois cents paroisses de l'Agenois avaient *mis bas la messe*. « J'ai entendu des gens dignes de foi, » écrivait-il, « dire que si, pour le jourd'hui, se » trouvaient quatre mille, voire même six mille ministres » du Seigneur, ils seraient employés. » En faisant la part de l'exagération, le progrès serait encore considérable.

Le vieux Farel retourna pour quelque temps dans son pays natal, et, passant par Grenoble, exhorta les fidèles à tenir leurs assemblées en plein jour. Un autre prédicateur de grande réputation à Genève et dans la Suisse romande, Pierre Viret, vint à Nîmes au mois d'octobre 1561, et le lendemain de son arrivée, huit mille auditeurs se pressaient au pied de sa chaire.

Il était souffrant des suites de deux tentatives de meurtre. Une servante, gagnée par des chanoines, avait essayé de l'empoisonner à Genève ; et un prêtre du pays de Vaud, l'attaquant sur la grande route, l'avait frappé de tant de coups qu'il était resté comme mort sur la place. « Il semblait à me voir, » écrivait plus tard Viret sur sa première prédication à Nîmes, « que je n'étais » que comme une anatomie sèche couverte de peau, » qui avais là porté mes os pour y être enseveli ; de » sorte que ceux-là même qui n'étaient pas de notre » religion, mais y étaient fort contraires, avaient pitié » de me voir jusqu'à dire : *Qu'est venu faire ce pauvre* » *homme en notre pays? N'y est-il venu que pour mourir ?* » Et même j'ai entendu que quand je montai pour la » première fois en chaire, plusieurs me voyant crai- » gnaient que je n'y défaillisse, avant que je pusse » parachever mon sermon. »

Il rendit pourtant de grands services à la Réforme à Nîmes, Lyon, Montpellier et Orthez. Il prêchait, selon le témoignage des contemporains, avec une douceur et un charme qui n'appartenaient qu'à lui. Ce n'était point la véhémence de Farel, ni la profondeur de Calvin, mais quelque chose d'onctueux et de pénétrant qui faisait qu'on ne se lassait point de l'entendre. Pierre Viret présida en 1563 le synode national de Lyon. Il reste de lui quelques écrits de controverse d'un style vif et ingénieux, et dont les exemplaires paraissent avoir été usés sous la main du peuple.

Dans ce grand mouvement religieux, de nouvelles églises catholiques furent envahies ; car en plusieurs endroits il ne restait plus ni prêtres pour célébrer l'ancien culte, ni croyants pour y assister. Et comme il y avait dans ces Eglises des crucifix, des images de saints, des reliques et autres objets que la Réforme regardait comme des monuments d'idolâtrie, ils furent brisés et jetés au feu. Ces dévastations étaient regrettables ; Pierre Viret et tous les hommes sages s'y opposèrent. Mais comment en aurait-il été autrement ? Les réformés imitèrent encore les anciens chrétiens, sans le savoir et par la seule logique des choses. « De toutes parts, » dit M. de Châteaubriand dans son tableau du quatrième siècle (1), « on démolit les temples, perte à jamais re-» grettable pour les arts ; mais le monument matériel » succomba, *comme toujours*, sous la force intellec-» tuelle de l'idée entrée dans la conviction du genre hu-» main. »

Il y eut à Paris même des assemblée de huit mille, quinze mille, quelques historiens disent de quarante mille

---

(1) *Etudes historiques*, t. II, p. 198. Cette remarque est applicable à toutes les grandes idées politiques aussi bien que religieuses. Dans les jours de la Révolution, le peuple renversa les monuments de l'ancien régime. Les symboles portent devant les masses la peine de leur origine et de leur destination. Un trait que nous choisissons entre mille fera juger de l'ardente passion des iconoclastes du seizième siècle. La grande église de Sainte-Croix, à Orléans, avait été ouverte la nuit et saccagée dans la première guerre de religion. Condé et Coligny accoururent pour arrêter ces désordres. Le prince dirigea même le bout d'une arquebuse contre un soldat qui était sur une échelle à briser une image. « Monseigneur, » lui dit le huguenot, « ayez pa-» tience que j'aie abattu cette idole, et puis, que je meure, s'il vous plaît. »

personnes. Pour éviter le tumulte, on les faisait hors
de la ville. Le peuple sortait et rentrait par plusieurs
portes. L'un des prédicateurs habituels était Théodore
de Bèze que la reine mère avait invité à rester en France
parce qu'on aurait peut-être encore besoin de lui. Il bénit dans ce temps-là un mariage de cour entre M. de
Rohan et mademoiselle de Barbançon, en présence de
la reine de Navarre et du prince du Condé, ce qui
inspira encore plus de confiance aux fidèles de Paris.
La Réforme prenait décidément place dans les actes
publics et officiels.

Les assemblées se partagèrent en deux grandes sections. L'une célébrait son culte hors de la porte Saint-
Antoine, à Popincourt; l'autre, au faubourg Saint-
Marceau, dans un lieu appelé le *Patriarche*. Plusieurs
ministres prêchaient à la fois devant ces multitudes. Les
femmes se plaçaient au centre, puis venaient les hommes à pied; ensuite quelques hommes à cheval; enfin,
au dernier rang, des soldats ou archers qui protégeaient
la foule désarmée.

Il est difficile, au milieu des témoignages contradictoires des contemporains, de calculer exactement quelles étaient les forces respectives des deux communions.
Théodore de Bèze dit que si les réformés avaient voulu,
soit à Paris, soit dans les provinces, user de tous leurs
moyens d'action, ils auraient pu soutenir la lutte avec
espoir de succès. Le cardinal de Sainte-Croix, espèce
d'espion titré que Rome entretint en France de 1561 à
1565, rapporte dans ses lettres que les membres mêmes
du conseil étaient incertains sur la force numérique des
partis, et termine sa dernière lettre en disant que le
royaume est à demi huguenot.

L'amiral Coligny, sur l'invitation de la reine mère, lui

présenta une liste de plus de deux mille cent cinquante Eglises, qui demandaient la liberté de religion, en méttant à la disposition du roi la personne et les biens des réformés. Il s'agissait des troupeaux réunis en corps d'Eglise, et desservis par des pasteurs réguliers. Pour arriver à un chiffre exact, il faudrait y joindre la grande masse des nouveaux croyants qui n'avaient pas encore pu s'organiser selon les règles de la discipline.

Une lettre qui fut, dit-on, écrite par le chancelier L'Hospital, quelques jours avant le colloque de Poissy, et envoyée au pape Pie IV de la part du roi, contenait les curieuses indications qui suivent : « La quatrième
» partie de ce royaume est séparée de la communion de
» l'Eglise, laquelle quatrième partie est composée des
» gentilshommes et des principaux bourgeois des villes,
» et de ceux du menu peuple qui ont hanté le monde
» et sont exercés aux armes, tellement que lesdits sépa-
» rés n'ont faute de force. Ils n'ont aussi faute de conseils,
» ayant avec eux plus des trois quarts des gens de lettres.
» Ils n'ont faute d'argent pour conduire les affaires,
» ayant avec eux une grande partie des bonnes et grosses
» maisons, tant de la noblesse que du tiers-état. »

En portant dans cette pièce le nombre des réformés au quart de la population, il est probable qu'on y renfermait les mécontents et les indécis, afin de rendre le pontife plus traitable sur les projets d'accommodement. Mais les historiens qui prétendent que les calvinistes ne formaient, à cette époque, que le dixième de la population doivent tomber dans une erreur bien plus grave, si l'on réfléchit que cette minorité a soutenu contre les catholiques des guerres longues et acharnées sur tous-les points du royaume, et qu'elle les a toujours forcés à conclure la paix. La dixième partie de la nation n'aurait pas été capable de se défendre si longtemps contre les neuf autres.

A Paris, les halles, les confréries, les artisans, les ouvriers des ports, le petit peuple, en un mot, restait presque tout entier attaché à l'ancien culte. Les bons bourgeois étaient divisés; mais la majorité continuait à faire profession de catholicisme. La plupart des gentils-hommes, au contraire, avaient adopté la loi réformée, ou inclinaient en sa faveur. Après les Guises et la cour, c'est la ville de Paris qui a sauvé l'Eglise romaine en France.

La position des réformés était devenue fausse et in-tolérable à tous égards, sous l'empire de l'édit de juil-let. Cet édit, qui tolérait les réunions domestiques et défendait les assemblées publiques, ne pouvait être exécuté. Les nouveaux croyants, partout où ils étaient nombreux, renversaient nécessairement la barrière de la loi; et d'un autre côté la populace catholique, ameu-tée par les prêtres, ou emportée d'elle-même par son fanatisme, commettait des actes atroces. Elle se baigna dans des flots de sang à Tours, à Sens, à Cahors. On vit éclater à Paris même un conflit connu sous le nom de mutinerie de Saint-Médard. Plus d'ordre, ni de rè-gle, ni d'autorité.

Il fallait y pourvoir. Les cardinaux et les évêques, fidèles à leur esprit de persécution, conseillaient de chasser tous les prédicants du royaume, et d'exterminer ceux qui résisteraient; mais Catherine de Médicis et l'Hospital répondirent que cela mènerait droit à la guerre civile. Une seule chose paraissait praticable au chancelier: c'était de donner aux assemblées publiques des calvinistes une sanction légale, en leur imposant certaines conditions.

De là l'édit de janvier 1562, délibéré et adopté dans une solennelle assemblée de notables. L'Hospital y développa pour la première fois l'idée de la coexistence des deux communions. Il déclara que si le roi se mettait entièrement d'un côté, il devrait aussitôt réunir une armée pour écraser l'autre, et qu'il serait bien difficile de faire combattre les soldats contre leurs pères, leurs frères, leurs fils ou leurs intimes amis. « Il n'est pas ici question, » dit-il, « de constituer la religion, mais de constituer la chose publique, et plusieurs peuvent être citoyens qui ne sont pas chrétiens. Même un excommunié ne laisse pas d'être citoyen, et on peut vivre en repos avec ceux qui sont de diverses opinions, comme nous voyons en une famille où ceux qui sont catholiques ne laissent pas de vivre en paix et d'aimer ceux qui sont de la religion nouvelle. »

Voici quelles étaient les principales dispositions de l'édit de janvier. Ordre à ceux de la religion qui s'étaient emparés des églises ou des propriétés ecclésiastiques de les restituer sans délai. Défense d'abattre les images, de briser les croix, ou de faire aucun acte qui pût causer du scandale. Défense de s'assembler dans l'intérieur des villes, de jour ou de nuit, mais autorisation de s'assembler hors des portes, et d'y faire des prêches, prières et autres exercices de religion. Nul ne pouvait aller en armes aux assemblées, les gentilshommes excepté, et les officiers du gouvernement devaient y être admis, quand il leur plairait d'y assister.

Une clause qui caractérise l'esprit de l'époque, c'est qu'il était ordonné aux ministres de jurer entre les mains du magistrat civil qu'ils prêcheraient conformément à la Parole de Dieu et au symbole de Nicée, *afin*, disait l'édit, *de ne pas remplir nos sujets de nou-*

velles hérésies. Les pasteurs ne s'en plaignirent point, car ils trouvaient dans cette obligation une barrière contre l'invasion des doctrines contraires à leur confession de foi.

L'édit de janvier répondait mieux aux besoins de Paris et des provinces du Nord ou du Centre qu'à ceux des provinces du Midi. Comment des villes entières pouvaient-elles aller célébrer leur culte hors des murailles ? et à quoi bon rendre des églises qui devaient, faute de catholiques, rester fermées ? Cependant Théodore de Bèze et ses collègues, tout en avouant qu'on aurait pu espérer plus, invitèrent les fidèles, au nom de Dieu, à observer l'édit, et leurs conseils furent généralement écoutés. On restitua les édifices religieux ; on paya la dîme aux prêtres, et les réformés ne s'occupèrent plus qu'à organiser leurs troupeaux sous la garantie des lois.

Il n'en fut pas de même dans le camp opposé. Les Guises avaient refusé d'assister à l'assemblée des notables ; et Anne de Montmorency n'y vint que pour protester contre la nouvelle ordonnance. Les parlements de Bordeaux, de Toulouse, de Rouen et de Grenoble enregistrèrent l'édit sans difficulté. Celui de Dijon, au contraire, placé sous l'influence du duc d'Aumale, frère du cardinal de Lorraine, y opposa un refus formel. Le parlement de Paris n'obtempéra qu'après plusieurs lettres de jussion, et ajouta cette clause : « Attendu la » nécessité urgente, sans approbation de la nouvelle » religion, et jusqu'à ce qu'il en soit autrement or- » donné. » C'était, en acceptant une loi de tolérance, annoncer le retour de la persécution.

Malgré ces résistances, l'état des choses devenait plus supportable, et la paix publique aurait pu se réta-

blir par degrés, lorsque la défection d'Antoine de Bourbon, lieutenant général du royaume, ouvrit la porte à la
guerre civile et aux plus effroyables malheurs.

IV

L'intrigue ne s'attaqua point au prince de Condé, encore moins à Coligny : on leur savait le cœur trop
haut et la volonté trop ferme pour s'y laisser prendre.
Le roi de Navarre offrait à la séduction une proie plus
facile, et le légat du pape, les cardinaux, les princes
lorrains, l'ambassadeur d'Espagne s'y mirent de concert.
Les détails qui suivent sont attestés par les défenseurs
mêmes de l'Eglise de Rome : il faut se le rappeler pour
pouvoir y ajouter foi.

On s'adressa d'abord à la jalousie du roi de Navarre,
en lui disant qu'il n'était, malgré son titre de lieutenant
général, que le second, ou même le troisième personnage du parti calviniste. On plaça sur son chemin des
femmes perdues, parce qu'on lui connaissait des passions propres à s'abandonner à d'ignobles voluptés.
Surtout on caressa son rêve de la restitution du royaume
de Navarre ou d'un équivalent. Philippe II, sans
prendre d'engagement par écrit, on le conçoit, lui fit
offrir par son ambassadeur, tantôt un royaume en Afri-
que, celui de Tunis, tantôt l'île de Sardaigne, dont il
aurait la souveraineté moyennant une légère redevance.
Les mémoires du temps rapportent les descriptions fan-
tastiques et merveilleuses qu'on lui faisait de ce pays :
c'était l'une de ces îles fortunées, telles qu'on n'en
trouve que dans les fables. Le saint-siège, intervenant
dans la comédie, promit ses bons offices pour faire
donner à Antoine de Bourbon ce magnifique royaume.

L'historien Davila, si favorable qu'il soit au parti catholique, ne peut s'empêcher de se moquer de la crédulité du roi de Navarre : « L'ambassàdeur Manriquez, »
dit-il, « renoua les négociations par ses artifices ordi-
» naires ; on agitait les clauses et les conditions aussi
» sérieusement que si l'on eût dû signer le traité (1). »
Le cardinal de Sainte-Croix nous initie avec la même
franchise aux secrets de ce marché. Antoine de Bourbon consentait à se séparer *des autres* (les calvinistes),
mais il voulait auparavant rentrer en possession de son
bien, ou obtenir un honnête équivalent. C'était, on le
voit, une conscience mise à l'encan pour un royaume,
et pour un royaume imaginaire.

Les Guises dressèrent un autre piège. Ils firent insi-
nuer au roi de Navarre qu'il pourrait épouser leur nièce
Marie Stuart, après que le pape aurait cassé son mariage
avec Jeanne d'Albret pour cause d'hérésie, et ils lui
laissèrent entrevoir la couronne d'Ecosse.

Antoine de Bourbon, ébloui, séduit, gagné, profita
d'une conférence entre les théologiens des deux communions pour déclarer que les ministres calvinistes, après
leurs grandes vanteries, n'avaient pas été capables de
résister aux docteurs catholiques ; et, plein d'emportement comme un homme qui vient de se vendre, il les
traita de charlatans et d'imposteurs avec lesquels il n'aurait plus rien à faire. En apprenant cela, le cardinal de
Lorraine s'écria d'un air de triomphe : « Voyez ce qu'a
obtenu la vérité dans ces conférences qu'on me reprochait tant! »

Théodore de Bèze, qui avait été appelé en France par
le roi de Navarre, alla le supplier à plusieurs reprises

---

(1) *Histoire des guerres civiles de France*, t. I, p. 115.

de ne pas abandonner la cause de la religion. Il fut mal reçu, et dans une lettre adressée à Calvin, en date du 26 février 1562, il disait : « On n'a jamais vu un pareil » exemple de trahison et de méchanceté. Dans une au- » dience qu'il m'a donnée, il n'a pas eu honte de me » traiter comme si j'ignorais les choses que connaissent » même les enfants. »

Calvin écrivit au roi de Navarre des lettres pressan- tes, mais en vain. Jeanne d'Albret y employa elle-même sans succès les larmes et les prières. *Elle faisait pitié à voir à tout le monde*, dit Bèze, *fors au sieur roi son mari, tant il était ensorcelé.* Antoine de Bourbon s'emporta contre elle jusqu'à la maltraiter ; et Jeanne d'Albret, n'espérant plus rien, se retira dans le Béarn.

Elle était née à Pau en 1528. Fille unique de Mar- guerite de Valois, elle avait les brillantes qualités de sa mère avec une piété plus ferme et un caractère plus dé- cidé. Son éducation fut solide et bien conduite ; elle sa- vait le grec, le latin, l'espagnol, et faisait assez facile- ment des vers pour soutenir une joûte poétique avec Joachim du Bellay.

En 1548, elle épousa Antoine de Bourbon, et en 1555, à la mort de son père, elle prit le nom de reine de Navarre. Jeanne d'Albret fut plus lente que son mari à embrasser la foi réformée ; elle ne s'y résolut qu'en 1560 ; mais aussi elle y fut invariablement fidèle ; et lorsque Catherine de Médicis lui conseilla de s'ac- commoder au changement d'humeur du roi de Navarre elle lui fit cette réponse qui peint la ferveur des nou- veaux convertis : « Madame, plutôt que d'aller jamais à la messe, si j'avais mon royaumé et mon fils en la main, je les jetterais tous deux au fond de la mer pour qu'ils ne me fussent pas en empêchement. »

Au moment de partir pour le Béarn, elle serra son fils Henri dans ses bras, le baigna de ses larmes, et le supplia de garder la foi dans laquelle il avait été nourri. Henri IV devait oublier un jour les pleurs et les adieux de sa mère.

De retour dans ses Etats, Jeanne d'Albret, reprenant l'œuvre de Marguerite de Valois, ouvrit des écoles, des collèges, des hôpitaux, et publia un nouveau code, précieux monument de bon sens et de sagesse, qui porte le nom de *stil de la reine Jehanne*. Il n'y eut bientôt plus de mendiants dans le Béarn. Les enfants des pauvres, qui montraient de l'aptitude pour les sciences et les lettres, furent instruits aux frais du trésor. L'ivrognerie, l'usure, les jeux de hasard furent sévèrement réprimés. Tous les arts fleurirent avec la nouvelle foi ; et aujourd'hui encore, au bout de trois siècles, les peuples du Béarn ne prononcent qu'avec un pieux attendrissement le nom de la *bonne reine* qui a élevé si haut la prospérité de leur pays.

Jeanne d'Albret eut bien des luttes à soutenir et des périls à braver. Le cardinal d'Armagnac lui reprocha, au nom du pape, d'avoir introduit dans ses domaines une hérésie qui avait commis tant d'excès. « Vous me faites rougir pour vous, » lui répondit-elle ; « ôtez la poutre de votre œil pour voir le fétu de votre prochain ; nettoyez la terre du sang juste que les vôtres ont répandu. »

En 1563, Pie IV cita la reine de Navarre à comparaître devant le tribunal de l'Inquisition dans le délai de six mois, sous peine de perdre sa couronne et ses biens. Jeanne d'Albret s'en plaignit à tous les souverains de l'Europe ; et Charles IX, sur les conseils du chancelier l'Hospital, fit dire au pontife qu'il était singulièrement offensé de cette tentative de soustraire une sujette et vassale de la couronne de France à ses juges naturels. Le pape recula. Encore une fois, ce n'était plus le temps de Grégoire VII.

Echappée à ce péril, Jeanne d'Albret en courut un autre. L'historien de Thou raconte que le projet avait été conçu, à la cour de Madrid, de l'enlever avec ses enfants pour la livrer à l'Inquisition d'Espagne. La propre femme de Philippe II, Elisabeth, fille de France, en avertit sa parente, et le complot échoua.

Si Jeanne d'Albret avait pu monter sur un plus grand théâtre elle aurait été peut-être la première femme de son siècle. « Elle fut, » dit l'abbé le Laboureur, dans ses notes sur les *Mémoires de Castelnau*, « la princesse » de son temps la plus sage, la plus généreuse, la plus » docte, ayant dans son cœur la source de toutes les » vertus et de toutes les grandes qualités. » Agrippa d'Aubigné dit aussi : « Elle n'avait de femme que le » sexe, l'âme entière aux choses viriles, l'esprit puis- » sant aux grandes affaires, et le cœur invincible aux » grandes adversités. »

Ce que Henri IV eut d'excellent, son caractère chevaleresque, sa générosité, son amour du peuple, il l'hérita de sa noble mère, et la France doit toujours associer au nom du plus populaire de ses rois celui de Jeanne d'Albret.

V

La défection du roi de Navarre, appuyée sur le triumvirat, porta les fruits que le parti catholique en attendait. Coligny et ses frères, voyant qu'on les traitait avec défiance, s'éloignèrent de la cour. Le prince de Condé, qu'on affectait de laisser à l'écart, alla s'établir à Paris, et les Guises eurent le champ libre pour commettre des actes qui, dans un temps plus régulier, eussent été qualifiés de crimes de haute trahison au premier chef. Ils conclurent une alliance avec le roi d'Espagne et le duc de Savoie, et s'engagèrent à leur ouvrir les portes du royaume pour l'extermination des hérétiques. En même temps ils déchirèrent l'édit de Janvier à la pointe de leur épée dans le massacre de Vassy.

Vassy était une petite ville forte du comté de Champagne. Elle renfermait environ trois mille habitants, dont le tiers, sans compter les villages voisins, faisait profession de la foi réformée. Ce changement de religion irrita les Lorrains, établis près de là dans leur domaine de Joinville, et en particulier une dame très âgée, la duchesse douairière de Guise, qui ne pouvait comprendre qu'on n'en eût pas déjà fini avec tous les huguenots. Elle prétendait que les habitants de Vassy n'avaient pas le droit, comme vassaux de sa petite-fille Marie Stuart, de prendre sans son congé une nouvelle religion. Elle les avait menacés d'une vengeance terrible, et ceux-ci n'en ayant tenu aucun compte, elle invita son fils, le duc François de Guise, à faire un éclatant exemple de ces insolents.

Le 26 février 1562, le duc ayant reçu du roi de Navarre l'invitation de revenir à Paris pour comprimer les huguenots, part du château de Joinville avec une escorte de plusieurs gentilshommes et de deux cents cavaliers. Arrivé le lendemain matin à Brousseval, village situé à un quart de lieue de Vassy, il entend le son des cloches. « Qu'est-ce que cela ? » demande-t-il à l'un de ses familiers. « C'est le prêche des huguenots. — Par la mortdieu ! » s'écrie le duc, « on les huguenotera bien tantôt d'une autre manière. »

Le dimanche, 1er mars, en entrant à Vassy, il est rejoint par une soixantaine de cavaliers et d'archers. Il met pied à terre devant la halle, et fait appeler le prieur et le prévôt, tous deux grands ennemis de la nouvelle doctrine. Pendant ce temps les réformés, réunis au nombre d'environ douze cents dans une grange, célébraient leur culte sous la protection de l'édit de Janvier. Aucun d'eux n'était armé, à l'exception de deux étrangers, probablement gentilshommes, qui avaient leurs épées.

Les soldats du duc, placés à la tête de l'escorte, s'étant approchés de la grange, se mettent à crier : *Huguenots, hérétiques, chiens! gens rebelles au roi et à Dieu!* Les fidèles se hâtent de fermer les portes ; mais les assaillants se précipitent à bas de leurs chevaux en criant : *Tue, tue, mort-dieu! tue ces huguenots.* Le premier qu'ils rencontrent est un pauvre crieur de vin. « En qui crois-tu ? — Je crois en Jésus-Christ, » répond cet homme, et un coup de pique l'étend sur la place. Deux autres sont tués près de la porte, et du dehors on tire des coups d'arquebuse contre ceux qui se montraient aux ouvertures de la grange. Les calvinistes avaient ramassé des pierres pour se défendre.

A l'ouïe du tumulte, Guise accourt et se jette dans la mêlée. En arrivant, il est atteint au visage d'un coup de pierre, et son sang coule. Les siens redoublent de rage, et lui-même ne se possède plus. Point de pitié pour le sexe ni pour l'âge : une horrible tuerie commence. Quelques-uns à genoux, les mains jointes, demandent grâce au nom de Jésus-Christ. On leur répond : « Vous appelez votre Christ ? Où est-il maintenant ? » D'autres soulèvent la toiture, et tâchent de s'échapper par les murs de la ville. On les fait tomber à coups d'arquebuse, dit un vieil historien, comme on le ferait des pigeons sur un toit.

, Le pasteur Léonard Morel était agenouillé dans sa chaire, invoquant le Dieu des miséricordes. On tire sur lui; il veut se sauver; mais près de la porte il se heurte contre un cadavre, et reçoit des coups d'épée à l'épaule droite et à la tête. Se croaant blessé à mort, il s'écrie : « Seigneur, je viens rendre mon âme entre tes mains, car tu m'as racheté. »

Deux gentilshommes qui se trouvaient là disent : « C'est le ministre; menons-le à M. de Guise. » On l'emporte, car il ne pouvait marcher, et le duc lui dit : « Ministre, viens çà, es-tu le ministre d'ici? Qui te fait si hardi de séduire ce peuple? — Je ne suis point séducteur, » dit Morel, « j'ai prêché l'Evangile de Jésus-Christ. — Mort-dieu ! » répond le duc, « l'Evangile prêche-t-il sédition? Tu es cause de la mort de tous ces gens; tu seras pendu tout à l'heure. Çà, prévôt, qu'on dresse une potence pour le pendre ! » Heureusement, parmi ces centaines d'égorgeurs, il ne s'en trouva aucun qui voulût remplir l'office de bourreau. Morel fut tenu sous bonne garde, et ce délai le sauva.

Soixante personnes restèrent sur le carreau dans cette boucherie, et deux cents autres furent blessées, dont plusieurs mortellement. On dépouilla les cadavres, et quelques jours après, les laquais du duc faisaient marché public de ces objets, les criant à haute voix, dit Crespin, comme ferait un sergent qui aurait pris des meubles par exécution.

Pendant le carnage, la Bible des calvinistes fut apportée au duc. Il la remit à son frère, le cardinal Louis de Guise, qui s'était tenu sur les murs du cimetière. « Tenez, » lui dit-il, « voyez les titres des livres de ces huguenots. — Il n'y a point de mal en ceci, » répondit le cardinal; « c'est la Sainte-Ecriture. — Comment, sang-dieu! la Sainte-Ecriture ? il y a quinze cents ans et plus qu'elle est faite, et il n'y a qu'un an que ces livres sont imprimés; par la mort-dieu! tout n'en vaut rien. » Le cardinal ne put s'empêcher de dire : « Mon frère a tort. »

Ce trait n'est pas indigne de l'histoire : il montre une fois de plus quelle était, en matière de religion, la grossière et parfaite ignorance du principal défenseur de l'Eglise romaine dans notre pays.

Le duc se promenait en long et en large, se mordant la barbe, ce qui était chez lui le signe d'une violente colère. Il manda le juge du lieu, et lui reprocha d'avoir souffert ces conventicules. Le juge allégua l'édit de Janvier. « L'édit de Janvier, » dit Guise en mettant la main à la garde de son épée, « le tranchant de ce fer coupera bientôt cet édit si étroitement lié. »

Le lendemain, étant à Eclairon, ses gens l'avertirent que les huguenots de Vassy avaient envoyé des plaintes au roi. « Qu'ils y aillent, » dit-il avec dédain; « ils n'y trouveront ni leur amiral, ni leur chancelier. »

La réflexion cependant lui fit comprendre que ce n'était pas chose de si petite importance d'avoir autorisé cette boucherie en pleine paix, et il envoya un procureur à Vassy pour commencer un semblant d'enquête. On inventa le conte que les huguenots avaient été les agresseurs, comme s'il n'était pas invraisemblable jusqu'à l'extravagance que des gens sans armes, assemblés au pied d'une chaire avec des femmes et des enfants, eussent attaqué les premiers la nombreuse escorte de François de Guise!

L'année suivante, sur son lit de mort, le duc protesta

qu'il n'avait ni prémédité, ni ordonné le massacre de
Vassy. Nous voulons l'en croire sur parole, malgré les
accablantes remarques de Bayle ; il nous serait douloureux de voir un ignoble chef d'assassins dans le défenseur de Metz, le vainqueur de Renty, le vaillant
capitaine. Mais n'avait-il pas un dessein bien arrêté
d'exercer au moins quelques violences contre les huguenots de Vassy, et qu'a-t-il fait pour empêcher le massacre ? Etait-il homme à être désobéi ? Vers la fin de
l'affaire, il a ordonné, sur la demande de la duchesse de
Guise, d'épargner les femmes grosses, et rien de plus.
A-t-il poursuivi d'ailleurs, a-t-il seulement désavoué aucun des meurtriers ? Qu'on écarte donc la préméditation,
soit, mais le consentement de Guise au massacre dans
le moment même, non. Le sang de Vassy est sur sa
tête : il en a été puni, lui, et son fils, et sa race. « Qui
prend l'épée périra par l'épée. »

La nouvelle du massacre de Vassy produisit dans
tout le royaume une impression extraordinaire ; il souleva tout le peuple réformé d'indignation et d'horreur.
Ce n'était plus ici le crime d'une vile populace conduite
par quelques prêtres méprisés ou quelques moines
abjects. C'était l'un des plus grands seigneurs de France
qui avait, au mépris des lois, versé à flots, le sang des
fidèles. Si cet attentat restait impuni, où serait désormais la justice, et qui pouvait s'assurer de n'être pas
égorgé ?

A Paris l'agitation fut si grande qu'on craignit une
prise d'armes immédiate, et que le maréchal de Montmorency, gouverneur de la ville, invita les calvinistes à
suspendre leurs assemblées. Mais ils répondirent que
ce serait donner gain de cause à leurs ennemis, et reconnaître qu'il y avait dans le royaume un pouvoir su-

périeur à celui des lois. Ils se bornèrent à demander main-forte au maréchal pour l'observation des édits.

Le prince de Condé et les principaux membres du parti s'adressèrent à Catherine de Médicis. Ils lui mirent devant les yeux l'insolence du triumvirat, la ligue des princes lorrains avec le roi d'Espagne, l'audace croissante de leurs entreprises, les dangers qui menaçaient l'autorité royale, et protestèrent qu'ils étaient prêts à sacrifier leurs biens et leurs vies pour la cause du trône qui se liait maintenant à celle de la foi réformée. Catherine usa de sa dissimulation ordinaire, fit des réponses évasives, et tâcha de pénétrer dans les secrets des calvinistes, afin de s'en servir, selon les circonstances, pour ou contre eux.

Le consistoire de Paris décida qu'on épuiserait toutes les voies de justice avant d'opposer la force à la force, et envoya Théodore de Bèze à la cour, afin de réclamer la punition exemplaire des meutriers. Le roi de Navarre, présent à l'audience, et voulant donner des gages à ses nouveaux alliés, s'écria : « Ils ont jeté des pierres contre mon frère le duc de Guise ; il n'a pu retenir la furie de ses gens ; et sachez bien que quiconque lui touchera le bout du doigt me touchera tout le corps. — Sire, » lui répondit Bèze, « c'est vraiment à l'Eglise de Dieu, au nom de laquelle je parle, d'endurer les coups, et non pas d'en donner ; mais aussi vous plaira-t-il vous souvenir que c'est une enclume qui a usé beaucoup de marteaux. »

Théodore de Bèze a parlé vrai. Antoine de Bourbon et les siens sont tombés ; les persécuteurs dorment au fond de leur sépulcre, et la Réforme française est encore debout.

VI

Nous arrivons aux guerres de religion. L'histoire des réformés se confond ici avec l'histoire générale de France, et comme elle est racontée dans des milliers d'écrits qui sont entre les mains de tout le monde, nous ne donnerons qu'un rapide sommaire des principaux faits, en nous attachant surtout à ce qui peut servir à peindre la vie intérieure du parti opprimé.

Le duc de Guise fit à Paris une entrée triomphale. Les prêtres poussèrent la multitude sur le passage de l'homme de Vassy, en le comparant à Judas Macchabée, et en lui décernant le glorieux nom de *défenseur de la foi.* Catherine de Médicis fut blessée de ce triomphe dans son orgueil de mère et dans ses droits de régente; mais le duc ne lui laissa pas le temps de se liguer avec les calvinistes. Encouragé par l'appui du roi de Navarre, d'Anne de Montmorency et du maréchal de Saint-André, il enleva Charles IX et Catherine, et les fit traîner de Fontainebleau à Melun, de Melun à Vincennes, et de Vincennes à Paris. Ce furent les journées des 5 et 6 octobre du triumvirat.

On ne savait plus où était l'autorité légitime. La souveraineté flottait au hasard. Les réformés étaient en quelque sorte mis hors la loi par les entreprises de celui qui venait de massacrer leurs frères, et ils se trouvaient dans le cas de défense personnelle. Aussi, d'un bout de la France à l'autre, sans accord préalable, ils se jetèrent sur leurs armes, comme lorsqu'on voit sa maison forcée de nuit par une bande de brigands.

« Il est à noter pour jamais, » dit un historien du seizième siècle, « que tant qu'on a fait mourir les réfor-

» més sous la forme de la justice, quelque inique et
» cruelle qu'elle fût, il ont tendu les gorges et n'ont
» point eu de mains. Mais quand l'autorité publique,
» le magistrat, lassé des feux, a jeté le couteau aux
» mains des peuples, et par les tumultes et grands más-
» sacres de France, a ôté le visage vénérable de la
» justice, et fait mourir au son des trompettes et des
» tambours le voisin par son voisin, qui a pu défendre
» aux misérables d'opposer les bras aux bras, le fer au
» fer, et de prendre d'une fureur sans justice la conta-
» gion d'une juste fureur ?.... Que les nations étran-
» gères jugent lesquels des uns ou des autres ont le
» crime de la guerre sur le front ! (1) »

La reine mère parut autoriser la prise d'armes des
huguenots, et même la solliciter au nom de Charles IX.
« Mon cousin, » écrivait-elle au prince de Condé,
« vous aurez souvenance de conserver les enfants et la
» mère, et le royaume, comme à celui à qui il touche
» et qui se peut assurer n'être jamais oublié. Si je
» meurs avant qu'avoir moyen de le pouvoir reconnaître,
» comme j'en ai la volonté, je laisserai une instruction
» à mes enfants. Je vois tant de choses qui me déplai-
» sent que si ce n'était l'assurance que j'ai en vous,
» que vous m'aiderez à conserver ce royaume et le ser-
» vice du roi mon fils, en dépit de ceux qui veulent
» tout perdre, je serais encore plus fâchée. » Ces lettres, communiquées aux gentilshommes de la religion,
les raffermirent dans leurs projets : ils croyaient soutenir, non seulement leur cause, mais celle de la royauté.
Des deux côtés on appela l'étranger dans le royaume.
Les catholiques en donnèrent les premiers l'exemple ;

---

(1) Agrippa d'Aubigné, *Histoire universelle*.

le pontife de Rome prêchait en Italie et en Espagne une croisade semblable à celle de Simon de Montfort contre les Albigeois, et les huguenots réclamèrent à leur tour l'appui des peuples protestants. Bientôt, sous l'une et l'autre bannière, vinrent se ranger Espagnols, Suisses, Allemands et Anglais. Il en sera toujours ainsi dans les grandes guerres de principes religieux ou politiques. On se divise alors, non de peuple à peuple, mais de croyance à croyance, parce qu'il s'agit de quelque chose qui l'emporte sur la nationalité même, et que la patrie n'est précieuse qu'autant qu'elle réalise les hautes convictions qui se sont emparées des âmes. Si demain il éclatait en Europe une lutte suprême sur les maximes fondamentales de la politique, ce qui s'est vu au seizième siècle se reverrait : il n'y aurait de changé que la devise des drapeaux et le mot d'ordre des combattants.

Chaque parti publia de longs manifestes, ce qui est encore inévitable dans une guerre de principes. Les calvinistes demandaient la stricte exécution de l'édit de Janvier, la mise en liberté du roi et de la reine mère qu'ils déclaraient captifs, la punition des auteurs de l'attentat de Vassy ou du moins la retraite du duc de Guise et des deux autres triumvirs dans leurs maisons. Les catholiques répondaient sur l'édit de Janvier par des phrases équivoques ; sur la mise en liberté du roi et de la reine, qu'ils étaient parfaitement libres ; sur la punition des auteurs de l'affaire de Vassy, qu'il n'y avait personne à punir, et sur la retraite des personnages du triumvirat, que leur présence était nécessaire au bien public.

La pièce la plus remarquable de ces débats préliminaires est l'acte d'association conclu entre le prince de Condé et les seigneurs calvinistes, le 11 avril 1562, après la célébration de la cène. Tous protestaient qu'ils n'avaient devant les yeux, dans cette alliance, que l'honneur de Dieu, la délivrance du roi et de la reine, le maintien des édits et la punition de ceux qui les avaient violés. Ils juraient solennellement d'empêcher les blasphèmes, violences, pilleries, saccagements, tout ce qui est défendu par la loi de Dieu, et d'établir de bons et de fidèles ministres qui leur enseigneraient à faire sa volonté. Ils nommaient pour chef et conducteur de leur entreprise le prince de Condé, comme étant du sang royal et protecteur de la couronne de France. Ils promettaient enfin, sur la part qu'ils espéraient avoir au paradis, de remplir leur devoir avec une entière fidélité

Leurs premiers faits d'armes furent heureux. Orléans, Tours, Bourges, Poitiers, Rouen, Le Havre, Lyon, Montauban, Nîmes, et la plupart des châteaux-forts de la Normandie, du Poitou, de la Saintonge, de la Guyenne, du Languedoc et du Dauphiné, tombèrent en leur pouvoir presque sans coup férir, avant la fin du mois d'avril.

Le triumvirat, de son côté, agissait avec vigueur. Il dictait à son gré les résolutions du conseil et les arrêts des parlements. Il s'attacha surtout à lier sans réserve à sa fortune le peuple de Paris. Les bourgeois catholiqres furent armés et enrégimentés. On comptait sur cinquante mille hommes au premier coup de tocsin. La commune, ou le corps de ville, siégeait en permanence. Des chaînes furent placées à l'angle des rues pour se barricader en cas d'attaque. On exigea des certificats de catholicisme de tous les procureurs, receveurs, quarteniers, sergents de ville et autres officiers publics. Les églises étaient les clubs du temps ; elles le furent encore davantage sous la Ligue.

Les huguenots reçurent l'ordre de vider Paris en vingt-quatre heures, sous peine de mort. On avait renouvelé contre eux les infâmes accusations des précédentes années. De grossières estampes circulaient encore, où l'on représentait les hérétiques arrachant les entrailles des moines, et jetant les hosties aux pourceaux. Le fanatisme de la populace était exalté par ces provocations jusqu'à la plus aveugle frénésie, et il suffisait d'être traité de huguenot en passant dans la rue pour être égorgé. Théodore de Bèze en cite de nombreux exemples.

Les triumvirs et les prêtres n'ignoraient pas ce qu'ils gagnaient en s'emparant de l'opinion dans cette ville puissante. « Paris, » dit l'historien Davila, « donnait » seule à son parti plus de crédit que n'aurait pu faire » la moitié du royaume » (t. I, p. 141).

Coligny le sentait bien. Il conseilla au prince de Condé de marcher droit sur Paris, disant que les triumvirs n'avaient pas encore d'armée, et qu'on aurait bon marché d'une multitude sans discipline. Condé refusa. Frère du roi de Navarre, et pouvant être un jour lieutenant général du royaume, il avait des ménagements à garder, même envers ses plus violents adversaires. Un prince du sang n'est pas propre à bien conduire un parti dans les moments de crise où il faut tout oser pour tout conquérir. Les puritains d'Angleterre auraient-ils triomphé, s'ils avaient pris pour chef un membre de la famille royale au lieu d'un homme de fortune tel que Cromwell ?

Catherine de Médicis proposa d'ouvrir des conférences entre les deux partis : unique moyen pour elle de faire encore quelque figure. Dans les luttes des hommes de guerre, elle ne pouvait plus rien; dans les négociations, elle comptait sur son génie, et se flattait d'enlacer également dans ses intrigues les chefs des catholiques et ceux des réformés.

Il y eut une première conférence, le 2 juin, à Thoury, dans la Beauce. On était convenu de s'y rendre avec des escortes de gentilshommes en nombre égal, qui se tiendraient à la distance de huit cents pas les uns des autres. Mais pendant que les chefs discutaient, les gentilshommes se rapprochèrent et sentirent leurs entrailles s'émouvoir. Tout à coup les vieilles amitiés se réveillent; les querelles de parti sont oubliées; il n'y a plus de papistes, plus de huguenots, et confondant leurs embrassements et leurs larmes, ils se souviennent seulement qu'ils ont passé ensemble leurs jeunes années, bu à la même coupe et reposé sous le même toit. Instinct sacré du cœur! il inspirait mieux que la science des théologiens et la politique des hommes d'Etat.

La reine mère avait imaginé avec l'évéque Montluc, son conseiller intime, un étrange expédient : celui d'engager les chefs des deux partis à s'imposer un exil volontaire. Les triumvirs s'éloigneraient de la cour; le prince de Condé, l'amiral et les principaux calvinistes sortiraient du royaume en attendant la majorité de Charles IX, et les différends de religion s'arrangeraient à l'amiable. Cette idée, reprise dans une deuxième conférence, n'était qu'un stratagème de cour qui ne pouvait rien terminer.

On avait perdu beaucoup de temps. Les gentilshommes calvinistes, qui devaient se soutenir de leur propre bourse, commençaient à retourner chez eux, et l'armée des triumvirs se fortifiait. On s'en aperçut au redoublement de la persécution. Le parlement de Paris rendit un arrêt, à la fin de juin, ordonnant de courir sus aux hérétiques, et de les tuer partout où on les rencontrerait, comme des gens enragés, ennemis de Dieu et des hommes. Chaque dimanche, les curés devaient lire au prône cette épouvantable ordonnance. Les paysans, les ouvriers s'armèrent de tout ce qui leur tombait sous la main, et se mirent à battre le pays comme pour le purger de bêtes féroces. Les moines appelaient cela, dans leur hideux langage, *lâcher la grande levrière*.

Un nouvel arrêt du parlement, rendu le 18 août, déclara tous les gentilshommes de la religion, à l'exception du prince de Condé, traîtres à Dieu et au roi, et les somma de comparaître dans trois jours, à défaut de quoi ils seraient punis de la confiscation de leurs corps et de leurs biens.

C'est alors que les calvinistes se décidèrent à presser d'Andelot d'amener des lansquenets d'Allemagne, et à conclure avec Elisabeth, reine d'Angleterre, un traité par lequel elle s'engageait à leur fournir un secours de six mille hommes. Trois mille devaient entrer au Havre-de-Grâce, et trois mille autres servir à la défense de Dieppe et de Rouen, qui étaient entre les mains de Condé. Le traité fut signé le 20 septembre 1562, et la reine Elisabeth publia un manifeste où elle affirmait devant le ciel et devant la terre qu'elle n'avait d'autre but que de défendre les loyaux sujets du roi Charles IX, son frère, contre la tyrannie de leurs oppresseurs.

VII

Le duc de Guise et ses confédérés se hâtèrent de mettre le siège devant la ville de Rouen. Le comte de Montgommery, le même qui avait blessé mortellement

Henri II dans un tournoi, y commandait; il avait avec lui une population dévouée et une forte garnison.

Entre les assiégeants et les assiégés on put remarquer un contraste qui devait se reproduire, quatre-vingts ans après, entre les puritains de Cromwell et les cavaliers royalistes. Dans l'armée catholique régnait une grande licence. Catherine de Médicis, qui s'était tournée du côté du plus fort, avait amené avec elle ses filles d'honneur. Les tranchées s'ouvraient au son des aubades, et les demoiselles de la cour, se faisant juges du camp, décernaient des prix aux chevaliers. Dans l'intérieur de la ville tout était sérieux et sévère. Point de jeux ni de spectacles : des sermons, des prières, le chant des psaumes; et après les offices religieux, les femmes mêmes allaient combattre sur les remparts à côté de leurs maris.

Au bout de cinq semaines de siège, Rouen fut pris d'assaut et livré pendant huit jours aux fureurs de la soldatesque. Le parlement, qui s'était retiré à Louviers, vint achever l'œuvre par des meurtres juridiques. Plusieurs des principaux habitants furent condamnés à mort, entre autres Jean de Mandreville, président de la cour des aides, et le pasteur Augustin Marlorat.

Ce dernier avait figuré au colloque de Poissy. Il avait de la science, de la piété, de la modération dans le caractère, et jouissait d'une grande estime parmi les fidèles. Le connétable voulut voir Marlorat, et l'accusa d'avoir séduit le peuple. « Si je l'ai séduit, » répondit le ministre de Christ, « Dieu m'a séduit le premier; car je ne leur ai prêché que la pure parole de Dieu. » Pendant qu'on le traînait sur une claie à la potence, il exhorta ses compagnons de supplice à glorifier le Seigneur jusqu'à leur dernier soupir.

Antoine de Bourbon fut blessé à mort pendant le siège, et des passions licencieuses qu'il ne pouvait réprimer précipitèrent sa fin. Après avoir reçu le viatique sur les instances d'un évêque de cour, il parut, à ses moments suprêmes, revenir à la foi réformée; car il invita son médecin à lui lire la Bible, et, les yeux pleins de larmes, il demanda pardon à Dieu, attestant que s'il pouvait guérir, il ferait prêcher le pur Evangile dans tout le royaume. Mais il était trop tard. Antoine de Bourbon mourut à l'âge de quarante-quatre ans, et la seule oraison funèbre qu'on puisse faire de lui est celle d'Etienne Pasquier : « Le roi de Navarre est mort d'un coup de balle; il n'est regretté ni des uns ni des autres. »

Le 19 décembre, bataille de Dreux. L'armée calviniste comptait quatre mille chevaux et cinq mille hommes de pied; l'armée catholique, seize mille hommes de pied et deux mille chevaux. Ces forces étaient petites pour une rencontre qui pouvait avoir de si grandes conséquences; et encore les étrangers entraient-ils pour les deux tiers dans les troupes du triumvirat, et pour moitié dans celles des huguenots. Mais la guerre se faisait alors d'un bout de la France à l'autre; chaque province, chaque ville, et en quelque manière chaque bourgade avait ses soldats, de sorte que les troupes campées près de Dreux ne formaient que la moindre partie des combattants.

Pendant plus de deux heures, les armées se regardèrent dans une morne immobilité. Chacun pensait en soi-même, comme le raconte le brave La Noue, qu'il avait devant lui des parents, des amis et des compagnons. Enfin la bataille s'engagea, et fut continuée sept heures avec acharnement. Huit mille morts jonchaient la plaine à la fin de la journée.

Les calvinistes eurent d'abord l'avantage, et quelques fuyards en ayant porté la nouvelle jusqu'à Paris : « Eh bien ! » dit tranquillement Catherine de Médicis, « il faudra donc prier Dieu en français. »

Mais le duc de Guise, ayant donné avec sa réserve, changea la face du combat. Coligny essaya inutilement de ramener les siens à la charge; il ne put que se retirer en bon ordre. Les chefs des deux armées, le prince de Condé et le connétable de Montmorency, furent faits prisonniers. Le maréchal de Saint-André, l'un des triumvirs, resta sur le champ de bataille. « Meurs, traître, » dit un officier calviniste en lui cassant la tête d'un coup de pistolet, « meurs de la main d'un homme dont tu as pris les dépouilles. »

L'hiver ne suspendit point les hostilités. Coligny se remit en campagne dans la haute et basse Normandie. Le duc de Guise alla assiéger Orléans, la principale place de guerre et le centre des opérations du parti calviniste. « Une fois le terrier pris, où les renards se retirent, » disait-il, « on les courra à force par toute la France. »

Déjà, malgré l'héroïque défense de d'Andelot et des bourgeois, deux faubourgs avaient été pris et la tour du pont emportée, lorsque le duc de Guise fut blessé dans la soirée du 18 février 1563, par Jean Poltrot de Méré, qui lui tira un coup de pistolet à bout portant. Il mourut six jours après, amèrement regretté du parti catholique. On lui fit à Paris les funérailles d'un roi, et Catherine de Médicis afficha une grande douleur qu'elle n'éprouvait point.

Plusieurs historiens, Mézeray entre autres, assurent que, dans ses derniers moments, il conseilla à la reine mère de faire la paix le plus tôt possible, en ajoutant

que quiconque l'empêcherait serait un ennemi du roi et
de l'Etat. C'était conseiller la tolérance, puisque la
paix ne pouvait être solidement établie qu'à cette condition. François de Guise avait-il mieux compris ses
devoirs à l'heure de la mort qu'il n'avait fait dans
tout le cours de sa vie ? Peut-être. L'ambition ne l'éga-
rait plus, et la pensée du jugement de Dieu lui inspirait
des paroles de vérité.

Le meurtrier était un gentilhomme de l'Angoumois,
alors âgé de vingt-cinq à vingt-six ans. Ardent catholique dans sa jeunesse, Poltrot avait servi en Espagne,
et tellement adopté le langage et les manières de ce
pays, qu'on lui avait donné le surnom d'*Espagnolet*.
Ayant embrassé la foi réformée, il dut se réfugier à
Genève, et, à l'exemple de beaucoup d'autres gentilshommes, faire un métier d'artisan pour vivre. Son caractère s'en était aigri, son imagination exaltée. Revenu
en France, il entendit partout retentir des plaintes contre le duc de Guise que les huguenots appelaient le
boucher de Vassy, et le meurtre du meurtrier de ses
frères lui parut être un acte de légitimes représailles.
Déplorable effet de ces guerres de religion qui faus-
saient toutes les idées de justice et dépravaient les
âmes ! L'abîme appelait l'abîme.

La mort du duc de Guise changea la face des affaires. Anne de Montmorency étant prisonnier, il n'y avait
dans l'armée catholique aucun chef de quelque renom,
et Catherine de Médicis reprit des négociations qu'elle
n'avait jamais complètement abandonnées. Elle tâcha
de séduire Condé par la promesse de la lieutenance
générale du royaume. Ce prince, qui était tombé entre
les mains des catholiques à la bataille de Dreux, vivait
depuis trois mois loin des hommes austères du parti

calviniste ; *il respirait déjà*, dit Mézeray, *le doux air de la cour et des plaisirs des dames*. Gagné par les artifices de la reine, il demanda la permission d'aller conférer de la paix à Orléans.

A peine arrivé, il adressa ces deux questions aux pasteurs : « Est-il raisonnable d'exiger que l'édit de Janvier soit entièrement rétabli dans tous ses articles ? Ou bien, si on ne peut l'obtenir, ne serait-il pas convenable d'entrer en arrangement avec la reine pour pacifier les troubles du royaume ? » Les pasteurs, le voyant chanceler, lui adressèrent, au nombre de soixante et douze, une remontrance par écrit, demandant un libre et sûr exercice de la religion, soit dans les lieux où il existait déjà, soit dans ceux où il serait réclamé par les habitants.

Le prince n'en tint nul compte, et désespérant de surmonter la résistance des ministres, il se tourna vers les gentilshommes qu'il savait être fatigués de la guerre, et leur communiqua certaines clauses qui accordaient à la noblesse des privilèges de religion. Le corps pastoral ne fut ni entendu ni reçu dans cette conférence, et la majorité des gentilshommes accepta les articles proposés.

La reine mère pressait ardemment la conclusion ; elle craignait de perdre un seul jour, parce qu'elle prévoyait que si l'amiral Coligny avait le temps d'arriver, tout l'édifice de ses intrigues tomberait d'un seul coup. Aussi, dès que le prince de Condé fut de retour, elle signa les articles, et ce traité, rédigé sous forme d'édit de pacification, fut publié à Amboise le 19 mars 1563.

Il contenait les points suivants : Libre exercice de la religion dans les villes qui étaient au pouvoir des calvinistes, à la date du 7 mars 1563 ; permission aux sei-

gneurs haut-justiciers de tenir des assemblées dans
toute l'étendue de leurs domaines ; permission aux no_
bles de second rang de célébrer leurs offices dans leurs
maisons, et seulement pour les gens de leurs familles ;
enfin, dans chaque bailliage ressortissant immédiatement aux parlements, concession d'un seul lieu de
culte. A tous les autres réformés on n'accordait que le
culte domestique. « Chacun pourra, » disait le traité,
« vivre et demeurer partout en sa maison librement, et
« sans être recherché ni molesté, forcé ni contraint
» pour le fait de sa conscience. »

Certes, il y avait loin des articles d'Amboise à l'édit
de Janvier. Au lieu d'un droit général, on n'accordait
plus à la masse des réformés que la tolérance du for
intérieur et du foyer domestique. Les nobles seuls, et
les fidèles qui habitaient aux environs d'une ville de
bailliage, pouvaient encore tenir des assemblées. C'était
parquer les disciples de la Réforme comme des pestiférés dans un lazaret.

Quand l'amiral connut le traité, il en éprouva une
vive indignation. « Ce trait de plume, » dit-il, « ruine
plus d'Eglises que les ennemis n'en auraient pu abattre
en dix ans. »

Il revint à Orléans à marches forcées, et y arriva le
23 mars, espérant encore trouver quelque moyen d'obtenir de meilleures conditions. Il se présenta devant le
conseil, et exprima au prince tout son déplaisir. Il dit
que les affaires de la religion étaient dans un bon état ;
que deux des principaux de la guerre étaient morts, et
le troisième prisonnier ; qu'en restreignant les assemblées à une ville par bailliage et aux seigneurs hauts-
justiciers, on sacrifiait les pauvres, qui pourtant avaient
donné l'exemple aux riches ; enfin que les gentilshom-

mes eux-mêmes qni voudraient faire leur devoir sentiraient bientôt quelles lourdes chaînes ils avaient acceptées.

Ce discours fit une si vive impression, que beaucoup de ceux qui s'étaient rangés à l'avis de Condé auraient voulu que ce fût à refaire. Mais le prince répondait toujours qu'il avait reçu des promesses particulières, et que lorsqu'il serait lieutenant général du royaume, tout irait bien. Coligny dut se résigner. On rendit Orléans aux troupes du roi et les huguenots les aidèrent à reprendre Le Havre sur les Anglais.

Telle fut la fin de la première guerre de religion, si l'on peut employer ce mot pour une simple suspension d'armes, adoptée de part et d'autre avec d'arrière-pensées. Nul n'était satisfait, ni ne pouvait l'être. Les catholiques ardents ne se plaignaient pas moins que les calvinistes. Les politiques ne comprenaient rien à ces catégories où l'on avait donné à quelques-uns ce qu'on refusait à la masse. Aucun principe n'avait dicté l'édit de pacification, et la France, toute saignante, n'eut pas même le temps de poser le premier appareil sur ses larges blessures.

VIII

Après avoir exposé la suite des affaires générales, il faut jeter un coup d'œil sur ce qui se passa dans les provinces. La guerre ne se fit pas seulement entre les chefs de parti et des armées régulières ; elle se reproduisit sous mille formes dans tout le royaume. Ce fut une lutte immense et affreuse de province à province, de ville à ville, de quartier à quartier, de maison à maison, d'homme à homme. Jamais on ne vit si bien

que de toutes les guerres les pires sont les guerres
civiles, et de toutes les guerres civiles, les guerres de
religion.

Les excès du régime révolutionnaire n'en donneraient
qu'une faible idée. Le fanatisme avait fait de la France
un pays de cannibales, et l'on pourrait mettre au défi
l'imagination la plus sombre d'inventer jamais tous les
genres de supplices raffinés, révoltants, exécrables ou
obscènes, qui furent alors pratiqués. Mais il y a dans
ce spectacle une grande leçon à recueillir : c'est que
le principe de la liberté religieuse est l'un des biens les
plus précieux de l'humanité.

On n'attendra pas, du reste, un récit détaillé de ces
horreurs. Théodore de Bèze en remplit un volume.
Jacques de Thou y consacre plusieurs livres de son
histoire. Crespin, Jean de Serres, les mémoires de
Montluc, de Tavanes, de Condé, de La Noue et de
cinquante autres en sont pleins. Qui voudra connaître
ces détails pourra les y chercher. Pour nous, à entreprendre cette tâche, la plume nous tomberait vingt fois
des mains.

Les huguenots avaient, dans les commencements de
la campagne, observé une sévère discipline. Nouveaux
croisés qui s'étaient levés à l'appel de leur conscience,
ils voulaient absoudre leurs armes par l'austérité de leur
vie. Point de femmes dans les camps; ni cartes ni dés ;
nul blasphème ; nul discours déshonnête ; pas de ma-
raude ni de pillages. Les nobles payaient de leurs deniers tout ce qu'ils prenaient pour eux et pour leurs
gens. Ceux qui commettaient des violences étaient punis. Un seigneur de Dammartin, ayant outragé la fille
d'un villageois, eut peine à échapper au dernier supplice. Un autre fut pendu à Orléans pour crime d'adul-

tére, ce qui souleva, bien plus que n'avaient jamais fait les différences de doctrine, la cour dissolue de Catherine de Médicis.

Soir et matin, à l'assiette et au lever du soldat, il y avait des prières publiques. Les ministres, distribués par compagnies, entretenaient le bon ordre par leurs exhortations. On a conservé une prière qui se prononçait dans l'armée. Les calvinistes adressaient des requêtes à Dieu pour le roi, la reine mère, les princes du sang et les membres du conseil.

Même discipline à Orléans. « Outre les prédications ordinaires et les prières aux corps-de-garde, » dit Théodore de Bèze, « on faisait prières générales extraordi-
» nairement à six heures du matin, à l'issue desquelles
» ministres et tout le peuple, sans nul excepter, allaient
» travailler aux fortifications de tout leur pouvoir, se
» retrouvant chacun derechef, à quatre heures du soir,
» aux prières ; et un lieu fut aussi assigné pour recueil-
» lir les blessés, qui étaient traités très humainement
» par les femmes les plus honorables de la ville, n'y
» épargnant leurs biens ni leurs personnes » (t. II, p. 162).

Malheureusement cela ne dura que quelques mois. Coligny l'avait prévu. « C'est vraiment une belle chose que cette discipline, moyennant qu'elle dure, » disait-il ; « mais je crains que ces gens ne jettent toute leur bonté à la fois. J'ai commandé de l'infanterie, et je la connais ; elle accomplit souvent le proverbe qui dit : *De jeune ermite vieux diable.* »

Les passions religieuses, jointes au besoin d'argent, poussèrent les huguenots à enlever les ornements d'églises. Ils brisèrent les vases sacrés, mutilèrent les statues des saints et en dispersèrent les reliques. Ces excès

produisaient dans le cœur des catholiques une rage impossible à décrire. « Vous abattez les images, » disaient-
ils, « vous détruisez les reliques des trépassés ; eh bien !
nous abattrons autant d'images vivantes qu'il en pourra
tomber entre nos mains. »

Les arrêts des parlements accrurent ces fureurs populaires, en leur donnant une apparence de justice. Le
paysan quittait sa charrue, l'artisan son métier. Ils formaient avec les gens sans aveu, les vagabonds, les mendiants, des compagnies franches armées de faucilles, de
couteaux et de piques. Ils choisissaient un capitaine
de hasard, quelque brigand fameux, ou bien un moine,
un curé, parfois même un évêque, et ces bandes, ivres
de fanatisme et de vengeance, ne respectaient plus ni
loi, ni pudeur, ni pitié. Dans la Champagne on leur
avait donné le nom de *pieds-nus*.

Ils attaquaient les calvinistes par surprise, massacraient
les hommes, outrageaient les filles et les femmes, démolissaient les maisons, arrachaient les vignes, déracinaient
les arbres, et rendaient des cantons tout entiers inha-
bitables. « Aussi bien, » s'écriait l'un des chefs de ces
forcenés, « n'y a-t-il que trop de peuple en France ;
j'en ferai tant mourir que les vivres y seront à bon marché. »

Les huguenots, on peut le croire, usaient de représailles ; mais étant moins nombreux, et appartenant en
général à des classes plus cultivées, ils faisaient moins
de mal qu'ils n'en éprouvaient.

Les excès, très graves partout, le furent particulièrement au midi de la Loire, à cause du grand nombre des
réformés et du caractère plus ardent de la population. A
Cahors, cinq cents huguenots furent attaqués un dimanche qu'ils étaient à leur office, et l'évêque Pierre Ber-

trandi les fit tous égorger jusqu'au dernier. A Montauban, les habitants avaient quitté leur ville à l'approche des bandes catholiques : mais ayant été massacrés en foule, les survivants rentrèrent dans leurs murailles, et soutinrent trois sièges avec une constance héroïque.

Les événements qui eurent lieu à Toulouse, au mois de mai 1562, peuvent servir à caractériser ce qui se passait dans toute l'étendue des provinces méridionales.

Cette ville comptait alors vingt-cinq à trente mille réformés, la plupart bourgeois, marchands, professeurs de l'Université, gens de lettres, étudiants, magistrats. Ils avaient choisi des officiers municipaux ou capitouls d'un esprit conforme au leur. « Toulouse, » dit une vieille chronique, « était régie d'un certain mélange de capi-
» touls composé de trois espèces : catholiques, hugue-
» nots et temporiseurs : gens toutefois d'un grand esprit,
» ornés de beaucoup de grâces, riches et opulents ; et
» encore d'une quatrième, savoir de l'ancienne hérésie
» (celle des Albigeois probablement), déjà consolidée
» en ses racines (1). »

Après la publication de l'édit de Janvier, les réformés avaient construit, hors des portes de la ville, un temple en bois qui pouvait contenir cinq à six mille personnes. Ils s'y rendaient en plein jour, et les femmes n'y mettaient pas moins de zèle que les hommes. « Elles avaient
» quitté, avec les heures et les chapelets qu'elles por-
» taient à la ceinture, » dit encore notre chroniqueur,
» ces robes enflées, basquines et habits dissolus, danses,
» chansons mondaines, comme si elles eussent été pous-

---

(1) *Histoire de M. G. Bosquet sur les troubles advenus en la ville de Toulouse*, p. 25.

» sées du Saint-Esprit : ce que nos prédicateurs ne pou-
» vaient obtenir des catholiques par tant de saintes ad-
» monitions qu'ils leur en faisaient » (p. 50).

La majorité du parlement continuait à protéger l'ancien culte ; et le peuple, excité par les imprécations des
moines, attaquait les calvinistes sous le moindre prétexte et pillait leurs maisons. Tout était violence, désordre, anarchie.

Poussés à bout, et conduits par quelques-uns de leurs
magistrats municipaux, les réformés s'emparèrent de la
maison de ville ou Capitole, dans la nuit du 11 au 12
mai. Aussitôt les conseillers du parlement prononcent un
arrêt contre les capitouls qui avaient trempé dans cette
affaire et envoient demander main-forte à tous les capitaines et gentilshommes des environs. Puis ils se présentent au peuple en robes rouges, ordonnant de prendre les armes et de saisir les hérétiques morts ou vifs.
« Pillez, tuez hardiment avec l'aveu du pape, du roi et
de la cour, » criaient cinq ou six conseillers frénétiques,
en traversant les rues.

La lutte devient horrible. Les calvinistes qui n'avaient
pu se réfugier à l'hôtel de ville, sont pris dans leurs
maisons, jetés par les fenêtres, traînés dans la Ga-
ronne. Des malheureux que les sergents conduisaient
en prison, sont massacrés en chemin, et malheur aux
passants bien vêtus ! On supposait que tout ce qui
n'était pas ouvrier, membre du parlement, moine ou
prêtre, devait être hérétique.

Un autre fait caractéristique de la lutte, c'est que le
peuple, s'imaginant que toute culture d'esprit était un
commencement d'hérésie, s'attroupa dès l'abord devant
les boutiques des libraires, et brûla sur les places publiques tous les livres qu'elles contenaient. Ces miséra-

bles, qui ne savaient pas lire, croyaient de la sorte faire acte de bons catholiques.

Le tocsin sonnait à toutes les églises, et à cinq ou six lieues à la ronde. Des bandes de paysans se jetèrent dans la ville, attirées par l'espoir du pillage. Les calvinistes, assiégés dans le Capitole, avaient du canon et se défendirent, depuis le lundi jusqu'au samedi, avec le courage du désespoir.

Réduits enfin à la dernière extrémité, n'ayant plus de vivres pour nourrir les femmes et les enfants, ni de poudre pour charger leurs armes, et le peuple ayant mis le feu à tout le quartier voisin du Capitole, ils demandèrent à parlementer, en criant : *Vive la croix! vive la croix!* On leur promit la vie sauve, à condition qu'ils laisseraient leurs armes et bagages dans la maison de ville. Avant de partir, ils célébrèrent la cène avec beaucoup de prières et de larmes, et commencèrent, entre huit et neuf heures du soir, à se retirer par la porte de Villeneuve. Mais les ouvriers et les paysans, à qui les prêtres avaient enseigné qu'il n'est pas obligatoire de garder la foi aux hérétiques, tombèrent sur eux, et l'on a calculé qu'il en périt trois mille cinq cents dans ces rencontres.

Le parlement procéda ensuite aux exécutions judiciaires. Il se mutila premièrement lui-même, en excluant vingt-deux conseillers qui, sans être huguenots, avaient permis à leurs femmes ou à d'autres membres de leurs familles de fréquenter les prêches. Le viguier de la ville, plusieurs capitouls et trois cents autres hérétiques furent exécutés à mort jusqu'au mois de mars 1563. Quatre cents personnes furent condamnées au même supplice par contumace. Le clergé avait publié un monitoire enjoignant, sous peine d'excommunication et de damna-

tion éternelle, de dénoncer, non seulement les hérétiques, mais ceux qui leur auraient donné conseil, aide
ou faveur.

Il y eut des actes d'un fanatisme atroce. On raconte,
par exemple, qu'un jeune garçon, âgé de douze à treize
ans, venu de Montauban à Toulouse, fut sommé de ré-
citer l'*Ave Maria*. Il répondit qu'on ne le lui avait pas
enseigné, et sur cela seul on le pendit à un gibet.

Au milieu de tant d'abominables attentats, Blaise de
Montluc et le baron des Adrets eurent encore l'affreux
honneur de se distinguer par leurs cruautés. Le premier, soldat rude et ignorant, était le plus féroce de
tous les chefs catholiques du Midi. Il semblait goûter
dans les spectacles de sang une volupté âpre et insatiable, et lui-même nous a raconté dans ses *Commentaires*,
avec la plus grande tranquillité d'esprit, toutes les exécutions qu'il avait ordonnées. Il se faisait constamment
suivre de deux bourreaux armés de haches bien affilées:
on les appelait ses laquais. Il commandait de prendre
ou de décapiter les huguenots sans les interroger, car
ces gens-là, disait-il, *parlent d'or*, et l'on reconnaissait
les chemins où il avait passé par les cadavres qui pendaient aux arbres. Il ne négligeait pas non plus le soin
de sa fortune, et savait ramasser de l'or dans du sang.
« Lui qui auparavant n'avait pas de grandes finances, »
dit Brantôme, « se trouva à la fin de la guerre avoir
» cent mille écus » (t. II, p. 223). Il obtint pour ses
exploits le bâton de maréchal de France.

Mais si impitoyable qu'il fût, il rencontra une fois des
hommes qui le surpassèrent. C'étaient des Espagnols
que Philippe II avait envoyés au secours du parti catholique. Ayant pris une petite ville de l'Agenois, Montluc fit passer au fil de l'épée tous ceux qui défendaient

le château, et renvoya les femmes en les faisant passer par un escalier creusé dans l'épaisseur du mur. Les Espagnols, qui les attendaient dans la cour, les égorgèrent toutes avec les petits enfants qu'elles portaient dans les bras. Quand Montluc leur en fit des reproches, ils répondirent avec sang-froid : « Nous pensions que c'étaient tous des luthériens déguisés (*todos luteranos tapados.*) »

Le baron des Adrets, qui conduisait des bandes de huguenots, se montra aussi barbare que Montluc. Il s'était jeté dans la nouvelle religion à cause d'un procès qu'il accusait le duc de Guise de lui avoir fait perdre. Il sema l'épouvante dans le Lyonnais, le Dauphiné, la Provence et le comtat d'Avignon. Mais les chefs du parti calviniste eurent bientôt honte et horreur de ses crimes, et envoyèrent Soubise à Lyon pour le contenir. On le fit même prisonnier à Valence, et il ne fut élargi qu'après la signature de la paix, ce qui lui inspira un si vif ressentiment qu'il revint à la communion romaine dans laquelle il mourut.

IX

Catherine de Médicis ne voulut point donner au prince de Condé la lieutenance générale du royaume qu'elle lui avait promise. Elle fit déclarer son fils majeur dans un lit de justice tenu au parlement de Rouen, le 17 août 1563. Charles IX n'avait alors que treize ans et deux mois. Ce prince ne manquait pas d'esprit naturel ; il aimait les lettres, et sous une meilleure discipline il aurait pu se préparer à porter dignement la couronne. Mais sa mère l'avait instruit de bonne heure à être fourbe, dissimulé, soupçonneux et avide de spectacles

sanglants. Elle lui avait donné pour précepteur un
homme de sa ville de Florence, Albert Gondi, nommé
depuis maréchal de Retz, qui était, selon Brantôme,
« fin, cauteleux, corrompu, menteur, grand dissimula-
» teur, jurant et reniant Dieu comme un sergent. »

L'édit de pacification ne fut pas exécuté. Plusieurs
parlements ne consentirent à l'enregistrer qu'après de
longues résistances. Les gouverneurs des provinces
élargissaient ou resserraient les clauses de l'édit à leur
bon plaisir; et les Etats de Bourgogne, dirigés par le
duc d'Aumale, osèrent même déclarer qu'ils ne pouvaient pas plus souffrir deux religions que le ciel ne
souffre deux soleils.

Dans les lieux où les catholiques étaient les plus
forts, ils se disaient souillés par le voisinage de l'hérésie, et se livraient à d'indignes violences contre les
fidèles qui allaient aux assemblées. Ils pénétraient jusque dans le sanctuaire du foyer, maltraitant ceux qui
chantaient des psaumes, forçant les huguenots à fournir
du pain bénit pour les messes paroissiales, et à donner
de l'argent pour les confréries de l'Eglise. Quand les
opprimés invoquaient les ordonnances, on leur répondait par des coups, quelquefois par des assassinats. Plus
de trois mille d'entre eux périrent de mort violente
après la signature de la paix.

Là, au contraire, où les calvinistes étaient en majorité, ils n'obéissaient pas à l'édit d'Amboise, et ne le
pouvaient guère, l'eussent-ils voulu; car ce traité avait
encore été fait pour le nord plutôt que pour le midi de
la France. Qu'on se figure cinquante à cent mille personnes obligées de faire une course de plusieurs lieues
pour célébrer leur culte dans une ville privilégiée!

Catholiques et réformés n'étaient pas assis dans la

même société : ils y étaient campés les uns en face des autres, toujours debout et les armes à la main. Les catholiques commencèrent, dès l'an 1563, sous l'impulsion des cardinaux et des évêques, à se constituer en ligues ou associations particulières pour l'extirpation de l'hérésie. Ils s'engageaient à y consacrer sans réserve leurs personnes ou leurs biens. Les calvinistes, de leur côté, avaient leurs places de guerre, leurs signes de ralliement, leurs mots d'ordre, leurs plans de campagne. C'étaient deux grandes armées qui se livraient à des escarmouches d'avant-poste, en attendant l'heure et le lieu d'un nouveau combat.

Catherine de Médicis fit parcourir à Charles IX, en 1564, les provinces de son royaume, afin de réchauffer l'affection des catholiques et d'intimider les huguenots. Arrivée à Roussillon, petite ville du Dauphiné, elle publia, le 4 août, une déclaration *interprétative* de l'édit d'Amboise. Les seigneurs hauts justiciers ne pouvaient plus admettre à leurs assemblées que les membres de leurs familles et leurs vassaux immédiats. Il était défendu aux Eglises de tenir des synodes et de faire des collectes d'argent. Les pasteurs n'avaient plus le droit de sortir de leur lieu de résidence, ni d'ouvrir des écoles. Les prêtres, moines et religieuses qui s'étaient mariés, devaient se séparer immédiatement de leurs conjoints, ou quitter le royaume dans le plus bref délai. On resserrait ainsi le cercle de fer qui enveloppait les huguenots jusqu'à ce qu'on pût les y étouffer.

La reine mère eut à Bayonne une conférence avec le duc d'Albe, au mois de juin 1565. Cette entrevue est restée célèbre, parce que les bases de la Saint=Barthélemy, selon le témoignage de plusieurs historiens, y furent posées. Le féroce envoyé de Philippe II disait à Catherine qu'un souverain ne saurait rien faire de plus dommageable pour ses intérêts ni de plus honteux que d'accorder à ses sujets la liberté de conscience, et il conseilla d'abattre les plus hautes têtes des huguenots, parce qu'on aurait ensuite facilement raison du reste. « Dix mille grenouilles, » poursuivit-il dans son langage ignoble, « ne valent pas la tête d'un saumon. »

On assure que le complot devait s'exécuter, en 1566, dans la session de l'assemblée des notables à Moulins. Mais Coligny et les autres chefs y vinrent bien accompagnés, et l'œuvre de sang fut ajournée à une meilleure occasion.

La cour ayant fait venir six mille soldats catholiques de la Suisse, les huguenots comprirent qu'ils avaient tout à craindre, et le prince de Condé tint conseil avec les seigneurs de son parti. L'amiral était d'avis de prendre encore patience, et d'attendre qu'on en fût réduit aux dernières extrémités. « Je vois bien, » disait-il, « comment nous allumerons le feu, mais je ne vois point d'eau pour l'éteindre. »

Son frère d'Andelot fut d'une autre opinion. « Si vous attendez, » s'écria-t-il, « que nous soyons bannis en pays étrangers, liés dans les prisons, poursuivis par le peuple, méprisés des gens de guerre, que nous aura servi notre patience, notre humilité passée ? que nous profitera notre innocence ? à qui nous plaindrons-nous ? et qui voudra seulement nous entendre ? Ceux-là ont déjà déclaré la guerre qui ont jeté jusque dans nos entrailles six mille soldats étrangers. Que si nous leur donnons aussi cet avantage de frapper les premiers coups, notre mal sera sans remède. »

Le prince de Condé se rendit encore une fois avec l'amiral auprès de la reine pour la supplier de faire meilleure justice aux réformés. Ils furent mal reçus. Voyant que leurs plaintes ne servaient à rien, ils résolurent de suivre l'exemple que leur avait donné cinq ans auparavant le duc de Guise, et de s'emparer du jeune roi qui était alors au château de Monceaux, en Brie (septembre 1567).

Le complot fut découvert, et la cour se réfugia précipitamment à Meaux. Le chancelier l'Hospital, toujours favorable aux mesures de justice et de modération, proposa de congédier les Suisses, d'exécuter fidèlement l'édit d'Amboise, et promit qu'à ces conditions les huguenots déposeraient les armes. « Hé ! monsieur le chancelier, » dit la reine, « voulez-vous répondre qu'ils n'ont d'autre but que de servir le roi ? — Oui, madame, » répondit l'Hospital, « si on m'assure qu'on ne les veuille pas tromper. » Mais le cardinal de Lorraine et le connétable furent d'avis de ne faire aucune concession.

Cependant il fallait gagner du temps, car les Suisses n'étaient pas encore là. Catherine amusa les chefs des calvinistes par des négociations ; elle envoya vers eux le maréchal de Montmorency, homme du tiers-parti. Il obtint bon accueil. Les réformés lui répétèrent le mot qui retentissait dans toutes leurs doléances : Libre exercice de la religion ! Sur ces entrefaites les Suisses arrivèrent ; la conférence fut rompue, et le coup manqué. Un historien catholique de notre temps s'étonne de *la crédulité de ces gentilshommes de province prêts à se disperser sur une simple promesse.* Il nous semble que cette remarque fait autant d'honneur à la bonne foi du parti calviniste qu'elle en fait peu à la cour catholique de Charles IX.

Après cette entreprise, il ne restait qu'à s'en remettre

au sort des armes. Condé vint camper aux environs de
Paris avec mille piétons et quinze cents cavaliers. Le
connétable lui offrit la bataille dans la plaine de Saint-
Denis, le 10 novembre 1567. Il avait dix-huit mille hommes d'infanterie et trois mille chevaux; mais c'étaient
pour la plupart des recrues de volontaires parisiens.

Une foule de curieux et de dames vêtues en amazo-
nes voulurent se donner le spectacle du combat. Des
moines distribuaient des chapelets et chantaient des li-
tanies. L'action s'engagea vers la fin du jour. Au premier
choc, les Parisiens, que l'on reconnaissait à leurs habits
galonnés et à leurs brillantes armures, lâchèrent pied.
Le connétable se défendit vigoureusement avec les Suisses et la cavalerie. Au bout de deux heures, les huguenots se retirèrent en bon ordre, sans qu'on osât les
poursuivre à plus d'un quart de lieue du champ de bataille.

Anne de Montmorency, couvert de blessures, avait
été sommé de se rendre par un gentilhomme écossais.
« Me connais-tu ? » lui demanda le connétable. — « C'est
parce que je te connais, » répondit l'autre, « que je te
porte celle-là. » Et il lui lâcha son coup de pistolet à
bout portant. Montmorency, le dernier des triumvirs,
en mourut quelques jours après. Il n'obtint de Catherine de Médicis que des larmes feintes, des catholiques
exaltés qu'une froide indifférence, et des réformés que
de légitimes ressentiments. Le hasard de sa naissance
avait placé trop haut sa fortune. Dans tous ses grands
emplois il lui manqua une qualité que rien ne rem-
place : l'étendue d'esprit.

Un homme de sens, le maréchal Vieilleville, prononça le mot vrai sur l'affaire de Saint-Denis. « Ce n'est
point Votre Majesté, » dit-il au roi, « qui a gagné la

bataille, et c'est encore moins le prince de Condé. —
Et qui donc ? » demanda Charles IX. — « Sire c'est le
roi d'Espagne. »

Dès le lendemain, l'armée calviniste se présenta devant les faubourgs de Paris ; mais personne ne sortit
pour la combattre. Elle se retira ensuite du côté de la
Lorraine, allant au-devant des auxiliaires que lui amenait Jean Casimir, le fils de l'Electeur palatin. Les deux
armées se rejoignirent à Pont-à-Mousson, le 11 janvier 1568. Il s'y passa un fait probablement sans exemple dans les annales militaires. Les protestants d'Allemagne réclamaient cent mille écus pour arriéré de solde,
et Condé n'en avait pas deux mille. Que faire ? à qui
s'adresser ? C'est alors qu'une armée, qui elle-même ne
recevait rien, se cotisa pour payer l'autre.

L'historien Jean de Serres nous raconte en termes
énergiques ce singulier incident : « Le prince et l'ami-
» ral sermonnent par leur exemple grands, moyens et
» petits ; les ministres en leurs prédications émeuvent
» les hommes, et les capitaines y préparent leurs gens.
» Chacun boursille, qui par zèle, qui par amour, qui
» par crainte, qui par honte et vergogne de reproche ;
» ils recueillent tant en monnaie qu'en vaisselle, chaînes
» d'or et bagues, quelque quatre-vingt mille francs, et
» par cette volontaire libéralité rabattent la première et
» plus grosse faim des reîtres » (p. 696).

La guerre s'était rallumée dans toute la France.
Montluc recommença ses courses dans la Guyenne et la
Saintonge, et, après avoir échoué devant les murs de La
Rochelle, il fit passer au fil de l'épée presque toute la
population calviniste de l'île de Ré. Une armée de sept
mille huguenots parcourut la Gascogne, le Quercy et
le Languedoc, et traversa tout le royaume jusqu'à Or-

léans. On l'appelait *l'armée des vicomtes*, parce qu'elle avait pour chefs les vicomtes de Montclar, de Bruni-quel, de Caumont, de Rapin et autres gentilshommes.

Les villes de Montauban, Nîmes, Castres, Montpel-lier, Uzès, restèrent ou retombèrent au pouvoir des calvinistes, qui y étaient en grande majorité. A Nîmes, dès le commencement de la guerre, la populace hu-guenote avait commis, malgré les exhortations des pas-teurs et des notables, un affreux massacre de soixante et douze prisonniers. Le lendemain, quarante-huit au-tres catholiques furent immolés dans les campagnes. Ce crime porta le nom de *Michelade*, parce qu'il eut lieu le jour de la Saint-Michel, en 1567.

Le prince de Condé se mit en marche à travers la Bourgogne, la Champagne, la Beauce, et vint assiéger Chartres, l'un des greniers de Paris. Les affaires des huguenots prenaient une tournure favorable. Alors la reine mère, qui avait coutume de dire qu'avec trois feuilles de papier et sa langue elle ferait plus que les gens d'armes avec leur lance, recommença à négocier. Les chefs des calvinistes, qui avaient appris à leurs dé-pens ce que valait la parole de Catherine, voulaient des garanties. Mais la reine fit publier dans l'armée que l'édit de pacification serait rétabli à toujours sans inter-prétations ni réserves, qu'on accorderait pleine amnistie à tous ceux qui avaient pris les armes, et que les chefs seuls refusaient par ambition un si équitable accommode-ment.

Ce détour lui réussit. Des compagnies entières de calvinistes prirent, sans le congé des chefs, le chemin de leurs maisons, et le prince de Condé, voyant toute son armée se fondre, signa, le 20 mars 1568, la paix de Longjumeau. Elle fut nommée *la paix boiteuse et mal-*

assise, parce que, des deux négociateurs de la reine, l'un était seigneur de Malassise, et l'autre boiteux. Les Français aiment à s'égayer de tout ; pourtant il n'y en avait guère sujet dans ce moment-là. « Cette paix lais-» sait les huguenots, » dit Mézeray, « à la merci de leurs » ennemis, sans autre sûreté que la parole d'une femme » italienne » (t. V, p. 104).

X

Le traité de Longjumeau ne dura que six mois, ou plutôt il n'exista jamais que sur le papier. Tandis que les calvinistes renvoyaient leurs troupes étrangères, Catherine de Médicis retenait les siennes. Elle fit occuper les places fortes, garder les ponts et les passages, et prit toutes ses mesures pour écraser les huguenots.

Les chaires catholiques retentissaient contre eux d'imprécations et d'anathèmes. « On avançait hardi-ment, » dit l'abbé Anquetil, « ces maximes abomina-» bles, qu'il ne faut pas garder la foi aux hérétiques, et » que c'est une action juste, pieuse, utile pour le salut, » de les massacrer. Les fruits de ces discours étaient, » ou des émeutes publiques, ou des assassinats dont on » ne pouvait obtenir justice (1). »

Il y a une sorte d'affreuse monotonie dans ces scè-nes de meurtre qui ensanglantaient la paix comme la guerre. Lyon, Bourges, Troyes, Auxerre, Issoudun, Rouen, Amiens, et d'autres villes furent semées des ca-davres des huguenots. Il en périt près de dix mille en trois mois. A Orléans on en avait enfermé deux cents dans les prisons. La populace y mit le feu et repoussa dans les flammes, à coups de piques et de hallebardes,

(1) *Esprit de la Ligue*, t. I, p. 249.

ceux qui voulaient se sauver : « une partie desquels, » dit Crespin, « fut vue joignant les mains dedans le » feu, et ouïe invoquant le Seigneur à haute voix » (p. 700).

Le chancelier de l'Hospital fit de vives plaintes sur l'impunité accordée aux bourreaux. On ne l'écouta point; et comprenant qu'il ne pouvait plus utilement servir l'Etat, il se retira dans sa terre de Vignay. Catherine de Médicis donna les sceaux à l'évêque Jean de Morvilliers, créature du cardinal de Lorraine. Le maréchal de Montmorency, suspect de modération et d'humanité, fut aussi remplacé dans son gouvernement de Paris.

On ne respectait plus même les droits sacrés que des sauvages rougiraient d'enfreindre. Le baron Philibert de Rapin, maître d'hôtel du prince de Condé, ayant été envoyé en Languedoc avec un sauf-conduit du roi pour y porter le traité de paix, fut appréhendé par ordre du parlement de Toulouse, et, trois jours après, décapité.

Condé, Coligny et d'Andelot, menacés de ruine et de mort, se réfugièrent à La Rochelle. Ils partirent à minuit du château de Noyers en Bourgogne, avec leurs femmes et leurs enfants, le 25 août 1568, et firent cent lieues en vingt-quatre jours à travers des bandes ennemies.

La reine de Navarre, Jeanne d'Albret, vint les y rejoindre avec quatre mille hommes. Il en arriva autant de la Normandie, du Maine et de l'Anjou. Les capitaines les plus renommés du parti accoururent avec leurs compagnies, de sorte que ces fugitifs de la veille se trouvèrent à la tête de l'armée la plus forte qu'il eussent commandée jusque-là, et Coligny répétait le mot de Thémistocle : « Mes amis, nous périssions si nous n'eus-

sions été perdus. » Ainsi commença la troisième guerre
de religion.

Catherine de Médicis fit paraître des édits qui abolis-
saient l'édit de Janvier; défendaient, sous peine de mort,
l'exercice de la religion prétendue réformée, et ordonnaient à tous les ministres de vider le royaume en quinze
jours. En même temps le duc d'Anjou, frère puîné de
Charles IX, et le fils chéri de Catherine, connu plus
tard sous le nom d'Henri III, fut placé à la tête de l'armée catholique. Mais quoiqu'il eût sous ses ordres
vingt-quatre mille hommes de pied et quatre mille chevaux, il n'osa point offrir la bataille. L'hiver très rigou-
reux de 1568 à 1569 se passa en marches et contre-
marches sans affaire décisive.

Le 16 mars suivant, les deux armées se rencontrèrent
à Jarnac. Ce fut moins une bataille qu'une surprise. Les
différents corps des calvinistes n'arrivèrent en ligne que
séparément, et furent taillés en pièces l'un après l'autre.
Le prince de Condé y fit des prodiges de valeur; mais,
renversé de cheval, et portant son bras en écharpe depuis le commencement du combat, il se rendit à un gentilhomme catholique. Au même instant, Montesquiou,
l'un des officiers du duc d'Anjou, accourant par derrière,
lui cassa la tête d'un coup de pistolet. « Cette action,
» qui eût passé dans la mêlée pour un beau fait d'armes, »
dit Mézeray, « ayant été faite de sang-froid, parut aux
» gens de bien un parricide exécrable » (t. V, p. 117).
Le duc d'Anjou fit promener le cadavre de Condé sur un
âne, se joignit aux infâmes risées du soldat, et voulut
faire élever à la place où le prince avait été assassiné
une colonne triomphale. Il agissait en digne fils de la
reine Catherine.

La nouvelle de la mort de Condé et de la victoire de

Jarnac excita des tranports de joie parmi les catholiques, et Charles IX envoya au pape les étendards
qu'on avait pris sur les huguenots.

Michel Ghisleri occupait alors le trône pontifical sous
le nom de Pie V. Entré à l'âge de quinze ans dans un
couvent de Dominicains, et chargé ensuite de l'office
d'inquisiteur général dans le Milanais, d'où il se fit chasser pour son implacable rigueur, il ne connaissait Luther
que sous le nom de bête féroce (*bellua*), et voyait dans
l'hérésie le sommaire de tous les crimes. On a imprimé
ses lettres à Anvers en 1640 : c'est un monument de
folie furieuse contre les hérétiques. Pie V écrivait à
Charles IX d'être sourd à toute prière, d'étouffer tous
les liens du sang et de l'affection, d'extirper les racines
de l'hérésie jusqu'aux dernières fibres. Il lui citait
l'exemple de Saül frappant à mort les Amalécites, et
représentait tout mouvement de clémence comme un
piège du démon. Devant de telles aberrations morales,
il est impossible de s'irriter ; mais on se sent saisi d'une
compassion profonde et triste.

Pie V et Charles IX s'étaient trop hâtés de regarder
la position des huguenots comme désespérée. Coligny
restait. Il fut secondé par Jeanne d'Albret qui, tenant par
la main son fils Henri de Béarn, âgé alors de quinze ans
et son neuve Henri, fils du prince de Condé, vint à
Saintes les offrir à la *cause*, pour employer l'expression
usitée parmi les calvinistes, et supplia Dieu de ne les
laisser jamais faillir à leurs devoirs. Le jeune Béarnais
fut proclamé généralissime et *protecteur* des Eglises. « Je
jure, » dit-il, « de défendre la religion, et de persévérer
dans la cause commune jusqu'à ce que la mort ou la
victoire nous ait rendu à tous la liberté que nous dési-
rons. »

Le 23 juin 1569, Coligny eut l'avantage dans le combat de la Roche-Abeille ; mais il perdit beaucoup de monde au siège de Poitiers, qu'il avait été forcé d'entreprendre sur les instances des gentilshommes de la province. Le 3 octobre suivant, il fut battu à Moncontour. Les soldats allemands s'étaient mutinés, et l'amiral ne put éviter la rencontre de l'ennemi, comme il en avait le dessein. La bataille ne dura que trois quarts d'heure, et le désastre fut effroyable. De vingt-cinq mille soldats, il n'en resta que six à huit mille sous le drapeau. Munitions, canons, bagages, tout fut perdu. Des corps entiers avaient été passés au fil de l'épée. Les lansquenets demandaient grâce en criant : *Bon papiste, bon papiste, moi !* mais on n'épargnait personne.

Coligny avait reçu trois blessures dès le commencement de l'action, et le sang qui coulait sous sa visière l'étouffait. On fut obligé de l'emporter du champ de bataille. Le soir, quelques officiers proposant de s'embarquer, il releva leur courage par sa parole calme et décidée. Jamais Coligny n'était plus grand que dans la mauvaise fortune, parce qu'il en avait calculé d'avance toutes les suites.

Voici encore un trait de mœurs qui doit être noté. « Comme on portait l'amiral dans une litière, » dit Agrippa d'Aubigné, « Lestrange, vieil gentilhomme et de » ses principaux conseillers, cheminant en même équi- » page et blessé, fit en un chemin large avancer sa li- » tière au front de l'autre, et puis, passant la tête à la » portière, regarda fixement son chef, et se sépara la » larme à l'œil avec ces paroles : *Si est-ce que Dieu est* » *très doux.* Là-dessus ils se dirent adieu, bien unis de » pensées, sans en pouvoir dire davantage. Ce grand capitaine a confessé à ses privés que ce petit mot

» d'ami l'avait relevé, et remis au chemin des bonnes
» pensées et fermes résolutions pour l'avenir » (l. V.
c. 18).

Tous les malheurs à la fois semblaient fondre sur Coligny. Il avait perdu son frère d'Andelot. Le parlement de
Paris venait de le déclarer criminel de lèse-majesté, traître et félon, invitant chacun à lui courir sus, avec promesse de cinquante mille écus pour qui le livrerait mort
ou vif, et en effet il avait été exposé à plusieurs tentatives d'assassinat. Des bandes de misérables avaient brûlé
son château et dévasté ses domaines. Enfin, comme
pour l'accabler d'un dernier coup, Pie V avait adressé
au roi et à la reine mère des lettres où il le qualifiait
d'*homme détestable, infâme, exécrable, si même il méritait
le nom d'homme !*

Le voilà donc, ce grand infortuné, mis hors la loi sociale par le gouvernement de son pays, et en quelque
sorte hors la loi humaine et divine par le chef de la catholicité ! Il est couvert de blessures, dévoré de la fièvre, dépouillé de tout ce qu'il possédait au monde,
avec des mercenaires mutinés, avec une armée abattue,
abandonné de plusieurs de ses amis, blâmé d'un grand
nombre, ayant à combattre des adversaires sans foi et
sans merci. Eh bien! lisez maintenant cette lettre si
pieuse et si calme qu'il écrivait à ses enfants le 16 octobre 1569, treize jours après le désastre de Moncontour;
c'est l'une des belles pages de l'histoire de l'humanité :

« Il ne faut pas nous assurer sur ce qu'on appelle
» biens, mais plutôt mettre notre espérance ailleurs
» qu'en la terre, et acquérir d'autres moyens que ceux
» qui se voient des yeux et se touchent des mains. Il
» nous faut suivre Jésus-Christ, notre Chef, qui a mar-
» ché devant nous. Les hommes nous ont ravi ce qu'ils

» pouvaient ; et si telle est toujours la volonté de Dieu,
» nous serons heureux, et notre condition bonne, vu
» que cette perte ne nous est arrivée par aucune injure
» que vous eussiez faite à ceux qui vous l'ont apportée,
» mais par la seule haine qu'on me veut de ce qu'il a
» plu à Dieu de se servir de moi pour assister son
» Eglise... Pour le présent, il me suffit de vous admo-
» nester et conjurer, au nom de Dieu, de persévérer
» courageusement en l'étude de la vertu. »

Coligny ne se bornait pas à écrire ; il se refit une armée. A sa voix, de toutes les montagnes du Béarn, des
Cévennes, du Dauphiné, du Vivarais, du comté de Foix,
descendirent de fiers gentilshommes et des paysans
aguerris, qui promirent de défendre jusqu'à la mort
leur foi et leur liberté. Il traversa la moitié de la France,
passa la Loire, défit les catholiques près d'Arnay-le-Duc,
et marcha vers Paris, disant que les Parisiens incline-
raient vers la paix quand ils verraient la guerre à leurs
portes.

La cour fut saisie d'autant d'étonnement que d'épouvante, en retrouvant Coligny à la tête d'une troisième
armée, non moins forte que celles qu'il avait perdues
et mieux disciplinée. Aussi offrit-elle encore une fois
des conditions de paix, et le traité fut signé à Saint-
Germain-en-Laye, le 8 août 1570. Il était plus favorable aux réformés que les précédents. On leur donna liberté de culte dans tous les lieux dont ils étaient en
possession, de plus deux villes par province pour y célébrer leurs offices, amnistie pour le passé, droit égal
d'admission aux charges publiques, permission de résider dans tout le royaume sans être molestés pour le fait
de la religion, et quatre villes d'otage, La Rochelle, La
Charité, Cognac et Montauban.

La reine Catherine se montra généreuse. L'historien catholique Davila, qui connaissait bien les secrets de cette cour, assure qu'elle s'était entendue avec le cardinal de Lorraine et le duc d'Anjou sur le projet de massacre qui fut exécuté à la Saint-Barthélemy. « On résolut, » dit-il, « de revenir au projet déjà formé tant de » fois, et tant de fois abandonné, de délivrer le royaume » des troupes étrangères, et ensuite d'employer l'artifice » fice pour se défaire des chefs, avec l'espoir que le » parti céderait de lui-même dès qu'il se verrait privé » de cet appui » (t. I, p. 383).

L'amiral, qui ne soupçonnait rien, signa la paix avec joie. « Plutôt que de retomber dans ces confusions, » dit-il, « j'aimerais mieux mourir de mille morts, et être traîné dans les rues de Paris. » Il y fut traîné en effet ; mais les confusions, loin de cesser, recommencèrent avec fureur et durèrent encore vingt-cinq ans.

XI

C'est ici le lieu d'indiquer les changements qui s'étaient accomplis, depuis les guerres de religion, soit dans la position et le caractère des réformés, soit dans leurs rapports avec les catholiques.

Bien qu'ils fussent encore nombreux au midi de la Loire, ils avaient perdu beaucoup de terrain. Paris appartenait désormais sans partage à l'Eglise romaine. La Picardie, l'Artois, la Normandie, l'Orléanais, la Champagne, tout le nord et une portion considérable du centre de la France ne comptaient plus que des troupeaux épars et craintifs. Les plus braves avaient péri ; les plus timides étaient rentrés dans la communion dominante. Une foule de ceux qui exerçaient des emplois publics, de gentilshommes et de riches bourgeois en avaient fait de même. Les femmes aussi, pour échapper aux brutales violences qu'on leur faisait subir, s'étaient réfugiées en grand nombre dans le catholicisme comme dans le dernier asile de leur pudeur.

Une autre différence également importante doit être signalée. Aux états généraux d'Orléans et au colloque de Poissy, les réformés pouvaient espérer d'attirer à eux les masses, les parlements, la royauté même; en 1570, ils ne le pouvaient plus. Chacun avait pris nettement parti pour une Eglise ou pour une autre; les opinions s'étaient tranchées et murées : la population flottante avait disparu.

Avant les guerres, le prosélytisme se faisait en grand, et embrassait des villes, des provinces entières; il y suffisait de la paix et de la liberté; après, il n'y eut plus que de rares prosélytes, conquis un à un, et avec peine. Tant de cadavres étaient là, entassés entre les deux communions! tant d'amères inimitiés, tant de cruels souvenirs veillaient autour des deux camps pour en défendre l'approche!

La destinée des réformés de France fut vraiment étrange et déplorable. S'ils n'eussent pas pris les armes, ils auraient été probablement exterminés comme les Albigeois. En les prenant, ils allumèrent les haines les plus ardentes, et creusèrent un abîme qui ne permettait plus aux catholiques d'arriver jusqu'à eux.

Mais ces calamités même auraient pu devenir la source d'un bien pour l'une et l'autre communions. Les réformés avaient été instruits par le malheur. Ils comprenaient et proclamaient maintenant que deux religions peuvent exister dans le même Etat. Résignés à n'être qu'une minorité, ils citaient dans leurs nouveaux écrits

les arrangements conclus en Allemagne entre les Eglises rivales. Ils allaient jusqu'à invoquer la tolérance du
pontife de Rome pour les Juifs, et des Turcs pour les
chrétiens. Ils avaient renoncé à la prétention de régner;
ils ne demandaient que le droit de vivre, et le catholicisme aurait pu le leur accorder sans mettre en péril
ses anciennes prérogatives.

Un respectable historien moderne dit à ce sujet :
« L'expérience des édits de tolérance pendant la paix,
» et des efforts mutuels des deux partis pendant la
» guerre, avait détruit en eux (les réformés) beaucoup
» d'illusions sur leurs forces. Ils ne pouvaient plus
» croire qu'ils étaient les plus nombreux, et que la
» crainte seule contenait les masses dans une uniformité
» apparente avec l'Eglise romaine. Ils avaient pu se con-
» vaincre, au contraire, que des opinions progressives,
» des opinions qui exigeaient l'exercice de l'entende-
» ment et de la critique, ne pouvaient être dominantes
» que dans l'élite de la nation (1). »

C'est donc une grave erreur d'alléguer, pour justifier
la Saint-Barthélemy, la nécessité religieuse ou la nécessité politique. Rome n'avait plus rien à craindre en
France pour sa suprématie, ni la couronne pour le
maintien de son pouvoir politique. C'est le fanatisme,
c'est le ressentiment des luttes passées qui a fait écraser
la minorité en 1572 ; ce n'est pas la raison d'Etat.

La piété et les mœurs des réformés avaient aussi beaucoup souffert du malheur des temps. Sans être descendus jusqu'à la hideuse corruption de la cour de Catherine, sans se livrer aux désordes qui souillaient le clergé
catholique, ils avaient bien perdu de la foi naïve et fer-

_____

(1) Sismondi, *Histoire des Français*, t. XIX, p. 2.

vente, de la conduite austère et sainte de leurs premières années. En se subordonnant à l'esprit de parti, la
religion s'était abaissée : on tenait davantage peut-être
à sa secte ; on appartenait moins au christianisme.

Certains huguenots, sans cesse en armes depuis huit
ans, ne savaient plus se rasseoir paisiblement sous leur
toit. Ils ne se sentaient vivre, ne respiraient à l'aise que
dans le tumulte des camps et l'ivresse des batailles.
Aussi Coligny voulait-il les employer à faire la guerre
dans le Brabant. D'autres, qui n'avaient pris qu'en passant le métier de soldat, en avaient rapporté moins
d'amour fraternel et plus de soif de vengeance. L'avarice et l'ambition étaient revenues avec le reste. « Les
» consciences de plusieurs, » dit un contemporain,
» commençaient à se détraquer, et il y en avaient peu
» qui se montrassent bien affectionnés à la religion ;
» mais grands et petits songeaient déjà fort au monde,
» et bâtissaient beaucoup de châteaux en l'air (1). »

Les pasteurs s'appliquèrent à guérir ces plaies avec
les hommes pieux de leurs consistoires et de leurs synodes ; malheureusement la Saint-Barthélemy et les
nouvelles guerres qu'elle excita ne leur laissèrent que
peu de loisir pour un si grand travail.

Nous n'avons fait aucune mention des synodes nationaux qui furent convoqués après celui de 1559, parce
que leurs actes ne se rattachaient point aux affaires générales, et qu'on s'y occupait exclusivement de points
de discipline ou de matières particulières qui seraient
aujourd'hui sans intérêt. Le deuxième synode national
fut tenu à Poitiers, en 1561 ; le troisième, à Orléans, en
1562, le quatrième, à Lyon, en 1563, le cinquième à

---

(1) *Recueil de choses mémorables*, p. 417.

Paris, en 1565 ; le sixième à Verteuil, en 1567. Ces assemblées se montraient justement sévères sur le maintien de la foi et du bon ordre dans les troupeaux.

Le septième synode national tenu à La Rochelle au
mois d'avril 1571, sous la présidence de Théodore de
Bèze, fut la première de ces grandes assemblées qui
ait eu lieu avec le plein agrément du roi. Elle mérite
d'être distinguée des autres par son importance et la
solennité extraordinaire dont elle fut entourée. La reine
de Navarre, les princes Henri de Béarn et Henri de
Condé, l'amiral de Coligny, le comte Louis de Nassau
y assistaient, et plusieurs de ces grands personnages
prirent une part directe aux délibérations, en qualité de
députés des Eglises.

La confession de foi de 1559 y fut sanctionnée, et
ramenée à un texte uniforme : « D'autant que notre
» confession de foi est imprimée de différentes manié-
» res, » dirent les membres de l'assemblée, « le synode
» déclare que celle-là est la véritable qui a été dressée
» au premier synode national. » On décida d'en faire
trois copies authentiques sur parchemin, dont l'une serait gardée à La Rochelle, la seconde en Béarn, et la
troisième à Genève, après avoir été signées par tous
les membres ecclésiastiques et laïques du synode. Les
deux exemplaires du Béarn et de La Rochelle se sont
perdus pendant les guerres de religion.

XII

Un illustre magistrat du seizième siècle disait, en
parlant du jour de la Saint-Barthélemy : « Qu'il soit re-
» tranché de la mémoire des hommes ! » Ce vœu n'a

pas été accompli ni ne doit l'être : les grands crimes de l'humanité renferment de grands enseignements.

Loin que ce jour ait été oublié, on remplirait une vaste bibliothèque des livres dont il a fourni le sujet. Ecrivains de toute nation, Français, Italiens, Anglais, Allemands, y ont consacré de longues et patientes études. Chaque parole a été pesée, chaque fait commenté et l'on s'est efforcé d'assigner à chaque personnage la juste part de responsabilité qui doit lui revenir.

Il y a des questions aujourd'hui vidées pour les hommes éclairés et intègres de toutes les opinions. Ainsi l'on n'oserait plus soutenir la fable d'un complot de Coligny contre la vie du roi. On ne reproduirait plus la thèse de l'abbé de Caveyrac sur les *rigueurs salutaires*. On ne pourrait plus nier sérieusement la préméditation du massacre. Les historiens catholiques français, de Thou, Mézeray, Péréfixe, Maimbourg, en conviennent ; les historiens italiens, Davila, Capilupi, Adriani, Catena, ces confidents de Catherine de Médicis ou du conclave romain, font plus : ils admirent, ils exaltent la préméditation, et y voient un merveilleux effet de la bénédiction du ciel. Ce sont donc là, encore une fois, des points jugés (1).

Mais une autre question, qui intéresse l'honneur du nom français aussi bien que les droits de la vérité, doit être posée : Quels furent les premiers, les vrais auteurs

(1) Un écrivain de ce temps-ci, M. Capefigue, transportant dans le seizième siècle les idées et les passions du dix-neuvième, veut que Charles IX et sa cour aient eu la main forcée par le peuple des halles, et que les masses aient agi par haine contre la *gentilhommerie* ou l'aristocratie huguenote. Puis, appliquant à ces allégations le système de la fatalité révolutionnaire, il conclut qu'il ne faut accuser personne (*La Réforme et la Ligue*, p. 341, 346, 361, 373 et *passim*). On signale de pareilles rêveries à la curiosité du lecteur : on ne les réfute pas.

du massacre de la Saint-Barthélemy? Nous répondons, après, des recherches dont on ne trouvera ici qu'une courte analyse :

Les papes, et le roi d'Espagne, qui ne cessaient de demander par leurs légats, leurs ambassadeurs, leurs agents publics et secrets, l'extermination des chefs du parti huguenot ;

Catherine de Médicis, la nièce de Clément VII, la femme de Florence qui s'était nourrie de Machiavel ;

Le cardinal de Lorraine, doublement étranger par sa naissance et par sa qualité de prince de l'Eglise romaine ;

Son neveu, Henri de Guise, le Lorrain : jeune homme de vingt-deux ans, qui avait besoin de se persuader que l'amiral avait trempé dans le meurtre de son père, pour s'encourager à l'assassiner, et devenir, après sa mort, le premier personnage de l'Etat ;

Albert de Gondi, le Florentin que nous avons déjà nommé ; il citait en exemple à Charles IX le meurtre du duc d'Orléans par le duc de Bourgogne, et disait qu'il fallait, non faire les choses à demi, mais tout tuer, même les deux jeunes princes de Bourbon, le péché étant aussi grand pour peu que pour beaucoup ;

René Birago ou de Birague, aventurier milanais que François Ier avait amené en France ; il s'était élevé en rampant aux plus hautes charges de la magistrature, et reçut le chapeau de cardinal en récompense de la grande part qu'il prit à la Saint-Barthélemy ; c'est ce Birago qui allait répétant cette parole atroce, que pour terminer les guerres de religion, il fallait *des cuisiniers plutôt que des soldats* ;

Louis de Gonzague enfin, originaire de Mantoue, nommé duc de Nevers, habile courtisan, capitaine médiocre, et l'un des plus ardents à pousser aux assassinats.

Jusqu'ici donc pas un seul Français. Outre l'Espagne et la papauté, deux Lorrains, trois Italiens et une Italienne (1). Albert de Gondi était le plus intime des confidents de Catherine de Médicis. Le duc de Guise, Birago et Louis de Gonzague formaient un second conseil secret qui décida tout.

Restent trois Français : le maréchal de Tavannes, le duc d'Anjou et Charles IX. Eux seuls, avec les Lorrains et les Italiens, eurent de l'influence sur les délibérations ; les autres Français ne furent que des créatures et des instruments.

Le maréchal de Tavannes autorisa le crime et servit à le consommer ; il s'y montra même, une fois l'affaire engagée, [d'une grande violence ; mais dans les conseils il avait parlé avec plus de modération que ses complices, et repoussé le projet de tuer les deux princes de Bourbon.

Le duc d'Anjou, alors dans sa vingtième année, avait été élevé, comme son frère Charles IX, par Gondi, qui lui avait appris à violer sa foi et à se repaître de spectacles de sang. Il était déjà livré à ces débauches effrénées, à ces superstitions ignobles qui en ont fait le moderne Héliogabale, et le plus abject des princes qu'on ait vus sur le trône de France. « Pour moi, » disait Charles IX à Coligny, « je suis Français et roi des Français ; mon frère, le duc d'Anjou, ne parle que de la tête, des yeux et des épaules : c'est un Italien. »

Enfin Charles IX. L'exécration du genre humain est retombée sur sa tête, parce qu'il tenait le sceptre, au jour fatal, et que, dès qu'il sentit l'odeur du sang, il devint furieux jusqu'à faire l'office de bourreau de ses sujets.

(1) Relire notre note sur les Italiens du seizième siècle, p. 91.

14

Mais il ne fut pas le plus coupable. Il eut des retours de franchise et de générosité ; il hésita ; et, le seul de cette cour infâme, il éprouva des remords.

« N'y aura-t-il pas, » demande M. de Châteaubriand dans ses *Etudes historiques*, « quelque pitié pour ce monarque de vingt-trois ans, né avec des talents heureux, le goût des lettres et des arts, un caractère naturellement généreux, qu'une exécrable mère s'était plu à dépraver par tous les abus de la débauche et de la puissance ? » Oui, il y aura de la pitié pour lui chez ces huguenots mêmes dont il a fait égorger les pères, et d'une main pieuse ils essuieront le sang qui lui couvre la face pour y découvrir encore quelque chose d'humain.

Tels furent les véritables auteurs de la Saint-Barthélemy, et voici comment ils l'ont préparée et accomplie.

La cour voyait avec déplaisir que les chefs des réformés, Jeanne d'Albret, Henri de Bourbon, Henri de Condé, Coligny, Larochefoucauld, Lanoue, Briquemaut, Cavagnes, se fussent retirés à La Rochelle ou dans leurs provinces ; il fallait les en faire sortir pour les avoir sous la main. On envoya vers eux des hommes du tiers-parti, qui, sans exciter leur défiance, pourraient les engager à se rapprocher de Paris. En effet, les députés calvinistes allèrent à la cour, où ils reçurent le meilleur accueil. Charles IX ne se comportait pas seulement en roi qui oublie, qui pardonne, mais en prince qui veut plaire à des sujets ombrageux. Il accordait beaucoup, et promettait davantage. Il combla surtout de caresses Téligny, gendre de l'amiral, jeune homme d'un caractère aimable et candide, qui croyait presque avoir rencontré un ami dans son maître.

Toutefois, ce n'était pas assez de ces chefs de second rang, on voulait avoir ceux du premier, et pour y réussir, on mit en avant le mariage de Marguerite de Valois, sœur de Charles IX, avec Henri de Béarn : alliance très brillante pour la maison pauvre de Navarre, mais qui éblouit peu Jeanne d'Albret, parce qu'elle plaçait les vices des Valois en regard de leur fortune. « J'aimerais mieux, » disait-elle, « descendre à la condition de la plus petite demoiselle de France que de sacrifier à la grandeur de ma famille mon âme et celle de mon fils. »

Les envoyés de la cour lui présentèrent, à elle et aux chefs de ce parti, des considérations d'un autre ordre. Ils affirmaient que ce mariage serait la meilleure garantie d'une paix solide entre les deux religions. Coligny s'y laissa tromper : il en vint à croire, dans la naïveté de sa grande âme, que le royaume tout entier serait uni du même coup que la famille royale. Charles IX déclarait en effet qu'il mariait sa sœur, non seulement au prince de Navarre, mais à tout le parti. « Ce sera, » disait-il, « le plus ferme et étroit lien pour maintenir la paix entre mes sujets, et un témoignage assuré de ma bienveillance envers ceux de la religion. »

Jeanne d'Albret n'osa pas résister plus longtemps. Elle se rendit à Blois au mois de mai 1572, en laissant son fils derrière elle par un dernier reste de défiance. « Le jour qu'elle arriva, » dit l'Estoile, « le roi et la » reine mère lui firent tant de caresses, principale- » ment le roi, qui l'appelait sa grande tante, son tout, » sa mieux aimée, qu'il ne bougea jamais d'auprès d'elle, » à l'entretenir avec tant d'honneur et de révérence que » chacun en était étonné. Le soir, en se retirant, il dit » à la reine sa mère en riant : — Et puis, madame, » que vous en semble ? joué-je pas bien mon rôlet ? » — Oui, répondit-elle, fort bien ; mais ce n'est rien

» qui ne continue. — Laissez-moi faire seulement,
» dit le roi, et vous verrez que je les mettrai au
» filet (1). »

Jeanne d'Albret se mit en route, le 15 mai, pour
Paris. Le 4 juin, elle tomba malade ; le 9, elle était
morte. Avait-elle été empoisonnée ? Beaucoup de gens
le crurent. On disait qu'un parfumeur florentin, maître
René, connu sous le nom d'empoisonneur de la reine,
avait vendu à Jeanne d'Albret des gants imprégnés d'un
poison subtil.

Elle montra dans ses derniers jours la ferme piété qui
avait honoré sa vie. Ni plaintes ni murmures dans les
plus cruels accès de la douleur ; une foi résignée et sereine. Son tranquille héroïsme étonna cette cour où l'on
savait rire en mourant, mais non se recueillir paisiblement devant Dieu. Elle n'avait regret de la vie qu'en regardant à la jeunesse de son fils et de sa fille Catherine.
« Toutefois, » dit-elle, « je m'assure que Dieu leur sera
pour père et pour protecteur, comme il m'a été en mes
plus grandes afflictions ; je les remets à sa providence
afin qu'il y pourvoie. » Elle mourut âgée de quarante-
quatre ans.

L'amiral Coligny était déjà venu à la cour dans l'au-
tomne de 1571 ; il y revint au mois de juillet 1572, malgré les avertissements de plusieurs de ses amis, « Je
crois, » leur dit-il, « à la non feinte parole et au serment de Sa Majesté. »

Dans sa première entrevue, Coligny s'agenouilla devant
son roi. Charles IX le releva, lui donna le nom de père,
et, embrassant trois fois l'illustre vieillard, il lui dit :
« Nous vous tenons maintenant ; vous ne nous échap-

(1) *Journal de Henri III*, t. I, p. 43

perez pas quand vous voudrez ; voici le plus heureux jour de ma vie ! »

Il ouvrit à l'amiral l'entrée de ses conseils, et semblait l'écouter avec la déférence d'un fils. Coligny lui exposa le système politique dont il s'occupait depuis longtemps et qui fut adopté plus tard par Henri IV et le cardinal Richelieu : abaissement de la maison d'Espagne ; secours aux insurgés des Pays-Bas, alliance avec les princes protestants de l'Empire et la Suède, pour devenir l'arbitre de la paix et de la guerre en Europe. La conquête des Pays-Bas était facile alors; car les Belges, en haine de Philippe II et du duc d'Albe, s'offraient de leur plein gré à faire partie intégrante du royaume. Si le plan de l'amiral eût été adopté, la France serait devenue, dès le seizième siècle, la première puissance du monde, et toute l'histoire moderne eût changé de face. Mais les papes, la reine mère, ses affidés et les Guises le firent échouer, malgré Charles IX, qui sentait enfin se remuer en lui l'instinct de l'honneur national.

Le mariage de Marguerite de Valois avec Henri de Béarn, qui venait de prendre le nom de roi de Navarre, fut célébré le 18 août 1572, et quatre jours se passèrent en jeux, festins, mascarades et ballets.

Le vendredi 22 août, Coligny revenait du Louvre accompagné de douze à quinze gentilshommes. Il marchait lentement, étant occupé à lire une requête, lorsque, passant devant le cloître Saint-Germain, il fut atteint d'un coup d'arquebuse chargée de trois balles, qui lui fracassèrent l'index de la main droite et le blessèrent au bras gauche. On enfonça la porte de la maison d'où était parti le coup, mais on n'y trouva qu'un laquais et une servante. Le meurtrier avait eu le temps de prendre la fuite : c'était Maurevel, ancien page des ducs de

Guise, et l'un de leurs familiers, *le tueur aux gages du roi, l'assassin ordinaire*, comme le qualifient les historiens de l'époque.

Le médecin Ambroise Paré visita la blessure de l'amiral. On craignait que les balles de cuivre n'eussent été empoisonnées, et Coligny pensait être à sa dernière heure : « Mes amis, » dit-il, « pourquoi pleurez-vous ? Pour moi, je m'estime heureux d'avoir reçu ces plaies pour le nom de Dieu ; priez-le afin qu'il me glorifie. »

La nouvelle du crime se répandit en un moment dans tout Paris, et y produisit la plus grande fermentation. Les échevins ordonnèrent aux capitaines des milices d'assembler leurs compagnies et de garder l'hôtel de ville. Le roi jouait à la paume quand il apprit l'événement, et, jetant sa raquette avec colère : « N'aurai-je donc jamais de repos ? et verrai-je tous les jours de nouveaux troubles ? » Ce premier cri de la conscience du roi est à la décharge de sa mémoire : l'assassinat était l'œuvre du duc de Guise appuyé par Catherine de Médicis et ses confidents : il n'avait pas été ordonné par Charles IX.

Les calvinistes accoururent consternés au logis de l'amiral et tinrent conseil. Ils voulaient le faire transporter immédiatement hors de Paris ; mais les médecins ne le permirent pas.

Les maréchaux Damville et de Cossé, hommes du tiers-parti, vinrent aussi offrir leurs bons offices à l'amiral. « Je n'ai pas autre regret à ce qui m'est arrivé, » leur dit-il, « sinon que je suis privé de faire voir au roi l'affection que je porte à son service. J'eusse bien désiré entretenir un peu Sa Majesté, » ajouta-t-il, « sur des choses qui lui sont très importantes à savoir, et je pense qu'il n'y a personne qui osât lui en faire le rapport. »

Dans l'après-midi, Charles IX vint le voir avec la reine

mère, le duc d'Anjou et autres personnages de la cour. On raconte diversement les détails de cette entrevue. Coligny parla au roi de la guerre des Pays-Bas et de l'édit de pacification ; ensuite l'entretint quelques minutes à voix basse. Charles IX et sa mère voulurent voir la balle qu'on avait extraite de sa blessure. « Vous avez la plaie, » dit le roi, « et moi la perpétuelle douleur ; mais, par la mort-dieu ! j'en ferai une si terrible vengeance que jamais la mémoire ne s'en perdra ! »

Son indignation était-elle sincère ? On peut le supposer par les menaces qu'il adressa au duc de Guise, et par l'ordre qu'il lui donna de quitter la cour sans délai. Mais Catherine et le duc d'Anjou représentèrent au roi que l'accusation du meurtre de l'amiral remonterait, quoi qu'il voulût faire, jusqu'à lui, que la guerre civile allait recommencer, et qu'il valait mieux gagner la bataille dans Paris, où tous les chefs étaient rassemblés, que de s'exposer au hasard d'une nouvelle campagne. « Eh bien, » dit Charles IX dans un accès de frénésie, « puisque vous trouvez bon qu'on tue l'amiral, je le veux, mais aussi tous les huguenots, afin qu'il n'en reste pas un pour me le reprocher. »

La journée du samedi se passa en préparatifs et en conciliabules. Le duc de Guise, qui était revenu sur ses pas, après avoir feint de partir, s'entendit avec les échevins, les capitaines de quartier et les Suisses. « Que chacun des bons catholiques, » leur dit-il, « ceigne un morceau de linge blanc autour du bras, et porte une croix blanche à son chapeau. »

L'heure s'avance. Catherine dit à Charles IX qu'il n'est plus temps d'aller en arrière, que le moment est venu de retrancher les membres gangrenés ; et, reprenant la langue de son berceau, comme il arrive dans les émotions suprêmes : *E pietà*, dit-elle, *lor esser crudele*, *et crudeltà lor esser pietoso* (c'est piété ou pitié de leur être cruel, et ce serait cruauté de leur être pitoyable).

Charles hésite encore ; une sueur froide lui coulait du front. Sa mère frappe à l'endroit le plus sensible ; elle lui demande si par ces irrésolutions il veut faire douter de son courage. Le roi s'indigne à la seule pensée d'un soupçon de lâcheté. Il se lève, il s'écrie : « Eh bien, commencez ! » Il était une heure et demie du matin.

Dans la chambre du roi il n'y avait plus que Catherine, Charles IX et le duc d'Anjou. Tous trois gardaient un silence morne. Un premier coup de pistolet retentit. Charles tressaille, et fait dire au duc de Guise de ne rien précipiter. Il était trop tard. La reine mère, se défiant des hésitations de son fils, avait ordonné d'avancer l'heure du signal. La grande cloche de Saint-Germain-l'Auxerrois fut mise en branle entre deux et trois heures du matin, le dimanche 24 août. Au son du tocsin, de toutes les portes s'élancent des hommes armés, criant : *Vive Dieu et le roi !*

Le duc de Guise, accompagné de son oncle, le duc d'Aumale, du chevalier d'Angoulême et de trois cents soldats, se précipite vers le logis de l'amiral. Ils frappent à la première porte au nom du roi. Un gentilhomme ouvre : il tombe poignardé. La porte intérieure est enfoncée. Au bruit des coups d'arquebuse, Coligny et tous les gens de sa maison se lèvent. On essaie de barricader l'entrée des appartements ; mais ce faible rempart s'écroule sous l'effort des agresseurs.

L'amiral avait invité son ministre Merlin à prier avec lui. Un serviteur accourt tout effrayé. » Monseigneur, la maison est forcée, et il n'y a pas moyen de résister. — Il y a longtemps, » répond Coligny, « que je me suis disposé à mourir. Vous autres, sauvez-vous, s'il vous est possible ; car vous ne sauriez garantir ma vie. Je recommande mon âme à la miséricorde de Dieu. »

Tous gagnent le haut de la maison, excepté Nicolas Muss, son interprète pour la langue allemande. Coligny se tenait contre la muraille, ne pouvant se tenir debout à cause de sa blessure. Le premier qui pénètre dans la chambre est un Lorrain ou Allemand, nommé *Behem*, *Besme*, domestique du duc de Guise. « N'es-tu pas l'amiral ? — Oui, c'est moi, » et regardant sans s'émouvoir l'épée nue de l'assassin : « Jeune homme, tu devrais avoir égard à ma vieillesse et à mon infirmité ; mais tu ne feras pourtant pas ma vie plus brève. » Besme lui plonge son épée dans la poitrine, et lui en donne un second coup sur la tête. Les autres l'achèvent à coups de poignard (1).

Guise attendait avec impatience dans la cour. » Besme, as-tu achevé ? — C'est fait, monseigneur. — M. le chevalier ne le peut croire s'il ne le voit de ses yeux ; jette-le par la fenêtre. » Besme et l'un de ses compagnons soulèvent le corps de l'amiral qui, respirant encore, se cramponne à la croisée. On le précipite dans la cour. Le duc de Guise essuie avec un mouchoir son visage baigné de sang. « Je le connais, » dit-il, « c'est lui-même. » Et donnant un coup de pied au cadavre, il s'élance dans la rue en criant : « Courage, compagnons ! nous avons heureusement commencé ; allons aux autres ; le roi l'ordonne. »

Seize ans et quatre mois après, le 23 décembre 1588, dans le château de Blois, le cadavre de ce même

---

(1) Ce Besme reçut le prix de son crime du cardinal de Lorraine, qui lui fit épouser une de ses filles naturelles : double honte pour le prêtre de récompenser un tel homme, et d'avoir une telle récompense à donner.

Henri de Guise était gisant devant Henri III, qui lui
donna aussi un coup de pied au visage. Souveraine justice de Dieu!

Coligny était âgé de cinquante-cinq ans et demi. Depuis la paix de 1570, il lisait matin et soir les sermons
de Calvin sur le livre de Job, disant que cette histoire
était son remède et sa consolation dans tous ses maux.
Il employait aussi quelques heures de ses journées à
rédiger des mémoires. Ces papiers ayant été portés au
conseil après la Saint-Barthélemy, furent brûlés par ordre du roi, de peur d'accroître le regret de sa mort.

A quelque temps de là, comme l'ambassadeur d'Angleterre témoignait sa douleur sur le meurtre de Coligny :
« Savez-vous, » lui dit Catherine, « que l'amiral recommandait au roi, comme une chose de la dernière importance, de tenir bas le roi d'Espagne et aussi votre maîtresse (la reine Elisabeth), autant qu'il lui serait possible?
— Il est vrai, madame, » répondit l'ambassadeur, « il
était mauvais Anglais, mais fort bon Français. »

Citons encore ce mot de Montesquieu : « L'amiral
» Coligny fut assassiné, n'ayant dans le cœur que la
» gloire de l'Etat. »

XIII

Nous voulons, tout en remplissant notre tâche, abréger autant que possible les détails de la Saint-Barthélemy.

Quand le soleil du 24 août se leva sur Paris, tout y
était tumulte, désordre et carnage ; de larges ruisseaux
de sang dans les rues ; des cadavres d'hommes, de femmes, d'enfants, encombrant les portes ; partout des gémissements, des blasphèmes, des cris de mort, des im-

précations ; les bourreaux par milliers insultant à leurs
victimes avant de les égorger, et se couvrant après de
leurs dépouilles ; le poignard, la pique, le couteau,
l'épée, l'arquebuse, toutes les armes du soldat et du brigand mises au service de cette exécrable tuerie, et la
vile populace courant derrière les égorgeurs, achevant
les huguenots, les mutilant, les traînant dans la boue la
corde au cou, pour avoir aussi sa part à cette fête de
cannibales.

Au Louvre, les huguenots, amenés l'un après l'autre
à travers une double ligne de hallebardes, tombaient
tout sanglants avant d'être au bout ; et les dames de la
cour, bien dignes d'être les mères, les femmes et les
sœurs des assassins venaient assouvir sur les corps des
victimes leurs impudiques regards.

On a remarqué que de tant de braves gentilshommes
qui avaient mille fois affronté la mort sur les champs de
bataille, il n'y en eut qu'un, Taverny, qui ait essayé de
se défendre : encore était-ce un homme de robe. Les
autres tendirent la gorge à la dague et au stylet, comme
des femmes. Un si monstrueux attentat, en accablant
leurs esprits, paralysait leurs mains, et, avant de pouvoir se reconnaître, ils n'étaient plus.

Quelques-uns cependant qui logeaient de l'autre côté
de la Seine, au faubourg Saint-Germain, Montgommery,
Rohan, Ségur, la Ferrière, eurent le temps de comprendre leur position et de s'échapper. C'est alors que
le roi, ivre de fureur, prit une arquebuse et tira sur des
Français. Deux cent vingt-sept ans après, Mirabeau ra-
massait dans la poudre des siècles l'arquebuse de Charles IX pour la tourner contre le trône de Louis XVI.
Les générations des races royales sont solidaires.

Dans la même matinée du dimanche, le roi fit appeler

Henri de Navarre et Henri de Condé. Il leur dit d'un ton farouche : *Messe*, *mort ou Bastille*. Après quelque résistance, les deux princes consentirent à faire profession de la foi romaine ; mais ni la cour ni le peuple ne crurent à la sincérité de leur abjuration (1).

Le massacre dura quatre jours. Il fallait le couvrir d'un prétexte devant la France et l'Europe. On voulut d'abord en faire porter le poids aux Guises, mais ils

(1) Parmi les Réformés célèbres qui échappèrent au massacre de la Saint-Barthélemy, nous mentionnerons celui que la postérité reconnaissante a surnommé « le père de la chirurgie française : » Ambroise Paré.

Né à Laval, en 1517, dans une condition obscure, le jeune Ambroise montra de bonne heure un goût prononcé pour les diverses branches de la science médicale ; et grâce à son intelligence, à son travail, à ses persévérants efforts, il parvint, dès l'âge de vingt ans, à être reçu chirurgien. Attaché aux armées en cette qualité, il fit presque toutes les campagnes qui marquèrent le règne agité de François Ier. Officiers et soldats le regardaient comme leur bienfaiteur ; non seulement ils étaient pleins de confiance en ses lumières, mais sa bonté, sa charité chrétienne, leur gagnaient le cœur. Paré ne tarda pas à devenir le premier praticien de son temps. Sa modestie égalait son mérite. « Je le pansay, Dieu le guarit, » disait-il avec une simplicité touchante en parlant de ses plus belles cures. La célébrité croissante qui entourait son nom le fit appeler, sous le règne d'Henri II, aux fonctions de chirurgien du roi, fonctions qu'il conserva sous quatre règnes successifs. Charles IX, guéri par lui d'une blessure au bras, lui voua une amitié intéressée et égoïste, la seule que son âme vulgaire fut capable d'éprouver. A cette amitié, le docteur huguenot dut son salut le jour de la Saint-Barthélemy. « Le » Roi ne voulait sauver aucun autre, » dit Brantôme, « sinon maître Ambroise Paré, son premier chirurgien et le premier de la chrétienté ; et l'en- » voya quérir et amener dans sa chambre, lui commandant de n'en bouger ; » et disait qu'il n'était raisonnable qu'un qui pouvait servir à tout un petit » monde, fut ainsi massacré. »

Ambroise Paré a laissé de nombreux écrits ; tous sont remarquables par une grande érudition et par la piété profonde qui les anime. Il mourut à un âge avancé, aimé et honoré de tous. L'historien L'Estoile, son contemporain, lui rend le témoignage suivant, qui vaut la plus belle oraison funèbre : « Le jeudi, 20 de décembre 1590, mourut à Paris, en sa maison, maître » Ambroise Paré, chirurgien du Roi, âgé de quatre-vingts ans, homme docte » et des premiers dans son art ; qui, nonobstant les temps, avait toujours » parlé et parlait librement pour la paix et pour le bien du peuple, ce qui le » faisait autant aimer des bons comme mal vouloir et haïr des méchants. »

(Note *des Editeurs à la troisième édition*.)

refusèrent. On inventa ensuite la prétendue conjuration des huguenots contre Charles IX et sa famille. Il y eut des tergiversations de toute sorte, des invention qu'on ne pouvait soutenir une heure, des aveux qu'on reniait le lendemain, des ordres et des contre-ordres aux gouverneurs des provinces : misérable jeu de comédiens après la scène tragique.

Le jeudi, quand le sang des victimes inondait les rues de Paris, le clergé célébra un jubilé extraordinaire, et fit une procession générale. Il décida même de consacrer une fête annuelle à un si glorieux triomphe ; et pendant que les chaires catholiques retentissaient d'actions de grâces, une médaille fut frappée avec cette légende : *La piété a réveillé la justice !*

La Saint-Barthélemy recommença dans les provinces, et dura, chose horrible à dire, pendant plus de six semaines.

Recueillons avec un soin religieux les noms des gouverneurs qui refusèrent de tremper dans les massacres : le vicomte d'Orte, à Bayonne ; le comte de Tende, en Dauphiné ; Saint-Héran, en Auvergne ; Chabot-Charny et le président Jeannin, à Dijon ; la Guiche, à Mâcon ; de Rieux, à Narbonne ; Matignon, à Alençon ; Villars, à Nîmes ; le comte de Carce, en Provence, et les Montmorency dans leurs domaines et gouvernements.

Nous aimons surtout à inscrire sur cette liste le nom d'un prêtre, Jean Hennuyer, évêque de Lisieux. Quand le lieutenant du roi lui communiqua l'ordre de faire massacrer les huguenots, il répondit : « Non, non, monsieur, je m'oppose et je m'opposerai toujours à l'exécution d'un pareil ordre. Je suis le pasteur de Lisieux, et ces gens que vous dites qu'on vous commande de faire égorger sont mes ouailles. Quoiqu'elles soient

maintenant égarées, étant sorties de la bergerie dont
Jésus-Christ, le souverain pasteur, m'a confié la garde,
néanmoins elles peuvent revenir. Je ne vois pas dans
l'Evangile que le pasteur doive souffrir qu'on répande le
sang de ses brebis; au contraire, j'y trouve qu'il est
obligé de verser son sang, et de donner sa vie pour
elles. » Là-dessus, le gouverneur demanda pour sa décharge un refus par écrit, et l'évéque Hennuyer le lui
donna (1).

Les provinces furent diversement frappées. Dans celles
où les réformés étaient en petit nombre, comme la Bretagne, la Picardie, la Champagne et la Bourgogne, on
commit peu d'excès. Dans certains cantons des provinces,
au contraire, où ils étaient très nombreux, comme en
Saintonge et dans le bas Languedoc, on n'osa pas les
attaquer. Il importe aussi d'observer qu'en général il n'y
eut de Saint-Barthélemy que dans les villes. Cela explique pourquoi tant de calvinistes échappèrent à la mort.

Les fidèles de Meaux furent égorgés dans les prisons
pendant plusieurs jours, et l'épée étant trop lente, on y
employa des marteaux de fer. Quatre cents maisons, qui
occupaient le plus beau quartier de la ville, furent pil-
lées et dévastées.

A Troyes, le bourreau eut plus d'humanité que le
gouverneur qui lui donnait l'ordre de massacrer les prisonniers. « Ce serait contre le dû de mon office, » dit-il,
« n'ayant appris d'en exécuter aucun sans qu'il y eût sentence de condamnation précédente. » On trouva d'autres
exécuteurs qui, se sentant le cœur défaillir au milieu de
la tuerie, firent chercher du vin pour se fortifier.

---

(1) Maimbourg, *Histoire du Calvinisme*, p. 486. — Ce fait a été récemment contesté, après de longues recherches dans les pièces authentiques. —
Note à la deuxième édition.

A Orléans, où il restait encore trois mille calvinistes, des gens à cheval criaient dans les rues : « Courage, enfants, tuez tout, et puis vous pillerez leurs biens. » Les plus acharnés étaient ceux qui avaient abjuré dans les dernières guerres; ils parodiaient les psaumes, en immolant ceux dont ils avaient renié la foi.

A Rouen, beaucoup de huguenots prirent la fuite; les autres furent jetés en prison. Le massacre n'y commença que le 17 septembre, et dura quatre jours. Les prisonniers étaient appelés par leurs noms sur une liste qu'on avait remise aux égorgeurs. Il y périt, selon le récit de Crespin, près de six cents personnes.

A Toulouse, les événements de Paris furent connus le dimanche 31 août. On ferma aussitôt les portes de la ville, et on ne laissa rentrer qu'un à un, par de petites poternes, les réformés qui étaient allés célébrer leurs offices au village de Castanet. On les conduisit dans les prisons et les couvents. Ils y restèrent un mois. Ce ne fut que le 3 octobre qu'on les exécuta, sur les ordres du premier président Dafis. Il en périt trois cents. Parmi eux étaient cinq conseillers qui, après avoir été tués, furent pendus en robe au grand orme qui était devant la cour du palais.

Le massacre de Bordeaux fut retardé comme celui de Toulouse, et pendant ces hésitations, un Jésuite, nommé Augier, déclamait tous les jours en chaire contre la pusillanimité du gouverneur. Enfin des compagnies d'assassins furent organisées : on leur donna le nom de *bande rouge*, ou de *bande cardinale*.

Les villes de Bourges, d'Angers et beaucoup d'autres furent témoins des mêmes scènes. Mais c'était peu auprès des massacres de Lyon : il y eut là une seconde Saint-Barthélemy plus affreuse encore que celle de Paris,

parce qu'elle se fit avec une sorte de régularité. Le gouverneur Mandelot ordonna d'enfermer les calvinistes
dans les prisons de l'archevêché, des Cordeliers et des
Célestins, et de les égorger par coupes réglées. Le
bourreau de Lyon, comme celui de Troyes, refusa d'y
mettre la main. « Après sentence, » dit-il, « je verrai
ce que j'aurai à faire ; au demeurant il n'y a que trop
d'exécuteurs dans la ville, tels qu'on les demande. » Un
écrivain dit à ce sujet : « Quel rétablissement de l'or-
» dre c'eût été si, dans cette malheureuse ville, on eût
» fait le bourreau gouverneur et le gouverneur bour-
» reau (1) ! »

Il périt à Lyon, selon les uns, huit cents, selon d'autres, treize cents, quinze cents, ou dix-huit cents huguenots. Les riverains du Rhône, en Dauphiné et en Provence, s'épouvantèrent de voir tant de corps flottants
et jetés sur les bords du fleuve ; plusieurs étaient attachés
à de longues perches, et affreusement mutilés. « A
Lyon, » dit Capilupi, gentilhomme attaché à la cour du
pape, « grâce au bon ordre merveilleux et à la singu-
» lière prudence de M. de Mandelot, gouverneur de la
» ville, tous les huguenots furent pris sous main l'un
» après l'autre comme des moutons (2). »

On a publié récemment la correspondance de Mandelot. Il exprime à Charles IX son profond regret que
quelques huguenots aient échappé, et supplie Sa Majesté
de lui donner une part dans les dépouilles des morts.
Lyon a vu d'autres massacres ; mais nous n'avons pas
appris que les proconsuls de la Convention aient tendu
la main pour avoir le salaire du sang.

---

(1) Aignan, *Bibliothèque étrangère*, t. I, p. 229
(2) *Le Stratagème de Charles IX*, p. 178

Quel fut le nombre des victimes dans toute la France ? De Thou dit 30,000 ; Sully, 70,000 ; l'évéque Péréfixe, 100,000. Ce dernier chiffre est probablement exagéré, si l'on ne compte que ceux qui ont péri de mort violente. Mais si l'on y ajoute ceux qui sont morts de misère, de faim, de douleur, les vieillards abandonnés, les femmes sans abri, les enfants sans pain, tant de misérables dont la vie fut abrégée par cette grande catastrophe, on reconnaîtra que le chiffre de Péréfixe est encore au-dessous de la vérité.

Le retentissement de la Saint-Barthélemy fut immense en Europe. On ne voulut pas en croire les premières nouvelles. Quand elles furent confirmées, toutes les cours, tous les temples, toutes les places publiques, toutes les maisons en retentirent, et il n'y eut pas de chaumière où la Saint-Barthélemy ne fît entrer, selon les sentiments de ceux qui y habitaient, la joie ou la stupeur.

Beaucoup de gens pensèrent, dans les commencements, que ce n'était que la première scène d'une conspiration plus vaste, et que les puissances catholiques avaient résolu d'égorger tous les protestants de l'Europe. La Papauté, Philippe II et la cour de Charles IX ne cessaient de parler en effet de la complète extermination des hérétiques : la force leur manqua, non la volonté.

A Rome, on attendait la nouvelle du massacre que Charles IX avait annoncé à mots couverts au légat, et on la reçut avec des transports de joie. Le messager fut gratifié de mille pièces d'or. Il apportait une lettre du nonce Salviati, écrite le jour même du 24 août, dans laquelle ce prêtre disait à Grégoire XIII qu'il bénissait Dieu de voir son pontificat commencer si heureusement. Le roi Charles IX et Catherine y étaient loués d'avoir apporté tant de prudence à extirper cette racine pestiférée, et si bien pris leur temps que tous les rebelles avaient été enfermés sous clé, comme dans une volière (*sotto chiave, in gabbia*).

Après avoir rendu de solennelles actions de grâces avec le collège des cardinaux, le pape fit tirer le canon du château Saint-Ange, publier un jubilé, et frapper une médaille en l'honneur de ce grand événement. Le cardinal de Lorraine, qui était allé à Rome pour l'élection du nouveau pontife, célébra aussi le massacre par une grande procession à l'église française de Saint-Louis. Il avait fait mettre sur les portes une inscription en lettres d'or, où il disait que le Seigneur avait exaucé les vœux et les prières qu'il lui adressait depuis douze ans.

Madrid partagea l'ivresse de Rome. Philippe II écrivit à Catherine que c'était la plus grande et la meilleure nouvelle qui pût jamais lui être annoncée. Ce prince, qu'on a surnommé le *démon du Midi*, avait, pour s'en réjouir, d'autres raisons encore que son fanatisme.

Dans les Pays-Bas, le duc d'Albe s'écria, en apprenant l'assassinat de Coligny : « L'amiral mort, c'est un grand capitaine de moins pour la France, et un grand ennemi de moins pour l'Espagne. »

Mais comment raconter l'impression produite par la Saint-Barthélemy dans les pays protestants? On peut voir dans les lettres de Théodore de Bèze et d'autres personnages contemporains, que, pendant plus d'une année, ils ne purent chasser un moment de leur esprit cette sanglante, cette horrible image, et qu'ils en parlent avec un tremblement qui atteste l'ébranlement profond de leurs âmes.

L'Allemagne, l'Angleterre, la Suisse, en voyant arriver une multitude de fugitifs éperdus, demi-morts, et en

. entendant de leur bouche le récit des massacres, mau-
dissaient le nom de la France. A Genève, on institua
un jour solennel de jeûne et de prière qui s'est maintenu
jusqu'à nos jours. En Ecosse, tous les pasteurs prêchè-
rent sur la Saint-Barthélemy, et le vieux Knox, empruntant le langage des prophètes, prononça dans un temple
d'Edimbourg les paroles suivantes : « La sentence est
» portée contre ce meurtrier, le roi de France, et la
» vengeance de Dieu ne se retirera point de sa maison.
» Son nom sera en exécration à la postérité ; et aucun
» de ceux qui sortiront de ses reins ne possédera le
» royaume en paix et en repos, à moins que la repen-
» tance ne prévienne le jugement de Dieu. »

L'ambassadeur Lamothe-Fénelon, chargé de justifier
la Saint-Barthélemy à la cour de Londres, en accusant
l'amiral d'avoir conspiré contre Charles IX, s'écria dans
son amertume, qu'il avait honte de porter le nom de
Français. « Il n'y eut jamais, » dit Hume, « d'appareil
» plus terrible et plus émouvant que celui de la solen-
» nité de cette audience. Une sombre tristesse était
» peinte sur tous les visages ; le silence profond de la
» nuit semblait régner dans tous les appartements de la
» reine. Les seigneurs et les dames de la cour, en longs
» habits de deuil, laissèrent passer l'ambassadeur au
» milieu d'eux sans le saluer, sans l'honorer d'un re-
» gard (1). » En arrivant auprès de la reine, Lamothe-
Fénelon balbutia son odieuse apologie, et se retira con-
sterné.

La justification du massacre n'était pas plus facile en
Allemagne. L'ambassadeur Schomberg fit ce qu'il put
pour accréditer la fable du complot de Coligny, mais ne

(1) *Histoire d'Angleterre*, t. VII, p. 201.

trouva que des incrédules. On refusa même de traiter avec lui autrement que par écrit, tant on se défiait d'un envoyé de Charles IX ! tant la parole, l'honneur, le nom de la France étaient alors avilis !

Lorsque le duc d'Anjou traversa l'Allemagne en 1573 l'Electeur Palatin le mena dans son cabinet, et lui montrant le portrait de Coligny : « Vous connaissez cet homme, monsieur; vous avez fait mourir le plus grand capitaine de la chrétienté, et vous ne le deviez pas, car il vous a fait et au roi de grands services. » Le duc répondit que c'était l'amiral qui avait voulu les faire tous mourir. « Nous en savons l'histoire, monsieur, » dit froidement l'Electeur.

Si l'on pèse bien toutes les circonstances de la Saint-Barthélemy : la préméditation, l'intervention de la cour et des conseils du roi, les pièges dressés sous les pas des calvinistes, les serments solennels qui les avaient attirés à Paris, les fêtes d'un mariage royal ensanglantées, le poignard mis aux mains des peuples par les chefs de l'Etat, des hécatombes de victimes humaines égorgées en pleine paix, le carnage se poursuivant deux mois dans les provinces, enfin les prêtres et les princes des prêtres, les pieds dans le sang, levant les mains au ciel pour bénir Dieu ; si, disons-nous, l'on réfléchit sur toutes ces circonstances, on se convaincra que la Saint-Barthélemy est le plus grand crime de l'ère chrétienne, depuis l'invasion des hommes du Nord. Les vêpres siciliennes, l'extermination des Albigeois, les supplices de l'Inquisition, les meurtres des Espagnols dans le Nouveau-Monde, si odieux qu'ils soient, ne renferment pas au même degré la violation de toutes les lois divines et humaines. Aussi est-il sorti de ce grand attentat d'effroyables calamités. Les individus peuvent commettre des crimes qui restent impunis dans ce monde : les dynasties, les castes et les nations, jamais.

La race des Valois s'est éteinte sous le poignard, et presque « tous les acteurs de la Saint-Barthélemy ont péri de mort violente (1). »

Au dedans de la France, un détestable règne, celui de Henri III ; des mœurs ignobles et féroces; des lois avilies; les fureurs de la Ligue ; vingt-cinq ans de nouvelles guerres civiles. Au dehors, toutes les anciennes et naturelles alliances brisées; la Suisse protestante, l'Allemagne, l'Angleterre contre nous, ou s'enfermant dans une défiante neutralité; la France enfin réduite à cet excès d'opprobre de subir la tutelle du roi d'Espagne, et d'aller s'humilier à Madrid pour avoir une armée. Les grands règnes de Henri IV et de Richelieu eurent peine à lui rendre en Europe la place qu'elle avait perdue, et ils ne la lui rendirent que par une politique tout opposée à celle de la Saint-Barthélemy.

Où donc fut la compensation de tant de hontes et de malheurs ? Il y en eut une, si quelqu'un veut l'invoquer. Sans la Saint-Barthélemy, la Réforme française, malgré les pertes qu'elle avait éprouvées, aurait encore formé une minorité imposante. La moitié de la noblesse du royaume serait restée dans la nouvelle communion. Il est douteux que Henri IV eût abjuré. Dans tous les cas, la révocation de l'édit de Nantes eût été impossible, et il y aurait peut-être de nos jours, avec le progrès de la population, cinq à six millions de réformés en France. La Saint-Barthélemy, par les meurtres, les émigrations et les abjurations, leur a fait une blessure dont ils ne se

---

(1) M. Lacretelle en a rassemblé les preuves dans son *Histoire des guerres de religion*.

sont jamais relevés. Est-ce là de quoi justifier le crime ?

Mais encore devons-nous ôter cette ressource aux hom-mes qui oseraient s'en prévaloir. « L'exécrable journée de la Saint-Barthélemy, » dit M. de Châteaubriand, « ne
» fit que des martyrs ; elle donna aux idées philosophi-
» ques un avantage qu'elles ne perdirent plus sur les
» idées religieuses (1). » Ainsi, quelques millions de protestants de moins, et plusieurs millions de philoso-phes ou d'incrédules de plus : voilà le bilan de la Saint-Barthélemy. Qu'est-ce donc que les prêtres ont gagné à diminuer le nombre des disciples de Luther et de Cal-vin pour accroître celui des enfants de Montaigne et de Voltaire ? Ils y ont gagné la réaction anticatholique du dix-huitième siècle, les hostilités de l'Assemblée consti-tuante, les massacres de l'Abbaye, les proscriptions de 93. Et quoi encore ? l'esprit de notre époque. Cet esprit, qui a passé de la France en Italie, n'a pas dit sur le catholicisme son dernier mot.

XIV

Les calvinistes qui avaient survécu à la Saint-Barthé-lemy ne songèrent plus qu'à organiser leurs moyens de défense. Ils avaient dans les Cévennes, le Rouergue, le Vivarais et le Dauphiné l'abri de leurs montagnes. Dans les plaines du Midi, cinquante villes ou bourga-des, Aubenas, Anduze, Milhau, Sommiéres, Privas, fermèrent leurs portes, décidées à opposer aux troupes du roi une résistance désespérée. A Nîmes, les habi-tants furent sommés de recevoir garnison, mais ils s'y refusèrent malgré les plus grandes menaces. Un con-

---

(1) *Etudes historiques*, t. IV, p. 296.

seiller au présidial, M. de Clausonne, *homme de grand crédit en ce lieu*, dit Jean de Serres, leur avait fait comprendre que la fermeté seule pouvait les sauver.

Des gentilshommes et des pasteurs, assemblés à Montauban rédigèrent même un projet de fédération religieuse et politique, *en attendant qu'il plût à Dieu de changer le cœur du roi, ou de susciter un libérateur à ce pauvre peuple affligé.* Chaque ville devait nommer un conseil de cent personnes, sans distinction de nobles, bourgeois ou paysans, pour diriger toutes les affaires de justice, de police, de taxes et de guerre ; et ces conseils devaient élire un chef général. On recommandait d'exercer toute rigueur envers les séditieux armés, mais d'user de toute modération et douceur envers les catholiques paisibles.

Catherine de Médicis et Charles IX purent alors se convaincre qu'ils s'étaient grossièrement trompés en pensant que tout serait fini par la mort des principaux seigneurs calvinistes. Ils avaient trop compté sur la force de l'ancien principe de vasselage, et pas assez sur la puissance du principe religieux. La Réforme avait donné aux plus petits le sentiment d'une conscience personnelle qui ne relevait que de Dieu, et cette nouvelle sorte d'indépendance préparait dans les esprits l'avènement du droit moderne.

Partout où la résistance était possible, elle se montra, et plus vive encore, plus opiniâtre qu'auparavant ; car on ne voyait plus dans le prince qu'un ennemi. Le siège de Sancerre est resté fameux. Cette petite ville tint plus de dix mois contre l'armée royale, bien que les habitants, manquant d'armes à feu, fussent contraints de se défendre avec de simples frondes qu'on appela les arquebuses de Sancerre. Elle supporta une famine

qui rappelait celle de Jérusalem au temps de Titus et de Vespasien. Un témoin oculaire, le pasteur Jean de Léry, en a écrit les détails jour par jour. On en vint à manger des limaces, des taupes, des herbes sauvages, du pain fait avec de la farine de paille mêlée d'ardoise pilées, des harnais de cheval, et même le parchemin des vieux livres, titres et lettres qu'on faisait détremper dans de l'eau. « J'en ai vu servir, » dit Léry, « où les carac-
» tères imprimés et écrits en main apparaissaient encore,
» et on pouvait lire dans les morceaux qui étaient au
» plat tout prêts à manger. »

Aussi, d'heure en heure, les assiégés tombaient-ils d'inanition. La guerre n'en tua que quatre-vingt-quatre ; la faim en fit mourir plus de cinq cents. « Les jeunes enfants
» au-dessous de douze ans, » dit Jean de Serres, « mou-
» rurent presque tous. C'était pitié d'ouïr les lamenta-
» tions des pauvres pères et mères, dont la plupart
» néanmoins se fortifiaient en l'assurance de la grâce de
» Dieu. Un jeune garçon, âgé de dix ans, tirant à la
» mort, voyant ceux qui l'avaient engendré pleurer au-
» près de lui, et lui manier les bras et les jambes aussi
» secs que du bois, leur dit : Pourquoi pleurez-vous
» ainsi de me voir mourir de faim ? Je ne vous demande
» pas de pain, ma mère, je sais que vous n'en avez
» point. Mais puisque Dieu veut que je meure ainsi, il
» le faut prendre en gré. Le saint personnage Lazare
» n'a-t-il pas eu faim ? n'ai-je pas lu cela en la Bible ?
» Disant ces paroles, il rendit l'âme à Dieu » (p. 462).

Les habitants avaient résolu de périr jusqu'au dernier plutôt que de se rendre aux égorgeurs de la Saint-Barthélemy. « Ici on se bat, » leur disaient-ils ; « allez assassiner ailleurs. » Un événement inattendu les délivra. Les députés venus de Pologne pour offrir au duc d'Anjou

la couronne des Jagellons, intercédèrent en leur faveur, et on leur accorda les sûretés qu'ils demandaient.

Il en fut de même pour La Rochelle. Cette ville qui, par ses vieilles franchises municipales, formait une espéce de république, et, par ses nombreux vaisseaux, balançait les forces de la marine royale, avait refusé de recevoir garnison. Cinquante-cinq pasteurs du Poitou et de la Saintonge, et une multitude de gentilshommes, de bourgeois et de paysans avaient, à la première nouvelle de la Saint-Barthélemy, cherché un refuge derrière ses hautes murailles, tous décidés à se défendre jusqu'à la mort. Les propositions faites aux Rochelois n'ayant abouti à rien, et l'armée des assiégeants ayant perdu beaucoup de monde, Charles IX prit l'étrange parti d'envoyer dans la ville un négociateur et gouverneur calviniste, l'intègre Lanoue.

François de Lanoue, surnommé *Bras-de-Fer*, qui n'avait figuré qu'au second rang dans les armées des huguenots, en devint le chef le plus distingué après la mort de Coligny. C'était un homme d'un esprit sage et pénétrant, d'un caractère généreux et d'une parfaite loyauté. On le vit toujours, dans ces malheureuses guerres, peu soucieux du danger, intrépide sans jactance, modeste dans la victoire, calme et serein dans les revers. Il fut le Catinat du seizième siècle.

Par une singularité de sa vie militaire, il devint quatre ou cinq fois prisonnier. Lanoue supporta ce malheur en soldat qui avait mérité une meilleure fortune, et les catholiques apprirent à l'estimer en le voyant de près, Pas un des Réformés, sans en excepter Coligny même, n'a obtenu de leur part autant d'éloges. Deux jésuites, Maimbourg et Daniel, rendent hommage à ses rares vertus; ils ne regrettent en lui que l'hérésie. Le féroce

Montluc l'appelle « vaillant homme et sage, s'il y a capitaine en France; » le frivole Brantôme dit qu'on ne peut
se lasser de raconter les vertus, la valeur et les mérites
qui étaient en lui; le sceptique Montaigne loue sa constance et la douceur de ses mœurs. Enfin, quand il mourut, Henri IV fit de Lanoue en deux mots la plus belle
des oraisons funèbres : « Il était grand homme de
guerre, et plus grand homme de bien. »

Pendant l'une de ses longues captivités, il composa
des *discours politiques et littéraires*, dont une partie forme
ce qu'on nomme ses *Mémoires*. Ils sont écrits d'un style
bref, nerveux : langage d'un soldat et d'un honnête
homme, qui parle pour faire du bien, non pour se faire
applaudir.

Lanoue était prisonnier du duc d'Albe dans les journées de la Saint-Barthélemy : c'est ce qui le sauva.
Redevenu libre, il fut chargé par le roi d'offrir des conditions de paix à La Rochelle. Sa personne fut bien accueillie, mais sa mission repoussée, et les habitants se
défendirent jusqu'à l'arrivée des députés polonais.

Le duc d'Anjou, qui commandait l'armée royale, s'af-
fligeait de perdre ses troupes et sa réputation dans ce
long siège, et attendait impatiemment l'occasion de s'en
retirer sans trop de honte. Elle lui fut offerte par son
élection à la couronne de Pologne.

Un nouvel édit, publié le 11 août 1573, autorisa
l'exercice public de la religion, mais dans trois villes
seulement : La Rochelle, Montauban et Nîmes. Les seigneurs hauts justiciers pouvaient faire célébrer les baptêmes, mariages et sacrements, mais dans des réunions
privées qui ne devaient pas excéder le nombre de dix
personnes. Pour tous les autres calvinistes, rien de plus
que la simple liberté du for intérieur. Ce fut dans cet

édit qu'on employa pour la première fois l'expression de *religion prétendue réformée.*

Il n'y avait là qu'une de ces demi-mesures, contradictoires en principe, impraticables en fait, qui ne servaient qu'à irriter les esprits, et à augmenter les embarras de la situation. Si l'exercice de la religion réformée était un crime, il fallait le défendre partout ; sinon, il ne le fallait faire nulle part. Qu'était-ce encore que la limitation arbitraire de certaines assemblées à dix personnes ? Et comment empêcher les calvinistes de se réunir dans les lieux où ils dominaient ? Voulait-on mettre une garnison dans tous les bourgs, tous les villages du Midi, et aposter des soldats dans toutes les gorges des montagnes ?

Les réformés de Montauban rédigèrent, le 24 août, un an après la Saint-Barthélemy, jour pour jour, d'énergiques remontrances, où ils redemandaient tout ce qui leur avait été accordé par le traité de 1570, et trois gentilshommes se chargèrent de présenter cette requête à Charles IX. Le roi, qu'ils rencontrèrent à Villers-Cotterets, écouta sans mot dire, contre son habitude, la lecture du mémoire. Mais Catherine s'écria d'une voix irritée : « Si votre prince de Condé était encore en vie, et s'il était au cœur de la France avec vingt mille chevaux et cinquante mille hommes de pied, il ne demanderait pas la moitié de ce que ces gens ont l'insolence de nous proposer. »

Ce langage était fier ; mais la fierté sied mal après d'infâmes assassinats, et Catherine de Médicis n'était pas en mesure de parler si haut. Dans le royaume il n'y avait que trouble et anarchie ; dans la famille royale même, que divisions et désordres. La reine mère craignait l'aîné de ses fils, méprisait le plus jeune, n'aimait

que le second, qui allait partir pour la Pologne, et tous
se défiaient d'elle. Les trois frères, étaient ennemis, et
leur sœur, Marguerite de Valois, se souillait d'adultères
et d'incestes.

Le parti des *politiques*, ou le tiers-parti, grandissait. Il
était composé de ceux qui avaient gardé quelque souvenir du vieil honneur national, et qui ressentaient un
profond dégoût pour une cour toute remplie d'assassins à
gages, d'empoisonneurs, d'astrologues et de femmes perdues. Les trois fils du connétable, François de Montmorency, Damville et Thoré, les maréchaux Cossé et Biron,
plusieurs gouverneurs de province, des magistrats,
quelques membres même du conseil privé, étaient au
nombre de ces politiques ou *mal-contents*. Ils avaient
pour chef le duc d'Alençon, connu depuis sou; le nom de
duc d'Anjou, le dernier des fils de la reine Catherine.
Sa qualité de frère du roi lui donnait du crédit ; mais ce
prince, alors dans sa vingtième année, était mal partagé
d'esprit et de corps, léger, présomptueux, sans fidélité
à sa parole, et prompt à se jeter dans de grandes entreprises qu'il était incapable de poursuivre jusqu'au
bout.

Il circulait dans la bourgeoisie même de nouvelles
maximes de droit et de liberté politiques. C'est en ce
temps-là que la Boëtie publiait son traité *De la servitude
volontaire*, qui nous étonne encore aujourd'hui par ses
hardiesses, et François Hotman sa *Franco-Gallia*, où il
soutenait que les Etats généraux peuvent déposer les
mauvais princes, et leur donner des successeurs.

Les mal-contents ouvrirent des négociations avec les
calvinistes qui avaient resserré leur union à Milhau, le
16 décembre 1573, en se promettant *fraternité mutuelle,
parfaite et durable à jamais, dans toutes les choses saintes*

et civiles. Ils avaient établi dans leur acte d'union la convocation régulière de leurs assemblées de six mois en six mois, un nouvel ordre de justice, et les formes à suivre pour les levées d'hommes et d'argent. C'était un Etat dans l'Etat : triste, mais inévitable conséquence du renversement de toutes les lois à la Saint-Barthélemy.

Charles IX mourut au milieu de ces troubles, assiégé de vagues et sombres terreurs, croyant entendre des gémissements dans les airs, se réveillant en sursaut la nuit, et atteint d'une maladie qui lui faisait couler le sang par tous les pores.

Deux jours avant sa fin, il avait près de lui, dit l'Estoile, sa nourrice qu'il aimait beaucoup, *encore qu'elle fût huguenote.* « Comme elle se fut mise sur un coffre et com-
» mençait à sommeiller, ayant entendu le roi se plain-
» dre, pleurer et soupirer, elle s'approcha tout dou-
» cement du lit, et, tirant sa couverture, le roi
» commença à lui dire, jetant un grand soupir, et lar-
» moyant si fort que les sanglots lui interrompaient la
» parole — Ah ! ma nourrice, ma mie, ma nourrice,
» que de sang et que de meurtres ! Ah ! que j'ai suivi
» un méchant conseil ! O mon Dieu : pardonne-les-moi,
» et me fais miséricorde, s'il te plaît. Je ne sais où j'en
» suis. Que ferai-je ? Je suis perdu ; je le vois bien.
» Alors la nourrice lui dit : — Sire, les meurtres soient
» sur ceux qui vous les ont fait faire ? Et puisque vous
» n'y prêtez pas consentement, et en avez regret, croyez
» que Dieu ne vous les imputera pas, et les couvrira du
» manteau de la justice de son Fils, auquel seul il faut
» que vous ayez votre recours. — Et sur cela, lui ayant
» été querir un mouchoir, parce que le sien était tout
» mouillé de larmes, après que Sa Majeste l'eut pris de

» sa main, il lui fit signe qu'elle s'en allât, et le laissât
» reposer (1). »

Charles IX mourut le 30 mai 1574, n'ayant pas encore vingt-quatre ans accomplis, et se réjouissant, disait-il, de ne laisser aucun héritier mâle en bas âge,
parce qu'il aurait trop à souffrir.

XV

Catherine de Médicis reprit la régence qu'elle n'avait
jamais sérieusement abdiquée, et tâcha de négocier
avec le parti calviniste et les mal-contents, en attendant
l'arrivée de son second fils que nous appellerons maintenant Henri III.

Il s'évada de la Pologne comme d'une prison. Pendant son voyage, il reçut de sages avis de l'empereur
Maximilien; du doge de Venise, et même des ducs de
Savoie, qui l'engagèrent à rétablir la paix dans son
royaume par des édits équitables et fidèlement observés;
mais il ne tira aucun profit de ces conseils.

Arrivé en France au mois de septembre 1574,
Henri III fut rejoint par sa mère à Bourgoin, et fit avec
elle une entrée triomphale à Lyon. Le duc d'Alençon
et le roi de Navarre les suivaient, libres en apparence,
captifs en réalité. C'est là que fut examiné le plan de
conduite à suivre envers les calvinistes et les politiques.
Quelques membres du conseil, Pibrac, Bellegarde,
Christophe de Thou, Paul de Foix, inclinaient vers les
voies de douceur et d'accommodement; mais Catherine
et ses confidents italiens, Retz, Nevers, Birague,

---

(1) *Journal de Henri III*, t. I, p. 71, 72.

avaient des sentiments contraires, et leur opinion entraîna celle de Henri III.

Ce prince de vingt-trois ans avait donné quelques marques de courage avant le traité de 1570. Il ne manquait pas d'habileté dans les affaires, ni de dignité et de grâce quand il paraissait en public. Malheureusement il s'était abâtardi dans les voluptés de la cour. Il passait de longues heures à se parer comme une femme, et déshonorait sa dignité d'homme, sa majesté de roi par des débauches effrénées. Les mignons dont il était entouré l'entretenaient dans une lâche et honteuse indolence, et il ne savait égaler la bassesse de ses vices que par l'extravagance de ses superstitions.

Dès son retour en France, il s'affilia à la confrérie des Flagellants ou *Frères-Battus* d'Avignon; et dans une procession solennelle, le roi conduisit les Battus blancs, Catherine les noirs, le cardinal d'Armagnac les bleus. Ils parcoururent la ville pieds nus, tête découverte, des chapelets d'os de mort à la ceinture, et se faisant jaillir le sang des épaules avec des cordes. Quelques historiens ont voulu trouver sous ces ignobles mascarades une pensée politique. A quoi bon chercher si loin ce qui est si près ? Entre l'excès de la dépravation et l'excès de la bigoterie, il y a des affinités singulières et profondes.

C'était au mois de décembre. Le cardinal de Lorraine y prit une fièvre dont il mourut. La reine mère, que l'histoire accuse d'avoir eu avec lui bien des intimités, ne put se couvrir en cette circonstance de sa dissimulation habituelle. En se mettant à table, le même soir, comme on lui eut donné son verre, elle commença à trembler tellement qu'il faillit lui tomber des mains, et elle s'écria : « Jésus ! voilà Monsieur le cardinal que je

vois. » La nuit, pendant plusieurs mois, elle refusa de
rester seule, étant sans cesse poursuivie de cette lugubre apparition, et disant à ses femmes : « Chassez ce
cardinal! ne voyez-vous pas qu'il me fait signe et m'appelle du doigt ? » Que s'était-il donc passé entre elle, et
ce prêtre pour qu'une femme telle que Catherine de
Médicis fût si effrayée de sa mort ?

A Paris, Henri III continua ses pratiques dévotes :
c'était une religion, non de roi, mais de moine hébété.
Il fit faire dans les églises des oratoires, autrement nommés *paradis*, où il allait prendre place tous les jours, le
long du carême. Il suivait aussi les processions avec une
fausse perruque, en costume ridicule, et en compagnie
d'un fou appelé Sibillot, « le plus vilain garnement, »
dit Jean de Serres, « que l'on eût su trouver en France,
» lequel marchait entre son maître et le cardinal de
» Ferrare ; et tandis que les prêtres chantaient avec
» leur refrain : *Ora pro nobis*, ce fol, avec ses grima-
» ces, étalait ses badineries et jouait des farces. » Puis
Henri III allait en coche, avec la reine sa femme, par
les rues et les maisons de Paris, acheter de petits
chiens, des singes et autres animaux rares, qu'on lui
faisait payer au poids de l'or.

Au bout de six mois, il fut méprisé même de la lie
du peuple et de ses domestiques. On fit courir dans
toute la ville un placard en ces termes : « Henri, par la
» grâce de sa mère, inerte roi de France, concierge du
» Louvre, marguillier de Saint-Germain-l'Auxerrois,
» bateleur des églises de Paris, gauderonneur des col-
» lets de sa femme et friseur de ses cheveux, gardien
» des Quatre Mendiants, père conscrit des Blancs-Bat-
» tus, et protecteur des Capucins. »

Le nombre des mal-contents s'en augmenta, et ils

firent des propositions plus directes d'alliance aux calvinistes. Ceux-ci furent partagés sur la conduite qu'ils
devaient tenir. D'un côté étaient les réformés *consistoriaux*, comme on les appelait ; de l'autre les gentilshommes, les grands seigneurs, les magistrats et les conseillers des villes. On avait déjà fait cette distinction dans
les premières guerres ; elle devint plus tranchée dans
les suivantes.

Les consistoriaux, soutenus de la plupart des pasteurs, s'inquiétaient principalement des intérêts de la
foi, et ne demandaient qu'à célébrer tranquillement leurs
offices. Gens de métier et de négoce en majorité, considérant les questions sous leur aspect le plus simple, et
les décidant au point de vue religieux, ils éprouvaient
plus de répugnance que les autres à prendre les armes,
et ne le faisaient qu'à la dernière extrémité, lorsqu'on
les empêchait absolument de servir Dieu selon leur conscience ; mais aussi, une fois sur le champ de bataille,
ils ne voulaient accepter la paix qu'avec de suffisantes
garanties pour la liberté des Eglises. Les gentilshommes,
au contraire, toujours prompts à faire des levées de
boucliers, transigeaient plus facilement sur les conditions religieuses, et se préoccupaient avant tout de leur
position dans l'Etat. Les consistoriaux étaient plus forts
par le nombre, mais plus faibles par le rang ; ils furent
habituellement contraints de subir la domination de la
noblesse calviniste, et d'en partager la fortune.

C'est ce qui arriva pour l'alliance avec les mal-contents. Elle fut conclue dans le Languedoc, malgré l'opposition des consistoriaux, et les suites s'en firent bientôt apercevoir. « Les dissolutions et scandales étranges
» des politiques mêlés parmi ceux de la religion, » dit
un contemporain, « achevèrent d'éteindre ce feu d'af-

» fection à la piété et de discipline qui leur restait. Le
» maréchal Damville se souvenait peu de l'observation
» des conditions par lui promises et contenues en l'as-
» sociation. Cependant il entretenait de bonnes paroles
» les ministres et autres, mais on voyait les débauches
» s'avancer et se déborder au long et au large comme
» un torrent. Les exactions et brigandages croissaient
» à vue d'œil (1). »

La guerre se poursuivit avec des résultats divers,
sans bataille décisive. On cite l'héroïque défense de la
bourgade de Livron, en Dauphiné. Lorsque Henri III
se présenta devant ses portes, au mois de janvier 1575,
les assiégés crièrent du haut des remparts : « Ah! mas-
sacreurs, vous ne nous poignarderez pas dans nos lits,
comme vous avez fait de l'amiral et des autres. Amenez-
nous ces mignons goudronnés et parfumés ; qu'ils viennent voir s'ils peuvent tenir tête, même à nos femmes ! »
Henri III fut forcé de dévorer cet affront ; les deux tiers
de sa petite armée périrent devant cette bourgade, et
le siège fut levé.

Le prince de Condé et le roi de Navarre, qui avaient
été retenus à la cour depuis la Saint-Barthélemy, réussirent à s'en échapper, et abjurèrent, l'un à Strasbourg,
l'autre à Tours, la foi catholique qu'on leur avait imposée le poignard sur la gorge. Le duc d'Alençon lui-
même s'était réfugié dans son apanage de Dreux, et
avait publié un manifeste où il prenait sous sa sauvegarde les Français des deux religions.

N'ayant plus ni hommes ni argent pour s'opposer aux
confédérés qui menaçaient de marcher sur Paris, la cour
tâcha de gagner les chefs du tiers-parti par des avanta-

(1) *Recueil de choses mémorables*, p. 546.

ges personnels ; et offrit aux calvinistes des articles de paix très favorables : Libre exercice de la religion dans tout le royaume , excepté à Paris et dans un rayon de deux lieues ; admission à tous les emplois publics ; des chambres mi-parties dans les parlements ; huit places de sûreté ; droit d'ouvrir des écoles et de convoquer des synodes ; réhabilitation de la mémoire de Coligny ; enfin, rétablissement du roi de Navarre , du prince de Condé et des seigneurs de la religion dans leurs apanages et gouvernements. Ce traité , appelé la *paix de Monsieur* , parce qu'il avait été conclu sous la garantie du frère du roi , fut signé à Chastenoy, le 6 mai 1576.

Catherine et Henri III ne s'étaient proposé , en y mettant leur signature , que de dissoudre l'alliance des politiques avec les calvinistes. Cela fait, le traité fut considéré comme non avenu. On autorisa secrètement les catholiques de Picardie à repousser le prince de Condé qui venait prendre possession de son gouvernement , et les persécutions ne discontinuèrent pas un seul jour.

Les réformés de Paris, pour n'en rapporter qu'un exemple , obéissant à l'édit qui leur prescrivait de célébrer leur culte à deux lieues de la ville , firent une assemblée à Noisy-le-Sec. La populace , à leur retour, en tua plusieurs , et en blessa un plus grand nombre. Plainte fut portée au roi , qui en ce moment *courait la bague*, *vêtu en amazone*, dit l'Estoile, et il ne s'en soucia pas plus que si ces meurtres eussent été commis dans une autre partie du monde.

Un article du traité avait ordonné la prochaine convocation des Etats généraux. Ils se réunirent effectivement à Blois, au mois de décembre 1576 ; mais ce n'était plus l'esprit des Etats d'Orléans. Une grande partie de la noblesse était rentrée dans l'Eglise catholique, et les

malheurs du royaume avaient ulcéré le cœur de la bourgeoisie. Les députés des trois ordres s'accordèrent à
demander l'unité de religion. Ils prièrent le roi d'enjoindre aux ministres, diacres, surveillants, maîtres
d'école et autres dogmatisants, de vider le royaume, à
défaut de quoi il serait procédé contre eux comme coupables de crime capital.

L'unité ainsi étendue, c'était la guerre. Or, pour faire
la guerre, il fallait de l'argent; et quand on en vint à
cet article, chacun des trois ordres s'excusa. Le clergé
déclara qu'il avait été fort appauvri par les désordres du
royaume, et ne pouvait rien donner; la noblesse n'offrit
que son épée, et le tiers chargea son orateur de dire
qu'il entendait la réunion de tous les sujets du roi par des
moyens doux et sans guerre : grande et puérile moquerie.

Les calvinistes cependant, à la nouvelle de ces résolutions, avaient repris les armes. Mais, privés de l'appui
des mécontents du parti catholique et désunis entre eux,
leurs affaires allèrent mal. Les consistoriaux, pour cette
fois, étaient les plus déterminés, parce qu'il s'agissait de
tout sauver ou de tout perdre dans l'exercice de la religion. De vives remontrances furent adressées aux gentilshommes par le consistoire de La Rochelle. Théodore
de Bèze écrivit de Genève : « Je ne puis voir com-
» ment, en bonne conscience, nous pouvons consentir
» à limiter l'esprit de Dieu à certains lieux, surtout
» à le forclore des villes, qui ne meurent et ne changent
» point comme les cœurs et les maisons des princes. Il
» ne peut entrer en mon entendement que Dieu puisse
» ni veuille bénir de tels accords, de sorte que je con-
» seillerais plutôt de mettre la tête sur le bloc, et souf-
» frir toutes choses sans résistance, s'il fallait en venir
» là, que d'approuver de telles conditions. »

Ces plaintes des consistoriaux ne furent pas écoutées, et les seigneurs du parti signèrent la paix à Bergerac, au mois de septembre 1577. Le 8 octobre suivant, parut l'édit de Poitiers, qui n'accordait à la masse des réformés que la simple liberté de conscience avec l'admission aux emplois publics. L'exercice de la religion était limité aux endroits où il se pratiquait au moment de la signature du traité. Henri III se glorifiait de cet édit comme de son œuvre personnelle ; il aimait à dire : *mon édit, mon traité ;* mais on ne l'observa guère mieux que les précédents.

XVI

Catherine de Médicis avait imaginé un moyen de venir à bout, pendant la paix, des gentilshommes huguenots qu'on n'avait pu vaincre par les armes : c'était de les dépraver. Elle parcourut les provinces avec une grande troupe de filles d'honneur (on en compta quelquefois cent cinquante), qui furent appelées son *escadron volant.* Partout sur ses pas, marchaient les bals, les galanteries, les intrigues, au milieu desquelles la vieille austérité des compagnons de Coligny achevait de se perdre.

Ainsi, sous prétexte de conduire Marguerite de Valois dans la maison de son mari, le roi de Navarre, Catherine se mit en route, au mois de juillet 1578, pour les provinces méridionales. Le Béarnais, qui avait trop oublié, dans sa longue résidence au Louvre, les leçons de sa mère, ne résista point aux séductions qui l'entouraient. » La cour du roi de Navarre, » dit Agrippa d'Aubigné, « se faisait florissante en brave noblesse, en dames » excellentes. L'aise y amena les vices, comme la cha- » leur les serpents. La reine de Navarre eut bientôt dé-

» rouillé les esprits, et fait rouiller les armes. Elle apprit
» au roi son mari qu'un cavalier était sans âme quand il
» était sans amour » (l. IV, c. 5).

Le même historien nous raconte que Catherine de
Médicis affectait de parler un langage emprunté à la Bible. Elle s'était fait composer un vocabulaire des expressions usitées parmi les plus rigides des réformés, et s'en
servait, tantôt par politique, tantôt par dérision. « Elle
» avait appris par cœur, » dit-il, « plusieurs locutions
» qu'elle appelait consistoriales, comme d'*approuver le*
» *conseil de Gamaliel*, dire que *les pieds sont beaux de ceux*
» *qui apportent la paix;* appeler le roi *l'oint du Seigneur,*
» *l'image du Dieu vivant,* avec plusieurs sentences de
» l'épître de saint Pierre en faveur des dominations ;
» s'écrier souvent : *Dieu soit juge entre vous et nous! J'at-*
» *teste l'Eternel devant Dieu et ses anges!* Tout ce style,
» qu'ils appelaient entre les dames le *langage de Ca-*
» *naan*, s'étudiait au soir, au coucher de la reine, et non
» sans rire » (l. IV, c. 3).

Avant et après les fêtes on tenait des conférences, d'où
sortit le traité explicatif de Nérac signé le 28 février 1579.
Il n'ajoutait rien d'essentiel à l'édit de Poitiers. Le roi
de Navarre obtint seulement quelques nouvelles places
de sûreté en Guyenne et en Languedoc, à condition
qu'il ne les garderait que six mois.

Une intrigue de cour fit reprendre les armes, et cette
querelle ridicule fut nommée la *guerre des amoureux.* Le
grand corps des réformés n'y prit aucune part. Elle se
termina par la signature de la paix au château de Fleix,
en Périgord, le 26 novembre 1580. Le traité confirmait
l'édit de Poitiers : seulement, le Béarnais avait conquis
l'apanage donné en dot à sa femme dans l'Agenois et
le Quercy.

Quatre à cinq ans se passèrent sans guerre déclarée, mais sans sécurité ni repos. A diverses reprises les réformés envoyèrent à la cour d'amples cahiers de griefs et remontrances. On promettait d'y faire droit, et le lendemain le conseil ne s'en inquiétait plus.

Un autre moyen fut inventé pour affaiblir le parti calviniste, et il eut plus de succès que tous les précédents : ce fut de mettre ou de laisser les huguenots hors des charges publiques. Bien que l'édit de pacification leur accordât un droit égal d'admission à tous les emplois, on avait mille prétextes pour éluder cet article. C'était une persécution sourde, indirecte, mais systématique et constante.

Mézeray prétend que ces procédés en convertirent plus en quatre ans que les bourreaux ni les armes n'avaient fait en quarante ans. C'est trop dire. Il est certain, cependant, que beaucoup de gentilshommes succombèrent à la tentation d'avoir des places ou des faveurs de la cour. Les uns, selon le récit de l'historien Elie Benoît, honteux d'abandonner eux-même la religion, y faisaient renoncer leurs enfants, en alléguant les devoirs de l'affection et de la prévoyance paternelles. D'autres, tout au contraire, se déclaraient catholiques afin d'entrer dans les charges, et faisaient élever leurs enfants dans la communion réformée pour tranquilliser, disaient-ils, leur conscience. Le cœur humain a-t-il jamais manqué de sophismes en face d'une passion ?

Au reste, les catholiques ardents se plaignaient encore, et accusaient les lenteurs de Henri III et de la reine Catherine. Leur esprit d'opposition s'augmenta par la mort du duc d'Alençon ou d'Anjou, qui survint en 1584. Henri III n'avait pas d'enfant, et ses médecins annonçaient qu'il ne passerait peut-être pas l'année. La race des Valois allait donc s'éteindre. Qui lui succéderait ?

Henri de Bourbon, selon les anciennes lois du royaume.
Il était le plus proche héritier de la ligne masculine, et
nul ne pouvait lui contester le titre de premier prince
du sang. Mais un hérétique, un apostat, un *relaps* (car
on affectait de tenir pour sérieuse l'abjuration qui lui
avait été imposée à la Saint-Barthélemy), un excommunié
du saint-siège, monterait-il sur le trône des rois très
chrétiens ? Cette seule pensée révoltait les trois quarts
de la nation, et la Ligue en reçut un immense accroissement.

La *Ligue* ou *Sainte-Union* existait déjà depuis l'an 1576.
Elle remontait même plus haut, et s'étendait au delà des
frontières de la France. Le cardinal de Lorraine en avait
formé le plan au concile de Trente; les Jésuites l'avaient
repris et agrandi; Philippe II, les papes, le duc Henri
de Guise y avaient mis successivement la main, et par
degrés l'association se développa au point d'aspirer à
soulever toute l'Europe catholique pour écraser l'Europe protestante. C'est en France que devaient se porter les premiers coups.

Après avoir exterminé les huguenots, les nouveaux
croisés auraient terrassé les rebelles de la Hollande,
puis ils se seraient jetés tous ensemble sur l'Angleterre,
et après sur l'Allemagne et le Nord, ne s'arrêtant plus
jusqu'à ce qu'ils eussent ramené dans l'Eglise de Rome
ou étouffé dans son sang le dernier des disciples de Luther et de Calvin. Lutte suprême, duel à mort, dans
lequel on se proposait de rétablir sur des monceaux de
cadavres l'unité catholique!

Philippe II était le principal chef armé de cette vaste
conjuration. Dans sa retraite de San-Lorenzo, il méditait incessamment, comme l'atteste sa correspondance
publiée de nos jours, ces grandes et sombres pensées.

Il ne comprenait que deux choses au monde : la souveraine puissance du prince dans les affaires politiques, et l'infaillibilité du pape dans les questions religieuses. Le droit de résistance au temporel, le droit d'examen au spirituel, étaient à ses yeux les plus détestables des crimes. Toute autorité se concentrait pour lui entre les mains de quelques chefs ; nulle liberté en dehors ni au-dessous. Les deux glaives devaient frapper ensemble pour tenir les peuples asservis et tremblants ; il y joignait la hache du bourreau, le bûcher de l'inquisiteur, et même le poignard de l'assassin ; car le roi catholique descendit à ce degré d'infamie de conférer des lettres de noblesse aux parents de Balthazar Gérard, le meurtrier du prince d'Orange. Philippe II avait conçu cet exécrable système de terreur au profit de la royauté et du pontificat. Il n'en a retiré que la déchéance de l'Espagne et l'horreur de la postérité.

Le saint-siège éprouvait d'implacables ressentiments à la vue de l'hérésie se relevant sans cesse devant lui, et il voulait rétablir à tout prix une seule foi sous un seul chef spirituel. Cardinaux, évêques, prêtres, Jésuites et moines de tout ordre s'en allaient répandre ces maximes d'extermination dans les cours et au sein des peuples, par la chaire et le confessionnal.

En France, Henri de Guise, *le Balafré*, était l'âme de la Ligue. Caché d'abord dans l'ombre, il se laissa voir davantage à mesure que Henri III se faisait plus mépriser, et lui plus estimer des masses populaires. Il tâchait d'être affable envers les petits, ami sûr, inexorable ennemi, généreux envers qui lui rendait service, aux cupides prodiguant de l'or, aux ambitieux de grandes promesses, aux bourgeois et aux artisans de Paris des prévenances qui flattaient leur vanité. Capable d'une

dissimulation profonde, il avait l'air ouvert et franc du
soldat. Grand capitaine, il connaissait encore mieux
l'art de gagner des victoires à propos que de les remporter. Il montrait beaucoup de zèle pour l'Eglise de
Rome, mais sans tomber dans les abjectes dévotions de
Henri III; et toujours attentif au soin de sa fortune, il
ne prenait de la religion que ce qui pouvait y servir.

L'un des clients de sa maison, Jacques d'Humières,
s'était mis en 1576 à recruter dans les villes de Picardie des adhérents à la Ligue, et l'association se répandit bientôt dans toutes les provinces. Il y eut quelques
différences dans les articles qu'on présentait à jurer et
à signer, mais le fond était partout le même : assurance
mutuelle entre les membres de l'union; obéissance absolue au chef secret de la Ligue; engagement de tout
sacrifier, corps et biens, pour exterminer les hérétiques
et rétablir l'unité de religion.

L'association se composait d'éléments bien distincts.
Pour les Guises, c'était une question d'agrandissement
et de pouvoir; pour une partie de la bourgeoisie et de
la magistrature, un moyen d'ordre public; pour une
autre partie, une précaution contre les représailles dont
pourraient user les calvinistes envers les égorgeurs et
les spoliateurs de la Saint-Barthélemy; pour les gens de
métier, une manifestation d'antipathie contre les huguenots; pour les prêtres enfin, une affaire de domination
religieuse. Il y avait là, comme il arrive toujours, les
hommes de bonne foi, qui se dévouaient au triomphe
d'une idée, et les ambitieux ou les hypocrites qui ex-
ploitaient la sincérité des autres. On faisait figurer les
plus modérés à l'avant-garde, de peur d'effaroucher les
âmes honnêtes; mais les plus exaltés se promettaient de
recueillir tous les fruits de la conspiration.

A Paris, le chanoine Launoy, les curés Prévôt et Boucher, et des aventuriers de toute sorte s'adressaient aux individus les plus infimes], ouvriers d'abattoir, mariniers, maquignons, portefaix, en leur disant que les huguenots voulaient couper la gorge à tous les bons catholiques, et que dix mille d'entre eux étaient cachés dans le faubourg Saint-Germain, prêts à commencer le massacre. Les clubs les plus forcenés se tenaient alors dans les églises; et les prêcheurs, moines ou docteurs de Sorbonne, poussaient le peuple aux plus sanglants excès, en attestant la volonté du ciel. Les mêmes provocations se répétaient dans tout le royaume, et la Ligue en prit une extension formidable.

Henri III, n'osant pas la combattre à face ouverte, crut faire un coup de maître en signant de sa propre main les articles de l'union; mais il ne fit que l'enhardir et s'avilir. De roi il devint le second des conjurés, et un conjuré méprisé de ses complices.

La Ligue demandait qu'il prononçât l'exhérédation du roi de Navarre, et nommât pour son héritier le cardinal de Bourbon, vieillard de plus de soixante ans, personnage d'esprit borné, de caractère faible, prêtre de peu de crédit, qui avait vécu dans des habitudes molles et dissolues. Ce cardinal eût préparé la place au duc de Guise. Henri III le savait; il savait aussi que les Lorrains n'attendaient que l'occasion de le faire tonsurer et enfermer dans un cloître, comme on avait fait des anciens rois fainéants.

Dans ce péril suprême, Henri III retrouva quelque courage, et refusa. Le royaume fut alors en proie à une anarchie sans nom. Plus d'autorité; plus de frein ni de lois. Les ligueurs publièrent des manifestes au ñom du cardinal de Bourbon, et s'emparèrent par trahison ou à

main armée de Toul, Verdun, Lyon, Châlons, Bourges,
et d'autres villes importantes. Henri III, qui n'avait point
d'armée à leur opposer, fit la paix avec le duc de Guise
aux dépens des huguenots. Il promit par le traité de Nemours, signé en 1585, de leur ôter non seulement l'exercice public de la religion, mais encore la liberté de
conscience. Ordre fut donné à tous les ministres de sortir du royaume dans le délai d'un mois, et à tous les réformés d'abjurer ou d'émigrer au bout de six mois, sous
peine de confiscation des biens et de mort. Le terme
fut même bientôt réduit à quinze jours, comme si l'on
eût voulu ôter à ces abjurations jusqu'à l'apparence de
la bonne foi!

C'était, en éteignant la guerre d'un côté, la rallumer
de l'autre. Il ne s'agissait plus ici de quelque misérable
querelle de cour; il y allait de la liberté, de la foi, de
la fortune, de l'existence de tous.

L'édit de Nemours parut devoir être si rigoureusement exécuté que le roi rejeta la requête de pauvres
femmes, qui sollicitaient la grâce de vivre avec leurs
enfants dans quelque coin de la France qu'il plairait à Sa
Majesté de leur assigner. Henri III leur promit seulement de les faire transporter sans offense ni dommage
en Angleterre. Il y eut même des femmes brûlées à Paris après le traité. On en était revenu aux atroces lois
de Henri II.

Certains réformés timides essayèrent de se réfugier
derrière des formules équivoques telles que celles-ci :
Puisqu'il plaît au roi, etc., et ils signaient de la sorte,
non une abjuration, mais un acte d'obéissance à la volonté royale. Les évêques s'en aperçurent, et usèrent de
rigueur dans les admissions. Il y en eut un, l'évêque
d'Angers, qui ordonna de ne recevoir les huguenots

qu'après une longue instruction et un diligent examen de leur foi. Ainsi, le prince leur enjoignait de se convertir en quinze jours, et le clergé repoussait ceux qui ne seraient pas bien pénétrés de toute la doctrine romaine. Etait-ce assez de contradictions ?

Henri III ne voulait pas, cependant, écraser entièrement le parti calviniste ; il aurait craint de donner trop de force à la Ligue et au duc de Guise. Son plus ardent désir était de ruiner chacun des deux partis par l'autre, et on l'entendait souvent répéter à demi-voix : « Je me vengerai de mes ennemis par mes ennemis. »

En voyant que le roi manquait de vigueur dans la poursuite des hérétiques, le pape Sixte-Quint perdit patience, et fulmina contre les Bourbons une excommunication que vingt-cinq cardinaux signèrent avec lui. Elle portait que Henri de Bourbon, jadis roi de Navarre, et Henri, aussi de Bourbon, prince de Condé, étant hérétiques, relaps en hérésie, et non repentants, étaient déchus de toutes leurs principautés, eux et leurs héritiers, à tout jamais. Si quelqu'un osait encore obéir à cette *génération bâtarde et détestable des Bourbons*, et reconnaître comme son souverain le ci-devant roi du prétendu royaume de Navarre, il devait encourir la même excommuniation. Jamais, dans ses plus violentes invectives contre le *ci-devant roi Louis Capet*, la Convention de 93 n'a manqué si complètement de mesure et de pudeur.

Le Béarnais répondit à cette bulle insolente, en faisant afficher, le 6 novembre 1585, dans tous les lieux publics de Rome, une protestation qui commençait ainsi : « Henri, par la grâce de Dieu, roi de Navarre, prince » souverain de Béarn, premier pair et prince de France, » s'oppose à la déclaration et excommunication de

» Sixte cinquième, soi-disant pape de Rome, la main-
» tient fausse, et en appelle comme d'abus à la cour
» des pairs de France. Et en ce qui touche le crime
» d'hérésie, duquel il est faussement accusé par la dé-
» claration, il dit et soutient que monsieur Sixte, soi-di-
» sant pape, en a faussement et malicieusement menti,
» et que lui-même est hérétique, ce qu'il fera prouver
» en plein concile libre et légitimement assemblé. » On
assure que Sixte-Quint, étonné d'un acte si hardi, commença depuis lors à estimer son adversaire.

XVII

Le prince de Condé fut le premier à cheval. Jeune
encore et plein de zèle pour la religion, il était impatient de mériter la haute place que lui donnait sa naissance. Mais il avait moins de talents militaires que de
courage; il traversa la Loire sur de fausses indications,
et s'étant avancé trop loin, il perdit, aux portes d'Angers, la première armée qui se fût liguée contre les ligueurs.

Dans le Languedoc, le duc de Montmorency (l'ancien
maréchal Damville) renoua son alliance avec le parti calviniste, et il n'y eut dans cette province que des rencontres de partisans. Lesdiguières, à la tête des huguenots du Dauphiné, s'empara de plusieurs places fortes,
et sut tenir toute la contrée en respect. Le roi de Navarre se maintint dans la Guyenne. Henri III le ménageait. Il lui fit proposer de changer de religion, afin
d'ôter à la Ligue son plus redoutable argument; et Catherine de Médicis, toujours prompte à ouvrir des négociations, vint en conférer avec le Béarnais, à la fin
de l'an 1586, au château de Saint-Bris, près de Cognac,

Mais ces finesses italiennes, pour cette fois, n'eurent aucun succès.

La guerre se poursuivit sans actions d'éclat jusqu'à la bataille de Coutras. Les deux armées se trouvèrent en présence le 20 octobre 1587. Elles offraient un singulier contraste. Du côté des calvinistes, cinq à six mille hommes seulement, mal vêtus, avec des peaux de buffles en lambeaux, n'ayant d'autre parure que leur fidèle épée et leur bonne cuirasse. Du côté des catholiques commandés par le duc de Joyeuse, dix à douze mille hommes, la fleur des courtisans, vêtus de soie et de velours, avec des armes ciselées d'argent et d'émail, la lance ornée de larges banderolles, la plume flottante, et portant sur leurs écharpes des devises de femmes. Les premiers étaient des soldats faits a la peine et au feu; les seconds, d'élégants chevaliers qui semblaient être venus pour assister à un tournoi.

Quelques jours avant la bataille, sur les instances du fidèle Mornay, Henri témoigna publiquement son repentir d'avoir porté le déshonneur dans une famille de La Rochelle. Et comme on lui disait que les ministres lui avaient tenu rigueur plus qu'il n'aurait fallu : « On ne peut, » répondit-il, « trop s'humilier devant Dieu ni trop braver les hommes. »

Au moment du combat, les réformés fléchirent le genou, et chantèrent le psaume CXVIII : *La voici, l'heureuse journée*, etc. « Par la mort, » s'écrièrent les gentilshommes du camp de Joyeuse, « ils tremblent, les poltrons, ils se confessent ! — Messieurs, » leur dit un vieil officier, « quand les huguenots font cette mine, ils sont prêts à se bien battre. »

Ils se battirent bien, en effet, et la déroute des catholiques fut complète. Le duc de Joyeuse y perdit la

vie avec la moitié de son armée. Le Béarnais fut humain
après la victoire ; il ordonna de prendre soin des blessés, renvoya presque tous les prisonniers sans rançon,
et témoigna sa douleur d'une si grande effusion de sang
français.

A la nouvelle de cette défaite, la Ligue redoubla de
colère contre Henri III, et les docteurs de Sorbonne
décidèrent dans un conciliabule qu'on pouvait ôter la
couronne à un prince incapable, comme on ôte l'administration à un tuteur suspect. Tous les regards se tournèrent vers le duc de Guise, qui venait de tailler en
pièces une nombreuse armée de reîtres envoyés d'Allemagne au secours des huguenots.

La popularité du Balafré en devint immense. Le pape
lui envoya une épée bénite ; Philippe II et le duc de
Savoie lui adressèrent des félicitations, et les Parisiens,
excités par la voix des prêtres, le proclamaient le sauveur de l'Eglise.

Il se montra reconnaissant de l'appui du clergé ; car,
dans une assemblée de famille tenue à Nancy, il fit décider qu'on proposerait au roi de publier les canons du
concile de Trente, et d'instituer en France la sainte Inquisition : « propre moyen, » disait le manifeste, « de
se défaire des hérétiques, pourvu que les officiers de
l'Inquisition fussent étrangers. »

De l'enthousiasme des prêtres et du peuple sortit la
journée des Barricades, le 12 mai 1588. Henri de Guise
fut porté en triomphe jusqu'au Louvre ; et le roi, menacé dans sa liberté même, prit la fuite sous un habit de
campagne, avec quelques valets de pied, jurant dans
son cœur la mort de celui qu'il appelait le *roi de Paris*.

Cinq mois après, il ouvrit les seconds Etats généraux
de Blois, qui étaient tout peuplés de ligueurs. Il attesta

par les serments les plus solennels qu'il voulait travailler
à l'extirpation totale de l'hérésie, et que nul n'y serait
plus enflammé que lui. Mais on ne croyait point à sa
parole. Le duc de Guise possédait seul la confiance des
Etats ; et n'avait plus qu'un degré à monter pour s'asseoir sur le trône de France.

Henri III le prévint, en le faisant assassiner, le 23 décembre, par ses gentilshommes. « Eh ! mes amis, eh ! mes
amis, » criait le Balafré en se sentant frappé du stylet,
« miséricorde ! » Quand tout fut fini, le roi sortit de son
cabinet. Il demanda à l'un des meurtriers : « Te semble-
t-il qu'il soit mort, Loignac ? — Je crois que oui, sire, car
il a la couleur de mort. » Et Henri III, ayant un moment
contemplé sa victime, lui donna un coup de pied au visage. S'il était resté au duc de Guise un dernier souffle
de vie, il se serait souvenu du meurtre de Coligny.

Henri III descendit vers sa mère que la maladie retenait dans son lit. « Le roi de Paris n'est plus, madame, »
lui dit-il ; « je régnerai désormais tout seul ; je n'ai plus
de compagnon. — C'est bien coupé, mon fils, » répondit Catherine, « mais il faut coudre ; avez-vous pris
vos précautions ? »

Elle mourut elle-même douze jours après, laissant son
dernier fils avec une couronne à demi brisée, le royaume
en feu, et la nation aux abois. Catherine de Médicis
n'emporta dans sa tombe que l'exécration des calvinistes
et le dédain des catholiques. « Nul ne se soucia d'elle,
» ni de sa maladie ni de sa mort, » dit l'Estoile, « et
» l'on ne fit pas plus compte que d'une chèvre morte. »
Lincestre, un des prêcheurs de la Ligue, dit au peuple
en lui annonçant cette nouvelle : « Aujourd'hui se présente une difficulté, savoir si l'Eglise doit prier pour elle
qui a vécu si mal, et soutenu souvent l'hérésie : sur

quoi, je vous dirai que si vous voulez lui donner à l'aventure, par charité, un *Pater* et un *Ave*, il lui servira de ce qu'il pourra. » Voilà le fruit de trente ans d'intrigues, de trahisons et de crimes.

Le meurtre du duc de Guise creusa un abîme entre le roi et les ligueurs. Soixante et dix théologiens de Sorbonne, après avoir entendu la messe du Saint-Esprit, délièrent le peuple du serment de fidélité. Les prêtres firent une procession de cent mille enfants qui portaient des cierges allumés, et les éteignaient sous leurs pieds en disant : « Dieu permette qu'en bref la race des Valois soit entièrement éteinte ! » Du haut des chaires on vomissait d'horribles imprécations contre Henri III ; on enseignait ouvertement le régicide, et l'un des prêcheurs déclara que la France ne se relèverait de sa maladie que par un breuvage de sang français.

Réduit à la plus grande extrémité, et forcé de s'enfermer dans la ville de Tours comme dans son dernier asile, Henri III tendit la main aux calvinistes qui tenaient la campagne de l'autre côté de la Loire.

Ceux-ci n'avaient fait dans les derniers temps aucune entreprise considérable. Ils avaient perdu, au mois de mars 1588, Henri de Condé, leur second chef par le rang, le premier peut-être par la confiance qu'il leur inspirait. Ce prince mourut à Saint-Jean-d'Angély, à l'âge de trente-quatre ans. Sa fin si prompte, et accompagnée de symptômes étranges, donna lieu à des soupçons d'empoisonnement, qui furent confirmés à l'ouverture du corps. On en accusa sa femme, la princesse Charlotte de la Trémoille, nouvelle convertie, qui était entourée d'une famille de catholiques exaltés. Cette affaire, portée plus tard devant le parlement de Paris, ne fut jamais bien éclaircie.

Pendant que la Ligue tenait ses Etats généraux à Blois, les calvinistes avaient convoqué une assemblée politique à La Rochelle. Elle s'ouvrit, le 14 novembre 1588, dans la maison de ville. Le roi de Navarre y était avec le vicomte de Turenne, le prince de la Trémoille et les autres seigneurs du parti. Il y eut plus d'ordre et de respect pour l'autorité dans cette assemblée que dans celle de Blois. On y fit des règlements sur l'administration de la justice, les finances, la levée des soldats, la discipline militaire, et sur tous les objets qui intéressaient la cause commune. Avant de se séparer, les députés adressèrent à Henri III une requête où ils demandaient le rétablissement de l'édit de Janvier.

Après la mort du duc de Guise, le Béarnais adressa un manifeste aux trois états de France, dans lequel il protestait qu'il était toujours fidèle à ce qu'il devait au roi, et invitait les Français à la concorde. « Je vous » conjure donc tous, par cet écrit, » disait-il en terminant, « autant catholiques, serviteurs du roi, comme ceux » qui ne le sont pas, je vous appelle comme Français, » je vous somme que vous ayez pitié de cet Etat et de » vous-mêmes. Nous avons tous assez fait et souffert » de mal. Nous avons été quatre ans ivres, insensés et » furieux. N'est-ce pas assez ? Dieu ne nous a-t-il pas » assez frappés, les uns et les autres, pour nous rendre » sages à la fin et pour apaiser nos furies ? »

Bien que les deux rois eussent un égal intérêt à se rapprocher, on éprouva de part et d'autre de longues hésitations. Henri III pouvait-il donner la main à ses plus anciens ennemis ? Ne justifierait-il pas, en les appelant à son aide, tous les reproches des ligueurs, qui l'accusaient de n'avoir jamais cessé de s'entendre avec les huguenots ? Et les calvinistes, de leur côté, ne sa-

vaient-ils pas que la haine de Henri III contre l'hérésie
subsistait tout entière, et que jamais il ne se réconcilie-
rait sincèrement avec les frères et les fils de ceux qu'il
avait fait massacrer à la Saint-Barthélemy? Pouvaient-ils
oublier cette inconcevable, cette honteuse parole de
Henri III devant les Etats de Blois, que lors même
qu'il promettrait, par les plus grands serments, d'épargner les hérétiques, on ne devrait pas l'en croire?
Mais ces mutuelles répugnances durent céder à la nécessité.

Le 30 avril 1589, les deux rois eurent une première
entrevue au château de Plessis-lès-Tours, vieux manoir
de Louis XI. Le Béarnais fit passer l'eau à une partie
de sa noblesse, et entra dans le bateau avec ses gardes.
Pendant le trajet, il ne dit que ces mots au maréchal
d'Aumont qui était venu le chercher de la part du roi :
« Monsieur le maréchal, je vais sur votre parole. » Arrivé à l'autre bord, il fléchit le genou devant Henri III,
qui le releva en l'embrassant.

Le même jour, il écrivit à Mornay : « La glace a été
rompue, non sans nombre d'avertissements que, si j'y
allais, j'étais mort. » Son intègre serviteur lui répondit :
« Sire, vous avez fait ce que vous deviez, et ce que nul
ne vous devait conseiller. »

Dès lors les affaires de Henri III prirent une favorable tournure. Les ligueurs furent battus dans plusieurs
rencontres. Une armée de quarante-deux mille hommes,
commandée par les deux rois, s'avança jusqu'aux portes
de Paris, et se disposait à donner un assaut général. Le
duc de Mayenne n'avait que huit mille soldats décou-
ragés. Les meneurs de la Ligue commençaient à perdre
tout espoir ; les prêtres étaient atterrés ; les réformés
comptaient sur un meilleur avenir, lorsque le couteau

d'un moine dominicain, Jacques Clément, vint renverser à la fois les espérances et les craintes de tous les partis.

Henri III mourut de sa blessure au bout de dix-huit heures, le 10 août 1589. En lui finit la race des Valois. François Ier eut une mort honteuse ; Henri II fut mortellement blessé dans un tournoi ; François II n'atteignit pas l'âge d'homme ; Charles IX expira dans les convulsions d'une maladie inconnue ; le duc d'Alençon s'éteignit dans la débauche et l'opprobre : Henri III périt assassiné. Les Valois portent au front l'ineffaçable marque de la Saint-Barthélemy (1).

Si l'histoire ne doit pas être un simple objet de curiosité, il convient de dire quelles étaient les idées religieuses et les mœurs de cette cour où dominait une fanatique intolérance.

On se donnait rendez-vous chez les astrologues, après la messe, pour composer des philtres et des poisons. Tous les arts magiques, tous les sortilèges, apportés d'Italie par Catherine de Médicis, étaient en honneur. Les courtisans avaient dans leurs cabinets de petites figures de cire, et leur perçaient le cœur avec des épingles, en prononçant des paroles cabalistiques, afin, croyaient-ils, de faire mourir leurs ennemis.

Les cérémonies de la religion servaient à provoquer les passions les plus viles et les plus sanguinaires. Les sermons des prêtres de la Ligue étaient comme des torches qui allumaient l'incendie dans tout le royaume. Les processions étaient destinées à exalter la férocité de la populace, et offraient souvent des spectacles impies et

---

(1) Voir sur cette époque le *Règne de Henri III*, par Mézeray, 3 vol. in-8. Le nouvel éditeur, M. Scipion Combet, y a joint un précis de l'histoire des protestants de France, depuis les commencements de la Réformation jusqu'à la loi du 18 germinal an X. Ce travail est solide et pourra être lu avec fruit.

cyniques. A Chartres, après la journée des Barricades, un capucin représentait devant Henri III le Sauveur montant au Calvaire. Il s'était fait 'peindre des gouttes de sang qui semblaient couler de sa tête couronnée d'épines ; il paraissait traîner avec peine une croix de carton peinte, et se laissait tomber par intervalles en poussant des cris lamentables. A Paris, après l'assassinat du duc de Guise, hommes, femmes, jeunes filles, couverts seulement d'une chemise ou d'un linceul, faisaient des processions la nuit ; et au milieu des chants sacrés, ils se livraient à des saturnales dignes du monde païen dans ses plus mauvais jours.

Les soldats de la Ligue, qui portaient des armes bénies par les prêtres, commettaient des actes infâmes jusque sur les degrés des autels catholiques. On ne racontera pas ce qu'ils firent dans l'église de Saint-Symphorien, dans celle d'Arquenay, et dans une foule d'autres.

Religion du roi, religion de la cour, religion du clergé, religion du peuple et des soldats : misérable dérision.

Les mœurs étaient au même niveau. Le cardinal de Lorraine et la plupart des prélats violaient effrontément toutes les lois de la pudeur. Le Balafré sortait d'une nuit de débauche quand il fut assassiné. Marguerite de Valois, la princesse de Condé, les duchesses de Nemours, de Guise, de Montpensier, de Nevers, vivaient d'une vie immonde. Deux d'entre elles se firent apporter les têtes de leurs amants décapités, les baisèrent, les embaumèrent, et chacune garda la sienne dans ses reliques d'amour. On sait comment la duchesse de Montpensier, sœur de Henri de Guise, raffermit le bras de Jacques Clément.

Partout le hideux mélange du sang et de la superstition. Les grands seigneurs avaient des assassins et des duellistes à gages, qui s'entre-tuaient par passe-temps, sans remords, sans pitié, chaque jour, deux contre deux, quatre contre quatre, cent contre cent, et l'on pouvait aussi aisément se procurer l'adresse d'un tueur ou d'un empoisonneur qu'on le fait aujourd'hui de celle d'un hôtelier.

Pour dernier trait, l'assassin, le régicide Jacques Clément fut canonisé dans toutes les chaires comme *le bienheureux enfant de Dominique*, *le saint martyr de Jésus-Christ*. Son portrait fut placé sur les autels avec ces mots : *Saint Jacques Clément*, *priez pour nous.* Quand sa mère vint à Paris, les moines lui appliquèrent cette parole de l'Evangile : *Heureux le sein qui t'a porté, et les mamelles qui t'ont allaité !* Et le pape Sixte-Quint, chose infâme entre toutes, déclara en plein consistoire que l'action du martyr Jacques Clément était comparable, pour le salut du monde, à l'incarnation et à la résurrection de Jésus-Christ (1).

Une Eglise qui a prononcé de tels blasphèmes par la bouche de son chef doit en demander perpétuellement pardon à Dieu et aux hommes. Elle doit aussi bénir le principe de la tolérance que lui ont imposé la Réforme et la philosophie ; car c'est lui seul qui l'empêche de retomber jusque-là.

XVIII

La religion ne fut que l'accessoire dans la guerre de Henri IV contre la Ligue, et dans les autres événements

---

(1) Voir de Thou, l. XCVI, t. VII, p. 495, et les mémoires du seizième siècle. Parmi les modernes, voir les *Etudes historiques* de M. de Châteaubriand, t. IV, p. 371. « Il importait à ce pape, » dit-il à propos de ces comparaisons sacrilèges, « d'encourager des fanatiques prêts à tuer des rois au nom du pouvoir papal. »

de cette époque. Nous n'avons pas à les raconter : ils appartiennent à l'histoire générale du pays, non à la nôtre.

Trente ans plus tôt, l'avènement d'un prince calviniste à la couronne eût peut-être fait dominer la Réforme en France ; mais en 1589 tout était changé. Loin d'en devenir meilleures, les affaires des réformés y furent compromises, Henri de Navarre pouvait, comme lieutenant de Henri III, dicter ses conditions ; il dut, comme roi, subir celles des catholiques. Il avait à redouter leur désertion, tandis qu'il ne craignait pas d'être abandonné par ses coreligionnaires. Aussi fit-il peu pour les siens, beaucoup pour les autres, selon cette vieille maxime de cour, qu'il faut contenter ses ennemis aux dépens des amis dont on est sûr.

Avant de lui prêter serment de fidélité, les seigneurs catholiques demandèrent qu'il rentrât dans la communion de l'Eglise romaine. Ce fut le marquis d'O, surintendant des finances, qui porta la parole : singulier choix pour une mission religieuse ! Cet ancien mignon de Henri III, l'un des hommes les plus méprisables et les plus méprisés du royaume, avait révolté les courtisans même par le double cynisme de son langage et de sa conduite. Il attesta pourtant, au nom de la noblesse, qu'il aimerait mieux se jeter sur son épée que de laisser ruiner le catholicisme en France.

Henri IV refusa de changer immédiatement de religion. « Auriez-vous plus agréable, » dit-il à la noblesse catholique, « un roi sans Dieu ? Vous assurerez-vous en la voix d'un athée ? et au jour des batailles, suivrez-vous de bon cœur la bannière d'un parjure et d'un apostat ? » Après de longs pourparlers, il promit seulement de se faire instruire dans le délai de six mois.

Ces mots étaient entendus de deux manières très différentes. La promesse de se faire instruire équivalait pour les catholiques à l'engagement de rentrer dans l'Eglise de Rome ; pour les réformés, au contraire, ce n'était que le devoir d'examiner de nouveau les points de controverse, et d'adopter sincèrement le parti de la vérité. Quant à Henri IV, il paraît qu'il avait déjà résolu de se laisser instruire, non par les docteurs, mais par les événements.

Au bout de quelques semaines, son armée se réduisit presque à rien. De quarante mille hommes il n'en conserva que six à sept mille, et fut forcé de se replier sur la Normandie. Le duc d'Epernon et d'autres chefs catholiques s'étaient retirés avec leurs troupes, disant qu'ils ne pouvaient pas servir sous un chef huguenot. Ceux qui restaient voulaient faire payer leur concours par de grandes faveurs personnelles. Les chefs des calvinistes furent plus fidèles et moins exigeants. On distinguait parmi eux le duc de Bouillon, souverain de la principauté de Sedan ; François de Châtillon, fils de l'amiral Coligny, le duc Claude de la Trémoille ; Jacques Caumont de la Force ; Agrippa d'Aubigné ; Lanoue, Rosny et Mornay. Ce dernier avait une grande part dans la confiance de son maître.

Philippe de Mornay, seigneur du Plessis, était né au château de Buhi, dans l'ancien Vexin francais, en 1549, et fut élevé par sa mère dans les doctrines de la Réforme. Il n'avait pas encore douze ans qu'il répondit à un prêtre qui l'exhortait à se tenir en garde contre les opinions des luthériens : « Je suis résolu de demeurer ferme dans ce que j'ai appris du service de Dieu, et quand je douterai de quelque point, je lirai diligemment les Evangiles et les Actes des Apôtres. »

Son oncle, évêque de Nantes, et depuis archevêque

de Reims, lui conseilla de lire les Pères de l'Eglise, et lui offrit avec les revenus d'une riche abbaye la perspective de succéder à son siège. Mornay lut les Pères qui, loin de le détourner de sa foi, l'y affermirent, et il dit . à son oncle, en refusant l'abbaye : « Je m'en remets à Dieu pour ce qu'il me faut. »

Il ne démentit point dans la suite le désintéressement de sa jeunesse. Animé de fortes et invariables convictions, modeste dans la prospérité, patient dans l'adversité, toujours prêt à mettre ses biens et sa vie au service de sa foi, Duplessis-Mornay a fait voir au monde l'un des plus grands et des plus intègres caractères qui aient honoré l'Eglise chrétienne. On l'a surnommé le pape des huguenots ; il eût mieux valu dire qu'il en fut le modèle.

Ses talents égalaient sa piété. Homme de guerre, homme de conseil, diplomate, orateur, publiciste, docte théologien ,. écrivain habile , travaillant quatorze heures par jour, et déployant dans les choses les plus diverses une égale supériorité, on ne saurait indiquer un genre de mérite dans lequel il n'ait point excellé, si ce n'est celui d'avancer sa propre fortune.

Echappé comme par miracle au massacre de la Saint-Barthélemy, Mornay se réfugia en Angleterre où il reçut de la reine Elisabeth un bienveillant accueil. Le duc d'Anjou, devenu roi de Pologne, voulant donner des gages de tolérance aux Polonais protestants, lui fit proposer une place dans ses conseils. « Je n'entrerai jamais, » dit-il, « au service de ceux qui ont versé le sang de mes frères. »

L'appel du Béarnais le trouva mieux disposé à y répondre. Il alla trouver ce prince, alors pauvre et faible, dans sa petite cour d'Agen ; et ces deux hommes, si différents de caractère, d'habitudes et de conduite, se lièrent d'une affection qui fut plus d'une fois troublée, jamais entièrement éteinte. Henri avait besoin de Mornay, de sa prudence, de son dévouement, de sa sévérité même ; et Mornay, quelques reproches qu'il eût à lui faire, voyait dans son maître l'homme suscité d'en-haut pour défendre la cause réformée.

Ses fonctions à la cour d'Agen et de Nérac étaient aussi multiples que son génie. Dans les petites guerres continuellement renaissantes entre Henri III et le Béarnais, il faisait le métier de capitaine, d'ingénieur, de maître de camp, de chef des finances de l'armée, et au lieu d'y gagner, il y mettait beaucoup du sien. Puis, sous la tente, il prenait la plume et rédigeait avec une admirable promptitude notes diplomatiques, mémoires, manifestes, réponses aux catholiques, remontrances aux réformés. Dans les conseils, il préparait les discours du roi de Navarre, et lui fournissait les arguments propres à contenter des hommes ombrageux et défiants.

Il allait aussi à la cour de France pour y défendre les intérêts de ses coreligionnaires. Henri III lui demanda un jour comment un homme de sa science et de sa capacité pouvait être huguenot. « N'avez-vous jamais lu, » lui dit-il, « les docteurs catholiques ? — Non seulement j'ai lu les docteurs catholiques, » répondit Mornay, « mais je les ai lus avec passion ; car je suis chair et sang comme un autre, et je ne suis pas né sans ambition. J'eusse été bien aise de trouver de quoi flatter ma conscience, afin que je pusse participer aux biens et honneurs que vous distribuez, et dont m'exclut ma religion. Mais partout j'ai trouvé de quoi fortifier ma croyance, et il a fallu que le monde cédât à la conscience. » Nobles paroles, bien étranges dans la cour des Valois et de Catherine de Médicis.

Après la mort de Henri III, Mornay fut auprès de Henri IV l'organe de ceux qui avaient la foi la plus décidée et les plus droites intentions, des réformés consistoriaux.

Le baron de Rosny, plus tard duc du Sully, représentait le parti des calvinistes politiques, ou *moyenneurs*. Grand ministre d'Etat, financier habile et probe, il a plus que personne réparé les malheureuses suites des guerres civiles sous le règne de Henri IV, et si les peuples mesurent la gloire aux bienfaits, la sienne doit être immense. Il savait aussi montrer un mâle courage, quand il fallait empêcher le Béarnais de compromettre la dignité de sa couronne pas ses faiblesses. Mais dans les choses religieuses, il manquait de conviction ; et sans sortir lui-même des Eglises de la Réforme, il a puissamment contribué à en faire sortir son roi. « il était, » dit un de nos historiens, « de ces esprits forts qui se met- » tent au-dessus de tout quand il s'agit du service de » Dieu ; de sorte que sa religion n'avait que des appa- » rences ; encore étaient-elles fort superficielles (1). »

Les vieux chefs huguenots étaient en grand nombre autour de Henri IV à la bataille d'Ivry, et il se ressouvint, à l'heure du danger, des enseignements de sa pieuse mère. Levant les yeux au ciel, il prit Dieu à témoin de son droit. « Mais, Seigneur, » dit-il, « s'il t'a plu en » disposer autrement, ou que tu voies que je dusse » être de ces rois que tu donnes en ta colère, ôte-moi » la vie avec la couronne, et que mon sang soit le der- » nier versé dans cette querelle. »

La bataille fut gagnée. Cependant les calvinistes n'en restèrent pas moins dans une situation incertaine et cri-

---

(1) Elie Benoît, *Hist. de l'édit de Nantes*, t. I, p. 121.

tique. Point d'état légal ; une simple possession de fait dans les lieux ou ils étaient assez forts pour se défendre, nulle part la possession de droit. Aucun édit, rendu selon les formes régulières, n'avait aboli les arrêts d'extermination prononcée contre eux. Les parlements pouvaient, aux termes, des ordonnances, décréter les calvinistes de prise de corps, les juger, les condamner au bannissement ou à la peine capitale. Le roi faisait célébrer le culte réformé dans son camp ; à deux lieues de là on le punissait comme un crime. Duplessis résumait cette situation en deux mots : « Ils avaient toujours la corde au cou. »

Plusieurs s'en plaignirent ; et voyant que leurs requêtes étaient dédaignées, ils proposèrent, dans une assemblée tenue à Saint-Jean-d'Angély, de choisir un autre *protecteur* pour les Eglises. Henri IV en fut blessé ; mais le fidèle Mornay lui répondit par d'énergiques représentations : « Quoi ! on ne veut pas révoquer authentiquement les édits de proscription, et l'on conseille aux réformés d'être patients ! Ne l'ont-ils pas été depuis cinquante années ? et le service du roi exige-t-il qu'ils soient patients dans des choses de cette nature ? Les enfants ne doivent-ils pas être baptisés ? les mariages ne seront-ils pas bénis ? Chaque heure de retard amène des troubles et des souffrances. Si trois familles prient ensemble pour la prospérité du roi, si un artisan chante un psaume dans sa boutique, ou qu'un libraire vende une Bible en français, voilà des arrêts de persécution. Les juges répondent que la loi est ainsi. Eh bien ! la loi doit être changée. A de tels maux il faut de prompts remèdes. »

Le roi comprit qu'il y aurait pour lui un double péril à persister dans son déni de justice : au-dedans, parce que les réformés chercheraient enfin une autre protection

que la sienne; au-dehors, parce que les puissances protestantes lui refuseraient leur appui. Il fit donc adopter
dans son conseil, au mois de juillet 1591, un édit de
tolérance connu sous le nom d'édit de Mantes, qui ré-
tablissait les réformés dans l'état où ils étaient en 1577 :
concession bien médiocre, puisqu'on n'accordait pas
plus que n'avait fait Henri III. Encore cette ordonnance
ne passa-t-elle point sans difficulté, et ne fut-elle jamais
bien observée, surtout en ce qui concernait l'admission
aux charges publiques.

On jugera par le trait suivant du fanatisme qui régnait
dans le camp même de Henri IV. Plusieurs calvinistes
ayant été tués au dernier siège de Rouen, on les avait
ensevelis pêle-mêle avec les catholiques; mais les prêtres les firent déterrer, et ordonnèrent de jeter leurs
corps en pâture aux bêtes des champs. Ainsi, des hommes qui avaient combattu sous le même drapeau ne
pouvaient pas dormir dans la même poussière.

XIX

La Ligue, cependant, à mesure qu'elle se sentait plus
faible, redoublait de violence. Elle avait appelé à Paris
des bandes de soldats espagnols et napolitains, et les
prêcheurs, dans un langage obscène ou atroce, demandaient des milliers de têtes. Le prieur de Sorbonne,
Jean Boucher, disait qu'il fallait mettre la main au couteau et tout tuer, tout exterminer; l'évêque Rose, qu'une
saignée de la Saint-Barthélemy était encore nécessaire,
et que par là on couperait la gorge à la maladie; le jésuite Commolet, que la mort des politiques était la vie
des catholiques, et le curé de Saint-André, qu'il mar-
cherait le premier pour les égorger.

Le pape Grégoire XIV envoya, dans le même temps des monitions aux catholiques de France, menaçant de griéves peines ceux qui avaient prêté serment de fidélité à Henri de Béarn, l'hérétique et l'excommunié. Ces bulles, dignes du siècle de Robert le Dévot, parurent si énormes que les parlements de Tours et de Châlons les déclarèrent scandaleuses, séditieuses, contraires aux droits de l'Eglise gallicane, et lee firent brûler par la main du bourreau.

Mais les six mois au bout desquels Henri IV avait promis de se faire instruire étaient depuis longtemps écoulés. Il y avait près de quatre ans qu'il tenait la campagne, sans avoir vu de progrès sensibles dans ses affaires. Tous les catholiques qui s'étaient attachés à sa fortune le pressaient instamment de changer de religion : les évêques, parce qu'ils étaient impatients de recevoir la récompense de leurs services ; les hommes parlementaires et les membres du conseil privé, parce qu'ils comprenaient mieux la raison d'Etat que des scrupules de conscience. La plupart, du reste, étaient disposés à se contenter de la forme ; il leur suffisait qu'ont pût dire aux masses populaires que le roi de France allait à la messe.

L'abbé Duperron, depuis évêque d'Evreux et cardinal, homme intrigant et délié, orateur disert, parlait dans ce sens à Henri IV, faisant avec lui peu de théologie et beaucoup de politique.

Gabrielle d'Estrées y ajoutait le poids d'une influence plus directe et plus intime. Elle n'aimait pas les calvinistes qui lui avaient souvent adressé de sévères paroles. Le Béarnais, d'ailleurs, subjugué par sa follē passion, lui avait laissé entrevoir la moitié d'un trône. Or, *pour se remarier il devait se démarier*, ce que le pape seul pouvait lui permettre de faire sans exciter de scandale.

Le roi lui-même, dont *l'âme s'était détrempée dans les voluptés*, selon l'énergique expression d'un contemporain, et qui n'avait jamais eu de bien solides principes religieux, n'attendait que le jour et l'occasion. La seule question pour lui, depuis son avènement à la couronne, était d'abjurer à propos, c'est-à-dire en gagnant les catholiques sans perdre les réformés.

Parmi ceux-ci, beaucoup de gentilshommes, fatigués de la guerre, se montraient de bonne composition. Sully leur en donnait l'exemple. « De vous conseiller d'aller à la messe, » disait-il à Henri IV, « c'est chose que vous ne devez pas, ce me semble, attendre de moi, étant de la religion ; mais bien vous dirai-je que c'est le prompt et facile moyen de renverser tous les malins projets. Vous ne rencontrerez plus tant d'ennemis, peines et difficultés en ce monde ; quant à l'autre, poursuivit-il en riant, je ne vous en réponds pas. » Sur quoi le roi se prit à rire aussi.

Sully raconte dans ses *Economies royales* comment il avait imaginé une théorie qui permettait de passer, en toute sûreté de conscience, de la communion réformée à l'Eglise romaine. Le roi l'ayant fait appeler un jour de grand matin, le fit asseoir près de son lit, et lui demanda conseil. Sully invoqua d'abord des raisons politiques ; et comme *le roi se grattait la tête dans une grande perplexité*, il continua en ces termes : « Je tiens pour in-
» faillible qu'en quelque sorte de religion dont les hom-
» mes fassent profession extérieure, s'ils meurent en
» l'observation du Décalogue, créance au symbole des
» apôtres, aiment Dieu de tout leur cœur, ont charité
» envers leur prochain, espèrent en la miséricorde de
» Dieu, et d'obtenir le salut par la mort, le mérite et la

» justice de Jésus-Christ, ils ne peuvent faillir d'être
» sauvés. »

C'est là ce qui a fourni à Henri IV son fameux argument du parti le plus sûr, les catholiques affirmant qu'il
n'y a de salut que dans leur communion, et les calvinistes avouant qu'on peut se sauver hors de la leur. On
verra du premier abord que la question avait été mal
posée par Sully : il s'agissait, non de la foi seulement,
mais de la bonne foi ; et lorsque tout en parlant de
mourir dans l'observation du Décalogue qui défend le
faux témoignage, il conseillait au roi de faire un acte de
fraude et d'hypocrisie, la moitié de son argumentation
renversait l'autre. Evidemment il ne pouvait convaincre
qu'un esprit déjà convaincu par des raisons d'un ordre
tout différent.

Duplessis donnait des conseils en sens contraire, et
avait pris au sérieux l'instruction du roi. Il voulait faire
discuter devant lui les points de religion par les docteurs les plus accrédités, et recommencer en quelque
manière le colloque de Poissy. Il avait invité les principaux théologiens de la Réforme à étudier, chacun, l'une
des questions de controverse, afin que tous arrivassent
bien armés devant leurs adversaires. Henri IV, « le plus
rusé et le plus madré prince qui fût au monde, » dit
Agrippa d'Aubigné, qui avait vécu trente ans dans son
intimité, laissa faire Mornay, et l'engagea même à choisir ses champions sans retard.

Les seigneurs catholiques y furent trompés, et offrirent à Mornay vingt mille écus, à condition qu'il ne ré-
veillerait plus les scrupules du roi. « La conscience de
mon maître n'est pas à vendre, » leur dit-il, « et aussi
peu la mienne. » Belle réponse ; malheureusement elle
n'était vraie que d'un côté.

Désespérant de le séduire, les politiques supplièrent Henri IV de l'éloigner de sa personne. Mais survenant tout à coup dans un de leurs conciliabules : « Il est dur, messieurs, » dit Mornay, « d'empêcher un maître de parler à un fidèle serviteur. Les propos que je lui tiens sont de telle sorte que je les lui puis prononcer à haute voix devant vous tous. Je lui propose de servir Dieu en bonne conscience, de l'avoir devant les yeux en toute action, d'apaiser le schisme qui est en son Etat par une sainte réformation de l'Eglise, d'être un exemple à toute la chrétienté, à toute la postérité. Sont-ce là choses à dire sous la cheminée ? Vous voudriez que je lui conseillasse d'aller à la messe ? Vous lui faites tort de croire qu'il en fît rien pour cela. De quelle conscience le lui conseillerais-je, si je n'y vais le premier ? et quelle religion, si elle se dépouille comme une chemise ? »

Etonné de tant de courage et de vertu, le maréchal d'Aumont s'écria : « Vous valez mieux que nous, monsieur Duplessis, et si j'ai dit, il y a deux jours, qu'il fallait vous donner du pistolet dans la tête, je dis aujourd'hui tout au rebours qu'il vous faut dresser une statue. »

On sera surpris que le judicieux Mornay, qui avait vu le roi de si près et depuis si longtemps, ait eu une si bonne opinion de sa fermeté. Mais il avait la naïveté sublime des hommes de grande foi; et puis Henri IV apporta dans cette affaire, on a regret à le dire du plus populaire de nos rois, une duplicité consommée. Il était allé jusqu'à inviter les réformés de France à se mettre en jeûnes et en prières pour supplier Dieu de bénir les prétendues conférences qui allaient s'ouvrir, et il avait dit aux pasteurs assemblés à Saumur : « Si vous apprenez de moi quelque excès, vous pouvez en croire quel-

que chose; car je suis homme, sujet à de grandes infirmités; mais si l'on vous dit que je me suis détraqué de
la religion, n'en croyez rien : j'y mourrai! » A trois
mois de là, il abjurait à Saint-Denis.

Le 22 juillet 1593, l'archevêque de Bourges et d'autres dignitaires du clergé romain se rendirent auprès du
roi. Il avait été convenu qu'ils parleraient seuls. On en
a une curieuse preuve dans une lettre où l'évêque de
Chartres était averti qu'il pouvait *venir en assurance*,
sans se mettre en peine de théologie. Pour plus de sûreté,
on avait éloigné Mornay.

Plus tard Henri IV expliqua par une pointe l'exclusion
des pasteurs. Son parti était pris d'avance, disait-il;
pourquoi donc exposer les avocats de la Réforme à une
infaillible défaite! S'ils étaient venus aux conférences,
les évêques se vanteraient de les avoir vaincus; en n'y
venant pas, les pasteurs conservaient le droit de dire
qu'ils n'avaient pas été entendus. C'est ainsi que se traitent quelquefois les plus sérieuses affaires de ce monde.

Le 23 juillet, l'archevêque de Bourges fit au roi un
discours qui dura de six à onze heures du matin. Le
Béarnais ne l'interrompit de temps à autre que pour demander quelques éclaircissements; au reste, s'il élevait
une objection, il prenait soin d'ajouter qu'il se soumettait entièrement à l'autorité de l'Eglise romaine : méthode
plus digne d'un philosophe railleur que d'un roi. C'était
une scène arrangée d'avance. Henri IV avait écrit à
Gabrielle d'Estrées : « Je commence ce matin à parler
» aux évêques. Ce sera dimanche que je ferai le saut
» périlleux. »

On avait préparé un acte d'abjuration dans lequel le
roi rejetait l'une après l'autre toutes les doctrines de la
foi réformée. Mais il ne voulut point le signer, et l'on se

contenta d'une vague adhésion en six lignes aux articles
de l'Eglise romaine. Néanmoins, par une fourberie qui
ressemble à un acte de faussaire, et qui peint les mœurs
du temps, Loménie contrefit la signature du roi sur le
premier des deux formulaires qui devait être envoyé au
pape.

Le dimanche, 25 juillet 1593, à huit heures du matin,
le roi se présenta au grand portail de l'église Saint-Denis, accompagné des princes et des officiers de la couronne. A l'entrée étaient les prélats qui l'attendaient
avec la croix, le livre des Evangiles et l'eau bénite.
« Qui êtes-vous ? lui dit l'archevêque de Bourges. —
Je suis le roi. — Que demandez-vous ? — Je demande
à être reçu au giron de l'Eglise catholique, apostolique
et romaine. — Le voulez-vous *sincèrement* ? Oui je le
veux et le désire. » Alors, se mettant à genoux, il prononça la formule convenue, et l'archevêque lui donna
l'absolution et la bénédiction. Les prêtres chantèrent la
grand'messe, et pour terminer la cérémonie, le cardinal de
Bourbon apporta au roi le livre des Evangiles à baiser.

Voilà ce qu'on a nommé la conversion de Henri IV ;
affaire de politique, influence de femmes, fiction de prêtres, fausseté du commencement à la fin.

XX

L'acte d'abjuration ne ramena pas immédiatement les
ligueurs à la soumission. L'ambassadeur d'Espagne semait l'or à pleines mains. Le légat prétendait qu'au pape
seul appartenait le droit de réconcilier un excommunié
avec l'Eglise, et les états généraux de la Ligue jurèrent
d'obéir aux décrets du saint-siège. Boucher prononça
neuf sermons contre la *conversion simulée* du Béarnais,

disant que les évêques de Saint-Denis étaient des traîtres, leur prières des anathèmes, et la messe chantée
devant des hérétiques une farce misérable. Tous les
prêcheurs de la faction des Seize poussaient ouvertement
au régicide, et l'on vit bientôt les fruits de leurs provocations. Jean Barrière, en 1593, et l'année d'après Jean
Châtel tentèrent d'assassiner le roi. Un arrêt du parlement chassa la compagnie de Loyola du royaume; elle
y revint pour enfanter Ravaillac.

Mais la masse de la nation accepta comme bonne et
sincère l'abjuration de Henri IV, parce qu'elle avait soif
de repos. Les chefs de la Ligue, ayant perdu l'espoir de
vaincre, ne songèrent plus qu'à se vendre aussi cher
que possible. Il en coûta au roi des sommes énormes,
et les réformés furent presque partout sacrifiés dans les
capitulations. Rouen, Meaux, Poitiers, Agen, Beauvais,
Amiens, Saint-Malo, et beaucoup d'autres villes grandes
et petites, stipulèrent, en faisant leur soumission, que
le prêche des huguenots serait banni de leur enceinte et
des faubourgs. Paris fit étendre l'interdiction à dix lieues
de ses portes. Le roi opposait bien quelque résistance
à ces demandes, mais il finissait par accorder tout.

On épiait même d'un œil jaloux la moindre marque
d'attachement que le Béarnais aurait pu donner à ses
anciens coreligionnaires, et il devait se cacher pour serrer la main des fidèles serviteurs qui avaient défendu sa
couronne au prix de leur sang.

Aussi recommencèrent-ils à parler d'un nouveau *protecteur*, malgré les énergiques protestations de Henri IV
qui se disait le protecteur naturel et légitime de tous ses
sujets. Duplessis appuya loyalement les remontrances
du roi; cependant il lui fit à son tour de grandes plaintes. « Voyez, sire, » lui écrivit-il, « par quels degrés on

» vous a conduit à la messe. Ceux qui sont crus d'un
» chacun ne croire pas en Dieu vous ont fait jurer les
» images et les reliques, le purgatoire et les indulgen-
» ces. Vos pauvres sujets, par ce même chemin, vous
» voient passer plus outre. Ils voient que vous envoyez
» faire soumission à Rome. Ils savent que l'absolution
» ne peut être sans pénitence. Le pape, au premier jour,
» vous enverra l'épée sacrée, et vous imposera la loi de
» faire la guerre aux hérétiques, et sous ce nom com-
» prendra les plus chrétiens, les plus loyaux des Fran-
» çais. »

Clément VIII demanda, en effet, pour le prix de son
absolution, l'abrogation des édits de tolérance, l'exclusion des hérétiques de toutes les charges, et la promesse
de les exterminer aussitôt que la paix serait conclue avec
la Ligue et l'Espagne. Pour cette fois Henri IV se ré-
volta. Il fit répondre par d'Ossat et Duperron qu'il serait accusé d'impudeur et d'ingratitude si, après avoir
tiré tant de services de ceux de la religion, il leur
courait sus, et les forçait à prendre les armes contre sa
personne.

Le pape et le roi finirent par s'arranger à l'aide de
termes équivoques; et le 16 septembre 1595, les deux
ambassadeurs de Henri IV se mirent à genoux sous le
portique de Saint-Pierre. On chanta le *miserere*, et à
chaque verset ils reçurent pour leur maître des coups
de baguette ou de houssine sur les épaules. Les Espagnols s'en moquèrent, et les meilleurs des catholiques
français en furent indignés.

Le roi continuait à ne payer les réformés que de bonnes paroles. Il leur disait en secret qu'il se fiait en eux
plus qu'aux autres, et il essaya même de justifier les
privilèges qu'il avait accordés aux catholiques par la pa-

rabole de l'enfant prodigue pour qui son père fit tuer le veau gras. « C'est bien, » lui répliquèrent les députés des Eglises; « mais traitez-nous aussi comme le fils qui a toujours été fidèle, et à qui le père disait : *Tous mes biens sont à toi.* Dépouiller de ces légitimes droits le fils obéissant pour les donner à celui qui a foulé aux pieds l'autorité paternelle, ce n'est pas l'esprit de la parabole du Seigneur. »

A cela le roi ne savait répondre que par de nouvelles exhortations à la patience. « Vous aurez satisfaction, » leur disait-il, « quand je serai maître chez moi. » Certes, la patience était bien difficile dans la malheureuse condition des réformés. Exclus de toutes les charges, maltraités, persécutés, ne pouvant nulle part invoquer Dieu en paix, sans sécurité dans leurs propres maisons, n'ayant plus leur ancien protecteur, et empêchés d'en nommer un autre, ils résolurent enfin, avec l'autorisation tacite du roi, de pourvoir à leurs affaires par eux-mêmes, et convoquèrent des assemblées politiques. La première fut tenue à Sainte-Foy, au mois de mai 1594.

On ne doit pas confondre ces assemblées avec les synodes. Dans les synodes, pasteurs et laïques étaient en nombre égal, et l'on ne s'y occupait habituellement que des intérêts de l'Eglise. Dans les assemblées politiques, les laïques étaient en grande majorité, et l'on y traitait des affaires de l'Etat.

Il y avait eu des assemblées de cette nature pendant les guerres de religion ; mais elles prirent alors une organisation plus régulière, et adoptèrent la résolution de se réunir à des intervalles périodiques.

La France fut divisée en dix circonscriptions qui nommaient chacune un député pour former le *conseil général.* On emprunta aux états généraux leur distinction des trois ordres. Le conseil général devait se composer de quatre gentilshommes, de quatre membres du tiers et de deux pasteurs. Quand le nombre des membres fut porté à trente, il y eut douze délégués de la noblesse, douze représentants du tiers et six pasteurs. Le président devait être laïque, le vice-président ecclésiastique. Le conseil se renouvelait par moitié de six mois en six mois. Les ducs, les lieutenants généraux et autres personnages de haut rang prenaient part aux délibérations sans être députés, pourvu qu'ils fussent agréés par l'assemblée.

Au-dessous du conseil général étaient les *conseils provinciaux*, |composés de cinq à sept membres également choisis dans les trois ordres. Il devait y entrer au moins un gouverneur de place et un pasteur.

Ces conseils étaient chargés d'entretenir la concorde entre ceux de la religion, de lever des deniers pour les besoins de la cause et d'en régler l'emploi, de veiller sur les garnisons et les munitions des villes de sûreté, de faire enfin tout ce qui était jugé nécessaire à la défense des intérêts communs. Les députés prêtaient serment d'obéissance, et les membres des Eglises s'obligeaient à respecter les décisions des assemblées générales et particulières. Il y avait un fonds permanent de quarante-cinq mille écus fourni par les contributions des fidèles.

Le conseil général recevait les mémoires et les plaintes des conseils provinciaux, les envoyait à la cour, discutait avec les commissaires du roi sur les termes des nouveaux édits, et travaillait à établir sur des bases moins chancelantes le libre exercice de la religion.

A en juger par les circonstances et les idées actuelles, rien de plus contraire au bon ordre que cette organisation : c'était, comme nous l'avons déjà remarqué ailleurs, un Etat dans l'Etat. Mais pour apprécier équitablement l'institution des assemblées politiques, il faut se rappeler que les réformés étaient exclus en France du droit commun. Le dogme intolérant du catholicisme ne laissait plus voir en eux des Français. On les regardait comme des étrangers, bien plus, comme des ennemis, et on les traitait comme tels. Le roi devait capituler avec une partie de ses sujets à leurs dépens. Le pape demandait leur extermination. Les évêques avaient forcé Henri de dire au serment du sacre : « Je tâcherai à mon pouvoir, de bonne foi, de chasser de ma juridiction et terres de ma sujétion tous les hérétiques dénoncés par l'Eglise, » et encore était-ce une formule mitigée que les prélats n'avaient approuvée qu'avec peine. L'autorité publique attaquait et condamnait les réformés comme des malfaiteurs. Si donc ils établirent entre eux une société distincte, c'est qu'on les avait retranchés de la société générale, et il serait aussi insensé qu'odieux d'accuser au nom de la loi commune ceux qu'on avait mis hors la loi.

Les ligueurs avaient aussi formé un Etat dans l'Etat, mais avec cette différence, qu'ils s'étaient associés pour opprimer les calvinistes, tandis que ceux-ci ne s'associèrent que pour n'être pas opprimés ; et une cruelle expérience leur prouva, sous le règne de Louis XIV, qu'en perdant leur organisation politique, ils étaient exposés à tout perdre.

Le conseil du roi n'apprit pas sans étonnement les décision de l'assemblée de Sainte-Foy. Il avait cru que le grand corps calviniste privé de son ancien protecteur, tomberait en lambeaux. C'était la même erreur que celle de Catherine de Médicis et de Charles IX après la Saint-Barthélemy. En voyant les réformés prendre une attitude plus ferme et se redresser sous les coups de la persécution, les hommes d'Etat commencèrent à réfléchir qu'il fallait transiger avec eux.

Le roi feignait d'en être mécontent; au fond, il encouragea les assemblées politiques. Il les préférait à un protecteur qui eût voulu se faire une grande place dans le royaume, et s'en servait devant les ligueurs, auprès de ses conseillers, à Rome même, pour pouvoir accorder à ses anciens amis de meilleures conditions. Sans les assemblées des réformés, l'un des actes les plus glorieux du règne de Henri IV, l'édit de Nantes, n'aurait jamais été agréé dans le conseil, ni enregistré par les parlements.

Les négociations furent longues, laborieuses, et mêlées d'incidents qui n'offriraient aujourd'hui que peu d'intérêt. Il se tint des assemblées politiques à Saumur, à Loudun, à Vendôme, puis encore à Saumur et à Châtellerault, dans les années 1595, 96 et 97. La cour leur adressait, selon les circonstances, des menaces ou des paroles d'encouragement. On nomma des commissionnaires pour traiter avec les calvinistes; mais ils n'avaient que des pouvoirs très bornés, et, dans ces limites mêmes, ils n'étaient pas autorisés à conclure un arrangement définitif. Ce furent, des assemblées au conseil privé, et du conseil aux assemblées, des allées et venues continuelles, les uns ne voulant donner que l'édit de Poitiers avec quelques amendements sans importance, les autres persistant à réclamer le plein et libre exercice de la religion; les premiers invoquant des raisons d'Etat, les seconds des principes de justice et de conscience.

Au milieu de ces stériles disputes, la persécution continuait, violente en certains lieux; et tracassière en d'autres. A la Châtaigneraie, sur les confins du Poitou et de la Bretagne, des ligueurs, encouragés par le duc de Mercœur, s'étaient jetés tout à coup sur les fidèles,

pendant qu'ils faisaient leurs offices, en 1595. Deux
cents personnes de tout âge, hommes et femmes, avaient
été lâchement égorgées. Ce fut un nouveau massacre
de Vassy.

Parmi les victimes était un petit enfant qu'on venait
de présenter au baptême. Un pauvre garçon de huit ans
offrit, dans la simplicité de son cœur, les huit sous
qu'il avait dans sa bourse pour racheter sa vie : mais les
bourreaux aimèrent mieux son sang que son argent, et
la dame de la Châtaigneraie, s'amusa ensuite à faire
avec eux le compte des morts.

Cette atroce boucherie indigna les plus emportés
même des conseillers de Henri IV, et les auteurs du massacre furent expressément exceptés des cas d'amnistie.
Néanmoins on peut voir dans un écrit publié en 1597,
sous ce titre : *Plaintes des Eglises réformées de France*,
combien d'avanies, d'injustices et de violences on leur
faisait encore subir impunément. Ces griefs remplissent
tout un volume ; nous n'en citerons que quelques traits.

Point de libre exercice de la religion dans des provinces entières, comme la Bourgogne et la Picardie ; un
seul lieu de culte dans la Bretagne, et deux dans la Provence ; les fidèles maltraités, lapidés, ou jetés dans la
rivière, à leur retour du prêche ; ailleurs, des coups de
canon tirés contre les assemblées ; la propre sœur du roi
contrainte de sortir de Rouen pour prendre la cène,
parce qu'il ne plaisait point au légat qu'elle le fît dans la
ville ; les Bibles et les Psaumes brûlés par la main du
bourreau ; interdiction de porter des consolations aux
malades, et à Saint-Quentin, par exemple, un homme
banni pour avoir consolé un pestiféré dans la rue ; des
enfants enlevés, ou baptisés de force dans les maisons
par des prêtres accompagnés de gens de justice ; le curé

de Saint-Etienne faisant affamer un vieillard dans la prison pour lui arracher une abjuration, et le contraignant
de passer un acte devant notaire par lequel il se condamnait au bannissement, s'il renonçait à la foi catholique ; les villes d'otage enlevées ou démantelées ; les
pauvres négligés et chassés là même où les réformés.
donnaient le plus à la bourse commune ; exclusion systématique des charges, et même des simples magistratures
de ville, des maîtrises, des offices de notaires ou de procureur ; point de justice devant les tribunaux ; des amendes exorbitantes et des emprisonnements sous les moindres
prétextes ; indigne exhumation des morts, de ceux même
qui avaient été ensevelis dans les chapelles de leurs
ancêtres, etc.

En terminant cette longue liste de griefs, les réformés
disaient au roi : « Et pourtant, sire, nous n'avons point
» parmi nous de Jacobins et de Jésuites qui en veulent
» à votre vie, ni de ligueurs qui en veulent à votre cou-
» ronne. Nous n'avons jamais présenté, au lieu de re-
» quêtes, la pointe de nos épées. On nous paie de
» considèrations d'Etat. Il n'est pas encore temps, dit-on,
» de nous accorder un édit ! Encore, ô bon Dieu ! après
» trente-cinq ans de persécutions, dix ans de bannisse-
» ment par les édits de la Ligue, huit ans du règne du
» roi, quatre ans de poursuites. Nous demandons un
» édit à Votre Majesté qui nous fasse jouir de ce qui
» est commun à tous vos sujets. La seule gloire de Dieu,
» la liberté de nos consciences, le repos de l'Etat, la
» sûreté de nos biens et de nos vies, c'est le comble
» de nos souhaits et le but de nos requêtes. »

Le roi et son conseil persistaient à chercher des
moyens de temporisation. Cependant les nouveaux dangers du royaume, la surprise d'Amiens par les Espa-

gnols, la résolution de beaucoup de gentilshommes huguenots de rester dans leurs maisons, au lieu d'aller tirér l'épée pour un roi qui les abandonnait, la conscience des hommes d'élite enfin qui commençait à parler, firent octroyer, au mois d'avril 1598, l'ordonnance qui reçut du lieu où elle fut publiée le nom d'édit de Nantes.

Dans le préambule de cet acte célèbre, le roi reconnaît que Dieu est adoré et prié par tous ses sujets, sinon dans la même forme, au moins dans la même intention, de telle sorte que son royaume pourra toujours *mériter et conserver le titre glorieux de très chrétien.* L'édit fut déclaré *perpétuel et irrévocable*, comme étant le principal fondement de l'union et de la tranquillité de l'Etat.

Cette grande charte de la Réforme française sous l'ancien régime accordait en résumé ce qui suit : Pleine liberté de conscience dans le for intérieur; exercice public de la religion dans tous les lieux où il était établi en 1597, et dans les faubourgs des villes; permission aux seigneurs hauts justiciers de faire célébrer les offices dans leurs châteaux, et au gentilshommes de second rang de recevoir trente personnes à leur culte privé; admission des réformés aux charges publiques, de leurs enfants dans les écoles, de leurs malades dans les hôpitaux, de leurs pauvres au partage des aumônes; droit de faire imprimer leurs livres dans certaines villes; des chambres mi-parties dans quelques-uns des parlements; une chambre de l'édit à Paris, toute composée de catholiques, moins un seul membre, mais offrant de suffisantes garanties par sa destination spéciale; quatre académies pour l'instruction scientifique et théologique; autorisation de convoquer des synodes, selon la discipline; enfin, un certain nombre de places de sûreté.

L'Eglise catholique eut aussi sa part dans l'édit. Les biens du clergé devaient être partout restitués, les dîmes payées, et l'exercice du catholicisme rétabli dans tout le royaume. Ce dernier article, qui restaura la messe dans deux cent cinquante villes et deux mille paroisses de campagne, faillit exciter une émeute à La Rochelle.

Ce n'était pas la liberté religieuse, ni même la simple tolérance, comme on l'entend de nos jours; c'était encore un traité de paix entre deux peuples juxtaposés sur le même sol. Il y avait deux droits, deux armées, deux établissements de justice, et chaque parti avait ses places d'otage. Henri IV, chef de tout l'Etat, avait rempli l'office d'arbitre entre les deux camps. Mais c'était déjà un grand progrès sur le passé.

La fausse maxime qu'il ne doit y avoir qu'une seule foi comme il n'y a qu'un roi et un gouvernement, avait coûté à la France trois milliards de notre monnaie actuelle et deux millions d'hommes. Elle avait fait dresser des échafauds et des bûchers pendant soixante et dix ans, rallumé la guerre civile pendant trente-cinq ans, provoqué les massacres de Mérindol, de Vassy, de la Saint-Barthélemy, et inspiré des spoliations, des assassinats, des crimes sans nombre. A la fin des guerres, la moitié des villes et des châteaux étaient en cendres, l'industrie perdue, et les campagnes tellement dévastées que des milliers de paysans avaient résolu de quitter la France, n'ayant plus de quoi vivre sur le sol qui avait nourri leurs pères.

L'humanité a conquis le principe de la liberté religieuse à travers des flots de sang et sur des monceaux de ruines; il lui a coûté assez cher pour qu'elle n'en revienne plus.

LIVRE TROISIÈME

(1598-1685.)

I

La transaction entre les deux communions religieuses était approuvée par les bons esprits ; mais elle fut lente à passer de la loi dans les idées et les mœurs.

Le clergé catholique fit les plus vives protestations contre l'édit de Nantes, et Clément VIII écrivit qu'une ordonnance qui permettait *la liberté de conscience à tout chacun était la plus maudite qui fût jamais*. L'université, dominée par la Sorbonne et les Jésuites, voulait fermer aux huguenots la porte des collèges, et quelques parlements même opposèrent de grandes difficultés à l'enregistrement de l'édit.

Peu à peu, cependant, les passions s'amortirent ; et malgré des querelles inévitables après de si cruels conflits, les douze ans qui s'écoulèrent depuis la promulgation de l'édit jusqu'à la mort du roi furent l'une des époques les plus calmes de la Réforme française. Nos anciens historiens n'expriment qu'un regret : c'est que le règne de Henri IV n'ait pas duré douze ans de plus, pour lui laisser le temps d'achever son œuvre d'apaisement et de conciliation.

Le prosélytisme, déjà renfermé dans d'étroites limites par les guerres de religion, cessa presque entièrement après l'édit, au moins du côté des calvinistes. Les catholiques seuls continuèrent à recruter quelques adhérents, et la politique y servit plus que l'argumentation. C'étaient des gentilshommes huguenots qui passaient par l'Eglise de Rome pour arriver dans les antichambres de la cour.

Les prêtres auraient voulu surtout gagner les pasteurs. Ils s'y montrèrent même généreux, et sur un bref du pape, ils firent un fonds de trente mille livres de rentes annuelles, afin de donner des pensions aux ministres et aux professeurs qui seraient tentés d'abjurer. Mais il ne se trouva personne pour puiser dans la bourse du clergé à cette condition.

De 1598 à 1610, les calvinistes intervinrent peu dans les affaires de l'Etat. Le jeune Henri de Condé avait été appelé à Paris, dès l'an 1595, sous la promesse de le laisser dans la religion de son père. A peine arrivé, on le remit entre les mains de catholiques ardents ; et non seulement il fut converti, mais il devint *convertisseur*. Ce prince donnait quinze sous à ses domestiques chaque fois qu'ils allaient à confesse, pourvu qu'ils lui apportassent des certificats revêtus de signatures bien authentiques.

Un seul membre de la famille des Bourbons, Catherine de Navarre, sœur de Henri IV, était restée fidèle à la religion de Jeanne d'Albret. Elle y fit preuve d'une grande constance ; et sur un faux bruit qu'elle était allée à la messe, elle écrivit à Mornay : « Je ne pense pas y » aller jusqu'à ce que vous soyez devenu pape. »

Elle pratiquait son culte à Saint-Germain-en-Laye, après l'entrée de Henri IV à Paris, afin d'éviter les récriminations. Un jour pourtant, comme elle avait fait célébrer au Louvre le mariage d'une nièce de Coligny, et prêcher à portes ouvertes pour la circonstance, les prêtres vinrent s'en plaindre avec amertume. « Je vous trouve bien osés, » leur dit le roi, « de tenir ce langage en ma maison sur madame ma sœur. — Mais on a fait un mariage. — Eh bien! puisque c'est fait, quel ordre voulez-vous que j'y donne? » Ce petit détail sert à montrer comment le clergé veillait alors d'un œil hostile sur les réformés, resserrant leur chaîne quand il pouvait, sans permettre jamais de l'élargir.

Il ne paraît pas que le Béarnais se soit mis en peine de faire abjurer sa sœur, et il renvoyait les calvinistes vers elle, quand il ne trouvait pas moyen de satisfaire à leurs requêtes. « Adressez-vous à ma sœur, » disait-il en riant à des gentilshommes de la Saintonge; « car votre état est tombé en quenouille. »

Il voulut enfin la marier au duc de Bar, de la maison de Lorraine. Cette affaire, en soi si peu importante, occupa longtemps le conseil de la couronne, le saint-siège et les synodes. On fit disputer devant la princesse un docteur de Sorbonne contre un professeur de Sedan, ce qui n'engagea point Catherine à renier sa foi. Le pape refusa les dispenses pour le mariage; les prélats refusèrent à leur tour de passer outre; et le roi, qui se fatiguait de ces lenteurs, imagina d'appeler dans son cabinet son frère naturel, l'archevêque de Rouen, prêtre mondain, qui consentit à donner la bénédiction nuptiale.

Ce mariage ne fut pas heureux. La sœur de Henri IV eut à souffrir des froideurs et des mauvais procédés du duc de Bar, qui se laissait complètement gouverner par les Jésuites. Elle mourut en 1604. Aucun Bourbon n'a depuis lors appartenu à la communion réformée.

Quelques seigneurs de haut rang essayèrent encore d'entraîner les huguenots dans leurs qnerelles particuliè-res : ils ne furent pas écoutés. Le duc de Bouillon, en-tre autres, qui avait été compromis dans le complot du maréchal Biron, invita ses coreligionnaires à lui venir en aide. « Il faut, » écrivait-il, « que les ministres et » les Eglises tout entières, sans aucune exception ni » distinction, prennent la défense de cette cause tant » juste et importante. » Quelques gentilshommes se le-vèrent à son appel, mais la masse n'y répondit pas. La liberté garantie par l'édit de Nantes suffisait aux con-sistoriaux, et les autres ne pouvaient plus rien sans eux.

Si des assemblées politiques continuèrent à se réunir, ce fut seulement de trois en trois ans. Elles se compo-sèrent quelquefois de soixante et dix membres, savoir, trente gentilshommes, vingt délégués du tiers et vingt pasteurs. L'esprit de faction ne s'y montra point. Ces assemblées se bornaient ordinairement à rédiger des cahiers de griefs, et à nommer deux députés généraux qui devaient soutenir à la cour les intérêts des Eglises.

Le roi, sans interdire absolument ces réunions, en prenait ombrage, et il le fit exprimer par Sully, en 1605, à l'assemblée de Châtellerault. « Si Henri IV, » lui répondirent les délégués, « était immortel, contents de sa parole en tout ce qui nous a pour objet, nous re-noncerions de ce moment à prendre aucune précaution; nous abandonnerions nos places de sûreté; nous regar-derions comme inutiles tous règlements particuliers pour la conservation de notre société. Mais la crainte de trou-ver dans quelqu'un de ses successeurs des sentiments bien différents (n'avaient-ils pas prévu trop juste?) nous force à conserver les mesures qu'on a bien voulu que nous prissions pour notre sûreté. »

Les synodes nationaux se réunirent aussi d'une ma-
niére plus régulière qu'ils n'avaient fait en aucun temps.
On en compte cinq depuis l'édit de Nantes jusqu'en 1609.
Pasteurs, anciens et fidèles, tous avaient compris que
l'exacte pratique du système synodal était essentielle à
la prospérité de la religion. Il n'y avait aucun débat,
aucun fait de quelque importance qui, directement ou
par voie d'appellation, ne vînt aboutir à ce haut tribunal
où les passions locales ne pouvaient prévaloir sur les
intérêts communs.

L'une des attributions des synodes nationaux était de
répartir entre les provinces et les académies les *deniers
de l'octroi du roi*, qui montaient ou plutôt devaient monter (car on ne le payait pas très exactement) à quarante-
cinq mille écus, ce qui valait quatre ou cinq fois la même
somme au taux annuel. Un professeur de théologie recevait alors 700 livres par an ; un professeur d'hébreu,
de grec ou de philosophie, 400 livres ; les régents des
collèges, de 150 à 300 livres. Les académies soutenues
par les synodes étaient établies à Montauban, Saumur,
Nîmes, Montpellier et Sedan. Les deux premières
étaient les plus florissantes.

Une question qui agita beaucoup ces assemblées, et
devint presque une affaire d'Etat, fut un article ajouté,
en 1603, à la confession de foi par le synode national
de Gap, où le pontife romain était accusé d'être l'*Antechrist*. Nous citons cet article comme un monument des
idées et du langage de l'époque : « Puisque l'évêque
» de Rome, s'étant dressé une monarchie dans la chré-
» tienté, en s'attribuant une domination sur toutes les
» Eglises et les pasteurs, s'est élevé jusqu'à se nommer
» Dieu, à vouloir être adoré, à se vanter d'avoir toute
» puissance en ciel et en terre, à disposer de toutes

» choses ecclésiastiques, à décider des articles de foi,
» à autoriser et interpréter à son plaisir les Ecritures, à
» faire trafic des âmes, à dispenser des vœux et des
» serments, à ordonner de nouveaux services de Dieu ;
» et pour le regard de la police, à fouler aux pieds
» l'autorité légitime des magistrats, en ôtant, donnant,
» échangeant les royaumes : nous croyons et mainte-
» nons que c'est proprement l'*Antechrist* et le *fils de per-*
» *dition* prédit dans la Parole de Dieu, sous l'emblème
» de la paillarde vêtue d'écarlate... »

L'article fit grand bruit. Il venait à la suite de thèses
sur le même sujet, qui avaient été soutenues avec éclat
par Jérémie Ferrier, pasteur à Nîmes, et déférées au
parlement de Toulouse. L'adhésion dn synode national
de Gap leur donnait beaucoup plus de gravité. Le légat
en fit des plaintes fort vives ; le pape en témoigna une
grande irritation ; le roi se récria, disant que la décision
du synode menaçait de détruire la paix du royaume, et
les catholiques ardents ne manquèrent pas de lui représenter cette affaire comme une offense personnelle, ou
même comme un acte de révolte contre sa couronne.

De là une longue et difficile négociation. Enfin le synode national de La Rochelle, convoqué en 1607, décida que, tout en approuvant d'une commune voix l'article contesté, et en le tenant pour conforme à ce qui a
été annoncé dans l'Ecriture, il consentait, sur l'ordre
exprès du prince, à le laisser hors de la confession de
foi. En revanche, il chargea l'un de ses membres de
prouver que l'accusation était juste, et le pasteur Viguier
s'acquitta de la commission dans un livre intitulé : *Le
théâtre de l'Antechrist.*

Pour comprendre cette persistance, il faut se rappeler que la controverse était alors conduite de part et

d'autre avec une âpreté extrême. La parole et la plume ayant remplacé l'épée, on apportait sur ce nouveau champ de bataille les passions qui n'avaient plus d'autre issue. Les besoins de cette polémique étaient si grands que , par une résolution singulière , le synode national de Saint-Maixent distribua les points les plus difficiles de controverse entre les provinces, en leur ordonnant de les faire examiner par des personnes capables de tenir tête, en toute occasion, aux docteurs catholiques.

La lutte prenait quelquefois des proportions considérables, comme il arriva dans la conférence ouverte à Fontainebleau; le 4 mai 1600, entre Duplessis-Mornay et Duperron.

Mornay avait recueilli dans un traité sur l'*Eucharistie* cinq à six mille textes des Pères, qui lui paraissaient opposés à la doctrine de la transsubstantiation. C'était, pour ainsi parler, la voix des premiers siècles du christianisme qu'il appelait à rendre témoignage contre les inventions des âges suivants , et tous les vénérables docteurs de l'Eglise primitive se levaient l'un après l'autre, dans son livre, pour protester contre l'altération du sacrement de la cène. Ce traité fut un événement tout à la fois religieux et politique ; et l'on s'en étonnera peu si l'on réfléchit, d'un côté, que l'auteur avait vécu trente ans dans la familiarité du roi; de l'autre, que le dogme de l'eucharistie était la grande question de l'époque entre le catholicisme et la Réforme. C'est sur ce point que s'étaient principalement appuyés les arrêts de mort prononcés contre les hérétiques , et rien, non plus ne contribua davantage, comme on l'a vu, à rompre le colloque de Poissy.

Le cardinal de Médicis, légat du pape, envoya six exemplaires du livre de Mornay à Rome, en promettant

de le faire réfuter par Bellarmin. A la place d'une réfutation arrivèrent des dépêches de Clément VIII, qui dénonçaient une nouvelle conspiration de l'hérésie. Henri IV
en fut d'autant plus fâché qu'il poursuivait alors devant
le saint-siège l'annulation de son mariage avec Marguerite de Valois. Les parlements se mêlèrent aussi de la
querelle; et pendant tout un hiver, les chaires des vieux
prédicateurs de la Ligue retentirent de violents anathèmes contre l'audacieux adversaire de la présence réelle.

Henri IV lui fit témoigner son déplaisir par M. de la
Force. « J'ai toujours réglé mes services, » répondit
Mornay, « dans l'ordre suivant : d'abord à Dieu, ensuite à mon roi, enfin à mes amis, et je ne puis en bonne
conscience, changer de méthode. »   .

Cependant Duperron, évêque d'Evreux, disait à qui
voulait l'entendre qu'il avait découvert dans le traité
plus de cinq cents faussetés énormes et qu'il se faisait fort
de le prouver. Le bruit en étant venu à l'oreille de Mornay, il taxa cette assertion d'indigne calomnie, et demanda
à se justifier dans une conférence publique.

Au seul mot de *conférence publique*, le légat, l'évêque
de Paris, les docteurs de Sorbonne se récrièrent; car
les prêtres s'étaient généralement mal trouvés de leurs
discussions orales avec les théologiens de la Réforme.
» Tranquillisez-vous, » leur dit le roi ; « l'affaire sera si
bien conduite que le démenti en demeurera aux hérétiques. »

Il choisit en effet pour juges de la controverse quatre
catholiques très prononcés, et seulement deux calvinistes suspects : Dufréne-Canaye, qui avait déjà donné sa
parole au roi d'embrasser le catholicisme, et Casaubon,
qui, tout occupé de manuscrits grecs et latins, affectait
une grande indifférence pour les matières de foi. On ra-

conte de lui qu'il répondit à son fils qui lui demandait
sa bénédiction, après s'être fait capucin : « Je te la donne
de bon cœur; je ne te condamne point; ne me condamne
pas non plus. »

Mornay vit le piège, et réclama contre ce manque
d'impartialité. « Sire, » dit-il au roi, « s'il n'y allait que
de ma vie, ou même de mon honneur, je les jetterais à
vos pieds, j'en ferais litière pour votre service. Mais
puisque je suis obligé à la défense de la vérité, où il y
va de l'honneur de Dieu, je supplie Votre Majesté de me
pardonner, si je recherche les moyens justes et raisonnables de la garantir. »

Loin de faire droit à sa requête, le roi répondit durement qu'il lui avait causé le plus grand déplaisir en attaquant le pape, *auquel il était plus obligé qu'à son propre
père.* « Eh bien! sire, » dit Mornay, « puisqu'il plaît
ainsi à Dieu, je vois la partie faite; on vous fera condamner la vérité entre quatre murailles, et Dieu me fera
la grâce, si je vis, de la faire retentir aux quatre coins
du monde. »

On avait pris jour pour la conférence. Henri apportait dans cette querelle une si violente passion que, la
veille, il ne put dormir de toute la nuit. « M. de Lomé-
» nie, qui couchait dans sa chambre, » écrit un historien, « lui dit : Il faut bien que Votre Majesté ait cette
» affaire étrangement à cœur; la veille de Coutras,
» d'Arques et d'Ivry, trois batailles où il nous allait de
» tout, Votre Majesté ne se donnait pas tant de peine.
» Ce qu'il lui avoua, tant il lui touchait de contenter le
» pape en la ruine de M. Duplessis! »

Ce n'était pas assez du mauvais choix des commissaires. Les textes incriminés ne furent indiqués à Mornay
que le jour même de la conférence, à une heure du ma-

tin, et il perdit encore une heure à faire venir les livres
dont il avait besoin pour vérifier ses citations. A huit,
heures le roi le fit appeler en sa présence, bien que la
discussion ne dût s'ouvrir qu'à midi; c'était, selon le
mot d'un historien, *pour lui manger son temps*. A ce dernier trait, toute l'âme de Mornay se souleva d'indignation. « Sire, » s'écria-t-il, « que Votre Majesté me pardonne! Cette rigueur extraordinaire envers un bon serviteur n'est point de votre naturel. »

Le moment venu, seigneurs et dames de la cour,,
membres du conseil, magistrats du parlement, évêques,
et prêtres, se réunissent dans la grande salle du palais
de Fontainebleau. Duperron s'avance, le front radieux,
et tout fier d'une victoire qu'il savait gagnée d'avance.
Mornay vient aussi; n'ayant pas cru possible de reculer
sans compromettre la cause de l'Evangile ; mais il n'a
pu vérifier qu'un très petit nombre de citations; il est
souffrant, abattu, et trop certain de la sentence qui va
être prononcée.

A l'ouverture de la conférence, le plan d'attaque est
changé : au lieu de faussetés énormes, il ne s'agit plus
que de *simples méprises*. Or, quoi d'étonnant que dans
un si gros livre tout rempli de citations, l'auteur eût
commis quelques inexactitudes? Mornay se défendit mal,
et sur quelques milliers de textes, les juges en condamnèrent neuf. La nuit suivante, il tomba malade, ce qui,
donna le moyen qu'on cherchait de rompre la conférence.

Henri voulut souper dans la salle de ce tournoi théologique, comme il aurait fait sur un champ de bataille.
Il annonça dans tout le royaume le succès qu'il avait obtenu, et écrivit au duc d'Epernon : « Je viens de faire mer-
veille. » Duperron triomphait. « Avouons la vérité, »

lui dit le roi, qui ne pouvait contenir longtemps son humeur railleuse : « bon droit a eu bon besoin d'aide. »

Clément VIII témoigna une grande joie de cette victoire. Il annula le mariage de Henri IV, et envoya le chapeau de cardinal à Duperron.

On doit noter, à la décharge de Henri IV, qu'il loua publiquement Mornay peu après la conférence, et déclara qu'il n'avait jamais eu de meilleur ni de plus grand serviteur. C'était la conscience de l'homme qui protestait contre la diplomatie du roi.

Duplessis s'en retourna, le cœur brisé, dans son gouvernement de Saumur. « Courage, » lui dit sa femme ; « c'est Dieu qui l'a fait ainsi. Retenez seulement votre cœur et votre esprit pour l'employer à ce qu'il faut. » Il se remit à vérifier tous les textes de l'*Eucharistie*, et en publia une nouvelle édition qui fut approuvée par les théologiens calvinistes de France et de Genève. Le roi ne s'en mêla plus, ni le cardinal Duperron : ils avaient tous deux ce qu'ils voulaient avoir.

Point d'autres faits plus importants dans la seconde moitié du règne de Henri IV ; et quand on se souvient des horribles scènes qui avaient précédé, on est heureux de n'avoir à enregistrer que des luttes de théologie. Si elles remuaient encore de brûlantes passions, le sang humain ne coulait plus.

Le culte se célébrait presque partout sans obstacle dans les sept cent soixante Eglises qui étaient restées à la Réforme française ; et lorsqu'on exposait des griefs sérieux, le conseil y faisait droit. Les fidèles de Paris avaient été forcés d'ouvrir leur temple au petit village d'Ablon, à cinq lieues de la ville. Les seigneurs se plaignaient de ne pouvoir, dans le même jour, rendre leurs devoirs à Dieu et au roi. Les pauvres se plaignaient

aussi de la longueur du trajet. Quelques-uns des enfants
qu'on portait aux assemblée, selon la discipline, pour
les faire baptiser, étaient morts en chemin. Le roi fut
touché de ces difficultés, et permit en 1606 aux réformés de faire leurs exercices à Charenton, ce qui subsista jusqu'à la révocation de l'édit de Nantes.

Cependant un affreux attentat se préparait dans l'ombre. Les Jésuites, chassés du royaume après le crime
de Jean Châtel, y étaient rentrés, parce que Henri IV,
ayant à choisir entre deux dangers, aimait mieux les
avoir près de lui que contre lui. Et comme on lui représentait qu'il avait tort de rappeler ces moines perfides
et sanguinaires : « Ventre saint-gris ! » dit-il, « me ré-
pondez-vous de ma personne ? » il tâcha de les gagner
à force de confiance et de bienfaits. Le père Cotton fut
nommé confesseur du roi et précepteur du dauphin. Mais
rien ne les désarma, non plus que la lie du peuple qui,
se souvenant des sermons de la Ligue, voyait toujours
dans le Béarnais un hérétique et un excommunié.

Le 14 mai 1610, Ravaillac enfonça deux fois son couteau dans la poitrine de Henri IV. Ce misérable avoua
dans ses interrogatoires qu'il avait cédé à la tentation
de le tuer, parce qu'en faisant la guerre au pape, le roi
la faisait à Dieu, *d'autant que le pape est Dieu*. Une doctrine sacrilège avait enfanté le crime du régicide.

Henri IV a conservé une grande place dans la mémoire
et le cœur des Français. Il a racheté ses faiblesses par
d'éminentes qualités, et ses fautes mêmes par les éclatants services qu'il a rendus à son peuple. C'est de son
règne, comme on l'a remarqué, que date véritablement
la fin du moyen âge ; et les réformés ont toujours été
reconnaissants envers un prince qui, le premier, leur a
sincèrement accordé le libre exercice de la religion.

II

Là nouvelle de la mort du roi réveilla toutes les inquiétudes des calvinistes. Plusieurs familles sortirent précipitamment de Paris, quoique la garde des portes eût été confiée à des bourgeois des deux religions, comme si elles eussent été menacées d'une autre Saint-Barthélemy. Le duc de Sully s'enferma dans la Bastille dont il était gouverneur. Les huguenots des provinces méridionales mirent la main sur leurs armes. Il semblait que l'édit de Nantes eût été déchiré du même coup qui avait percé le cœur de Henri IV.

Dès le 22 mai, la cour publia une déclaration confirmant dans les termes les plus explicites tous les édits de tolérance. Inutile précaution : les réformés ne croyaient, ni au pouvoir de la régente Marie de Médicis, ni à sa bonne foi. Ils craignaient de trouver en elle et dans son fils Louis XIII, alors âgé de huit ans et demi, une seconde reine Catherine et un nouveau Charles IX.

Marie de Médicis se laissait diriger par deux aventuriers italiens, Concini et Leonora Galigaï. Femme ignorante, bigote et vindicative, ayant tous les vices de l'ambition sans en avoir les qualités, elle réglait les plus importantes affaires de l'Etat sur les prédictions des astrologues, et pensait, en se jetant dans de puériles intrigues de cour, employer de grands moyens de gouvernement.

Le trésor public, sous sa régence, fut livré au pillage des principaux seigneurs, et le royaume à leurs turbulentes factions. Les ducs de Nevers, de Mayenne, d'Epernon, de Longueville, de Vendôme se cantonnèrent, chacun dans sa province, dictant leurs conditions d'obéissance à la couronne, et offrant aux chefs des calvinistes le dangereux exemple de subordonner à leurs prétentions personnelles l'intérêt général.

Quelques-uns de ces derniers étaient tout disposés à le suivre, en particulier le duc de Bouillon et le maréchal de Lesdiguières : l'un, homme de capacité et de bon conseil, mais commettant faute sur faute, égaré qu'il était par l'ambition d'être le premier personnage du royaume ; l'autre, habile et brave sur un champ de bataille, mais déréglé dans ses mœurs, peu scrupuleux sur les moyens de succès, et séduit par la perspective de l'épée de connétable. Tous deux affichaient un grand zèle pour la religion, afin d'avoir les huguenots derrière eux ; néanmoins ils devinrent bientôt suspects à leurs anciens amis, et ne rendirent pas à la cour les services qu'ils lui avaient fait espérer.

Le duc de Sully, dépouillé de tous ses emplois, apportait dans les affaires de la Réforme la mauvaise humeur d'un ministre disgracié. Il ne reculait pas toujours devant les opinions extrêmes ; mais, au moment de passer à l'exécution, son grand sens le contenait, et il se gardait d'oublier qu'il avait été un des plus fidèles serviteurs de la couronne.

Son gendre, le duc Henri de Rohan, âgé alors de trente-deux ans, commençait à paraître, et se préparait à occuper la plus haute place dans le parti calviniste. Jeune, actif, d'une naissance presque royale, aimant l'étude autant que le métier des armes, il avait déjà voyagé dans les divers Etats de l'Europe pour connaître leurs forces et leur genie. Il était simple et austère dans ses mœurs, intrépide, généreux, s'attachant naturellement aux grandes choses et capable de les accomplir. Sa parole était nette, brève et mâle : vraie éloquence d'un chef de parti. Ses sentiments religieux inspiraient plus de confiance que ceux des autres seigneurs de son rang, et l'histoire doit reconnaître que, dans les entreprises qu'il a faites, le dévouèment à la cause réformée l'a emporté sur l'ambition.·

Duplessis-Mornay, soit que les années eussent refroidi son ardeur, soit qu'il eût mieux calculé le peu de ressources militaires des huguenots, inclinait pour les voies pacifiques, et conseillait de tout supporter plutôt que de prendre les armes. Dès qu'il eut appris la mort du roi, il convoqua les magistrats de Saumur et leur dit : « Qu'on ne parle plus entre nous de huguenots ni de papistes; ces mots sont défendus par les édits. Quand il n'y aurait pas d'édit au monde, si nous sommes Français, si nous aimons notre patrie, nos familles, nous-mêmes, ils doivent être désormais effacés en nos âmes. Il ne faut plus qu'une écharpe entre nous. Qui sera bon Français me sera citoyen, me sera frère. »

Comme la cour sentait alors le besoin de ménager les réformés, elle lui fit offrir de l'argent ou des grâces. L'intègre serviteur de Henri IV répondit à ces propositions : « Il ne sera pas dit que j'aie profité du malheur commun, importuné le deuil de la reine, ni affligé la minorité du roi. Je laisse à la reine à juger si je mérite quelque chose, s'il lui plaît de me faire donner ce qui m'est dès longtemps dû. Mais en cette calamité je ne demande rien, et suis reconnaissant comme si la reine me donnait. »

Il s'appliqua sans relâche, sous la régence de Marie de Médicis, à déjouer les intrigues et à calmer les ressentiments. Le président Jeannin lui écrivit après les troubles excités par le prince de Condé : « Vous vous » êtes conduit, pendant cette misérable guerre, de telle

» sorte que Leurs Majestés en ont contentement, et y
» reconnaissent votre prudence et fidélité. » Duplessis-
Mornay eut sujet de comprendre , avant de mourir ,
combien les rois sont oublieux et ingrats.

Toutes les passions contraires du parti calviniste se
trouvèrent en présence dans l'assemblée politique, convoquée d'abord à Châtellerault, et ouverte à Saumur, le
27 mai 1611. La cour ne l'avait autorisée qu'avec répugnance et inquiétude. Elle y avait mis la condition que
l'assemblée se séparerait aussitôt qu'elle aurait dressé
la liste des six personnes entre lesquelles le roi devait
choisir deux députés généraux ; mais il était bien évident que les délégués de la Réforme ne venaient pas
de tous les points du royaume pour se borner à écrire
six noms sur un bulletin.

L'assemblée de Saumur comptait de nouveau soixante
et dix membres : trente gentilshommes , vingt pasteurs ,
seize députés du tiers-état, et quatre délégués du gouvernement de La Rochelle, qui formait alors une sorte
de principauté à part. Quinze provinces étaient représentées, sans compter le Béarn, dont les députés furent
admis après quelque hésitation. En outre, les principaux
seigneurs du parti avaient été appelés par lettres spéciales. On remarquait parmi eux le maréchal de Lesdiguières, les ducs de Bouillon, de Sully, de Rohan, et
Duplessis-Mornay qui, sans être du même rang, com-
pensait l'infériorité de ses titres par ses longs services
et l'autorité de sa vertu.

Le duc de Bouillon aspirait à la présidence, en s'appuyant sur les intrigues de la cour. Il ne fut pas nommé,
Les trois quarts des voix se portèrent sur Duplessis-
Mornay, et lui adjoignirent pour vice-président le pasteur Chaumier. C'était dire clairement au conseil du roi

que les passions politiques ne prévaudraient pas dans
l'assemblée, qu'on s'y préoccuperait surtout des intérêts
de la religion, mais que, sur cet article on était bien résolu à ne point transiger.

Les séances durèrent près de quatre mois, au milieu
de laborieuses négociations, la cour demandant la prompte
dissolution de l'assemblée, et celle-ci ne voulant se séparer qu'après avoir obtenu satisfaction sur ses cahiers
de doléances. On y renouvela le serment d'union, qui
consistait à jurer obéissance et fidélité au roi, *le souverain empire de Dieu demeurant toujours en son entier.*
Cette réserve si légitime, si inattaquable en soi, laissait
pourtant la porte ouverte à de nouveaux conflits. Enfin
l'assemblée se sépara, après avoir choisi et fait agréer
deux députés généraux.

Henri de Rohan y déploya ses talents d'homme d'Etat
et de grand orateur politique. Il recommanda l'union,
l'ordre, le devoir de s'enquérir des griefs du plus humble des réformés, de revendiquer fermement l'admission
à toutes les chargés du royaume, et de pourvoir à la
bonne tenue des villes d'otage. « Nous sommes arrivés, »
dit-il, « en un carrefour où plusieurs chemins se rencontrent, mais il n'y en a qu'un où se trouve notre sûreté.
La vie de Henri le Grand la maintenait ; il faut à cette
heure que ce soit notre vertu... Que notre but soit
la gloire de Dieu et la sûreté des Eglises qu'il a si mi-
raculeusement établies dans ce royaume, nous procurant
du bien l'un à l'autre avec ardeur, mais par moyens légitimes. Soyons religieux à ne demander que les choses
nécessaires ; soyons fermes à les obtenir. »

D'autres assemblées politiques furent convoquées,
dans les années suivantes, à Grenoble, à Nîmes, à La
Rochelle, à Loudun. Nos anciens historiens distinguent

les membres dont elles étaient composées par les quali-
fications suivantes : les *ambitieux*, qui se servaient du
prétexte de la religion pour atteindre à leurs fins particulières; les *zélés* ou *affectionnés*, qui ne demandaient
qu'à pratiquer en paix leurs offices de piété; les *judicieux*, qui tâchaient d'unir aux intérêts de la foi ceux de
la politique ; enfin, les *timides*, qui étaient prêts à tout
subir plutôt que d'exposer leur repos ou leur fortune.
Ceux qui demeuraient à Paris et dans les provinces où
la Réforme était très faible conseillaient habituellement
les mesures de prudence de peur d'être écrasés ; les autres, se sentant forts chez eux, parlaient haut et laissaient voir leur épée à demi tirée du fourreau. La distinction entre les réformés du Nord et ceux du Midi,
déjà sensible, se montra encore mieux dans la suite.

Les convocations des synodes nationaux furent également fréquentes, et ces corps ecclésiastiques intervinrent plus qu'ils n'avaient fait jusque-là dans les questions politiques, entre autres le synode de Privas, dont
la session s'ouvrit le 23 mai 1612. Le pasteur Chamier
en fut le président ou modérateur, et le pasteur Pierre
Dumoulin lui fut donné pour adjoint. Les membres du
synode se plaignirent des lettres-patentes d'abolition ou
de pardon, publiées par le conseil du roi au mois d'avril
précédent.

« Les Eglises de ce royaume, » dirent-ils, « déclarent
» qu'elles n'ont jamais requis, ni demandé, ni tâché d'ob-
» tenir cette grâce ou pardon, et qu'aucun de leur corps
» n'est coupable de ces crimes imaginaires qu'on lui im-
» pute ; qu'ils sont tous prêts, en corps et séparément, de
» répondre de leurs actions, de les publier par tout le
» monde, et de les montrer en plein jour, à la vue de
» toutes sortes de tourments plus aisés à supporter qu'une

» tache si honteuse d'infamie qui les rendrait méprisa-
» bles et odieux à la postérité, et qui les priverait de
» l'honneur qu'on leur a toujours attribué d'être bons
» Français... De plus, ils déclarent qu'ils ne veulent
» pas se prévaloir, ni se servir en aucune manière des-
» dites lettres d'amnistie et de pardon, et que, s'il y a
» eu des personnes qui les aient acceptées, ou qui
» aient consenti qu'on les acceptât, ils les désavouent. »

Le même synode s'occupa de rétablir la bonne harmonie entre les seigneurs calvinistes qui s'étaient divisés à Saumur; et il en résulta un acte solennel de réconciliation qui fut signé, le 16 août, par les maréchaux
de Bouillon et de Lesdiguières, les ducs de Sully, de Rohan, de Soubise, le marquis de la Force et Duplessis-
Mornay.

Une autre affaire plus directement religieuse fut agitée à diverses reprises dans les synodes provinciaux et
nationaux. Il s'agissait de Jérémie Ferrier, que nous
avons déjà nommé, d'abord véhément défenseur de la
communion réformée, ensuite secrètement gagné et
payé par la cour. Ferrier avait de la science, beaucoup
de ressources dans l'esprit et d'habileté dans la parole,
mais une orthodoxie et une probité suspectes. On l'accusait d'avoir énoncé des propositions antichrétiennes
sur l'incarnation de Jésus-Christ, et mal administré les
deniers de l'académie de Nîmes. Il en reçut de graves
réprimandes qui le décidèrent à se jeter dans les bras
des catholiques.

Ferrier fut récompensé de son apostasie par le titre
de conseiller au présidial de Nîmes, en 1613. Le consistoire l'excommunia, et le peuple, qui ne le désignait
plus que sous le nom de *traître Judas*, voulut s'opposer
à son installation. Les maisons qu'il avait à la ville et à

la campagne furent dévastées, et le présidial même
forcé de se transporter pour quelque temps à Beaucaire.

Le synode du bas Languedoc, autorisé à cet effet
par le synode national de Privas, confirma l'excommunication dans les termes les plus solennels : « Nous, pas-
» teurs et anciens, déclarons que ledit M. Jérémie
» Ferrier est un homme scandaleux, incorrigible, impéni-
» tent, indisciplinable ; et comme tel, après avoir invo-
» qué le nom du Dieu vivant et vrai, au nom et en la
» puissance de notre Seigneur Jésus-Christ, par la
» conduite du Saint-Esprit et l'autorité de l'Eglise, nous
» l'avons jeté et le jetons hors de la compagnie des
» fidèles. »

Ferrier obtint, par la faveur des Jésuites, une charge
de conseiller d'Etat, et fit l'apologie du cardinal de Richelieu. Il mourut en 1626, détesté des calvinistes et
peu estimé des catholiques. Sa fille, qui épousa le lieutenant-criminel Tardieu, fugure dans les satires de Boileau pour sa sordide avarice : elle fut assassinée par
des voleurs, en 1664.

III

La situation des réformés s'aggravait, malgré les déclarations réitérées du conseil sur la fidèle exécution
des édits. Leurs droits étaient continuellement lésés
dans les cours de justice, les nominations aux charges
publiques, les hôpitaux, le partage des aumônes, les
lieux de culte, partout et en toutes choses où l'on pouvait leur faire subir des vexations sans violer trop ouvertement les lois.

Dans les Etats généraux, réunis en 1614, l'orateur du

tiers parla en faveur de la tolérance. Mais le clergé et la noblesse même firent entendre que le roi exécuterait tôt ou tard le serment de son sacre, par lequel il avait promis de chasser des terres de sa juridiction tous les hérétiques dénoncés par l'Eglise. Le cardinal Duperron déclara que les édits n'étaient que provisoires ou suspensifs, et qu'on avait accordé un simple sursis à des sujets rebelles.

Il serait difficile aujourd'hui d'imaginer jusqu'où allait le clergé dans les demandes qu'il faisait au roi contre les huguenots, après en avoir délibéré dans ses assemblées générales : défense de rien écrire contre les sacrements de l'Eglise romaine et l'autorité du pape ; défense de tenir des écoles dans les villes, et même dans les faubourgs des villes épiscopales ; défense aux ministres d'entrer dans les hôpitaux pour consoler les malades de leur communion ; défense aux gens venus de l'étranger d'enseigner autre chose que le catholicisme ; défense aux juges des chambres mi-parties, en cas de partage des voix, d'adopter la sentence la moins rigoureuse ; enfin prochaine interdiction de tous les exercices de la religion prétendue réformée. Ces demandes se renouvelèrent périodiquement avec des clauses toujours plus dures, plus oppressives, jusqu'à la révocation de l'édit de Nantes, et après jusqu'en 1787. Il fallut que la grande voix de la nation s'élevât dans l'Assemblée constituante pour faire taire enfin celle des prêtres.

Le projet d'un double mariage du jeune roi avec une infante d'Espagne et du prince des Asturies avec une fille de France, projet appuyé par le saint-siège, augmentait encore les craintes des réformés. On avait généralement répandu le bruit que l'une des conditions de

l'alliance des deux cours était la ruine de l'hérésie, et
les prédicateurs catholiques en avaient fait le texte de
leurs sermons. « Si les Jésuites, » écrivait Duplessis-
Mornay au chancelier de Sillery, « prêchent sans façon,
» que le dessein du double mariage avec l'Espagne est
» l'extirpation de l'hérésie, doit-on être surpris que nos
» Eglises en soient alarmées, et qu'il en soit parlé dans
» les cahiers de l'assemblée ? »

Le prince de Condé, catholique bigot, comme nous
l'avons vu, essaya de tourner au profit de sa cause personnelle les inquiétudes du parti calviniste, en invoquant la mémoire de son père et de son aïeul. Il publia
en 1615 un manifeste où il disait aux réformés que l'édit
de Nantes serait aboli, et que le roi ne rassemblait des
troupes que pour les exterminer. Ces provocations en-
traînèrent quelques gentilshommes dans les assemblées
politiques de Grenoble et de Nîmes. Le duc de Rohan
se mit en campagne du côté de la Saintonge ; mais le
gros des calvinistes ne se leva point, non plus que Lesdiguières, Châtillon, Sully et Mornay. Celui-ci écrivit à
cette occasion : « Une négociation se renouera, moyen-
» nant quoi monsieur le prince sera content : nos Egli-
» ses demeureront en croupe, chargées de toute la haine,
» et peut-être ensuite de la guerre même. » C'est ce
» qui arriva en effet. Condé fit sa paix avec la cour,
sans se mettre en peine de la position ni des intérêts
de ses alliés.

Un événement plus grave, l'oppression de la Réforme
dans le Béarn, vint leur fournir de plus sérieux motifs
pour recommencer les guerres de religion.

La principauté de la basse Navarre et du Béarn, annexée à la France par Henri IV, y fut plus étroitement
réunie en 1617. Les trois quarts de la population, d'au-

tres disent les neuf dixièmes étaient de la communion, réformée. On leur enjoignit néanmoins de restituer aux, prêtres tous les biens ecclésiastiques qui avaient été affectés, depuis l'an 1569, au service des temples, des écoles, des hôpitaux et des pauvres. Le Jésuite Arnoux disait que ces biens *appartenaient à Dieu, qui en était le propriétaire*, et que nul par conséquent n'avait eu pouvoir ni droit de les saisir.

Les Etats du Béarn, la noblesse, les magistrats des villes, le peuple, tous firent d'énergiques et inutiles représentations. Le roi se mit en route à la tête d'une armée et les Béarnais n'ayant pu lui opposer qu'une courte résistance, il entra dans la ville de Pau, le 15 octobre 1620. Il ne s'y arrêta que deux jours, parce qu'il n'y avait pas là d'église, dit un historien du temps, où il pût remercier Dieu duquel il tenait cet héritage, et il s'en alla faire chanter la messe devant ses soldats à Navarreins, où elle n'avait pas été célébrée depuis cinquante ans, jour pour jour. Evêques, abbés, curés se remirent en possession des biens de l'Eglise, et les Jésuites en prirent pour eux une bonne part.

De cruelles violences marquèrent le passage des troupes royales. « On n'entendait sortir de la bouche des » plus modérés, » dit Elie Benoît, » que des menaces » de punition exemplaire, de pendre, de trancher la » tête, d'abolir dans tout le royaume la religion réfor-» mée qu'ils appelaient *maudite religion ;* de chasser tous » ceux qui en feraient profession, ou de leur faire por-» ter quelque marque d'infamie. Les soldats rompaient. » les portes des temples, démolissaient les murailles, » déchiraient les livres et les tableaux où les comman-» dements de Dieu étaient écrits. Ils volaient et frap-» paient à coups de bâton et d'épée les paysans qui ve-

» naient au marché de Pau, présupposant qu'ils étaient
» tous huguenots. Ils forçaient les réformés qui leur tom-
» baient entre les mains à faire le signe de la croix, et
» à se mettre à genoux quand la procession passait. Les
» femmes n'osaient paraître dans les rues... Il y en eut
» quelques-unes qu'on faisait jurer, parce qu'elles
» étaient grosses, de faire baptiser leurs enfants à
» l'Eglise romaine quand elles seraient accouchées. On
» enlevait les enfants sans qu'il fût possible aux pères
» de les recouvrer ; et tout cela se faisait sous les yeux
» du roi, sans qu'on pût obtenir même qu'il en écoutât
» les plaintes. Dans le reste du pays les soldats vivaient
» à discrétion, publiaient que le roi leur avait donné le
» pillage des huguenots, chassaient les ministres, outra-
» geaient leurs femmes, et menaient hommes et femmes
» à la messe à coups de bâton » (t. II, p. 295).

Tel fut le premier essai des dragonnades : elles devaient se perfectionner et s'étendre sous le règne de
Louis XIV.

On peut se figurer l'indignation des Eglises à la nouvelle des persécutions du Béarn. Ce ne furent pas les
grands seigneurs du parti, pour cette fois qui poussèrent
aux entreprises militaires. Ils voyaient trop bien que les
calvinistes, doublement affaiblis par les défections et
par leurs dissentiments intérieurs, ne seraient pas en
état de tenir tête aux troupes du roi.

Quelques pasteurs aussi conseillaient de rester en repos. Pierre Dumoulin, qui jouissait d'une grande autorité parmi les réformés consistoriaux, écrivit après le
synode national d'Alais, dont il avait été le modérateur,
que chacun devait souffrir avec patience les nouveaux
coups des ennemis. « S'il faut que nous soyons persécu-
» tés, » disait-il, « tous ceux qui craignent Dieu dési-

» rent que ce soit pour la profession de l'Evangile, et
» que notre persécution soit véritablement la croix de
» Christ. »

Mais le peuple des huguenots, secondé par des gentilshommes de second rang et par les bourgeois de La Rochelle, ne voulait rien entendre aux avis pacifiques. Le
roi n'avait-il pas manqué dans le Béarn aux promesses
qu'il avait faites à l'assemblée de Loudun ? La cause des
Béarnais n'était-elle pas celle de tous ? Ne leur ferait-on
pas subir le même sort à la première occasion ? Les conseillers de Louis XIII ne l'engageaient-ils pas à en finir
sans délai avec les huguenots ? Ne prêchait-on pas leur
extermination dans toutes les chaires catholiques ? Et ne
leur valait-il pas mieux prendre conseil du désespoir
que d'attendre, dans une fatale sécurité, le dernier coup ?

Ces pensées dominaient dans l'assemblée politique
convoquée à La Rochelle au mois de décembre 1620.
Le roi avait envoyé un huissier pour défendre aux députés des Eglises de se réunir, et aux habitants de
La Rochelle de les recevoir. Lorsque l'huissier se fût
acquitté de sa commission, les magistrats de la ville lui
répondirent : « Puisque vous avez fait votre charge,
vous vous en irez quand vous voudrez. »

Les seigneurs du parti essayèrent encore de se porter
comme médiateurs entre la cour et l'assemblée. Les ducs
de Rohan, de Soubise, de la Trémoille, eurent une entrevue à Niort avec quelques députés. Duplessis-Mornay
employa dans ces négociations tout ce qu'il lui restait de
force et de crédit. Mais les difficultés paraissaient insur-
montables. Le conseil du roi ordonnait à l'assemblée de
se séparer sans retard, et l'assemblée ne consentait à
se dissoudre qu'après avoir obtenu le redressement de
ses griefs et de solides garanties pour le libre exercice

de la religion. D'un côté on disait : « Retournez chez vous,
et vous aurez satisfaction ; « de l'autre on répondait :
« Donnez-nous satisfaction, et nous retournerons chez
nous. » Mornay avait très bien résumé, en parlant de
l'assemblée de Loudun, cette double position : « Le
» roi ordonne de se séparer, et promet de faire ; nous
» le supplions de faire, prêts alors à nous séparer. »

Le débat était sans issue, parce qu'il y avait de l'une
et de l'autre part des arrière-pensées. Le conseil voulait briser tout au moins l'organisation politique des
réformés, et ceux-ci la soutenaient avec une opiniâtre
constance, étant persuadés, non sans motif, que de leur
organisation politique dépendait leur liberté en matière
de religion.

L'assemblée de La Rochelle, fatiguée d'envoyer à la
cour des justifications et des plaintes inutiles, prit enfin,
le 10 mai 1621, à la majorité de six à sept voix, une
décision hardie, téméraire même, et qui témoignait de
l'esprit républicain des Rochelois. La mesure dépassait
les droits accordés par l'édit de Nantes, et quels que
fussent les mauvais desseins du conseil, on ne saurait
l'approuver.

La France réformée fut divisée en huit départements
ou *cercles*, expression empruntée à l'établissement politique de l'Allemagne, et chaque cercle devait être sous le
gouvernement de l'un des chefs du parti. L'autorité supérieure était confiée au duc de Bouillon. Les gouverneurs pouvaient lever des deniers, organiser des armées,
livrer des batailles, nommer aux charges. Trois députés
de l'assemblée devaient assister aux conseils tenus par
le général en chef et par les commandants militaires.
Enfin l'assemblée se réservait le pouvoir de conclure
les traités de paix.

Cette organisation, du reste, avait plus d'apparence que de réalité. Le duc de Bouillon resta neutre. Le maréchal de Lesdiguières était à la veille d'embrasser le catholicisme. Le duc de la Trémoille et le marquis de Châtillon, petit-fils de Coligny, étaient chancelants, et devaient bientôt échanger le commandement des huguenots pour le bâton de maréchal. Le marquis de La Force craignait de se brouiller entièrement avec la cour. Le duc de Sully ne demandait que du repos. Mornay refusait de mettre la main à cette levée de boucliers. Il n'y eut entre tous les chefs que le duc de Rohan, et son frère le duc de Soubise, qui se montrèrent disposés à jeter toute leur fortune dans les nouvelles guerres de religion.

Les provinces qu'on avait partagées en cercles ne répondirent pas non plus d'une voix unanime à l'appel de l'assemblée. La Picardie, la Normandie, l'Orléanais, l'Ile-de-France, où il n'y avait qu'un petit nombre de réformés, le Poitou même et le Dauphiné où ils étaient plus nombreux, refusèrent de prendre les armes. Tout l'effort de la résistance fut concentré dans la Saintonge, la Guyenne, le Quercy et les deux provinces du Languedoc.

On doit signaler, comme un intéressant trait de mœurs, les règlements adoptés par l'assemblée de La Rochelle pour le maintien de la religion et du bon ordre dans les armées. Des pasteurs devaient faire journellement les prières et le prêche aux soldats. Il était défendu aux gens de guerre de jurer, sous peine d'une amende proportionnée au grade du délinquant : un teston pour le soldat, un écu pour le gentilhomme. Des peines plus graves étaient portées contre ceux qui mèneraient des femmes dans les campements militaires. On recomman-

dait la conversation du labourage et du commerce. Les
prisonniers étaient placés sous la sauvegarde du conseil.
Ces règlements prouvaient que l'assemblée de La Rochelle voulait honorer cette nouvelle guerre; mais ils ne
pouvaient être exécutés que par une piété forte, devenue très rare en ce temps-là.

IV

Louis XIII avait commencé les hostilités, en faisant
avancer son armée vers la Loire, dès le 24 avril,
quinze jours avant la décision adoptée à La Rochelle.
Quelques hommes sages du conseil avaient persisté à
proposer des moyens d'accommodement. Ils représentaient que les huguenots tenaient deux cents places for-
tifiées, que leurs soldats étaient d'une bravoure à
l'épreuve, que le désespoir les rendrait encore plus redoutables, qu'il y avait dans les Eglises quatre cent mille
hommes capables de porter les armes, et que les calvinistes, depuis soixante ans, avaient plus perdu par la
paix que par la guerre. D'autres conseillaient, au contraire, de frapper un grand coup sur le parti calviniste,
et Louis XIII se rangea de ce dernier avis.

Les Jésuites, ses premiers maîtres et ses directeurs
spirituels, le poussaient sans relâche à la destruction des
Eglises, et inventaient des arguments pour lui faire violer en toute sûreté la parole qu'il avait donnée aux hérétiques. « Les promesses du roi, » disait son confesseur Arnoux, « sont ou de conscience ou d'Etat. Celles
faites aux huguenots ne sont pas de conscience, car
elles sont contre les préceptes de l'Eglise, et si elles
sont d'Etat, elles doivent être renvoyées au conseil
privé, qui est d'avis de ne les point tenir. » C'est ainsi

que raisonnait le contemporain et confrère d'Escobar.

Le pape offrit deux cent mille écus, à condition que les huguenots fussent ramenés de gré ou de force dans l'Eglise de Rome. Il adressa aussi à Louis XIII un bref où il le louait d'avoir imité ses ancêtres qui avaient *porté autant d'honneur aux excitations des papes qu'aux commandements de Dieu.* Les cardinaux offrirent à la même condition deux cent mille écus, et les prêtres un million.

Dans les harangues prononcées par l'orateur du clergé, le roi était pressé de suivre l'exemple de Philippe-Auguste, aïeul de saint Louis, qui avait entièrement exterminé les Albigeois, ou du moins l'exemple de l'empereur Constance qui avait contraint les idolâtres à sortir des villes, et à s'en aller demeurer dans les villages, d'où leur était venu, disait ce prêtre, le nom de païens.

Les émissaires de l'Espagne, avec laquelle le double mariage avait fait contracter une étroite alliance, poussaient à la guerre pour des raisons de diverse nature. Chaque fois que la France était troublée, on se sentait plus fort à Madrid, et l'on y parlait plus haut.

Le roi se mit donc à la tête de son armée avec le connétable de Luynes, le duc de Lesdiguières qui s'était déclaré ouvertement pour la cour, le cardinal de Guise, une foule de seigneurs, et avec sa mère Marie de Médicis dont il se défiait. Son conseil avait eu soin de distinguer, avant l'entrée en campagne, entre les calvinistes *paisibles* et ceux qui ne l'étaient pas : distinction qui permettait aux gens timides ou vendus de rester chez eux, sans être accusés de trahison.

L'un des premiers exploits de Louis XIII fut de s'emparer de la ville et du château de Saumur par supercherie. Duplessis-Mornay en était gouverneur depuis le règne de Henri III. Il gardait la place comme une ville

d'otage accordée par les édits, et elle était d'une grande
importance pour le parti calviniste, parce qu'elle commande le cours de la Loire. Le connétable de Luynes en
fit demander l'entrée au nom du roi, promettant qu'il ne
serait pas plus touché aux immunités de Saumur qu'à la
prunelle de l'œil du gouverneur, et *il en donna sa parole,
de même que Sa Majesté de sa propre bouche, ce qui fut aussi
confirmé par M. de Lesdiguières.* Mornay ouvrit les portes
de la forteresse, et en fit sortir, selon l'usage, la garnison calviniste. Mais, à peine entré avec ses troupes, le
roi déclara qu'il prenait possession définitive de Saumur.

Pour donner à cet acte de mauvaise foi l'apparence
d'un arrangement conclu à l'amiable, on offrit à Mornay,
outre le paiement des arrérages de sa charge, cent mille
écus et le bâton de maréchal. Il répondit avec indignation que s'il avait aimé l'argent, il aurait gagné des millions sous les précédents règnes, et que pour les dignités, il avait toujours plus désiré de s'en rendre digne
que de les obtenir. « Je ne puis en conscience ni honneur, » ajouta-t-il, « vendre la liberté et la sécurité des
autres. »

Il alla demeurer dans sa propre maison, où il mourut
le 11 novembre 1623. Ses dernières heures furent pleines de sérénité. « Nous vîmes clairement l'Evangile du
» Fils de Dieu gravé en son cœur par le Saint-Esprit, »
dit l'aumônier de sa famille, Jean Daillé ; « nous le vî-
» mes au milieu de la mort posséder fermement la vie,
» et jouir d'un plein contentement là où tous les hom-
» mes s'effraient d'ordinaire. Et était cette leçon si vive
» et si efficacieuse, que ceux-là même qui avaient le
» plus de part en sa perte cueillaient de la joie et de
» l'édification. » Il fit sa confession de foi, avouant qu'il
avait beaucoup reçu et peu profité. Et comme on lui ré-

pondait qu'il avait fidèlement employé son talent : « Eh! qu'y a-t-il du mien ? » s'écria-t-il ; « ne dites pas moi, mais Dieu par moi. »

Philippe de Mornay était le dernier représentant de cette génération grande et forte qui avait reçu les leçons de Calvin et les exemples de Coligny. Il a montré qu'il est possible de garder pendant un demi-siècle, même dans les guerres de religion, les pires des guerres, un nom sans tâche, un caractère irréprochable, une conduite toujours égale, un caractère humain et généreux. C'est la plus belle gloire à laquelle l'homme puisse atteindre.

Au delà de Saumur, l'armée royale ne rencontra de résistance sérieuse qu'en arrivant au portes de Saint-Jean-d'Angély, où commandait le duc de Soubise. Le siège, commencé le 31 mai 1621, dura vingt-six jours. Au nombre des volontaires on remarquait le cardinal de Guise, qui s'acquitta du métier de soldat mieux qu'il ne faisait de celui de prêtre. Il y mit tant d'ardeur qu'il en mourut de fatigue, peu de jours après, dans la ville de Saintes.

Le roi se porta ensuite dans la basse Guyenne, et toutes les villes se hâtèrent de lui ouvrir leurs portes, excepté la petite place de Clairac, qui se qualifiait de *ville sans roi, défendue par des soldats sans peur*. Elle fut prise après douze jours de siège. Un pasteur nommé La Fargue, son père et son gendre furent condamnés au dernier supplice.

Le 18 août, l'armée royale commença l'attaque de Montauban. Ce siège est célèbre dans les annales de la Réforme française. La ville de Montauban jouissait de franchises municipales qui avaient inspiré à ses habitants un grand esprit d'indépendance. Elle avait pour conseillers des gens de tête et d'action, et la fermeté de leur foi redoublait leur énergie. Le marquis de La Force y commandait. Le duc de Rohan avait son quartier général à peu de distance, et y fit passer des secours d'hommes et de munitions.

Louis XIII se présenta devant les murs de Montauban avec le connétable, les ducs de Mayenne, d'Angoulême, de Montmorency, le comte de Bassompierre et l'élite de la noblesse du royaume. Il recruta aussi pendant le siège un auxiliaire d'espèce toute différente. C'était un Carme espagnol, le père Dominique de Jésu-Maria, qui avait fait, disait-on, beaucoup de miracles l'année précédente, pendant la guerre de l'empereur d'Allemagne contre la Bohème. Il passait pour grand prophète : les soldats l'appelaient le *Père bienheureux*. Comme il retournait en son couvent d'Espagne, il visita le camp du roi, qui lui demanda conseil. Le moine ordonna de tirer quatre cents coups de canon contre la ville, après quoi elle se rendrait infailliblement. Les quatre cents coups furent tirés, mais la ville ne se rendit point.

Le siège dura deux mois et demi, et l'armée royale tenta sans succès plusieurs assauts. Enfin, après des pertes considérables, la mauvaise saison étant arrivée, Louis XIII découragé, les larmes aux yeux, fut forcé de se retirer ; il leva le siège le 2 novembre. « Ceux de » Montauban, » dit un historien, « furent avertis du » prochain délogement de l'armée par un soldat de la » religion, qui, le soir avant la levée du siège, se mit » à jouer sur la flûte le commencement du psaume » soixante-huitième. Les assiégés prirent cela pour le si- » gnal de leur délivrance, et ne s'y trompèrent pas (1). »

(1) Elie Benoît, t. II. p. 377.

La guerre fut reprise en 1622, et conduite avec une rigueur inouïe. Les prisonniers étaient traités comme des rebelles; on exécutait les uns sur place, et l'on envoyait les autres aux galères. Le marquis de La Force, effrayé des dangers qui menaçaient sa personne et sa maison, fit avec la cour un traité particulier par lequel il livrait Sainte-Foy et la basse Guyenne. Beaucoup de chefs calvinistes se laissèrent intimider ou gagner comme lui, tellement que les défections causèrent encore plus de mal aux huguenots que les défaites.

La petite ville de Négrepelisse, voisine de Montauban, fut l'objet d'horribles représailles. Tous les habitants furent passés au fil de l'épée; on les accusait d'avoir massacré, dans l'hiver précédent, la garnison catholique. « Les mères tenant leurs enfants, s'étant sauvées » au travers de la rivière, ne purent obtenir aucune » miséricorde du soldat qui les attendait à l'autre bord » et les tuait. En demi-heure tout fut exterminé dans la » ville, et les rues étaient si pleines de morts et » de sang qu'on marchait avec peine. Ceux qui se » sauvèrent dans le château furent contraints le len-» demain de se rendre à discrétion, et furent tous pen-» dus (1). »

Une autre bourgade de la même contrée, Saint-Antonin, essaya de se défendre; les femmes mêmes s'étaient armées de faux et de hallebardes. Mais la place ne pouvait résister longtemps à l'armée royale. On permit à la garnison de sortir de la ville, un bâton blanc à la main. Dix bourgeois furent pendus avec le pasteur, ancien moine de l'ordre des Cordeliers. La population se racheta du pillage par une contribution (les historiens du

(1) *Le Mercure de France*, t. VIII, p. 637.

temps exagèrent probablement le chiffre de cinquante mille écus).

Pour sanctifier cette guerre, si pleine à la fois de cruautés et de trahisons, les seigneurs et capitaines de l'armée du roi firent de grandes dévotions à Toulouse. Le prince de Condé, le duc de Vendôme, le duc de Chevreuse allèrent à confesse , et communièrent avec six cents gentilshommes de leurs amis. Quelques-uns s'affilièrent à la confrérie des pénitents bleus : « laquelle, » dit une chronique, « a cela de bon que, n'obli-» geant à rien, elle fait gagner de grandes indulgences, » même en l'article de la mort. »

L'armée arriva, le 30 août 1622, sous les murs de Montpellier qui avait une forte garnison de huguenots. Le siège traîna en longueur; et Louis XIII, craignant un échec semblable à celui qu'il avait éprouvé devant les remparts de Montauban, consentit à traiter avec le duc de Rohan d'une paix générale. Les articles en furent convenus vers le milieu du mois d'octobre.

. Le roi confirma l'édit de Nantes, ordonna le rétablissement des deux religions dans les endroits où elles se pratiquaient auparavant, autorisa les réunions des consistoires, colloques et synodes pour les affaires purement ecclésiastiques , mais défendit de tenir aucune assemblée politique sans son expresse permission. Les fortifications de Montpellier devaient être démolies, et la ville administrée par quatre consuls dont la nomination appartiendrait au roi. Les calvinistes conservaient deux places de sûreté, Montauban et La Rochelle.

Cette dernière ville avait été plusieurs fois attaquée durant les guerres, et s'était vigoureusement défendue. Elle continua encore quelque temps la lutte après le nouvel édit de paix; cependant elle finit par l'accepter en stipulant le maintien de ses franchises. Ainsi, après avoir versé des flots de sang et désolé plusieurs provinces du royaume, on en revenait à peu près au point d'où l'on était parti.

V

Le traité de 1622 ne fut, comme tant d'autres qui l'avaient précédé, qu'une lettre morte ; et pour faire bien comprendre les nouvelles prises d'armes qui se terminèrent en 1629 par l'édit de grâce, nous devons exposer avec quelque étendue la fausse position que les maximes d'intolérance, remises en vigueur depuis la mort de Henri IV, avaient faite des deux côtés.

Les calvinistes, continuellement troublés dans l'exercice de leur religion, forcés d'avoir les armes à la main jusque dans leurs temples, et menacés de perdre tous les droits qu'ils avaient obtenus par l'édit de Nantes, s'étaient aigris contre la royauté. Ils la soupçonnaient d'arrière-pensées et de projets perfides. Ils l'accusaient d'encourager, au moins par son inertie, les Jésuites, les évêques, les magistrats violents, le bas peuple, qui non seulement les accablaient de vexations sans nombre, mais annonçaient hautement la prochaine extirpation de l'hérésie.

Il en résulta nécessairement que, de simple communion religieuse, la Réforme française devint toujours plus un parti politique, et que, par la nature même des choses, à mesure que la lutte se prolongeait, les idées et les passions se laissaient emporter plus avant dans leur hostilité contre la couronne. L'esprit d'indépendance avait grandi chez les huguenots avec les persécutions dont ils étaient frappés, avec les menaces de destruction que l'on tenait suspendues sur leur tête, et quelques-uns se livraient à la pensée d'un établissement républicain.

Ils constituaient donc, dans les premières années du règne de Louis XIII, un parti considérable, s'appuyant au-dedans du royaume sur les mécontents de toutes les opinions, au-dehors sur l'Europe protestante. Ils communiquaient par La Rochelle avec l'Angleterre, par Sedan avec l'Allemagne, par Genève avec les cantons suisses, et semblaient toujours prêts à diviser les forces de l'Etat.

Une telle organisation était intolérable pour la couronne, et d'autant plus choquante que le principe de l'unité nationale se dégageait davantage des ruines de l'ancienne féodalité. Plus les grandes familles étaient abaissées devant l'autorité royale, plus on devait voir dans l'établissement politique des huguenots une singulière, une dangereuse anomalie, et le conseil avait raison de vouloir à tout prix s'en affranchir.

Mais par l'effet de la malheureuse confusion qui existait universellement, à cette époque, entre les matières temporelles et les spirituelles, la royauté, tout en annonçant qu'elle ne combattait que les privilèges politiques des calvinistes, mettait plus, beaucoup plus en péril : elle compromettait tous leurs droits religieux. On savait que derrière les hommes d'Etat, et même dans leur propre sein, il existait des esprits passionnés qui, après avoir réduit les calvinistes à n'être qu'une simple secte, voudraient les contraindre à rentrer dans l'Eglise catholique, ou à sortir du royaume.

Il est vrai que le génie du cardinal de Richelieu, ses alliances diplomatiques et les intérêts européens de la France, pendant la moitié du règne de Louis XIV, retar-

dèrent la complète réalisation de ces craintes. Néanmoins, le plan de l'extirpation de l'hérésie fut poursuivi
en détail, sans relâche, sans pitié, sur toute la surface
de la France, dès que le parti calviniste eut été abattu.
La prise de la Rochelle fut le premier acte de ce drame
cruel et impitoyable dont la révocation de l'édit de Nantes fut le dénouement.

Telle était donc la situation en 1622 : les calvinistes
tirant l'épée en faveur de leurs immunités politiques au
nom de leurs droits religieux toujours compromis, toujours menacés ; et la couronne attaquant ces immunités
au nom de la souveraineté royale et de l'unité du pays,
pour arriver ensuite à la destruction de la religion
même.

Quant aux forces respectives des deux partis, elles
s'étaient augmentées d'un côté et affaiblies de l'autre,
depuis les guerres du seizième siècle. Malgré les entreprises de quelques grands seigneurs, l'autorité du prince
était plus généralement reconnue, respectée et obéie.
La petite noblesse, le tiers-état, la magistrature et l'armée avaient, sous le règne de Henri IV, abandonné les
traditions féodales pour n'obéir qu'à la royauté, et cet
esprit nouveau avait naturellement modifié les sentiments de beaucoup de réformés qui suivaient, à leur
insu peut-être, le grand courant national. D'un autre
côté, les chefs et les villes calvinistes, qui tenaient à
leurs privilèges, n'avaient plus la même foi ni le même
enthousiasme. Il y avait désunion, défiance, affaisse-
ment en bas, défections en haut, dans la Réforme française. Elle pouvait encore se faire craindre dans les
complications intérieures ou extérieures du royaume ;
elle ne pouvait plus se coaliser de province à province,
ni dicter des conditions de paix.

Les ducs de Rohan et de Soubise, attaqués dans leur liberté personnelle après le traité de 1622, firent des prises d'armes dans le Languedoc et la Saintonge. Ce fut une guerre de partisans : rien de plus que des sièges de bourgades ou de châteaux forts et des dévastations. Les troupes royales firent de grands ravages autour de Montauban et de Castres. « La nuit, » disent les mémoires du temps, « on pouvait voir mille feux dans la » plaine. Les blés, les arbres fruitiers, les vignes et les » maisons étaient les aliments de cette flamme... Le dé- » gât fut si bien exécuté qu'on ne laissa aucun arbre, ni » maisons debout, ni souche de vigne, ni épi de blé. »

La plupart des huguenots restèrent chez eux, et le duc de Rohan s'en plaint avec tristesse. « On avait plus de peine, » dit-il, « à combattre la lâcheté, l'irréligion et l'infidélité des réformés que la mauvaise volonté de leurs ennemis. »

Au commencement des nouveaux troubles, un synode national avait été convoqué à Charenton. Il s'ouvrit le 1er septembre 1643. Le lieu convenait à la cour, parce que la proximité de Paris lui garantissait la docilité de l'assemblée. On ordonna au synode d'admettre à ses assemblées un officier royal. Bien que ce commissaire, nommé Galland, fût de la religion, son mandat le rendait suspect. Les députés des Eglises, s'appuyant sur la lettre des traités, et refusant à la couronne le droit d'établir une nouveauté si importante par simple ordonnance, y firent beaucoup d'objections ; mais ils durent obéir, et se contenter de faire insérer dans leurs procès-verbaux la déclaration suivante : « Ce synode, souhai- » tant de donner des marques claires, et dont on ne » pût pas douter, de son obéissance et fidélité envers le » roi, admit ledit seigneur Galland parmi les dépu-

»' tés..., s'assurant que Sa Majesté nous rétablirait par
» sa bonté royale dans nos anciennes libertés et privi-
» lèges. »

Un deuxième article, moins explicable que le précédent, c'est que le roi exprima son déplaisir au sujet du
serment que le synode national d'Alais avait fait prêter,
trois ans auparavant, à la doctrine de Dordrecht. Les
députés durent encore obtempérer; ils répondirent seulement que cette doctrine était conforme à celle de leur
confession de foi, et que le synode d'Alais n'avait eu
d'autre dessein que de constater la parfaite union des réformés de France avec ceux des Pays-Bas.

Une troisième injonction concernait les pasteurs étrangers qu'on avait admis à exercer dans le royaume. Le
roi écrivit qu'il ne le permettrait plus, et demanda le
renvoi immédiat de Primrose et de Caméron, tous deux
originaires d'Ecosse et ministres à Bordeaux : « non pas
»' tant à cause qu'ils sont étrangers, » disait Louis XIII,
« mais particulièrement pour des raisons qui regardent
» notre service. »

La principale de ces raisons était qu'ils avaient déplu
aux Jésuites, notamment Primrose. Aussi n'obtint-il
pas même, comme Caméron, la permission de résider dans le royaume, en renonçant à sa charge pastorale.

Un jour le père Arnoux, confesseur du roi, prêchant
devant la cour, avait solennellement affirmé que les ca-
suistes de sa Compagnie n'autorisaient point le régicide,
et Louis XIII lui en avait témoigné un grand contentement. Primrose, qui était là, fit demander au Jésuite si
Jacques Clément avait tué *son roi* ou même *un roi*, en
frappant un prince *excommunié par le pape;* de plus, si,
dans le cas où le saint-siège excommunierait Sa Majesté

régnante, les Jésuites reconnaîtraient encore Louis XIII pour *leur roi ;* enfin, s'ils étaient disposés à condamner leurs disciples Jean Châtel et Ravaillac comme coupables du crime de lèse-majesté. Ces questions étaient embarrassantes; Arnoux n'y répondit que par un arrêt de bannissement.

Au synode national de Castres, convoqué en 1626, l'officier royal Galland prit de nouveau séance, malgré les protestations de l'assemblée. Il lui apportait l'ordre de nommer les six personnes entre lesquelles le roi choisirait les deux députés généraux. Cette élection avait été faite jusque-là par les assemblées politiques, et le synode allégua le texte du dernier édit qui lui prescrivait de ne s'occuper que d'affaires de doctrine et de discipline. Mais la cour, sans l'avoir dit expressément dans les derniers traités, ne voulait plus des assemblées politiques, et força la main au synode pour lui faire outrepasser ses pouvoirs, tout en l'y renfermant avec une inflexible rigueur sur les autres questions. Ainsi le conseil maintenait ou renversait la lettre des lois, selon qu'il y trouvait quelque profit : universelle et perpétuelle pratique du plus fort.

Le synode de Castres fit de grandes plaintes sur le malheureux état des Eglises. Il disait à Louis XIII que ses sujets de la religion réformée étaient molestés en plusieurs endroits du royaume, empêchés dans l'exercice de leur religion et privés de leurs temples ; qu'on leur avait ôté jusqu'à leurs cimetières, et qu'on en avait déterré les morts avec la dernière indignité ; que leurs ministres avaient été cruellement traités, battus, blessés, déchirés et chassés de leurs Eglises; quoiqu'ils fussent très innocents, n'injuriant ni le public en général, ni personne en particulier.

Tout en donnant satisfaction aux réformés sur quelques points secondaires, la cour préparait contre leur dernier boulevard une formidable expédition. Le cardinal de Richelieu, qui était entré dans le conseil depuis l'an 1624, avait dessein d'établir l'autorité absolue du roi sur les ruines de La Rochelle. On ne s'en cachait plus. Louis XIII le faisait annoncer au pape, qui avait montré beaucoup de dépit à la nouvelle du nouveau traité avec les huguenots. Les prêtres publiaient le prochain triomphe de la foi catholique, et l'archevêque de Lyon écrivait à Richelieu : « Il faut assié- » ger La Rochelle, et châtier, ou, pour mieux dire, » exterminer les huguenots, toute autre affaire ces- » sante. »

La commune de La Rochelle jouissait de privilèges bien antérieurs à l'époque de la Réformation. Eléonore d'Aquitaine lui avait octroyé, dès le douzième siècle, de grandes franchises. La bourgeoisie se gouvernait par elle-même. Elle nommait un corps de ville composé du maire, de vingt-quatre échevins et de soixante et quinze pairs. Ces cent magistrats ou prud'hommes avaient des troupes, une marine, un trésor à part, et des droits de juridiction très étendus. La Rochelle était plutôt annexée que réunie à la France, et sa position ressemblait à celle des villes libres d'Allemagne.

Pour justifier ses prétentions, elle disait qu'elle s'était donnée librement au roi Charles V, sous la réserve expresse de toutes ses franchises et immunités, et les Rochelois rappelaient avec orgueil qu'ils avaient exigé de Lous XI la solennelle sanction de leurs droits. « Louis XI, » dit l'historien de cette cité, « fit son entrée à La Ro- » chelle, le 24 mai 1472. Il jura de conserver les privi- » lèges de la ville ; il en proféra le serment à genoux,

» tenant une main sur la croix et l'autre sur les saints
» Evangiles que le maire lui présenta (1). »

Un gouverneur résidait à La Rochelle au nom du roi;
mais la bourgeoisie ne lui permettait pas d'y introduire
une forte garnison, ni d'y bâtir une citadelle. Son véritable chef était le maire, qu'elle choisissait tous les ans.
Les Rochelois étaient riches, industrieux, intelligents,
bon marins; ils comptaient une population de vingt-cinq
à trente mille âmes.

La Réforme devait trouver chez eux une facile entrée;
car partout où il y avait des lumières et de la liberté,
les portes lui étaient ouvertes d'avance. Dès l'an 1557,
elle fut connue à La Rochelle. « Ce premier commence-
» ment fut tellement favorisé de Dieu, » dit Théodore de
Bèze, « qu'en peu de temps une bonne partie de la ville
» abandonna les superstitions de l'Eglise romaine, le
» Seigneur se préparant dès lors cette place pour lui
» faire soutenir quelque jour les plus durs efforts de ses
» adversaires » (t. I, p. 88).

La Rochelle avait été plusieurs fois assiégée dans les
guerres de religion sans être jamais prise. Condé, Coligny, Jeanne d'Albret, Henri de Béarn, avaient trouvé
dans ses murs un refuge assuré. Les assemblées politiques s'y tenaient dans les moments les plus difficiles.
Elle était, en un mot, le plus ferme rempart et la plus
grande place d'armes de la Réforme française, depuis
que le nord et le centre du royaume ne pouvaient plus
lui fournir aucun point de ralliement.

L'indépendance de La Rochelle était même importante
pour les seigneurs du parti catholique, parce qu'elle leur
offrait un moyen de faire acheter plus cher à la royauté

---

(1) Arcère, *Hist. de La Rochelle*, t. I, p. 288.

le secours qu'ils lui prêtaient, et de sauvegarder les derniers restes de leurs prérogatives féodales. «Nous ne serons pas si sots,» disait l'un d'eux, «de prendre La Rochelle;» et le cardinal de Richelieu faisait cette remarque: «La plus grande difficulté que je vois dans ce dessein est que la plupart y travailleront par manière d'acquit et avec peu d'affection.»

Après la paix de 1622, la cour avait ordonné de construire un fort aux environs de La Rochelle, malgré les plaintes des habitants; et la promesse qu'on leur avait faite de respecter leurs privilèges. De là de continuelles collisions sur terre et sur mer, qui ne produisirent jusqu'en 1627 aucun résultat décisif.

Richelieu voulut frapper enfin le grand coup, en y employant toutes les forces de son génie et toutes les ressources de la couronne. Il attacha sa fortune politique à la prise de La Rochelle, persuadé que, s'il menait à bien cette expédition, il briserait le parti des huguenots, abaisserait les premières maisons du royaume; et ne laisserait en France qu'un seul pouvoir debout: la royauté.

VI

Le siège de la Rochelle, commencé en 1627, dura plus d'un an devant l'Europe attentive. Le roi d'Angleterre avait promis aux Rochelois de leur prêter aide et appui. Trois fois sa flotte parut en vue du port; mais la première fois, elle ne put prendre la citadelle de l'île de Ré; la seconde, elle ne réussit pas à ravitailler la place; et la troisième, elle ne sembla être venue que pour assister à la ruine de la ville. On soupçonna que le duc

de Buckingham avait trahi la cause de la communion réformée, et que Charles Ier avait trempé dans ses manœuvres déloyales, sous l'influence de sa femme, Henriette
de France. Les puritains d'Angleterre n'avaient pas oublié ce grief, quand ils dressèrent le compte des actes de
ce malheureux prince en 1649.

Le cardinal de Richelieu fit construire une digue dans
la mer, comme Alexandre devant Tyr, et enferma les
assiégés dans une enceinte toujours plus étroite. Il était
tout ensemble, amiral, ingénieur en chef, généralissime;
il surveillait, dirigeait tout, et ne laissait à Louis XIII
que le vain plaisir d'aller à la chasse, ou de toucher les
malades aux grandes fêtes de l'Eglise. On citait avec
éclat les miracles du roi : ceux du cardinal étaient plus
authentiques et plus utiles à la monarchie.

On a publié un journal écrit par l'un des assiégés,
Pierre Mernault, fils du chef d'artillerie de la garnison.
Il raconte avec détail les souffrances des habitants. A
mesure que le môle s'élevait devant la rade, la famine
augmentait. Elle devint horrible dès le mois de juin
1628. Il mourait deux à trois cents personnes par jour.
Les affamés avaient acquis une si triste expérience de
ce genre de mort qu'ils pouvaient prévoir à heure fixe
le moment où ils ne vivraient plus, et commander
d'avance leur cercueil.

On fit sortir, dans cette grande détresse, des bandes
d'enfants, de femmes et de vieillards. Louis XIII, ne fut
pas aussi généreux que son père Henri IV au siège de
Paris. Il ordonna de les repousser sans pitié, et de tirer même contre quelques pauvres gens qui s'arrêtaient
à cueillir des racines et des herbes sur les glacis, ou à
ramasser des coquillages apportés par le reflux. Il commanda aussi de détruire quelques récoltes de fèves que

les assiégés avaient fait croître au pied de leurs contres-carpes.

Des fugitifs, poussés par l'inexorable cri de la faim, continuant à se présenter au camp royal, on dressa des potences pour les exécuter sommairement, et quand ils venaient en trop grand nombre, on tirait au sort les noms de ceux qui devaient être pendus. Les autres, dépouillés de leurs vêtements, étaient chassés par le soldat avec des bâtons et des lanières. On voulait, en les renvoyant dans la ville, lui donner des gens de plus à nourrir.

Où étaient les coreligionnaires des Rochelois? que faisaient-ils pendant cette lutte suprême où il s'agissait de toute leur existence politique? Le duc de Rohan allait à Uzès, à Milhau, à Nîmes, dans les Cévennes, d'un bout du Languedoc à l'autre, exhortant les huguenots à se lever pour la cause commune. Stériles efforts : il ne rencontrait presque partout que des esprits timides et des cœurs froids, ou des consciences gagnées par les faveurs de la cour. Il répétait en vain la devise que sa mère, la duchesse douairière de Rohan, lui avait rappelée du fond de son asile de La Rochelle : *Victoire entière, paix assurée, ou honorable mort;* au lieu de s'armer et de le suivre, chacun récriminait contre lui.

Ecoutons-le se plaignant de cette inertie dans la préface de ses *Mémoires;* son langage est amer ; c'est celui d'un chef de parti malheureux ; mais il sert à peindre la physionomie de l'époque : « Aux deux premières guer-
» res, les divisions ont paru en quelques endroits ; en
» la dernière, elles ont éclaté partout, n'y ayant aucun
» lieu où la corruption ne se soit glissée, et où l'avarice
» n'ait paru par-dessus la piété jusqu'à ce point que,
» sans attendre les recherches de nos ennemis, on allait

» se prostituer pour vendre sa religion et trahir son
» parti. Nos pères eussent écrasé leurs enfants dès le
» berceau, s'ils les eussent vus être les instruments de
» la ruine des Eglises qu'ils avaient plantées à la lu-
» mière des bûchers, et accrues malgré les supplices! »

En retranchant de ces accusations ce qui a été exagéré par l'irritation de la défaite, il demeure vrai que la
grande masse des réformés n'intervînt point dans cette
dernière guerre : les uns, comme nous l'avons déjà expliqué, à cause de l'impulsion nationale qui soumettait
tout à l'autorité du roi; d'autres, parce qu'ils étaient fatigués de ces luttes qui coûtaient beaucoup de sang et
ne produisaient aucun bien; d'autres, parce qu'ils n'aper-
cevaient pas le lien qui unissait leur liberté religieuse à
leurs sûretés politiques; d'autres encore, par indifférence,
par vénalité, ou par cette sorte de prudence qui discerne
mieux la grandeur du péril que les moyens d'en sortir.

La chose est à noter; car plusieurs historiens disent
que toute la population réformée se leva contre la couronne en 1628, et fut vaincue. Ces historiens se trom-
pent : la plupart des calvinistes refusèrent de s'armer.
Si c'est un titre d'honneur pour eux, qu'ils l'obtiennent;
si c'est une honte, qu'ils en portent le poids.

Les Rochelois, cependant, continuaient à faire des
prodiges de bravoure et d'héroïsme sous la conduite de
leur maire Jean Guiton, vieux marin, homme inflexible,
qui avait dit : « Quand il ne restera plus qu'un seul ha-
bitant, il faudra qu'il ferme encore les portes. »

Enfin, lorsque toute espérance de recevoir des secours du dehors ou du dedans fut perdue, lorsque les
deux tiers de la population eurent succombé, que les
rues et les maisons furent encombrées de morts qu'on
n'avait plus la force d'ensevelir, et qu'il ne se trouva

presque plus d'hommes capables de soutenir le poids de leurs armes ou de marcher sans bâton, la ville se rendit. C'était le 28 octobre 1628. Ce jour-là, les réformés de France tombèrent à la discrétion de leurs ennemis, et ne purent s'en relever que cent soixante ans après, par les principes de 1789.

Le malheur n'avait pas abattu la fierté des Rochelois, et l'on s'étonne que Richelieu, qui savait comprendre les grandes choses, leur ait rendu si peu de justice. « L'audace qui accompagne toujours la rébellion, » dit-il dans ses mémoires, « était si profondément empreinte » en l'esprit de ces misérables, que quoiqu'ils ne fus- » sent plus qu'ombres d'hommes vivants, et qu'il ne » leur restât plus de vie qu'en la clémence du roi dont » ils étaient indignes, ils osèrent néanmoins bien en- » core proposer au cardinal qu'ils voulaient faire un » traité général pour tous ceux de leur parti. » Cela prouvait que les Rochelois s'inquiétaient plus du sort de leurs coreligionnaires que ceux-ci ne s'étaient inquiétés du leur dans la mauvaise fortune.

Une déclaration du roi, publiée le 10 novembre, ordonna de rétablir à La Rochelle l'exercice de la religion catholique, et de rendre au clergé ses églises et ses biens. Un lieu de culte devait être désigné pour les offices des réformés. Les privilèges de la ville furent abolis, ses franchises annulées, et ses fortifications démolies, sauf celles qui regardaient la mer. Le cardinal de Richelieu et l'évêque Henri de Sourdis, qui avaient fait le métier de soldats pendant le siège, célébrèrent la première messe à La Rochelle, après avoir purifié les églises. Peut-être les mains qui venaient de tenir les armes auraient-elles dû commencer par se purifier elles-mêmes avant de prendre l'hostie du *Prince de la paix*,

Mais l'histoire de l'humanité est remplie de ces cho-
quantes contradictions.

Il y eut à Rome de grandes réjouissances pour la
réduction de La Rochelle. Le pape Urbain VIII chanta
un solennel *Te Deum*, fit une distribution extraordinaire
d'indulgences, et adressa au roi les brefs les plus flatteurs : « Grand prince, » lui disait-il, « Dieu s'est assis
» à votre droite. Qu'il aïde et soutienne toujours la vi-
» gueur et la force de votre lance ! »

Le duc de Rohan continua de tenir la campagne dans
le Midi jusqu'au milieu de l'année suivante. Il y déploya
un courage, une constance, une abnégation dignes d'un
meilleur sort. Une assemblée de députés des provinces,
convoquée à Nîmes, protesta énergiquement contre le
renversement des sûretés politiques de la Réforme. Il
était trop tard. Le parti calviniste n'existait plus. Chaque ville, chaque bourgade, refusant d'obéir à l'assemblée, prétendait faire ses propres affaires par elle-même ;
et les divisions, les défections, les trahisons achevèrent
de perdre la cause commune.

L'armée royale se présenta devant la petite ville de
Privas, au mois de mai 1629. Les habitants, saisis
d'une terreur panique, s'enfuirent dans les campagnes,
et la garnison, qui s'était retirée dans un fort, dut bientôt capituler. Au moment de l'entrée des troupes,
l'explosion d'un magasin à poudre fit croire à un guet-
apens. Les huit cents soldats huguenots furent égorgés,
cinquante bourgeois pendus, les autres envoyés aux galères, la ville saccagée et brûlée, et les propriétés des
habitants confisquées au profit de la couronne. Les missionnaires qui marchaient à la suite de l'armée pour
convertir les hérétiques, dirent que cette catastrophe
était un *effet de la colère céleste*.

L'impitoyable exécution de Privas jeta partout la consternation et l'épouvante. Le roi marcha du côté des Cévennes sans rencontrer de résistance ; et le duc de Rohan, voyant que les affaires du parti étaient désespérées, sollicita la paix, de concert avec l'assemblée générale transférée à Anduze. Richelieu imposa pour première condition que toutes les fortifications des villes huguenotes fussent rasées. Anduze et la province des Cévennes s'y soumirent après quelques difficultés, et le roi, étant à Nîmes, publia l'*édit de grâce* au mois de juillet 1629.

Le nom seul de cet édit marquait un nouvel ordre de choses. Ce n'était plus une pacification, c'était une *grâce*, une grâce octroyée par la bonne volonté du prince à des sujets vaincus. Le préambule ne parlait que de leur *rébellion* et de la bonté du roi : « à quoi nous sommes » d'autant plus facilement disposés, » faisait-on dire à Louis XIII, « que nous avons voulu, par un rare exemple » de clémence, après tant de rechutes, gagner plus » avantageusement le cœur de nos sujets, épargner le » sang, le dégât de la province, et tous les désor- » dres et calamités de la guerre, émus à cela par la » seule compassion de leur misère et amour de leur » bien. »

Les réformés furent remis en possession de leurs temples, de leurs cimetières, et de l'exercice de leur religion dans les lieux où il se pratiquait auparavant, en attendant qu'ils revinssent au giron de l'Eglise catholique, « dans laquelle, » ajoutait Louis XIII, « depuis » plus de onze cents ans continuels, les rois nos prédé- » cesseurs ont vécu, sans aucune interruption ni chan- » gement, ne pouvant en chose quelconque leur témoi- » gner davantage l'affection que nous leur portons, que

» de les désirer en même chemin du salut que nous
» tenons et suivons par nous-mêmes. »

Il y avait une menace dans cette espérance, et les prêtres ne manquèrent pas de s'en prévaloir en temps opportun. Il y avait aussi, comme on le verra, une prétention du cardinal de Richelieu, qui, aspirant à toutes les
sortes de gloire, se flattait de réunir les deux religions.

Les conditions de l'édit de grâce étaient moins dures
qu'on ne l'avait craint, excepté sur les garanties politiques, et quelques auteurs ont élevé très haut la clémence du cardinal. Si l'on veut dire qu'il fut plus tolérant que les autres gens d'église, parce qu'il avait plus
de génie et qu'il entendait mieux les affaires d'Etat, nous
l'accorderons sans peine. Mais il ne faut pas oublier que
Richelieu, s'étant ligué avec les protestants d'Allemagne
et de Suède, afin d'abaisser la maison d'Autriche par
l'épée de Gustave-Adolphe, ne pouvait pas traiter les réformés de France avec trop de rigueur. Il ne faut pas
oublier non plus que, dans la France même, ayant à lutter contre les grands seigneurs catholiques, contre le
frère du roi, la reine mère et la reine régnante, le premier ministre de Louis XIII eût été insensé de pousser
au désespoir tout un peuple qui, dans un cas extrême,
aurait pu compromettre sa fortune et celle du royaume.
Richelieu fut généreux peut-être, mais surtout il fut
prudent.

La ville de Montauban se soumit la dernière. Elle se
rappelait avec orgueil l'héroïque résistance qu'elle avait
opposée aux troupes du roi; et ses habitants, accoutumés, depuis les guerres de religion, à se gouverner par
eux-mêmes, éprouvaient une grande répugnance à *se
ranger à leur devoir*, comme on parlait alors. Deux députés vinrent de Nîmes avec un envoyé de Richelieu pour

les exhorter à la soumission. Le peuple aurait voulu conserver ses remparts : il n'obtint rien, et les plus déterminés furent forcés de reconnaître que la lutte était devenue impossible.

Montauban ouvrit ses portes ; et le 21 août 1629, elle vit entrer dans ses murs le maréchal de Bassompierre avec une partie de l'armée, le nonce du pape, le premier président du parlement de Toulouse, enfin le cardinal de Richelieu qui se présenta en triomphateur. Quand les ministres de la religion vinrent le saluer, il consentit à les recevoir, *non pas comme formant corps d'Eglise*, leur dit-il, *mais comme gens qui faisaient profession des lettres*. C'était porter la fiction un peu loin.

Il célébra encore la messe dans l'une des églises de Montauban, institua des couvents de Jésuites et de Capucins, et ordonna de commencer la démolition des murailles. Ensuite il reprit le chemin de Paris, entouré de plus d'hommages que Louis XIII n'en recevait de ses peuples.

Le duc de Rohan fut en butte aux attaques de ses coreligionnaires, qui, rendus injustes par le malheur, l'accusaient de toutes leurs calamités. Il écrivit son apologie avec l'accent d'une bonne conscience, et termina en ces termes : « Voilà mes crimes, pour lesquels j'ai été con-
» damné à Toulouse, d'être tiré à quatre chevaux, de
» quoi je me glorifie... Je souhaite à ceux qui viendront
» après moi qu'ils aient autant d'affection, de fidélité et
» de patience que j'en ai eu ; qu'ils rencontrent des peu-
» ples plus constants, moins avares et plus zélés que je
» n'ai fait, et que Dieu les veuille accompagner de plus
» de prospérités ; afin qu'en restaurant les Eglises
» de France, ils exécutent ce que j'ai osé entrepren-
» dre. »

22

Ses vœux ont été réalisés autrement qu'il ne l'entendait. Henri de Rohan fut le dernier chef armé de la Réforme française ; mais ce que le glaive n'a pas fait, la civilisation et la liberté l'ont accompli au jour marqué de Dieu.

Rohan alla offrir son épée à la République de Venise, puis à Gustave-Adolphe, et mourut en 1638, dans les plaines de l'Allemagne, pour la même cause qu'il avait si longtemps et si vaillamment défendue dans son pays.

VII

Le parti calviniste avait définitivement donné sa démission après la prise de La Rochelle, et l'histoire des réformés ne sera plus mêlée aux grandes affaires du royaume jusqu'à la révocation de l'édit de Nantes.

C'est en vain que des personnages de la plus haute naissance, qui appartenaient à la communion catholique, les provoquèrent à reprendre les armes : il ne se trouva plus de huguenots dans les rangs des adversaires de la royauté.

En 1632, le duc Henri de Montmorency, appuyé par Gaston d'Orléans, frère de Louis XIII, essaya de réveiller les passions religieuses dans le Languedoc dont il était le gouverneur. Il s'adressa aux gentilshommes de la religion, aux pasteurs, aux consistoires, aux synodes, et ne recueillit partout que des refus. Il eut dans son parti cinq ou six évêques, mais pas un seul réformé. Le second consul de Nîmes conserva la ville au roi, en chassant l'évêque et le premier consul, qui était catholique. Les habitants de Montauban offrirent de marcher contre les troupes de Montmorency, et, chose mémo-

rable! les malheureux restes des habitants de Privas défendirent leur place pour le service du roi. Le cardinal
de Richelieu disait alors des réformés : « Ils ont fait
plus que tous les autres. »

Environ vingt ans après, pendant les troubles de la
Fronde, le grand Condé, faisant valoir les vieux souvenirs de sa maison, voulut les attirer sous son drapeau,
et y employa des émissaires qui semaient des bruits sinistres. Ils allaient disant d'église en église que la régente Anne d'Autriche avait promis au clergé de révoquer les édits de pacification, que son premier ministre
Mazarin était un cardinal italien sans bonne foi, qu'il n'y
avait que la force qui pût préserver les réformés d'une
ruine complète, et que le prince de Condé leur garanti-
rait une pleine liberté de conscience et de culte. Ces
appels restèrent comme sans effet.

Les Rochelois soutinrent le parti de la régente contre leur propre gouverneur. Les Montalbanais s'épuisè-
rent d'hommes et d'argent pour la même cause. La ville
de Saint-Jean-d'Angély, qui n'avait que des murailles démantelées, se défendit contre les troupes rebelles. Le
Vivarais et les Cévennes fournirent des soldats dévoués,
et presque toute la noblesse réformée des provinces méridionales, s'étant levée contre le prince de Condé, garda
pour le roi le Languedoc, la Saintonge et une partie de
la Guyenne.

Ces services étaient grands. Le cardinal Mazarin disait : « Je n'ai point à me plaindre du petit troupeau ;
s'il broute de mauvaises herbes, du moins il ne s'écarte
pas. » Il ne parlait des pasteurs de Montauban qu'en
les appelant ses bons amis, et le comte d'Harcourt dit
aux députés de la même ville : La couronne chancelait
sur la tête du roi, mais vous l'avez affermie. »

Louis XIV en témoigna plus d'une fois sa reconnaissance, en particulier dans sa déclaration du 21 mai 1652.
On y lisait : « D'autant que nos sujets de la religion pré-
» tendue réformée nous ont donné des preuves de leur
» affection et fidélité, notamment dans les circonstances
» présentes, dont nous demeurons très satisfaits; savoir
» faisons que pour ces causes ils soient maintenus et gar-
» dés, comme de fait nous les maintenons et gardons
» dans la pleine et entière jouissance de l'édit de Nantes. »

Et c'est ce même roi qui a fait souffrir les plus longues, les plus odieuses persécutions à ceux qui avaient
affermi la couronne sur sa tête! C'est lui qui a signé
en 1685 le fatal édit de révocation! Quelles furent les
causes de tant de violences et de malheurs? Nous tou-
chons ici à l'un des plus intéressants problèmes de cette
histoire.

Les réformés avaient d'implacables ennemis dans les
hommes du pouvoir spirituel. Au premier rang figuraient les Jésuites, créés tout exprès pour extirper le
protestantisme de l'Europe, adversaires-nés des huguenots, moines doublement redoutables, en leur qualité
de confesseurs des rois, et parce que leur morale les autorisait à ne reculer devant aucun moyen. Le mensonge,
la fourbe, l'iniquité, le trafic des consciences, la force
brutale, les spoliations, les bannissements, le meurtre
même, tout leur était bon, pourvu qu'ils arrivassent à
leurs fins.

Après les Jésuites venait le clergé séculier qui, en ex-
ceptant quelques hommes politiques plutôt que religieux,
comme Richelieu et Mazarin, ne se lassait pas d'inventer de nouvelles mesures de compression et de persécution contre les hérétiques. Il avait sur les pauvres et
humbles ministres de la Réforme française l'avantage du

nombre, de la naissance, de la position, de l'autorité, de la fortune, des grands emplois, et pouvait tout faire pour les écraser sans avoir de représailles à craindre.

De cinq en cinq ans, il tenait des assemblées qui ne se terminaient jamais, comme nous l'avons déjà remarqué, sans avoir emporté quelque nouveau lambeau des lois de tolérance. « Le clergé, » dit Rulhières, « don-
» nait de l'argent au roi. On négociait avec ce premier
» corps de l'Etat pour obtenir en faveur des besoins du
» royaume ce qu'on nomme le *don gratuit*, et les protes-
» tants au contraire avaient besoin de l'argent du roi
» pour l'entretien de leurs ministres et la tenue de leurs
» synodes. Chaque fois qu'ils demandaient à s'assem-
» bler, c'était une grâce pécuniaire qu'ils sollicitaient,
» et chaque fois que le clergé s'assemblait, c'était une
» sorte de grâce qu'il accordait à l'Etat. Aussi chaque
» assemblée du clergé était-elle marquée par quelque
» avantage remporté sur eux, et chaque synode, au
» contraire, recevait de la cour quelque marque de dé-
» faveur... Les demandes du clergé avaient quelque
» modération, tant que les calvinistes pouvaient être
» redoutés ; mais elles tendirent vers une persécution
» ouverte, aussitôt qu'ils devinrent des citoyens paisi-
» bles (1). »

Enfin, au-dessous des Jésuites et du clergé, pullu-
laient des légions de Capucins, Récollets, Carmes, Franciscains et autres : milice ignorante et remuante, qui entretenait le fanatisme de la populace, et marchait en toute occasion à l'assaut de l'hérésie.

Voilà pour l'autorité spirituelle. Quant aux hommes

_____

(1) *Eclaircissements historiques*, t. I, p. 46, 47.

du pouvoir temporel, les premiers adversaires de la Réforme étaient les rois mêmes, à qui l'on avait donné une éducation incomplète et fausse. Leurs précepteurs les avaient placés autant que possible sous le joug d'une dévotion étroite, intolérante, pleine de petits scrupules sur certains points, et facile à se relâcher sur d'autres. Louis XIII n'avait ni grandeur d'esprit, ni dignité de caractère. Prince faible, d'une humeur triste, mettant son royaume sous la protection de la Vierge après avoir fait assassiner les favoris de sa mère, il n'eut d'autre mérite que celui de se laisser gouverner par Richelieu. Louis XIV, avec un génie fier et des qualités vraiment royales, unissait à la galanterie la bigoterie, et nous aurons lieu de reconnaître que, dans ses étranges compromis de conscience, plus il avait donné à sa cour de scandale par ses désordres, plus il croyait devoir lui donner d'édification par ses rigueurs contre les réformés.

Tous deux tenaient pour maxime d'Etat qu'il fallait affaiblir le calvinisme, comme si les hommes et les choses eussent été les mêmes que sous Charles IX. On avait enseigné à ces princes que la Réforme était l'ennemie des trônes, et ils pensaient n'avoir jamais assez fait contre ce vain fantôme de leur imagination.

Il s'ensuivit que les grandes charges de la cour et de l'armée, de la magistrature et des finances, furent systématiquement refusées aux calvinistes, sauf dans des cas extraordinaires. Turenne et Duquesne rompirent la barrière par l'éclat de leurs services ; les autres furent laissés à l'écart, ou condamnés à vieillir dans des emplois subalternes. L'édit de Nantes avait, sans doute, rendu les réformés admissibles aux charges, mais il ne leur avait pas garanti les faveurs de la cour, et la royauté, pour nous servir des propres expressions de

Louis XIV, « les renfermait dans les plus étroites bor-
» nes que la justice et la bienséance pouvaient permet-
» tre. » Ces conditions mêmes ne furent pas longtemps
respectées.

Louis XIV dit ailleurs dans les mémoires qu'il a dictés pour l'instruction du dauphin : « Quant aux grâces
» qui dépendaient de moi seul, je résolus, et j'ai assez
» ponctuellement observé depuis, de n'en faire aucune à
» ceux de cette religion, et cela *par bonté*, non par ai-
» greur, pour les obliger par là à considérer de temps
» en temps par eux-mêmes, et *sans violence*, si c'était
» pour de bonnes raisons qu'ils se privaient volontaire-
» ment des avantages qui pouvaient leur être communs
» avec mes autres sujets. » Rien de plus naïf et de plus
instructif tout ensemble que ces aveux.

Les ministres d'Etat suivaient naturellement l'impulsion du prince. Nulle faveur aux hérétiques ; du mauvais vouloir, quand on le pouvait sans blesser trop ouvertement les droits acquis, et une constante inégalité
de traitement qui poussait les tièdes et les ambitieux à
changer de religion.

Les intendants de province, nouvelle création d'un
gouvernement qui aspirait à constituer une plus forte
unité nationale, voulant se rendre agréables au conseil
et à la cour, ne manquaient pas de se prononcer pour
les Jésuites contre les pasteurs, pour les évêques contre
les synodes provinciaux ou les consistoires, chaque fois
qu'il y avait un prétexte tant soit peu plausible à invoquer.

Les parlements agissaient presque tous dans le même
sens, non par fanatisme religieux, mais par cet esprit
qui de tout temps, chez les païens comme dans la chrétienté, a fait des corps de magistrature les gardiens des

anciennes lois et des coutumes traditionnelles. L'avocat
général Omer Talon disait, aux grands jours de Poitiers,
en 1634, que les prétendus réformés n'étant supportés
que par tolérance, les affaires qui les regardaient ne devaient pas être comptées entre les *choses favorables*, et
qu'il fallait leur appliquer, au contraire, la plus rigoureuse interprétation. Ainsi, dans les questions qui res-
sortissaient aux tribunaux, ils ne pouvaient compter que
sur le droit strict, ou plutôt sur ce qu'il n'était pas possible de leur refuser sans injustice flagrante. Tout
arrêt sévère faisait immédiatement jurisprudence contre
eux, et de restrictions en restrictions ils perdirent successivement ce que l'édit de Nantes leur avait con-
cédé.

Les universités et les collèges, où dominaient les influences cléricales, soulevèrent difficultés sur difficultés
pour la collation des grades académiques aux *religionnaires*, et enfin ces grades ne furent donnés que sur des
certificats d'assistance à la messe.

Quant aux rapports entre les simples individus des
deux religions, il y a une distinction à faire. Les hommes de lettres, ceux qui appartenaient à la haute bourgeoisie, les *honnêtes gens* dans le langage du siècle,
vivaient généralement en bon accord. On sait que l'Académie française a été fondée par des membres de l'une
et de l'autre communions. Telle fut aussi l'origine de
beaucoup de sociétés savantes, à Nîmes et ailleurs. « Il
» y avait longtemps avant la révocation de l'édit de
» Nantes, » dit Segrais, « que les catholiques et les hu-
» guenots vivaient ici (à Caen) dans une grande intelli-
» gence, qu'ils mangeaient, buvaient, jouaient, se di-
» vertissaient ensemble, et se quittaient librement, les
» uns pour aller à la messe, les autres pour aller au

» prêche, sans aucun scandale, ni d'une part, ni de
» l'autre. »

Mais dans les masses populaires, plus soumises à l'enseignement du prêtre, les préjugés et les haines subsis-
taient. De là des vexations dans les maîtrises, les juran-
des, les corps de métier, et dans les petits offices qui
dépendaient des conseils municipaux. De là aussi des
voies de fait sous les moindres prétextes, des violences
contre les temples, contre les propriétés, contre les personnes, et, quand on l'osait, des attaques plus régulières, plus générales, auxquelles présidait habituellement
quelque ignare vicaire de paroisse, ou quelque moine
abject.

On pourra juger, par ce qui précède, de l'état des réformés après l'édit de grâce. Ils eurent par intervalles des
jours de repos qui leur permirent de s'appliquer aux
sciences théologiques, de développer leur instruction
commune et de cultiver les arts industriels. Mais ce repos était incertain, ce calme inquiet, pour ainsi parler,
et la persécution alla bientôt s'aggravant jusqu'à ce que
le moment parût favorable pour anéantir la Réforme
française.

Nous ne raconterons que ce qu'il y eut de plus important (1).

VIII

Le cardinal de Richelieu, qui avait écrit dans les loi-

(1) Si l'on veut connaître en détail la situation des réformés à cette époque, il faut lire l'*Histoire de l'édit de Nantes,* par Elie Benoît. L'auteur a
rempli cinq volumes in-4° du récit des vexations, injustices, violences, persécutions, etc., qui ont frappé ses coreligionnaires, depuis le règne de
Henri IV jusqu'à la révocation de l'édit de Nantes.

sirs de sa jeunesse une *méthode de controverses*, tenait à exécuter son plan de réunion. Il fit sonder là-dessus les pasteurs et les synodes provinciaux par son confident, le père Joseph, personnage mystérieux, émissaire intrigant, délié, actif; et il fut secondé dans son œuvre par un certain Théophile de La Milletière, calviniste équivoque, écrivain de science médiocre, et ambitieux de se faire un nom en appuyant des desseins dont il ne comprenait pas la portée.

Entre les personnes qui se laissèrent prendre à ce projet, on comptait des habiles qui voulaient quitter sans déshonneur une religion peu agréable au pouvoir, des simples qui croyaient naïvement que le catholicisme voulait faire des concessions sérieuses, et de bonnes gens qui ramenaient tout à une question de charité. Au nombre de ces derniers se trouva pour quelque temps un homme de mérite, Petit, pasteur et professeur de théologie à Nîmes.

Cependant il parut bientôt que, sous le mot pompeux de réunion, il ne s'agissait pas d'autre chose que d'un acte de repentance de la part des calvinistes, et de gracieuse amnistie de la part des catholiques. Point de changement plus considérable que celui de quelques termes, qui choquaient l'oreille des disciples de Calvin. On aurait d'avance gagné certains pasteurs qui, pour la forme seraient venus discuter avec des docteurs catholiques en présence du roi, et ne leur auraient opposé aucune objection capitale. Ensuite, ils eussent demandé à être admis comme des pénitents, et l'Eglise romaine, en bonne mère, leur eût ouvert les bras. On aurait travaillé enfin à réunir un synode national tout peuplé de ces gens de facile composition, et une fois le projet de réunion officiellement adopté, la force matérielle se serait chargée d'y soumettre les récalcitrants, ou de les chasser du royaume.

Le plan était conçu avec habileté : seulement on n'y avait pas assez tenu compte des consciences fidèles et honnêtes. Il échoua. Les pasteurs se montrèrent *entêtés*, et, ce qui est remarquable, les laïques le furent encore davantage. Pas un seul synode provincial ne donna les mains au complot. Petit reconnut son erreur; La Milletière fut excommunié, et se fit tout simplement catholique; Richelieu avait d'autres affaires à suivre, et l'idée de la réunion fut abandonnée pour être reprise deux ou trois fois avant la révocation.

Le clergé employa un moyen différent pour abattre l'hérésie, savoir, des missionnaires, des controversistes ambulants, autrement nommés *convertisseurs* ou *propagateurs de la foi*. On en trouve à l'œuvre dès l'an 1630. Les uns étaient des moines, Capucins et Récollets, dont Fénelon dit quelque part qu'ils s'étaient attiré par leur ignorance et leur fanatique emportement le mépris universel. Les autres étaient des laïques de basse condition, cordonniers, rémouleurs, tailleurs, brocanteurs, petits marchands, qui, sans aucune étude, laissaient là leur métier pour se faire les champions de la foi catholique.

Ces vagabonds recevaient une somme convenue par tête de prosélyte, et le taux variait selon l'importance du converti. Ils avaient soin de se faire donner des certificats dûment légalisés de leurs conquêtes, afin de toucher leur argent. La fraude s'en mêla, comme on devait s'y attendre. Il y eut des misérables qui entraient dans la communion réformée tout exprès pour en sortir, ou feignaient d'en être pour abjurer, et qui partageaient ensuite avec leurs complices.

Les convertisseurs avaient appris par cœur un cata-

logue de subtilités ridicules et de grossières chicanes
qu'ils débitaient à tout propos. La réfutation de ce qu'il
y avait de moins ignoble dans cette polémique a été
faite de main de maître par le pasteur Drelincourt, dans
son *Abrégé des controverses*. Aussi l'appelait-on le fléau
des propagateurs de la foi.

Un de leurs arguments favoris consistait à poser cette
question : Croyez-vous que le roi soit idolâtre et damné ?
Si l'on disait oui, ils en faisaient une grosse affaire qui
pouvait avoir des suites fâcheuses, surtout pour ceux
qui occupaient quelque office public. Si l'on disait non,
ils demandaient pourquoi l'on se refusait à entrer dans
une Eglise qui ouvrait la porte du salut ? Ou encore,
s'ils rencontraient une vive résistance, ils poussaient
leur interlocuteur à prononcer des paroles irrévéren-
cieuses pour la Vierge et les saints, et comme les lois
punissaient alors ce qu'on qualifiait de blasphème, ils
allaient dénoncer les coupables.

Ayant pour protecteurs les prêtres et les Jésuites, la
plupart de ces convertisseurs étaient aussi insolents
qu'illettrés. Ils couraient de ville en ville, frappant à la
porte des consistoires et des synodes. Ils pénétraient
même de force dans les maisons particulières, quelquefois à l'aide des juges du lieu, et entamaient une controverse en règle. Tant qu'on les invitait poliment à se
retirer, ils tenaient bon. Que si, dans un moment d'humeur, on les jetait dehors, ils cherchaient à s'attirer
quelque acte de violence devant témoins, sur la voie
publique, et aussitôt déposaient leur plainte en justice.

Plusieurs portaient l'impudence au point d'interrompre les pasteurs en pleine assemblée, et de leur donner
des démentis. Ces indignes excès les exposaient tout au
plus à entendre des murmures et des paroles de blâme :

on n'osait pas les châtier comme ils le méritaient. Si une assemblée, moins endurante que les autres, les poussait dans la rue, et qu'il en résultât quelque tumulte un peu considérable, on avait à craindre l'interdiction du service religieux, ou même l'emprisonnement du pasteur.

Ils élevaient aussi des tréteaux dans les carrefours; et là, ces bateleurs d'un nouveau genre, ayant à côté d'eux des piles de gros livres dont ils n'avaient pas lu le premier mot, déblatéraient sur des points de controverse, parodiaient les ministres, et divertissaient ou soulevaient la populace par leurs vociférations.

Le plus fameux de ces convertisseurs fut un nommé Véron, ou père Véron. Il avait porté l'habit de Jésuite, et on lui donna la cure de Charenton pour qu'il importunât de plus près les réformés. Ce Véron assistait fréquemment aux sermons des pasteurs, et le service achevé, les réfutait sur une espèce de théâtre qu'il avait fait dresser à la porte de son église. Il fatigua par ses défis les plus savants docteurs de la Réforme. Le célèbre Bochart eut une fois la complaisance d'ouvrir avec lui une discussion en règle. Or, Véron lâcha pied avant que les questions qu'il avait mises lui-même sur le bureau fussent examinées, et les pasteurs finirent par ne lui opposer que le silence du mépris.

Toutes ces tentatives de conversions n'obtinrent, au reste, que fort peu de succès. Non seulement les hommes de quelque étude, mais les artisans, les femmes, les enfants mêmes de la communion réformée s'étaient aguerris aux matières de controverse, et confondaient aisément les soi-disant propagateurs de la foi. Aussi, après la mission pacifique vint la mission armée, la mission *bottée*, dont nous parlerons en son lieu.

De 1631 à 1645, il y eut trois synodes nationaux. La

cour s'appliquait à les rendre de plus en plus rares, jusqu'à ce qu'elle pût en venir à les supprimer entièrement.
La première de ces assemblées s'ouvrit à Charenton, le
1er septembre 1631. Le commissaire Galland y siégea
sans difficulté. Pasteurs et laïques, tous avaient le cœur
triste et l'attitude humble : ils se sentaient à la merci de
leurs adversaires.

Le roi désigna les députés généraux dont la nomination lui serait agréable, et le synode obéit. Plus tard on
ne voulut qu'un seul député général, qui fut même dispensé de la formalité des réélections. Cette haute charge
se concentra dans la famille des marquis de Ruvigny, et
les Eglises demandèrent inutilement la permission d'y
adjoindre un député général du tiers-état. L'esprit libéral de la Réforme ne convenait point à Louis XIV.

Le synode de Charenton se déclara contre les projets
d'accommodement avec les catholiques; mais il tendit
une main fraternelle aux luthériens, qui, jusqu'alors,
n'avaient pas été admis à la cène des calvinistes. « Parce
» que les Eglises de la confession d'Augsbourg, » dit-il,
« conviennent avec les autres Eglises réformées dans
» les points fondamentaux de la véritable religion, et
» qu'il n'y a ni superstition ni idolâtrie dans leur culte,
» les fidèles de ladite confession qui, par un esprit
» d'amitié et de paix, se joindront à la communion de
» nos Eglises dans ce royaume, pourront, sans faire au-
» cune abjuration, être reçus à la table du Seigneur. »

Au cahier des griefs rédigé à Charenton, le roi ne
voulut répondre qu'après la séparation du synode :
« Afin, » disait-il, « de traiter avec ses sujets plus con-
» venablement à sa dignité souveraine et à l'autorité
» sacrée de sa parole. » On pouvait reconnaître ici le
génie et l'accent de Richelieu.

Un autre synode national s'ouvrit au mois de mai 1637, dans la ville d'Alençon. M. de Saint-Marc, conseiller d'état et commissaire du roi, y parla d'un ton haut : « Je suis venu à votre synode pour vous faire savoir la » volonté de Sa Majesté. Toute autorité est de Dieu, et » par conséquent, sur ce fondement inébranlable, vous » devez obéir. Outre que les bontés de Sa Majesté vous » y obligent et les soins qu'il prend de vous, sa clé- » mence et son pouvoir sont les supports les plus fer- » mes que vous puissiez avoir. Je ne doute nullement » que vous n'ayez fait réflexion plusieurs fois sur l'ad- » mirable providence de Dieu qui fait que l'autorité » royale de Sa Majesté est votre conservation. » Le modérateur Basnage répondit à M. de Saint-Marc que les Eglises n'avaient jamais eu la moindre pensée de se départir de la soumission à laquelle les obligeait la Parole de Dieu.

Le roi fit défendre aux pasteurs et aux anciens de correspondre de synode à synode, ou avec des corps ecclésiastiques étrangers ; et comme il était venu plusieurs lettres de Genève et de Hollande, on les remit toutes cachetées au commissaire qui, après en avoir pris connaissance, permit de les lire à l'assemblée. Ces lettres traitaient de quelques points de doctrine soulevés par Amyraut, professeur de l'académie de Saumur. Nous y reviendrons ailleurs.

Le synode s'occupa de l'esclavage des noirs, question peu agitée au dix-septième siècle, et qui n'excitait guère l'attention des assemblées du clergé catholique. S'il fut d'avis que la Parole de Dieu ne défend pas d'acheter et de garder des esclaves, il y posa du moins des conditions fort libérales pour l'époque : « Cette assemblée, » confirmant le canon fait par le synode provincial de

» Normandie, exhorte les fidèles de ne pas abuser de
» cette liberté d'une manière qui soit contraire aux rè-
» gles de la charité chrétienne, et de ne pas remettre
» ces infidèles au pouvoir des Barbares qui pourraient
» les traiter inhumainement, ou entre les mains de ceux
» qui sont cruels, mais de les donner à des chrétiens
» débonnaires, et qui soient en état d'avoir principale-
» ment soin de leurs âmes précieuses et immortelles,
» en tâchant de les instruire dans la religion chrétienne. »

Un troisième synode national se tint à Charenton à la
fin de l'an 1644, peu après la mort du cardinal de Richelieu et de Louis XIII. Le commissaire du roi prit le
singulier parti de se plaindre le premier des empiète-
ments et usurpations des Eglises réformées, pour empêcher celles-ci, apparemment, de réclamer trop haut contre les injustices dont elles avaient à souffrir. Il exposa
ensuite les volontés du roi, entre lesquelles était l'ordre
d'exclure du ministère évangélique ceux qui auraient fait
leurs études à Genève, en Hollande et en Angleterre,
parce que dans ces contrées dominait l'esprit républicain. C'était le temps des luttes de Cromwell et des puritains contre Charles Ier.

Sur le rapport de quelques députés des provinces maritimes, il fut question des *indépendants* venus d'Angleterre, et qui s'étaient établis en France. On leur reprochait d'enseigner que chaque troupeau doit se gouverner
par lui-même, sans avoir égard à l'autorité des colloques
et des synodes. L'assemblée, considérant cette opinion
comme préjudiciable aux intérêts de l'Eglise de Dieu et
à ceux de l'Etat, enjoignit aux provinces maritimes d'empêcher que le mal ne s'enracinât dans le royaume.

IX

De 1652 à 1656, la situation des réformés fut satisfaisante. Mazarin leur savait gré de la fidélité dont ils
avaient fait preuve dans les troubles de la Fronde. Il
tenait aussi à se concilier par de bons traitements envers eux l'amitié de Crom vell, qui, en se tournant du
côté de la France ou de l'Espagne, alors en guerre l'une
contre l'autre, pouvait jeter dans la balance un poids
décisif.

Le libre exercice de la religion fut rétabli dans plusieurs lieux où il avait été supprimé contrairement au
texte des édits. Les réformés rentrèrent dans les charges municipales ; quelques-uns eurent des places importantes dans les finances et dans l'armée. La déclaration
de 1652, que nous avons déjà eu l'occasion de men-
tionner, confirma l'édit de Nantes, et les règlements,
articles et brevets expédiés en faveur des réformés. Jamais, depuis le règne de Henri IV, ils n'avaient respiré
plus librement, ni joui d'une plus grande protection.

Ce temps fut court. L'assemblée du clergé, réunie en
1656, fit entendre, par l'organe de l'archevêque de
Sens, des plaintes amères contre ce qu'elle appelait
l'*oppression* de l'Eglise catholique. Ne pouvant plus être
persécuteurs, les prêtres se dirent persécutés. Ils ne venaient pas, sans doute, demander la révocation des
édits ; mais ils voulaient le rétablissement des *explica-*
tions légitimes qui y avaient été données par le feu roi. Ils
gémissaient de voir que les hérétiques « eussent ruiné
» par de nouvelles entreprises toutes les sages précau-
» tions dont ce grand prince (Louis XIII) avait arrêté

23

» l'inquiétude de leur génie, » et supposaient que la déclaration de 1652 avait été une surprise faite à la piété de Louis XIV et de son premier ministre.

Comme les réformés avaient construit quelques temples sur des propriétés appartenant à un commandeur de Malte et à d'autres seigneurs ecclésiastiques, l'assemblée du clergé prétendait qu'on avait élevé des *synagogues de Satan sur le patrimoine du Fils de Dieu*. Ces mêmes prêtres invoquaient les exemples de saint Ambroise et de saint Athanase, qui avaient refusé des temples à l'hérésie arienne, pour demander la démolition des nouveaux édifices religieux. Ils insinuaient que la présentation des cahiers de doléances au roi démontrait le rétablissement des assemblées politiques défendues par les édits ; que les collectes faites en faveur des Vaudois du Piémont cachaient un redoutable complot, et pouvaient être suivies d'entreprises *guerrières et dangereuses* ; que les fortifications de quelques places huguenotes avaient été relevées, et que la ville de Montauban, entre autres, était garnie de dix-sept bastions. Ils accusaient les *déserteurs de la foi de leurs pères* d'aspirer aux plus importantes dignités de l'Etat ; et leur harangue se terminait par un pathétique appel à la protection du roi, comme si l'Eglise catholique de France eût été réduite à l'extrémité !

Nous avons analysé avec quelque soin le discours de l'orateur du clergé, car c'est de ce moment que date une nouvelle période de persécutions et de cruautés qui ne discontinua plus jusqu'à la révocation.

Marzarin n'accorda pas tout ce que demandaient les prêtres ; car la guerre avec l'Espagne durait encore, et il fallait toujours ménager Cromwell. Pourtant le conseil publia une déclaration destinée à interpréter celle de 1632, et qui en réalité la renversait. Les choses furent remises sur le même pied que du temps de Louis XIII. On défendit l'exercice de la religion dans les lieux où il avait été nouvellement rétabli ; et pour joindre, ce semble, la tracasserie à la violence, plusieurs arrêts interdirent aux ministres de prendre le nom de *pasteurs*, ou de donner celui *d'Eglises* à leurs troupeaux.

Une défense bien plus grave, déjà faite en 1631, se reproduisit à cette époque : il s'agissait d'ôter aux pasteurs le droit de prêcher dans les *quartiers ou annexes*. Si l'on veut apprécier l'extrême importance de la question, qui menaçait de supprimer d'un seul coup plus de la moitié des lieux de culte, on doit se rappeler que, selon les édits, les offices de la religion réformée ne pouvaient se célébrer que dans un certain nombre d'endroits, qu'on avait déterminés commune par commune, nom par nom : chose légitime en deça, criminelle au delà.

Or, plusieurs de ces communes renfermaient des troupeaux trop petits ou trop pauvres pour subvenir à l'entretien d'un pasteur. Les fidèles partageaient alors le fardeau en se réunissant, et un seul ministre était chargé de satisfaire aux besoins de tous. De là les annexes.

On ne contestait pas aux communes le droit de faire prêcher dans leur enceinte, ou du moins on ne le contesta pas immédiatement : la lettre des édits avait prononcé. Mais on s'attaquait aux pasteurs. Avaient-ils le droit de sortir du lieu de leur résidence? Etaient-ils libres de réunir deux ou trois troupeaux distincts? Appelés dans un endroit nominativement désigné, pouvaient-ils en desservir d'autres? Pour le bon sens et la justice il n'y aurait pas eu de question; mais pour l'intolérance du prêtre, pour la mauvaise volonté du juge, pour les tendances hostiles du conseil, il y en eut une, et l'on se garda bien de la laisser tomber.

Cette querelle misérable produisit pendant près de quarante ans vexations sur vexations, procès sur procès, appels sur appels, les synodes provinciaux ordonnant aux pasteurs de se maintenir en possession de leurs annexes, et les gens de loi le leur défendant sous peine d'amende et de prison. Généralement l'évidence du droit dut céder aux sophismes appuyés sur la force matérielle.

Les parlements de Toulouse, de Rennes, d'Aix et de Poitiers se signalèrent par la rigueur et l'iniquité de leurs arrêts. En toute affaire de réformé à catholique, de pasteur à prêtre, de temple à église, de consistoire à chapitre épiscopal, la partie hérétique avait tort, à moins qu'elle n'eût dix fois raison, et que son droit ne fût absolument incontestable. Ces parlements interprétèrent les édits de telle sorte qu'il n'en resta presque plus rien, et dans les procès criminels il leur suffisait des moindres indices pour condamner les religionnaires à des peines exorbitantes.

Comment faire parvenir jusqu'à la cour les doléances des réformés? Il ne fallait plus songer à tenir des assemblées politiques. Le conseil renvoyait d'année en année l'autorisation de convoquer un synode national, et la voix du seul député général qu'on eût laissé aux Eglises était dédaignée. Enfin les synodes provinciaux résolurent, en 1658, d'envoyer à Paris dix députés qui présenteraient au roi leurs griefs. Louis XIV leur fit attendre quatre mois une audience, et quand il daigna les recevoir, il leur dit d'un ton sec : « J'examinerai votre cahier, et vous rendrai justice. » Le cardinal Mazarin y mit plus de formes. « Le roi fera connaître par des effets, » dit-il aux députés, « la bonne volonté qu'il a pour vous ; assurez-vous que je vous parle du bon du cœur. » Paroles mielleuses auxquelles on ne se fiait point.

Tout ce que les réformés obtinrent, après les plus persévérantes sollicitations, fut une vague promesse que le roi ferait observer l'édit de Nantes ; « en espérant que » ceux de la religion prétendue réformée *se rendraient* » *dignes de cette grâce* par leur bonne conduite, fidélité » et affection à son service. » La réponse laissait percer d'injurieux soupçons, et les députés s'en montrèrent vivement blessés. Mais la cour ne rétracta rien ; elle annonça seulement que des commissaires de l'une et de l'autre religions seraient envoyés dans les provinces pour veiller à |l'exécution des édits. Ces commissaires entrèrent en charge deux ou trois ans après, et firent aux Eglises, comme on le verra, beaucoup plus de mal que de bien.

En 1659, la paix étant conclue avec l'Espagne, Mazarin accorda aux instances des réformés la permission de convoquer un synode général. Il s'ouvrit à Loudun le 10 novembre 1659 : ce fut le dernier des synodes nationaux, du moins de ceux que l'autorité publique ait approuvés.

On a le cœur serré en lisant les procès-verbaux de cette assemblée. Tout est hauteur, menace, accusation, récrimination du côté de la cour ; et, du côté des réformés, tout est humilité, abaissement, expression de reconnaissance. De reconnaissance, et pourquoi ? Sans doute pour le mal qu'on avait daigné ne pas leur faire encore !

Dès l'ouverture du synode, le commissaire du roi, M. de la Magdelaine, prit la parole, et dit que les ré-

formés avaient grand sujet d'admirer la bénignité de Sa
Majesté, qui les mettait à couvert sous son autorité
royale. Il leur défendit de faire aucune plainte. « Le roi
» m'a ordonné, » poursuivit-il, « de vous dire qu'il a bien
» plus de raison de se plaindre des infractions et trans-
» gressions des édits, commises par ses sujets de la reli-
» gion prétendue réformée, et du mépris qu'ils en ont fait,
» parce qu'ils en sont venus au *suprême degré d'insolence*,
» même depuis que Sa Majesté a pris les rênes du gouver-
» nement, ayant recommencé de prêcher dans le Langue-
» doc, contre ce qui avait été défendu, et non seulement
» dans cette province, mais partout ailleurs, ce qu'ils ont
» fait ouvertement et avec orgueil. » Il est à noter que les
mêmes griefs, portant sur les mêmes actes, avaient déjà
été exposés, quinze ans auparavant, devant le synode
national de Charenton, ce qui prouve que la cour n'avait
pas trouvé un seul prétexte nouveau de réprimandes.

A ces reproches le modérateur de l'assemblée, Jean
Daillé, répondit d'une voix soumise : « Nous recevons
» avec tout le respect et toute l'humilité possible tout
» ce qui nous est dit de la part de Sa Majesté. » Ensuite
il montra que, loin d'avoir empiété sur le terrain de l'Eglise
catholique, les réformés avaient vu dans plusieurs lieux
leurs exercices abolis et leurs temples renversés.

Le commissaire pressa l'assemblée, sur l'ordre de la
cour, de hâter la clôture de ses séances, et fit entendre
que ce serait le dernier des synodes nationaux : « Sa
Majesté, » dit-il, « ayant considéré qu'on ne peut pas
» tenir de synode national sans qu'il en coûte de grandes
» sommes, et sans causer beaucoup d'embarras et de pei-
» nes à ceux qui y sont envoyés ; et d'autant qu'on peut
» terminer plus facilement, et à moins de frais, plusieurs
» matières et affaires dans les synodes provinciaux, les-

» quels Sa Majesté permet qu'on tienne une fois l'année
» pour conserver la discipline de la religion prétendue
» réformée : pour ces raisons, messieurs, Sa Majesté a
» jugé à propos que je vous proposasse de sa part de don-
» ner à l'avenir tout pouvoir aux synodes provinciaux. »

Invoquer la dépense de quelques milliers de livres et
les embarras de ceux qui assistaient aux synodes nationaux, afin de colorer la violation de l'édit de Nantes,
c'était une amère dérision. Daillé répondit au nom de
l'assemblée qu'ils espéraient que le roi ne les priverait
pas de ses libéralités. « D'ailleurs la tenue de ces synodes nous étant d'une nécessité absolue, » ajouta-t-il,
« nous supporterons très volontiers tous les frais et toutes les fatigues que nous sommes obligés d'endurer pour
un pareil sujet. » L'assemblée décida ensuite que, *sous
le bon plaisir de Sa Majesté*, un nouveau synode national
se tiendrait à Nîmes dans le délai de trois ans.

Louis XIV ne le permit point, et depuis le 10 janvier
1660, jour où le synode de Loudun termina ses séances, l'organisation presbytérienne de la Réforme française resta décapitée. On avait eu des raisons d'Etat
pour supprimer les assemblées politiques; on ne pouvait alléguer que de vains prétextes pour défendre la
convocation des synodes nationaux. Mais avec les maximes de l'intolérance, la ruine des unes devait entraîner
la perte des autres. La royauté avait brisé le parti huguenot, et les prêtres lui faisaient écraser maintenant la
communion religieuse.

Le premier synode national s'était tenu en 1559; cent
ans après se réunissait le vingt-neuvième et dernier. Si
les réformés souffraient en 1559, ils espéraient conquérir
le royaume. En 1659, ils souffraient encore, mais ils
'avaient plus les mêmes espérances. Descartes avait

paru, et le terrain de la lutte contre le catholicisme, du moins en France, commençait à se déplacer.

X

Pendant que la Réforme française était en butte à tant de vexations, elle s'honorait devant l'Europe et devant la postérité par la science de ses docteurs. Ce fut la grande époque de sa théologie. L'Allemagne, si fière à juste titre de ses immenses travaux dans cette branche du savoir humain, cite encore avec respect ces théologiens du dix-septième siècle. C'est qu'il y avait chez la plupart d'entre eux, à côté d'une érudition profonde et vaste, cette solidité de jugement, cette netteté de vues, cet habile enchaînement de preuves, cette clarté de style enfin, qui distinguent les bons écrivains français dans tous les genres de littérature.

Nous ne ferons guère que nommer ici les docteurs ou pasteurs éminents des Eglises réformées. L'histoire de leurs idées et de leurs écrits n'appartient pas à notre plan.

L'académie de Montauban était alors célèbre par l'orthodoxie de ses doctrines et par la réputation de ses professeurs. On doit citer, entre autres, Daniel Chamier, Michel Bérault, et Antoine Garissoles.

Chamier avait le génie des affaires d'Etat aussi bien que celui des sciences théologiques. Il prit une grande part à la rédaction de l'édit de Nantes. Les gens de cour, qui ne l'aimaient point, parce qu'il était inaccessible à leurs séductions, le rangeaient parmi les *fous des synodes*.

Il eut à Nîmes, en 1600, une discussion fameuse avec le père Cotton, confesseur de Henri IV. Rien de plus divers que les deux antagonistes. L'un, dialecticien rigide, marchait de syllogisme en syllogisme, et allait droit au but; l'autre prodiguait les fleurs de rhétorique et les digressions brillantes. Le Jésuite eut l'avantage d'éblouir les auditeurs, mais le théologien réformé eut le don de les convaincre, et la victoire lui demeura.

· Les synodes nationaux l'invitèrent à réfuter les écrits de Bellarmin. Il le fit dans un ouvrage latin en quatre volumes in-folio, intitulé : *Panstratie catholique* ou *ordre universel de bataille*. Il se proposait de publier sur la question de l'Eglise un cinquième volume que la mort l'empêcha de terminer. C'est le livre de controverse le plus complet de la Réforme française. « Chamier, » dit un théologien de l'Allemagne moderne, « a profondé-
» ment pénétré dans l'examen de la doctrine catholique.
» Il l'attaque avec beaucoup de force et de sagacité, en
» puisant tour à tour ses preuves dans l'Ecriture, les
» Pères, la tradition, l'histoire et la philosophie. L'ou-
» vrage n'est pas prolixe, malgré sa grande étendue ; il
» est singulièrement plein, riche et abondant (1). »

Chamier fut tué d'un coup de canon, au siège de Montauban, le dimanche 16 octobre 1621. Il était allé sur les remparts adresser des exhortations aux soldats qui n'avaient pu assister au service du temple. Son pe-tit-fils, avocat à Montélimar, fut roué vif en 1683, pour avoir assisté à une assemblée religieuse que l'on qualifia de sédition parce qu'elle s'était défendue contre les dragons de Louis XIV.

Michel Bérault était un docte et habile théologien, au témoignage de Scaliger. Il fut choisi pour disputer contre Duperron dans la conférence de Mantes, et pu-

---

(1) Stæudlin, *Geschichte der theol. Wissenschaften*, t. II, p. 58, 59. Voir aussi Schrœck, *Christl. K. Geschichte*, t. V, p. 297-299.

blia, en réponse aux assertions de cet évêque, un livre sur la *vocation des ministres de l'Evangile*. Mais il avait un caractère plus ardent qu'il ne convient à un homme de sa robe. Le commissaire du roi demanda qu'il fût exclu du synode national de Charenton, parce qu'il avait justifié dans ses écrits les dernières prises d'armes. Sans obtempérer à cette injonction, l'assemblée crut devoir censurer Bérault avant de l'admettre à siéger.

Garissoles, (né en 1587, mort en 1650,) avait autant de désintéressement que de piété ; et lorsque les professeurs de Montauban quittèrent leurs postes, parce que la suppression de l'octroi des deniers royaux empêchait de les payer, il continua seul l'exercice de sa charge.

Son livre sur *l'imputation du péché originel* obtint un grand succès. Les cantons évangéliques de la Suisse, auxquels Garissoles l'avait dédié, le récompensèrent par l'envoi de quatre coupes de vermeil d'un beau travail, et par une lettre signée des principaux magistrats. Il composa aussi un poëme épique latin, l'*Adolphide*, où il célébrait les services que Gustave-Adolphe a rendus à la Réforme.

L'académie de Montauban subsista dans cette ville jusqu'en 1661. Elle fut alors transportée ailleurs et bientôt ruinée, sur des motifs si puérils qu'ils sont presque indignes de la gravité de l'histoire.

Les bâtiments du collège théologique ayant été construits aux frais de la population réformée lui appartenaient au titre le plus légitime. Cependant, après l'édit de grâce, les Jésuites avaient réussi à s'en faire adjuger une partie pour leurs propres leçons, et, peu contents d'en avoir la moitié, ils cherchèrent les moyens d'envahir l'autre, en mettant le vrai propriétaire à la porte.

. Un jour donc, ils avaient obstrué la cour et les principales avenues de l'édifice, à l'occasion d'une pièce de
théâtre qu'ils faisaient jouer par leurs écoliers. Les étudiants de la communion réformée se présentent à l'heure
ordinaire : point de passage ; nulle issue pour arriver à
leurs auditoires de théologie. Ces jeunes gens s'échauf-
fent, s'emportent, et renversent les échafaudages des
Jésuites, non sans quelques voies de fait, on le conçoit,
entre les écoliers des deux camps. Aussitôt grandes
plaintes à la cour, dénonciations, calomnies. Ce coup de
tête est transformé en crime d'Etat, et une lettre de cachet ordonne bientôt de livrer le collège tout entier aux·
révérends Pères.

Le peuple de Montauban se fâche à son tour, et s'attroupe tumultueusement à la porte d'un de ses temples,
où les notables étaient réunis, sur l'invitation des consuls, pour délibérer de cette affaire. Nouvelles dénonciations, et plus exagérées, plus noires encore que les
précédentes. C'est un vaste complot, c'est le signal
d'une révolte générale des hérétiques, et les Montalbanais en sont l'avant-garde. Mazarin était alors à l'agonie, et Louis XIV occupé de ses fêtes galantes. Les
Jésuites dirigèrent tout avec la reine mère, Anne d'Autriche, qui leur était dévouée.

Bref, pour quelques planches cassées et quelques
clameurs dans un rassemblement populaire, Montauban
fut traité comme une ville rebelle. On fit loger dans les
maisons plusieurs milliers de garnisaires. On renversa
les derniers restes des murailles. Quelques habitants furent condamnés à mort, d'autres bannis, et la plupart
ruinés. Il n'y eut plus de consuls de la religion. L'académie fut transférée dans la petite ville de Puylaurens,
où elle ne fit que végéter ; et Montauban, soumis à un

régime de terreur, se dépeupla. On a supposé que Louis XIV avait laissé faire d'autant plus facilement les Jésuites qu'il était bien aise de venger l'affront que Louis XIII avait subi devant les remparts de Montauban, au siège de 1621 : il punissait sur les enfants l'héroïque résistance des pères.

L'académie de Saumur, fondée par Mornay, avait aussi une grande réputation. Elle était plus ouverte que celle de Montauban aux idées nouvelles. Ses professeurs, Caméron, Amyraut, Cappel et la Place, enseignèrent des doctrines qui étaient une sorte de transaction ou de transition entre le calvinisme et l'arminianisme.

Jean-Caméron (1579-1625), Ecossais de naissance, appartenait à la théologie francaise par ses études, ses leçons et ses écrits. Après avoir été pasteur à Bordeaux, il remplaça Gomar dans la chaire de théologie de Saumur, et y apporta d'autres opinions. C'était un homme de science, de jugement, connaissant bien la philosophie, mais peu versé dans l'étude des Pères, et attaquant à tout propos les livres de Théodore de Bèze. Il laissait entrevoir qu'il y aurait beaucoup de choses à corriger dans les doctrines reçues; cependant ses leçons, imprimées en 1626, n'indiquent pas avec netteté sur quoi devaient porter ces changements.

Il eut, comme nous l'avons dit ailleurs, des démêlés avec la cour, et se réfugia en Angleterre ; mais on lui permit de revenir dans sa patrie d'adoption. Le synode national de Castres accorda une pension de 700 livres à ses enfants, « en témoignage d'honneur à sa mémoire. »

Moïse Amyraut (1596-1664), le plus illustre des disciples de Caméron, fut accusé devant le synode national d'Alençon d'enseigner des opinions contraires à la confession de foi. De nombreuses lettres étaient venues de Hollande et de Genève, qui le taxaient d'un pélagianisme déguisé.

Nous n'avons pas à exposer ces débats théologiques. Il nous suffira de dire que le savant professeur de Saumur avait formulé un système auquel on donna le nom d'*universalisme hypothétique*, par opposition à la doctrine des *particularistes*. Amyraut enseignait que Jésus-Christ est mort pour tous les hommes *suffisamment*, mais qu'il n'est mort *efficacement* que pour les élus. Il annonçait aussi une prédestination *universelle* en un certain sens. Du reste, il se défendit du reproche d'avoir adopté les principes des arminiens, et publia même contre eux une profession de foi.

Après avoir entendu son apologie, le modérateur du synode, Benjamin Basnage, lui donna la main d'association, ainsi qu'à Testard, pasteur de Blois, accusé d'avoir adopté les mêmes sentiments. La dispute se renouvela néanmoins au troisième synode national de Charenton; mais l'assemblée imposa silence aux deux partis, et ordonna de ne plus se diviser sur ces questions qu'elle déclarait inutiles pour l'œuvre du salut.

Amyraut fut chargé par le dernier synode national de rédiger le recueil des décisions concernant la discipline ecclésiastique, et reçut de cette assemblée les plus honorables marques de confiance. Il s'était depuis longtemps réconcilié avec la plupart de ses adversaires.

On a de lui près de quarante ouvrages sur des matières de théologie et d'édification. Ses paraphrases sur la Bible furent très goûtées. Sa *Morale chrétienne*, dédiée à M. Villarnoul, de la famille de Duplessis-Mornay, est l'œuvre d'un homme qui avait approfondi tout ensemble

et la Bible, et le cœur humain, et le monde. « Je me
» suis proposé, » dit-il, « de faire une morale chrétienne
» dans laquelle j'édifierai sur les fondements de la na-
» ture les enseignements qui nous ont été donnés par la
» révélation. »

Amyraut ne possédait pas seulement la science du
théologien : il avait un esprit cultivé, une conversation
vive et attachante, les manières agréables, et un caractère qui le faisait généralement aimer. Les cardinaux Richelieu et Mazarin lui témoignèrent toujours de grands
égards. Il était d'une charité peu commune, et pendant les
dix dernières années de sa vie, il distribua aux pauvres
des deux communions les revenus de sa place de pasteur.

Son collègue Louis Cappel (1585-1658) était l'un des
premiers hébraïsants du siècle. Il exposa, sur l'usage des
points-voyelles dans l'original hébreu, un système qui excita de vives réclamations, et sa *Critique sacrée*, publiée
après sa mort, augmenta encore le nombre de ses adversaires, parce qu'on l'accusait de soulever des doutes
sur le texte universellement reçu de l'Ancien Testament.

Un autre collègue d'Amyraut, Josué de La Place
(1596-1655), rédigea une grande partie des *thèses de
Saumur*, qui eurent beaucoup de retentissement dans les
discussions théologiques de l'époque. Il avait sur l'imputation du péché d'Adam des opinions particulières.
L'homme, selon ce docteur, tout en portant le poids du
péché originel, n'en est pas responsable devant Dieu
comme s'il avait commis lui-même la première trans-
gression.

Etienne Gaussen, mort en 1675, occupait à Saumur la
chaire de philosophie. Un de ses livres traite de l'*usage
de la philosophie dans la théologie*. On a aussi de lui un
judicieux traité sur l'*art de la chaire*, et une intéressante

dissertation sur la manière de diriger les études théologiques. Ses ouvrages, écrits en latin, ont été bien accueillis en Allemagne et en Hollande. On en a fait une
sixième édition à Halle, en 1727, et ils ont encore été
réimprimés depuis. Burmann, Franke, Stæudlin, et
d'autres théologiens en parlent avec beaucoup d'éloge.

A l'académie de Sedan, Pierre Dumoulin professa jusqu'à ses derniers jours une sévère orthodoxie. Il mourut
à l'âge de quatre-vingt-dix ans (1568-1658).

Dumoulin avait été sauvé, à peine âgé de quatre ans,
du massacre de la Saint-Barthélemy par le dévouement
d'une servante. Nommé pasteur de Charenton, en 1599,
il édifia les fidèles de Paris sous le règne de Henri IV.
Mais les Jésuites profitèrent d'une lettre qu'il avait écrite
au roi d'Angleterre, en 1621, pour demander contre lui
un arrêt de prise de corps, et il se réfugia à Sedan, ville
indépendante alors de la France. Son caractère universellement vénéré l'y fit accueillir avec joie. Le synode
national de Castres sollicita en vain auprès de Louis XIII
le rappel de Dumoulin; les Jésuites s'y opposèrent absolument.

Il avait soutenu contre eux une vive controverse, à
propos d'un sermon où le père Arnoux prétendait que la
confession de foi des réformés n'était sanctionnée en aucune manière par les textes de l'Ecriture indiqués à la
suite des articles. Cette accusation ayant eu beaucoup
d'éclat, Dumoulin publia, de concert avec les pasteurs de
Charenton, une *Défense des Eglises réformées de France*.
L'épître dédicatoire, adressée à Louis XIII, ménageait
peu les disciples de Loyala. «Ils ne peuvent souffrir, »
disait Dumoulin, « un roi, quoique catholique-romain,
» s'il n'est persécuteur de ses sujets, et s'il ne met le
» feu en son royaume. »

Les Jésuites firent informer contre le livre, contre l'auteur, contre l'imprimeur, et même contre les lecteurs. La sentence prononça des peines sévères contre ceux qui liraient cet écrit, ou qui le garderaient dans leurs maisons.

Pierre Dumoulin a beaucoup travaillé dans sa longue carrière. On ne compte pas moins de soixante et treize ouvrages sortis de sa plume, entre lesquels les plus populaires furent le *Bouclier de la foi*, l'*Anatomie de la messe* et les *Décades de sermons*. Son genre de prédication est tout à la fois grave et familier ; s'il n'a rien de classique, il est empreint d'une originalité forte qui révèle la vie intime de l'orateur.

Quand on annonça au vénérable pasteur qu'il allait mourir : « Oh! que vous êtes bon, » s'écria-t-il, « de me dire une telle nouvelle! Agréable mort, que tu sois la bienvenue! Que je serai heureux de voir mon Dieu, et qu'il y a longtemps que j'y aspire! »

Un autre professeur de Sedan, Louis Leblanc de Beaulieu (1615-1675), soutint la renommée de cette académie, sans avoir des doctrines aussi strictement calvinistes que celles de Dumoulin. Il avait, pour employer les expressions de son adversaire Nicole, l'esprit extraordinairement net et très propre à démêler les questions embarrassées.

Leblanc essaya, non d'unir les deux communions, mais de les rapprocher l'une de l'autre, en montrant que plusieurs de leurs différences ne roulent que sur des disputes de mots. Il tenta aussi d'établir une paix solide entre les calvinistes, les arminiens et les luthériens. Ces efforts le firent accuser de latitudinarisme. Les hommes pieux, néanmoins, rendirent pleine justice à la sincérité de ses convictions, à la droiture de son caractère, et le sévère Jurieu le défendit, après sa mort, contre des attaques inconsidérées.

C'était un professeur de grande science et d'une rare modestie. La collection de ses thèses forme un traité presque complet de dogmatique : en peu d'années on en publia quatre éditions.

Sans avoir autant de célébrité que les autres, l'académie de Nîmes compta quelques professeurs de mérite. Nous avons déjà cité Samuel Petit (1594-1643), qui fut chargé, en 1627, d'occuper à la fois les chaires de théologie, de grec et d'hébreu.

Petit connaissait à fond les langues orientales. Etant un jour entré dans la synagogue d'Avignon, il entendit le rabbin prononcer en hébreu des injures contre les chrétiens. Le docte professeur lui répondit immédiatement dans la même langue, et sans exprimer le moindre ressentiment, il exhorta le docteur juif à mieux étudier la foi qu'il attaquait. Le rabbin déconcerté lui fit des excuses.

Un cardinal avait conçu tant d'estime pour Samuel Petit qu'il offrit de lui faire ouvrir les portes de la bibliothèque du Vatican, et de le charger d'en revoir les manuscrits. Le professeur refusa. Il aurait trouvé de la science dans les archives de Rome ; il y aurait perdu la liberté de conscience qui lui était encore plus précieuse.

Petit a fait divers ouvrages de chronologie et de philologie. Il a aussi travaillé à éclaircir les antiquités de l'Ancien et du Nouveau Testament. Son caractère était doux, paisible, et il s'attachait plus à faire du bien qu'à soulever des questions de controverse.

XI

Outre les professeurs des universités, la Réforme française posséda, au dix-septième siècle, de savants et laborieux pasteurs qui doivent également obtenir une courte mention.

André Rivet (1572-1651) exerça les fonctions pastorales en France jusqu'à l'âge de quarante-sept ans, présida le synode national de Vitré en 1617, et alla professer la théologie en Hollande. Son *Introduction* à l'étude de la Bible pose les véritables bases de la critique sacrée. L'auteur veut que l'on cherche dans l'Ecriture, non un sens allégorique ou d'accommodation, mais le sens exact et réel, celui qui résulte naturellement des termes du texte original.

D'une grande sévérité dans ses doctrines, et quelquefois violent dans sa polémique, Rivet gardait une constante modération dans sa vie privée. « Les événe-
» ments fâcheux, publics ou particuliers, » dit l'auteur de ses *dernières heures*, « ne le surprenaient point, et sa
» sérénité n'en était pas troublée. Il avait coutume de
» dire : *Tout est possible ; je ne m'étonne de rien*. Aussi
» n'éclatait-il jamais de joie ; car il regardait toutes les
» choses du monde comme muables et transitoires. »

Edme Aubertin (1595-1652) avait particulièrement étudié les Pères. Il publia en 1633 un livre sur l'*Eucharistie de l'ancienne Eglise*, où il s'efforçait de prouver que la doctrine de la présence réelle a été inconnue dans les six premiers siècles de l'ère chrétienne. Cet écrit fut dénoncé au conseil privé ; mais il était plus facile de le condamner que d'y répondre. « Le grand et incompa-
» rable ouvrage de l'*Eucharistie*, » dit le fils de Jean

Daillé, « est demeuré au-dessus de toutes les attaques
» de l'autre communion, dont pas un n'a osé le com-
» battre de bonne guerre, ni l'entreprendre tête à tête,
» s'il faut ainsi dire. »

A ses derniers moments, la porte de sa chambre fut
forcée par le curé de Saint-Sulpice, escorté d'un commissaire et de la populace. Edme Aubertin, ranimé par
ce tumulte, et retrouvant sa présence d'esprit, déclara
d'une voix ferme qu'il mourait dans la foi réformée.

Benjamin Basnage (1580-1652) fut chargé, soit par
les assemblées politiques, soit par les synodes nationaux, de plusieurs missions aussi importantes que délicates. La cour, qui craignait son crédit, voulut l'empêcher de prendre place au synode national de Charenton
en 1631. Il a écrit, outre plusieurs traités de controverse,
un ouvrage estimé sur l'*Etat visible et invisible de l'Eglise*.
Nous parlerons, dans le livre suivant, de son illustre
petit-fils, Jacques Basnage.

David Blondel (1591-1655) était l'homme de son
temps le plus versé dans l'histoire ecclésiastique. On
raconte des prodiges de sa mémoire : il avait tout lu,
et n'avait rien oublié. Devenu aveugle, il dicta deux volumes in-folio sur des points difficiles de chronologie et
d'antiquités. Les synodes nationaux lui donnèrent le titre
de professeur honoraire sans l'attacher à aucune académie, et toutes les provinces lui firent une pension annuelle pour l'entretenir à Paris.

Blondel a combattu les prétentions du siège de Rome
à la primauté, les fausses décrétales et les oracles sibyl-
lins. Sa bonne foi égalait son érudition; il fut blâmé de
quelques vieux huguenots pour avoir contredit la légende
de la papesse Jeanne qui leur tenait à cœur.

Samuel Bochart (1599-1667) était pasteur à Caen, et

y jouissait du respect de tous les gens de bien. « Il a
» été, » dit Bayle, « un des plus savants hommes du
» monde. Mais sa science, quelque vaste qu'elle fût,
» n'était pas sa principale qualité ; il avait une modestie
» infiniment plus estimable en lui que toute sa science.
» Aussi a-t-il possédé sa gloire avec beaucoup de tran-
» quillité. »

Bochart s'est fait un nom impérissable par le *Phaleg*,
le *Canaan* et le *Hierozoïcon* : trois ouvrages qui traitent,
l'un de la dispersion des premiers peuples, les deux autres des lieux et des animaux cités dans la Bible. Ils
sont encore classiques sur ces matières. Le docteur allemand Michaëlis, venu un siècle après, a beaucoup
profité des travaux de Bochart, et le *Hierozoïcon* a été
réimprimé, en 1793, par le professeur Rosenmüller.

Presque tous les pasteurs de Charenton ou de Paris
(car ils résidaient dans cette dernière ville) furent de savants théologiens en même temps que des prédicateurs
distingués.

Michel Le Faucheur, mort en 1657, a laissé quelques
volumes de sermons qui méritent encore d'être lus. On
lui doit aussi un traité de l'*action de l'orateur*, qui fut attribué à Conrart, secrétaire de l'Académie française. Le
deuxième synode national de Charenton adressa des re-
merciements particuliers à Le Faucheur pour sa réponse
au cardinal Duperron sur la doctrine de l'eucharistie, et
la fit imprimer aux frais des Eglises.

Jean Mestrezat (1592-1657) n'avait que dix-huit ans
quand on lui offrit une chaire de philosophie ; et à peine
sorti de ses études théologiques, on le nomma pasteur
à Charenton : insigne honneur qui ne fut accordé qu'à
lui.

Il confondit un Jésuite devant la régente Anne d'Autriche, et la princesse fut si étonnée de la force de ses arguments qu'elle ordonna que les actes de cette dispute ne fussent point imprimés.

Dans une audience qu'il eut de Louis XIII, le cardinal de Richelieu lui demanda, entre autres choses, pourquoi les réformés appelaient des ministres non français. « Il serait à souhaiter, » répondit Mestrezat, « que tant de moines italiens, qui sont en France, eussent autant de zèle pour Sa Majesté que ces pasteurs étrangers qui ne reconnaissent aucun autre souverain que le roi. » A ces mots, le cardinal de Richelieu lui frappant sur l'épaule : « Voilà, » dit-il, « le plus hardi ministre de France. »

Les traités de Mestrezat sur l'Ecriture et sur l'Eglise font voir en lui l'un des plus habiles docteurs des réformés. Ses sermons, toujours écoutés avec fruit, brillaient surtout par la justesse et la profondeur du raisonnement.

Charles Drelincourt (1595-1669) fut le modèle du vrai pasteur. Il vécut une vie de foi et de prière, de charité et de dévouement, employant le jour à visiter son troupeau, et prolongeant ses veilles pour méditer et composer. Le 27 octobre 1669, il prêchait encore dans le temple de Charenton; le dimanche suivant il n'était plus. On aurait pu lui appliquer ce qu'il a mis dans la bouche d'un pasteur à la fin de ses *Visites charitables* : « J'ai long-» temps vécu ; j'ai longtemps prêché ; je ne me lasse » point de servir un si bon Maître et un Seigneur si li-» béral. »

Les contemporains de Drelincourt s'accordent à dire qu'aucun autre ministre de Charenton ne savait mieux que lui ramener les égarés, fortifier les faibles, exhorter les tièdes, soulager les pauvres et consoler les malheureux.

Ses écrits d'édification et de polémique ont un carac-

tère populaire qui leur a ouvert l'entrée de toutes les
maisons dans son siècle, et en a fait vivre quelques-uns
jusqu'à nous. On a déjà vu que nul adversaire n'était plus
redouté que lui des convertisseurs, et qu'il avait solide-
ment armé contre leurs sophismes les simples et les illettrés par son *Abrégé des controverses*. Les autres ouvrages de Drelincourt qu'on a le plus souvent réimprimés
sont sa *Préparation à la sainte cène*, ses *Visites charitables*
et ses *Consolations contre la mort*. Ce dernier livre a été
traduit dans presque toutes les langues de l'Europe, et
il en a paru plus de cinquante éditions.

Drelincourt s'était adressé ces consolations à lui-même.
« Je prie Dieu, » lui disait un de ses amis dans sa dernière maladie, « qu'il change votre lit d'infirmité en un
lit de santé. — Mon lit de santé et de repos, » répondit-il, « sera dans le ciel. »

Jean Daillé (1595-1670), du même âge que Drelincourt, fut longtemps son collègue à Paris, et le suivit
de près dans la tombe. Prudent et réservé aussi bien
que pieux, il sut acquérir, sans faire jamais fléchir ses
convictions ni ses devoirs, l'estime générale.

Nourri, jeune encore, dans la maison de Duplessis-
Mornay, et ayant ensuite voyagé dans les principaux
Etats de l'Europe, il montra de bonne heure une intelligence forte et mûre. Daillé débuta par un chef-d'œuvre,
le traité de l'*Usage des Pères*. Il y fait la part qui est due
à ces vénérables docteurs, sans rien retrancher de la
souveraine autorité qu'il n'accorde qu'à la Bible.

Son *Apologie des Eglises réformées* est ferme sans être
blessante. La vérité y apparaît tout entière avec la charité. L'auteur se proposait de répondre à ceux qui accusaient les réformés d'avoir rompu l'unité catholique ;
et tout en reconnaissant que la division est un grand

mal, il prouve qu'il y a des cas où elle est le premier des devoirs.

Le biographe de Jean Daillé nous a laissé d'intéressants détails sur sa manière de vivre et d'étudier. « C'étaient, » dit-il, « ses livres et ses études qui faisaient sa princi-
» pale récréation et ses délices. C'est là qu'il se délassait
» de son travail avec profit tout ensemble, et il y venait
» chercher du repos après les plus pénibles occupations
» de sa charge. Il était extrêmement laborieux, et se levant
» de grand matin, il avait à lui cinq ou six heures fran-
» ches. Il ne faut donc pas s'étonner s'il avait eu le loisir
» de faire tant de provisions en tant d'années, car il était
» homme qui profitait de tout, et il ne lisait aucun livre,
» quelque méprisable qu'il pût être, dont il ne faisait des
» extraits, et il savait fort bien s'en servir en temps et
» lieu. »

Quelques pasteurs plus jeunes et d'un égal mérite commençaient à se montrer vers l'an 1660, tels que Dubosc, Larroque, Ancillon et Claude.

Pierre Dubosc, né à Bayeux, en 1623, a été tenu pour le plus grand prédicateur des réformés au dix-sep-tième siècle. « On peut dire sans le flatter, » écrit Elie Benoît, « qu'il avait tous les dons nécessaires à un ora-
» teur chrétien. Il avait l'esprit éclairé par la connais-
» sance des belles-lettres. Il était bon philosophe, solide
» théologien, critique judicieux. Il était fort bien fait de
» sa personne. Il avait une voix également agréable et
» forte, et un geste bien composé » (t. IV, p. 99).

L'Eglise de Charenton fit auprès de lui de vives in-stances, en 1658, pour l'appeler à Paris. Le maréchal de Turenne, le marquis de La Force, d'autres personnages illustres y joignirent leurs sollicitations. Mais Dubosc re-fusa de quitter l'Eglise de Caen, ayant pour maxime

qu'on ne peut laisser son troupeau avec une bonne conscience qu'après avoir obtenu son exprès consentement.

Quand cet appel fut renouvelé en 1670, l'archevêque
de Paris alla jusqu'à trois fois dans la même semaine supplier le roi d'empêcher la nomination du Dubosc. Ne se
fiait-il donc pas, pour soutenir la cause du catholicisme,
à l'éloquence de Bourdaloue et de Bossuet ?

Les Jésuites de Normandie, blessés de sa grande renommée, accusèrent Dubosc de s'être servi de termes
injurieux sur la confession, et le firent exiler à Châlons
en 1664. Il n'y resta que peu de mois, grâce aux bons
offices de quelques protecteurs puissants.

Dubosc fut souvent envoyé par les Eglises opprimées auprès de Louis XIV. Il fut chargé, en 1668, de
lui demander le maintien des Chambres de l'édit. Aux
premières phrases de Dubosc, Louis XIV avait l'air distrait. Mais par degrés il se mit à écouter, puis à donner
des marques de satisfaction. Le port, la voix, l'air grave
et naturel, les paroles éloquentes de l'orateur triomphè-
rent complètement de la répugnance qu'on lui avait inspirée contre tous les ministres hérétiques. « Madame, »
dit-il à la reine après l'audience, « je viens d'entendre
l'homme de mon royaume qui parle le mieux. » Et se
tournant vers les courtisans : «: Il est certain que je
n'avais jamais ouï si bien parler. »

Pierre Dubosc, chassé par la révocation de l'édit de
Nantes, mourut sur la terre d'exil en 1692.

Matthieu de Larroque (1619-1684) eut le bonheur de
fermer les yeux au sein de son troupeau, à la veille de
l'arrêt de bannissement. Il avait aussi été appelé par
l'Eglise de Charenton en 1669, mais le roi défendit de
donner suite à cette vocation, malgré les instances du
député général Ruvigny. D'autres églises, Vitré, Sau-

mur, Montauban, Bordeaux, se disputèrent le privilège de posséder un homme de tant de science et de mérite. Larroque a fait une *Histoire de l'Eucharistie*, qui troubla le triomphe que s'attribuaient sur cette matière les controversistes de Port-Royal.

David Ancillon (1617-1692) avait de grandes connaissances théologiques ; malheureusement il a peu écrit. Appelé d'abord à desservir l'Eglise de Meaux, il s'y concilia l'affection commune. « Ce qui lui gagna les » cœurs, » dit son fils, « ce furent sa vie sans reproche » et sa piété solide et sans faste. Il n'avait pas de si » petits amis qu'il ne jugeât dignes de ses soins. Il ren- » dait ses bons offices à tous, sans que la différence » des religions en fît la moindre dans sa conduite. Il » avait adouci et apprivoisé les ecclésiastiques romains » du diocèse, et vivait avec eux en bonne intelligence. » Il entretenait par ce moyen la paix et la concorde en- » tre tous les habitants. »

Sa prédication paraît avoir eu un attrait singulier. Il méditait et composait avec soin ses sermons, quoiqu'il n'en ait fait paraître qu'un seul : *Les larmes de saint Paul.* Ancillon avait coutume de dire « que c'était estimer trop peu le public que de ne prendre point la peine de se préparer quand on avait à traiter avec lui, et qu'un homme qui paraîtrait en bonnet de nuit et en robe de chambre, un jour de cérémonie, ne commettrait pas une plus grande incivilité. »

Il était pasteur à Metz au moment de la révocation ; et quand, avec ses trois collègues, il monta sur le bateau qui devait le transporter hors de sa patrie, tous les fidèles, assemblés sur le rivage, l'accompagnèrent longtemps de leurs larmes et de leurs sanglots. Plusieurs le suivirent dans l'exil. David Ancillon, bien accueilli à Berlin par l'électeur de Brandebourg, fut le chef de l'illustre famille qui a fait tant d'honneur en Allemagne au nom français.

Jean Claude, le dernier des éminents pasteurs de Charenton, était né à La Salvetat, dans le Rouergue, en 1619. Homme pieux, docte théologien, habile orateur, écrivain sage et contenu, doué d'un jugement et d'une présence d'esprit qui ne lui fasaient jamais défaut il était plus capable que personne de tenir tête aux champions de l'Eglise catholique, et sans prétendre que son génie fût égal à celui de Bossuet, on doute s'il ne l'a pas emporté sur lui par la solidité de la science et la force de l'argumentation.

Son nom reparaîtra plus d'une fois dans la suite de cette histoire. Après avoir exercé des fonctions pastorales dans le Languedoc, où il déploya beaucoup d'énergie, il fut appelé à Charenton en 1666. C'est là qu'il prit sans contestation le premier rang après la mort de Drelincourt et de Daillé. « M. Claude, » dit son biographe Ladevèze, « excellait surtout à la tête d'une compagnie. » il a paru tel durant plusieurs années dans le consis-» toire de Charenton ; tel l'a-t-on vu dans plus d'un sy-» node de l'Ile-de-France, où il a été modérateur. » Qu'on proposât dans le synode des affaires embrouil-» lées par elles-mêmes, et plus enveloppées encore par » le nuage que l'ignorance ou les détours des partis y » répandaient, M. Claude avait un esprit de discerne-» ment si juste qu'il développait dans un moment tout » ce chaos. »

Il eût été facile d'étendre beaucoup la liste des docteurs et des pasteurs qui ont acquis un nom dans la Réforme française au dix-septième siècle. Ils ont généralement précédé les grands défenseurs de la communion catholique, Arnauld, Nicole, Bossuet, et les ont en quelque sorte forcés de paraître. Pourquoi de si florissantes études ont-elles été arrêtées par la persécution ? Pourquoi des hommes qui portaient d'une main si ferme le glorieux fardeau que leur avaient légué Calvin et Théodore de Bèze, ont-ils dû briser leurs plumes sur les pierres misérablement dispersées de leurs temples et de leurs académies ? Ce fut une honte pour l'Eglise de Rome et un malheur pour la France.

XII

Nous reprenons la suite des événements. Le tableau sera triste et sombre, nous en adoucirons les traits, mais nous ne les effacerons point : c'est de l'histoire. On pourra y apprendre que l'intolérance est placée sur une pente glissante, et qu'après y avoir mis le pied, elle est entraînée d'iniquité en iniquité, de violence en violence jusqu'aux excès les plus atroces : leçon qui n'est peut-être pas encore entièrement inutile aujourd'hui.

Mazarin mourut en 1661 ; ce fut une perte, pour les réformés. Quoiqu'il leur inspirât peu de confiance, et qu'il ne fût pas leur ami, ce cardinal aimait mieux employer la ruse que la force ; et comme il appuyait sa politique au dehors sur les puissances protestantes, il n'osait pas imposer un joug trop dur aux calvinistes français.

Après sa mort, Louis XIV voulut gouverner par lui-même, et les persécutions s'aggravèrent. Non que ce prince fût naturellement cruel ; l'eût-il été, il se serait contenu par respect pour sa propre grandeur ; mais on l'avait nourri dans la haine des huguenots. D'autres mo-

tifs que nous expliquerons vinrent accroître plus tard la
force de· ce préjugé 'd'enfance, et la ruine de l'hérésie
fut l'une des idées fixes de son règne. Il a pu va-
rier sur les moyens, flotter entre la voie de persuasion
et celle d'oppression, avoir même l'apparence de revenir sur ses pas, et renvoyer à des temps meilleurs
l'achèvement de cette grande entreprise ; mais sous ces
fluctuations et ces ajournements son but resta invariable.

Des commissaires furent nommés, en 1661, afin d'examiner dans chaque province les violations vraies ou
fausses de l'édit de Nantes, et de ramener la paix entre
les deux communions. L'un de ces commissaires était
catholique, l'autre calviniste. Cette mesure eût été
bonne, si les agents du pouvoir eussent joui des mêmes
droits, et que l'autorité chargée de prononcer en dernier
ressort eût fait entre eux la part égale. Il en arriva tout
autrement, et ce qui devait servir de garantie aux réformés ne fut guère pour eux qu'un nouveau moyen de
troubles et d'iniquités.

Le commissaire catholique désigné pour chaque généralité était d'ordinaire un homme considérable, siégeant dans un parlement ou même dans le conseil du
roi, et connu par son entier dévouement aux intérêts de
l'Eglise romaine. Le commissaire calviniste au contraire,
sauf des exceptions de plus en plus rares, était ou quelque pauvre gentilhomme qui ne s'entendait point aux
affaires, ou quelque ambitieux secrètement vendu à la
cour, et désigné tout exprès par les intendants, quelquefois même par les évêques, pour trahir ses devoirs. Le
premier avait toute la puissance qui accompagne une
religion d'Etat; le second, toute la faiblesse d'une religion à peine tolérée. L'un parlait haut, en invoquant le

nom du roi; l'autre parlait bas, au nom des pauvres opprimés dont il partageait les craintes.

Les commissaires devaient vérifier les droits d'exercice dans les lieux contestés. Or, beaucoup d'Eglises n'avaient pas de titres authentiques, soit parce qu'elles n'avaient jamais supposé que ces pièces leur deviendraient nécessaires, soit parce qu'elles les avaient perdues dans les guerres de religion. Elles ne pouvaient donc s'appuyer que sur la possession de fait et la notoriété traditionnelle. De là d'innombrables chicanes. Les syndics du clergé, admis à intervenir dans ces conflits, ne cherchaient qu'à tout envahir; et quand il y avait désaccord entre les deux commissaires, l'affaire était jugée par le conseil qui voulait resserrer les huguenots dans les plus étroites limites, ou par les intendants qui ne songeaient qu'à faire leur cour à Louis XIV.

On ne saurait compter combien d'exercices furent interdits, de temples abattus, d'écoles supprimées, d'établissements charitables confisqués au profit des catholiques, et combien de particuliers éprouvèrent de criantes injustices, pour peu que leurs droits fussent contestables. Cela remplirait des volumes.

Quelques Jésuites et autres publièrent de longs écrits où, sous couleur d'interpréter l'édit de Nantes, ils le démolissaient pièce à pièce. Plus ils étaient habiles à inventer de nouveaux sophismes contre l'exécution de la loi, plus ils croyaient avoir bien mérité de leur Eglise. Le prêtre Soulier, auteur d'une *Explication de l'édit de Nantes*, en fait l'aveu naïf dans son épître dédicatoire aux évêques : « Je m'estimerai trop heureux, messei- » gneurs, » dit-il, « si je puis seconder le zèle avec le- » quel vous travaillez tous les jours, à l'exemple du plus » grand de tous les rois, pour éteindre l'hérésie. »

L'explication devait, de gré ou de force, aboutir à une extinction.

Ces écrits étaient envoyés au conseil, aux parlements, aux procureurs généraux et aux intendants, qui, sans en approuver tout le contenu, prenaient des armes dans ces grands arsenaux de l'école jésuitique, et s'en servaient chaque fois qu'ils le pouvaient faire avec quelque pudeur.

Le clergé obtint, en 1663, sur les instances de son assemblée générale, une déclaration contre les *relaps*, c'est-à-dire contre ceux qui retournaient à la communion réformée, après avoir fait abjuration. Ces gens-là ne pouvaient plus prétendre, disait-on dans le préambule, au bénéfice de l'édit de Nantes, puisqu'ils y avaient renoncé, et en retournant à l'hérésie, ils se rendaient coupables du crime énorme de profanation contre les saints mystères de la religion catholique. Aussi l'ordonnance prononçait-elle contre eux la peine du bannissement perpétuel. Cette déclaration est regardée par Rulhières et d'autres historiens comme la première atteinte directe portée à l'édit de Nantes, et le premier pas décisif dans la voie de la révocation.

Il existait alors un certain nombre d'individus qui allaient de la communion réformée à la catholique sans bien savoir pourquoi, et sans intention sérieuse d'y persister. Les uns cédaient à des menaces, d'autres à des séductions momentanées, d'autres à la faiblesse ou à la mobilité naturelle de leur esprit. C'était déjà une grande faute de les admettre si légèrement dans l'Eglise romaine; et quelques évêques jansénistes, plus scrupuleux que les autres, s'en plaignaient. La seconde fut de vouloir les y retenir par la terreur.

Bien plus, on se mit à inventer, à créer des relaps.

L'assistance à la messe pendant trois ou quatre dimanches, la bénédiction demandée à un prêtre dans un mariage mixte, la confidence faite à un catholique qu'on inclinait vers sa religion, une conjecture, une apparence, un ouï-dire, ou quelque velléité d'abjuration qui datait de quinze ou de vingt ans : on transformait tout cela en actes de catholicité, et si le prétendu converti remettait le pied dans un temple hérétique, on le traduisait devant les tribunaux comme relaps.

Il s'ensuivit de tels abus et des troubles 'si graves qu'une nouvelle déclaration, publiée en 1664, prononça la nullité de toutes les procédures commencées sur ce sujet. Néanmoins la loi ne fut que suspendue ; on la reprit quelque temps après, en y ajoutant de cruelles aggravations.

Au mois de mai 1665, une ordonnance du conseil autorisa les curés, et généralement tous les ecclésiastiques de l'Eglise romaine, à se présenter avec un magistrat au domicile des malades, pour leur demander s'ils voulaient mourir dans l'hérésie, ou se convertir à la vraie religion. Il est facile de se représenter les scènes de douleur à la fois et de scandale qui devaient en résulter, quand le prêtre était fanatique et le magistrat complaisant. Hors de la communion romaine, on ne pouvait ni vivre ni mourir en paix.

L'autorité paternelle devait subir à son tour une grave atteinte. Sans parler des crimes de rapt qui s'étaient commis en divers lieux, et se renouvelaient souvent avec une complète impunité, les enfants furent déclarés, par un arrêt du 24 octobre 1665, capables d'embrasser le catholicisme : les garçons à quatorze ans, les filles à douze, et les parents furent tenus de leur faire une pension alimentaire pour les entretenir hors de leur maison.

Les réformés se plaignirent amèrement de cette loi, et ce qu'il y eut de plus étrange, les évêques et les commissaires généraux du clergé s'en plaignirent aussi. Ils allèrent dire au chancelier que leur conscience ne leur permettait pas de laisser tant de puissance aux pères hérétiques, et que les enfants étant responsables de leurs actes avant l'âge de quatorze ou de douze ans, on devait avoir le droit de les admettre dans la vraie Eglise, dès qu'ils en exprimeraient le désir. Le chancelier discuta pour la forme avec eux : puis il leur dit en les congédiant : « Le roi a fait son devoir, vous ferez le vôtre. »

On reçut en effet les abjurations de beaucoup d'enfants avant l'âge requis ; et lorsque les parents portaient l'affaire en justice, les avocats généraux établissaient qu'il y a une grande différence entre exciter, *induire* les enfants à changer de religion, et se borner à leur ouvrir les bras, quand ils se présentent d'eux-mêmes par une sorte d'inspiration du ciel. Quelques années après, une nouvelle loi dont nous parlerons sanctionna ces attentats contre les droits les plus sacrés de la famille.

Les ordonnances contre les blasphémateurs, en particulier contre ceux que l'on accusait d'outrager l'honneur, la pureté et la sainteté de la vierge Marie, furent confirmées. Cela donna lieu à une foule de poursuites, ou extravagantes, ou barbares. Les sermons des pasteurs étaient recueillis par des espions aux gages des Jésuites, et s'il s'y rencontrait quelques termes un peu vifs contre les enseignements du catholicisme, on citait ces pasteurs devant les tribunaux sous l'accusation de blasphème. Beaucoup de particuliers furent en butte au même traitement, et l'on vit souvent des catholiques ayant procès avec des réformés, les taxer d'un blasp eme que conque, pou avoi mei eui mai e es prétentions de leur partie adverse.

Il devint toujours plus difficile aux religionnaires d'entrer dans les charges publiques. On avait commencé par les tenir loin des hauts emplois; on leur ferma ensuite l'accès des médiocres, et l'on en vint par degrés à les écarter des plus petits, excepté dans les villes et les cantons où ils avaient encore la majorité. En plusieurs provinces on exigea une profession de foi catholique pour accorder aux simples artisans des lettres de maîtrise.

Il n'y eut pas jusqu'à la corporation des lingères de Paris qui ne s'en allât remontrer au conseil que leur communauté, ayant été instituée par saint Louis, ne pouvait admettre d'hérétiques, et cette réclamation fut gravement confirmée (singulier monument de folie) par un arrêt du 21 août 1665. On remarqua là-dessus que ces lingères avaient dans leur corporation beaucoup de femmes perdues dont elles ne se plaignaient point, et qu'elles s'inquiétaient de l'hérésie bien plus que des mauvaises mœurs. L'exemple leur en avait été donné, il est vrai, par les prêtres, par la cour, et surtout par Louis XIV.

Colbert cependant persistait à employer des religionnaires dans les charges des finances. Un protestant venu d'Allemagne, Barthélemy Herward, avait été nommé intendant des finances sous le ministère de Mazarin, malgré les commissaires du clergé, qui formèrent opposition, et la firent même signifier authentiquement au chancelier. Herward devint ensuite contrôleur général. « Sa » religion, » dit Elie Benoit, « se sentit de sa faveur; » les finances devinrent le refuge des réformés, à qui on » refusait les autres emplois. Ils entrèrent dans les fer- » mes et les commissions, et se rendirent si nécessaires » dans les affaires de cette nature, que Fouquet même

» et Colbert ne purent, se passer d'eux, et furent for-
» cés de les maintenir comme des gens d'une fidélité
» éprouvée et d'une capacité reconnue » (t. III, p. 139).

Colbert se fiait en effet à leur esprit d'ordre, d'économie, de probité et se mettait peu en souci de la religion, pourvu qu'il eût d'honnêtes gens à son service.
Rulhières fait à ce propos une remarque bien curieuse
dans ses *Eclaircissements historiques* : c'est que les financiers jouirent alors pour la première fois de l'estime
générale ; ils ne furent attaqués, ni par Molière, ni par
La Fontaine, ni par Boileau. « Ce silence des sa-
» tiriques sur les financiers, pendant les années où le
» plus grand nombre de ces emplois était possédé par
» les protestants, » ajoute Rulhières, « n'est-il pas infiniment honorable pour eux ? » (t. I, p. 175.)

D'autres, n'ayant pu entrer dans les offices de l'Etat,
ni même dans les magistratures municipales, s'étaient
tournés vers les arts et métiers, vers l'agriculture et l'industrie : nouveau titre qui les recommandait à la protection de Colbert. Mais ce grand ministre d'Etat céda bientôt lui-même à la volonté du maître ; car, sous Louis XIV,
le génie ne dispensait pas du devoir d'être courtisan.

A côté des violences du conseil et des tribunaux, les
réformés eurent à supporter ces puériles vexations, ces
petitesses ridicules dont l'intolérance ne sait jamais se
garantir. On leur défendit, entre autres choses, de chanter des psaumes par terre ou par eau, dans leurs ateliers ou à la porte de leurs maisons. Si une procession
venait à passer pendant qu'ils chantaient dans leurs temples, ils devaient s'arrêter. Leurs enterrements ne pouvaient se faire qu'à la pointe du jour ou à l'entrée de la
nuit, et il n'était pas permis d'admettre plus de dix personnes au convoi, excepté à Castres, à Montauban, à

Nîmes, et dans les villes du même ordre, où l'on autorisait la présence de trente personnes. Les réformés n'étaient libres de se marier que dans les temps fixés par les canons de l'Eglise catholique, et le cortège nuptial ne devait pas dépasser, les parents compris, le nombre de douze personnes en traversant les rues.

On interdisait aux Eglises riches de se cotiser pour fournir des ministres aux Eglises pauvres. On faisait un crime aux consistoires de prononcer des censures contre ceux qui mettaient leurs enfants dans les collèges des Jésuites. Les pasteurs perdirent le droit de prendre le titre de docteurs en théologie, et le roi leur défendit, sous peine de trois cents livres d'amende, de porter la soutane et la robe longue ailleurs que dans leurs temples. Ils ne pouvaient parler et prier qu'à voix basse dans les hôpitaux, de peur d'offenser les oreilles des catholiques.

Malgré tout cela, l'évêque d'Uzès, orateur de l'assemblée générale du clergé, déclara au roi, en 1665, qu'il fallait travailler avec plus d'ardeur à *faire expirer entièrement* (ce furent ses termes) *le redoutable monstre de l'hérésie*. Il demanda, en outre, que la liberté de conscience fût ôtée aux catholiques, c'est-à-dire qu'il ne fût plus permis à personne de sortir de l'Eglise romaine, ajoutant que vingt-deux diocèses du Languedoc l'avaient réclamée des Etats de la province, et que tous les diocèses du royaume étaient prêts à sceller cette déclaration de leur sang.

Le conseil devait encore garder quelque mesure : il refusa. Mais l'année suivante il fit un acte énorme, en sanctionnant sous forme de loi générale tous les arrêts qui avaient été rendus sur des cas particuliers par les cours de justice. Le préambule portait que cette loi

avait été accordée à la demande de l'assemblée du
clergé. Elle renfermait cinquante-neuf articles, qui tendaient tous à restreindre les libertés que l'édit de Nantes
déclarait perpétuelles et irrévocables.

De cette époque date la première émigration. Les
réformés craignirent de ne plus trouver ni justice, ni repos sur leur terre natale, et aimèrent mieux les souffrances de l'exil que celles de la persécution.

Les puissances protestantes de l'Europe commencèrent à s'en émouvoir. L'Electeur de Brandebourg, l'un
des plus fidèles et des plus utiles alliés de Louis XIV,
lui écrivit en faveur des réformés. Le roi répondit qu'il
les faisait vivre dans l'égalité avec ses autres sujets.
« J'y suis engagé, » disait-il, « par ma parole royale,
et par la reconnaissance que j'ai des preuves qu'ils
m'ont données de leur fidélité pendant les derniers mouvements (la Fronde), où ils ont pris les armes pour mon
service. »

Ce n'étaient là que des phrases diplomatiques qui
n'abusaient personne. L'Angleterre et la Suède, dont
la neutralité était nécessaire à Louis XIV, après la paix
d'Aix-la-Chapelle, témoignèrent aussi de leur sollicitude
pour le sort des réformés de France. L'émigration ne
cessait point; et toutes ces circonstances engagèrent le
conseil à publier, en 1669, une espèce de rétractation
des précédents arrêts. Neuf articles de la déclaration
de 1666 furent supprimés, et vingt et un autres adoucis.
Bien que ce ne fût qu'une demi-justice, les pauvres huguenots s'en estimèrent heureux.

Peu après fut publié le célèbre édit qui défendait aux
sujets du roi, sous peine de confiscation de corps et de
biens, d'aller s'établir dans les pays étrangers sans permission expresse, et particulièrement d'y prendre ser-

vice en qualité d'ouvrier de marine ou de matelot. Cette
loi frappait tous les Français dans leurs vieilles libertés :
mais elle ne fut guère appliquée qu'à ceux qui émigrèrent pour cause de religion.

Le maréchal de Turenne venait d'abjurer (1669).
Cette conversion eut toute l'importance d'un fait général. Turenne avait résisté aux invitations de Mazarin et
de Louis XIV, et ne s'était pas même laissé éblouir
par l'offre de l'épée de connétable. Il changea tout à
coup, lorsque personne ne s'y attendait plus, et l'on
n'a jamais bien su pourquoi.

Quelques écrivains catholiques disent qu'il fut éclairé
par l'*Exposition de la doctrine de l'Eglise catholique* de
Bossuet : livre en effet bien ordonné, sobrement écrit,
d'une habileté prodigieuse, dans lequel l'auteur cache
les plus grandes erreurs de doctrine et de pratique du
catholicisme sous les artifices d'un langage savamment
étudié. Il est possible que le vieux soldat n'y ait pas regardé de près, et que son peu de lumières sur les questions de controverse l'ait mal gardé contre les subtilités
du théologien.

Les historiens réformés expliquent la chose autrement.
Ils racontent que Turenne, toujours assez froid sur sa
religion, y avait été retenu par sa femme et par ses
sœurs, Mmes de Duras et de la Trémoille, personnes
fort zélées pour les croyances de la Réforme. Quand
il se trouva seul, et qu'il se fut livré à des galanteries
peu compatibles avec la sévérité de la foi, il laissa faire
la parole de Bossuet.

C'est lieu d'observer que la plus grande partie de la
noblesse de cour, les familles de Bouillon, de Châtillon, de Rohan, de Sully, de la Trémoille, se réglant
sur la volonté du monarque, étaient peu à peu rentrées

dans l'Eglise catholique. Leurs dérèglements de mœurs
les avaient aussi préparées à l'abjuration : ils n'étaient pas
moindres que ceux du reste des courtisans, au témoignage de Tallement des Réaux, qui était lui-même calviniste de naissance.

Parmi les hommes considérables qui étaient demeurés
fidèles à la Réforme, on pouvait citer le comte de Schomberg, qui avait eu le commandement en chef des armées ; le duc de la Force et sa maison ; une branche
cadette de la famille des La Rochefoucauld ; plusieurs
descendants de Duplessis-Mornay ; les marquis de Ruvigny, dont l'un était ministre plénipotentiaire à Londres, et l'autre député général des Eglises. La petite
noblesse de province avait été plus ferme que les grands
seigneurs. Le Languedoc, la Guyenne, le Quercy, la
Saintonge, le Poitou, la Normandie comptaient encore
des milliers de gentilshommes dévoués à la foi de leurs
pères, et qui, en retour des bons services qu'ils rendaient au roi dans ses armées et sur ses flottes, ne demandaient qu'un peu de justice et de protection.

XIII

L'abjuration de Turenne fit reprendre les projets de
réunion, auxquels on n'avait jamais complètement renoncé depuis l'essai du cardinal de Richelieu. Le prince
de Conti, gouverneur du bas Languedoc, voulant se
rendre agréable à Louis XIV, avait déjà renouvelé cette
tentative en 1661. Le synode provincial de Nîmes lui
répondit, dans le rude langage de l'époque, par la bouche de son modérateur Claude, que les réformés seraient coupables d'une lâcheté exemplaire s'ils consentaient à *unir la lumière avec les ténèbres, Christ avec Bélial*.

De 1670 à 1673, le projet prit une tournure plus sérieuse. Le maréchal de Turenne s'y entremit avec l'approbation du roi, et tâcha d'obtenir l'adhésion des pasteurs. Un agent de la cour alla visiter l'un après l'autre ceux qui dépendaient du synode provincial de Charenton ; et moitié par la menace du déplaisir de Louis XIV, moitié par la promesse d'accomplir la réunion sur des bases équitables, cet émissaire parvint à extorquer de plusieurs ministres l'engagement verbal ou écrit qu'ils donneraient les mains au plan d'union dans la prochaine assemblée synodale.

On assurait que le roi était disposé à retrancher les abus qui choquaient le plus les réformés dans l'Eglise romaine ; que le culte des images, le purgatoire, les prières pour les morts, l'invocation des saints seraient, ou supprimés, ou du moins sensiblement corrigés ; que des théologiens librement choisis de part et d'autre, auraient mission de s'entendre sur la doctrine de la cène ; que l'usage de la coupe serait rendu au peuple, et le service religieux célébré en langue vulgaire ; enfin que, si le pape voulait s'opposer à ces changements, le roi passerait outre, ayant la parole de quarante-deux évêques sur ces articles, et connaissant les moyens de ramener les autres à cet avis.

C'était évidemment un mensonge. Louis XIV ne pouvait pas exécuter ce que des agents subalternes promettaient en son nom : et si les évêques avaient refusé de faire ces concessions au colloque de Poissy, quand la Réforme prenait un accroissement immense dans tout le royaume, comment aucun d'entre eux les eût-il faites à une petite minorité murée dans ses temples, sans autorité politique, dépouillée de toute force d'expansion religieuse et à demi écrasée ?

Aussi les plus sages des réformés ne tombèrent-ils point dans le piège. Ils savaient d'ailleurs que Rome emploie deux langages tout différents : le premier, quand elle veut gagner les hérétiques ; le second, quand elle les tient sous son joug. Ils savaient également que l'accord se bornerait, en définitive, à une entière soumission de leur part, suivie d'un miséricordieux pardon de l'autre. C'est pourquoi le synode provincial, convoqué à Charenton au mois de mai 1673, opposa au nouveau projet de réunion un refus énergique, et les cinq pasteurs qui avaient promis de l'appuyer déclarèrent solennellement qu'ils n'en voulaient point.

Les mêmes tentatives produisirent les mêmes résultats dans la Saintonge, le Languedoc et le Vivarais. La cour et le clergé reconnurent enfin qu'il n'y avait aucun espoir raisonnable de soumettre les réformés par ce côté-là, et durent chercher d'autres moyens d'extirper l'hérésie.

Deux voies, très diverses dans leur esprit et dans leurs modes d'action, étaient indiquées par les adversaires des huguenots. Les Jansénistes, et généralement les plus éclairés et les plus pieux des catholiques, proposaient de les convertir par la persuasion, les bons traitements et les bons exemples, estimant qu'il vaut mieux laisser les errants hors de l'Eglise que d'y faire entrer de force des hypocrites. Les Jésuites et leurs amis disaient, au contraire, qu'il fallait user sans réserve de l'autorité du roi et des parlements, exiger à tout prix des actes de catholicité, puis retenir les gens par la peur des supplices, en se fondant sur cette maxime que, si les nouveaux catholiques avaient peu de foi, leurs enfants en auraient davantage, et leurs petits-enfants encore plus. La cour flotta longtemps entre ces deux systèmes, et cela sert à expliquer ses alternatives de douceur et de rigueur. Mais l'avis des Jésuites finit par l'emporter.

Les ordonnances, déclarations, arrêts et autres actes du conseil venaient coup sur coup frapper les hérétiques. Le nombre en fut si grand qu'il est impossible d'en indiquer même la substance. On défendit successivement aux réformés de faire des levées de deniers pour l'entretien de leurs ministres et leur envoi aux synodes; de récuser les juges suspects, bien que ce droit fût conservé aux autres Français; d'imprimer des livres de religion sans l'autorisation des magistrats de la communion romaine; de suborner et de corrompre, c'est-à-dire de chercher à convertir les catholiques, sous peine de mille livres d'amende; de célébrer leur culte dans les lieux et jours où les évêques faisaient leurs tournées; d'avoir plus d'une école et plus d'un maître dans leurs lieux d'exercice; de faire enseigner autre chose par ce maître que la lecture, l'écriture et les éléments de l'arithmétique. Et ainsi du reste. Les réformés étaient opprimés dans leur foi religieuse, leur personne civile, leurs droits politiques, leur état domestique, l'éducation de leurs enfants, et chaque iniquité en provoquait nécessairement de nouvelles. Le mal appelle le mal.

Quelques pasteurs, ayant tenu sur les ruines de leurs temples, qu'on avait injustement abattus, des assemblées réputées illicites, furent condamnés à faire amende honorable la corde au cou, et ensuite bannis du royaume. Les démolitions s'étendaient, se multipliaient pour les plus futiles motifs, sur les dénonciations d'un évêque ou de quelque autre membre du clergé, sur les chicanes d'un commissaire catholique, ou simplement, comme l'éprouvèrent les fidèles de Saint-Hippolyte, sur l'accusation d'avoir manqué de respect à un curé portant dans la rue le saint-sacrement.

Il y avait dans le Béarn quatre-vint-six temples, et quarante-six Eglises de résidence. Un procès qui dura sept ans réduisit à vingt les lieux d'exercice, en y ajoutant des entraves de toute nature. Il en était à peu près de même dans les autres provinces du royaume. Si le conseil usait quelquefois de ménagements, et imposait aux intendants un peu plus de réserve, le pasteur Claude présume, dans ses *Plaintes des protestants de France*, que c'était pour donner à croire qu'on faisait justice, et que les Eglises condamnées n'avaient pas de bons titres.

On éprouve quelque soulagement d'esprit, au milieu de ces persécutions, à s'arrêter sur les guerres de plume qui se livraient, à la même époque, entre les plus éminents docteurs des deux religions. Ici, du moins, la violence matérielle n'intervenait pas; ici la partie était égale; et lorsque les hommes de grand mérite attaquèrent la Réforme, il se trouva de solides et habiles champions pour la défendre.

Les Jansénistes étaient si accoutumés à la lutte qu'ils ne pouvaient plus s'en passer; et la paix ayant été faite entre eux et les Jésuites par l'entremise de Clément IX, ils tournèrent leurs armes contre les huguenots. Ils y apportèrent d'autant plus de zèle qu'on les taxait eux-mêmes de n'être que des calvinistes déguisés.

Arnauld et Nicole publièrent donc leur fameuse *Perpétuité de la foi sur l'eucharistie* (1664-1676), où ils essayèrent d'établir, par le texte des Pères de l'Eglise et par des certificats venus d'Orient, que le dogme de la présence réelle a été de tout temps admis dans la chrétienté. Claude leur répondit qu'ils avaient mal interprété le sens des Pères, et que les certificats demandés à de prauvres popes grecs par l'ambassadeur de France, qui les protégeait contre les Turcs, n'avaient qu'une très médiocre valeur. Sa réponse eut un succès extraordinaire ; et les Jésuites travaillèrent eux-mêmes à la répandre, comme Arnauld s'en plaint dans une de ses lettres, parce qu'ils tenaient à humilier les Jansénistes autant pour le moins qu'à détruire les réformés.

Nicole rentra dans la lice par ses *Préjugés légitimes contre les calvinistes*. Son argumentation est peu prudente. Il soutient qu'avant de quitter l'Eglise de Rome, le moindre artisan aurait dû s'assurer de l'authenticité des livres saints, comparer les traductions avec l'original, examiner toutes les variantes, peser toutes les interprétations des textes, les confronter avec les décisions des conciles, faire en un mot un immense travail que les plus érudits osent à peine entreprendre. Ces arguments, chacun le sait, ont été retournés par Rousseau contre le catholicisme et l'Evangile même. Claude, Jurieu et Pajon répondirent à Nicole.

Arnauld vint au secours de son ami dans un livre sur le *Renversement de la morale de Jésus-Christ par les erreurs des calvinistes*. On s'étonna qu'un docteur qui s'accordait avec Calvin sur le dogme de la prédestination eût construit tout l'échafaudage de sa polémique sur cette conséquence *que la grâce ne peut se perdre*, et c'est ce qui lui fut judicieusement opposé, non seulement par Bruguier, pasteur de Nîmes, mais par des théologiens de sa propre communion.

L'*Exposition* de Bossuet provoqua aussi de nombreuses réponses. La Bastide, membre du consistoire de Charenton, et David Noguier, pasteur dans le Languedoc, prouvèrent que cet écrit manque de vérité, et que l'auteur a fait un catholicisme idéal qui ne ressemble pas du tout au réel. Pierre Jurieu le prouva mieux que personne dans son *Préservatif contre le changement de religion*, et revint sur la même question dans sa *Politique du clergé de France*. « Voici un homme, » dit-il, « qui nous » transporte dans un autre pays. Dans cette religion » nouvelle on ne sert point les images, on n'invoque » point les saints ; seulement on les prie comme on prie » les fidèles sur la terre de prier Dieu pour nous. Jus-» qu'ici j'avais cru que les dévotions pour la Vierge et » pour les autres saints étaient une chose importante ; » je vois la plupart des dévots qui s'en font une grande » affaire ; et ceux-ci disent que ce n'est rien, qu'on » peut s'en passer, et qu'il suffit d'invoquer Dieu et Jé-» sus-Christ ! »

Claude eut une célèbre conférence avec Bossuet, en 1678, sur l'invitation de Mlle de Duras. Les deux adversaires ont publié le résumé de leurs débats. Bossuet avait promis de faire avouer à Claude qu'il peut arriver qu'un simple individu, si ignorant qu'il soit, entende mieux l'Ecriture que tous les conciles et tout le reste de l'Eglise ensemble, proposition qu'il qualifiait d'absurdité. Claude répondit que la question n'était pas aussi simple, et qu'avant de demander si un artisan peut avoir raison contre tous les conciles et toute l'Eglise, il faut d'abord trouver un article sur lequel toute l'Eglise et tous les conciles se soient constamment accordés.

Dix ans après, l'évêque de Meaux redescendit dans l'arène par son *Histoire des variations des Eglises protestantes*. Il frappait sur des absents et des proscrits. Les livres de ceux qui le réfutèrent en Hollande ne pouvaient entrer en France. Parler seul était un privilège qu'aurait dû répudier un homme tel que Bossuet.

Le jubilé de l'an 1676 opéra ce que certains historiens nomment la *conversion* de Louis XIV. Ce prince eut de grands remords d'avoir donné tant de scandale à la cour et à son royaume par ses adultères publics. Il résolut, il promit à ses directeurs spirituels de ne plus revoir Mme de Montespan. Mais il n'eut pas la force de tenir parole. De là une conscience inquiète, des troubles d'esprit et de cœur qui furent habilement exploités contre les hérétiques par le père La Chaise, élevé depuis un an à l'office de confesseur du roi. Les réformés durent payer pour les fautes du monarque, et le réconcilier par leur abjuration ou leur ruine avec le Dieu qu'il avait offensé.

La religion de Louis XIV était ainsi faite. S'il n'avait pas assez de piété pour vaincre ses passions, il avait assez de bigoterie pour supposer qu'il les expierait par la réduction des hérétiques à l'unité romaine. Louis XIV avait reçu ses premières idées religieuses d'une mère espagnole, qui, très ignorante elle-même, lui avait donné beaucoup de petits scrupules et peu de lumières sur la foi et la morale chrétienne. Les Jésuites avaient continué son ouvrage, en inspirant à leur élève les sentiments qui pouvaient servir à l'accomplissement de leurs desseins.

Ayant compris plus tard combien il avait été mal élevé, il refit son éducation dans les choses qui intéressaient le plus la dignité et l'autorité de sa couronne. Malheureusement, sur les matières de religion il resta où il en était, et ses mœurs ne valaient pas mieux que ses croyances. « Jamais il ne se fit une idée juste de ses » devoirs, » dit M. de Sismondi. « Ce ne sont pas ses

» amours seulement qui méritent le blâme, encore que
» le scandale de leur publicité, les grandeurs auxquel-
» les il éleva ses enfants adultérins, et l'humiliation
» constante qu'il fit éprouver à sa femme, ajoutent fort
» à l'offense qu'il donnait ainsi aux mœurs publiques.
» Il se rendait bien autrement coupable par la dureté
» impitoyable avec laquelle il répandait le sang, tantôt
» par des supplices tels que ceux qu'il infligea aux Bre-
» tons pour les punir d'avoir défendu leurs privilèges,
» tantôt par la ruine de populations entières. Aucun
» respect pour ses engagements, aucune notion du juste
» et de l'injuste ne dirigeaient sa conduite publique ou
» privée. Il violait les traités comme il violait ses enga-
» gements domestiques ; il prenait le bien de ses sujets,
» comme celui de sa cousine, M\ue de Montpensier. Il
» ne reconnaissait dans ses jugements, dans ses rigueurs,
» d'autre règle que sa volonté. Au moment où son peu-
» ple mourait de faim, il ne retranchait rien de ses
» prodigalités ou de son jeu scandaleux. Ceux qui se
» vantaient de l'avoir converti ne lui avaient jamais re-
» présenté que deux devoirs : celui de renoncer à l'in-
» continence, et celui d'anéantir l'hérésie dans ses
» Etats » (t. XXV, p. 481).

Rulhières avoue ces écarts d'esprit et de conduite, tout en s'efforçant de relever le caractère de Louis XIV dans un mémoire qu'on devait mettre sous les yeux de Louis XVI : « Pendant ses alternatives de dissolution
» et de scrupules, » dit-il, « pendant qu'il passait de la
» faute aux remords et des remords à la faute, il croyait
» racheter ses désordres et mériter du ciel une grâce
» plus décidée, en travaillant à ces conversions avec
» plus de ferveur » (t. I, p. 97).

L'un des moyens que Louis XIV y employa fut l'achat

des consciences à prix d'argent : nouvelle preuve de la
détestable éducation religieuse que lui avaient donnée sa
mère et les Jésuites. Il consacra à ce vil trafic le tiers
des économats, ou des bénéfices qui tombaient en ré-
gale pendant la vacance. La somme était médiocre ; on
l'augmenta plus tard en laissant les bénéfices vacants
tout exprès pour payer les abjurations des hérétiques.

Pellisson eut l'administration de cette caisse. Né dans
la communion réformée, il avait embrassé le catholicisme en temps opportun pour sa fortune, et de converti
s'était fait convertisseur. Doublement suspect au roi
par son origine huguenote et ses liaisons avec le surintendant Fouquet, il sentit qu'il devait beaucoup faire
pour gagner la faveur de Louis XIV. Aussi ne s'y épar-
gna-t-il point.

L'établissement ouvert par Pellisson fut une banque,
ou une maison de commerce, organisée selon toutes les
règles du genre, avec ses correspondants, évêques ou
prêtres pour la plupart, son tarif, ses lettres de change,
ses succursales dans les provinces, et ses pièces à l'appui pour justifier des dépenses. Il fallait envoyer des
certificats d'abjuration dûment signés, et des quittances
en bonne forme indiquant la somme déboursée par tête
ou par famille de prosélytes.

Cette banque travaillait naturellement à obtenir les
conversions au taux le plus bas : on les payait cinq à
six livres, parfois une ou deux pistoles, et dans les cas
extraordinaires quatre-vingts à cent francs. Nous avons
à ce sujet une curieuse lettre de Pellisson : c'est la circulaire d'un négociant consommé : « Encore qu'on
» puisse aller jusqu'à cent francs, ce n'est pas à dire
» que l'intention soit qu'on aille toujours jusque-là,
» étant nécessaire d'y apporter le plus d'économie qu'il

» se pourra : premièrement pour répandre cette rosée
» sur plus de gens, et puis encore si l'on donne cent francs
» aux moindres personnes, sans aucune famille qui les
» suive, ceux qui sont tant soit peu plus élevés, ou qui
» entraînent après eux nombre d'enfants, demanderont
» des sommes beaucoup plus grandes ; ce qui n'empê-
« che pas néanmoins que, pour des coups plus consi-
» dérables, m'en donnant avis auparavant, on ne puisse
» fournir des secours plus grands, suivant que Sa Ma-
» jesté, à qui on s'expliquera, le jugera à propos »
(12 juin 1677).

Pellisson présentait régulièrement au roi des listes
de six cents, huit cents convertis avec les certificats, et
faisait insérer ses miracles dans la gazette. Il se gardait
seulement de publier que c'étaient presque tous des
gens de la lie du peuple, ou des fripons qui trafiquaient
périodiquement de leur conscience, ou des malheureux
qui prenaient l'argent pour avoir un morceau de pain,
sans aucune intention de renoncer à leur culte. Le roi
s'émerveillait de ces nombreuses conquêtes ; les prélats
y applaudissaient ; les Jésuites triomphaient ; mais les
gens raisonnables n'y croyaient point.

Les fraudes se multiplièrent tellement, en effet, qu'il
fallut en instruire le roi même. Au lieu de renoncer à
ces ignobles marchés, il fit rendre par le conseil, au
mois de mars 1679, une loi plus dure encore contre les
relaps. « Nous avons été informés, » dit-il dans le
préambule, « que dans plusieurs provinces de notre
» royaume, il y en a beaucoup qui, après avoir abjuré
» la religion prétendue réformée dans l'espérance de
» participer aux sommes que nous faisons distribuer aux
» nouveaux convertis, y retournent bientôt après. » Et
la loi prononça contre eux, outre l'ancienne peine du

bannissement à perpétuité, celle de l'amende honorable
et de la confiscation des biens.

Quel amas d'iniquités et de contradictions! En achetant
des âmes, on devait nécessairement supposer qu'elles ne
croyaient à rien, et après les avoir achetées, on les punissait d'un nouveau changement, comme si elles avaient
cru à quelque chose! Qu'est-ce que doit inspirer à tous
les honnêtes gens une dévotion qui se dégrade jusque-là?
Est-ce du mépris ou de la pitié? C'est l'un et l'autre.

La paix de Nimègue, conclue avec toutes les puissances de l'Europe en 1679, fut l'apogée de la fortune de
Louis XIV. Il reçut le surnom de Grand. Les courtisans
et les gens de lettres lui prodiguèrent les plus humbles
adulations, et le traitèrent en demi-dieu. Cet encens
acheva de l'enivrer. Il se regardait de bonne foi comme
le seul vrai propriétaire de tout le territoire du royaume,
le seul législateur, le seul juge suprême, et le vivant
résumé de l'Etat tout entier. Il en vint à penser que les
esprits lui étaient asservis aussi bien que les corps, et
traita de crime de lèse-majesté toute opposition des consciences à sa volonté souveraine. Malheureux prince! il
ne s'est jamais tant abaissé que lorsqu'il porta si haut
l'excès de ses prétentions.

Mme de Maintenon commençait à prendre sur lui beaucoup d'empire. Petite-fille d'Agrippa d'Aubigné, l'un des
plus fermes défenseurs de la foi calviniste, et très dévouée elle-même à sa religion dans son enfance, elle
l'avait abandonnée en 1651, à l'âge de seize ans. Lorsque les réformés la virent avancer dans la confiance et
l'intimité de Louis XIV, ils crurent qu'elle se souvien-
drait de la communion de son aïeul, et emploierait son
crédit à la défendre. Mais étant *née ambitieuse*, comme
elle l'avoue dans une de ses lettres, elle avait, plus en-

core que Pellisson, à faire oublier son origine hérétique, et n'espérait conserver le cœur du roi qu'en l'entretenant dans une étroite dévotion.

Douée d'un grand esprit et d'une plus grande habileté, elle avait aisément découvert les profondes répugnances de Louis XIV contre les huguenots, et tâcha de s'y conformer. Il paraît, cependant, qu'elle eut quelques retours de commisération pour les opprimés. On lit, dans le *Mémorial de Saint-Cyr*, que le roi lui dit un jour : « Je » crains, madame, que le ménagement que vous voudriez qu'on eût pour les huguenots ne vienne de quelque reste de prévention pour votre ancienne religion. » Et ailleurs elle écrivait : « Ruvigny est intraitable ; il a » dit au roi que j'étais née calviniste, et que je l'avais » été jusqu'à mon entrée à la cour. Ceci m'engage à » prouver des choses tout opposées à mes sentiments. »

Nous avons dans cet aveu le secret de sa conduite. Mme de Maintenon, livrée à elle-même, n'eût peut-être employé, comme elle le recommandait à son frère, que la douceur et la charité ; mais voulant par-dessus tout être agréable à Louis XIV, elle s'unit avec le Père La Chaise pour travailler par tous les moyens à la ruine de l'hérésie.

Le plan de destruction devint systématique et invariable après la paix de Nimègue. Gouverneurs, commandants, intendants, hommes d'épée, hommes de robe, ayant appris que Louis XIV était décidé à en finir avec les huguenots, se sentirent animés d'une grande ardeur de prosélytisme, et se firent à leur tour missionnaires et convertisseurs. Leur principal souci était de pouvoir envoyer à la cour de longues listes d'abjurations, ou tout au moins des rapports d'exercices interdits, de temples abattus et de troupeaux dispersés. Le conseil privé était parfois effrayé de tant de zèle ; néanmoins il ne voulait pas l'arrêter, de peur d'affermir les victimes dans leur résistance ; et bientôt, entraîné lui-même par la force des choses, il transformait en déclaration générale ce qu'il avait d'abord blâmé.

Lorsqu'un conseiller ou un magistrat plus humain déplorait ces mesures extrêmes, on se contentait de lui répondre : « Dieu se sert de tout moyen. »

La populace prit sa part, on devait s'y attendre, à ces persécutions. Dans les villes de Blois, d'Alençon, et en d'autres lieux, des bandes de misérables envahirent les temples, déchirèrent les livres saints, brisèrent la chaire et les bancs, y mirent le feu, et l'autorité, au lieu de réprimer ces excès, les sanctionna par l'interdiction du culte et l'exil des pasteurs.

Louis XIV persistait, cependant, à parler aux puissances protestantes de l'Europe de son respect pour l'édit de Nantes. Nous lisons, jusque dans une déclaration de 1682, qu'il ne voulait rien faire contre les édits en vertu desquels la religion prétendue réformée était tolérée dans son royaume ! Sous les Valois, la persécution était cruelle, mais franchement avouée ; sous Louis XIV, elle s'enveloppa longtemps d'hypocrisie : les Jésuites y avaient la haute main.

XV

A mesure qu'on approche de la révocation, **les ordonnances** déjà si nombreuses, comme on l'a vu, se multiplient encore et s'aggravent. Nous classerons les plus importantes sous des chefs distincts.

Charges publiques. — Les exclusions s'étendirent par degrés à tous les emplois sans exception. Défense aux

réformés d'être conseillers, juges, assesseurs, trésoriers,
commis dans les finances, consuls, magistrats municipaux, avocats, notaires, procureurs, sergents, huissiers,
médecins, apothicaires, libraires, imprimeurs, employés
dans les postes et les messageries, membres des corporations, etc. On ne souffrit plus même qu'il y eût des
sages-femmes de la religion, parce qu'elles ne croient
pas, disait l'ordonnance de 1680, le baptême absolument nécessaire, et qu'elles ne peuvent ondoyer les
enfants.

Dans certains cantons, il était matériellement impossible d'exécuter ces édits. Comment exclure les réformés de toutes les charges et de tous les offices là où ils
composaient la presque totalité de la population? Il
fallait prendre pour consuls et conseillers municipaux
des aventuriers du dehors, des gens sans aveu, ce qui
amenait un inexprimable désordre.

Droits civils. — Plus de garanties dans les cours de
justice. Les chambres de l'édit, à Paris et à Rouen,
avaient été cassées en 1669. Les chambres mi-parties
des parlements de Toulouse, de Grenoble, de Bordeaux, le furent en 1679, attendu, disait-on dans le
préambule, que toutes les animosités sont éteintes! A la
violation de l'édit de Nantes fallait-il ajouter la dérision?

Il n'était pas rare d'entendre, dans les affaires purement civiles, la partie catholique invoquer cet argument:
Je plaide contre un hérétique; et lorsque des religionnaires se plaignaient d'une sentence injuste : « Vous
avez le remède entre les mains, » leur répondait-on
froidement; « que ne vous faites-vous catholiques? »

Mariage et puissance paternelle. — Plus d'alliances
permises entre des réformés et des catholique, dans le
cas même de relations antérieures que le mariage eût

légitimées. Défense d'avoir des valets catholiques, de peur qu'ils ne fussent séduits, et bientôt, par un excès inverse, défense d'en avoir d'autres que des catholiques, parce qu'on les employait comme espions. Défense aux parents les plus proches d'être tuteurs ou curateurs. Défense aux pères et aux mères d'envoyer leurs enfants en pays étranger avant l'âge de seize ans. Ordre de tenir pour catholiques et d'élever dans cette religion tous enfants illégitimes, de quelque âge et condition qu'ils fussent. Comme on voulut donner à cette ordonnance des effets rétroactifs, il en résulta plus d'une affaire aussi ridicule qu'odieuse. Des personnes de soixante, de quatre-vingts ans, furent sommées d'entrer dans l'Eglise de Rome, parce que leur état de bâtardise les rendait légalement catholiques.

On fit plus. Un édit du 17 juin 1681 déclara que les enfants des réformés pourraient abjurer à l'âge de *sept ans*. « Nous voulons et il nous plaît, » disait l'ordonnance, « que nos dits sujets de la religion prétendue » réformée, tant mâles que femelles, ayant atteint l'âge » de sept ans, puissent et qu'il leur soit loisible d'em- » brasser la religion catholique, apostolique et romaine, » et qu'à cet effet ils soient reçus à faire abjuration de » la religion prétendue réformée, sans que leurs pères » et mères, et autres parents, y puissent donner *le* » *moindre empêchement*, sous quelque prétexte que ce » soit. » Ces enfants étaient libres de se retirer où ils voulaient, et les parents tenus de leur faire une pension alimentaire.

La loi eut des suites terribles. Toutes les familles se sentirent ébranlées. Elles se défiaient d'un ami, d'un voisin catholique, d'une servante, de la moindre marque d'amitié d'un étranger pour leurs enfants. Un prêtre, un

envieux, un ennemi, un débiteur mécontent allait déclarer en justice que tel enfant avait fait le signe de la
croix, ou baisé une image de la Vierge, ou voulu entrer
dans une église catholique ; et c'en était souvent assez
pour enlever les enfants, surtout ceux des riches, qui
pouvaient payer une pension, et pour les enfermer dans
quelque couvent, sous la direction des moines, des religieuses et du clergé.

Mme de Maintenon se servit elle-même de cette abominable loi. Ayant vainement essayé de convertir son
parent, le marquis de Villette, qui lui avait répondu :
« Il me faudrait cent ans pour croire à l'infaillibilité,
» vingt ans pour croire à la présence réelle, » et ainsi
de suite, elle lui prit ses enfants, entre autres une petite
fille qui fut depuis la marquise de Caylus. On lit dans
les *Souvenirs* de cette dame : « Je pleurai beaucoup ;
» mais je trouvai le lendemain la messe du roi si belle
» que je consentis à me faire catholique, à condition
» que je l'entendrais tous les jours, et qu'on me garan-
» tirait du fouet. C'est là toute la controverse qu'on
» employa, et la seule abjuration que je fis. »

Contrats et impôts. — Permission aux nouveaux convertis de retarder de trois ans le paiement de leurs dettes, ce qui amenait au catholicisme tous les débiteurs
obérés ou de mauvaise foi. Exemption de tailles et de
logements de guerre pendant deux ans pour ces mêmes
convertis. Double charge de logements, doubles taxes,
ou contributions arbitraires qu'on appelait *taxes d'office*,
pour les récalcitrants, afin que le fisc ne souffrît pas de
ses libéralités. Colbert se plaignit en vain de si grands
désordres : la religion passait avant la régularité dans
les finances.

Attaques contre la propriété. — Confiscation en faveur

des hôpitaux catholiques de tous les fonds, rentes et autres biens, de quelque nature qu'ils fussent, qui appartenaient aux Eglises condamnées. Confiscation de tous les fonds et rentes destinés aux pauvres de la religion dans les lieux mêmes où l'exercice n'était pas interdit. Annulation des testaments qui faisaient des legs charitables aux consistoires. Nous verrons, dans la suite de cet écrit, jusqu'à quel point on attaqua la propriété privée.

Liberté de conscience et de culte. — Ordre fut donné aux médecins, chirurgiens et autres qui assisteraient les malades de la religion, d'en avertir, sous peine de cinq cents livres d'amende, les magistrats du lieu ; et ceux-ci, consuls, juges ou échevins, étaient tenus de visiter ces malades, de gré ou de force, avec ou sans un prêtre, pour leur demander s'ils voulaient faire abjuration.

Défense aux pasteurs de parler du *malheur des temps* dans leurs sermons, d'attaquer directement ou indirectement l'Eglise romaine, de résider à une distance de moins de six lieues des exercices interdits, et de moins de trois lieues des exercices contestés. Défense au peuple de se réunir dans les temples, sous prétexte de prières et de chant des psaumes, hors des heures accoutumées. Interdiction définitive des colloques. Obligation d'admettre un commissaire catholique dans les consistoires. Défense de soutenir par des aumônes les malades de la religion, ou d'en prendre soin dans des maisons particulières : l'ordre était de les transporter dans les hôpitaux, où ils tombaient sous l'action du prosélytisme romain.

Ce qui mit le comble à ces mesures d'oppression fut la défense de recevoir dans les temples aucun nouveau converti sous peine de bannissement et de confiscation

des biens pour les pasteurs, et de privation d'exercice
religieux pour les troupeaux. A ce dernier trait, les réformés furent prêts à s'abandonner au désespoir. Plusieurs délibérèrent s'ils ne devaient pas renoncer à tout
service public et se borner à prier Dieu dans leurs maisons. Quel raffinement de barbarie ! Les forcer de faire
eux-mêmes la garde à la porte de leurs temples, et d'en
chasser des frères qui les avaient quittés sans doute, mais
qui revenaient peut-être en versant les larmes du repentir ! Et d'ailleurs, à quels signes discerner un nouveau
converti ? Connaissait-on tous ceux qui avaient abjuré ?
Ne suffisait-il pas d'un traître pour faire condamner
toute une Eglise ? Ainsi furent démolis les temples de
Bergerac, de Montpellier, de Saint-Quentin, de Montauban ; ainsi furent menacés tous les autres.

Il semblait que la situation ne pouvait pas devenir
plus mauvaise. Elle le devint pourtant par l'intervention
du marquis de Louvois, qui voulut, selon l'expression
de Mme de Caylus, *y mêler du militaire*. Il s'inquiétait
de n'être plus, depuis la paix de Nimègue, nécessaire
à son maître et voyait avec déplaisir la dévotion prévaloir sur la galanterie dans le cœur de Louis XIV. Il
avait fait de longs et inutiles efforts pour le ramener à
Mme de Montespan. Lorsqu'il fut convaincu que ses intrigues ne servaient à rien, et que le seul moyen de plaire
au monarque était de le seconder dans la conversion
des huguenots, il y apporta toute la violence de son caractère : trop heureux d'y jouer le premier rôle à l'aide
des troupes dont il disposait. Quelles misères ! quels
honteux calculs dans cette cour si renommée, et sous
le masque de la piété catholique !

Louvois écrivit à Marillac, intendant du Poitou, au
mois de mars 1681, qu'il allait envoyer dans cette pro-

vince un régiment de cavalerie : « Sa Majesté, » lui disait-il, « a appris avec beaucoup de joie le grand nom-
» bre de gens qui continuent à se convertir dans votre
» département. Elle désire que vous continuiez à y
» donner vos soins. Elle trouvera bon que le plus grand
» nombre de cavaliers et officiers soient logés chez les
» protestants. Si, suivant une répartition juste, les reli-
» gionnaires en devaient porter dix, vous pouvez leur
» en faire donner vingt. » Louvois recommandait aussi
de communiquer les ordres aux maires et échevins des
lieux, non par écrit, mais de bouche, afin qu'on ne pût
pas dire que le roi voulait violenter les huguenots.

Telle fut l'origine de ces *dragonnades* qui ont laissé
un ineffaçable souvenir d'opprobre sur le règne de
Louis XIV, et d'horreur dans l'esprit des peuples. Marillac fit marcher ses troupes comme dans un pays ennemi exigeant les arrérages des tailles, exemptant ceux
qui se convertissaient, et faisant retomber tout le fardeau sur les opiniâtres. Des dragons, au nombre de
quatre à dix, étaient logés dans les maisons, avec défense de tuer les habitants, mais autorisés du reste à
faire tout ce qu'ils pourraient pour leur arracher une
abjuration. Quelques curés suivaient les soldats dans
les bourgs et les villages en criant : « Courage, mes-
» sieurs, c'est l'intention du roi. »

La soldatesque, livrée sans frein à ses passions, commit d'effroyables excès : on eût dit une horde de brigands qui avait pénétré au cœur du royaume. Le *Journal de Jean Migault*, publié dans ces derniers temps,
peut donner une idée de leurs barbaries. Dévastations,
pillages, tortures, cruautés, ils ne reculaient devant
rien.

Elie Benoît en a rempli de longues pages de son *His-*

toire de l'édit de Nantes; nous n'en ferons qu'un ou deux extraits : « Les cavaliers attachaient des croix à la bou-
» che de leurs mousquetons pour les faire baiser par
» force, et quand on leur résistait, ils poussaient ces
» croix contre le visage et dans l'estomac de ces mal-
» heureux. Ils n'épargnaient non plus les enfants que
» les personnes avancées, et sans compassion de leur
» âge, ils les chargeaient de coups de bâton, ou de plat
» d'épée, ou de la crosse de leurs mousquetons : ce qu'ils
» faisaient avec tant de violence que quelques-uns en
» demeurèrent estropiés. Ces scélérats affectaient de
» faire des cruautés aux femmes. Ils les battaient à
» coups de fouet ; ils leur donnaient des coups de canne
» sur le visage pour les défigurer ; ils les traînaient par
» les cheveux dans la boue et sur les pierres. Quelque-
» fois des soldats, trouvant des laboureurs dans les
» chemins ou à la suite de leurs charrues, les arra-
» chaient de là pour les mener aux Eglises catholiques,
» et les piquaient comme des bœufs de leurs propres
» aiguillons pour les faire marcher (1). »

Une foule de ces infortunés s'enfuirent dans les bois ; d'autres se cachèrent dans les maisons de leurs amis ; d'autres résolurent de sortir à tout prix du royaume, et on les voyait, hommes, femmes, enfants, demi-morts, couchés sur des pierres ou le long des falaises ; d'autres enfin consentirent à abjurer sous le sabre des gens de guerre ; mais quelle abjuration ! Plusieurs en perdirent l'esprit, ou moururent de douleur, ou mirent fin à leurs

(1) **T.** IV, p. 479, 480. L'auteur, contemporain des événements, précise les faits, indique les lieux, cite des noms propres, et son récit porte l'em-preinte d'une parfaite véracité, qui est confirmée d'ailleurs par les mémoires de l'époque. Nous supprimons les détails dont on aurait peine à supporter la lecture.

jours dans les accès du remords et du désespoir. Il y en eut qui, se jetant par les chemins, se frappaient la poitrine et fondaient en larmes. « Quand deux personnes » de ces misérables convertis se rencontraient, » dit encore Benoît, « quand l'un voyait l'autre au pied d'une » image, ou dans un autre acte de dévotion catholique, » les cris redoublaient, la douleur éclatait par de nou- » veaux témoignages. Le laboureur, abandonné à ses » réflexions au milieu de son travail, se sentait plus » pressé de ses remords, et quittant sa charrue au milieu » de son champ, se jetait à genoux, se prosternait le vi- » sage en terre, demandait pardon, prenait tout à témoin » qu'il n'avait obéi qu'à la violence » (t. IV, p. 502).

Mme de Maintenon écrivit à son frère, qui devait recevoir une gratification de cent huit mille francs :

« Je vous prie, employez utilement l'argent que vous » allez avoir. Les terres en Poitou se donnent pour rien; » la désolation des huguenots en fera encore vendre. » Vous pouvez aisément vous établir grandement en » Poitou » (2 septembre 1681).

L'émigration, suspendue en 1669, recommença sur une plus vaste échelle, et des milliers de familles quit- tèrent la France. Les pays protestants, l'Angleterre, la Suisse, la Hollande, le Danemark, leur offrirent un abri par des déclarations officielles. La cour en fut alarmée, surtout parce que les chefs de l'administration de la marine se plaignirent de la retraite d'un grand nombre de matelots, qui fuyaient en masse, ayant des moyens plus faciles d'émigration. Marillac fut révoqué, et les autres intendants reçurent l'ordre d'agir avec moins de sévé- rité.

On remit en vigueur contre les fugitifs les ordonnan- ces qui interdisaient la sortie du royaume, en y ajoutant

la peine des galères perpétuelles contre les chefs de famille, une amende de trois mille livres pour ceux qui
les auraient encouragés à fuir, et l'annulation de tous
les contrats de vente qui auraient été faits par les réformés un an avant leur émigration. Ce dernier article
bouleversait toutes les transactions privées, et il fallut
y remédier dans l'exécution.

La loi contre les émigrants et celle contre les relaps
donnaient aux persécuteurs une arme à deux tranchants.
Si les nouveaux convertis rentraient dans un temple,
ils étaient frappés d'un châtiment terrible, et ils l'étaient
également s'ils essayaient de sortir du royaume. En
France on ne voulait voir en eux que des catholiques;
à la frontière on les saisissait comme hérétiques. Rulhières, toujours dirigé par l'intention de justifier la mémoire de Louis XIV, dit que les malheurs des réformés
furent principalement dus à la combinaison de ces deux
lois, dont se glorifiait le père La Chaise comme d'une
œuvre de génie.

L'assemblée du clergé, qui avait à se faire pardonner
par le siège romain la témérité des quatre propositions
de 1682, envoya un *avertissement pastoral* à tous les consistoires de France, où il était dit que les évêques regardaient les huguenots comme des brebis égarées et leur
ouvraient les bras; mais qu'ils seraient déchargés du
soin de leurs âmes, si les hérétiques n'étaient pas fléchis
par ces charitables paroles. « Cette dernière erreur, »
écrivaient les prélats, « sera plus criminelle en vous que
» toutes les autres, et vous devez vous attendre à des
» malheurs incomparablement plus épouvantables et
» plus funestes que tous ceux que vous ont attirés jus-
» qu'à présent votre révolte et votre schisme. »

L'avertissement du clergé fut lu dans les consistoires

par ordre exprès du roi. Il ne convertit personne ; mais chacun prévit de nouvelles souffrances ; car ceux qui avaient fait la prédiction avaient assez de crédit pour la faire accomplir.

XVI

On a pu se convaincre que la position des réformés était devenue intolérable. Plus de droits ; plus de garanties ni de sécurités ; leurs personnes, leurs enfants, leurs biens à la merci de l'oppresseur ; l'épée de la proscription incessamment suspendue sur leur tête : quelle race dans le monde chrétien était plus malheureuse que celle-là ?

Une multitude de fugitifs remplissaient déjà l'Europe de leurs gémissements et de leurs plaintes. Jurieu, qui avait trouvé un asile en Hollande, écrivait en 1682 dans son livre sur la *Politique du clergé de France :* « On nous » traite comme les ennemis du nom chrétien. Dans les » endroits où l'on tolère les juifs, ils ont toutes sortes » de libertés ; ils exercent les arts et la marchandise ; ils » sont médecins ; on les consulte ; on met entre leurs » mains et la santé et la vie des chrétiens. Et nous, » comme si nous étions souillés, on nous défend l'ap- » proche des enfants qui viennent au monde ; on nous » bannit des barreaux et des facultés ; on nous éloigne » de la personne de notre roi ; on nous arrache les » charges, on nous défend l'usage de tous les moyens » qui nous pouvaient garantir de mourir de faim ; on » nous abandonne à la haine du peuple ; on nous ôte » cette précieuse liberté que nous avions achetée par » tant de services ; on nous enlève nos enfants qui sont » une partie de nous-mêmes… Sommes-nous Turcs ?

» sommes-nous infidèles ? Nous croyons en Jésus-Christ;
» nous le croyons Fils éternel de Dieu, le Rédempteur
» du monde; les maximes de notre morale sont d'une
» si grande pureté qu'on n'oserait les contredire; nous
» respectons les rois; nous sommes bons sujets, bons
» citoyens; nous sommes Français autant que nous som-
» mes chrétiens réformés » (p. 124-126).

Jurieu parlait en vain. Les livres des hérétiques ne
pouvaient franchir la frontière. On voulut même détruire dans l'intérieur du royaume les anciens écrits qui
attaquaient le catholicisme. L'archevêque de Paris en
dressa le catalogue renfermant les noms de cinq cents
auteurs, et l'on fit des visites domiciliaires jusque chez
les ministres et les anciens pour brûler tous les livres
condamnés qu'on trouverait dans leurs bibliothèques.

Les réformés envoyaient doléances après doléances à
la cour, au conseil, au roi même. Ils faisaient plaider
leur cause par le député général ou par des délégués
spéciaux. Quelquefois ils résumaient leurs griefs dans
de longs mémoires, en y joignant les plus humbles protestations d'obéissance et de respect.

Tout fut inutile. Les ministres d'Etat contestaient les
faits les plus avérés, et menaçaient les plaignants de
traitements encore plus durs. Le roi fermait sa porte, ou
quand, après de longues instances, il l'ouvrait, ses paroles étaient froides et contraintes. Le député général
Ruvigny lui ayant représenté les grandes misères de plus
de deux millions de Français, Louis XIV, dit-on, lui
répondit que pour rappeler tous ses sujets à l'unité
catholique, il donnerait un de ses bras, ou de l'une de
ses mains se retrancherait l'autre. Ce mot faisait pressentir aux réformés les derniers malheurs.

Ceux-ci néanmoins persistaient à croire que Louis XIV,

le petit-fils du Béarnais, aurait pitié d'eux, s'il connaissait toute l'étendue de leurs souffrances; et dans cette pensée, ils résolurent de tenter un suprême effort.

Seize députés du Languedoc, des Cévennes, du Vivarais et du Dauphiné, se réunirent secrètement à Toulouse au printemps de 1683, et rédigèrent un projet en dix-huit articles destiné à rétablir leur liberté de conscience et de culte, sans rien faire pourtant qui eût la moindre apparence de révolte. Après avoir recommandé la repentance, la prière, l'union entre les fidèles, ils décidèrent que, le 27 juin suivant, toutes les assemblées interdites, recommenceraient à la fois, sans ostentation, mais aussi sans mystère, les portes ouvertes, ou sur les ruines des temples démolis. Ceux qui avaient fait une abjuration forcée devaient se réunir à part, de peur de fournir un prétexte à de nouvelles persécutions. Le 4 juillet, un jeûne solennel devait être célébré dans toutes les Eglises. Les pasteurs étaient exhortés à demeurer courageusement au milieu de leurs troupeaux, et à ne les quitter que sur le congé d'un colloque, ou dans le péril le plus imminent. Les députés, enfin, dressèrent une requête pour le chancelier et tous les ministres d'Etat, où ils promettaient d'obéir au roi en tout ce qui n'était pas absolument contraire au service de Dieu. « Quelle est notre situation ? » disaient-ils; « si nous montrons quelque résistance, on nous traite » comme des rebelles; si nous obéissons, on prétend » que nous sommes convertis, et on trompe le roi par » notre soumission même. »

Cette démarche hardie avait principalement pour but de prouver à Louis XIV que les abjurations en masse dont on lui parlait n'étaient qu'un indigne mensonge. Malheureusement il n'y eut pas assez d'accord entre les opprimés. Les prudents, les timides, ceux qui n'avaient pas tant souffert que les autres, ceux qui ne voient le péril que lorsqu'il est déjà venu, furent d'avis de s'abstenir, et restèrent à l'écart.

Au jour convenu, cependant, beaucoup de temples se rouvrent, les assemblées se reconstituent, et les exercices recommencent dans plusieurs des lieux où ils avaient été interdits. Aussitôt les gouverneurs militaires, les intendants prennent l'alarme; ils croient, ou feignent de croire à une insurrection générale, et des troupes sont envoyées contre ces pauvres paysans qui, en invoquant les solennelles promesses de l'édit de Nantes, s'étaient réunis pour lire la Bible et prier.

Le marquis d'Aguesseau, père de l'illustre chancelier du même nom, et intendant du Languedoc, conseille d'arrêter les violences du soldat; mais Louvois ne le veut point. Il ordonne d'horribles exécutions. Les paysans sont traqués dans les bois; on les tue par centaines. *Ce fut une boucherie, et non pas un combat*, dit Rulhières. Leurs temples sont abattus et leurs maisons rasées. A ceux qui ont été faits prisonniers on offre le pardon à la condition d'abjurer; ils refusent, et sont pendus.

Les religionnaires du Vivarais et du Dauphiné, réduits au désespoir, essaient de se défendre les armes à la main. Louvois leur promet une amnistie, mais ce n'était qu'une promesse dérisoire. Tous les ministres en furent exceptés, avec cinquante autres prisonniers, sans compter ceux qu'on envoya aux galères. Le pasteur Isaac Homel, vieillard de soixante et douze ans, accusé d'avoir fomenté les troubles, fut condamné à être roué vif, bien qu'à cet âge les plus grands scélérats ne fussent point soumis à un si terrible supplice. Le bourreau, qui s'était enivré pour faire sa tâche, lui donna plus de trente coups avant de l'achever, en accompagnant ces tortures de lâches insultes. Homel mourut avec la constance d'un martyr (16 octobre 1683).

Dans plusieurs provinces il ne restait plus qu'un ou deux lieux d'exercice qu'on s'efforçait d'interdire sous le moindre prétexte. L'Eglise de Marennes, en Saintonge, par exemple, qui était encore debout, fut bientôt supprimée à son tour avec des circonstances odieuses. Cette Eglise avait dû recueillir treize à quatorze mille personnes ; mais, parce qu'il était entré dans le temple, prétendait-on, quelques relaps et quelques enfants des nouveaux convertis, l'exercice fut défendu, et l'arrêt signifié au dernier moment, dans la nuit même du samedi au dimanche (1684).

Le lendemain, il se trouva près de dix mille fidèles à la porte du temple, et parmi eux vingt-trois enfants à baptiser qu'il fallut transporter à sept lieues de là. Comme le temps était extrêmement rude, quelques-uns moururent par les chemins. « Le peuple en se retirant, » dit Benoît, « donna des marques d'une sensible douleur. Ce » n'étaient que larmes, que cris, que gémissements. On » ne se contraignait ni dans les rues, ni à la campagne. » Les parents et les amis s'embrassaient en pleurant, et » sans rien dire. Les hommes et les femmes, les mains » jointes, les yeux tournés vers le ciel, ne pouvaient » s'arracher du lieu où ils étaient venus, malgré les » rigueurs de la saison, chercher la consolation de prier » Dieu ; et néanmoins, au milieu d'une douleur si vive, » il fallait encore songer à ne pas donner de nouvelles » prises aux persécuteurs, en demeurant en grand nom- » bre sur le lieu où l'arrêt rendu contre les ministres » rendait les assemblées illégitimes » (t. V, p. 681).

On est heureux d'ajouter que si la persécution était

27

grande, la piété se fortifiait par les souffrances mêmes.
Il y avait des provinces où les fidèles faisaient cinquante
à soixante lieues pour assister aux offices publics; et
non seulement des hommes dans la force de l'âge, mais
des vieillards de quatre-vingts ans se mettaient en route,
à pied, le bâton à la main, supportant toutes les fatigues, tous les dangers du voyage, afin d'avoir une dernière fois la consolation de prier ave leurs frères. Les
premiers venus trouvaient un asile dans le temple; les
autres s'arrêtaient à l'entour, chantant des psaumes ou
lisant des prières. Et comme ces assemblées auraient
été jugées illicites sans la présence d'un ministre, le
pasteur passait la nuit avec eux, les exhortant, par ses
pleurs autant que par ses discours, à demeurer fermes
dans la foi.

Ailleurs, tous les ministres ayant été bannis ou emprisonnés, les intendants durent en faire venir d'office
pour baptiser les enfants et célébrer les mariages, « sans
» y joindre aucun prêche, exhortation, ni exercice de
» la religion prétendue réformée. » On gardait ces pasteurs à vue comme des pestiférés, et on les renvoyait
dès qu'ils avaient servi à donner aux actes des hérétiques la sanction civile, qui se confondait alors avec la
bénédiction religieuse.

La cour n'était pas encore satisfaite. Louis XIV, qui
venait de contracter un mariage secret avec Mme de Maintenon, avait passé d'une dévotion ignorante à une bigoterie outrée. Il s'irritait des obstacles qui retardaient la
conversion générale des religionnaires, et dominé par le
triumvirat du Père La Chaise, de Mme de Maintenon et
du marquis de Louvois, il se familiarisa peu à peu avec
l'idée d'abroger entièrement l'édit de Nantes.

Le marquis de Châteauneuf, qui était chargé des affaires ecclésiastiques, conseillait de ne pas précipiter les choses, disant qu'il ne fallait pas mettre trop de bois au feu. Louvois lui-même parut un moment incliner vers la modération. Les autres secrétaires d'Etat furent d'un avis contraire ; et le vieux chancelier Letellier, homme froid et faux, dont le comte de Grammont disait, en le voyant sortir d'un entretien avec le roi : « Je crois voir une fouine, qui vient d'égorger des poulets, se léchant le museau plein de sang, » Letellier demandait que l'œuvre fût achevée avant sa mort.

Mme de Maintenon écrivait le 13 août 1684 : « Le roi » est prêt à faire tout ce qui sera jugé utile au bien de » la religion. Cette entreprise le couvrira de gloire de- » vant Dieu et devant les hommes » De gloire ! Elle ne prévoyait pas que, loin d'augmenter la gloire de Louis XIV, l'édit de révocation imprimerait à son règne une tache indélébile, et que la postérité demanderait s'il n'a pas fait à la puissance matérielle et politique de la France, par ce seul acte, plus de mal qu'il ne lui avait fait de bien par la conquête de la Flandre, de l'Alsace et de la Franche-Comté.

Au mois de mai 1685, le clergé tint son assemblée générale, et complimenta le roi sur les admirables suc- cès qu'il avait obtenus dans l'extirpation de l'hérésie. Louis XIV était élevé au-dessus des plus grands princes de l'antiquité chrétienne. Il avait trouvé, disaient l'évêque de Valence et le coadjuteur de Rouen, l'Eglise catholique dans l'accablement et la servitude; mais il l'avait relevée par son zèle. Il avait fait abandonner l'hérésie par toutes les personnes raisonnables *sans violence et sans armes*, dompté leurs esprits en gagnant leurs cœurs par ses bienfaits, et ramené des égarés qui *ne seraient peut-être jamais rentrés dans le sein de l'Eglise que par le chemin semé*

de fleurs qu'il leur avait ouvert. Nous copions textuellement, et nous n'ajouterons rien.

Rulhières, à qui l'on avait permis de consulter les papiers d'Etat, dit en parlant de l'intervention des prêtres
dans la révocation de l'édit de Nantes : « Nous avons
» entre les mains le recueil des lettres du clergé, et
» quelques-unes font frémir. »

XVII

Des troupes avaient été cantonnées dans le Béarn, en
1685, pour surveiller les mouvements de l'armée espagnole. Or, l'Espagne ayant demandé une trêve, Louvois
se souvint de la méthode employée par Marillac dans le
Poitou, et demanda au roi la permission de faire passer
des régiments dans les endroits habités par les huguenots.

Le marquis de Boufflers, commandant des troupes, et
l'intendant Foucault reçurent, au mois de juillet, l'ordre
de mettre la main à la conversion des Béarnais. Ce dernier y apporta une cruauté réfléchie et systématique, et
perfectionna plus d'un genre de torture. Ainsi recommencèrent les dragonades, qui devaient bientôt s'étendre
sur toute la France.

Foucault annonça que le roi ordonnait à tous les huguenots de revenir à l'unité catholique, et, pour commencer l'œuvre, il fit entrer de force quelques centaines
de Béarnais dans une église où officiait l'évêque de Les-
car. On ferma les portes, et l'on fit mettre ces malheureux à genoux à coup de bâton, pour recevoir de l'évêque l'absolution de l'hérésie : après quoi on les avertit
que, s'ils retournaient au prêche, ils seraient punis comme
relaps.

Les réformés s'enfuirent dans les champs, les forêts, les déserts, les cavernes des Pyrénées. Foucault ordonna de les poursuivre comme des bêtes fauves, et, après les avoir fait ramener dans leurs maisons, les accabla de logements militaires. Les horreurs commises dans le Poitou furent renouvelées et dépassées.

Les dragons ou autres (car on y employa des troupes de toutes armes) entraient dans les maisons des réformés le sabre nu, en criant : *tue! tue! ou catholiques!* Ils dissipaient toutes les provisions, brisaient les meubles, dévastaient ou vendaient aux paysans du voisinage tout ce qui leur tombait sous la main. Ils s'attaquaient en même temps aux personnes. « Entre les autres secrets que Fou-
» cault leur apprit, » dit l'historien de l'édit de Nantes, « il
» leur commanda de faire veiller ceux qui ne voulaient
» pas se rendre à d'autres tourments. Les fidèles exécu-
» teurs de ces ordres furieux se relayaient pour ne pas
» succomber aux tourments qu'ils faisaient subir aux
» autres. Le bruit des tambours, les blasphèmes, les
» cris, le fracas des meubles qu'ils brisaient ou qu'ils
» jetaient d'un côté à l'autre, l'agitation où ils tenaient
» ces pauvres gens, pour les forcer à demeurer debout
» et à ouvrir les yeux, étaient les moyens dont ils se
» servaient pour les priver de repos. Les pincer, les pi-
» quer, les tirailler, les suspendre avec des cordes, leur
» souffler dans le nez la fumée du tabac, et cent autres
» cruautés étaient le jouet de ces bourreaux, qui rédui-
» saient par là leurs hôtes à ne savoir ce qu'ils faisaient,
» et à promettre tout ce qu'on voulut pour se tirer de
» ces mains barbares. Ils faisaient aux femmes des in-
» dignités que la pudeur ne permet pas de décrire... Ils
» ne s'avisaient d'avoir pitié que quand ils voyaient
» quelqu'un prêt à mourir et tombant en défaillance.

» Alors, par une cruelle compassion, ils lui faisaient re-
» venir les esprits, et lui laissaient reprendre quelques
» forces, pour renouveler après cela leurs premières
» violences. C'était là le plus fort de leur étude et de
» leur application, que de trouver des tourments qui
» fussent douloureux sans être mortels, et de faire éprou-
» ver à ces malheureux objets de leur fureur tout ce
» que le corps humain peut endurer sans mourir »
(t. V, p. 832, 833).

On leur avait défendu le meurtre. Hélas! combien de
fois cette limite même fut dépassée! Que d'infortunés
qui ont péri sous ces affreux traitements, non pas égorgés, il est vrai, mais plus cruellement immolés que s'ils
étaient tombés sous le fer d'un poignard!

Devant ces moyens de terreur, les Béarnais coururent
en foule abjurer entre les mains des prêtres. De vingt-
cinq mille réformés que l'on comptait encore dans cette
province, il n'y avait guère que la trentième partie qui
eût résisté. Le clergé célébra son triomphe par une
grand'messe où le parlement assista en corps, et par
des processions générales où l'on traînait les nouveaux
convertis.

Ce succès encouragea la cour à employer ailleurs les
mêmes moyens de conversion ; et en moins de quatre
mois on fit des dragonnades dans le Languedoc, la
Guyenne, la Saintonge, l'Aunis, le Poitou, le Vivarais,
le Dauphiné, les Cévennes, la Provence, le pays de
Gex. Plus tard, on en vint au centre et au nord de la
France, mais avec plus de ménagements, de peur que
les cris des victimes n'allassent troubler Versailles, où
il y eut, dans cette même année, comme le raconte
Mme de Sévigné, de brillants carrousels, avec promotion
de chevaliers du Saint-Esprit.

Les historiens les plus accrédités s'accordent sur les excès qui accompagnèrent les dragonnades. Ce furent presque partout les mêmes scènes que dans le Béarn. Ni sexe, ni âge, ni qualité ne furent épargnés. De vieux gentilshommes qui avaient versé leur sang pour le pays eurent à subir d'indignes outrages. Ceux même qui étaient d'une haute naissance, et qui croyaient trouver un refuge à Paris ou à la cour, furent maltraités ou mis en prison par lettres de cachet.

Si quelques huguenots résistaient à toutes les tortures, après les avoir dépouillés et ruinés, on les jetait dans des cachots, et l'on enfermait les femmes dans des couvents. Il y avait à la suite des soldats des missionnaires pour les uns, des dames de miséricorde pour les autres, qui ne laissaient de repos à leurs prisonniers ni jour ni nuit, jusqu'à ce qu'ils eussent promis d'abjurer.

Si, à force de persécutions, ils tombaient dans un état de torpeur, de stupidité ou de démence, on leur faisait signer machinalement un morceau de papier qui contenait une abjuration, ou prononcer des paroles dont ils ne pouvaient plus saisir le sens, et ils étaient réputés catholiques. Ou encore, on les attirait dans un guet-apens, comme l'éprouvèrent à Montauban les barons de Montbeton, de Meauzac et de Viçose, et des gens apostés les faisaient tomber à genoux pour recevoir l'absolution de l'évêque.

Ce n'était pas assez que le chef de maison eût abjuré ; on ne le déchargeait des logements militaires qu'autant qu'il s'était fait suivre de sa femme, de ses enfants, de ses domestiques ; et si quelques-uns avaient fui, le père de famille en était responsable jusqu'à ce qu'on les eût sous la main.

Avant l'approche des soldats, on convoquait les reli-

gionnaires en assemblée générale. Là, selon les lieux,
l'intendant, le commandant des troupes, l'évêque ou tel
autre annonçait que le roi ne voulait plus souffrir d'hérétiques dans ses Etats, et qu'il fallait, de gré ou de
force, embrasser immédiatement le catholicisme. On
avait eu soin de gagner d'avance quelques personnages
qui, par leur position et leurs conseils, pouvaient servir
à entraîner les autres.

Quand ces pauvres gens répondaient qu'ils étaient
prêts à sacrifier pour leur roi leurs biens et leur vie,
mais non leur conscience, les dragons arrivaient. Au
bout de quelques jours, nouvelle convocation, nouvel
appel, et d'ordinaire toute résistance était brisée. La
terreur enfin devint si grande, qu'il suffisait d'annoncer
l'invasion de la soldatesque pour que le peuple réformé,
se sentant comme défaillir, vînt en hâte prononcer les
formules d'abjuration. Plusieurs pensaient qu'il est permis de céder à la violence pourvu que l'on garde inté-
rieurement la foi, ou ne voulaient que se réserver le
temps et l'occasion de fuir.

Il importe de remarquer aussi que les formules étaient
souvent rédigées de telle manière qu'elles n'engageaient
pas étroitement les consciences. Officiers publics et prêtres tenaient surtout au nombre des prosélytes. Beaucoup de religionnaires disaient simplement : « Je me
réunis. » D'autres furent même autorisés à rédiger leur
acte d'abjuration en ces termes : « Je reconnais et con-
» fesse l'Eglise catholique, apostolique et romaine,
» *comme elle était du temps des apôtres ;* » ou bien :
« *conformément à la doctrine de notre Seigneur Jésus-*
» *Christ ;* » ou encore : « *en aimant Dieu et Jésus-Christ,*
» *et l'adorant uniquement du culte souverain qui lui appar-*
» *tient.* »

Mais ce n'était, au moins de la part des prêtres, qu'une concession momentanée. « On revenait à eux quelques » jours après, » dit le pasteur Claude dans ses *Plaintes des protestants de France*, « et ils n'en échappaient point » qu'ils n'eussent signé un autre formulaire, où on les » engageait à toute outrance ; et ce qu'il y avait de plus » impudent, c'est qu'on leur faisait reconnaître qu'ils » embrassaient la religion romaine de leur plein gré, et » sans y avoir été ni induits ni violentés. Si, après cela, » ils faisaient difficulté d'aller à la messe, s'ils ne com- » muniaient pas, s'ils n'assistaient pas aux processions, » s'ils ne se confessaient pas, s'ils ne disaient pas leur » chapelet, si, par un soupir échappé, ils témoignaient » de la contrainte, on les chargeait d'amendes pécuniai- » res, et les logements recommençaient » (p. 52).

Ce qui a surtout frappé les populations, c'est le fait matériel des dragonnades. Le fait spirituel des commu- nions forcées doit frapper beaucoup plus le penseur et l'homme pieux. Ouvrir, pour ainsi parler, la bouche des hérétiques à la pointe des baïonnettes et y jeter l'hostie, cette hostie sainte dont l'Eglise catholique enseigne que celui qui la prend indignement est coupable au suprême degré ; ainsi, le crime ordonné par ceux-là même qui ont décidé que c'était le plus grand des crimes : y a-t-il aujourd'hui en France un évêque, un prêtre qui n'en tressaille d'horreur jusqu'au fond de son âme ? L'Inqui- sition d'Espagne avait du moins la pudeur d'empêcher ses prisonniers de recevoir la communion et d'assister à la messe. Il y eut quelques nobles et pieuses protesta- tions au siècle de Louis XIV, en particulier celles du parti janséniste, sur lesquelles nous aurons à revenir ; mais la majorité du clergé, entraînée par les Jésuites, contraignit à prendre l'hostie des malheureux qui lais-

saient voir à leur pâleur et à leur tremblement, comme
l'a écrit Basnage, que tout leur cœur en était révolté.

Le conseil du roi, qui ne tenait compte que des actes
extérieurs, fut aussi étonné que réjoui de ces innombrables abjurations. Louvois écrivait au chancelier son père,
dans les premiers jours de septembre 1685 : « Il s'est
» fait soixante mille conversions dans la généralité de
» Bordeaux, et vingt mille dans celle de Montauban.
» La rapidité dont cela va est telle qu'avant la fin du
» mois il ne restera pas dix mille religionnaires dans
» toute la généralité de Bordeaux, où il y en avait cent
» cinquante mille le 15 du mois passé. »

Le duc de Noailles annonçait à Louvois, dans le même
temps, les conversions de Nîmes, d'Uzès, d'Alais, de
Villeneuve, etc. « Les plus considérables de Nismes, »
disait-il, « firent abjuration dans l'église, le lendemain
» de mon arrivée. Il y eut ensuite du refroidissement,
» et les choses se remirent en bon train par quelques
» logements que je fis faire chez les plus opiniâtres...
» Le nombre des religionnaires de cette province est
» d'environ deux cent quarante mille ; je crois qu'à la
« fin du mois cela sera expédié. »

On crut qu'il fallait rendre ces abjurations plus sûres
par un acte légal ; et Louis XIV, circonvenu, assiégé
par son confesseur, son chancelier, son ministre de la
guerre ; Louis XIV, mal instruit peut-être de ce qui se
passait dans son royaume, parce qu'il vivait entouré de
flatteurs, comme un sultan d'Asie dans le fond de son
palais ; Louis XIV, à qui Louvois et La Chaise avaient
promis qu'il n'en coûterait pas une goutte de sang ;
ayant aussi consulté, dit-on, l'archevêque Harlay et
Bossuet ; Louis XIV signa la révocation de l'édit de
Nantes, le 18 octobre 1685. Dieu le laissa encore trente

ans sur le trône pour lui faire porter le poids du crime qu'il avait commis.

Le préambule de l'acte de révocation est un témoignage du grand mensonge dont on avait abusé le roi. « Nous voyons présentement, » dit-il, « avec la juste » reconnaissance que nous devons à Dieu, que nos » soins ont eu la fin que nous nous sommes proposée, » puisque la meilleure et la plus grande partie de nos » sujets de la religion prétendue réformée ont embrassé » la catholique, et l'exécution de l'édit de Nantes de- » meure donc inutile. »

Voici le résumé de l'édit révocatoire. Plus d'exercice légitime du culte réformé dans le royaume. Ordre aux pasteurs d'en sortir dans le délai de quinze jours, et de n'y plus faire aucune fonction, sous peine des galères. Promesse aux ministres qui se convertiraient d'une pension plus forte d'un tiers que celle dont ils jouissaient auparavant, avec la moitié reversible à leurs veuves. Dispense d'études académiques pour ceux d'entre eux qui voudraient entrer dans la carrière du barreau. Défense aux parents d'instruire leurs enfants dans la religion réformée, et injonction de les faire baptiser et de les envoyer aux églises catholiques, sous peine de cinq cents livres d'amende. Ordre à tous les réfugiés de rentrer en France avant quatre mois, sous peine de confiscation des biens. Défense à tous les religionnaires d'émigrer, sous peine de galères pour les hommes, et de réclusion à vie pour les femmes. Enfin, confirmation des lois contre les relaps.

Le dernier article donna lieu à une cruelle méprise. Il était conçu en ces termes : « Pourront au surplus les- » dits de la religion prétendue réformée, en attendant » qu'il plaise à Dieu de les éclairer comme les autres,

» demeurer dans les villes et lieux de notre royaume,...
» sans pouvoir être troublés ni empêchés, sous prétexte
» de ladite religion réformée, à condition, comme dit
» est, de ne point faire d'exercice. » La liberté de conscience dans le for intérieur et au foyer domestique
semblait donc respectée. Les réformés s'en réjouirent,
comme d'un adoucissement à leurs malheurs, et quelques-uns suspendirent même leurs préparatifs de départ;
mais jamais espérance ne fut plus douloureusement
déçue.

L'événement montra que ces mots : *en attendant qu'il
plaise à Dieu de les éclairer comme les autres*, signifiaient :
en attendant qu'ils soient, comme leurs coreligionnaires, convertis par les dragons. Louvois écrivit dans les
provinces : « Sa Majesté veut qu'on fasse sentir les
» dernières rigueurs à ceux qui ne voudront pas se faire
» de sa religion, et ceux qui auront la sotte gloire de
» vouloir demeurer les derniers doivent être poussés
» jusqu'à la dernière extrémité. »

Le 18 octobre 1685 doit être compté au nombre des
jours les plus néfastes de la France. Il l'a troublée, ap-
pauvrie, abaissée pour de longues générations.

La politique de Henri IV, de Richelieu, de Mazarin,
de Louis XIV lui-même, en fut frappée au cœur. Il n'était
plus possible de conserver les alliés naturels de la France
dans l'Europe protestante, lorsque le monde retentissait
du lamentable cri des réformés. Le protestantisme se
leva tout entier contre Louis XIV ; il trouva son chef en
Guillaume d'Orange, et la révolution parlementaire de
1688 répondit à l'attentat royal de 1685.

Moins appuyé au-dehors, le pays fut plus faible au-
dedans. L'émigration dont nous parlerons dans le livre
suivant prit des proportions immenses. Le sage Vauban

écrivait, un an seulement après la révocation, que la France avait perdu cent mille habitants, soixante millions d'argent monnayé, neuf mille matelots, douze mille soldats aguerris, six cents officiers et ses manufactures les plus florissantes. Le duc de Saint-Simon dit dans ses mémoires que le commerce fut ruiné dans toutes ses branches, et le quart du royaume sensiblement dépeuplé.

De ce moment (tous les historiens en ont fait la remarque), la fortune de Louis XIV déclina; et quelques années après, vaincu à Blenheim, à Ramillies, à Malplaquet, ce roi si heureux et si superbe dans la première moitié de son règne, demanda humblement la paix à l'Europe. Il ne l'obtint à Utrecht qu'aux plus dures conditions. Dans tout le dix-huitième siècle, le royaume porta la peine de cet abaissement; et de nos jours encore le congrès de Vienne a refait la France des mauvaises années de Louis XIV.

Le prestige de la royauté fut profondément blessé du même coup. Si l'on garda les apparences de la soumission et du respect, les âmes commencèrent à se soulever contre l'omnipotence du monarque. On se demanda si les peuples doivent confier à un seul homme, qui peut se laisser dominer par une favorite, par un confesseur, par des superstitions sottes ou par une folle passion de gloire personnelle, tous les droits et tous les pouvoirs. En Angleterre, en Hollande, les libertés populaires eurent de véhéments apologistes. En France, le pieux Fénelon prit l'initiative, et après lui vinrent Massillon, Montesquieu, Rousseau, les abbés Mably et Raynal, le protestant Necker et Mirabeau. Ces hommes si divers d'origine, d'idées et de tendances, sont de la même famille.

Voilà pour le côté politique de la question. Au point de vue moral et social, les édits promulgués de 1660 à 1685, les dragonnades, la révocation et les actes qui en furent l'inévitable suite, attaquèrent jusque dans leurs derniers fondements, pour deux à trois millions de Français, les sacrés et inviolables principes de toute société humaine : la religion, la famille, la propriété. Jamais les modernes socialistes n'ont été plus loin dans leurs théories que n'allèrent contre les réformés Louis XIV, les Jésuites, le sacerdoce catholique et la magistrature. A chacun sa part de responsabilité.

Enfin, au point de vue religieux proprement dit, le mot de M. de Châteaubriand, que nous avons rapporté ailleurs sur les effets de la Saint-Barthélemy, trouve ici une nouvelle et frappante application. En considérant l'étroite et malfaisante bigoterie du roi, les méprisables intrigues de ses confesseurs, les odieuses profanations sanctionnées par le corps du clergé, les soldats transformés en missionnaires, le deuil et le sang mêlés à la religion, toutes les lois divines et humaines foulées aux pieds par ceux qui étaient spécialement chargés de les défendre, les hautes classes de la nation se jetèrent avec emportement dans le scepticisme. A la mort de Louis XIV, la cour était pleine d'incrédules, et Voltaire est sorti tout armé des entrailles de cette génération.

· On a prétendu que la révocation de l'édit de Nantes fut populaire. Si cela était vrai, ce serait la plus accablante des accusations contre l'Eglise romaine qui avait ainsi élevé, ainsi façonné la France. Or, cela n'est vrai qu'à demi. La révocation fut populaire chez les prêtres, qui, par la bouche de Fléchier et de Bossuet, exhortaient leurs auditeurs à pousser jusqu'au ciel leurs actions de grâces et leurs acclamations. Elle fut populaire chez

quelques courtisans, le marquis Dangeau, Mme de Sévigné, qui adoraient jusqu'aux vestiges des pas du monarque. ElIle fut populaire parmi les dernières classes du
pays, surtout dans les provinces méridionales, qui suivaient aveuglément les inspirations de leurs guides spirituels. Peut-être, pour aller jusqu'au bout, elle fut populaire chez quelques administrateurs qui croyaient ne
pouvoir obtenir que par l'unité religieuse l'unité civile
et politique. Mais parmi les officiers de l'armée et de la
marine, dans la noblesse de province, dans la noblesse
même de cour qui n'avait pas entièrement sacrifié son
indépendance d'esprit, dans les classes moyennes enfin,
qui devaient grandir au dix-huitième siècle et gouverner
au dix-neuvième, la révocation de l'édit de Nantes, fut-
elle populaire ? Ce que nous avons dit plus haut permet
au moins d'en douter ; et s'il reste peu de traces de leur
opposition, c'est qu'il était difficile de faire entendre
une parole libre sous Louis XIV.

En résumé, toutes choses ont perdu à la révocation :
la royauté, la force politique de la France, la richesse
publique, l'industrie, la morale, l'esprit religieux, le
clergé catholique même : le mal n'enfante que le malheur.

LIVRE QUATRIÈME

DEPUIS LA RÉVOCATION DE L'ÉDIT DE NANTES JUSQU'A
L'ÉDIT DE TOLÉRANCE.

(1685-1787.)

I

Deux influences opposées se partagent cette nouvelle période : l'esprit traditionnel de persécution, qui inspire encore de cruelles violences, d'effroyables supplices jusque dans la seconde moitié du dix-huitième siècle ; et l'esprit nouveau de tolérance qui, passant de la conscience de quelques hommes de bien dans les écrits des philosophes, de ces écrits dans les convictions des classes intelligentes, de ces classes dans la magistrature et dans les conseils du roi, acquiert enfin une irrésistible autorité, et force les prêtres mêmes à s'incliner devant des maximes plus vraies, plus morales, plus chrétiennes que les leurs.

En apposant les sceaux de l'Etat sur l'édit de révocation, le chancelier Letellier avait prononcé avec l'accent de la joie et du triomphe le *Nunc dimittis* de Siméon. Il croyait, et Louis XIV avec lui, que l'édit allait tout finir. C'est alors, au contraire, que tout recommença.

Aussi longtemps que les réformés avaient eu quelque chose à perdre, ne fût-ce qu'une ombre de leur ancienne liberté, ne fût-ce que le vain nom de l'édit de Henri IV, la plupart s'étaient renfermés dans la limite des requêtes et des doléances. Ils espéraient surtout que la sainteté de la loi, la justice, l'humanité se relèveraient dans le cœur du monarque, et ils poussèrent la résignation jusqu'à faire adopter cette locution proverbiale : *C'est une patience de huguenot.* Mais lorsqu'ils eurent perdu tout, absolument tout, ils ne consultèrent plus que ce qu'ils devaient à leur conscience, à leur foi outragée; et en persévérant à braver les édits les plus barbares au prix de l'exil, des galères et de la mort, ils finirent par fatiguer la férocité même des bourreaux.

Un grand enseignement ressort de l'époque où nous entrons : c'est qu'il est plus facile de faire des martyrs que des apostats, et que la force du glaive, à moins de tout exterminer (chose impossible sous le règne de Louis XIV), se brise devant la puissance de l'idée.

L'acte de révocation fut rigoureusement exécuté contre les pasteurs : on dépassa même la lettre de l'édit qui accordait un délai de quinze jours. Claude reçut l'ordre de partir dans les vingt-quatre heures, et ce *séditieux*, comme l'appelait Mme de Maintenon, fut accompagné d'un valet de pied du roi qui ne le perdit pas de vue un seul moment. Les autres pasteurs de Paris obtinrent deux jours pour faire leurs préparatifs. Ceux des provinces eurent un peu plus de temps; mais, par un complet renversement de tous les droits de la nature et de la famille, on leur enleva ceux de leurs enfants qui avaient atteint leur septième année. Quelques-uns même durent abandonner des enfants à la mamelle, et prirent le chemin de l'exil en soutenant leurs femmes défaillantes de douleur.

On avait compté sur des abjurations : il n'y en eut que très peu, et encore les pasteurs qui avaient succombé à un premier mouvement de stupeur et d'épouvante revinrent-ils presque tous à leur ancienne foi. Il se rencontra des vieillards de quatre-vingts, de quatre-vingt-dix ans qui ramassèrent les derniers restes de leur vie pour entreprendre de lointains voyages, et plus d'un mourut avant d'avoir atteint l'asile où devaient se reposer son pied tardif et sa tête appesantie.

L'arrivée de ces pasteurs sur la terre étrangère y produisit une inexprimable sensation. De toutes parts, les peuples accouraient, le cœur soulevé d'indignation et de pitié, les yeux baignés de larmes, pour saluer ces vénérables confesseurs de l'Evangile, qui, le bâton du voyageur à la main, les vêtements en lambeaux, le visage amaigri, pleurant leurs enfants et les troupeaux qu'ils avaient dû laisser aux mains des persécuteurs, venaient s'asseoir au foyer de l'hospitalité. Un cri immense, terrible, s'éleva dans toute la chrétienté protestante contre Louis XIV, et les catholiques mêmes de ces contrées sentirent la honte leur monter au front, en pensant à leur Eglise déshonorée.

Les fidèles suivirent en foule leurs conducteurs. Ce fut en vain que des lois toujours plus impitoyables condamnèrent les hommes qui tentaient de s'expatrier aux galères perpétuelles, les femmes à la réclusion à vie ; les uns et les autres à la confiscation des biens ; ceux qui les avaient aidés dans leur fuite, aux mêmes peines, et plus tard à la peine de mort. Ce fut en vain que l'on promit aux délateurs une part dans les dépouilles des victimes ; l'émigration gagna de proche en proche toutes les provinces, et le despotisme de Louis XIV vint s'y briser.

On ne peut concevoir aujourd'hui de pareilles lois ; car enfin si le roi ne voulait souffrir qu'une religion en

France, au moins devait-il autoriser ceux qui n'en étaient pas, qui refusaient d'en être, à sortir du royaume. C'est là un principe tellement élémentaire de justice naturelle que l'Inquisition espagnole et la Ligue avaient toujours permis de choisir entre l'abjuration et le bannissement. Louis XIV, par un abus inouï de pouvoir, ne le permit point. Il ne considérait que *sa gloire* compromise, et ne voyait pas que nul ne la compromettait plus que lui-même.

Le langage de ses ordonnances est aussi inconcevable que le fond. Les mots y prenaient un sens monstrueux. Ainsi, on lisait que la fuite en pays étranger était une *désobéissance criminelle*, comme s'il y avait crime à tout abandonner plutôt que de renier sa foi! On y lisait encore que les fugitifs étaient coupables d'*ingratitude* pour n'avoir pas profité de la permission de rentrer en France, comme si l'on n'avait pas mis pour condition absolue de leur retour la révolte contre le Dieu de leur conscience! Voilà jusqu'où Louis XIV était descendu sous la double inspiration de son orgueil et du père La Chaise!

On plaça des gardes à l'entrée des villes, au passage des rivières, dans les ports, sur les ponts, sur les grands chemins, à toutes les issues qui menaient aux frontières, et des milliers de paysans se joignirent aux troupes échelonnées de distance en distance, afin de gagner le salaire promis à ceux qui arrêteraient les fugitifs. Tout y échoua. Les émigrants achetèrent des passe-ports qui leur étaient vendus par les secrétaires mêmes des gouverneurs, ou par les commis des ministres d'Etat. Ils gagnèrent les gardes à prix d'argent, et donnèrent jusqu'à six mille, huit mille livres pour le prix de leur évasion. Quelques-uns, plus hardis, franchirent la frontière l'épée à la main.

La plupart marchaient, la nuit, à travers des sentiers écartés, et s'enfermaient, le jour, de caverne en caverne. Ils avaient des *itinéraires* tout tracés pour cette nouvelle espèce de voyage. Ils descendaient dans les précipices, ou gravissaient les pics des montagnes, et prenaient toutes sortes de déguisements. Bergers, pèlerins, soldats, chasseurs, valets, marchands, mendiants : c'étaient toujours des fugitifs. Plusieurs, pour se garantir mieux de tout soupçon, feignirent de vendre des rosaires et des chapelets.

Le témoin oculaire Benoît en fait de longs récits : « Des femmes de qualité, âgées même de soixante et » soixante et dix ans, qui n'avaient jamais, pour ainsi » dire, mis le pied à terre que pour marcher dans leur » chambre ou pour se promener dans une avenue, se » rendirent de quatre-vingts et cent lieues à quelque » village qu'un guide leur avait marqué. Des filles de » quinze et seize ans, de toutes conditions, se hasar- » daient aux mêmes corvées. Elles traînaient des brouet- » tes, elles portaient du fumier, des hottes et des far- » deaux. Elles se défiguraient le visage par des teintures » qui leur brunissaient le teint, par des pommades ou ». des sucs qui leur faisaient élever la peau, ou les fai- » saient paraître toutes ridées. On vit plusieurs filles et » femmes contrefaire les malades, les muettes, les fol- » les. On en vit qui se déguisèrent en hommes; et quel- » ques-unes, étant trop délicates et trop petites pour » passer pour des hommes faits, prenaient des habits de » laquais, et suivaient à pied, au travers des boues, un » guide à cheval qui faisait l'homme d'importance. Il » arriva de ces femmes à Rotterdam dans leur habit » emprunté, qui se rendirent au pied de la chaire, avant » que d'avoir eu le temps de se mettre dans un état plus

» modeste, et y donnèrent publiquement des marques de
» repentance de leur signature forcée » (t. V, p. 953,954).

La voie de mer facilita l'évasion d'une foule de réformés. Ils se cachaient dans des ballots de marchandises,
dans des tonneaux, sous des monceaux de charbon. Ils
s'entassaient dans des trous à fond de cale, et il y eut
des enfants qui passèrent des semaines entières dans ces
insupportables cachettes sans pousser un seul cri, de
peur de se trahir. Parfois on se hasardait en pleine mer
sur de simples bateaux, sans avoir osé faire aucune provision, en n'ayant qu'un peu d'eau saumâtre ou de neige
pour se rafraîchir, et les mères en humectaient les lèvres
de leurs nourrissons.

Des milliers d'émigrants périrent de fatigue, de froid,
de faim, ou dans des naufrages, ou sous les balles des
soldats. D'autres milliers furent pris, enchaînés avec des
assassins, traînés à travers le royaume pour inspirer
plus d'effroi à leurs coreligionnaires, et condamnés à
ramer sur des chiourmes. Les galères de Marseille se
remplirent de ces infortunés, entre lesquels on voyait
d'anciens magistrats, des officiers, des gentilshommes et
des vieillards. Les femmes encombrèrent les couvents et
la tour de Constance à Aigues-Mortes. Mais ni menaces,
ni barrières, ni dangers, ni supplices, ne purent prévaloir contre l'énergie et l'héroïque persévérance des consciences opprimées.

La cour s'épouvanta de la dépopulation du royaume
et de la ruine de l'industrie. Elle crut que ce qui poussait tant de Français hors de France était moins une
affaire de foi que l'attrait d'un péril à braver, et elle se
mit un jour à ouvrir tous les passages. Le lendemain
elle les referma, en voyant que l'émigration n'avait fait
que s'accroître.

Emus d'une si grande et si noble infortune, les peuples étrangers disputèrent de sympathie envers les réfugiés. L'Angleterre, la Suisse, la Hollande, la Prusse, le Danemark, la Suède, subvinrent généreusement à leurs premiers besoins, et jamais il n'a paru plus clairement, selon la remarque d'un contemporain, que la charité puise à une source qui ne tarit pas. Plus on donnait, plus il semblait qu'on eût encore à donner. Les simples particuliers rivalisaient avec les gouvernements dans la distribution des secours. On allait au-devant des fugitifs ; on leur fournissait des moyens de travail, des maisons, des temples mêmes; et ils payèrent cette libérale hospitalité par l'exemple de leur foi, une vie probe, et une industrieuse activité qui enrichissait leurs pays adoptifs. « Les protestants français portèrent à l'Angle-
» terre, » dit Lémontey, « le secret et l'emploi des pré-
» cieuses machinations qui ont fondé sa prodigieuse
» fortune, tandis que la juste plainte de ces proscrits alla
» cimenter dans Augsbourg une ligue vengeresse (1). »

Il est difficile de fixer avec quelque précision le nombre des réfugiés. On a déjà lu les chiffres indiqués par Vauban. Un intendant de la Saintonge écrivait, en 1698, que sa province avait perdu cent mille religionnaires. Le Languedoc en avait perdu quarante à cinquante mille avant la guerre des camisards, et la Guyenne au moins autant. L'émigration fut proportionnellement plus considérable encore dans le Lyonnais et le Dauphiné, à cause de la proximité des frontières. Des villages entiers furent abandonnés, et plusieurs villes devinrent à demi désertes. Les manufactures se fermèrent par centaines ; il y eut des industries qui disparurent complètement, et de

(1) *Essai sur l'établissement monarchique de Louis XIV*, p. 413.

vastes étendues de terrain manquèrent de bras pour les cultiver.

Voltaire dit que, dans l'espace de trois ans, près de cinquante mille familles sortirent du royaume, et furent suivies de beaucoup d'autres. Un pasteur du désert, Antoine Court, porte le chiffre à huit cent mille personnes. M. de Sismondi croit qu'en se tenant aux nombres les moins élevés, il resta en France un peu plus d'un million de réformés, et que trois à quatre cent mille s'établirent au-dehors. Un écrivain hostile à la Réforme, M. Capefigue, qui a consulté les cartons des généralités, fait monter l'émigration à 225 ou 230,000 âmes, savoir 1,580 ministres, 2,300 anciens, 15,000 gentilshommes, et le reste composé surtout de marchands et d'artisans. Il est bon d'observer que les intendants ont fait ces comptes rendus dans les premières années de la révocation, et qu'ils avaient intérêt à diminuer le nombre des émigrants pour éviter le reproche de négligence (1).

Il nous paraît probable que de 1669 à 1760, l'émigration, plus d'une fois renouvelée ou suspendue, selon les alternatives de persécution et de repos, a fait sortir de France, en déduisant ceux qui y revinrent au bout de quelques années, quatre à cinq cent mille personnes, qui appartenaient généralement à la portion la plus éclairée, la plus industrieuse et la plus morale de la nation.

On compta jusqu'à douze à treize cents réfugiés qui

---

(1) Capefigue, *Louis XIV*, t. II, chap. 24, p. 258. L'auteur s'est trompé sur le chiffre des pasteurs, ou bien il a mis dans sa liste des professeurs, des étudiants en théologie et d'autres personnes indirectement attachées aux fonctions ecclésiastiques. Rulhières parle aussi de deux mille ministres. Elie Benoît, beaucoup mieux informé à cet égard, puisqu'il était lui-même l'un des pasteurs réfugiés, n'en fait monter le nombre qu'à sept cents.

passaient par la ville de Genève dans une seule semaine. L'Angleterre forma onze régiments de ceux qui voulurent prendre les armes et il s'éleva dans la ville de Londres vingt-deux Eglises françaises. Tout un faubourg de cette métropole en fut peuplé. La Hollande y regagna plus que Louis XIV ne lui avait fait perdre par ses invasions, et des colonies de huguenots se fondèrent jusque dans l'Amérique du Nord et au Cap de Bonne-Espérance. Leur nom et celui de leurs enfants y sont restés partout en honneur.

On a quelquefois comparé cette émigration à celle de 1792; mais il y a entre elles plus de différences que de ressemblances. Les émigrés de la Révolution n'avaient perdu que des privilèges aristocratiques, les réfugiés de la révocation avaient été dépouillés de leurs conditions même d'existence religieuse et civile. Les uns, du moins ceux qui émigrèrent les premiers, quittèrent leur patrie parce qu'ils ne voulaient pas accepter le droit commun; les autres, parce que le droit commun leur avait été enlevé. L'émigration de 1792 ne se composait que d'une seule classe d'individus, qui ne savaient faire que le métier des armes; l'émigration de 1685 renfermait tous les éléments constitutifs d'un peuple : hommes de négoce, fabricants, ouvriers, laboureurs. Aussi les réfugiés ont-ils fondé de nombreux et utiles établissements, dont beaucoup subsistent encore, tandis que les derniers émigrés n'ont laissé nulle part de traces durables de leur passage.

Il est également difficile de calculer le nombre des réformés qui ont péri dans les tentatives d'émigration, les combats partiels, les prisons, les galères et les écha--fauds, depuis l'édit révocatoire jusqu'à l'édit de tolérance de Louis XVI. M. de Sismondi croit qu'il en a péri tout

autant qu'il en a émigré, c'est-à-dire, selon ses évalua-
tions, trois à quatre cent mille. Le chiffre nous paraît
excessif. Cependant Boulainvillers assure que, sous l'in-
tendance de Lamoignon de Bâville, dans la seule province du Languedoc, cent mille personnes ont été victimes d'une mort prématurée, et que le dixième a fini
par le feu, la corde ou la roue. On doit probablement en
ajouter cent mille autres pour le reste du royaume dans
le dix-huitième siècle. Deux cent mille Français sacrifiés
après un édit de pacification qui avait duré près de
quatre-vingt-dix ans : voilà les nouvelles et sanglantes
hécatombes immolées sur les autels de l'intolérance.

II

Les protestants (nous pouvons maintenant leur donner
ce nom dont l'usage devint presque général, même dans
les pièces ecclésiastiques), les protestants qui étaient
restés dans le royaume furent encore en butte aux dragonnades, après l'édit de révocation, chaque fois qu'ils
essayaient de relever la tête. Ceux de la principauté
d'Orange et du pays Messin, qui avaient espéré d'en
être garantis par leur position privilégiée, eurent à subir
les mêmes violences. On n'épargna que les luthériens
de l'Alsace, qui étaient fort nombreux, et protégés
d'ailleurs par de récentes conventions diplomatiques.

A Paris, on garda quelque mesure, de peur de troubler, comme nous l'avons déjà dit, les fêtes et le repos
de Louis XIV. Néanmoins, quatre jours après la révocation, le temple de Charenton fut démoli jusqu'à la
dernière pierre, et les membres du troupeau reçurent
l'ordre de se ranger sans délai à la religion du roi.

Comme ils ne se pressaient point d'obéir, on emprisonna par lettres de cachet les principaux anciens. Puis le marquis de Seignelay manda à son hôtel une centaine de notables, et leur enjoignit, en présence du procureur général et du lieutenant de police La Reynie, de signer immédiatement un acte de réunion. Plusieurs s'étant récriés contre cette brutale façon d'agir, on ferma les portes sur eux, et on leur dit avec de sévères menaces qu'ils ne sortiraient point jusqu'à ce qu'ils eussent obéi. Ignoble guet-apens, acte de violence et d'extorsion, plus digne d'un bandit de la Calabre que d'un secrétaire d'Etat, fils du grand Colbert.

Tous les protestants de France étaient tenus, aux termes de l'édit, d'envoyer leurs enfants à l'école catholique et au catéchisme. Une nouvelle ordonnance prescrivit d'enlever à ceux qui étaient soupçonnés de faire profession de la religion réformée les enfants de cinq à seize ans, et de les confier à des parents catholiques, ou de les placer ailleurs. Mais cette loi dépassait la mesure du possible. Il n'y avait pas en France assez de collèges, de couvents et d'hôpitaux pour recueillir tant de victimes. On se borna donc à mettre la main sur les enfants des riches qui pouvaient payer une pension alimentaire, et en particulier sur les jeunes filles. Ces odieux enlèvements se reproduisirent pendant une grande partie du siècle, et beaucoup de familles en ont conservé le douloureux souvenir.

On fit la guerre aux livres en même temps qu'aux personnes. Les commandants reçurent l'ordre de visiter les maisons des religionnaires, avec l'index de l'archevêque de Paris dont nous avons parlé, et de se saisir des écrits suspects. Ces perquisitions, renouvelées d'intervalle en intervalle, ont anéanti un grand nombre d'ouvrages précieux jusqu'au dernier exemplaire. La

Bible même, la Bible surtout, fut confisquée et brûlée avec acharnement.

Les prêtres manquaient pour donner des instructions régulières à cette multitude de prétendus convertis. On y employa des capucins et autres gens de même espèce, grossiers, impudents, sans lettres, et quelques-uns sans mœurs. Ils n'excitèrent parmi les protestants que mépris et dégoût. Des enfants leur fermaient la bouche par leurs objections, et les personnes d'âge mûr s'enracinèrent dans leur aversion pour une Eglise qui se servait de pareils ministres.

Il fallut recourir à de nouvelles rigueurs pour arracher des actes de catholicité. Les curés faisaient l'appel des *frères réunis* qui étaient placés sur des bancs à part, et les malheureux qui n'assistaient pas à l'office ou à la communion étaient exposés à un sévère châtiment. Les soldats prêtaient main-forte à cette inquisition, et quelques intendants, ou des traitants qui ne voulaient pas rendre aux religionnaires les biens qu'on leur avait pris, établirent dans les paroisses des inspecteurs, qui devaient examiner si les nouveaux convertis allaient régulièrement à la messe, comment ils s'y comportaient, s'ils pratiquaient la communion pascale, et observaient fidèlement les commandements de l'Eglise. On en était revenu au régime du neuvième et du dixième siècle, et l'on agissait avec des Français comme le firent les Jésuites pour les sauvages du Paraguay. C'en était trop ; Louis XIV fit écrire en secret aux intendants de ne plus intervenir à ce point dans les actes de la vie privée.

Malgré les rigueurs des lois, et en quelque manière à cause de cette rigueur même, de toutes parts les protestants se relevaient et reparaissaient. Pleins d'horreur pour le catholicisme qu'ils avaient feint d'embrasser sous le sabre des dragons, et maudissant la loi qui, par un infâme sacrilège, leur ordonnait de prendre la communion dans l'Eglise romaine, quoiqu'ils ne crussent point à son dogme, la honte, le remords, le besoin d'expier la faute qu'ils avaient commise, tout servit à ranimer leur énergie. Ils tinrent des assemblées dans les déserts, au sommet des montagnes, au fond des ravins, et se promirent, au nom de Dieu, de vivre et de mourir dans la foi réformée.

L'opposition se manifesta en particulier dans le bas Languedoc, le Vivarais et les Cévennes qui offraient des retraites presque inaccessibles au pied du soldat. C'est là que vont se concentrer désormais les principaux faits de notre histoire. Dans les commencements de la Réforme française, le premier rang appartenait aux provinces voisines de Paris. Ensuite vint le tour du Béarn, du Poitou, de la Guyenne et de la Saintonge. Maintenant la Réforme ne se tient debout, pour ainsi dire, que sur les pics des montagnes du Languedoc. Les autres provinces du Midi suivirent le mouvement, mais plus tard et avec un moindre éclat. Le Centre, l'Ouest et le Nord s'enfermèrent longtemps dans le silence du culte domestique.

On remarquera aussi que les assemblées des protestants, à la fin du dix-septième siècle et à l'entrée du dix-huitième, offrirent un trait frappant de ressemblance avec celles des premiers jours de Farel et de Calvin; car elles ne possédaient guère que des petits et des pauvres. Les paysans des Cévennes donnaient la main aux artisans de Meaux. Les nobles, les riches avaient abjuré, ou cherché un asile sur la terre étrangère, et ceux qui n'avaient ni fui ni succombé se tenaient presque tous à l'écart. De 1559 à 1685, la Réforme française compta de grandes familles qui lui apportèrent

peut-être moins de vie religieuse que de passions politiques ; après la révocation, elle alla se retremper dans
les masses populaires, et y reprit une force, un dévouement, une constance qu'elle ne connaissait plus.

A la nouvelle de ces assemblés, quelques pasteurs
rentrèrent en France, et comme ils ne suffisaient pas à
la tâche, ils se firent assister par des personnes auxquelles on donna le nom de *prédicants*. C'étaient des laboureurs, des journaliers, des pâtres, qui, sans autre préparation que la ferveur de leur zèle, se levaient dans les
réunions, et de l'abondance du cœur adressaient aux
assistants de pieuses exhortations. Il en résulta quelques
désordres de croyance et de conduite dont nous aurons
à parler.

En apprenant que les prétendus convertis recommençaient à célébrer leur culte, le roi. ses ministres et les
Jésuites en ressentirent des accès de colère qui ne respectaient plus rien. C'était de la frénésie. Peine de mort
fut prononcée, au mois de juillet 1686, contre les pasteurs qui étaient revenus en France ; peine des galères
perpétuelles contre ceux qui leur prêteraient secours,
asile ou assistance quelconque ; récompense de cinq
mille cinq cents livres à qui prendrait ou ferait prendre
un ministre ; enfin peine de mort contre ceux qui seraient surpris dans une assemblée. On se demande comment de la cour polie de Louis XIV a pu sortir cette
loi qui aurait fait honte à des cannibales.

Les soldats se mirent de tous côtés à traquer les religionnaires : ce fut, selon l'expression de Voltaire,
une chasse dans une grande enceinte. Le marquis de la
Trousse, neveu de Mme de Sévigné, qui commandait dans
les Cévennes, battait continuellement le pays avec un
corps de troupes. Quand il entendait les protestants prier

ou chanter des psaumes, il faisait tirer sur eux comme sur des bêtes sauvages. Ces pauvres gens étaient sans armes; ils ne se défendaient point; les plus animés jetaient des pierres en fuyant; et s'ils ne pouvaient échapper, ils attendaient la mort à genoux, en levant les mains au ciel, ou en s'embrassant les uns les autres. Le véridique et intègre pasteur Antoine Court dit qu'on lui a fourni une liste exacte des assemblées massacrées en divers lieux, et qu'il y eut des rencontres ou trois à quatre cents personnes, vieillards, femmes, enfants, restèrent mortes sur la place.

Au temps des Albigeois ou des massacres de Mérindol, on en aurait fini avec ces assemblées en tuant tout, en écrasant le dernier enfant sur la pierre du foyer paternel. Au temps de Louis XIV, les mœurs étaient déjà moins barbares que les lois; on n'osait frapper qu'à demi, et après de cruelles effusions de sang, il fallut s'arrêter.

Ce pas rétrograde ne fut pas le seul. Quand les réformés étaient sur leur lit de mort, ne craignant plus les supplices des hommes, et redoutant le jugement de Dieu, ils refusaient de recevoir les sacrements de l'Eglise. Il s'ensuivit une nouvelle loi non moins atroce que les précédentes, mais qu'il fut impossible d'exécuter longtemps. Galères à perpétuité ou réclusion à vie, avec confiscation des biens, pour les malades qui en reviendraient après avoir repoussé le viatique; et s'ils n'en revenaient pas, vengeance contre leurs cadavres qui devaient être traînés sur la claie et jetés à la voirie.

Rulhières dit que, pour obtenir la signature de Louis XIV, on lui persuada que cette loi serait simplement comminatoire. En quelques lieux cependant, elle fut appliquée par les prêtres et la lie du peuple, et la terre de France fut souillée de spectacles hideux.

Certains protestants appelaient d'eux-mêmes le curé, à leurs derniers moments, pour constater leur refus des sacrements de l'Eglise, parce qu'ils y voyaient une réparation à faire devant Dieu et devant les hommes. Alors les cadavres ou des lambeaux de cadavres étaient traînés dans les rues, à travers les ruisseaux au milieu des hurlements d'une populace forcenée : scène si horrible qu'aux environs de Calais un bourreau prit la fuite pour ne pas y participer, et qu'on dut le faire revenir par la crainte du supplice. Ailleurs on força les protestants mêmes à traîner les corps de leurs frères. L'un d'eux tomba en faiblesse, et ayant été tué par un soldat, il fut jeté sur la même claie. Des gardes étaient ensuite placés auprès des cadavres, afin d'empêcher les familles de les enlever et de leur creuser une fosse à l'écart.

On avait de nouveau franchi la limite du possible sous le règne de Louis XIV. Tous les honnêtes gens, catholiques aussi bien que réformés, se récrièrent d'horreur ; et sans révoquer formellement la loi, on ordonna aux intendants de ne l'exécuter que dans les cas extrêmes. Le secrétaire d'Etat pour les affaires ecclésiastiques leur écrivit, le 5 février 1687, que sa Majesté se relâchait en quelque façon de l'exécution de l'ordonnance. « A » l'égard de ceux, » disait-il, « qui, en mourant, font de » pareilles déclarations (le refus des sacrements) par un » simple motif d'opiniâtreté, et dont les parents témoi- » gnent le désapprouver, il sera bon de ne pas relever » la chose et de ne point faire de procédure. Pour cet » effet, Sa Majesté trouve à propos que vous fassiez » entendre aux ecclésiastiques qu'il ne faut pas que, » dans ces occasions, ils appellent si facilement les juges » pour être témoins, afin de ne pas être obligé d'exécuter

» la déclaration dans toute son étendue. » Ceci s'appliquait aux curés qui, le viatique en main, se faisaient escorter de juges et d'huissiers, et enflammaient les passions de la populace.

Ainsi, les difficultés éclatèrent au moment où l'on espérait de les avoir toutes surmontées. Il n'y avait qu'un parti à prendre, puisqu'on ne pouvait plus égorger un million de Français : c'était de revenir sur ses pas ; mais on n'en eut point le courage, malgré les conseils de Vauban qui, dès l'an 1686, avait osé prononcer le mot de *rétractation*, et l'on flotta entre l'impossibilité de vaincre et la honte de se démentir.

Les prisons regorgeaient ; les galères étaient remplies. Comme on ne savait que faire de tant de forçats, on en déporta un grand nombre en Amérique, où ils périrent presque tous misérablement. Parmi ceux qui restèrent sur les chiourmes de l'Etat, ou qui furent condamnés au dernier supplice, quelques-uns offrirent de grands exemples de fidélité et de persévérance. Jurieu les a recueillis dans ses *Lettres pastorales*, publiées de quinze en quinze jours immédiatement après la révocation. Nous ne pouvons lui emprunter que deux ou trois faits, et encore en les abrégeant beaucoup.

Un ancien capitaine de la marine marchande, Elie Neau, avait été envoyé au bagne de Marseille pour avoir tenté de s'expatrier. Là il devint missionnaire et prédicateur. Il exhortait ses frères, les consolait et leur servait de modèle. « Je ne veux, » écrivait-il à son pasteur réfugié en Hollande, « aucun mal à ceux qui m'ont » attaché à la chaîne. Au contraire, en pensant me faire » du mal, on m'a fait un grand bien ; car je conçois à » présent que la véritable liberté consiste à être affran- » chi du péché. »

29

L'aumônier catholique, voyant qu'il fortifiait ses compagnons d'infortune, le traita de pestiféré, d'empoisonneur, et protesta même qu'il ne dirait plus la messe tant
que cet homme serait sur la galère. Elie Neau fut donc
enfermé dans un cachot de la citadelle en 1694.

Il y resta plusieurs années, privé de soleil, d'air, et
souvent de nourriture, couvert d'un sac, un bonnet de
galérien sur la tête, ne pouvant point recevoir de livres,
pas même de livres catholiques, et cependant il écrivait à son pasteur : « Si je vous disais qu'au défaut
» de la lumière du soleil de la nature, le soleil de la
» grâce fait briller ses divins rayons dans nos cœurs
» (il avait deux compagnons dans son cachot)!... Il est
» vrai qu'il y a souvent de fâcheux moments, et qui
» sont terribles à la chair; mais Dieu est toujours près
» de nous pour lui imposer silence, et pour en adoucir
» l'amertume par son infinie bonté. »

Elie Neau fut remis en liberté avec d'autres victimes
de la foi protestante par l'intervention du roi d'Angleterre. On se souvient que la France avait déjà subi une
pareille honte sous le règne de Henri II (1).

Les prédicants et les pasteurs n'avaient à attendre que
la mort. Ni pardon ni pitié n'existaient pour eux. Le
premier qui fut mené au supplice était un jeune homme
de Nîmes, nommé Fulcran Rey. Il venait d'achever ses
études théologiques, et n'avait pas encore reçu la consécration pastorale. Il se mit à prêcher, comprenant, dit
Jurieu, « que, quand la maison brûle, tout le monde
doit mettre la main à l'œuvre pour éteindre le feu. »
Rey avait eu soin d'écrire une lettre d'adieu à son père,

---

(1) Voir l'*Histoire abrégée des souffrances du sieur Elie Neau sur les galères
et dans les cachots de Marseille*. Rotterdam, 1701.

sachant qu'il n'échapperait pas longtemps aux persécuteurs. Il fut, en effet, vendu par un misérable, et arrêté
dans la ville d'Anduze.

On usa de promesses en même temps que de menaces
pour le faire changer de religion. Les prêtres, les juges,
l'intendant lui annonçaient les plus grandes faveurs, s'il
voulait abjurer, et un supplice terrible, s'il ne le voulait pas. Tout se brisa contre sa fidélité. Rey avait
d'avance accepté le martyre. Il ne demanda qu'une
seule chose : c'était de n'être pas mis en présence de son
père et de sa mère, de peur que le cri de la nature ne
le fît défaillir.

Quand on lui lut la sentence qui le condamnait à être
pendu, après avoir été appliqué à la question, il dit :
« On me traite plus doucement qu'on n'a traité mon Sau-
» veur, en me condamnant à une mort si douce. Je
» m'étais préparé à être rompu ou à être brûlé. » Et,
levant les yeux au ciel, il rendit grâces à Dieu.

Ayant rencontré sur le chemin de l'échafaud plusieurs
de ceux qui avaient abjuré, et les voyant fondre en
larmes, il leur adressa de fraternelles exhortations. Il
voulait confesser sa foi du haut du gibet. « Mais on
» craignit, » dit encore Jurieu, « une prédication pro-
» noncée d'une telle chaire et par un tel prédicateur, et
» l'on avait disposé autour de la potence *plusieurs tam-*
» *bours auxquels on ordonna de battre tous à la fois.* » Fulcran Rey mourut à Beaucaire, le 7 juillet 1686, à l'âge
de vingt-quatre ans.

Etonnantes vicissitudes des choses humaines ! Qui eût
dit à Louis XIV, que son arrière-petit-fils, un roi de
France, aurait aussi la voix étouffée par des tambours
sur l'échafaud ? Princes, gardez-vous de donner à vos
sujets le spectacle de supplices atroces. Vous êtes

hommes comme les autres, et de mauvais jours peuvent se lever sur vos têtes !

Le plus célèbre des martyrs de cette époque, celui
qui a laissé les plus longs souvenirs d'admiration et de
douleur dans le cœur des populations protestantes, fut
Claude Brousson. Né à Nîmes en 1647, il avait pratiqué
au barreau de Castres et de Toulouse. Tant qu'il put défendre devant les tribunaux la cause des Eglises opprimées, il ne chercha point d'autre vocation ; mais quand
on lui ferma la bouche comme avocat, il la rouvrit
comme prédicateur. On lui proposa en vain une place
de conseiller au parlement, s'il changeait de religion :
la conscience de Claude Brousson n'était pas de celles
qui se vendent.

Il se fit consacrer au saint ministère dans les Cévennes, au bruit de la mitraille qui semait la mort dans les
rangs de ses frères ; et depuis lors, n'ayant pour abri
que des roches sauvages, les bois ou quelque chaumière
isolée, il annonça sans relâche la parole de l'Evangile.
Quand il était serré de trop près, il quittait la France ;
puis il y rentrait, rappelé par le cri de son âme et par
les gémissements des peuples. Sa femme, ses amis
essayèrent plus d'une fois, mais en vain, de le retenir.

On mit sa tête à prix en 1693, et cinq cents louis de
récompense furent offerts à qui le livrerait mort ou vif.
Brousson ne répondit à cet atroce proclamation que
par une apologie simple et calme adressée à l'intendant
de la province.

Le même esprit pénètre ses sermons, qui parurent à
Amsterdam, en 1695, sous ce titre : *La manne mystique
du désert.* Il semble que des discours composés par un
proscrit sous un chêne de la forêt ou sur la pierre d'un
torrent, et prononcés dans des assemblées où l'on rele-

vait souvent des morts, comme sur un champ de bataille, devraient être empreints d'une ardente et sombre
exaltation. Rien de pareil dans cette manne mystique.
L'orateur a un langage plus modéré, plus débonnaire
que celui de Saurin dans la paisible église de La Haye;
il ne fait voir dans les persécutions que la main de Dieu,
et n'est véhément que lorsqu'il censure ses auditeurs.

Claude Brousson fut enfin arrêté à Oloron, dans le
Béarn, en 1698, et transféré à Montpellier. Il aurait pu
fuir en traversant le canal du Midi : il ne le fit point,
pensant que son heure était venue. Dans son interroga-
toire, il accepta sans aucune difficulté les accusations
qui touchaient à l'exercice de son ministère, mais il désavoua, dans les termes les plus énergiques, un reproche absolument faux : celui d'avoir conspiré pour introduire en France le maréchal de Schomberg à la tête
d'une armée étrangère.

Le 4 novembre, il monta sur l'échafaud, et sa voix fut
étouffée par le roulement de dix-huit tambours. « J'ai
exécuté plus de deux cents condamnés, » disait le
bourreau quelques jours après; « mais aucun ne m'a
fait trembler comme M. Brousson. Quand on le présenta
à la question, le commissaire et les juges étaient plus
pâles et plus tremblants que lui, qui levait les yeux au
ciel en priant Dieu. Je me serais enfui, si je l'avais pu,
pour ne pas mettre à mort un si honnête homme. Si
j'osais parler, j'aurais bien des choses à dire sur lui;
certainement, il est mort comme un saint. »

III

Dès que l'on connut les malheurs qu'avait entraînés
l'édit de révocation, et à quelles extrémités le conseil en

était réduit pour soutenir la dérisoire fiction de l'unité de foi dans le royaume, de généreuses protestations commencèrent à se faire entendre.

Les Jansénistes doivent être cités les premiers. Ils disaient que leurs cheveux se hérissaient à la pensée des communions sacrilèges qu'on imposait aux hérétiques, et repoussaient comme un monstrueux attentat contre Dieu même le prosélytisme qui se faisait par la terreur des dragons, des galères et des échafauds.

Les évêques de Grenoble et de Saint-Pons méritent ici la mention la plus honorable. Le premier adressa aux curés de son diocèse une lettre qui condamnait les communions forcées. Le second écrivit au commandant des troupes que toute violence en pareille matière était impie. « Ce sont, » disait-il, « de véritables sacrilèges. Il serait » à souhaiter, pour ces pauvres malheureux qui les com- » mettent, et pour les ministres de l'autel qui sont les » instruments de cette abomination, qu'on les eût pré- » cipités dans la mer, comme dit l'Ecriture, avec une » meule de moulin au col; car ils ne confirment pas seu- » lement les huguenots dans leur infidélité, ils ébranlent » encore par là la foi chancelante des catholiques. »

D'honnêtes et pieux curés refusèrent aussi de faire l'office de délateurs, et de tourmenter jusqu'à la mort des âmes qui ne voulaient pas de leur ministère. Mais les Jésuites et la grande masse du clergé persistèrent à recommander et à employer les mesures de rigueur. Fénelon écrivait de la Saintonge en 1686 : « Les Jésuites » d'ici sont des têtes de fer qui ne parlent aux protes- » tants, pour ce monde, que d'amendes et de prison, et, » pour l'autre, que du diable et de l'enfer. Nous avons » eu des peines infinies à empêcher ces bons Pères » d'éclater contre notre douceur. »

Singulière chose, au premier abord, de voir d'un côté les Jésuites, à la piété si équivoque, à la morale si accommodante, les inventeurs de la *dévotion aisée*, solliciter les mesures les plus violentes contre les protestants ; et de l'autre, les Jansénistes, si rigides dans leurs articles de foi, si austères dans leurs pratiques, insister sur les voies de modération. Néanmoins, l'étonnement cesse quand on réfléchit que pour les uns il s'agissait surtout d'autorité et pour les autres de sincérité. Les premiers se contentaient de catholiques tels quels, pourvu qu'ils eussent la tête courbée sous le joug de l'Eglise ; les autres voulaient de vrais catholiques, et ne pouvaient les attendre ni des soldats ni des bourreaux.

La nomination de M. de Noailles, depuis cardinal, au siège de Paris, donna quelque force au parti janséniste, qui n'avait jamais été complètement banni de la cour ni des conseils. L'archevêque adressa au roi un mémoire où il l'exhortait à prendre des mesures plus conformes à l'esprit du christianisme. Il fut secondé par des hommes considérables qui se préoccupaient du côté politique de la question. Le surintendant Pontchartrain regrettait la perte de tant d'artisans et de citoyens industrieux. Le marquis d'Aguesseau, le duc de Beauvilliers, le marquis de Pompone, le maréchal Catinat, exprimaient les mêmes opinions. Ils étaient frappés surtout des progrès de la misère publique ; ils voyaient avec effroi que la force de destruction avait dépassé de beaucoup, à cette époque, celle de la production, et que les finances étaient dans le plus déplorable état.

Vauban écrivait à Louvois les lignes suivantes, qui prouvent que la révocation ne fut pas aussi populaire dans les classes éclairées qu'on l'a prétendu : « La » contrainte des conversions a inspiré une horreur gé-

» nérale de la conduite que les ecclésiastiques y ont
» tenue. Que si l'on veut poursuivre, il devient néces-
» saire d'exterminer les prétendus nouveaux convertis
» comme des rebelles, ou de les bannir comme des re-
» laps, ou de les enfermer comme des furieux : projets
» exécrables, contraires à toutes les vertus chrétiennes,
» morales et civiles. »

Le timide Racine lui-même éleva la voix dans la tra-
gédie d'*Esther*, représentée en 1689. « Le choix du
» sujet, » dit l'un des commentateurs du grand poète,
« offrait les allusions les plus fortes. Au moment où l'on
» persécutait les protestants, le poète osait faire enten-
» dre les vraies maximes de l'Evangile. Il prenait la dé-
» fense des opprimés en présence du monarque oppres-
» seur. Enfin, il peignait Louvois des traits les plus
» odieux ; et, pour qu'on ne pût le méconnaître, il mit
» dans la bouche d'Aman les propres paroles échap-
» pées au ministre dans le délire de son orgueil (1). »

Fénelon fit mettre sous les yeux de Louis XIV un
mémoire d'une grande hardiesse, et qui a été longtemps
ignoré. On l'a publié pour la première fois en 1825.
L'archevêque de Cambrai y représente le père La Chaise
comme un homme d'esprit court et grossier, craignant
la solide vertu, n'aimant que les gens profanes et relâchés, entretenant le roi dans l'ignorance, et comme *un
aveugle qui en conduit un autre*. Il adresse à Louis XIV
lui-même des reproches plus durs que tous ceux que
nous lui avons faits dans cette histoire : « Vous n'aimez

---

(1) Edition Lefèvre, p. xxxiii. Il y a des vers dont l'allusion est frappante :

On peut des plus grands rois surprendre la justice.

. . . .

Et le roi trop crédule a signé cet édit.

» point Dieu, » lui dit Fénelon; « vous ne le craignez
» même que d'une crainte d'esclave; c'est l'enfer, et
» non pas Dieu que vous craignez. Votre religion ne
» consiste qu'en superstitions, en petites pratiques su-
» perficielles. Vous êtes scrupuleux sur des bagatelles,
» et endurci sur des maux terribles. Vous n'aimez que
» votre gloire et votre commodité. Vous rapportez tout
» à vous, comme si vous étiez le dieu de la terre, et que
» tout le reste n'eût été créé que pour vous être sacrifié! »

Mme de Maintenon, brouillée avec le père La Chaise,
et rassurée d'ailleurs sur son avenir, parut aussi se ranger à l'avis de l'archevêque de Noailles, de Fénelon et
des Jansénistes. Elle écrivit à l'un de ses parents :
« Vous êtes converti; ne vous mêlez plus de convertir
» les autres. Je vous avoue que je n'aime point à me
» charger envers Dieu ni devant le roi de toutes ces
» conversions-là. »

Mais l'immense orgueil de Louis XIV, qui s'indignait
à l'idée d'avouer à son peuple et à l'Europe qu'il s'était
trompé, le souvenir des louanges qu'on lui avait données sur cette entreprise et qui continuait à l'aveugler, le
crédit du père La Chaise, qui traitait de prévarication
tout projet d'adoucissement, les réponses négatives enfin de la plupart des évêques à la lettre de M. de Noailles
qui les avait consultés sur les nouvelles mesures à prendre : tout empêcha le plan des Jansénistes de réussir.

Ces laborieuses négociations n'amenèrent que l'édit
du 13 avril 1698, qui confirma solennellement la révocation de l'édit de Nantes. Aucune des lois de torture et
de sang ne fut abolie : seulement on ordonna d'employer
de nouveaux moyens pour mieux instruire les sujets
réunis.

La conduite des gouverneurs et des intendants n'en

fut pas changée. Ils agissaient à l'égard des religionnaires comme des proconsuls, ayant le privilège énorme
d'emprisonner, de condamner aux galères, de faire traîner au gibet, de mitrailler, d'enlever les enfants, de confisquer les propriétés, sans aucune forme de procès.
L'intolérance avait soumis les populations protestantes
au régime de la Turquie.

Aucun de ces intendants n'eut autant de célébrité que
Lamoignon de Bâville, qui, pendant trente-trois ans, fut
le suprême administrateur, ou, comme on l'appelait, le
roi du Languedoc. Il avait pour devise : *Toujours prêt,
jamais pressé.* C'était un homme calme, méthodique,
dur, n'ayant de passion que celle du pouvoir, ordonnant froidement les plus affreux supplices, faisant pendre, décapiter, écarteler soixante, quatre-vingts personnes à la fois, dévaster des cantons entiers, brûler des
bourgs et des villages, non par zèle religieux, mais par
raison d'Etat. Il avait en lui du Louis XI, du Richelieu, du Robespierre, et subordonnait à sa politique
sans entrailles, les souffrances, les tortures, le meurtre
de tout un peuple. Bâville fut, selon le mot d'un contemporain, la terreur et l'horreur du Languedoc.

Il n'avait pas approuvé la révocation; mais dès
qu'elle eut été prononcée, il fut d'avis de l'exécuter à
outrance contre les opiniâtres. « Il s'agit, pour assurer
» le repos de l'Etat, » écrivait-il, « de changer leur vo-
» lonté, de se régler sur ce qu'on a fait, de se suivre
» soi-même, de les réduire à une entière soumission,
» en leur arrachant du cœur les préjugés de naissance,
» et en les obligeant, par autorité, à se ranger à la re-
» ligion du royaume. » Peu lui importait que cette religion fût vraie ou fausse, acceptée ou rejetée par la
conscience des nouveaux convertis : c'était la *religion*

du royaume, et il fallait s'y soumettre. *Qu'ils se damnent, pourvu qu'ils obéissent !* disait à la même époque un commandant militaire. Dernière et suprême expression de l'abaissement moral, d'être persécuteur sans être même fanatique !

Le farouche proconsul était exaspéré de l'obstination des protestants à tenir des assemblées. Il les faisait envelopper par les troupes et charger à coups de sabre et de fusil. Les plus notables des prisonniers étaient pendus aux premiers arbres qui se rencontraient, les autres envoyés aux galères, et l'on compta, au commencement du dix-huitième siècle, deux mille de ces malheureux forçats qui étaient plus durement traités que les brigands de grand chemin.

Les prêtres de ces contrées, ne recueillant de ceux qu'ils regardaient comme leurs ouailles que des marques d'aversion et de mépris, partageaient en grand nombre la colère de Bâville, et l'aidaient à l'assouvir. Ils épiaient les délinquants, les dénonçaient aux autorités, se mettaient eux-mêmes à la tête des soldats, et se montraient d'autant plus barbares que ce n'était pas leur vocation de l'être.

Le plus féroce de tous était un nommé du Chayla, inspecteur des missions et archiprêtre. Il avait fait de son presbytère un château fort, ou une caverne de bandits, et semblait goûter une âpre volupté à torturer ses victimes. « Tantôt, » dit Court de Gébelin, « il leur
» arrachait avec des pinces le poil de la barbe ou des
» sourcils, tantôt il leur mettait des charbons ardents
» dans les mains qu'il fermait et pressait ensuite avec
» violence jusqu'à ce que les charbons fussent_éteints ;
» souvent il leur revêtait tous les doigts des deux mains
» avec du coton imbibé d'huile ou de graisse, qu'il al-

» lumait ensuite et faisait brûler jusqu'à ce que les
» doigts fussent ouverts ou rongés par la flamme jus-
» qu'aux os (1). »

Il venait de faire arrêter une troupe de fugitifs, et de
les enfermer dans des ceps comme des animaux, entre
autres deux demoiselles alliées aux familles les plus
considérables du pays, lorsque, le 24 juillet 1702, à dix
heures du soir, qnarante à cinquante hommes déterminés se présentèrent à la porte de sa maison, au Pont-de-
Montvert, en chantant un psaume. Ces vengeurs du sang
pénètrèrent d'abord dans les cachots, et délivrèrent les
prisonniers qu'ils trouvèrent enflés par tout le corps, les
os à demi fracassés, et ne pouvant plus se soutenir.

L'abbé du Chayla avait donné l'ordre à ses domestiques
de les repousser à coups de fusil, et l'un des assaillants
était tombé. Les autres mirent le feu au presbytère, se
saisirent de l'archiprêtre, amenèrent devant lui ses victimes, lui montrèrent leurs membres meurtris, leurs
corps déchirés; et tous, après cet effroyable acte d'accusation, le frappèrent de leurs-armes. Il reçut cinquante-deux blessures. Ainsi commença la guerre des
camisards.

IV

Cette dernière lutte armée de la Réforme française ne
peut se comparer à aucune de celles qui l'avaient pré-
cédée. L'amiral Coligny et Henri de Navarre avaient
derrière eux des provinces entières et la moitié de la
noblesse du royaume. Le duc de Rohan était encore un
chef redoutable, un habile capitaine qui livrait avec ses

(1) *Histoire des Camisards*, t. I, p. 25.

gentilshommes des combats réguliers. Ici ce sont de pauvres paysans, n'ayant d'armes que celles qu'ils ont enlevées à leurs ennemis, n'entendant rien à l'art de la guerre, et réduits à vendre chèrement leur vie derrière les buissons et les rochers de leurs montagnes. Ils n'ont point de nobles à leur tête; ils n'ont pas même la bourgeoisie des plaines et des villes; ce sont les plus petits qui donnent leur sang et meurent autour du drapeau sur lequel ils ont écrit : Liberté de religion.

Les Camisards se laissèrent diriger par des hommes qu'ils tenaient pour inspirés ou prophètes. Un nouveau converti, moitié abbé, moitié faiseur de comédies, et qui mêlait bizarrement à ses pièces de théâtre des livres de controverse, Brueys, a versé l'ironie et le fiel sur ces prophètes dans son *Histoire du fanatisme*. D'autres écrivains catholiques l'ont copié. L'évêque Fléchier lui-même poursuit les inspirés du Languedoc de ses froides et dures antithèses.

Rulhières est plus juste; il a la bonne foi d'accuser de ces aberrations d'esprit les persécuteurs des Cévenols. « Oublions-nous donc, » dit-il, « qu'on avait abattu » leurs temples, livré leur pays à la licence du soldat, » enlevé leurs enfants, rasé les maisons de ceux qu'on » appelait opiniâtres, fait expirer sur la roue les » plus zélés de leurs pasteurs ? On avait cependant » négligé de les instruire de notre religion » (t. II, p. 278).

Telles furent, en effet, les causes de ces extases ou inspirations désordonnées : le manque de conducteurs spirituels et d'écoles, les spoliations, les souffrances, l'appareil des supplices, la crainte continuelle du bagne et du gibet. L'esprit de ces infortunés s'exalta, et, ne trouvant plus aucun appui sur la terre, ils crurent aisément qu'ils recevaient des communications surnaturelles d'en-haut.

Cette exaltation religieuse commença dans le Vivarais dès le lendemain des dragonnades et de la révocation. La quatrième lettre pastorale de Jurieu, datée du 15 octobre 1686, rapporte qu'un homme de Codognan crut avoir une vision, et entendre une voix qui lui disait : « Va consoler mon peuple. » Dans le Béarn et ailleurs, des gens simples s'imaginèrent qu'ils avaient entendu dans les airs le chant des psaumes, et assisté à des apparitions miraculeuses.

Peu après se leva Isabeau Vincent, *la bergère du Dauphiné*, jeune fille de seize à dix-sept ans, ne sachant ni lire ni écrire. Elle eut des extases. « Les cinq premiè- » res semaines, » dit Jurieu, « elle ne parla durant ses » extases que le langage de son pays, parce qu'elle » n'avait pour auditeurs que les paysans de son village. » Le bruit de ce miracle s'étant répandu, il y vint des » gens qui savaient parler et qui entendaient le français. » Alors elle se mit à parler français, et un français aussi » exact que si elle avait été à Paris dans les maisons où » l'on parle le mieux. Elle fait des prières qui sont ad- » mirables et excellentes. Ses mouvements ne sont point » violents. Elle remue les lèvres, mais peu, et sans au- » cune apparence de convulsion (1). »

Il y eut alors comme une contagion morale qui se répandit dans tout le Vivarais et le Languedoc. On y compta les prophètes ou illuminés par centaines. C'étaient des gens du peuple qui n'avaient guère lu que la Bible ; ils en citaient de nombreux passages, et en faisaient de continuelles applications. Ils invoquaient surtout les

_____

(1) *Lettres pastorales*, t. III, p. 60.

textes des livres prophétiques de l'Ancien Testament et de l'Apocalypse. Des enfants même reçurent ces inspirations, et ils y persistaient malgré les rigueurs de leurs parents que l'on rendait responsables de ces étranges phénomènes.

L'extase avait quatre degrés : l'avertissement, le souffle, la prophétie et le don, ou l'inspiration à sa plus haute puissance. Ces illuminés, on n'en peut douter, étaient de bonne foi. Ils croyaient les premiers à l'Esprit dont ils se disaient animés, et lui obéissaient sans réserve, sans partage ni délai, dussent-ils marcher à une mort certaine.

Cet Esprit, à les entendre, les rendait meilleurs. « Les personnes qui avaient reçu les grâces, » disent-ils, « quittaient incontinent tout espèce de libertinage » et de vanité. Quelques-uns qui avaient été débauchés » devinrent d'abord sages et pieux, et tous ceux qui les » fréquentaient devenaient aussi plus honnêtes et me-» naient une vie exemplaire. Cet Esprit nous donnait » l'horreur de l'idolâtrie, le mépris du monde, la cha-» rité, la consolation intérieure, l'espérance, la joie du » cœur et sans mélange (1). »

Les chefs des camisards furent désignés par l'Esprit. Ils s'en croyaient remplis eux-mêmes, et c'est ce qui fit leur courage, leurs triomphes, leur constance dans les grandes extrémités. Fallait-il réunir les bandes éparses, fixer un point d'attaque, choisir un jour de combat, reculer, avancer, découvrir des traîtres et des espions, épargner des prisonniers ou les mettre à mort, ils interrogeaient l'Esprit : partout et en toutes choses ils pensaient marcher sous l'immédiate et souveraine direction du ciel.

_____

(1) *Théâtre sacré des Cévennes.*

L'un de ces camisards, Elie Marion, le raconte avec
simplicité dans le *Théâtre sacré des Cévennes* : « Nous
» n'avions ni force ni conseil, mais nos inspirations
» étaient notre secours et notre appui. Ce sont elles
» qui ont élu nos chefs et qui les ont conduits ; elles
» ont été notre discipline militaire. Ce sont elles qui
» nous ont suscités, nous la faiblesse même, pour met-
» tre un frein puissant à une armée de plus de vingt
» mille hommes d'élite. Ce sont elles qui ont banni la
» tristesse de nos cœurs au milieu des plus grands pé-
» rils, aussi bien que dans les déserts et les trous des
» rochers, quand le froid et la faim nous pressaient.
» Nos plus pesantes croix ne nous étaient que des far-
» deaux légers, à cause que cette intime communion
» que Dieu nous permettait d'avoir avec lui nous soula-
» geait et nous consolait ; elle était notre sûreté et notre
» bonheur » (p. 80 et suiv.).

A quoi tiennent les jugements des hommes, et des
plus éclairés comme des plus ignorants ? Ces inspirations
ces voix intérieures rappellent, trait pour trait, le langage et l'histoire de Jeanne d'Arc. Le phénomène religieux est absolument le même. Mais Jeanne d'Arc a dé-
livré la France, et les Cévenols ont été vaincus. L'une a
presque des autels ; les autres sont généralement traités
d'insensés et de fanatiques. Si les Anglais avaient triomphé au quinzième siècle, la bergère de Vaucouleurs ne
serait aussi pour les historiens qu'une pauvre paysanne
égarée par de folles hallucinations.

Roland et Cavalier furent les deux principaux chefs
des Cévenols : le premier, plus convaincu, plus ferme,
plus inaccessible aux séductions, celui qui resta jusqu'au
bout les armes à la main, le vrai type des camisards,
quoiqu'il ait obtenu moins de célébrité ; le second, plus

habile, plus aventureux, plus brillant, brave entre les braves, le héros de l'épopée guerrière. Tous deux s'appuyaient, comme Olivier Cromwell, sur l'autorité de l'inspiration, et jamais commandants militaires ne furent mieux obéis.

Les soldats s'appelaient enfants de Dieu, peuple de Dieu, troupeau de l'Eternel, et donnaient à leurs chefs les noms de frère Roland, frère Cavalier. C'était l'égalité, la fraternité jointe à la discipline la plus rigoureuse.

Ils exercèrent de sanglantes et cruelles représailles contre leurs persécuteurs, prêtres ou soldats; néanmoins l'Esprit qu'ils interrogeaient leur faisait habituellement relâcher les prisonniers dont ils n'avaient pas reçu de mal. Ils punissaient très sévèrement ceux d'entre eux qui commettaient sans nécessité des meurtres ou des actes de déprédation. Point de querelles, de jurements, d'ivrognerie parmi eux. Toutes leurs provisions étaient en commun. Leurs ennemis les ont accusés d'avoir mené une vie licencieuse, parce qu'il y avait des femmes dans leur camp : c'étaient les femmes, les mères, les filles des camisards, qui venaient préparer leur nourriture et prendre soin des blessés.

Ils avaient des cavernes pour magasins et pour hôpitaux. Ils s'habillaient avec les dépouilles des soldats de l'armée royale, et se faisaient des balles avec les cloches des églises et les ustensiles des presbytères. Ils ne possédaient d'argent que ce qui leur était fourni par quelques villageois presque aussi pauvres qu'eux, ou ce qu'ils en ramassaient sur les champs de bataille; mais ils savaient s'en passer.

Chaque bande avait son prédicateur, et, comme les puritains d'Angleterre, ils consacraient de longues heu-

res à des exercices de religion. « Quoique dans la se-
» maine le camp fût souvent appelé à prier en commun,
» le dimanche pourtant était le jour du Seigneur, des-
» tiné aux réunions publiques, aux prières générales.
» Deux jours à l'avance, les prophètes faisaient préve-
» nir les bourgades voisines du lieu de l'assemblée. A
» l'aurore, les peuples arrivaient et se mêlaient aux
» enfants de Dieu. Un prophète montait sur un rocher
» qui servait de chaire ; un second orateur lui succédait
» puis un troisième, et d'homélie en homélie, de prière
» en prière, de cantique en cantique, cette multitude
» insatiable atteignait insensiblement le soir. Alors le
» peuple reprenait le chemin de ses bourgades, et les
» camisards celui de leur camp (1). »

Leur nombre n'a jamais été au delà de dix mille. Mais
ils entretenaient de secrètes intelligences avec toute la
population des nouveaux convertis. Les pâtres et les laboureurs employaient des signes convenus pour les avertir de l'approche des troupes, et lorsqu'ils étaient obligés de fuir, les camisards avaient des retraites assurées.
C'était une guerre de guérillas, avec des surprises ou
des rencontres de quelques centaines d'hommes de
part et d'autre. Vainqueurs, ils profitaient du succès
pour tenir des assemblées auxquelles assistaient tous
les huguenots du voisinage ; vaincus, ils se réfugiaient
dans des gorges impénétrables. Ils essuyaient le premier feu, un genou en terre, en chantant le psaume
soixante-huitième : *Que Dieu se montre seulement*, etc. ;
puis, se précipitant sur l'ennemi ; ils combattaient avec
l'acharnement du désespoir, sachant bien qu'on ne leur

(1) M. N. Peyrat, *Histoire des pasteurs du Désert*, t. II, p. 513, 514. L'auteur a recueilli avec soin et raconté d'une manière vive et intéressante les
principaux faits de la guerre des Cévenols.

ferait ni quartier, ni grâce, et préférant au supplice de la potence ou de la roue la mort du soldat.

La guerre des camisards dura de 1702 à 1704. Le comte de Broglie, beau-frère de Bâville, et lieutenant général du roi dans le Languedoc, ordonna d'horribles dévastations sans réussir à étouffer la révolte. Ses mauvais succès le firent rappeler en 1703, et la cour le remplaça par le maréchal de Montrevel, brave militaire, mais ignorant et présomptueux, qui se flatta aussi de venir à bout des insurgés par la terreur des exécutions.

Louis XIV fut trompé pour cette guerre comme il l'avait été sur la conversion des protestants. Ceux qui lui avaient promis que la révocation ne coûterait pas une goutte de sang craignaient de lui faire connaître la grandeur du mal. Montrevel fut envoyé dans le Languedoc par un subterfuge, le jeune duc du Maine, à qui on avait fait la leçon, ayant demandé, comme une marque d'honneur, un maréchal de France pour commander les troupes dans la province dont il était gouverneur. Mme de Maintenon disait à ce propos : « Il est inutile que le roi s'occupe des circonstances de cette guerre ; cela ne guérirait pas le mal, et lui en ferait beaucoup. » Et un secrétaire d'Etat écrivait à l'intendant de la province « Prenez garde de donner à ceci l'air d'une guerre sérieuse. »

A peine arrivé en Languedoc, le maréchal de Montrevel publia deux ordonnances où la peine de mort était prononcée, non seulement contre ceux qui seraient pris les armes à la main, mais encore contre les personnes qui leur donneraient des vivres, des retraites ou une assistance quelconque. Il annonça que pour chaque-catholique tué, il ferait pendre deux ou trois religionnaires, et que les villages des nouveaux convertis, dans lesquels aurait péri un prêtre ou un soldat, seraient immédiatement brûlés.

Les massacres ne se comptaient plus. Gibets, échafauds, bûchers même étaient en permanence. On arrêta tous les suspects. Des populations entières furent enfermées sous les verrous. On enleva les parents des rebelles pour les punir, les notables de chaque endroit pour servir d'otages, les jeunes gens de peur qu'ils n'allassent grossir les bandes des camisards, et quand les prisonniers étaient trop nombreux, on s'en défaisait par le bourreau.

Les catholiques furent invités à se réfugier dans les villes, et la campagne fut impitoyablement dévastée. Comme l'œuvre de la destruction n'allait pas assez vite avec le mousquet, le sabre et la hache, Montrevel fit mettre le feu aux habitations des paysans. La contrée, si florissante avant la révocation, devint un vaste et morne désert.

Le 1er avril 1703, dimanche des Rameaux, environ trois cents personnes étaient réunies dans un moulin près de Nîmes, pour y célébrer leurs offices religieux. Montrevel en est instruit; il se lève de table, prend une troupe de soldats, court au lieu de réunion, ordonne d'enfoncer les portes, de tout égorger, et la lenteur du carnage irritant son impatience, il livre le moulin aux flammes. Tous, tous périrent, excepté une jeune fille qui avait été sauvée par l'humanité d'un laquais du maréchal. Elle fut pendue le lendemain, et son libérateur même eût été mis au gibet sans l'intercession de quelques religieuses.

En racontant cette atroce tuerie, l'évêque Fléchier dit avec un grand sang-froid : « Cet exemple était né-
» cessaire pour arrêter l'orgueil de ce peuple. » Prê-

tres et nobles, vous vous plaignez des exécutions de 93,
et vous avez raison ; mais vous en aviez donné l'exemple, et les cruautés des hommes de la Terreur n'ont
jamais surpassé les vôtres.

A côté des troupes régulières, Montrevel forma des
compagnies de volontaires-catholiques, sous le nom de
cadets de la Croix ou de camisards blancs, par opposition aux huguenots, qu'on appelait camisards noirs.
Ces nouveaux croisés furent encouragés par une bulle
de Clément XI, qui leur accorda rémission générale et
absolue de leurs péchés, à condition qu'ils extermine-
raient les hérétiques des Cévennes, *race maudite sortie
de la race exécrable des Albigeois.*

Les cadets de la Croix furent bientôt dissous par leur
propre parti. C'étaient des pillards qui, n'ayant aucune
discipline, et ne respectant pas même l'Eglise dont ils
se disaient les défenseurs, se jetaient indistinctement
sur les catholiques et sur les huguenots, pourvu qu'ils
eussent quelques dépouilles à emporter.

Loin de triompher par son système de terreur, Montrevel ne fit qu'augmenter le nombre de ses ennemis.
Les Cévenols, réduits au désespoir, n'ayant plus rien à
perdre, et aussi maltraités quand ils restaient chez eux
que lorsqu'ils prenaient les armes, se précipitèrent en
foule dans les rangs des camisards. Les détachements
de Montrevel furent battus coup sur coup, dans l'hiver
de 1703 à 1704, à Nages, aux roches d'Aubais, à Mar-
tignargues, au pont de Salindres, et le maréchal fut rappelé.

On commençait à s'inquiéter sérieusement de cette
guerre à Versailles. La Hollande et l'Angleterre s'étaient
mises en communication avec les insurgés, et promettaient de leur envoyer des secours. Si une flotte étran-

gère avait paru sur les côtes des provinces méridionales, elle aurait pu décider le soulèvement général des
religionnaires du Languedoc, du Vivarais, du Dauphiné,
de la Guyenne, jeter dans le cœur du royaume cinquante mille combattants, et porter un coup terrible à
la fortune déjà si abaissée de Louis XIV. La cour le
comprit, et le maréchal de Villars, envoyé à la place
de Montrevel, eut l'ordre d'essayer des voies de douceur.

Bientôt après, quelques chefs des camisards, ayant
éprouvé de grandes pertes, se montrèrent aussi disposés à entrer en arrangement. Ils demandaient, comme
première condition, la liberté de conscience et de culte :
Villars ne répondit sur ce point que par des phrases
équivoques. Les historiens protestants disent que le maréchal accepta la condition ; les catholiques, Fléchier
en tête, le nient. Il est difficile de démêler la vérité dans
ces assertions contradictoires.

Ce qui n'est pas contestable, c'est que pendant les
négociations entre le duc de Villars et Cavalier, les camisards tinrent des assemblées publiques à Calvisson,
chantant des psaumes, priant, prêchant au milieu d'un
concours innombrable de protestants.

L'entrevue du maréchal avec l'ancien garçon boulanger eut lieu dans le jardin des Récollets, aux portes de
Nîmes, le 16 mai 1704. « C'est, » écrivait Villars au
ministre de la guerre, « un paysan du plus bas étage,
» qui n'a pas vingt-deux ans et n'en paraît pas dix-huit,
» petit et aucune mine qui impose, mais ayant une fer-
» meté et un bon sens surprenants. Il a beaucoup
» d'arrangement pour ses subsistances, et dispose aussi
» bien ses troupes que des officiers bien entendus pour-
» raient le faire. Du moment que Cavalier a commencé

» à traiter jusqu'à la fin, il agit toujours de bonne foi. »

Cavalier reçut le brevet de colonel, se rendit à Versailles où il fut froidement accueilli, et soupçonnant qu'il n'y était pas en sûreté, il alla prendre du service dans les armées étrangères. Il mourut gouverneur de l'île de Jersey, avec la réputation d'un bon officier et d'un homme de bien.

L'autre chef des camisards, Roland, voulut continuer la lutte. A toutes les propositions d'arrangement, il répondait : « Je ne me jetterai pas à la gueule du lion. » Un traître le vendit pour cent louis à l'intendant, et, après une résistance désespérée, il tomba. Quelques-uns de ses lieutenants essayèrent encore de rallumer cet incendie mal éteint. On voit jusqu'en 1715 d'audacieux partisans agiter les Cévennes ; mais leurs tentatives, qui n'étaient pas sans courage, furent sans éclat.

Telle fut la fin de la Vendée protestante. Elle eut de frappantes analogies avec la Vendée catholique. Des deux côtés la conscience opprimée et la religion foulée aux pieds mirent les armes à la main des peuples. Cathelineau, le voiturier, fut le chef des Vendéens, comme le garçon boulanger Cavalier fut celui des Cévenols. Le maréchal de Villars et le général Hoche ne parvinrent l'un et l'autre à pacifier la révolte que par la modération. Mais les Vendéens avaient dans leur camp la noblesse et le clergé ; les camisards n'eurent avec eux ni gentilshommes ni pasteurs. Les premiers soutenaient sans le vouloir, à côté du grand principe de la liberté religieuse, la cause des anciens privilèges ; les seconds ne combattirent que pour la liberté religieuse toute seule, et leur sang ne fut pas inutilement versé.

La guerre des camisards, sur laquelle on peut exprimer des opinions diverses que nous n'avons pas à exa-

miner ici, eut ce double effet, de rassurer les protestants,
qui revinrent presque tous à leur ancien culte, et d'inspirer à la cour de Versailles de salutaires appréhensions.
Les hommes que la justice et le respect des consciences
n'arrêtaient point craignirent, dans tout le reste du dix-
huitième siecle, de pousser à bout les intrépides montagnards qui s'étaient une fois redressés sous la hache
du bourreau.

V

Rien de plus douloureux à contempler que la fin du
règne de Louis XIV. Ce vieux roi survivant presque seul
à tous les grands hommes de son siècle; l'irréparable
vide laissé dans sa cour par la mort de ses enfants et de
ses petits-enfants; une guerre malheureuse ouvrant à
l'ennemi les frontières du royaume ; trois milliards de
dettes; le peuple accablé d'impôts qu'il ne pouvait plus
payer; le commerce détruit, l'industrie éteinte, une partie
des terres en friche, le monarque haï de la nation dont
il avait été l'idole, consumant ses journées dans les
devoirs d'une puérile étiquette ou d'une dévotion plus
puérile encore, et traînant péniblement une royauté dont
le prestige tombait avec lui : quelle expiation pour son
despotique et insatiable orgueil !

Les querelles de religion le poursuivirent sans trêve
ni repos. Sa cour, son conseil s'étaient divisés sur les
controverses du jansénisme et du quiétisme. Quand il
pensait les avoir apaisées d'un côté, elles se relevaient
de l'autre, et son lit de mort fut encore troublé par les
disputes des théologiens sur la bulle *Unigenitus*.

Des protestants on ne l'entretenait que rarement, à
contre-cœur, et il évitait aussi d'en parler. C'était une

entreprise manquée, et contre ses humiliants mécomptes il tâchait de trouver un refuge dans l'oubli.

Plus que jamais les réformés de Paris étaient ménagés pour épargner à Louis XIV des pensées douloureuses. Le célèbre lieutenant de police, Voyer-d'Argenson, avait expressément recommandé la tolérance. « L'inquisition » qu'on établirait dans Paris contre les protestants dont » la conversion est douteuse, » disait-il dans un mémoire adressé au conseil, « aurait de très grands inconvénients. » Elle les forcerait d'acheter des certificats, ou à prix » d'argent, ou par des sacrilèges. Elle éloignerait de » cette ville ceux qui sont nés sujets des princes neutres, » indisposerait de plus en plus les protestants ennemis, » brouillerait les familles, exciterait les parents à se » rendre dénonciateurs les uns des autres, et causerait » un murmure peut-être général dans la capitale du » royaume. » Le conseil se tint pour averti, et ferma les yeux.

Dans les provinces, tout dépendait de l'humeur plus ou moins violente des gouverneurs et des intendants. Bâville renouvelait de temps à autre ses sanguinaires expéditions, quoiqu'il eût cessé de s'en dissimuler l'impuissance. « Il y a des contrées de vingt et trente pa- » roisses, » écrivait-il, « où le curé est le plus malheu- » reux et le plus inutile de tous les habitants, et où, » quelque soin qu'on se soit donné, on n'a pu parvenir » à faire un seul catholique, ni même à en établir un » seul du dehors. »

Les protestants supportaient les charges de l'Etat, comme soldats, marins et contribuables, sans jouir des avantages du droit commun. Les gentilshommes servaient dans les armées, ou l'on était plus accommodant qu'ailleurs sur les actes de catholicité. Les hommes du

tiers se livraient à l'agriculture et au négoce. Ils y pros-
péraient, malgré l'oppression des lois, par cet esprit
d'individualité et d'activité qui distingue si éminemment
le protestantisme. Le marquis d'Aguesseau en fit l'aveu,
lorsque de nouvelles mesures de rigueur furent proposées contre eux en 1713 : « Par une malheureuse fata-
» lité, presque dans toutes sortes d'arts, les plus habiles
» ouvriers, ainsi que les plus riches négociants, sont de
» la religion prétendue réformée ; il serait donc très
» dangereux d'exiger qu'ils se fissent catholiques. »

On aurait probablement laissé les choses aller sous
cette demi-tolérance ; mais le jésuite Letellier, qui avait
succédé, en 1709, au père La Chaise dans la charge de
confesseur du roi, ne le permit pas. « C'était, » dit le
duc de Saint-Simon, « un esprit dur, entêté, appliqué
» sans relâche, dépourvu de tout autre goût que du
» triomphe de sa compagnie et du renversement de toute
» autre école. Son naturel était cruel et farouche ; son
» extérieur ne promettait rien moins ; il aurait fait peur
» au coin d'un bois. Sa physionomie était ténébreuse,
» fausse, terrible, ses yeux ardents, méchants, extrê-
» mement de travers : on était frappé en le voyant »
(t. VII, p. 18 et suiv.).

Letellier arracha au roi, qui touchait à la décrépitude
et à la mort, la déclaration du 8 mars 1715. Le seul titre
de cette loi, pour employer le mot du baron de Breteuil
à Louis XVI, *fait frissonner*. Le voici : « Loi qui ordonne
» que ceux qui auront déclaré qu'ils veulent persister et
» mourir dans la religion prétendue réformée, soit qu'ils
» aient fait abjuration ou non, *seront réputés relaps*. »
On y posait donc la monstrueuse fiction qu'il n'y avait
plus de réformés en France, et qu'il ne pouvait plus y en
avoir. Tous étaient tenus pour catholiques légaux, puis-

que le refus des sacrements les exposait à subir les effroyables peines prononcées contre les relaps. « Les » annales du monde, » dit avec raison M. Lemontey dans son livre sur l'établissement monarchique de Louis XIV, « n'offrent pas un autre exemple d'un code fondé tout » entier sur un mensonge » (p. 413).

Les auteurs de la déclaration s'appuyaient sur la raison suivante : « Le séjour que ceux qui ont été de la religion » prétendue réformée, ou qui sont nés de parents reli- » gionnaires, ont fait dans notre royaume, depuis que » nous avons aboli tout exercice de ladite religion, est » une preuve suffisante qu'ils ont embrassé la religion » catholique, apostolique et romaine, *sans quoi ils n'y* » *auraient été ni soufferts ni tolérés.* » Ni soufferts, ni tolérés ! La loi avait-elle ordonné d'égorger tous les ré- calcitrants jusqu'au dernier ? Non. Ou bien les avait-elle tous bannis du royaume ? Non ; au contraire, elle leur avait défendu d'en sortir, et cette interdiction avait en- core été renouvelée deux ans auparavant. Ainsi, d'une part, on les empêchait de quitter la France, et de l'au- tre, parce qu'ils y étaient restés, on en concluait qu'ils devaient être catholiques !

Le parlement de Paris, si complaisant jusque-là pour les lois d'intolérance, retarda pendant un mois l'enregis- trement de la déclaration de 1715. « Le roi, » disait le procureur général, « a bien aboli l'exercice de la religion » prétendue réformée par ses édits, mais il n'a point » ordonné précisément aux religionnaires de faire abju- » ration et d'embrasser la religion catholique. On aura » toujours peine à comprendre qu'un homme qui ne pa- » raît point s'être jamais converti soit cependant *retombé* » dans l'hérésie, et qu'on puisse le condamner comme » si le fait était prouvé. »

Cinq mois après, Louis XIV mourut en déclarant
aux cardinaux de Rohan et de Bissy, et au père Letellier, qu'il était parfaitement ignorant sur les affaires de
l'Eglise, qu'il avait fait tout ce qu'ils avaient voulu, et
qu'il les en rendait responsables devant Dieu. A cette
heure suprême où l'orgueil se tait, où les illusions tombent, ne s'était-il pas trouvé face à face avec de grandes
fautes et de pesants remords?

Sous la régence de Philippe d'Orléans, qui détestait
les Jésuites et chassa Letellier de la cour, les réformés
reprirent quelque espérance. Ils en conçurent encore
davantage quand le régent se fut allié avec les puissances protestantes contre l'Espagne. Loin d'être aveuglé
par la bigoterie, ce prince manquait même de toute conviction religieuse. Son indifférence, à défaut d'un principe supérieur et plus louable, devait le disposer à
écouter favorablement les plaintes des réformés.

Il se demanda, en effet, s'il ne devait pas revenir sur
l'édit de révocation. Mais outre que sa vie déréglée l'empêchait de s'occuper longtemps d'affaires graves, deux
choses le détournèrent de son projet. L'une était la
crainte de soulever contre lui la grande majorité du
clergé; l'autre, le souvenir des anciennes guerres de
religion. Le duc de Saint-Simon lui avait représenté le
retour de ces guerres comme imminent, s'il abolissait les
ordonnances de Louis XIV. C'était à la fois un ana-
chronisme grossier et un contre sens ; car les réformés
eussent été d'autant plus paisibles qu'on leur eût mieux
garanti le libre exercice de leur religion ; néanmoins le
duc d'Orléans, qui n'entendait rien à ces matières et ne
s'en souciait point, jugea bon de laisser les lois ecclésiastiques comme elles étaient.

On eut aussi l'idée de fonder à Douai une colonie de

réfugiés, qui, en obtenant un culte libre, viendraient enrichir l'Etat par leur industrie. Le conseil de l'intérieur y inclinait; mais le conseil de conscience refusa, et le régent n'en parla plus. Il y aurait eu trop d'inconséquence, en vérité, à autoriser l'exercice de la religion protestante sur un point du royaume, en continuant à l'interdire sur tous les autres.

Aux nombreuses requêtes des religionnaires, le duc d'Orléans répondit qu'il espérait trouver dans leur bonne conduite l'occasion d'user de ménagements conformes à sa prudence. Plusieurs forçats pour cause de religion furent délivrés; la sortie du royaume devint libre, et les intendants du Dauphiné, de la Guyenne et du Languedoc, qui voulaient continuer le système des dragonnades, reçurent l'ordre d'être plus modérés. Bien que ce ne fût pas encore de la tolérance, la persécution commençait à fléchir.

VI

Le malheur des temps avait produit, comme on l'a déjà vu de grands désordres dans le sein de la communion réformée. Point de pasteurs ni d'instructions régulières. Les prédicants, qui parcouraient le Vivarais et les Cévennes, avaient plus de ferveur que de lumières, plus de zèle que de jugement. L'inspiration surnaturelle ou l'extase, qui avait commencé avant la guerre des camisards, ne s'était pas éteinte avec elle. Hommes et femmes se levaient dans les assemblées, et prononçaient des paroles ardentes qui enflammaient les esprits, mais ne les éclairaient point. On remarquera que, dans le même temps, les Jansénistes avaient leurs convulsionnaires et leurs thaumaturges. Aux premiers siècles

de l'Eglise, les inspirations des Montanistes et des Do-
natistes avaient pris également leur source dans la persécution. Toute communion cruellement opprimée a
ses illuminés.

Les protestants d'une certaine intelligence, ou d'un
caractère timide, n'allaient pas entendre ces prédicants :
ils se renfermaient dans le culte domestique, et observaient extérieurement quelques cérémonies du catholicisme. Il y avait donc pour la Réforme française une
double cause de ruine : les excès des fervents et les
concessions des faibles. Il fallait y porter remède sous
peine de tout perdre ; il fallait réveiller dans les âmes
une piété à la fois vivante et contenue, renouer les liens
de la discipline, accroître, multiplier les assemblées en
les redressant, et rétablir l'ordre dans les Eglises. Telle
fut la grande mission d'Antoine Court (1).

Né à Villeneuve-de-Berg, dans le Vivarais, en 1696,
il avait rempli, dès l'âge de dix-sept ans, la mission de
lecteur et de prédicateur dans les réunions du désert.
Comme il appartenait à une famille pauvre, il n'avait
point reçu d'éducation classique ; mais il y suppléa par
ses qualités naturelles, ses réflexions et la connnais-
sance des Ecritures. Antoine Court sut apprendre beaucoup et bien. Il acquit même dans ses dernières années
une érudition peu commune sur les questions religieuses et l'histoire du protestantisme : on en trouve la

(1) On pourra lire avec fruit, pour avoir de plus amples renseignements
sur cette période, le livre de M. Charles Coquerel, intitulé : *Histoire des
Eglises du Désert*, en deux volumes in-8°. M. Coquerel a eu entre les mains
des pièces importantes, et en a fait un judicieux emploi. Nous aurons souvent recours à son travail dans la suite de cet écrit. On pourra consulter
aussi l'*Histoire de l'Eglise chrétienne réformée de Nîmes*, par M. le pasteur
Borrel : ouvrage exact, et qui, sous un titre particulier, contient beaucoup
de choses d'un intérêt général.

preuve dans sa réponse à l'évêque d'Agen, publiée sous le nom de *Patriote français et impartial*.

Un homme qui s'est distingué par ses constantes sympathie pour les Eglises réformées de France, M. de Végobre, a tracé d'Antoine Court, le portrait suivant : « Un sens droit et ferme ; une extrême facilité à s'ex- » primer par la parole et par la plume ; un courage in- » trépide, accompagné d'une prudence consommée » dans toute sa conduite ; une vigueur étonnante pour » supporter, sans en être abattu ni ralenti, les plus gran- » des fatigues du corps et de l'âme ; la plus agréable » aménité dans son commerce intime, à en juger par » ses lettres familières, une pureté de vues et une inté- » grité de mœurs qui ont toujours été au-dessus de » tout soupçon et un dévouement inébranlable à la » belle cause à laquelle il s'était consacré : voilà les » qualités qui, lui tenant lieu des ressources de l'édu- » cation dont il avait été privé, le mirent en état d'en- » traîner le peuple, et de mériter le nom de *restaurateur* » *du protestantisme de France* (1). »

Quatre conditions lui parurent nécessaires pour la réorganisation des Eglises : des assemblées religieuses régulières ; une lutte directe et inflexible contre les désordres des inspirés ; le rétablissement de la discipline au moyen des consistoires, des colloques et des synodes ; enfin la formation d'un corps de pasteurs. Plan vaste et judicieux, mais dont l'exécution était accompagnée de grandes difficultés.

Antoine Court fit d'abord des réunions de culte partout où il pouvait abriter sa tête. Elles furent peu nombreuses dans les commencements. « C'était beaucoup, »

(1) *Mélanges de religion et de morale*, t. V, p. 181.

dit-il dans un mémoire apologétique écrit quarante ans
après, « lorsqu'à force de soins et de sollicitations je
» pouvais disposer dans un même lieu six, dix, douze
» personnes à me suivre dans quelque trou de roche,
» dans quelque grange écartée ou en rase campagne,
» pour rendre à Dieu leurs hommages et entendre 'de
» moi les discours que j'avais à leur adresser. Quelle
» consolation aussi ne fut-ce pas pour moi de me trou-
» ver, en 1744, dans des assemblées de dix mille
» âmes au même lieu où à peine, dans les premières
» assemblées de mon ministère, j'avais pu assembler
» quinze, trente, soixante, ou tout au plus cent person-
» nes! »

Ensuite, pour remédier aux inspirations désordonnées, il convoqua les prédicants des Cévennes, auxquels il adjoignit quelques laïques éclairés. Le premier
de ces colloques ou synodes s'assembla le 21 août
1715, onze jours avant la mort du roi qui avait cru
anéantir la Réforme française. D'autres synodes suivirent presque d'année en année. Ils se tenaient au
fond d'une caverne ou dans une hutte isolée ; car
s'ils eussent été découverts, tous les membres, ou du
moins les prédicateurs, auraient péri du dernier supplice.

Antoine Court, malgré sa jeunesse, était le guide et
l'âme de ces réunions, et l'adhésion des prédicants
prouve qu'il y avait en eux non infidélité ni orgueil, mais
simplement erreur involontaire, ou défaut d'instruction
suffisante. Ils ne demandaient qu'à être mieux conseillés
et dirigés.

Voici quelques-unes des dispositions qui furent adoptées dans ces nouveaux synodes : Des anciens devaient
être chargés de veiller sur les troupeaux, de convoquer

les assemblées dans des lieux convenables, de pourvoir à la sûreté des pasteurs, et de faire des collectes pour les prisonniers et les pauvres. Il était défendu aux femmes de parler dans les réunions des fidèles. On ordonnait de s'en tenir à l'Ecriture comme seule règle de foi, et de rejeter les révélations particulières comme antibibliques et dangereuses (synode de 1715).

Les pères de famille étaient exhortés à célébrer trois fois par jour le culte domestique, et à consacrer au moins deux heures aux dévotions du dimanche. On devait censurer en public, après trois admonestations privées, ceux qui commettraient des fautes graves. On recommandait aux pasteurs d'expliquer avec soin tous les articles de la religion, de s'informer en chaque lieu des vices les plus communs pour y porter remède, et de se réunir de six en six mois pour s'adresser de mutuels avertissements. Si quelque pasteur donnait du scandale à ses frères, ou les précipitait dans le danger par son zèle irréfléchi, il devait être immédiatement destitué de sa charge. L'engagement fut pris de secourir ceux qui souffriraient pour la cause de la religion, mais de ne prêter aucune assistance à quiconque s'y exposerait par sa témérité (synodes de 1716 et 1717).

Des six premiers signataires de ces règlements, quatre furent traînés à l'échafaud : il y a du sang sur chaque nouvelle page du protestantisme français.

Antoine Court n'avait pas encore reçu la consécration pastorale. Il engagea l'un de ses compagnons d'œuvre, Pierre Corteis, à entreprendre le voyage de la Suisse pour se faire consacrer. Celui-ci, de retour en Languedoc, imposa les mains à Antoine Court, en présence d'un synode. La chaîne des temps fut ainsi renouée, et les sacrements ne furent plus administrés que par des ministres ordonnés selon les règles de la discipline.

En 1718, un synode composé de quarante-cinq membres, ministres et anciens, décida que les jeunes gens ne seraient reçus à la charge pastorale qu'après un sérieux examen de leur doctrine et de leurs mœurs. Deux ans après, on fixa les honoraires des pasteurs à 70 livres *pour leurs habits et leur entière couverture.* Ils étaient nourris, de maison en maison, par les fidèles. Leur traitement fut plus tard de 600 livres, et de 900 vers la fin du siècle. Ce n'était guère plus que le salaire d'un journalier ; mais on n'avait pas besoin d'attirer par l'appât de l'argent des hommes qui, en acceptant le ministère de l'Evangile, se dévouaient d'avance au martyre.

Les Eglises furent invitées à établir des consistoires, à défaut de quoi elles ne seraient point visitées par les ministres, ni averties de la convocation des assemblées : peine spirituelle pour une faute spirituelle. C'était rentrer dans le véritable ordre ecclésiastique.

Les assemblées du désert, comme on les appelait, se tenaient de jour quand le péril n'était pas trop grand, de nuit quand les poursuites étaient rigoureuses, dans quelque recoin sauvage, ou dans des ouvertures de roche et des carrières durant la mauvaise saison. Les convocations ne se faisaient que peu d'heures à l'avance, et par les émissaires les plus sûrs. Des sentinelles étaient placées sur les hauteurs, mais sans armes, afin de signaler l'approche des soldats.

Les plus intelligents, les plus courageux servaient de guides aux pasteurs, et, après le service, les conduisaient dans des abris ignorés. Rarement un pasteur demeurait plusieurs jours de suite dans le même asile.

Errant de lieu en lieu, forcé de prendre mille déguisements, portant un nom d'emprunt, il devait, pour
annoncer le Dieu de l'Evangile, se cacher avec autant
de soin qu'un malfaiteur. Telle fut aussi la vie du prêtre
catholique sous le régime de 1793 : les noms des persécuteurs changent, non les caractères ni les excès de
la persécution.

Le culte du désert était le même que dans les temps
de liberté : prières liturgiques, chant des psaumes, prédication, administration de la Cène aux jours de fête :
culte simple, aisément praticable partout, et qui ne demandait pas plus d'apprêts que celui de la chambre
haute où se réunissaient les apôtres et les premiers
chrétiens de Jérusalem.

Cette simplicité avait, du reste, quelque chose de noble et de grand. Le calme de la solitude interrompu
tout à coup par la voix de la prière ; les cantiques des
fidèles montant jusqu'à l'Etre invisible en face des magnificences de la nature ; le ministre de Jésus-Christ invoquant son Dieu, comme les fidèles de l'Eglise primitive,
pour les oppresseurs qui s'irritaient de ne l'avoir pas
encore fait monter sur l'échafaud ; de pauvres paysans,
d'humbles manœuvres, qui, déposant pour un jour leurs
instruments de travail, ne s'inquiétaient plus que des
sublimes intérêts de la foi et de la vie à venir ; le sentiment commun du danger qui plaçait continuellement les
âmes en présence de leur souverain Juge : tout donnait
aux assemblées du désert cette majesté sérieuse qui
s'allie si bien avec les enseignements du christianisme.

Mais tandis que la Réforme française se relevait lentement de ses ruines, un nouveau coup se préparait
dans l'ombre et allait frapper.

VII

Il s'agit de la dernière grande loi contre les protestants qui fut publiée le 14 mai 1724, sous forme de déclaration du roi. Si l'on ne parvint jamais à l'exécuter à la lettre, on l'appliqua souvent; et comme elle resta officiellement en vigueur pendant soixante-trois ans, jusqu'à l'édit de tolérance de Louis XVI, il importe d'en connaître l'origine, l'esprit et les principaux articles.

Le premier rédacteur de cette loi fut Lavergne de Tressan, évêque de Nantes, aumônier du duc d'Orléans, et digne acolyte du cardinal Dubois qu'il avait sacré. N'ayant ni religion ni mœurs, et portant la cupidité au point d'avoir accumulé soixante et seize bénéfices, il briguait la pourpre romaine, et ne crut pouvoir la mieux mériter qu'en achevant d'écraser les hérétiques. Lavergne de Tressan présenta son projet à Dubois et au régent qui le repoussèrent. Il fut plus heureux auprès du duc de Bourbon, devenu premier ministre à la majorité de Louis XV. Le duc de Bourbon était un homme hautain et dur, d'un aspect ignoble, manquant à la fois de convictions et d'intelligence, gouverné par une favorite déhontée, et qui ne fit que des lois barbares. Il avait ordonné, entre autre chose, que tous les mendiants fussent marqués d'un fer chaud.

Quelques magistrats, dit-on, mirent aussi la main à la déclaration de 1724; ils y introduisirent des modifications peu favorables à la domination du clergé, comme il y parut dans la suite.

L'édit contenait dix-huit articles. C'était une compilation des plus sévères ordonnances rendues contre les réformés sous le règne de Louis XIV, avec aggravation de la pénalité en plusieurs points. On s'appuyait sur l'odieuse fiction qu'il n'y avait plus de protestants en France, et l'on faisait dire dans le préambule, au jeune Louis XV, âgé alors de quatorze ans, qu'il n'avait rien de plus à cœur que de suivre les grands desseins de son très honoré seigneur et bisaïeul, et qu'il voulait exposer bien disertement ses intentions.

A ces causes, il déclarait ce qui suit : Peine de galères perpétuelles pour les hommes, et de la réclusion à vie pour les femmes, avec confiscation des biens, s'ils assistaient à d'autres exercices que ceux de la religion catholique. Peine de mort contre les prédicants. Peine des galères ou de la réclusion contre ceux qui leur donneraient asile ou aide quelconque, et contre ceux qui négligeraient de les dénoncer. Ordre aux parents de faire baptiser leurs enfants dans les vingt-quatre heures par le curé de la paroisse, de les envoyer aux écoles et catéchismes catholiques jusqu'à l'âge de quatorze ans et aux instructions des dimanches et fêtes jusqu'à l'âge de vingt ans. Ordre aux sages-femmes d'annoncer aux prêtres les naissances, et aux médecins, chirurgiens, apothicaires, de les avertir des maladies graves des nouveaux convertis, et autorisation pour les prêtres d'entretenir les malades sans témoins. Si quelqu'un refusait les sacrements ou engageait l'un des siens à les refuser, il encourait la peine des relaps. Il n'y avait de mariage légitime que celui qui était célébré selon les canons de l'Eglise. Les parents ne pouvaient, ni faire élever leurs enfants hors du royaume, ni leur permettre de s'y marier. Les enfants mineurs, an contraire, dont les parents étaient hors du royaume, pouvaient se marier sans leur consentement. Les certificats de catholicité étaient déclarés obli-

gatoires pour toutes les charges, tous les grades académiques, toutes les admissions dans les corps de
métiers. Enfin, les amendes et les biens confisqués devaient servir à l'entretien des sujets réunis qui en auraient
besoin.

Jamais, depuis l'origine des sociétés humaines, le
législateur n'avait plus insolemment renié le droit naturel, le droit civil, la famille, la propriété, la liberté et la
sainteté de la foi individuelle. Cette déclaration prouvait
une fois de plus qu'on est poussé à des actes monstrueux
quand, par la confusion du spirituel et du temporel, on
subordonne aux maximes de l'Eglise catholique les lois
de l'Etat.

Les historiens n'expriment sur l'édit de 1724 que des
sentiments d'horreur. » On vit avec étonnement dans ce
siècle incrédule, » dit M. de Sismondi, « lorsque le
» pouvoir était aux mains d'un prince sans foi et sans
» probité et d'une courtisane sans pudeur, renouveler
» une persécution que la foi rigide de Louis XIV pou-
» vait à peine faire comprendre... Le clergé, qui n'avait
» pas osé demander cette loi intempestive, la reçut avec
» transport » (t. XXVII, p. 514).

M. Charles Lacretelle dit aussi : « Le premier acte
» du gouvernement fut absurde et odieux. Ce fut un édit
» contre les protestants, plus cruel encore que la révo-
» cation de l'édit de Nantes. On y défendait jusqu'à
» l'exercice le plus secret de la religion réformée. On
» arrachait les enfants aux pères pour les faire élever
» dans la religion catholique... On renouvelait enfin tous
» les genres d'oppression que les ministres de Louis XIV
» avaient conçus, et que l'horreur publique commençait
» à faire tomber en désuétude. La marquise de Prie,
» dont l'impiété égalait celle du cardinal Dubois, sut

» persuader à son amant (le duc de Bourbon) qu'il sui-
» vait les grands principes des hommes d'Etat, en com-
» mençant une nouvelle persécution. Chacun fut révolté
» des efforts que le vice faisait pour se donner l'appa-
» rence du zèle. Cette barbare ineptie fit regretter la
» tolérance du régent (1). »

Rulhières et le baron de Breteuil affirment que le
conseil n'accepta l'édit que par surprise. Ils prouvent
que l'on avait étrangement confondu dans cette compilation des lois inspirées par deux tendances très diverses. L'esprit moliniste ou jésuite avait voulu employer
la contrainte extérieure universelle, mais en se relâchant
sur les conditions intérieures de catholicité. L'esprit janséniste avait exigé, au contraire, de rigoureuses conditions de catholicité, mais en se relâchant sur la contrainte. Ainsi, de deux choses l'une : ou l'emploi de la
force matérielle avec une simple apparence de réunion
au catholicisme, ou la véritable réunion sans l'emploi
de la force. Or, dans la déclaration de 1724, on exi-
geait en même temps que tous fussent catholiques sous
peine des galères et de la mort, et que tous fissent des
actes que les bons catholiques sont seuls en état de faire.
Cela était impraticable, impossible jusqu'à l'absurde.

Il faut noter ici le grand changement qui se montrait
dans la manière d'agir de la plupart des prêtres. A la
veille et au jour de la révocation, comme nous l'avons
raconté ailleurs, ils tenaient les bras largement ouverts.
Ils semblaient dire aux protestants : Venez, venez tous,
tels que vous êtes. Nous nous contenterons de l'abjuration la plus vague, la plus générale. Nous ne vous
troublerons point dans le for intérieur. Que vous por-

(1) *Histoire de France pendant le dix-huitième siècle*, t. II, p. 7.

tiez le nom de catholiques et observiez les principales formes de l'Eglise, c'en est assez.

Mais quelque temps après, leur langage, leur conduite se modifièrent sensiblement, et les exigences allèrent s'accroissant d'année en année, surtout lorsque la loi eut déclaré qu'il n'y avait plus de protestants dans le royaume. Prenez garde, dirent alors les prêtres; nous ne pouvons pas administrer les sacrements à de faux frères : ce serait une abominable profanation. Il nous faut des épreuves longues et sévères, des instructions qui durent six mois, un an, deux ans, des serments solennels, une complète certitude enfin que vous êtes de vrais et fidèles catholiques. Autrement, nous ne voulons pas célébrer vos mariages, ni vous donner de certificats de catholicité, et vous vous arrangerez pour le maintien de vos droits civils comme vous pourrez.

Ce changement toujours plus marqué s'explique naturellement par les cruels mécomptes que les prêtres avaient éprouvés depuis la révocation. Ils espéraient que la démolition des temples, l'exil des pasteurs, la privation de tout enseignement régulier, le besoin d'une religion, le devoir légal de faire des actes de catholicité, donneraient à l'Eglise de vrais croyants, au moins dans la deuxième génération. Or leur attente avait été trompée, surtout pour les gens de campagne et de métier. Les enfants, les petits-enfants détestaient l'Eglise catholique autant que leurs pères. Les curés n'étaient pour eux que des objets d'aversion et de dédain.

Fatigués d'un si triste rôle, ils résolurent de n'administrer les sacrements qu'à des fidèles bien avérés, et ils avaient parfaitement raison. Mais ils auraient dû alors désavouer, repousser l'intervention de la contrainte matérielle, et c'est ce qu'ils ne firent point. Ils persistèrent à demander la rigueur, comme s'ils se contentaient des apparences, et à exiger des preuves positives de religion, comme si l'on n'usait plus de rigueur! Contradiction énorme et détestable, s'il en fut jamais (1)!

Du reste, en arrivant à ce degré d'inconséquence, le clergé se heurta contre la magistrature, et c'est une nouvelle face de la même question qu'il importe de bien comprendre; car toute la suite de notre histoire y est impliquée jusqu'en 1787.

Si les conseillers des parlements, et en général les magistrats se montraient sévères pour les réformés, ils sous-entendaient toujours que les prêtres donneraient les sacrements sans réclamer de trop grandes épreuves. Leurs arrêts, depuis la fin du règne de Louis XIV, pouvaient s'interpréter de la manière suivante : Nous voulons absolument que vous fassiez bénir vos mariages par le prêtre, et que vous présentiez vos enfants au baptême catholique : sinon, vous n'aurez point d'état civil; vos unions seront illégales, et vos enfants atteints de bâtardise; en certains cas même, vous serez dépouillés de vos biens et condamnés aux galères. Mais rassurez-vous, nous ne vous demandons que de simples formalités. Il est convenu que le clergé ne vous imposera pas autre chose, et nous y tiendrons la main.

Forts de ces maximes, les protestants s'en autorisaient pour n'accorder aux prêtres que le moins possible; mais ceux-ci répondaient : Que nous importe

---

(1) Après avoir lu les correspondances des intendants, M. Lemontey assure, dans ses *Essais sur l'établissement monarchique de Louis XIV*, que certains curés exigeaient des hérétiques, avant de bénir leurs mariages, « qu'ils maudissent leurs parents décédés, et jurassent qu'ils croyaient à leur damnation éternelle! » (t. II, p. 157.)

l'opinion des juges civils? Le clergé a seul le droit de
décider dans les matières de sacrements. Aucun pouvoir humain ne peut nous les faire donner à ceux que
nous en réputons indignes. Fréquentez la messe et nos
instructions pendant des années; confessez-vous régulièrement; montrez-nous en un mot que vous êtes de
fidèles catholiques, et vous aurez part aux grâces de
l'Eglise; sinon, non.

Etrange spectacle! Le juge insistait sur l'exécution
des lois, parce qu'il les interprétait dans un sens, et le
prêtre les appliquait dans un autre. Le premier ne se
préoccupait que de l'unité civile; le second voulait surtout l'unité spirituelle. L'un ne forçait les protestants
qu'à être catholiques au dehors; l'autre s'emparait de la
sentence pour les forcer à l'être au-dedans. Voilà où
l'on en était venu par les édits qui ne correspondaient
plus avec la conscience générale de l'époque. Il y eut
pour les catholiques mêmes, on le sait, des conflits analogues dans l'affaire des sacrements refusés aux Jansénistes et des billets de confession. Le problème ne
pouvait se résoudre définitivement que par la mutuelle
indépendance, aujourd'hui proclamée dans toutes nos
constitutions, de l'état civil et de l'état religieux.

Dans un mémoire adressé à Louis XVI, le baron de
Breteuil fait voir les inextricables embarras dans lesquels on s'était jeté à l'égard des protestants : « D'un
» coté, » dit-il, « nécessité indispensable d'un certificat
» de catholicité; de l'autre, examen scrupuleux et arbi-
» traire avant de donner ce certificat. De ces idées
» confuses, de toutes ces dispositions incohérentes et
» contradictoires, pouvait-il résulter autre chose que
» des lois inexécutables?... Ces infortunés, également
» rejetés de nos tribunaux sous un nom, et repoussés

» de nos églises sous un autre nom, méconnus dans le
» même temps comme calvinistes, et méconnus comme
» convertis, dans une entière impuissance d'obéir à des
» lois qui se détruisaient l'une l'autre, et par là desti-
» tués de tout moyen de faire admettre, ou devant un
» prêtre ou devant un juge, les témoignages de leurs
» naissances, de leurs mariages et de leurs sépultures,
» se sont vus en quelque sorte retranchés de la race
» humaine » (p. 35 et 103).

L'illustre chancelier d'Aguesseau avait parfaitement
posé le dilemme : « Il faut que l'Eglise se relâche de sa
» rigueur par quelque tempérament, ou, si elle ne le
» croit pas devoir, il faut qu'elle cesse de demander au
» roi d'employer son autorité pour réduire ses sujets à
» l'impossible, en leur commandant de remplir un de-
» voir de religion que l'Eglise ne leur permet pas d'ac-
» complir. »

Aussi la déclaration de 1724, tout en produisant à diverses reprises d'affreuses conséquences, ne fut-elle
jamais pleinement exécutée. Elle renfermait d'ailleurs
des dispositions qui révoltaient les sentiments les plus
sacrés de la nature, de la justice et de la sociabilité humaines. Punir des galères et de la confiscation des
biens un fils, une fille qui auraient adressé de pieuses
exhortations à leur père sur son lit de mort; infliger la
même peine à celui qui ne dénoncerait pas son pasteur, ou qui lui ouvrirait la porte de sa maison; frapper
d'amende le médecin qui refuserait de remplir le métier
infâme de délateur : tout cela, comme l'observe M. de
Sismondi, était empreint d'un si sauvage fanatisme qu'on
doute que le code d'aucun peuple en ait jamais approché. Si l'on pouvait encore, au dix-septième siècle,
écrire des atrocités dans les lois, on ne trouvait plus ni

juges ni administrateurs pour les appliquer jusqu'au bout.

A l'atroce venait se joindre, comme toujours, le ridicule. Quelques prêtres faisaient l'appel des enfants dans l'église, à l'instar des sergents dans une revue militaire, et notaient les absents pour faire mettre les parents à l'amende. Or, les enfants refusaient souvent de répondre, se moquaient du curé, troublaient sa messe et interrompaient son prône. Que faire à cela? comment punir? Pouvait-on envoyer aux galères toute une population, pères, mères et enfants?

Le cardinal Fleury, qui gouverna le royaume après le duc de Bourbon, paraît avoir compris ces difficultés. Ayant fait dans sa jeunesse une mission en Saintonge avec Fénelon, et passé de longues années en Provence, il connaissait l'inébranlable fermeté des protestants. Ajoutez à ces lumières du prêtre les alliances du premier ministre avec la Grande-Bretagne et la Hollande, la douceur de son caractère, son désir d'épargner à Louis XV les soucis du pouvoir, et sa manière d'agir envers les protestants sera expliquée. Il ne brisa point le glaive de l'intolérance, mais le laissa volontiers dans le fourreau.

Les curés des Cévennes lui adressèrent à ce sujet de vives remontrances. Ils se plaignirent avec amertume de la désertion croissante des huguenots. Le vieux cardinal en tint peu de compte : il avait d'autres affaires à conduire, et craignait le bruit plus que l'hérésie.

Il n'y eut donc que des persécutions locales et momentanées, selon l'humeur des intendants. Quelques assemblées furent surprises et dispersées par les soldats, quelques familles ruinées, quelques malheureux condamnés aux galères. On frappait surtout les pasteurs avec une implacable cruauté, parce qu'on espérait que la terreur des supplices engagerait les autres à quitter le royaume.

Beaucoup d'entre eux furent mis à mort. Nous citerons le ministre Alexandre Roussel, pendu à Montpellier le 30 novembre 1728. On a fait sur son martyre une complainte populaire qui est venue jusqu'à nous. Vendu à prix d'argent, il avoua sans détour qu'il avait prêché dans les Cévennes. Quand on lui demanda où il logeait : « Le ciel, » dit-il, « est ma couverture. » Les Jésuites le sollicitèrent en vain à changer de religion ; il leur répondit : « Je veux garder toujours la loi de Jésus-Christ ; si je meurs pour son nom, j'irai avec les anges. » Traîné au gibet la corde au cou, tête nue, pieds nus, il chanta le psaume cinquante et unième et mourut en priant Dieu pour ses juges et pour le bourreau.

Un autre pasteur, Pierre Durand, qui avait signé avec Antoine Court les premières délibérations des synodes du désert, fut aussi exécuté à Montpellier, le 22 avril 1732. C'était un homme d'âge, plein de foi et de zèle. Il fut accompagné à l'échafaud par cinq prêtres qui voulaient à tout prix lui arracher une abjuration. Pierre Durand demeura ferme jusqu'à la fin.

Ces supplices affligeaient les protestants du désert sans les abattre. Le clergé lui-même servit par ses exigences à les éloigner de l'Eglise de Rome ; car en voyant qu'il ne voulait plus se contenter de simples formes de catholicisme, ils prirent le parti d'y renoncer à leur tour, et complètement. C'est depuis ce temps que s'accrut le nombre des baptêmes et des mariages du désert, malgré les incapacités civiles dont ils étaient frappés.

Antoine Court fortifiait les fidèles de ses exhortations

et de son exemple. Il entreprit en 1728 une tournée de
près de cent lieues, convoqua trente-deux assemblées
religieuses en deux mois, et compta jusqu'à trois mille
auditeurs au pied de sa chaire. Les plus timides commençaient à se redresser.

Les synodes se multiplièrent et devinrent plus rigides
contre les parents qui faisaient baptiser leurs enfants
dans l'Eglise catholique, ou qui leur permettaient de s'y
marier. Ils insistèrent aussi sur l'obligation de participer aux exercices religieux. « On écrira aux protestants
» sous la croix, » disait le synode de 1730, « pour leur
» faire connaître l'obligation indispensable où ils sont
» de se rendre dans les assemblées de piété, toutes les
» fois que la Providence leur en offrira l'occasion. Si,
» après avoir été suffisamment instruits sur la nécessité
» de ce devoir, ils refusent de le remplir, ils seront dé-
» clarés s'être séparés de l'Eglise du Seigneur et n'être
» plus ses enfants. »

Il est intéressant d'observer que ces hommes à qui
l'on refusait tous les droits de citoyens, voulaient en
remplir si exactement les charges, qu'ils employèrent
leur autorité à réprimer la contrebande. Voici ce qu'ils
décidèrent en 1730 : « Les membres de nos Eglises,
» qui, pour se dispenser de payer les droits dus au roi,
» feront ou autoriseront la contrebande, seront d'abord
» censurés, et, s'ils y retombent, exposés à l'excommu-
» nication majeure. L'assemblée ne comprend point
» dans cet article la contrebande des livres de reli-
» gion, qui ne porte aucun préjudice au roi ni à
» l'Etat. »

Le réveil du Languedoc et du Dauphiné émut d'autres provinces d'une pieuse jalousie. Le Rouergue, la
Guyenne, le Quercy, la Saintonge, le pays d'Aunis, le

Poitou, reprirent leurs assemblées et demandèrent des pasteurs. Il y en avait peu. Antoine Court allait chercher derrière la charrue, dans la boutique du marchand, dans l'atelier du manœuvre, les jeunes gens qui lui paraissaient propres à cette sainte vocation; mais l'enseignement qu'ils pouvaient recevoir dans une vie nomade était insuffisant.

Le restaurateur du protestantisme français se mit alors à réfléchir sur la nécessité d'une école de théologie. On ne pouvait songer à l'ouvrir en France. Les universités d'Angleterre et d'Allemagne étaient trop loin de nos provinces méridionales et ne parlaient pas notre langue. Genève était trop près, et son académie trop sévèrement surveillée. Antoine Court se décida pour Lausanne. Ses longues et pressantes sollicitations, ses infatigables démarches, les libéralités de la Suisse, de la Grande-Bretagne et des autres puissances protestantes servirent à y fonder un séminaire théologique français. Court alla lui-même s'y établir, en 1730, avec le titre de député général des Eglises, et dirigea cette école dans les trente dernières années de sa vie. C'est de là que sont sortis tous les pasteurs protestants de France jusqu'au règne de Napoléon.

VIII

Avant de raconter les événements qui nous conduiront au delà de l'an 1750, c'est un devoir de justice pour nous de suivre dans leur exil les pasteurs réfugiés, qui avaient tous cessé de vivre dans la première moitié du dix-huitième siècle. Quoiqu'ils soient morts sur la terre étrangère, la Réforme française a le droit de les revendiquer : ils lui appartiennent par la naissance, par l'édu-

cation, par les premières années de leur ministère, par
la langue dont ils se sont servis, et par la constance de
leurs sympathies pour leurs frères opprimés.

Nous ne parlerons pas des réfugiés laïques dont le nom
fut grand dans les lettres, les sciences, l'industrie, tels
que l'historien Rapin-Thoyras, le docte Bayle, le con-
structeur de machines Denis Papin, le chimiste Lémery,
le voyageur Chardin, et beaucoup d'autres. Il faut nous
borner à ceux des fugitifs qui exercèrent une influence
plus directe sur l'état des Eglises réformées de France.

On s'accorde à reconnaître que la masse des pasteurs
réfugiés se composait d'hommes pieux, intelligents, et
d'une conduite irréprochable. Aucun clergé protestant de
l'Europe ne leur était supérieur. Nous ne citerons que les
principaux, en les classant d'après la date de leur mort.

Pierre Jurieu (1637-1713) fut un controversiste laborieux et véhément. Il a eu de nombreux adversaires
parmi les catholiques et les sceptiques, et sa mémoire
en a souffert. On doit avouer qu'il a donné sujet à certaines attaques par ses prédictions hasardées, ses affirmations sur des miracles suspects et l'âpreté de sa polémique. Mais combien de qualités rachètent ses écarts :
un ferme attachement à ses croyances, une incomparable activité, une solide érudition dans toutes les branches des sciences théologiques, un esprit net et prompt.
Jamais il ne manqua de pénétration pour découvrir l'erreur, ni de courage pour la combattre.

Il n'exerça que peu de temps les fonctions de pasteur.
Nommé en 1674 professeur de théologie à Sedan, il y
parut avec beaucoup d'éclat. Bayle, qui plus tard l'a
poursuivi de tant d'invectives, écrivait alors : « C'est l'un
» des premiers hommes de ce siècle, et si la délicatesse
» de son tempérament lui permet de résister à l'ardeur

» qu'il a pour l'étude, et à sa grande application aux
» fonctions de sa charge, on doit tout espérer de lui. Je
» vous le dis et vous le répète, c'est le premier homme
» de notre communion, soit pour le grand jugement,
» soit pour la délicatesse d'esprit. »

On ne sait pas assez que, retiré en Hollande quelques
années avant la révocation, il fut presque *le seul tenant*,
comme on disait, d'Arnauld, de Bossuet, de Nicole et de
Maimbourg. Les autres, étant encore en France, n'osaient
pas tout dire. Lui, dans sa chaire de Rotterdam, ne reculait devant aucune vérité, et sa voix libre et forte infligea souvent aux persécuteurs le plus sévère des châ-
timents et le plus juste.

On ne sait pas assez non plus qu'il devint, après le
fatal édit, le protecteur d'une foule de réfugiés, qu'il
sollicita et obtint pour eux les secours de plusieurs souverains, et que dans le même temps qu'il faisait donner
aux uns le pain de l'hospitalité, il consolait et relevait
par ses *Lettres pastorales* les autres qui gémissaient dans
leur patrie.

La liste des écrits de Jurieu est très étendue. Il était
encore dans son troupeau de Vitry-le-Français, lorsqu'il
composa un *Traité de la dévotion*, qui fut réimprimé dix-
sept fois en peu d'années, et vingt-six fois dans la traduction anglaise. Cet ouvrage a fait regretter que l'auteur, absorbé par la controverse, n'ait pas employé plus
de temps à écrire des livres de simple édification.

Sa réponse au père Maimbourg : *Le calvinisme et le pa-
pisme mis en parallèle*, moins piquante que la réplique de
Bayle et moins connue, lui valut pourtant de grands applaudissements, et compta de nombreux lecteurs. « Vo-
» tre dernier ouvrage contre Maimbourg, » lui écrivait
Claude, « est enfin tombé dans mes mains, et je ne l'ai

» pas lu, mais je l'ai dévoré, et n'ai pu en être distrait.
» Tout ce qu'il y a ici (à Paris) de gens de bien, et
» qui ont encore quelque zèle et quelque courage, sont
» charmés de votre livre. »

Aux attaques de Nicole il répondit par le *Vrai système
de l'Eglise*, dont les juges compétents dirent que c'était
le chef-d'œuvre de l'auteur. Jurieu y développe la doctrine de l'Eglise invisible en opposition à la société visible de Rome. Il fit aussi une *Histoire critique des dogmes
et des cultes*, où l'humanité est considérée dans son développement religieux. L'illustre défenseur de la foi ré-
ormée ne posa la plume que la veille du jour où il se
coucha dans le tombeau.

Pierre Allix (1641-1717) se retira en Angleterre après
la révocation. Il n'avait que trente ans lorsqu'il fut appelé
à succéder aux Drelincourt et aux Daillé. Ses discours
étaient pleins, solides, et d'une sobriété, d'une clarté de
style, qui les faisait également goûter des gens intruits
et des ignorants. Il avait préparé un dernier sermon sur
les adieux de saint Paul aux Ephésiens, qu'il devait encore prêcher à Charenton; mais le temple fut fermé huit
jours plus tôt qu'on ne pensait, par ordre du roi.

« Le docteur Allix, » dit un de ses biographes, « était
» aimé et estimé de tous les savants de son temps.
» Extrêmement zélé pour la religion protestante, il était
» toujours prêt à en prendre la défense contre ceux de
» l'Eglise romaine. Il désirait passionnément de réunir
» les protestants, surtout les luthériens avec les réfor-
» més, et il consulta souvent là-dessus avec les minis-
» tres de Genève, de Hollande et de Berlin. Il avait une
» profonde connaissance de toutes les sciences. Il pos-
» sédait très bien l'hébreu, le syriaque et le chaldéen;
» et comme il avait une vaste lecture et une excellente

» mémoire, il était en quelque sorte une bibliothèque
» vivante. » Quelques écrivains d'un grand poids l'ont
regardé comme le plus savant des ministres de Charenton.

A Londres, Pierre Allix reçut le titre de docteur honoraire des universités de Cambridge et d'Oxford. Le
clergé anglican avait une si haute idée de sa capacité
qu'il le chargea d'écrire l'histoire des conciles, et le
parlement même lui donna des marques particulières
de considération.

Jean La Placette (1639-1718) fut surnommé le Nicole
des réformés, à cause de ses nombreux et judicieux
écrits de morale. Il égalait le docteur janséniste dans la
connaissance du cœur humain, et le surpassait dans celle
des Ecritures. Son style est simple, châtié, et surtout
il est sincère, dans le sens le plus élevé du mot.

La Placette fut pasteur de l'Eglise française de Co-
penhague pendant vingt-six ans (1685-1711). Il dédia ses
Nouveaux essais de morale à la reine de Danemark. « Nos
» peuples, » dit-il dans la préface, « ne connaissent
» guère l'étendue de la pureté que l'Evangile exige de
» nous. Ils sont même prévenus d'un grand nombre de
» fausses maximes, tout autrement pernicieuses que des
» erreurs de pure spéculation. D'ailleurs nos écrivains,
» au moins ceux de notre nation, ont été forcés par
» l'importunité de nos adversaires de donner tout leur
» loisir à la défense de la vérité, de sorte qu'ils n'ont
» pu composer sur la morale qu'un très petit nombre
» d'ouvrages, qui ne traitent même que quelques ma-
» tières particulières. Ainsi cette partie de la religion
» qui en est, si je l'ose dire, l'âme et l'essence, et qu'il
» était si nécessaire de bien expliquer et de bien enten-
» dre, a été en quelque façon négligée. »

David Martin (1639-1721) s'est acquis un nom popu-

laire dans la communion réformée de France par les
corrections qu'il a faites aux anciennes versions de la
Bible. Sa traduction, sans être exempte de défauts, est
encore celle qui reproduit le plus fidèlement la simplicité et la force du texte original. Il avait été invité par
le synode des Eglises wallonnes, en 1694, à entreprendre ce travail et à y joindre des réflexions critiques.
Treize ans après, il publia sa nouvelle édition de la Bible en deux volumes in-folio.

Ce pasteur avait fait de la langue française une étude
particulière. « Il en possédait tellement les règles et les
» délicatesses, » dit Nicẹron, « qu'il fut en état de four-
» nir des remarques et des observations à l'Académie
» française. Il les lui envoya lorsqu'elle voulut faire im-
» primer la seconde édition de son dictionnaire. La let-
» tre de remerciement que l'Académie lui écrivit mar-
» que le cas qu'elle faisait de ses critiques. »

David Martin refusa deux fois d'être professeur ; mais
il prenait plaisir à donner chez lui des leçons de théologie aux jeunes étudiants d'Utrecht. A l'âge de plus de
quatre-vingts ans il conservait encore beaucoup de vigueur d'esprit. Le 7 septembre 1721, il prêcha sur la
Providence avec une force qui étonna tout son auditoire ; le sermon achevé, il ne put descendre de chaire
qu'en s'appuyant sur le bras de ses amis, et deux jours
après il rendit le dernier soupir. Ce pieux théologien
avait toujours souhaité de mourir en sortant de la maison
de Dieu.

Jacques Basnage (1653-1723), petit-fils de Benjamin
Basnage dont nous avons déjà parlé, surpassa tous les
membres de sa famille par la variété de ses connaissances, l'étendue de ses travaux et la grandeur du rôle qu'il
ut appelé à remplir. « Il était plus propre, » dit Vol-

taire, « à être ministre d'Etat que d'une paroisse. »

Basnage intervint en effet dans plusieurs négociations importantes. Il prit part aux conférences qui précédèrent la paix d'Utrecht, et demanda, mais inutilement, le rétablissement de la liberté religieuse en France. Peu après, le cardinal de Bouillon, qui s'était retiré en Hollande, lui confia les affaires qu'il avait à régler avec les Etats généraux. En 1716, l'abbé Dubois eut recours à l'entremise de Basnage pour conclure un traité avec les Provinces-Unies et l'Angleterre. Singulier spectacle que celui d'un pauvre pasteur exilé, qui agrandissait les alliances de sa première patrie !

Le régent s'adressa encore à lui pour empêcher le cardinal espagnol Albéroni d'exciter des soulèvements parmi les protestants des provinces méridionales. Basnage conseilla au gouvernement français de se mettre en rapport avec Antoine Court, et cet humble ministre du désert, condamné à mort par les lois, promit que la tranquillité du Languedoc ne serait point troublée. A cette occasion, et sur la demande expresse du duc d'Orléans, Basnage écrivit pour les réformés de France une instruction pastorale qui fut répandue avec profusion. L'auteur y soutient les principes du christianisme sur l'obéissance due au souverain ; mais peut-être, après avoir exhorté les opprimés à la soumission, aurait-il eu quelque chose de plus à dire aux oppresseurs.

Placé à la tête de l'Eglise française de La Haye, nommé historiographe des Etats généraux de Hollande, et entouré de l'estime publique, il fut aussi heureux qu'on peut l'être loin du pays natal. « Il était vrai, » dit un biographe, « jusque dans les plus petites choses. » L'usage du plus grand monde lui avait fait acquérir » une politesse qu'on trouve rarement parmi les sa-

» vants. Affable, prévenant, populaire, officieux, il
» n'avait pas de plus grand plaisir que celui de rendre
» service, et d'employer son crédit en faveur des misé-
» rables. »

On s'étonne qu'il ait pu, au milieu de ses occupations
politiques et des travaux de sa charge pastorale, composer tant d'écrits de théologie et d'histoire ecclésiastique. Quelques-uns sont très volumineux, entre autres
l'*Histoire de la religion des Eglises réformées*, l'*Histoire des
Juifs*, et celle de l'Eglise depuis Jésus-Christ jusqu'au
dix-huitième siècle. L'érudition de Basnage est vaste,
sa pensée pénétrante, son style ferme : il a élevé la
controverse à une hauteur qui n'a été atteinte que par
Bossuet.

Jacques Abbadie (1654-1724) fut le meilleur apologiste du christianisme, et l'un des plus habiles écrivains
de la communion réformée. Après avoir fait ses études
dans les académies de Sedan et de Saumur, il alla desservir l'Eglise française de Berlin. « La seule chose qui
me chagrine, » disait un jour le duc de Montausier à
l'ambassadeur du grand Electeur de Brandebourg, en
parlant d'un écrit d'Abbadie, « c'est que l'auteur de ce
livre soit à Berlin. » Si la France avait perdu l'une de ses
gloires, à qui la faute ?

Abbadie se retira ensuite en Angleterre, et mourut
doyen de la paroisse de Killalow en Irlande. On lit dans
une notice sur sa vie : « Ses mœurs polies par l'usage
» du grand monde étaient aisées et douces, et on n'a
» guère vu d'homme d'une humeur plus égale et plus
» obligeante que lui. Comme il avait de la gaieté dans
« l'esprit, et que sur toutes sortes de sujets il s'expri-
» mait avec autant de justesse, d'élégance et de feu que
» dans les ouvrages qu'il avait eu le temps de méditer,

» sa conversation était aussi agréable qu'utile, et on ne
» le quittait jamais sans regret. »

Son traité de l'*Art de se connaître soi-même* est plein
d'observations judicieuses, et montre que l'auteur avait
profondément médité sur les rapports de la conscience
humaine avec les devoirs de l'Evangile. Mais le plus
célèbre de ses ouvrages est le traité de la *Vérité de la
religion chrétienne*. Il obtint le suffrage des catholiques
aussi bien que des protestants. « Ce livre admirable, »
disait l'abbé Desfontaines quarante ans après, « efface
aux yeux de l'univers tout ce qui s'est publié avant lui
pour la défense du christianisme. Que de conversions
n'a-t-il pas opérées! que d'esprits forts n'a-t-il pas soumis!»

Mme de Sévigné écrivait au comte de Bussy-Rabutin :
« C'est le plus divin de tous les livres; cette estime est
» générale; je ne crois pas qu'on ait parlé de la religion
» comme cet homme-là. Je le relirai tous les trois mois
» du reste de ma vie. » Et le comte répondait avec le
même enthousiasme : « Jusqu'ici je n'ai point été tou-
» ché des autres livres qui me parlent de Dieu, et j'en
» vois bien aujourd'hui la raison : c'est que la source
» m'en paraissait douteuse ; mais la voyant claire et
» nette dans Abbadie, il me fait valoir ce que je n'es-
» timais pas. Encore une fois, c'est un livre admirable.
» Il me peint tout ce qu'il me dit, et force ma raison à
» ne pas douter de ce qui lui paraissait incroyable. »

L'auteur combat les athées dans la première partie de
son ouvrage, les déistes dans la seconde, et les soci-
niens dans la troisième. Il part de cette proposition : Il
y a un Dieu, pour arriver à celle-ci : Jésus est le Mes-
sie promis. Ensuite il remonte de cette dernière proposition à la première. Ce livre a été traduit dans plusieurs
langues, et il en a paru un grand nombre d'éditions.

Elie Benoît (1640-1728) était un savant et laborieux théologien. Nous acquittons une dette de reconnaissance en consacrant quelques lignes à l'auteur de l'*Histoire de l'édit de Nantes*, qui nous a beaucoup servi par la nôtre.

Pasteur de l'Eglise d'Alençon, il eut la douleur de voir son temple fermé, sous le futile prétexte que les fidèles, interrompus dans l'exercice de leur culte par la populace, avaient pris une attitude défensive. Il alla soutenir leur cause à Paris; mais au lieu de faire droit à ses plaintes, on lui répondit par des menaces.

Réfugié en Hollande, Benoît publia une lettre adressée à ses anciens paroissiens, et nous lisons dans ses mémoires qu'ils émigrèrent en masse; à peine en demeura-t-il en France la huitième partie. N'est-ce pas ce qui explique pourquoi la ville d'Alençon ne figure plus dans le catalogue des Eglises réformées?

L'œuvre capitale de Benoît est l'histoire que nous avons souvent citée. Elle doit être lue par tous ceux qui désirent connaître l'une des plus importantes périodes de la Réforme française. On voudrait peut-être dans cet écrit plus de précision et de brièveté : on n'y saurait vouloir plus d'exactitude. L'auteur a un jugement droit, une plume honnête et réservée, et n'éprouve d'autre passion que celle de la vérité.

Jacques Saurin (1677-1730) fut le plus grand prédicateur des protestants français. Il était né à Nîmes, où son père exerçait la profession d'avocat, et fit ses premières études à Genève. Il se laissa tenter, à l'âge de dix-sept ans, par le métier des armes, et devint porte-enseigne dans un régiment au service de la Savoie. La paix ayant été rétablie, il reprit ses travaux académiques sous les habiles professeurs Tronchin, Turretin et Pictet.

En 1701, il fut nommé pasteur d'une Eglise française à Londres. Quelques années après, ayant fait un voyage en Hollande, il eut l'occasion de monter dans les chaires de La Haye, et sa prédication y fut accueillie avec tant d'applaudissements que l'on créa pour lui, sous le nom de *ministre des nobles*, une place nouvelle qu'il occupa jusqu'à sa mort.

De 1708 à 1725 il publia cinq volumes de sermons; les sept autres, inférieurs aux premiers, n'ont paru qu'après lui. Il avait les grandes qualités de l'orateur chrétien : une connaissance approfondie de la Bible, une théologie saine et forte, l'art d'inventer des plans savants et originaux, une logique virile, des ornements tempérés et toujours sérieux, un style qui sert docilement la pensée et ne l'asservit jamais. On aimerait quelquefois à trouver plus d'onction dans sa parole et de correction dans son langage. Les malheurs des fidèles à qui Saurin annonçait l'Evangile ajoutèrent encore à sa puissance oratoire, en lui donnant je ne sais quoi de poignant et de tragique. Tel de ses sermons a pesé dans la balance des destinées de l'Europe.

Ce qui est moins connu que le fond des discours de Saurin, c'est l'action avec laquelle il les prononçait. « A » un extérieur tel qu'il le fallait pour prévenir son auditoire en sa faveur, » disent les journalistes du temps, « M. Saurin joignait une voix forte et sonore. Ceux » qui se souviennent de la magnifique prière qu'il pro- » nonçait avant le sermon n'auront pas oublié non plus » que leur oreille était remplie des sons les plus har- » monieux. Il aurait été à souhaiter que sa voix eût con- » servé le même éclat jusqu'à la fin de l'action; mais » comme nous n'avons pas dessein de faire un panégy- » rique, nous avouerons qu'il ne la ménageait pas as-

» sez. Un peu moins de feu l'aurait garanti de ce défaut.
» L'attente excitée par la prière n'était point trompée
» par le sermon : nous en appelons hardiment à cet
» égard à ses auditeurs. Tous sans aucune exception,
» au moins qui vaille la peine qu'on en parle, étaient
» charmés ; et tel, venu dans le dessein de le critiquer,
» en perdait l'idée à proportion de l'attention qu'il em-
» ployait à trouver quelque endroit susceptible de cri-
» tique (1). »

Saurin publia des lettres sur l'état du christianisme en
France. Il y reprochait aux réformés de n'avoir pas
quitté un pays où ils ne pouvaient célébrer librement
leur culte, et les qualifiait de temporiseurs. Le reproche
était trop dur, et il est peu regrettable que ses conseils
d'émigration en masse n'aient pas été suivis.

Il fut accusé devant les synodes wallons d'avoir justifié le mensonge officieux dans ses discours sur la Bible.
Ce fut l'objet d'une longue et laborieuse polémique.
Voici la déclaration que Saurin adressa aux synodes :
« Je n'ai prétendu, dans ma dissertation sur le men-
» songe, faire autre chose que rapporter *historiquement*
» les sentiments de ceux qui croient que le mensonge
» est toujours criminel, et de ceux qui le croient inno-
» cent dans certains cas. Par rapport à la sainteté et à
» la véracité de Dieu, comme aussi à l'obligation où
» les hommes sont de dire vrai, je m'en tiens à la doc-
» trine contenue dans mon catéchisme, que j'enseigne-
» rai toujours. »

On raconte que Saurin, si habile à démêler dans la
chaire les passions des hommes et leurs secrets mobi-
les d'action, ne savait plus les découvrir dons la so-

---

(1) *Bibliothèque française*, t. XXII, p. 288, 289.

ciété. Il y apportait peu d'expérience du monde, et une candeur, une confiance d'enfant. Rien n'était plus facile que de lui tendre des pièges et de l'y faire tomber. Sa vie en fut souvent troublée.

Jacques Lenfant (1661-1728) et Isaac de Beausobre (1659-1738) : deux noms qui doivent rester unis dans les pages de l'histoire, puisqu'ils ont figuré dans des œuvres communes. L'un et l'autre furent pasteurs à Berlin ; ils avaient le même tour d'esprit, le même goût pour les études historiques et critiques, les mêmes croyances, la même vie religieuse, et les mémoires contemporains attribuent à tous deux la même douceur de caractère.

Lenfant a écrit l'histoire des conciles de Constance, de Pise et de Bâle : livres dictés par la science et la conscience. Voltaire dit de lui qu'il contribua plus que personne à répandre la grâce et la force de la langue française aux extrémités de l'Allemagne. Beausobre, de son côté, s'est fait un nom justement célèbre par son histoire du manichéisme.

Ces deux auteurs se sont associés pour publier une nouvelle édition du Nouveau Testament avec des notes critiques. Beausobre eut pour sa part les épîtres de saint Paul, et Lenfant tous les autres livres du Nouveau Testament. La tâche de l'un était plus difficile, celle de l'autre plus étendue. « Cette distribution du travail, » dit le biographe de Beausobre, « n'empêcha pas qu'il » ne se fît de concert. Il y eut toujours entre eux à cet » égard une parfaite harmonie. Lorsque l'un pensait » différemment de l'autre, on discutait, on critiquait, » mais on se rendait avec joie au plus d'évidence. »

Les successeurs de cette illustre génération de pasteurs et de théologiens réfugiés ne nous appartiennent plus. Nés et élevés hors de France, leur gloire est la propriété des peuples qui les ont nourris sur leur sol hospitalier.

IX

Nous avons laissé les réformés travaillant avec zèle à la réorganisation de leurs Eglises. Ils remirent en vigueur beaucoup d'articles de l'ancienne discipline. Les consistoires, nouvellement rétablis, veillaient au maintien du bon ordre dans les troupeaux. Les assemblées se rapprochèrent des grands centres de population protestante, et se tinrent plus souvent de jour. En un mot, la période de 1730 à 1744 fut un temps de calme en comparaison de l'horrible tempête qui avait tout dispersé quelques années auparavant.

Le mouvement religieux s'étendit. Un jeune pasteur, qui unissait à une foi vive une grande prudence, Michel Viala, parcourut le haut Languedoc, et tint des assemblées aux environs de Castres et de Montauban. Le comté de Foix fut desservi par Pierre Corteis, le Béarn par Etienne Deffère, le Poitou et la Normandie par Jean Loire et André Migault. On voit que les pasteurs, toujours en petit nombre, devaient remplir la charge de missionnaires : leurs champs de travail étaient plus vastes que des diocèses.

Pour introduire plus de régularité dans leur enseignement et leurs maximes de conduite, ils résolurent de convoquer un synode général ou national, et cette assemblée s'ouvrit, le 18 août 1744, dans un lieu écarté du bas Languedoc, sous la présidence de Michel Viala. La plupart des anciennes provinces protestantes, depuis les Cévennes jusqu'à la Normandie, y étaient représentées ; cependant Paris et l'Ile-de-France n'y comptaient aucun délégué.

Le moment était bien choisi sous un rapport, et mal sous un autre. Il y avait pour les protestants plus de facilité à se réunir, parce que la guerre dirigeait au dehors toute l'attention du gouvernement et toutes les forces du pays. Mais cette guerre même devait inspirer au conseil plus d'ombrage en face d'une pareille assemblée.

Le premier soin du synode fut de déclarer qu'il voulait garder une inviolable fidélité au souverain. Il ordonna de célébrer, avant la fin de l'année, un jeûne solennel dans tous les troupeaux réformés du royaume, « pour la conservation de la personne sacrée de Sa Majesté, pour le succès de ses armes, pour la cessation de la guerre, et pour la délivrance de l'Eglise. » Les pasteurs furent exhortés à prêcher au moins une fois par an sur la soumission qui est due aux puissances établies.

L'assemblée prit de sages mesures pour l'observation de la discipline et la correction des mœurs. Elle invita les pasteurs à s'abstenir de traiter en chaire des points de controverse, et à ne parler qu'avec circonspection des souffrances du peuple réformé. Elle recommanda aux troupeaux de célébrer leur culte en plein jour autant que possible. L'art. 10 des résolutions portait : « Comme il y a plusieurs provinces, où l'on fait encore » des exercices de religion pendant la nuit, le synode, » tant pour manifester de plus en plus la pureté de nos » intentions que pour garder l'uniformité, a chargé les » pasteurs et les anciens des diverses provinces de se » conformer, autant que la prudence le permettra, aux » Eglises qui font leurs exercices en plein jour. »

Antoine Court était venu de Lausanne pour assister à cette grande assemblée; et après avoir apaisé un différend qui s'était élevé à propos d'un pasteur faussement accusé, il eut la joie de prêcher à un auditoire de dix mille personnes.

Cette réunion de tant de fidèles, ce synode général dont quelques membres étaient venus des extrémités du royaume, cette demi-publicité donnée à des actes que la loi qualifiait de crime et de rébellion, inquiétèrent le conseil et l'irritèrent. Il en vint à craindre que les protestants n'eussent de secrètes intelligences avec l'étranger.

Rien n'était plus faux. Jamais, depuis le seizième siècle, dans les temps même de la plus sanglante persécution, la masse des réformés n'avait oublié ses devoirs envers le prince et la patrie. Si, dans la guerre des camisards, quelques Cévenols avaient attendu des secours de l'Angleterre ou de la Hollande, ce n'était qu'une affaire locale et partielle. Mais les appréhensions de la cour, qui se réveillèrent sans cesse après l'édit de révocation, prouve cette grande vérité, qu'on n'est pas persécuteur impunément. Lorsque l'autorité publique se place hors des conditions de la justice, de la morale et de l'ordre, elle est victime la première de son attentat; et à défaut des remords dont le fanatisme ou la corruption peut l'affranchir, elle expie son crime par de continuelles et invincibles terreurs.

La calomnie joua son rôle dans ces déplorables circonstances, et l'opinion, mal éclairée sur les vrais sentiments d'une population de proscrits, adopta sans peine les plus grossiers mensonges. On prétendit que le pasteur Jacques Roger avait lu dans les assemblées religieuses un faux édit de tolérance, afin de pousser les protestants à la révolte; que les assistants portaient des armes dans leurs conciliabules; qu'ils avaient chanté un cantique pour demander à Dieu de donner la victoire aux Anglais; que leurs collectes pour les pauvres étaient une taxe militaire; que vingt-cinq mille camisards se tenaient prêts à joindre l'ennemi qui bloquait les ports de la Provence, que les couvents allaient être pillés, les religieux et les prêtres massacrés, et tout le midi de la France mis à feu et à sang.

Ces rumeurs populaires étaient encore plus extravagantes qu'odieuses, et ne renfermaient pas l'ombre même d'une vérité. Pourtant on y donna créance à la cour, et le baron Lenain d'Asfeld, intendant du Languedoc, fut chargé de demander indirectement aux consistoires et aux pasteurs du désert s'il était vrai que les religionnaires se fussent entendus avec l'ennemi. Il voulut savoir, en outre, si, en cas d'invasion, le gouvernement pouvait compter sur une levée de volontaires protestants. Nouvel exemple des funestes effets de l'intolérance : on se croyait forcé de traiter avec des Français comme avec des étrangers ; et pour n'avoir pas voulu voir en eux des citoyens, on n'osait plus compter sur eux dans les mauvais jours de la patrie.

Les protestants répondirent que pas un seul de leurs coreligionnaires ne se joindrait aux armées anglaises, qu'ils étaient tous prêts à faire leur devoir pour le service du roi, que les pasteurs ne cessaient de leur recommander l'obéissance, et que s'ils contrevenaient aux lois dans les choses de religion, c'était par une obligation supérieure à toute autorité humaine.

L'intendant Lenain, qui avait eu bien des occasions de connaître les protestants, ne se défia point de leurs assurances de fidélité. Il en fut autrement à Versailles,

où les objets étaient défigurés par la distanca et la peur.
La nouvelle du synode national de 1744 y produisit des
actes qui semblaient tenir de la démence.

On fit signer à Louis XV, au mois de février 1745,
deux ordonnances plus cruelles encore, s'il était possible,
que tout ce qui avait précédé. A la peine de mort contre les pasteurs, et des galères perpétuelles contre ceux
qui leur donneraient asile, on ajouta celle d'une amende
de trois mille livres contre tous les protestants du lieu
où un pasteur serait arrêté. Quant aux assemblées, il
n'était plus besoin d'y avoir assisté pour aller au bagne
et perdre tous ses biens : il suffisait de ne les avoir pas
dénoncées. Tout devenait crime avec ces lois ; et sur
quinze cent mille réformés, on aurait pu en condamner
la moitié, au bout de six mois, à ramer sur les chiourmes, et l'autre à mendier son pain.

Bien qu'il fût impossible d'exécuter ces ordonnances à
la lettre, et que ceux même qui les avaient rédigées ne
l'eussent pas souffert, elles furent suivies de cruels résultats. Les protestants eurent beau envoyer placets sur
placets au roi, aux ministres, aux intendants, à tous
ceux qui avaient le pouvoir de les aider : ces requêtes,
où ils exposaient dans le langage le plus humble leurs
souffrances et leurs inaltérables sentiments de fidélité,
ne parvenaient pas à leur adresse, et si elles y arrivaient,
on ne daignait pas les lire. Quelques-unes furent brûlées
ou affichées au pilori par la main du bourreau, comme
si leurs plaintes eussent été moins justes, parce qu'on
avait l'indignité de les flétrir.

Antoine Court a composé un mémoire historique sur
les persécutions qui recommencèrent après le synode de
1744. Son intégrité n'étant pas plus suspecte que
sa parfaite connaissance des événements, c'est à lui

surtout que nous emprunterons les faits qu'on va lire.

Les enlèvements d'enfants se multiplièrent dans les provinces, et particulièrement en Normandie : Court en donne la liste (et elle est longue) nom par nom. Ces rapts se faisaient ordinairement de nuit, comme des expéditions de brigands, par des compagnies d'archers à la tête desquels étaient les curés des paroisses. Quand la porte des maisons tardait à s'ouvrir, on l'enfonçait ; et puis les soldats, le sabre au poing, le blasphème à la bouche, renversant tout pour découvrir leur proie, insultant au désespoir et aux cris des mères, frappant les pères qui osaient se plaindre, enlevaient les enfants, de préférence les jeunes filles, et les traînaient dans des couvents. Les parents devaient leur payer une pension alimentaire, et si l'une des victimes s'échappait, ils en étaient rendus responsables. Ces horreurs provoquèrent une nouvelle émigration. Six cents familles de la Normandie profitèrent du voisinage de la mer pour sortir du royaume avec tout ce qu'elles purent emporter.

Pour les personnes notables on eut de nouveau recours aux lettres de cachet. Les religionnaires de moindre condition subirent les peines des sentences judiciaires ou administratives. Les parlements de Grenoble, de Bordeaux, de Toulouse, et les intendants de la Saintonge, de la Guyenne, du Dauphiné, du Quercy, du Languedoc, poursuivirent sans relâche les réformés qui avaient fait baptiser leurs enfants, ou bénir leurs mariages au désert.

Les assemblées religieuses furent épiées et attaquées avec acharnement. Le 17 mars 1745, deux compagnies de dragons se jetèrent sur une assemblée aux environs de Mazamet, firent feu, tuèrent plusieurs personnes, en blessèrent un plus grand nombre, et emmenèrent beaucoup de prisonniers. Des scènes du même genre se

passèrent près de Montauban, d'Uzès, de Saint-Hippolyte, de Saint-Ambroix et en d'autres lieux. Il fallut recommencer à s'assembler de nuit.

On compta, de 1744 à 1746, trois cents personnes
condamnées au fouet, à la dégradation de la noblesse, à
la prison perpétuelle, au galères, ou même à la mort,
par le seul parlement de Grenoble, qui se montra impitoyable, parce qu'il rendait la justice dans une province-
frontière, à quelques pas de l'ennemi campé sur les Alpes.
Les amendes étaient énormes. Dans une requête adressée
au roi en 1750, les protestants du Dauphiné disaient
qu'ils avaient dû payer plus de 200,000 livres, et que,
du fond de leurs prisons, ils entendaient vendre à l'enchère leurs meubles et leurs héritages.

Ainsi des autres provinces du Midi, avec quelques
adoucissements. Nîmes paya pour sa part au delà de
60,000 livres. Les intendants battaient monnaie avec
l'hérésie, comme on le fit avec l'aristocratie en 1793.

« Je pourrais produire ici, » dit Antoine Court, « d'abord
» une liste de plus de 600 prisonniers arrêtés depuis 1744
» (il écrivait en 1753) dans les provinces du haut et du
» bas Languedoc, hautes et basses Alpes, Vivarais, Dau-
» phiné, Provence, comté de Foix, Saintonge et Poitou :
» entre lesquels sont plusieurs gentilshommes, avocats,
» médecins, bons bourgeois, riches marchands, qui ont
» souffert de longues et dures prisons, et d'où ils ne sont
» sortis que par des amendes arbitraires et ruineuses. J'en
» pourrais produire une autre de plus de 800 personnes
» qui ont été condamnées à diverses peines, entre
» lesquelles il y a plus de quatre-vingts gentilshom-
» mes. »

Quelques condamnés, après avoir passé un certain
temps au bagne, obtenaient grâce par l'intervention de

protecteurs puissants, ou par des sacrifices pécuniaires, et c'est ce qui explique pourquoi il ne restait à Toulon, en 1753, que quarante-huit forçats pour cause de religion. Il faut tenir compte aussi de la mortalité qui frappait un grand nombre de ces malheureux, descendus tout à coup d'une position aisée dans un état si abject.

Des gentilshommes verriers du comté de Foix furent condamnés par l'intendant d'Auch aux galères perpétuelles, avec confiscation de tous leurs biens. L'un d'eux, Grenier de Lastermes, était un vénérable vieillard de soixante et seize ans. Il alla subir sa sentence au bagne de Toulon; ses deux fils moururent, l'un à côté de lui, l'autre sur les galères de Marseille. Nous avons lu une lettre de ce vieillard, naguère opulent, où il remercie le consistoire de Marseille de lui avoir fait donner deux sous par jour afin d'alléger sa misère! Il écrivait : « Occupé » aux travaux qu'on vous a marqués, n'ayant pour toute » nourriture que du pain et de l'eau, on ne peut s'en » exempter qu'en payant un sol tous les matins aux ar- » gousins; autrement on est exposé à demeurer attaché » à une poutre avec une grosse chaîne, la nuit et le jour. »

Les dragonnades se renouvelèrent à Milhau, à Saint-Affrique, et dans d'autres endroits du Rouergue, du Languedoc et du Dauphiné. On punissait de la sorte les gens du peuple pour le crime d'assistance aux assemblées.

Il y eut des sentences qui seraient risibles, si elles eussent été moins barbares. Non seulement des religionnaires furent poursuivis pour avoir introduit dans le royaume des Bibles et des livres de piété, mais un pauvre homme, nommé Etienne Arnaud, de Dieulefit, fut condamné, en 1744, aux galères perpétuelles et à l'exposition : pourquoi ? Parce qu'il avait enseigné le chant des psaumes à quelques jeunes gens. Son psautier et un exemplaire du Nouveau Testament furent cloués au carcan à côté de lui.

X

Les pasteurs continuaient à être plus que tous les autres l'objet de persécutions impitoyables. Si l'on y avait mieux réfléchi, on aurait vu, d'un côté, que les réformés étaient invinciblement attachés à leurs croyances, avec ou sans pasteurs; de l'autre, que ces ministres de la religion faisaient, même au point de vue politique, du bien plutôt que du mal, puisqu'ils retenaient l'explosion des ressentiments populaires, et recommandaient toujours l'ordre, la patience, le respect des lois. Mais ni les intendants, ni les parlements ne savaient comprendre que ces hommes étaient au nombre des citoyens les plus utiles, et trois pasteurs furent mis à mort en 1745 et 1746.

Le premier, Louis Rang ou Ranc, était âgé de vingt-six ans. Il fut arrêté dans une hôtellerie de Livron, condamné à la peine capitale par le parlement de Grenoble, et exécuté à Die, au mois de mars 1745.

« A Crest, » dit un écrivain contemporain, « le mi-
» nistre demanda la permission de se faire raser et ac-
» commoder les cheveux. Cet air de propreté lui parut
» nécessaire pour montrer mieux la sérénité qui régnait
» dans son âme, et le mépris qu'il faisait de l'injuste
» mort qu'il avait à subir. Il l'affronta en héros, et jamais
» la sérénité d'un chrétien ne fut supérieure à la sienne.
» En allant au supplice, il entonna le verset du psaume
» CXVIII : *La voici, l'heureuse journée*, qu'il répéta plu-
» sieurs fois. Les discours qu'il voulait faire ne purent
» être entendus. Dix tambours que l'on tenait près de
» lui faisaient tant de bruit que sa voix en fut étouffée.

» Sans prêter l'oreille à des Jésuites qui l'accompa-
» gnaient, il tint toujours les yeux levés au ciel, et fit
» paraître au dehors les sentiments de la piété la plus
» vive et la plus pénétrée. Au bas de l'échelle il se mit
» à genoux, fit sa prière, et monta ensuite avec cou-
» rage (1). »

Son cadavre fut outragé par la populace. Une dame
catholique eut la pudeur de faire donner une sépulture
à ces misérables restes.

Après le jeune serviteur de l'Evangile mourut le vétéran des assemblées du désert, celui qui avait relevé
les Eglises avec Antoine Court, Jacques Roger, vieillard de soixante et dix ans. Il fut pris dans le voisinage
de Crest. « Qui êtes-vous ? » lui demanda l'officier de
la maréchaussée. — « Je suis, » répondit-il, « celui
» que vous cherchiez depuis longtemps, et il était temps
» que vous me trouvassiez. » Comme Ignace d'Antio-
che, Jacques Roger soupirait après le martyre.

Enfermé avec d'autres prisonniers protestants, il les
exhorta à demeurer fermes dans la foi. Quand le bourreau vint le chercher : « La voici, » s'écria-t-il, « l'heureuse journée; le voici l'heureux moment que j'avais si
souvent désiré! Réjouissons-nous, mon âme, puisque
c'est l'heureux jour que tu dois entrer dans la joie de
ton Seigneur. »

Il pria les Jésuites qui l'importunaient de ne pas le
troubler davantage dans son recueillement, et marcha
au bruit des tambours qui ne cessaient de battre. « Il
» n'y eut personne, » dit encore Armand de La Chapelle, « qui ne lût sur le visage de ce saint confesseur
» la sérénité profonde, la piété sincère et le zèle ardent

---

1) Armand de La Chapelle, *La nécessité du culte public*, etc.

» de son âme. Les Jésuites eux-mêmes en parlèrent
» avec éloge, et diverses personnes de la communion
» romaine ne purent s'empêcher d'en paraître attendries.
» Après avoir fait sa prière à genoux au bas de l'échelle,
» il monta les échelons avec le même air de confiance
» modeste qu'il avait eu jusque-là. » On jeta le corps
de Jacques Roger dans l'Isère, après l'avoir laissé
vingt-quatre heures au gibet.

Le troisième, celui qui excita les plus ardentes sympathies, fut exécuté le 2 février 1746. Il se nommait
Matthieu Majal, et portait, selon la coutume des pasteurs du désert, le surnom de Désubas. Il n'avait aussi
que vingt-six ans.

Surpris à Saint-Agrève, dans le Vivarais, on le conduisit à Vernoux. La nouvelle de son arrestation répandit une douleur universelle. Au moment où il passait
dans un village, quelques paysans désarmés supplièrent
le commandant de relâcher leur pasteur, et l'un d'eux,
s'élançant vers Désubas, le tint étroitement embrassé,
en demandant qu'il fût remis en liberté. Pour toute réponse, le commandant fit tirer sur ces paysans, et en
tua six.

Le lendemain, jour d'exercice religieux, un rassemblement plus considérable, mais également sans armes,
pénètre dans la bourgade de Vernoux. L'officier craint
un soulèvement; il ordonne de tirer du haut des maisons
contre cette troupe qui ne voulait combattre que par ses
gémissements et ses prières. Trente de ces malheureux
tombent morts, deux à trois cents autres sont blessés.

Alors les montagnards du Vivarais se jettent sur leurs
armes, et se préparent à venger le meurtre de leurs
frères. Heureusement les pasteurs accourent, s'interpo-
sent, les supplient au nom de leur foi, de leurs familles,

de leur patrie, au nom du salut commun, de s'arrêter. « Ce n'est qu'à cette condition, » leur dit le plus vénéré de ces pasteurs, « que je continuerai mon ministère au milieu de vous. »

Désubas lui-même leur écrit ce billet du fond de sa prison : « Je vous prie, messieurs, de vous retirer. Les » gens du roi sont ici en grand nombre. Il n'y a eu déjà » que trop de sang répandu. Je suis fort tranquille, et » entièrement résigné aux volontés divines. »

Les paysans cèdent; ils laissent tomber leurs armes. Mais de Vernoux à Montpellier, le long de la route où passait le pasteur, ils se tiennent debout, mornes, consternés, les yeux en pleurs, ayant peine à retenir leurs bras frémissants. Tous leurs ministres sont là, cachés dans cette multitude, et tâchant de l'apaiser par les saintes paroles de l'Evangile.

Désubas arrive à Montpellier au moment de la tenue des Etats. Tout le corps du clergé s'empresse autour de lui, ne sollicitant qu'un mot, un seul mot d'abjuration. Vains efforts! le pasteur du désert est plus ferme devant les séductions de ses persécuteurs que devant les larmes de son peuple : il s'était depuis longtemps dévoué à la mort.

L'intendant Lenain lui demande, non pour s'en instruire personnellement, mais pour l'acquit de sa charge, si les protestants n'ont pas une caisse commune, s'ils n'ont pas fait un amas d'armes, s'ils ne sont pas en correspondance avec l'Angleterre. « Rien de tout cela n'est vrai, » répond le prisonnier ; « les ministres ne prêchent que la patience et la fidélité au roi. — Je le sais, monsieur, » dit l'intendant d'une voix émue.

L'arrêt de mort de Désubas est prononcé. Les juges pleuraient, l'intendant aussi. « C'est avec douleur que

nous vous condamnons, » lui dit-il, « mais ce sont les
ordres du roi. — Je le sais, monsieur, » répond à son
tour le pasteur du désert.

L'instrument du supplice est dressé sur l'esplanade
de Montpellier. Désubas y est conduit, tête nue, pieds
nus, au milieu d'un immense concours de spectateurs.
On brûle sous ses yeux les papiers et les livres qu'on
avait trouvés sur lui. Le bruit de quatorze tambours
étouffe sa voix. Il garde une contenance calme, repousse les Jésuites qui lui présentaient un crucifix, prononce une courte prière, monte d'un pas ferme l'échelle
fatale, et rend son âme à Dieu.

On put reconnaître ici la profonde opposition qui
existait déjà entre les lois et les mœurs. Les magistrats
ne frappaient qu'en se révoltant contre le texte légal, et
leur cœur ne trouvait qu'un innocent dans celui qu'ils
étaient forcés de traiter en coupable. Tous les catholiques de quelque éducation intellectuelle et morale furent consternés du supplice de Désubas. Les protestants, au contraire, bénissaient Dieu de leur avoir donné
un si héroïque martyr, et son nom retentit longtemps
dans les légendes populaires, sous le chaume des
paysans du Vivarais et du Languedoc.

Néanmoins ce redoublement de persécutions avait
lassé la patience de beaucoup de réformés. A défaut de
la liberté religieuse, ils demandèrent la permission de
vendre leurs propriétés pour s'exiler du royaume. « Ne
» nous étant pas possible, » écrivirent-ils à Louis XV,
« de vivre sans l'exercice de notre religion, nous som-
» mes réduits malgré nous à supplier Votre Majesté, avec
» l'humilité et le respect les plus profonds, qu'il lui
» plaise de nous permettre de sortir du royaume avec
» nos femmes, nos enfants et nos effets, pour nous re-

» tirer dans les pays étrangers, où nous puissions libre-
» ment rendre à la Divinité le culte que nous croyons
» indispensable, et duquel dépend notre bonheur ou no·
» tre malheur pour l'éternité. »

Au lieu d'accorder cette autorisation, le conseil répondit par une aggravation de rigueurs, surtout après la
paix d'Aix-la-Chapelle, en 1748. Les troupes manquaient d'emploi ; la cour avait du loisir ; elle se souvint
des inquiétudes que les hérétiques lui avaient fait éprouver pendant la guerre, et resolut de tenter encore un
coup décisif pour en finir, s'il était possible, avec ce
peuple de proscrits.

Il est pénible de découvrir continuellement la main du
clergé dans ces scènes de violence, de spoliation et de
mort. Le vénérable Malesherbes, le baron de Breteuil,
Rulhières, Joly de Fleury, Gilbert de Voisins, Rippert
de Monclar, les hommes d'Etat les plus graves, les
magistrats les plus éminents qui ont écrit sur les affaires religieuses de cette époque, n'ont qu'une voix là-
dessus. Ils s'accordent à signaler l'action des prêtres,
action opiniâtre, incessante, tantôt hautaine, tantôt sou-
ple et humble, mais demandant toujours l'emploi des
derniers moyens de contrainte et de sévérité pour le rétablissement de l'unité religieuse.

Ce qui est encore plus intolérable, c'est que dans le
temps même où il réclamait la stricte exécution des horribles ordonnances de 1724 et de 1745, le clergé ne
manquait pas de dire que l'Eglise ne veut user que de
moyens charitables et paternels. Peut-on concevoir,
imaginer, rêver la possibilité d'une si flagrante contradiction ?

Quoi donc ? Frapper à toutes les portes, assiéger les
bureaux de tous les ministères, s'adresser au prince,

menacer, solliciter, prier, offrir même de l'argent : et dans quel but ? Pour opprimer la conscience de plus d'un million de protestants ; pour les persécuter jusque dans le sanctuaire du culte domestique ; pour les contraindre à faire baptiser leurs enfants par un prêtre sous peine de bâtardise ; pour forcer les époux à demander la bénédiction catholique sous peine de n'avoir plus d'état civil ; pour lancer enfin des soldats contre les assemblées, des geôliers et des bourreaux contre les pasteurs : et tout cela n'était qu'une œuvre de douceur, de charité, d'amour fraternel !

Il y eut un évêque de Castres qui demanda un régiment de dragons afin de dissoudre les assemblées, en ayant soin d'ajouter que les soldats ne feraient aucun mal à ses ouailles, parmi lesquelles il comptait les frères réunis. L'évêque d'Aire fit des plaintes sur ce que l'usage de constater le refus des sacrements au lit de mort des hérétiques était tombé en désuétude, et il voulait recommencer les procès intentés aux cadavres. Le comte de Saint-Florentin, secrétaire d'Etat pour les affaires religieuses, quelle que fût sa complaisance envers le clergé, se crut obligé d'adresser de sévères admonestations a ce prélat.

Au reste, l'idée de liberté religieuse, ou même de simple tolérance, paraît avoir été absolument étrangère aux ecclésiastiques romains du temps; ils ne la comprenaient point ; et s'ils l'entrevoyaient chez d'autres, ils la combattaient comme une impiété. Nous en avons la preuve dans une lettre qui fit beaucoup de bruit en 1751. Elle portait la signature de Chabannes, évêque d'Agen.

Un papier lui était tombé entre les mains contenant ce qui suit : « C'est l'intention de M. le contrôleur gé-

» néral que l'on accorde toutes sortes de protection
» au sieur Frontin, marchand huguenot, et qu'il soit si
» bien traité que la connaissance qui en parviendra aux
» négociants de cette espèce les engage à revenir dans
» ce royaume. » Il s'agissait donc uniquement de rouvrir les portes de la France à quelques réfugiés industrieux, en les laissant vivre en paix.

Aussitôt l'évêque prend la plume pour exprimer au
contrôleur général Machault son *étonnement* et sa *douleur*.
La lettre de Chabannes est longue et habilement composée. Il ne parle guère du dogme, sachant bien que ce
genre d'arguments toucherait peu des incrédules ; mais
il développe à sa manière le côté politique de la question. Les calvinistes, à l'entendre, sont ennemis des rois,
rebelles par principe, républicains par système ; ils ont
mis plusieurs fois le royaume à deux doigts de sa perte,
et le feraient encore s'ils étaient rappelés. Louis XIV a
eu la sagesse de délivrer le corps de l'Etat de ces hu-
meurs vicieuses et peccantes qui ont fait tant de ravages (nous copions textuellement) ; Louis XV marchera
dans la même voie. Quant à la pensée de permettre
aux ministres huguenots de fonctionner en France, c'est
une énormité à laquelle l'évêque ne s'arrête même pas.
« Le ciel, qui a toujours protégé cette monarchie, »
dit-il en terminant, « le ciel qui a uni jusqu'à présent la
» religion avec elle par des liens qui n'ont pas été rom-
» pus, m'inspire cette confiance. Nous ne serons pas
» témoins du libre exercice du calvinisme. Non, le fils,
» l'héritier, l'imitateur de Louis le Grand, ne rétablira
» pas les huguenots. »

Le contrôleur général, qui n'aimait pas les prêtres,
mais qui craignait leurs intrigues et leurs dénonciations,
s'empressa de désavouer le papier plus ou moins apo-

cryphe qui avait causé tant d'humeur à l'évêque d'Agen, et l'affaire en demeura là. On doit encore noter ici la différence des opinions et des temps. Aujourd'hui un prélat qui tiendrait le langage de Chabannes semblerait atteint de folie; au milieu du dix-huitième siècle, l'évêque Chabannes était taxé par ses confrères d'une excessive indulgence : il passait pour trop modéré.

Monclus, évêque d'Alais, portait effectivement ses exigences beaucoup plus loin. Tout en avouant que la persécution ne change pas les cœurs et que la conversion n'est qu'une œuvre de la grâce, il sollicita publiquement, en 1751, une nouvelle déclaration royale contre les protestants. Il ne voulait plus de formalités judiciaires. Les huguenots qui refuseraient d'accomplir les actes de catholicité devaient être, selon ce prélat, sommairement jugés par le commandant de la province ou par l'intendant. Il accusait les magistrats de s'être relâchés de la sévérité des ordonnances, infidélité d'où étaient sortis tous les maux du royaume. Plus d'intervention des parlements; omnipotence militaire ou administrative; jugements arbitraires et absolus.

Le procureur général au parlement d'Aix, Rippert de Monclar, défendit la religion, la justice, la morale et l'humanité outragées par ce prêtre. Il répondit dans un *Mémoire théologique et politique* publié en 1755, que les sentiments du prélat étaient aussi irréligieux qu'inhumains, et tendaient au renversement total de la société. « Si les évêques ont raison de se plaindre, » ajoute-t-il, « de la profanation des sacrements de la part des pro- » testants, et de l'inutilité des épreuves qu'ils exigent » depuis soixante et dix ans, pourquoi veulent-ils donc » les forcer à continuer les mêmes actes de catholi- » cisme, en sollicitant contre eux l'exécution continue

» et rigoureuse des ordonnances royales ? Pourquoi les
» mettre par là dans la nécessité de renouveler ces hor-
» ribles impiétés dont on se plaint ? Est-ce donc qu'il
» vaudrait mieux fouler aux pieds notre sainte religion
» que de ne la point professer du tout ? Qui a jamais
» ouï dire qu'on pouvait forcer quelqu'un, malgré son
» inclination et sa croyance, à recevoir des mystères
» redoutables, dont la foi seule aussi bien que l'amour
» et l'ardeur doivent nous faire approcher, et dont on
» doit éloigner les catholiques eux-mêmes, tant soit peu
» froids et indifférents ? Les profanations passées ont
» fait frémir le ciel et la terre, et on se prépare cepen-
» dant à nous en renouveler le spectacle affreux » (p. 9,
45, 46).

Rippert de Monclar dit que ces hérétiques, après
tout, ne sont pas de pire condition que les juifs, à qui
l'on accorde bien, non seulement la faculté de se marier hors de l'Eglise, mais encore le libre exercice de
leur religion. Il demande si l'on doit envelopper dans
une même condamnation, avec les cent cinquante mille
pères et mères qui ont contracté des mariages clandes-
tins, toute la multitude des enfants nés ou à naître.
« Quel mal ont-ils fait, » s'écrie-t-il, « pour les rendre
» l'opprobre de toute la terre ? »

Il prouve d'ailleurs que les persécutions demandées
par l'évêque d'Alais ne seraient pas plus efficaces qu'elles ne l'avaient été. « Si l'on donnait à ce prélat, »
dit-il, « une liste exacte de tous les ministres protestants
» qu'on a mis à mort ; de toutes les personnes de tout
» âge et de tout rang qu'on a envoyées aux galères ; de
» toutes les taxes, amendes et autres contributions qu'on
» a exigés ; de tous les enfants qu'on a enlevés à leurs
» parents : de tous les mariages qu'on a cassés et décla-

» rés concubinages publics ; de tous les biens qu'on a
» adjugés en conséquence aux collatéraux; de toutes
» les personnes qu'on a emprisonnées et retenues dans
» une longue captivité ; de tous les décrets qu'on a por-
» tés contre une infinité d'autres; de tous les excès
» même, et de tous les meurtres affreux commis par les
» troupes du roi, et contre les intentions de Sa Ma-
» jesté : hélas! cette liste, formerait des volumes en-
» tiers. Tous les coins de la France retentissent des
» cris de ces malheureux; ils attirent même la compas-
» sion de tous ceux qui se font gloire, je ne dis pas
» d'être chrétiens, mais d'être hommes, et un évêque
» y est insensible, et cherche même à les redoubler!
» Ne lui siérait-il pas mieux, après avoir planté et ar-
» rosé en leur faveur, de gémir pour eux entre le ves-
» tibule et l'autel ? » (p. 48, 49.)

Cette leçon de morale et de pudeur publique, donnée
par la magistrature au clergé, était aussi méritée que
sévère : elle ne fut pas seule, comme nous aurons lieu
de le montrer.

XI

Le gouvernement n'obéissait pas non plus de tout
point aux évêques : il ne l'osait ni ne le voulait. Néanmoins il leur accordait beaucoup, et d'autant plus qu'il
avait besoin de réparer ses finances épuisées par la
guerre. Les prélats consentaient à augmenter leurs
dons gratuits, mais sous la condition expresse que
l'extirpation de l'hérésie se poursuivrait avec plus de
rigueur.

Les protestants, de leur côté, ne se lassaient pas de
réclamer par toutes les voies pacifiques le redresse-

ment de leurs griefs. Sept pasteurs du désert adressé-
rent à Louis XV, le 21 décembre 1750, une nouvelle et
respectueuse requête dans laquelle, après avoir exposé
que le culte en commun, les baptêmes, les mariages et
les sacrements de leur communion étaient pour eux une
affaire de conscience, ils disaient : « Vos troupes nous
» poursuivent dans les déserts comme si nous étions
» des bêtes féroces ; on confisque nos biens ; on nous
» enlève nos enfants ; on nous condamne aux galères ;
» et quoique nos ministres nous exhortent sans cesse à
» remplir nos devoirs de bons citoyens et de fidè-
» les sujets, on met leur tête à prix, et lorsqu'on peut
» les arrêter , on leur fait subir les derniers sup-
» plices. »

Louis XV et son conseil ne tinrent pas plus compte
de cette pétition que des autres. Les protestants étaient
au fond des provinces; ils n'avaient pas de dons gratuits à offrir, pas de haute protection à invoquer.
On les regardait comme suspects par cela seul qu'on
les avait proscrits , et le mal qu'on leur avait fait
était la meilleure raison de leur en faire encore davantage.

Ces détails sur les sentiments de la cour, et les inces-
santes provocations du clergé, servent à expliquer le
redoublement de persécutions que les protestants eurent à subir de 1750 à 1755. L'intendant Lenain ,
homme rigide, mais qui s'était adouci en apprenant à
mieux connaître les religionnaires, fut remplacé dans le
Languedoc par le vicomte Guignard de Saint-Priest,
qui, sans avoir ni fanatisme ni dureté de caractère, se
fit l'exécuteur des mesures les plus violentes. On attaqua de nouveau des assemblées près du Cayla, du Vi-
gan et d'Anduze. Dans la dernière rencontre, trois

hommes furent tués, d'autres blessés, d'autres menés
en prison. Les poursuites devinrent si acharnées qu'il
fallut renoncer à faire des exercices religieux le dimanche.

L'intendant reçut l'ordre de procéder à une *rebaptisation* générale des enfants, et à une *rebénédiction* des mariages de toute la population réformée : les mots sont
aussi barbares que la chose même. Il convoqua donc
les notables à Nîmes et ailleurs, en 1751, et leur enjoignit de faire porter leurs enfants aux églises paroissiales dans un délai de quinze jours : à défaut de quoi ils
seraient punis selon la rigueur des ordonnances. Les
curés et les consuls catholiques étaient chargés de
dresser la liste des récalcitrants. Guignard de Saint-
Priest prit la peine, assez ridicule, en pareille circonstance, d'entamer un chapitre de controverse,
comme aurait fait un docteur de Sorbonne, et d'établir
que le baptême catholique étant reconnu valable par
les religionnaires, le rejeter serait un' *entêtement sans
objet*.

Les protestants répondirent à ce controversiste armé
que les curés entendaient tout autrement la question,
qu'ils exigeaient la promesse de faire élever les enfants
dans la foi romaine, qu'ils traitaient et faisaient punir les
baptisés comme relaps s'ils ne restaient pas catholiques, et que le clergé avait posé la maxime suivante :
« L'Eglise a tout pouvoir sur ceux qui ont reçu le bap-
» tême, ni plus ni moins que le roi a un plein droit sur
» la monnaie qu'il a faite à son coin. »

Se voyant à bout de bonnes raisons, le vicomte de
Saint-Priest reprend un rôle qui lui va mieux, et pro-
nonce contre les opiniâtres les plus terribles menaces.
Les opprimés s'épouvantent. Ils abandonnent maisons,

champs, ateliers, fabriques, et se sauvent dans les bois et les cavernes.

L'intendant s'en irrite; et le 1ᵉʳ septembre 1751, il écrit à l'un de ses subdélégués : « Ils se font illusion » s'ils espèrent que le roi changera de sentiment, ou » que je négligerai l'exécution des ordres précis que Sa » Majesté m'a donnés à ce sujet. Je veux bien cepen- » dant leur accorder encore un délai. » Mais la déser- tion alla en augmentant, et Saint-Priest recommença les dragonnades par des billets de logement ainsi conçus : » Le sieur N., cavalier de la maréchaussée, demeurera » en garnison chez ***, jusqu'à ce qu'il ait fait porter ses » enfants à l'église pour leur faire suppléer les cérémo- » nies du baptême par le curé du lieu; et il se fera » payer 4 livres par jour jusqu'à parfaite obéissance, lui » déclarant que la garnison sera renforcée. »

Un commandant, du nom de Pontuan ou Pontual, criait dans les rues du Cayla : « Que personne ne se » flatte, il faut que tous les huguenots obéissent ou » qu'ils périssent, dussé-je périr moi-même ! » Les sol- dats, aidés de quelques-uns des catholiques, et souvent accompagnés des prêtres du lieu, traquèrent les enfants dans toute la contrée, mirent la main sur eux comme sur des malfaiteurs, et les traînèrent à l'église.

« Il y en avait, » dit Antoine Court, « de dix, douze, » quatorze ans, qui ne voulaient point absolument se » laisser mener à l'église, et qu'il fallait traîner à force » de bras; d'autres perçaient les cœurs et les airs des » cris les plus touchants; des troisièmes se jetaient en » lions sur ceux qui voulaient les saisir, et leur déchi- » raient avec les mains la peau et l'habit. D'autres, » n'ayant pas de meilleurs moyens de se venger, tour- » naient en ridicule la cérémonie qu'on allait faire sur

» eux. On les avait déjà couverts d'un linge blanc, et
» on apportait de l'eau pour la répandre sur leur tête
» lorsque tout à coup, élevant la voix, ils s'écrièrent :
» *Est-ce qu'on veut nous faire la barbe?* Le curé et la
» garnison de Lussan tourmentèrent si fort les enfants
» du village, en les traînant à l'église, où on les en-
» ferma sous clé, qu'il y en eut qui dirent au curé
» qu'en le voyant il leur semblait voir le diable, et
» d'autres, plus désespérés encore, lui crachaient au
» visage (1). »

Et dans un pareil état, au milieu de ces scènes brutales et ignobles, on leur administrait de force le baptême! Si l'on nous disait que de tels actes ont été commis par une horde de sauvages, nous ne voudrions pas
le croire, et il y a un siècle à peine qu'ils se sont passés
au milieu de la France!

Après avoir achevé la rebaptisation au Cayla, le commandant Pontual, qui déployait d'autant plus de zèle
qu'on lui donnait des gratifications pour les prises d'enfants, continua ses expéditions dans toute la Vaunage,
le long du littoral, dans les plaines, mettant chez les
absents et les opiniâtres des garnisaires, jusqu'au nombre de quinze ou vingt, qui brisaient, saccageaient,
démolissaient tout.

La cour de Versailles, se réjouissant de voir tant d'enfants rebaptisés, ordonna de poursuivre l'œuvre dans les
montagnes. Mais là fut le terme des exploits de Pontual.
Les vieux souvenirs des camisards se réveillèrent. Quelques paysans, plutôt encouragés que retenus par leur
ministre Coste, reprirent le mousquet, en déclarant qu'au
premier acte de violence contre leurs enfants, il y aurait

---

(1) *Mémoire historique*, p. 65, 66.

du sang répandu. Ni les curés ni les soldats n'en tinrent compte. Alors les Cévenols se mirent en embuscade ; et voyant passer quelques prêtres qui servaient de guides à la maréchaussée, ils firent feu sur eux, aux environs de Lédignan, sur les bords du Gardon, le 10 août 1752. Trois curés furent blessés, dont deux mortellement.

Ces coups de fusil produisirent un effet extraordinaire. Les soldats évacuèrent la montagne ; l'intendant s'arrêta court ; Versailles s'émut et s'inquiéta ; on se ressouvint de la guerre des camisards ; l'entreprise des rebaptisations fut abandonnée, et cette fois pour toujours. S'il y avait eu du fanatisme dans le cœur des ministres d'Etat, la guerre civile se serait rallumée avec toutes ses fureurs ; mais ce n'étaient que des incrédules qui parodiaient, en se jouant, les passions des générations éteintes, et aux premiers symptômes d'un conflit sérieux, ils en eurent assez.

L'émigration, qui s'était renouvelée sur une large échelle, contribua encore à calmer leur factice emportement. On avait dû faire garder les passages comme en 1685, et les protestants s'étaient servis des mêmes moyens pour échapper à la vigilance de la maréchaussée. Le Languedoc, le Dauphiné, la Saintonge, déjà si appauvris par l'édit de révocation, menaçaient de perdre les derniers restes de leur industrie. Devant cette perspective la frivolité de Versailles recula.

Peu de semaines après ce commencement d'insurrection, le marquis de Paulmy, ministre de la guerre, visita les forteresses du Languedoc. Homme prudent et intègre, il accueillit avec bonté les plaintes des protestants, et défendit aux officiers subalternes de les maltraiter.

Un pasteur, François Bénezet, avait été condamné au dernier supplice pendant les persécutions ; il fut exécuté

à Montpellier, le 27 mars 1752. Importuné des obses-
sions d'un abbé qui ne cessait de lui dire : « Vous êtes
» damné, vous n'aurez que l'enfer pour partage, si vous
» n'abjurez pas, » il lui répondit : « Si vous étiez per-
» suadé qu'il y a un enfer, me persécuteriez-vous comme
» vous faites ? et aurais-je été condamné à perdre la vie
» sur un gibet par cela seul que j'ai adressé quelques
» exhortations à mes frères ? »

Il voulut parler au pied de la potence : le bruit des
tambours étouffa sa voix. Il mourut en chantant le
psaume cinquante et unième. Bénezet laissait un enfant
de deux ans et une femme enceinte. Comme Louis Ranc
et Désubas, il n'avait que vingt-six ans.

Un autre pasteur, Jean Molines, dit Fléchier, n'eut pas
le même courage. Il abjura en face de l'échafaud ; mais
jusqu'à son dernier soupir il en fut inconsolable Retiré
en Hollande, et réintégré dans la communion des fidèles
après avoir donné les marques du plus profond repentir,
il ne put se pardonner à lui-même d'avoir failli. Un
témoin oculaire raconte que sa figure, sillonnée de rides,
portait l'empreinte du désespoir. Son regard s'était éteint
dans les larmes ; sa tête retombait sur sa poitrine. Devenu
insensible à tout ce qui l'entourait, il ne se comptait plus
parmi les vivants. Molines mourut trente ans après, en
regrettant la couronne du martyre.

Pendant qu'il était en prison, quelques prêtres publièrent sous son nom une *Lettre et abjuration du sieur Molines*.
Les protestants répondirent à cette œuvre de fraude
pieuse : « On ne comprend pas comment ses convertis-
» seurs lui ont laissé dater son abjuration de la citadelle
» de Montpellier. Une citadelle ne fut jamais une école
» de lumière, ni un moyen de convaincre les gens de
» la vérité d'une religion. Toute rétractation qui part

» d'une main enchaînée est si fort suspecte qu'on n'ose-
» rait la faire valoir devant aucun tribunal. »

XII

Il nous reste encore à traverser une époque de persécutions générales, surtout dans la province du Languedoc : heureusement elle dura peu, et ce fut la dernière.

L'auteur de ces nouvelles poursuites était un seigneur
célèbre par ses aventures galantes, le plus brillant épicurien du dix-huitième siècle, un incrédule qui protégeait Voltaire et que Voltaire encensait, le maréchal de
Richelieu en un mot. Assurément, de tous les rôles qu'il
pouvait jouer, aucun ne lui convenait moins que celui
d'inquisiteur de la foi.

Il avait depuis longtemps, comme gouverneur du Languedoc, témoigné quelque bienveillance pour les religionnaires, lorsque tout à coup, au mois de février 1754,
il fit afficher dans les principales villes ou bourgades
des diocèses de Montpellier, Nîmes, Uzès et Alais un
·ban, ou instruction aux commandants militaires, qui réveilla toutes les alarmes des protestants. Le maréchal
ne parlait plus de rebaptisation ; cette affaire avait trop
mal réussi ; mais il s'en prenait aux assemblées du désert, et prétendait leur appliquer les plus rigoureuses
dispositions de l'édit de 1724.

L'ordre était donné d'arrêter les nouveaux convertis,
réfugiés ou gens suspects, qui viendraient des pays
étrangers sans une autorisation expresse. Les assemblées
devaient être soumises à la plus stricte surveillance, et
dispersées par la force. On devait faire autant de prisonniers qu'on pourrait, s'emparer surtout des prédi-

·cants, tirer sur eux s'ils tentaient de fuir, et ne relâcher personne avant d'avoir reçu de nouvelles instructions. Une récompense de mille écus était promise à qui ferait prendre un ministre, et l'on ordonnait d'arrêter tous ceux qui se trouveraient dans la même maison que lui.

Quand ce ban parut, chacun demanda ce qui l'avait provoqué. Une tolérance tacite s'était établie depuis l'affaire de Lédignan. Les réformés avaient repris confiance. Ils se réunissaient paisiblement, sans trop de mystère et sans ostentation, au fond de quelque vallée, ou sur les sommets de leurs montagnes. Leurs relations avec les catholiques devenaient plus faciles ; l'agriculture, l'industrie, le commerce, les revenus de l'Etat, tout y gagnait. Pourquoi donc ce nouvel appel à la force brutale ?

On ne l'a jamais bien su. La mauvaise humeur d'un ministre d'Etat, quelques lettres pressantes du clergé, le caprice ou la vanité d'un gouverneur, qui se flattait peut-être de terminer par d'ingénieuses combinaisons une lutte qui subsistait depuis quatre-vingts ans : cela suffisait, dans ce temps-là, pour commencer la persécution. Mais si le duc de Richelieu avait espéré d'en venir à bout au moyen d'un plan de stratégie, il y fut trompé. Le courtisan de Louis XV avait trop jugé de la conscience des protestants par la sienne.

Quelques assemblées furent momentanément suspendues, d'autres attaquées. Les prisons se remplirent ; la tour d'Aigues-Mortes compta dans son enceinte quelques pauvres femmes de plus ; pourtant le grand nombre ne se soumit point. Richelieu fit part de ses embarras à Versailles et le comte de Saint-Florentin lui répondit : « Le roi juge qu'il faut absolument leur faire perdre le » goût et l'habitude de s'assembler. » C'était facile à écrire dans une dépêche ; mais le *goût de s'assembler*, inhérent à toute foi sincère, était bien autrement fort que la volonté de Louis XV.

Les protestants redoublèrent seulement de précautions dans leurs exercices religieux. On connaissait les jours de sortie des troupes, la direction qu'elles prenaient, le nombre des soldats mis en campagne, le caractère plus ou moins emporté des chefs. Les fidèles étaient avertis, même par des catholiques qui avaient honte de ces violences, et au premier signal d'alarme, ils se dispersaient. Que si, malgré leurs mesures de sûreté, ils étaient surpris, leur cœur acceptait la souffrance.

Ce fut dans une de ces attaques d'assemblées qu'un protestant de Nîmes, Jean Fabre, supplia le chef du détachement de le conduire en prison à la place de son père, vieillard de soixante et dix-huit ans. Le gouverneur de la province envoya la piété filiale au bagne de Toulon, jugeant apparemment que les huguenots n'appartenaient plus à la race humaine. Il fallut que le drame de l'*Honnête criminel* vînt avertir la cour, les ministres, la France, l'Europe, de cet acte de lèse-humanité. Jean Fabre avait porté sept ans les chaînes du forçat ; il fut rendu à sa famille au mois de mars 1762.

De toutes les autres surprises d'assemblées qui offriraient la répétition des mêmes attentats, nous ne citerons que celle qui eut lieu dans le bas Languedoc, le 8 août 1756. On devait y consacrer trois jeunes gens au ministère de l'Evangile. Cette solennité avait réuni plusieurs pasteurs, et attiré une affluence extraordinaire. Dix à douze mille fidèles étaient venus de toute la contrée. Ils chantaient un psaume, lorsqu'on aperçut un détachement de quinze à dix-huit hommes accourant, l'arme au bras. La multitude, bien que désarmée, aurait

pu, de son seul poids, écraser cette poignée d'assaillants.
Mais les pasteurs prêchaient toujours la soumission et
la patience. Les assistants se lèvent, se précipitent,
fuient dans toutes les directions. La troupe tire sur eux ;
tous les coups portent ; les uns tombent morts ; d'autres
sont blessés ; le reste s'échappe en poussant des cris de
douleur ; quelques-uns seulement ramassent à la fin des
pierres pour défendre les enfants et les femmes. Les
meurtriers restent maîtres du champ de bataille, et une
longue traînée de sang marque le lieu de cette assemblée de prière. Est-ce une scène du siècle de Louis XV
que nous racontons, ou de celui d'Innocent III et de
Simon de Montfort ?

Il périt encore un pasteur dans cette déplorable époque. Etienne Teissier, dit Lafage (car tous les ministres du désert avaient un surnom), fut arrêté près de
Castres, dans la métairie d'un protestant nommé Jacques Novis. Averti de l'approche des troupes, il essaya
de se sauver par le toit. Un coup de feu lui fracassa le
bras et le blessa au menton. Toutes les personnes de la
maison furent arrêtées avec lui, entre autres une femme
et deux jeunes filles. Les prisonniers suivirent les gardes en chantant les psaumes des assemblées du désert.

On mena Lafage dans la prison d'Alais. « L'abbé
» Ricard, chanoine à Alais, après avoir fait les plus
» grandes politesses au prisonnier, jugea à propos d'en-
» tamer les discussions de controverse. Il fallut que
» l'infortuné ministre déclarât qu'il était sans force pour
» disputer, qu'il était déjà atteint d'une blessure presque
» mortelle, et qu'il ne pouvait plus songer qu'à faire
» une heureuse fin. Cependant on admit plusieurs fidè-
» les à la consolation de visiter le martyr. Son père
» même et l'un de ses frères furent admis auprès de lui ;

» il les supplia de prier Dieu pour lui, de se soumettre
» avec une sainte résignation aux ordres de la Provi-
» dence ; il les assura en outre qu'il était disposé à tout
» souffrir pour la cause de l'Evangile... Arrivé à Mont-
» pellier, le procès de ce ministre fut instruit et con-
» sommé avec une rapidité barbare... Cet infortuné,
» déjà dangereusement blessé par le feu des troupes,
» fut attaché au gibet sans que les apprêts ni l'instant du
» supplice eussent altéré la sérénité de son âme. Les
» soldats qui entouraient l'échafaud ne purent retenir
» leurs larmes à l'aspect du dernier sacrifice d'une foi si
» intrépide. L'arrêt de mort fut prononcé par Guignard
» de Saint-Priest, intendant (1). »

Cet administrateur condamna aussi, de sa seule autorité, Jacques Novis, contumace, aux galères perpétuelles, confisqua les deux tiers de ses biens, fit raser de
fond en comble sa maison (une maison rasée en 1754
pour avoir abrité un pasteur!), et renvoya la femme et
les trois enfants à peu près réduits à mendier leur pain.
Tout cela sans l'intervention d'aucun juge ; c'était la
sentence d'un commissaire, d'un seul commissaire : la
forme de la justice n'y était pas moins outragée que la
justice même.

Et ce fait, qui soulèverait aujourd'hui d'indignation de
la France entière, n'était pas une iniquité isolée ni exceptionnelle. Les autres provinces, bien que plus ména-
gées que le Languedoc, parce qu'elles ne renfermaient
pas tant de religionnaires, eurent leur part de souffrances et de victimes.

Dans la Saintonge, les protestants se réunissaient
dans des granges ou bâtiments écartés, parce que l'in-

(1) M. C. Coquerel, *Histoire des Eglises du désert*, t. II, p. 168-170.

tempérie du climat leur eût difficilement permis de célébrer leur culte en plein champ. Or, un jour, l'intendant
ordonna de démolir ces lieux d'exercice jusqu'au dernier, et condamna aux galères perpétuelles un pauvre
homme pour avoir ouvert aux assemblées la porte de sa
maison. Une femme fut condamnée à la réclusion perpétuelle, avec confiscation de biens, quoiqu'elle fût simplement soupçonnée d'avoir donné un asile au pasteur
Gibert ; et ce pasteur même, heureusement contumace,
avait été condamné, par sentence de l'intendant, à être
suspendu au gibet, après avoir fait amende honorable
devant la grande porte d'une église catholique. Son neveu devait assister à l'exécution, puis aller aux galères,
ainsi que d'autres protestants, convaincus d'avoir accompagné nuitamment le ministre dans ses excursions.
Cela se passait en 1756.

Dans la contrée de Montauban, les soldats commirent des violences qui ne se terminaient pas toujours
sans effusion de sang, et le parlement de Toulouse imagina d'enjoindre à toutes les personnes mariées au désert de se séparer immédiatement sous peine d'amende
et de punition corporelle. C'était dissoudre d'un seul
coup des milliers de famille ou les contraindre à payer
la bénédiction du prêtre par des actes sacrilèges de
catholicité. On ne s'y soumit point, mais il y eut du
trouble et de l'angoisse au foyer des religionnaires.
L'arrêt du Parlement fit des malheureux, non des catholiques.

La province du Béarn, autrefois si opprimée, la première des provinces où Louis XIII avait réinstallé de
force le catholicisme, et Louvois organisé les dragonnades, éprouva de nouvelles calamités en 1757 et 1758.
Le gouverneur y mit ses troupes à la disposition du

clergé. Les protestants d'Orthez, de Salies, de Bellocq s'enfuirent dans les montagnes, et plus de cent personnes furent décrétées de prise de corps. Les curés y étaient, en général, d'une exigence extrême dans les épreuves qu'ils faisaient subir aux religionnaires. Ceux d'Orthez, outre des dons considérables qu'il fallait leur garantir par-devant notaire, faisaient attendre les époux un an, deux ans, avant de bénir leur mariage. Il s'en rencontra un qui imposa un délai de douze ans.

Dans la Guyenne, les réformés de Sainte-Foy, Bergerac, Tonneins, Clairac, et autres lieux, eurent des dragons à loger, des amendes à payer, des vexations de toute nature à subir. Les idées de rebaptisation et de rebénédiction n'y étaient pas encore abandonnées en 1758.

Le parlement de Bordeaux (Montesquieu, il est vrai, n'y était plus) fit réimprimer la déclaration de 1724, l'envoya à tous les curés du ressort pour en faire lecture publique, et rendit, au mois de novembre 1757, un arrêt ordonnant à ceux qui avaient été mariés par les ministres, ou même *par des ecclésiastiques autres que leurs propres curés*, de se séparer aussitôt; leur défendant de se fréquenter à peine de punition exemplaire; flétrissant leur cohabitation du nom de concubinage; déclarant leurs enfants illégitimes, et comme tels incapables de toute succession directe; enjoignant enfin à tous les pères, mères, tuteurs, d'envoyer les enfants aux écoles et catéchismes catholiques jusqu'à l'âge de quatorze ans, et aux instructions des dimanches et fêtes jusqu'à l'âge de vingt ans (1).

(1) Un mot d'explication sur la restriction faite pour *les ecclésiastiques autres que les propres curés :* c'est qu'il y avait déjà des prêtres, ou complaisants ou cupides, qui bénissaient les mariages des réformés à un prix convenu, et

Pour surcroît de procédés tyranniques, cet arrêt fut publié pendant plusieurs jours à l'hôtel de la Bourse de Bordeaux, où les plus notables des protestants étaient réunis : « circonstance, » dit une requête que nous avons sous les yeux, « qui d'un côté les abattit si fort » que le trouble qu'elle mit dans leurs opérations de » commerce faillit à faire chanceler leur crédit, et » qui, de l'autre, ne servit qu'à les rendre un objet » de haine ou de mépris au menu peuple, toujours ex- » trême dans ses sentiments et étourdi dans ses dé- » marches. »

« Ce ne sont point, » disaient encore les pétitionnai- rès, « les charges et les honneurs que nous regrettons; » il dépend de Votre Majesté de les dispenser à qui il » lui plaît; mais nous réclamons des droits que la na- » ture nous accorde, et qui doivent être sacrés pour » toutes les religions. Il ne faut plus vous le cacher : il » y a, sire, dans les ressorts du parlement de Bordeaux, » plus de cinquante mille mariages qui sont dans le cas » de l'arrêt, et parmi ces mariages il y en a de si an- » ciens qu'un grand nombre a donné naissance à dix ou » douze enfants. Voyez, sire, quelle foule de citoyens » réduits en un instant au dernier désespoir! »

Les protestants abordaient enfin la question politique : « Quand un Etat voisin, jaloux de la prospérité de vos » armes, tenta vainement, au mois de septembre der- » nier, de pénétrer en Saintonge et en Aunis, lesquels

---

sans aucune épreuve. Leur nombre s'accrut à mesure que les mœurs furent plus en désaccord avec les lois. Cela devint une sorte de marché public; mais les riches seuls pouvaient en profiter. Beaucoup de protestants, d'ail- leurs, par un honorable motif de conscience, ne voulaient pas même accep- ter l'apparence de l'hypocrisie en demandant l'inscription de leur mariage sur les registres du prêtre.

» de vos sujets montrèrent plus de zèle que les protes-
» tants pour repousser un ennemi orgueilleux et témé-
» raire ? Vos généraux leur rendirent justice à cet égard.
» Vos armées de terre et de mer ne sont-elles pas
» actuellement remplies de soldats, d'officiers et de
» matelots religionnaires, qui se signalent par leur bra-
» voure et leur fidélité à toute épreuve ? » (3 jan-
» vier 1758.)

Cette requête n'empêcha pas l'arrêt du parlement de
Bordeaux d'être suivi de cruelles iniquités. Le sénéchal
de Nérac condamna cinq protestants aux galères : l'un
d'eux était un vieillard de quatre-vingts ans. D'autres,
en plus grand nombre, furent enfermés dans les prisons
de la Guyenne, du Périgord et de l'Agenois. Les réformés de Sainte-Foy et de Bergerac, outre les dégâts
commis par les garnisaires, durent payer au delà de
40,000 livres. On n'osa pas, cependant, exécuter l'arrêt
jusqu'au bout : les riches négociants de Bordeaux
avaient prononcé le mot d'*émigration* dans leurs plaintes,
et l'intérêt du trésor fit accorder ce que refusaient le fanatisme des prêtres et le despotisme de la cour.

XIII

Nous avons différé jusqu'ici de parler du vénérable
pasteur Paul Rabaut parce qu'il appartient à deux époques, et que sa longue carrière se rattache tout à la fois
aux temps de la persécution et à ceux de la tolérance.
Paul Rabaut a offert pendant un demi-siècle le type
le plus élevé, le plus complet, du vrai serviteur de
Jésus-Christ. Il était ferme et contenu, courageux et
réservé, aussi inflexible dans les choses de religion que
soumis dans les affaires purement civiles, et ce rare as-

semblage de qualités diverses lui fit exercer le plus grand ascendant sur les Eglises du désert.

Paul Rabaut était né à Bédarieux, près de Montpellier, le 9 janvier 1718, d'une honnête famille de marchands, qui aimait à recueillir les pasteurs proscrits. C'est dans leurs entretiens qu'il sentit naître ses dispositions pour le ministère évangélique, ou, comme parlait Antoine Court, sa vocation pour le martyre. Il était grave, stu-dieux, appliqué, pieux surtout, ce qui l'avait fait sur-nommer par son premier maître d'école *le ministre de Charenton*.

Dès l'âge de seize ans, il devint avec son ami Jean Pradel le compagnon des ministres du désert. Il parta-geait leurs travaux et imitait leur patience. Joyeux de souffrir avec eux pour la cause de son divin Maître, il se mit, sans avoir les titres et le caractère de pasteur, à instruire ses frères, lisant la Bible dans les assem-blées, exhortant les fidèles dans les réunions domesti-ques, encourageant les uns, consolant les autres, et ser-vant d'exemple à tous.

Mais ce noviciat, si précieux qu'il fût, était insuffi-sant. Les Eglises avaient besoin de pasteurs capables de combattre, par une théologie intelligente et solide, les aberrations du dedans et les objections du dehors. Paul Rabaut le sentit, et alla, en 1740, s'asseoir sur les bancs du séminaire de Lausanne. Il y fut reçu comme un fils par Antoine Court, qui discerna bientôt en lui l'homme le plus digne de le remplacer dans le gouver-nement des troupeaux du désert.

De retour en 1743, il fut nommé pasteur de Nîmes, et à compter de ce moment, il occupa le haut rang qu'il conserva jusqu'à sa mort, en 1795. Ses collègues avaient en lui une entière confiance, et le consultaient dans toutes les occasions difficiles. Son cabinet de travail, qui n'était souvent qu'une hutte en pierre au fond des bois, devint le centre des affaires protestantes. Tous les fidèles le respectaient; et quand la persécution recommençait à sévir, ils se tournaient instinctivement vers lui, réglant sur son exemple leurs propres résolutions.

Chacun savait qu'il n'avait embrassé la carrière pastorale que par dévouement, et qu'il ne s'y proposait que le bien de la religion. Voici comment il s'en est expliqué lui-même dans une lettre adressée, en 1746, à l'intendant Lenain : « En me destinant à exercer le mi- » nistère dans ce royaume, je n'ai pas ignoré à quoi je » m'exposais; aussi je me suis regardé comme une vic- » time dévouée à la mort. J'ai cru faire le plus grand » bien dont j'étais capable, en me dévouant à l'état de » pasteur. Les protestants étant privés du libre exercice » de leur religion, ne croyant pas pouvoir assister aux » exercices de la religion romaine, ne pouvant avoir les » livres dont ils auraient besoin pour s'instruire, jugez, » monseigneur, quel pourrait être leur état s'ils étaient » absolument privés de pasteurs. Ils ignoreraient leurs » devoirs les plus essentiels; ils tomberaient, ou dans » le fanatisme, source féconde d'extravagance et de » désordres, ou dans l'indifférence et le mépris de toute » religion. »

Paul Rabaut, que les lois condamnaient à mort, servit plus que personne à détourner les populations protestantes des conseils désespérés, et aucun Français peut-être, dans tout le dix-huitième siècle, n'a été plus utile à son pays. Non seulement dans les synodes où il maintenait l'autorité d'une sage discipline, mais encore dans des entrevues particulières, il ne se lassait pas de recommander l'obéissance aux lois et aux magistrats, n'admettant d'autre exception que celle d'adorer Dieu selon sa conscience.

On lit dans ses lettres qu'il empêcha toujours, et de toutes ses forces, de porter des armes dans les assemblées. Lors de la funeste affaire du pasteur Désubas, quand des milliers de paysans voulaient venger le sang de leurs frères tués à Vernoux, il invoqua la religion, l'humanité, le devoir de la soumission, ce qu'il y a de plus puissant dans la foi et dans la loi chrétienne, pour leur faire tomber les armes des mains. Il en agit de même dans le soulèvement qui avait commencé, au temps de la rebaptisation générale, sur les bords du Gardon.

Il écrivit à ce propos aux chefs de la province : « Quand
» j'ai voulu savoir d'où procédait le mal, il m'est revenu
» que diverses personnes, se voyant exposées, ou à
» perdre leurs biens et leur liberté, ou à faire des actes
» contraires à leur conscience, par rapport à leurs ma-
» riages et au baptême de leurs enfants, et ne sachant
» aucune issue pour sortir du royaume et mettre leur
» conscience en liberté, se sont abandonnées au déses-
» poir, et ont attaqué quelques prêtres, parce qu'ils les
» regardent comme la première et la principale cause
» des vexations qu'on leur fait. Encore une fois, je
» blâme ces gens-là, mais j'ai cru devoir vous exposer
» la cause de leur désespoir. Si l'on croit que mon mi-
» nistère soit nécessaire pour calmer les esprits, je m'y
» prêterai avec plaisir. Surtout, si je pouvais assurer les
» protestants de ce pays-là qu'ils ne seront point
» vexés en leur conscience, je me ferais fort d'en-
» gager le grand nombre à arrêter ceux qui voudraient
» remuer, supposé qu'il y en eût quelqu'un (21 août
» 1752). »

C'est ainsi qu'il obtint l'estime des catholiques en même temps que le respect des réformés. On avait la certitude qu'il déciderait toutes les questions religieuses avec ce sage tempérament qui, sans rien retrancher des obligations de la foi, ne provoquerait jamais sans raison les rigueurs du pouvoir.

Lorsque le ministre de la guerre traversa le Languedoc, il eut le courage d'aller lui présenter une requête, pour le roi. C'était le 19 septembre 1752, entre Nîmes et Montpellier. Arrêté à un relai de poste, le marquis de Paulmy voit s'approcher un étranger à l'air grave et respectueux, tenant un papier à la main. Rabaut se nomme : c'était un proscrit. Le ministre aurait pu le saisir, le faire même exécuter par décision sommaire, d'après la lettre des ordonnances. Mais il admire la noble fermeté du pasteur, se découvre devant lui, prend la requête, et lui promet de la mettre sous les yeux du roi. On assure qu'il tint parole.

L'intendant du Languedoc en était venu à ne plus vouloir s'emparer de la personne de Paul Rabaut, parce que le procès et le supplice d'un pasteur si vénéré auraient jeté le trouble dans toute la province. Comme il croyait, cependant, que les assemblées cesseraient avec son départ, il chercha à le faire sortir du royaume, et usa de plusieurs moyens pour y réussir. Tantôt il lui offrait de relâcher un certain nombre de prisonniers pour le prix de son expatriation, tantôt il persécutait sa femme, Madeleine Gaidan, dont le nom mérite d'être associé à celui de son mari. Elle ne lui donna jamais les conseils qu'on attendait de sa faiblesse, et aima mieux mener une vie errante avec sa vieille mère et ses enfants que de pousser Rabaut à quitter le poste où Dieu l'avait placé. Le duc de Mirepoix eut honte de ces ignobles vexations, et permit à Madeleine Gaidan, après deux ans de poursuites, de rentrer à Nîmes.

Paul Rabaut n'en restait pas moins sous le coup des ordonnances qui punissaient les pasteurs de la peine de mort. « Pendant plus de trente ans, » dit un de ses biographes, « il n'a habité que des grottes, des huttes » et des cabanes, où on allait le relancer comme une » bête féroce. Il habita longtemps une cachette sûre » qu'un de ses guides fidèles lui avait ménagée sous un » tas de pierres et de ronces. Elle fut découverte par » un berger, et telle était la misère de sa condition » que, forcé de l'abandonner, il regrettait encore cet » asile plus propre à des bêtes fauves qu'à des hom- » mes (1). »

Il prenait toutes sortes de noms et de déguisements, comme le firent les prêtres catholiques pendant la Terreur. C'était M. Paul, M. Dénis, M. Pastourel, M. Théophile, allant remplir les fonctions de son ministère sous l'habit de marchand ou de garçon boulanger.

On a peine à se représenter le nombre et la grandeur de ses travaux. Il écrivait à l'un de ses amis de Genève, en 1755, qu'étant occupé le jour d'une multitude d'affaires, il devait souvent travailler une bonne partie de la nuit ; puis il disait avec cette humilité qui caractérise les hommes éminents : « Quand je fixe mon attention » sur le divin feu dont brûlaient pour le salut des âmes, » je ne dirai pas Jésus-Christ et les apôtres, mais les » réformateurs et leurs successeurs immédiats, il me » semble qu'en comparaison d'eux nous ne sommes que » glace. Leurs immenses travaux m'étonnent, et en » même temps me couvrent de confusion. Que j'aime-

---

(1) J. Pons, Notice biographique, etc.

» rais à leur ressembler en tout ce qu'ils eurent de
»' louable ! »

Du fond de sa retraite (nouvelle singularité de ce'
temps de désordres), il entra en correspondance avec'
un prince du sang. L'influence des idées philosophiques, le désir de prendre en main l'une des causes de'
l'opposition, ou seulement peut-être le poids de l'oisi-
veté engagea le prince de Conti à s'intéresser au sort'
des protestants. Il demanda des renseignements à Paul"
Rabaut, et l'invita même à venir en conférer avec lui.'
Le pasteur du désert se mit secrètement en route pour'
Paris au mois de juillet 1755.

Il eut deux entrevues avec le prince, et y posa les'
points suivants : Que les galériens, les prisonniers pour
cause de religion, et les enfants des deux sexes enfermés dans les couvents ou les séminaires soient mis en
liberté; que les baptêmes et les mariages faits par les
ministres soient validés, sous la condition d'être enre-
gistrés dans les bureaux qu'il plaira au roi d'établir; que'
l'exercice du culte soit permis, sinon dans des temples,'
au moins dans des maisons particulières, à quelque distance des villes et des bourgs; enfin, que chacun'
puisse vendre ses biens-fonds sans autorisation spéciale, et que les réfugiés aient le droit de rentrer dans'
le royaume.

Rien de plus modeste, assurément, que ces demandes. Ce n'était pas la pleine liberté de religion ; ce
n'était pas même la tolérance entendue avec quelque'
largeur. Les catholiques de l'Irlande n'ont jamais eu
moins : ils avaient déjà davantage au dix-huitième siècle.
Le prince de Conti, cependant, ne crut pas pouvoir
tant espérer du conseil et du clergé, et ses négociations n'eurent aucun résultat.

Paul Rabaut revint continuer son œuvre en Languedoc. « Il était, » dit encore l'auteur que nous avons déjà
cité, « de petite taille ; il avait le tein brun, la physio-
» nomie et le regard doux, beaucoup de gravité dans
» son maintien, une grande affabilité, des mœurs sim-
» ples et patriarcales. Il était très sobre dans sa nour-
» riture. Il avait une patience admirable, exercée par
» de nombreuses épreuves. La vie errante et dure à la-
» quelle il avait été contraint, dès sa jeunesse, en em-
» brassant un culte proscrit, avait renforcé sa constitu-
» tion; mais son entier dévouement à son troupeau le fit
» abuser de ses forces, et il en éprouva les effets dans
» sa vieillesse. »

De toutes parts le peuple accourait pour entendre sa
parole. « On assure, » dit un autre biographe, « que
» son auditoire se composait quelquefois de dix à douze
» mille fidèles. Mais sa voix était si éclatante et si dis-
» tincte que, quoique en plein air, elle parvenait aux
» plus éloignés, et que tous pouvaient emporter dans
» leurs demeures les utiles leçons du pasteur. Il priait
» avec une ferveur et une onction qui pénétraient tous
» les cœurs, et qui donnaient aux esprits les disposi-
» tions convenables pour écouter la prédication avec
» fruit. Souvent il prêchait d'abondance, et son élo-
» quence inculte et sauvage semblait devenir encore
» plus sublime (1). »

On a conservé des sermons manuscrits de Paul Rabaut. Ils ne se distinguent point, dit-on, par le génie
oratoire ni par une forme achevée : le temps manquait au
vénérable pasteur. Mais on y trouve beaucoup d'ordre,
de douceur, de clarté et d'onction : c'était le genre sim-

(1) *Archives du christianisme*, t. IX, p. 293.

ple et paternel qui convenait aux assemblées du désert.

XIV

Il y eut, aux approches de l'an 1760, un affaiblissement sensible dans la persécution. Si les lois d'intolérance n'avaient pas été abrogées, elles tombèrent en désuétude, parce que les lumières, les opinions, l'intérêt de l'Etat, les relations d'industrie et de société rapprochaient toujours davantage les catholiques des protestants. Les différences de confession allaient s'effaçant de plus en plus devant la commune qualité de Français.

Le clergé [s'en aperçut avec douleur, et, dans son assemblée générale de 1760, il adressa de vives représentations au roi contre cet adoucissement des lois et des mœurs : « Presque toutes les barrières opposées
» au calvinisme, » disait-il, « ont été successivement rom-
» pues. Des ministres, des prédicants, élevés dans des
» écoles hérétiques et chez des nations étrangères, ont
» inondé quelques-unes de nos provinces. Ils ont tenu
» des consistoires, des synodes, et n'ont cessé de pré-
» sider à des assemblées, tantôt plus secrètes, tantôt
» plus solennelles. On y baptise ; on y distribue la cène ;
» on y prêche l'erreur ; on y marie. On ne demandait
» d'abord pour les calvinistes que de pouvoir célébrer
» dans une forme purement civile et profane leurs
» mariages ; et quoiqu'on feignît de se borner à cette
» permission, il était évident qu'elle conduirait par elle-
» même à la tolérance entière du calvinisme. Aujour-
» d'hui on prêche plus haut cette tolérance ! »

La tolérance était donc, aux yeux des prêtres, une maxime impie et immorale. On les laissa dire, et la nation marcha dans sa nouvelle voie.

Autorités militaires et civiles, gouverneurs, intendants, subdélégués, officiers, magistrats, avaient honte,
et devant le tribunal de leur propre conscience et devant
celui de l'opinion publique, de poursuivre des hommes
qu'ils tenaient pour gens d'honneur et bons citoyens.
Rulhières en cite de curieux exemples : « Les troupes
» elles-mêmes, » dit-il, « adoucirent l'inhumanité des
» ordres qu'elles exécutaient. Les officiers ralentissaient
» la marche de leurs détachements pour donner aux
» religionnaires assemblés le temps de fuir. Ils avaient
» soin de se faire voir longtemps avant de pouvoir les
» atteindre. Ils prenaient des routes perdues, et par
» lesquelles ils cherchaient à égarer leurs soldats »
(t. II, p. 347).

Quelquefois on sommait encore les protestants, par
voie officielle, de revenir à la stricte exécution des édits ;
mais c'était comme une dernière décharge d'artillerie
après une bataille perdue.

Ainsi, en 1761, le maréchal de Thomond, appelé au
gouvernement du Languedoc, ordonna aux religionnaires de faire réhabiliter leurs mariages et les baptêmes
de leurs enfants dans le délai de six jours. On s'en
étonna : on ne s'en effraya point. Nul ne croyait au renouvellement d'un conflit sérieux. En effet, la simple force d'inertie fit renoncer à la mesure, et le maréchal lui-même se chargea de transmettre à Louis XV les
requêtes des pasteurs. Au bout de trois mois, l'affaire
était oubliée.

Deux synodes avaient été convoqués dans le bas
Languedoc en 1760. L'un comptait vingt pasteurs et
cinquante-quatre anciens, l'autre quinze pasteurs et
trente-huit anciens. Ces réunions n'étaient pas publiquement annoncées, mais ne se tenaient pas non plus en

secret : on passait à côté de la loi tout en ménageant les apparences.

A mesure que la persécution se relâchait, le langage des conducteurs des Eglises devenait plus ferme, ce qui était encore dans la nature des choses. Paul Rabaut et son collègue Paul Vincent adressèrent, en 1761, une lettre pastorale aux réformés de Nîmes pour les exhorter à s'abstenir du *moindre acte d'adhérence à l'Eglise romaine*. Plus d'assistance à la messe, ni de mariage béni par le prêtre, ni de baptême catholique, quand même les curés se relâcheraient de leurs exigences ; entière et constante fidélité aux pratiques de la foi réformée. Les pasteurs ne faisaient que leur devoir ; ils ne pouvaient demander moins, puisqu'il est de l'essence de toute religion de suffire aux besoins de ses membres. Le clergé romain fit la même chose après le 9 thermidor.

Les assemblées du culte devinrent plus régulières. Elles se rapprochèrent des villes et des villages ; car la *proximité*, selon l'expression usitée, augmentait de beaucoup le nombre des assistants. Ces réunions, en certains lieux, se tenaient pour ainsi dire sous l'œil des magistrats. Les protestants de Nîmes célébraient leurs exercices à la portée du canon de la citadelle, et ceux de Montauban dans les faubourgs.

A dater de 1755, les religionnaires enchaînés à Toulon, les captifs enfermés dans les différentes provinces du royaume, les prisonnières de la tour de Constance, commencèrent à être plus facilement élargis, mais seulement un à un, et souvent, il faut bien le dire, par l'intervention de personnages étrangers, ou à prix d'argent. La libération d'un forçat pour cause de religion se faisait pour rien, si l'on avait une lettre de Voltaire ou d'un prince protestant ; sinon, elle coûtait mille écus ;

ensuite on la paya deux mille livres, le taux de la rançon baissant à mesure que s'élevaient les mœurs publiques. Il y avait encore, en 1759, quarante et un galériens, dont le crime était d'avoir assisté aux assemblées
du désert, ou donné l'hospitalité à un pasteur.

Cette situation rassurante fut pourtant troublée, et
d'une manière horrible, par des exécutions capitales,
dont l'une fit tomber quatre têtes, et l'autre celle d'un vénérable vieillard. La ville de Toulouse, où s'était dressé,
en 1532, l'un des premiers bûchers contre les disciplines de la Réforme, eut le triste privilège, en 1762, de
verser le dernier sang pour crime d'hérésie.

Toulouse, qui s'est considérablement élevée et éclairée depuis lors, avait dans ce temps-là peu de mouvement intellectuel et peu d'industrie. Elle était remplie
de nobles et d'hommes parlementaires, qui se cour-
baient servilement sous leurs préjugés traditionnels. A
côté d'eux pullulaient des légions de prêtres et de moines, plus Espagnols ce semble, que Français, qui entretenaient par leurs processions, leurs reliques et leurs
confréries, une abjecte superstition. Au-dessous était
un peuple ignorant et fanatique. Chaque année, l'Eglise
célébrait avec pompe à Toulouse la mémoire du grand
massacre de 1562, la Saint-Barthélemy du Midi.
C'est là que se dressa le théâtre des dernières exécutions.

Un pasteur de vingt-cinq ans, François Rochette, qui
avait à desservir les nombreuses Eglises du Quercy, se
rendait aux eaux minérales de Saint-Antonin pour se
reposer de ses fatigues. Ayant été invité, chemin faisant, à administrer un baptême, il traversait la campagne aux environs de la petite ville de Caussade, dans
la nuit du 13 au 14 septembre 1761, quand il fut arrêté

avec deux paysans qui lui servaient de guides. On les
avait soupçonnés de faire partie d'une bande de voleurs
qui infestaient la contrée. L'erreur fut bientôt reconnue,
et Rochette, n'ayant pas été surpris dans l'exercice de
ses fonctions, aurait pu se faire élargir en cachant sa
qualité de ministre. Ceux qui l'interrogeaient allèrent
même jusqu'à lui indiquer ce moyen d'acquittement,
mais il refusa d'acheter sa délivrance par le moindre
désaveu de la vérité.

Dès le matin, la nouvelle de son arrestation se ré-
pand dans toute la contrée avec la rapidité de l'éclair.
Les protestants, affligés, inquiets, se rassemblent ; ils
sollicitent avec instance la liberté de leur pasteur.
C'était un jour de foire : la ville de Caussade regorgeait
de peuple. Les catholiques s'imaginent que les huguenots ont pris les armes, et veulent faire un massacre.
De toutes parts on sonne le tocsin. Les villages se lèvent en masse, et les paysans catholiques mettent une
croix blanche à leur chapeau, comme les bourreaux de
la Saint-Barthélemy. La nuit du 14 au 15 se passe à
fondre des balles , à fabriquer des cartouches, et plus
d'un curé s'y emploie comme les autres. Le lendemain,
une immense population est debout, prête aux derniers
excès , et les magistrats ont peine à la contenir.

Trois gentilshommes verriers du comté de Foix , les
frères Grenier, étaient alors à Montauban. Ils appren-
nent que le pasteur Rochette est arrêté, que les protestants sont menacés , et qu'une lutte terrible est imminente. Ils se hâtent de courir où est le danger, avec les
premières armes qui leur tombent sous la main , un sabre et deux fusils. On les poursuit ; on les fait relancer
par des chiens de boucher ; ils sont arrêtés et traînés
dans la prison de Rochette.

Le parlement de Toulouse évoque .l'affaire comme s'il se fût agi d'un crime d'Etat, et le procès .s'instruit avec une évidente partialité. C'est en vain que Paul Rabaut et ses collègues, étonnés d'une rigueur dont l'habitude semblait s'être perdue, adressent des requêtes au duc de Richelieu, au duc de Fitz-James, à Marie-Adélaïde de ·France. C'est en vain que les accusés envoient à la cour de longs mémoires .justificatifs. Un arrêt, rendu le 18 février 1762, condamne à mort François Rochette, comme atteint et convaincu d'avoir fait les fonctions de ministre protestant, et les trois frères Grenier, comme coupables du crime de sédition avec port d'armes. Les autres accusés, pauvres paysans qui n'avaient pas commis l'ombre d'un délit, sont condamnés aux galères.

Cette sentence ayant été lue à Rochette et aux trois gentilshommes : « Eh bien, » disent-ils d'une même voix, « il faut mourir. Prions Dieu d'accepter le sacrifice que nous lui offrons. » Le pasteur fit une prière avec ses amis, et le greffier de la cour, témoin de leur foi, versait des larmes.

Quatre curés viennent les exhorter à faire abjuration, . et l'un d'eux les menace de l'enfer s'ils s'obstinent dans leurs hérésies... « Nous allons paraître, » lui répond le pasteur, « devant un juge plus juste que vous, devant celui-là même qui a versé son sang pour nous sauver. »

Ils emploient le temps en prières, en pieuses exhortations, et se fortifient les uns les autres pour le combat suprême. Sentinelles et geôliers, tous les assistants sont attendris de leur noble et calme résignation. Rochette, voyant un soldat plus ému que les autres, lui dit : « Mon ami, n'êtes-vous pas prêt à mourir pour le roi ; pourquoi donc me plaignez-vous de mourir pour Dieu ? »

Les curés reviennent à la charge. « C'est pour votre salut, » disent-ils, « que nous sommes ici. » L'un des gentilshommes leur répond : « Si vous étiez à Genève, prêts à mourir dans votre lit (car on n'y tue personne pour cause de religion), seriez-vous bien aise que quatre ministres, sous prétexte de zèle, vinssent vous persécuter jusqu'au dernier soupir ? Ne faites donc pas aux autres ce que vous ne voudriez pas qu'on vous fît à vous-mêmes. »

Le 19 février, à deux heures de l'après-midi, le lugubre cortège se met en marche. Rochette était, aux termes de l'arrêt, pieds nus, tête nue, la hart au col, portant des écriteaux devant et derrière avec ces mots : *Ministre de la religion prétendue réformée.*

En passant devant l'église de Saint-Etienne, on veut le forcer, toujours selon les termes de la sentence du parlement, à faire amende honorable à genoux, une torche de cire jaune à la main, et à demander pardon à Dieu, au roi et à la justice, de ses crimes et méfaits.

Rochette descend du tombereau, et au lieu d'une abjuration, ou d'une confession que son cœur eût démentie, il prononce à genoux les paroles suivantes : « Je » demande pardon à Dieu de tous mes péchés, et je » crois fermement en être lavé par le sang de Jésus- » Christ, qui nous a rachetés à grand prix. Je n'ai point » de pardon à demander au roi ; je l'ai toujours honoré » comme l'oint du Seigneur ; je l'ai toujours aimé comme » père de la patrie ; j'ai toujours été bon et fidèle sujet, » et les juges m'en ont paru très convaincus. J'ai tou- » jours prêché à mon troupeau la patience, l'obéissance, » la soumission, et mes sermons qu'on a en main sont » renfermés en abrégé dans ces paroles : *Craignez Dieu,*

» *honorez le roi.* Si j'ai contrevenu à ces lois touchant
» les assemblées religieuses, c'est que Dieu m'ordonnait
» d'y contrevenir. Il faut obéir à Dieu plutôt qu'aux
» hommes. Quant à la justice, je ne l'ai point offensée,
» et je prie Dieu de pardonner à mes juges. »

Sur le lieu de l'exécution, tous les abords, portes,
balcons, fenêtres, toits des maisons, étaient couverts de
monde. « Toulouse, » dit Court de Gébelin, témoin oculaire qui nous a fourni ces détails, « Toulouse, cette
» ville enivrée de sang, semblait une ville protestante.
» Chacun demandait qu'elle était la croyance de ces
» hérétiques; et quand on entendait nos martyrs parler
» de Jésus-Christ et de sa mort, tout le monde était sur-
» pris et affligé. D'ailleurs, on était infiniment touché du
» mélange de fierté et de douceur que faisaient paraître
» les trois frères. On n'admirait pas moins l'inexprima-
» ble sérénité du ministre. Sa couleur toujours naturelle,
» sa physionomie pleine de grâce et d'esprit, ses paroles
» remplies de confiance et de fermeté, sa jeunesse même,
» tout intéressait pour lui, surtout la certitude où tout
» le monde était qu'il ne périssait que parce qu'il n'avait
» pas voulu sauver sa vie par un mensonge (1). »

Rochette fut exécuté le premier. Il exhorta ses compagnons jusqu'à la fin, et chanta le cantique des martyrs
protestants : *La voici, l'heureuse journée.* — « Mourez
catholique, » lui dit le bourreau ému de pitié. — « Jugez quelle est la meilleure religion, » lui répondit Rochette, « celle qui persécute ou celle qui est persécutée. »

Le plus jeune des trois frères Grenier (il n'avait que
vingt-deux ans) se cachait le visage dans les mains à

---

(1) *Les Toulousaines*, lettre XXII.

cette scène tragique. Les deux autres la contemplèrent d'un front calme. Comme gentilshommes, ils devaient être décapités. Ils s'embrassèrent en recommandant leurs âmes à Dieu. L'aîné offrit le premier sa tête à la hache. Quand ce fut le tour du dernier, le bourreau lui dit : « Vous venez de voir périr vos frères ; changez pour ne pas périr comme eux. — Fais ton devoir, » répondit le martyr, et sa tête tomba.

Court de Gébelin ajoute, en terminant son récit :

« Tous les assistants revinrent chez eux en silence, » consternés, pouvant à peine se persuader qu'il y eût » dans le monde tant de courage et tant de cruauté ; et » moi qui vous l'écris, je ne puis m'empêcher de pleu- » rer de tristesse et de joie, en pensant à leur bienheu- » reux sort, et que notre Eglise soit capable de donner « encore des exemples de piété et de fermeté compa- » rables à tout ce que les monuments de la primitive » Eglise renferment de plus beau. »

Dix-huit jours après, le 9 mars 1762, l'échafaud se relevait à Toulouse pour le supplice de Jean Calas, vieil-lard de soixante-huit ans. Ce procès a retenti dans le monde entier, et toutes les circonstances en sont trop connues pour que nous ayons besoin de les rappeler ici. On sait que l'infortuné Calas fut accusé d'avoir tué son fils Marc-Antoine, afin de l'empêcher, disait-on, d'embrasser la foi catholique. On sait que les prêtres de Toulouse enflammèrent le fanatisme de la populace, en portant processionnellement le corps de ce jeune homme qui s'était donné la mort, et en le représentant sur un catafalque par un squelette, qui tenait d'une main un rouleau où il était écrit : *abjuration de l'hérésie*, et de l'autre la palme du martyre. On sait enfin que la magis-trature et le clergé accusèrent Calvin et ses disciples de

légitimer l'infanticide pour cause d'abjuration; et prétendirent que le meurtre du jeune Calas avait été décidé dans un conciliabule de protestants.

Ces calomnies aussi stupides qu'odieuses s'accrédité-
rent à tel point chez ce peuple fanatisé, que l'avocat de
Calas dut faire venir de Genève une solennelle déclaration, signée par les pasteurs et les professeurs, attestant
que ni synode, ni assemblée quelconque de la Réforme, n'avait jamais approuvé la doctrine qu'un père
ait le droit de tuer son enfant pour prévenir un changement de religion. Paul Rabaut publia sous ce titre : *La
calomnie confondue*, un écrit où il repoussait avec toute
la véhémence d'une âme profondément indignée de si
exécrables allégations. Le parlement de Toulouse n'y
répondit qu'en ordonnant de faire lacérer et brûler ce
livre par la main du bourreau.

Dans les plus horribles douleurs de la torture, Calas
ne fit aucun aveu, parce qu'il n'en avait point à faire.
« Où il n'y a point de crime, » disait-il toujours, « il
n'y a point de complices. » Il souffrit la mort avec la
sérénité de l'innocence et la fermeté de la foi. Son supplice (il avait été condamné à être roué vif), dura deux
heures. Il ne prononça que des paroles de piété et de
charité, pardonnant à ses juges, et n'exprimant de regret que pour le jeune Lavaïsse qui avait été enveloppé
dans ses malheurs.

— Mon cher frère, lui dit le père Bourges, vous n'avez
plus qu'un instant à vivre. Par ce Dieu que vous invo-
quez, en qui vous espérez, et qui est mort pour vous,
je vous conjure de rendre gloire à la vérité.

— Je l'ai dite, répondit Calas, je meurs innocent!
Jésus-Christ, l'innocence même, voulut bien mourir par
un supplice plus cruel encore.

— Malheureux! cria l'un de ses juges, vois le bûcher qui vas réduire ton corps en cendres; dis la vérité.

Le vieillard ne répondit point; il détourna la tête, et reçut le dernier coup.

« Le père Bourges et le père Caldaguès, » écrit Court de Gébelin dans sa vingt-troisième *Toulousaine*, « ont été gens d'honneur. Ces deux religieux ont donné » à sa mémoire les plus grands éloges. Quoique Calas » soit mort protestant, ils ont dit à qui a voulu l'enten- » dre : *Ainsi mouraient autrefois nos martyrs.* »

La veuve et les enfants de Calas demandèrent justice contre cet inique arrêt. Voltaire les soutint de sa grande voix qui dominait tous les bruits du siècle. Les plus célèbres avocats, Elie de Beaumont, Mariette, Loyseau de Mauléon, intervinrent; et le 9 mars 1765, trois ans jour pour jour après la fatale exécution, un arrêt du conseil cassa celui du parlement de Toulouse à l'unanimité de cinquante voix. La sentence qui réhabilita les Calas fit tomber des mains du fanatisme sa hache ensanglantée, et lui imprima au front une flétrissure qui ne s'effacera jamais.

XV

La fin de cette période est la contre-partie des dernières années de la précédente. Un siècle auparavant, de 1660 à 1685, chaque jour enfantait de nouveaux actes de tyrannie, et appesantissait le joug sur la tête des réformés. De 1760 à 1787, au contraire, chaque jour allégeait leur fardeau. Quatre générations de persécuteurs et de victimes avaient péri dans l'intervalle.

Les sanglantes exécutions que nous venons de raconter, loin ,de nuire aux Eglises réformées', tournèrent à
leur avantage. Les honnêtes gens eurent honte de ressembler, même de loin, aux juges et aux prêtres de
Toulouse. On devint tolérant par point d'honneur autant
que par sentiment de justice. Le prince de Beauveau,
qui avait remplacé le maréchal de Thomond dans le
gouvernement du Languedoc, était loyal, humain, généreux, religieux aussi. Il eut des entrevues avec le
patriarche du désert, Paul Rabaut, et accorda aux protestants tout ce qu'il pouvait leur donner sous le régime
des lois d'intolérance.

Quinze mois après la mort de Rochette et de Calas, en
juin 1763, il y eut dans le Languedoc un synode national. Toutes les provinces, moins celles du Nord, y
étaient représentées. Les pasteurs et les anciens, fortifiés
par l'opinion générale, adressèrent une nouvelle requête
au roi, et tinrent un langage plus ferme en parlant à
leurs coreligionnaires. « Tous les membres du synode, »
dirent-ils, « ont renouvelé avec un saint empressement,
» tant en leur nom qu'au nom de leurs provinces, la
» promesse solennelle de concourir de tout leur pouvoir
» à entretenir... cette union si juste et si avantageuse,
» en persévérant à professer la même foi, à célébrer le
» même culte, à pratiquer la même morale, à exercer
» la même discipline, et à se prêter des secours mutuels
» qui marquent que, comme les premiers chrétiens, ils
» ne sont qu'un cœur et qu'une âme. »

Des vexation locales ou personnelles affligèrent les
Eglises, mais sans les intimider ni troubler leur repos.
Dans le Poitou et ailleurs, les fidèles s'étaient arrangé
des maisons de prières : elles furent démolies par ordre
de l'autorité publique, et l'on imposa même des loge-

ments militaires à quelques familles. On le fit aussi dans le Béarn : puérile parodie des dragonnades. Dans le comté de Foix, les protestants avaient ouvert quelques écoles : elles furent supprimées. A Nîmes, ils portaient des bancs pour assister aux exercices, et s'y rendaient en cortège : on le leur défendit. Ces tracasseries sans dignité étaient le dernier souffle de l'intolérance expirante.

. On cite une assemblée religieuse qui fut encore surprise et attaquée en 1767, près d'Orange. Huit protestants notables se laissèrent prendre, et acceptèrent la responsabilité commune. L'officier qui les avait arrêtés était plus embarrassé que ses captifs. Il leur offrit des moyens d'évasion. « Non, » répondirent-ils, « c'est à l'autorité publique à nous rendre la liberté. » Au bout de deux mois on les relâcha.

Dans la même année 1767, le pasteur Berenger fut encore condamné à la peine capitale par le parlement de Grenoble : il était contumace. On l'exécuta en effigie dans la ville de Mens. Deux pasteurs furent enfin arrêtés dans la Brie, en 1773, et jetés en prison. L'un y mourut au bout de neuf jours ; l'autre fut élargi, mais envoyé dans la Guyenne par lettre de cachet.

Il y eut des forçats protestants à Toulon jusqu'en 1769 : choquante contradiction de retenir des malheureux dans les chaînes pour des actes que le gouvernement avait renoncé à punir. On le comprit à la fin, et tous furent libérés. A la même époque, fut ouverte la vieille tour de Constance, à Aigues-Mortes. Quelques-unes des femmes qu'elle contenait étaient dans une extrême vieillesse, et y avaient passé plus de la moitié de leur vie.

L'oppresseur le plus difficile à vaincre, ce fut le fisc.

S'il n'y avait plus d'emprisonnement, il fallait encore payer de lourdes amendes, et subir de ruineuses extorsions. Les religionnaires étaient pressurés, tantôt par le pouvoir administratif, tantôt par les corps judiciaires, et payaient en quelque sorte des taxes doubles, qui n'entraient que pour une très faible part dans les coffres de 'Etat.

Beaucoup de troupeaux, jusqu'alors inconnus parce qu'ils se tenaient cachés dans le sanctuaire du toit domestique, commencèrent à reparaître. Lyon et Marseille eurent des pasteurs. Sancerre, Orléans, Nanteuil en Brie, Asnières, et les protestants de la Picardie et de l'Artois tâchèrent de se reconstituer en corps d'Eglise.

La Normandie était plus avancée. Elle possédait deux ou trois pasteurs, Louis Campredon, Jean Godefroy, et un ministre du Dauphiné, Alexandre Ranc, qui alla s'y établir pour deux ans. La petite ville de Bolbec était le centre de cette population protestante. Il paraît que les enlèvements de jeunes filles y continuèrent après l'an 1760; car on lit dans une requête des habitants de Bolbec, à qui Louis XV avait accordé une exemption de taxes, pour les aider à relever leur ville détruite par un incendie : « Sire, que nous servira de faire construire » nos maisons, si nous ne sommes point sûrs de les » pouvoir habiter avec nos familles? » (1763.)

A Paris, les réformés suivaient les exercices de la chapelle de Hollande, terrain neutre qui leur permettait de s'acquitter de leurs devoirs envers Dieu, sans contrevenir ouvertement aux ordonnances.

Il y avait près des ministres d'Etat un ou deux agents généraux, entretenus par la bourse des protestants. Ils n'étaient pas revêtus d'un caractère officiel, ni ne pouvaient l'être; mais leur intervention officieuse était publiquement acceptée, et ils donnaient leur avis dans toutes les affaires importantes. Cette mission fut confiée, en 1763, à Court de Gébelin, fils du pasteur Antoine Court.

Il avait hérité de son père un grand dévouement pour la cause des Eglises réformées. Homme intègre, laborieux, lié avec les gens de lettres, connu par ses travaux de philologie, il mit au service de ses coreligionnaires une infatigable activité et ses nombreuses relations sociales. On l'estimait à la cour; on le recherchait dans le monde; et s'il mourut trop tôt pour être témoin de l'abolition des édits de Louis XIV, il contribua puissamment à les faire abandonner.

C'était, du reste, une position singulière que celle des protestants à l'époque où nous sommes arrivés. Rien de définitif ni de régulier : on faisait de l'ordre moral avec du désordre légal. Partout de l'arbitraire; de longs détours pour éluder la lettre des lois sans les violer directement; les pasteurs à demi proscrits, à demi reconnus, n'étant ni des personnes publiques, ni des personnes privées; l'état civil d'un si grand nombre de Français livré à des chances incertaines ; la justice flottante et contradictoire; la royauté se disant qu'il fallait faire quelque chose et ne faisant rien; les agents subalternes de l'Eglise et de l'Etat mettant à profit cet établissement précaire et désordonné pour conclure des marchés ignobles : situation telle qu'il faut espérer, pour l'honneur de la France, qu'on n'en reverra jamais de semblable.

Les écrivains politiques et les philosophes du dix-huitième siècle contribuèrent puissamment au triomphe de la tolérance ; mais ce ne fut pas, on doit l'avouer, par zèle ou sympathie pour le sort des protestants français. Quoiqu'ils fussent si prompts à soulever des questions délicates et hardies, ils n'attaquèrent pas directement les cruelles ordonnances de Louis XIV, et parurent n'avoir jamais entendu parler des longues douleurs de plus d'un million de leurs concitoyens.

Montesquieu, qui parle de tout dans ses *Lettres Persanes*, ne parle point des huguenots opprimés. Dans son *Esprit des lois*, il leur semble contraire plutôt que favorable ; car sous une monarchie ombrageuse, il accuse les calvinistes d'incliner vers les institutions républicaines ; et lorsqu'il veut recommander la tolérance, il met son plaidoyer dans la bouche d'une juive de Lisbonne. Il dit ailleurs : « Voici le principe fondamental des lois » politiques en fait de religion. Quand on est maître de » recevoir dans un Etat une nouvelle religion ou de ne » la pas recevoir, il ne faut pas l'y établir ; quand elle » y est établie, il faut la tolérer » (liv. XXV, c. X). C'était laisser pour les réformés de France la question indécise ; car les lois niaient précisément qu'ils fussent encore établis dans le royaume.

Helvétius, Diderot, d'Alembert ne leur accordèrent aucune parole de bienveillance. Rousseau, l'enfant de la ville de Calvin, attaqua beaucoup plus le catholicisme qu'il ne défendit le protestantisme. On voit dans sa correspondance qu'il fut invité par quelques-uns de ses amis à écrire pour les victimes des lois de Louis XIV, et qu'il s'y refusa. Il se contenta d'esquisser en quelques lignes un projet de plaidoyer sur lequel il ne revint plus, et dans son *Contrat social*, il soutint le principe d'une religion d'Etat.

Voltaire servit les protestant dans l'affaire de Calas et par son traité sur la tolérance ; du reste, il ne s'informa jamais exactement des souffrances de ce grand peuple opprimé, et ne sembla guère avoir souci d'y porter remède. Dans son livre sur le *Siècle de Louis XIV*, il parle du calvinisme d'un ton léger, et s'arrête sur les petits détails curieux plutôt que sur les choses utiles. Dans son *Précis du siècle de Louis XV*, il explique longuement les querelles de la bulle *Unigenitus*, le refus des sacrements, l'expulsion des Jésuites; mais des protestants il ne dit pas un seul mot.

Bien des causes peuvent expliquer cette indifférence. Les huguenots, nous croyons l'avoir déjà écrit, ont porté la peine, non du mal qu'ils ont fait mais de celui qu'on leur a fait. Après les avoir séparés violemment du reste de la nation française, on les a tenus pour des étrangers dont les malheurs ne méritaient pas un regard de sympathie, et leur isolement a permis à leurs adversaires de débiter contre eux, de génération en génération, des calomnies qui ont trouvé une facile créance jusque dans l'esprit des hommes cultivés.

Joignez à cela que les écrivains de l'école philosophique n'aimaient point les doctrines du calvinisme. Ils répugnaient à ces austères principes, à cette discipline rigide, qui s'étaient maintenus dans les Eglises réformées. Catholicisme et protestantisme n'étaient pour eux que deux formes des mêmes superstitions. Il y a un mot de Voltaire qui caractérise bien ce qu'il en pensait. Quand on lui présenta un protestant qu'il avait fait sortir du bagne de Toulon par une lettre adressée au duc de Choiseul : « Que voulait-on faire de vous? » lui dit-il. « Quelle conscience de mettre à la chaîne et d'envoyer » ramer un homme qui n'avait commis d'autre crime que » que de prier Dieu en mauvais français! »

Les pasteurs du désert, on le comprend, n'étaient pas non plus pressés de recourir à l'appui des philosophes; ils craignaient l'influence que pourraient exercer de pareils auxiliaires sur leurs troupeaux, et peut-être sur eux-mêmes. Le pasteur Pierre Encontre écrivait au sujet du traité de la tolérance à Paul Rabaut : « Pour moi, » qui l'ai lu fort à la hâte, j'y ai trouvé bien du bon, mais » que de poison mêlé! » Et le vieux défenseur de la foi protestante disait à son tour : « Pénétré de douleur en » voyant les ravages que font les livres des impies, je » ne puis la tempérer que par la pensée qu'un état aussi » funeste ne durera point » (1769).

Mais si les philosophes pouvaient laisser dans l'oubli la condition des protestants, les légistes, les hommes parlementaires et les hommes d'Etat étaient forcés de s'en occuper. La fiction des nouveaux convertis était devenue insoutenable. Pas un seul magistrat de bonne foi ne persistait à croire, sur la lettre du texte légal, qu'il n'y eut que des catholiques en France, et l'espoir d'amener les enfants au catholicisme par la contrainte exercée sur les pères avait été trop complètement déçu pour qu'on osât encore l'invoquer.

Plus on avançait dans le siècle, plus se multipliaient les baptêmes et les mariages du désert. Que les prêtres fussent exigeants ou non dans les épreuves, cette question, très grave dans les cinquante premières années de la révocation de l'édit de Nantes, avait perdu toute son importance. A aucun prix les protestants ne voulaient plus de l'intrusion du clergé catholique dans leurs devoirs de religion.

Quel parti prendre ? Naissances, mariages, sépultures, tout était sans règle, sans garantie, pour une partie considérable de la nation, et il existait sur ces matières une choquante diversité de jurisprudence. Tel parlement validait, sur un certificat de pasteur, les mariages bénis au désert ; tel autre les cassait, et les collatéraux sans pudeur souillaient l'enceinte des tribunaux en réclamant des successions auxquelles, selon l'éternelle justice qui parlait plus haut que d'iniques ordonnances, ils n'avaient aucun droit. C'était une intolérable confusion.

Il fallait en sortir. Cependant le problème était beaucoup plus difficile qu'on ne pourrait le penser, ou même le concevoir aujourd'hui. Il n'y a que les principes complets et absolus qui puissent résoudre nettement les questions. La pleine liberté religieuse, l'entière égalité des cultes aurait tout aplani ; mais nul homme politique, avant 1789, n'eût osé en faire la proposition. On se fatiguait donc à imaginer des moyens-termes, de laborieux compromis, qui, sans accorder aux protestants le droit commun, les remissent en possession d'un état civil.

La magistrature, la hiérarchie de l'Eglise romaine, la haute administration publique et la royauté intervinrent, chacune, pour une part distincte dans cette affaire, jusqu'à la promulgation de l'édit de 1787.

XVI

Les magistrats, on l'a vu ailleurs, ne s'entendaient point avec les prêtres sur la mesure, ni même, à y regarder de près, sur la nature des épreuves qu'on devait faire subir aux prétendus convertis. Cette mésintelligence alla croissant avec la lutte qui s'ouvrit sur d'autres sujets entre l'ordre judiciaire et l'ordre sacerdotal. Quand les parlements faisaient brûler des mandements d'évêques, enjoignaient de saisir leur temporel, et décrétaient de prise de corps les curés qui troublaient les catholiques par leurs fanatiques exigences, il est clair qu'ils devaient avoir moins de sévérité pour les protes-

tants qui revendiquaient les droits sacrés de leur for intérieur.

On a cru que les démêlés des parlements avec le
clergé avaient produit un effet tout contraire, parce que
les magistrats voulaient, par la rigueur de leurs sentences contre les protestants, réhabiliter leur foi catholique
compromise par la guerre qu'ils faisaient aux prêtres.
Cela est juste, pourvu qu'on s'arrête dans de certaines
limites, et en deçà d'une certaine époque. Le fait général est différent. La magistrature, en luttant contre le
clergé, fut appelée à réfléchir sur les bornes du pouvoir
ecclésiastique, à les poser, à les circonscrire d'une manière toujours plus précise, et dès lors à les fixer aussi
pour les cultes dissidents. La tactique prévalut quelquefois sur l'idée du droit; mais le droit finit par l'emporter.

Le procureur général Joly de Fleury adressa au conseil, en 1752, un mémoire où, tout en subordonnant sa
pensée à la fiction des ordonnances, il se faisait l'organe de l'esprit parlementaire. Que le prêtre ne soit,
demandait l'illustre magistrat, qu'un officier de l'état civil pour l'enregistrement des baptêmes et des mariages; qu'il n'ajoute aucune qualification injurieuse aux
indications qui lui sont fournies; qu'il se contente, pour
la bénédiction nuptiale, d'une simple exhortation, sans
exiger aucune abjuration verbale ou écrite, ni aucun
acte qui s'applique spécialement aux religionnaires :
tous les Français sont catholiques selon la loi, tous doivent être traités comme tels, et de la même manière.

En 1755, un autre procureur général que nous avons
déjà nommé, Rippert de Monclar, alla plus loin. Se
dégageant de la fiction légale, il avoue qu'il y a encore
des protestants dans le royaume, et s'épouvante à l'idée

que cent cinquante mille collatéraux avidès pourraient réclamer l'héritage des familles dont les mariages avaient été bénis au désert. Il propose, pour y remédier, la publication des bans par un tribunal de justice, et la célébration des mariages devant un magistrat, « comme » cela se pratique en Hollande, » dit-il, « à l'égard » des catholiques. » C'était demander pour les protestants de France la séparation du civil et du spirituel. Rippert de Monclar ne prévoyait pas que, trente-cinq ans après, la mesure serait appliquée à tous les citoyens, sans distinction de culte.

En 1766, l'avocat général Servan soutint devant le parlement de Grenoble les droits d'une femme que son mari voulait abandonner avec ses enfants, sous prétexte que le mariage du désert était nul. « Cette cause, dans » son simple appareil, » disait l'éloquent magistrat, « ne » frappe guère au premier aspect. On ne voit d'abord » qu'une femme éplorée ; elle intéresse sans doute ; mais » sa cause cache bien d'autres intérêts ; sa cause est » celle de toutes les personnes de sa secte... Tous les » protestants, instruits des maux que cette femme a » soufferts pour leur religion, attendent avec inquiétude » une décision qui fera peut-être leur destinée et la » sienne. A peine votre arrêt sera prononcé dans ces » murs qu'il retentira jusqu'aux rochers des Cévennes, » et les bouches les plus inconnues et les plus grossiè- » res le répéteront comme un cantique de paix ou » comme un ordre de proscription. » Le parlement de Grenoble n'accorda que des dommages et intérêts, la seule chose que la femme délaissée eût osé réclamer ; mais le principe avait fait un pas de plus.

Dans la même année, l'ancien avocat général et conseiller d'Etat, Gilbert de Voisins rédigea, sur l'invitation

de Louis XV, des mémoires sur les moyens de rendre
aux protestants un état civil en France. Il proposa, entre autres, de donner à quelques ministres des saufs-
conduits révocables, et de les autoriser à faire des exercices privés. Les baptêmes et les mariages des réformés
auraient ainsi obtenu la double sanction du contrat civil
et de la bénédiction religieuse, sans rien changer à
l'uniformité du culte public dans le royaume.

La magistrature ne sortit plus de la voie où elle était
entrée ; et tout en s'épuisant à inventer des accommodements étranges ou impraticables pour concilier l'état
civil des protestants avec le maintien de l'unité religieuse extérieure, elle alla d'année en année plus avant
dans ses mémoires pour la réhabilitation légale des opprimés.

Que faisait le clergé en face des progrès de la tolérance ? Quelques-uns de ses membres (on sait que, dans
tout le cours de cette histoire, nous avons recueilli
avec joie ce qui lui était favorable) marchaient avec
l'esprit public ; et nous ne parlons pas seulement des
évêques et abbés philosophes, qui se faisaient tolérants
par bon ton ou par indifférence. Le respectable chef du
diocèse qui comptait le plus de réformés, M. de Becdelièvre, fit preuve pendant quarante-cinq ans d'une
grande modération, et à sa mort il mérita les éloges de
Rabaut-Saint-Etienne. L'abbé et docteur en théologie
Bourlet-Vauxelles dit dans le panégyrique de saint Louis,
qu'il prononça en 1762 devant l'Académie française :
« Le Dieu de paix ne permet pas qu'on massacre ceux
» qui ne le connaissent point. » L'abbé Audra employa
son influence à faire légitimer un mariage protestant devant le parlement de Toulouse. Le curé Bastide ouvrit
sa propre maison au pasteur Paul Vincent, qui était

poursuivi par des soldats. Enfin l'évêque de Langres,
M. de la Luzerne, parla pour les protestants, en 1787,
dans l'assemblée des notables : « 'J'aime mieux des
» temples que des prêches, » dit-il, « et des ministres
» que des prédicants. »

Nous rassemblons tous les témoignages de tolérance
qu'il nous est possible de trouver dans les actes du
clergé catholique, et sans doute beaucoup de faits semblables ont échappé à nos recherches. Mais nous devons ajouter que la majorité du corps sacerdotal résista
obstinément aux vues généreuses de la cour, des parlements et du pays.

Le clergé fit prêter à Louis XVI, dans la cérémonie
du sacre, l'ancien serment d'exterminer les hérétiques
dénoncés par l'Eglise, et M. Loménie de Brienne, archevêque de Toulouse, dit au monarque : « Sire, vous
» réprouverez les conseils d'une fausse paix, les systèmes
» d'une tolérance coupable. Nous vous en conjurons,
» sire, ne différez pas d'ôter à l'erreur l'espoir d'avoir
» parmi nous des temples et des autels... Il vous est ré-
» servé de porter le dernier coup au calvinisme dans
» vos Etats. Ordonnez qu'on dissipe les assemblées
» schismatiques des protestants, excluez les sectaires,
» sans distinction, de toutes les charges de l'adminis-
» tration publique, et vous assurerez parmi vos sujets
» l'unité du véritable culte chrétien. »

En 1780, l'assemblée générale du clergé présenta au
roi un long mémoire sur les *entreprises des protestants*.
Elle se plaignit que l'hérésie déchirât le sein de l'Eglise,
cette mère tendre et affligée; et demanda qu'on en revîn
*aux ressorts salutaires et aux voies réprimantes des beaux
jours de Louis XIV.* « Autrefois, » disaient les prêtres,
« les religionnaires étaient rigoureusement exclus des

» charges, emplois publics, places municipales ; aujour-
» d'hui les infractions se multiplient. Autrefois ils ne
» tenaient point d'assemblées pour cause de religion ;
» aujourd'hui la tenue des assemblées est notoire. Au-
» trefois ils ne se permettaient pas de dogmatiser en
» public ; aujourd'hui chaque jour est marqué par de
» nouvelles irrévérences contre nos cérémonies et nos
» mystères... Nous avons dû déposer ces alarmes dans
» le sein paternel et religieux de Votre Majesté. On ne
» peut aller efficacement à la source du mal sans éloi-
» gner pour toujours les prédicants étrangers, et sans
» prendre des mesures pour empêcher que les nationaux
» ne s'immiscent plus à l'avenir dans ces fonctions de
» prétendus pasteurs. »

Ainsi, exclusion des protestants de toutes les charges
publiques, bannissement des pasteurs, dispersion des
assemblées : c'est-à-dire l'exécution des plus odieuses
ordonnances de Louis XIV ; et après avoir fait ces requêtes, les prélats ajoutaient : « Les errants seront tou-
» jours nos semblables, nos concitoyens, nos frères, et
» même nos enfants dans l'ordre de la religion. Tou-
» jours nous les aimerons, nous les chérirons. Loin de
» nous la seule pensée du glaive et de l'épée ! »

Il est difficile de comprendre comment les conclusions
de ce mémoire s'accordaient avec les prémisses, puisqu'il y avait une impossibilité absolue, une impossibilité
démontrée par l'expérience de plus d'un siècle, à empêcher quinze cent mille Français d'exercer leur culte, à
moins de les noyer tous dans leur sang. Mais nous ne
prononcerons pas ici une seule parole d'amertume.
Nous exprimerons, au contraire, de la commisération,
de la sympathie pour ces évêques et ces prêtres. Hélas !
plusieurs d'entre eux étaient destinés à périr dans les

orages de la Révolution. Pitié pour les malheurs !

Un ex-jésuite, le père Lenfant, publia, en 1787, un *Discours à lire au conseil sur le projet d'accorder l'état civil aux protestants*. Son langage est bien moins mesuré que celui de l'épiscopat, et nous n'aurions jamais imaginé, avant d'avoir lu ce libelle, qu'il fût possible, même aux plus aveugles des fanatiques, d'entasser en quelques pages tant d'infâmes calomnies. Les réformés deviennent, sous la plume de cet ex-jésuite, des impies, des rebelles, des misérables, des monstres, des ennemis de toutes les lois divines et humaines. Plaignons aussi ce malheureux insensé ; il fut égorgé dans la prison de l'Abbaye, le 3 septembre 1792, et ce n'était pas une main protestante, sans doute, qui tenait la hache homicide.

Cette opposition du clergé n'avait pas arrêté la magistrature. Elle ne fut pas non plus une barrière pour les hommes d'Etat, qui, moins soumis aux traditions légales que les membres des parlements, et plus frappés du dommage que les ordonnances de Louis XIV apportaient à la chose publique, allèrent encore plus loin qu'eux dans leurs propositions en faveur des réformés.

Dès l'an 1754, Turgot, qui a devancé son époque sur tant de points, demandait la séparation du spirituel et du civil pour tous les cultes. Il mettait ces paroles dans la bouche du prince : « Quoique vous soyez dans l'erreur, je ne vous traiterai pas moins comme mes enfants. Soyez soumis aux lois ; continuez d'être utiles à l'Etat, et vous trouverez en moi la même protection que mes autres sujets. Mon apostolat est de vous rendre tous heureux. » Puis, se posant la question de savoir si les assemblées des cultes dissidents ne seraient pas dangereuses : Oui, répondait-il, tant qu'elles seront interdites ; non, quand elles seront autorisées.

Le baron de Breteuil, ministre de la maison du roi, fit rédiger par Rulhières des *Eclaircissements historiques sur les causes de la révocation de l'édit de Nantes*, qui nous ont souvent aidé dans nos recherches ; et il présenta sous son propre nom à Louis XVI, en 1786, un mémoire sur la nécessité de rendre aux protestants leur état civil.

Cependant la royauté fut lente à prendre un parti définitif. Louis XV, indifférent pour tout ce qui ne tenait pas à ses abjectes voluptés, avait constamment ajourné l'examen sérieux de la question. Louis XVI était animé d'intentions généreuses ; mais il avait une intelligence peu étendue, une conscience aisément alarmée par de petits scrupules de dévotion, une volonté faible, et, pour ainsi dire, une crainte superstitieuse à la seule pensée de toucher aux lois de ses prédécesseurs. Louis XIV avait renversé d'un pied dédaigneux l'édit *perpétuel et irrévocable* de Henri IV, et Louis XVI tremblait de corriger, même à demi, la plus monstrueuse iniquité de Louis XIV.

Il fallut que Rulhières et le baron de Breteuil inventassent de subtiles distinctions pour établir que Louis XIV n'avait pas entendu priver les protestants de leurs droits civils ; et afin de rassurer encore mieux la conscience du nouveau roi, ils lui représentèrent la tolérance comme le meilleur moyen de convertir les hérétiques. « Ce n'est » point, » disaient-ils, « renoncer à l'espérance de la » réunion des calvinistes français à l'Eglise ; c'est pren-, » dre, pour y parvenir, une marche plus assurée ; c'est » revenir à la véritable route dont on s'est trop écarté. »

Tandis que Louis XVI hésitait, l'esprit public parlait

toujours plus haut. Les étroites relations de la France avec l'Amérique du Nord contribuèrent .à répandre les idées de liberté civile et religieuse. Le général Lafayette, à son retour de la guerre de l'indépendance, alla visiter à Nîmes Paul Rabaut, serra le pieux vieillard dans ses bras, et invita son fils Rabaut-Saint-Etienne à le suivre à Paris, pour y plaider la cause de ses frères.

L'intègre Malesherbes prêta aux réformés l'appui de ses lumières et de sa vertu. Il composa en 1785 et 1786 deux mémoires sur le mariage des protestants, et y joignit un projet de loi sur la matière. « Il faut bien, » disait-il, « que je rende quelques bons offices aux pro- » testants ; mon ancêtre leur a fait tant de mal! » La- moignon de Malesherbes descendait du féroce Lamoi- gnon de Bâville.

Tous ces sentiments se firent jour dans la réunion des notables, en 1787. On lit dans les procès-verbaux de cette assemblée : « M. le marquis de Lafayette a pro- » posé de supplier Sa Majesté d'accorder l'état civil aux » protestants, et d'ordonner la réforme des lois crimi- » nelles. Il a demandé la permission de lire un projet » d'arrêté à ce sujet. Cette lecture faite, Monseigneur » le comte d'Artois a observé que cet objet étant abso- » lument étranger à ceux qui avaient été présentés au » bureau, ce serait outrepasser les pouvoirs des notables » que de s'en occuper; que cependant il se chargeait » volontiers d'en parler au roi, si c'était l'avis du bu- » reau. En conséquence, il a demandé les avis. Ils ont » été unanimes pour adopter la motion de M. le mar- » quis de Lafayette. » Une adresse fut rédigée dans ce sens pour appeler la bienveillance du roi sur « cette » portion nombreuse de ses sujets qui gémit sous un » régime de proscription également contraire à l'intérêt

» général de la religion, aux bonnes mœurs, à la popu-
» lation, à l'industrie nationale et à tous les principes de
» la morale et de la politique. »

L'édit de tolérance fut enfin signé au mois de novembre 1787, cent deux ans après la révocation, non tel
que l'eût exigé le principe bien compris de la liberté
religieuse, mais restreint dans la limite des opinions de
Louis XVI et de ses conseillers les plus influents. Le
nom de protestant n'y était pas prononcé ; la loi ne parlait que des non-catholiques. Le préambule annonçait
même que le roi « favoriserait toujours, de tout son pou-
» voir, les moyens d'instruction et de persuasion qui
» tendraient à lier tous ses sujets par la profession
» commune de l'ancienne foi du royaume. » On lisait
dans l'article 1er : « La religion catholique, apostolique
» et romaine continuera de jouir *seule* dans notre royaume
» du culte public. »

Le nouvel édit n'accordait aux non-catholiques que
ces quatre choses : Droit de vivre en France, et d'y
exercer une profession ou un métier, sans être inquiété
pour cause de religion ; permission de se marier légalement devant les officiers de justice ; autorisation de faire
constater les naissances devant le juge du lieu ; règlement pour la sépulture de ceux qui ne pouvaient être
ensevelis selon le rituel catholique-romain.

Mais ces concessions, si étroites dans le texte de la
loi, emportaient nécessairement beaucoup plus dans la
pratique. L'existence légale des protestans était reconnue. Comment les empêcher, dès lors, d'avoir des pasteurs, au moins pour bénir leurs mariages, baptiser
leurs enfants, et consoler les fidèles au lit de la mort ?
Comment leur défendre de se réunir pour célébrer leur
culte, puisqu'ils l'avaient fait sous la plus dure tyrannie ?

Etait-il bien facile enfin de distinguer entre le culte privé qu'on autorisait, et le culte public qu'on persistait à interdire? D'ailleurs, il n'y avait pas même de sanction pénale contre les délinquants.

La loi était incomplète de propos délibéré. Si elle donnait peu, elle laissait tout prendre. Les protestants n'y furent pas trompés. « L'édit de 1787, » dit Rabaut le jeune, « répandit la joie et la consolation dans toutes » les familles des réformés, et leurs assemblées religieu- » ses retentirent d'actions de grâces à Dieu, et de bé- » nédictions pour le roi, pour ses ministres et leurs » dignes coopérateurs. L'exécution de ce bienfaisant » édit suivit de près sa promulgation, et l'on vit bientôt » les réformés accourir en foule chez les juges royaux » pour faire enregistrer leurs mariages et les naissances » de leurs enfants... On vit des vieillards faire enregis- » trer, avec leurs mariages, ceux de leurs enfants et de » leurs petits-enfants (1). »

L'édit souleva quelques difficultés au parlement de Paris. Le fougueux d'Espremenil fut l'un des opposants. M. de Lacretelle dit qu'il était initié à la secte des *martinistes* ou des *illuminés*, et qu'il crut entendre la voix de la Vierge Marie qui lui ordonnait de parler contre les protestants. En effet, d'Espremenil, montrant à ses collègues une image du Christ, s'écria : « Voulez-vous le crucifier encore une fois? » Ce mouvement oratoire n'était plus de saison, et après quelques représentations adressées à Louis XVI, le parlement enregistra l'édit de tolérance.

Toutes les Eglises travaillèrent depuis ce moment à se reconstituer sur les bases de l'ancienne discipline.

_____

(1) *Répertoire ecclésiastique*, p. 7 et 8.

On put se convaincre que le protestantisme avait conservé, au nord comme au midi du royaume, de fortes
racines, et que les coups de la tempête, en le courbant
jusqu'à terre, n'avaient pu nulle part le briser.

Une dernière considération nous frappe, et ce n'est
pas la moins importante. Le peuple réformé de France
avait plus souffert, et plus longtemps, que nul autre au
monde. Il avait, de 1660 à 1787, été privé de toutes les
faveurs, exclu de tous les emplois, entravé dans toutes
les carrières libérales, chassé des corporations d'arts et
métiers, violemment refoulé dans l'agriculture et le commerce. A la révocation, il avait perdu ses hommes
d'élite, les plus opulents, les plus industrieux, les plus
actifs; et le reste, accablé de logements militaires,
écrasé de taxes et d'amendes, traqué dans les bois et
les montagnes, sans écoles, sans famille légitime, sans
héritage assuré, sans droits civils, avait été traité comme
une race de parias : et pourtant, chose étonnante! chose
admirable! il se trouva, en 1787, que le peuple réformé
de France n'avait rien perdu, ni de son ressort intellectuel et moral, ni de sa force industrielle. Loin de s'être
abaissé, abandonné lui-même, comme on l'a vu chez les
Irlandais sous un régime incomparablement moins oppressif, non seulement il s'était maintenu au niveau de
la population catholique, mais, en moyenne, il était plus
élevé sur l'échelle sociale, plus riche et mieux instruit.
Ce fait, que personne ne saurait contester sérieusement, nous offre l'un des plus grands spectacles de l'histoire de l'humanité.

LIVRE CINQUIÈME

DEPUIS L'ÉDIT DE TOLÉRANCE JUSQU'AU TEMPS PRÉSENT.

(1787-1861.)

I

Ce livre sera plus court que les précédents. La période qu'il embrasse est peu étendue ; elle ne contient guère d'événements mémorables, ni grands succès, ni grandes calamités, et les idées y tiennent plus de place que les faits. Or, c'est le récit des faits, non la discussion des idées, qui a été l'objet de nos travaux, et nous suivrons ce plan jusqu'au bout avec d'autant plus de fidélité que nous sommes plus près de la génération contemporaine. Nous ne voulons pas échanger la plume de l'historien pour celle de l'écrivain polémique.

On s'expliquera ainsi la brièveté de certains détails, et l'absence même de certains sujets qui ont eu peut-être, à leur jour, beaucoup de retentissement. Ce n'est point oubli ni indifférence, mais respect de notre devoir. Il y aurait des inconvénients de plus d'un genre à distribuer ici l'éloge et le blâme à des hommes encore vivants, ou à prendre parti sur des questions pendantes : cette tâche s'accomplira mieux plus tard (1).

(1) On a publié en langue allemande un ouvrage intitulé : *L'Eglise protestante de France* de 1787 à 1846 (*Die protestantische Kirche Frankreichs* etc.);

Aussitôt que l'on met le pied dans l'histoire de la ré_
volution de 1789, on entre dans un monde nouveau. Il
fallait auparavant, pour obtenir la plus petite réforme,
de longues négociations, des accommodements, des
transactions de toute nature. L'édit de 1787, bien qu'il
accordât moins que n'avait fait Henri IV dans l'édit de
Nantes, avait coûté vingt ans d'efforts. Maintenant, au
contraire, tout va marcher d'un pas ferme et rapide. Les
scrupules timorés du monarque, les subtils ménagements de ses conseillers, les aveugles résistances des
classes privilégiées ne président plus à la chose publique. Une grande assemblée, fidèle interprète de l'intelligence et de la conscience générale, se dégage des
liens d'un passé qui ne se soutenait qu'à force de roua-
ges artificiels, et pose les principes qui doivent résoudre les plus importants problèmes de l'ordre politique
et civil.

Dès le 21 août 1789, l'Assemblée constituante renversa les barrières qui avaient jusque-là empêché l'admission des protestants aux charges de l'Etat. L'article XI de la déclaration des droits était ainsi conçu :
« Tous les citoyens étant égaux aux yeux de la loi sont
» également admissibles à toutes dignités, places et em-
» plois publics selon leur capacité, et sans autres dis-
» tinctions que celles de leurs vertus et de leurs talents. »
Depuis lors, cet article a été reproduit, avec de simples différences de rédaction, dans toutes les constitutions françaises. On peut encore le méconnaître dans la
pratique ; on l'a fait même bien souvent après 1814 ;

---

2 vol. in-8° ; Leipzig, 1848. L'auteur ne s'est pas nommé : l'éditeur est
M. Gieseler, professeur de théologie, connu par une excellente histoire
ecclésiastique et d'autres écrits. Le livre que nous signalons renferme des
matériaux et des documents précieux.

mais le principe est définitivement conquis. Il n'a triomphé qu'après des siècles de persécutions, d'iniquités et de combats, tant les maximes du vrai et du juste sont lentes à s'écrire dans les lois humaines !

L'article XVIII de la déclaration des droits était destiné à garantir la liberté de conscience et de culte. Le comité de l'Assemblée nationale l'avait rédigé d'abord en ces termes : « Nul ne doit être inquiété pour ses » opinions religieuses, ni troublé dans l'exercice de sa » religion. » Cela était clair, net, sans équivoque ; mais un curé proposa des restrictions qui furent adoptées. L'article nouveau, dans sa rédaction embarrassée, portait l'empreinte des hésitations du législateur : « Nul » ne doit être inquiété pour ses opinions, même reli- » gieuses, *pourvu que leur manifestation ne trouble point* » *l'ordre public établi par la loi.* »

Cette addition était superflue en un sens, puisqu'il est évident que toute religion doit respecter dans ses actes l'ordre légal. Dans un autre sens, elle était dangereuse, parce qu'elle semblait donner au pouvoir civil plus d'autorité qu'il n'en doit avoir dans ces matières. Le prêtre qui eut cette malheureuse inspiration aurait dû prévoir qu'il remettait aux hommes politiques une arme que ceux-ci retourneraient peut-être contre sa propre communion. Les persécuteurs de 1792 ont-ils invoqué autre chose que le devoir de maintenir l'ordre établi par la loi ?

Rabaut-Saint-Etienne, nommé membre de l'Assemblée constituante par la sénéchaussée de Nîmes, aperçut le danger, et le signala dans un discours qui obtint dans le pays tout entier d'immenses applaudissements. C'est l'un des plus admirables plaidoyers qui aient été prononcés à la tribune nationale en faveur de la liberté religieuse : un pareil discours a sa place dans l'histoire.

L'orateur commence par montrer que les intolérants de tous les siècles n'ont jamais allégué d'autre prétexte que celui qui a été mis en avant par l'imprudent curé. « L'Inquisition a toujours dit, dans son langage douce-
» reux et ménagé, que sans doute il ne faut point atta-
» quer les pensées, que chacun est libre dans ses opi-
» nions pourvu qu'il ne les manifeste pas, mais que cette
» manifestation *pouvant troubler l'ordre public*, la loi doit
» la surveiller avec une attention scrupuleuse; et à la
» faveur de ce principe, les intolérants se sont fait ac-
» corder cette puissance d'inspection qui, durant tant
» de siècles, a soumis et enchaîné la pensée !... .

» Je remplis une mission sacrée, » poursuit l'orateur; « j'obéis à mes commettants. C'est une séné-
» chaussée de trois cent soixante mille habitants, dont
» plus de cent vingt mille sont protestants, qui a chargé
» ses députés de solliciter auprès de vous le complé-
» ment de l'édit de novembre 1787. Une autre séné-
» chaussée du Languedoc, quelques autres bailliages
» du royaume ont exposé le même vœu, et vous
» demandent pour les non-catholiques la liberté de
» leur culte... » (*Tous! tous!* s'écrièrent une foule de
» députés.)

Rabaut-Saint-Etienne en appelle ensuite aux droits déjà sanctionnés par l'Assemblée : « Vos principes sont
» que la liberté est un bien commun, et que tous les ci-
» toyens y ont un droit égal. La liberté doit donc ap-
» partenir à tous les Français également et de la même
» manière. Tous y ont droit ou personne ne l'a; celui
» qui veut en priver les autres n'en est pas digne; ce-
» lui qui la distribue inégalement ne la connaît pas; celui
» qui attaque en quoi que ce soit la liberté des autres
» attaque la sienne propre, et mérite de la perdre à son

» tour, indigne d'un présent dont il ne connaît pas tout
» le prix.

» Vos principes sont que la liberté de la pensée et
» des opinions est un droit inaliénable et imprescriptible.
» Cette liberté, messieurs, elle est la plus sacrée de
» toutes; elle échappe à l'empire des hommes; elle se
» réfugie au fond de la conscience comme dans un
» sanctuaire inviolable, où nul mortel n'a droit de péné-
» trer; elle est la seule que les hommes n'aient pas
» soumise aux lois de l'association commune. La con-
» traindre est une injustice; l'attaquer est un sacrilège. »

Arrivant à la question spéciale des protestants, Rabaut-
Saint-Etienne établit que l'édit de 1787 a laissé subsister
une choquante inégalité entre les communions religieuses, et que les lois pénales contre le culte des réformés n'ont pas été même formellement abolies. Il réclame
pour deux millions de citoyens utiles leurs droits de Fran-
çais. Ce n'est pas la tolérance qu'il demande, c'est la
liberté. « La tolérance! » s'écrie-t-il; « le support! le
» pardon! la clémence! idées souverainement injustes
» envers les dissidents, tant qu'il sera vrai que la diffé-
» rence de religion, que la différence d'opinion n'est pas
» un crime. La tolérance! je demande qu'il soit pros-
» crit à son tour, et il le sera, ce mot injuste
» qui ne nous présente que comme des citoyens dignes
» de pitié, comme des coupables auxquels on par-
» donne!...

» Je demande pour tous les non-catholiques ce que
» vous demandez pour vous : l'égalité des droits, la li-
» berté de leur religion, la liberté de leur culte, la li-
» berté de le célébrer dans des maisons consacrées à
» cet objet; la certitude de n'être pas plus troublés dans
» leur religion que vous ne l'êtes dans la vôtre, et l'as-

» surance parfaite d'être protégés comme vous, autant
» que vous, et de la même manière que vous par notre
» commune loi. »

Quelques orateurs avaient cité l'intolérance de certains peuples protestants pour justifier la leur : « Na-
» tion généreuse et libre , » répond Rabaut-Saint-
Etienne, « ne souffrez point qu'on vous cite l'exemple
» de ces nations intolérantes qui proscrivent votre culte
» chez elles. Vous n'êtes pas faits pour recevoir l'exem-
» ple, mais pour le donner, et de ce qu'il y a des peu-
» ples injustes, il ne s'ensuit pas que vous deviez l'être.
» L'Europe aspire à la liberté, attend de vous de
» grandes leçons, et vous êtes digne de les lui donner. »

L'orateur fait comparaître en quelque sorte à la barre
de l'Assemblée le grand peuple d'opprimés dont il est
le défenseur. « Ils se présenteraient à vous, » dit-il,
« teints encore du sang de leurs pères, et il vous mon-
» treraient l'empreinte de leurs propres fers. Mais ma
» patrie est libre, et je veux oublier comme elle, et les
» maux que nous avons partagés avec elle, et les maux
» plus grands encore dont nous avons été les victimes.
» Ce que je demande, c'est que ma patrie se montre
» digne de la liberté, en la distribuant également à tous
» les citoyens, sans distinction de rang, de naissance et
» de religion. »

Rabaut-Saint-Etienne établit, en terminant, que toute
religion exige un culte en commun, que des chrétiens
ne peuvent pas le refuser à d'autres chrétiens sans manquer à leurs propres maximes, et que toute entrave imposée à l'exercice public d'une religion est une
attaque contre le fond même des croyances, puisque la
croyance produit inévitablement le culte qui lui cor-
respond.

Malgré la logique et l'éloquence de Rabaut-Saint-Etienne, le côté droit, cédant à des préjugés religieux, le centre dominé par des préoccupations politiques, et les prêtres du côté gauche obéissant à leurs antipathies doctrinales, formèrent une majorité qui accepta la restriction proposée. Tous les partis eurent lieu de s'en repentir.

Quatre mois après ce mémorable débat, le 24 décembre 1789, l'Assemblée nationale confirma, par le décret suivant, l'égale admissibilité des Français à tous les emplois : « 1° Les non-catholiques, qui auront » d'ailleurs rempli toutes conditions prescrites par les » précédents décrets pour être électeurs et éligibles, » pourront être élus dans tous les degrés d'administra- » tion, sans exception; 2° les non-catholiques sont ca- » pables de tous les emplois civils et militaires, sans » exception. »

L'occasion s'offrit bientôt d'appliquer cette loi de la manière la plus éclatante. Le 15 mars 1790, Rabaut-Saint-Etienne, le fils d'un pasteur longtemps proscrit, et qui avait dû abriter sous une hutte de pierres sa tête vénérable, fut nommé président de l'Assemblée constituante; il remplaça au fauteuil l'abbé de Montesquiou. C'est alors qu'il écrivit à son père ces mots qui caractérisaient si bien le changement des idées et des situations : « Le président de l'Assemblée nationale est à » vos pieds. »

Rabaut-Saint-Etienne était né à Nîmes en 1742. Il fit ses études théologiques dans le séminaire de Lausanne. Revenu en France à l'âge de vingt ans, il fut consacré au ministère de l'Evangile, et s'acquitta courageusement de ses fonctions dans le ressort du parlement de Toulouse, qui venait de condamner au dernier supplice

le pasteur François Rochette, les trois gentilshommes
verriers et Calas. Il prêcha toujours, en face de ces
exécrables échafauds, la résignation, l'obéissance aux
lois et les devoirs de l'amour fraternel.

En 1779, il prononça, comme nous l'avons dit ailleurs, l'oraison funèbre de M. Becdelièvre, évêque de
Nîmes. Ce discours ayant été imprimé et communiqué
à Laharpe par M. Boissy d'Anglas, l'illustre critique lui
répondit : « Vous m'avez envoyé un excellent écrit ;
» voilà la véritable éloquence, celle de l'âme et du sen-
» timent. On voit que tout ce qui sort de la plume
» de l'auteur est inspiré par les vertus qu'il célèbre. »

Rabaut-Saint-Etienne a publié d'autres discours, et
un livre intitulé : *Ambroise Borély, ou le vieux Cévenol*. Il
y peint, sous une forme dramatique, les souffrances des
protestants français à l'époque de la révocation de l'édit
de Nantes, et pendant le dix-huitième siècle.

Choisi le premier par la sénéchaussée de Nîmes, entre les huit députés du tiers-état, son noble caractère,
ses talents oratoires et son dévouement à la chose publique lui acquirent bientôt une grande influence dans
l'Assemblée constituante ; il fut appelé plusieurs fois au
fauteuil.

Ayant été envoyé à la Convention nationale par le
département de l'Aude, Rabaut-Saint-Etienne y apporta
une sage modération en même temps qu'un généreux
amour de la liberté. Il se rangea du parti des Giron-
dins, et affronta les passions populaires en refusant de
voter la mort de Louis XVI. « La nation, » dit-il,
« vous a envoyés pour déléguer les pouvoirs, non pour
« les exercer tous à la fois ; car il est impossible qu'elle
» n'ait voulu que changer de maître. Quant à moi, je
» vous l'avoue, je suis las de ma part de despotisme ; je

» suis fatigué, harcelé, bourrelé de la tyrannie que
» j'exerce pour ma part, et je soupire après le moment
» où vous aurez créé un tribunal national qui me
» fasse perdre les formes et la contenance d'un tyran. »

Dans la journée du 31 mai, il lut le rapport de la
commission des douze qui représentait le parti de la
Gironde, et soutint une lutte opiniâtre contre les violences de la Montagne. Un si ferme courage devait
s'expier. Il fut décrété d'arrestation, et ayant été découvert dans sa retraite, on le traduisit devant le tribunal
révolutionnaire, qui le fit exécuter dans les vingt-quatre
heures, après avoir seulement constaté son identité.
Rabaut-Saint-Etienne périt sur l'échafaud le 5 décembre 1793.

Revenons à l'Assemblée constituante. Un membre
du côté gauche, le Chartreux dom Gerle, homme singulier, mal assis dans ses idées, et qui commençait à
s'inquiéter du chemin qu'il avait fait avec ses nouveaux
amis, proposa tout à coup, le 12 avril 1790, de déclarer le catholicisme religion de l'Etat, et de ne plus autoriser d'autre culte public que le sien. Le côté droit et
quelques Jansénistes accueillirent avec transport cette
motion inattendue. L'évêque de Clermont demanda
même qu'elle fût votée par acclamation, comme un
hommage rendu à la religion catholique.

La majorité parut un moment incertaine, et l'on renvoya la séance au lendemain. Dans l'intervalle, les défenseurs de la liberté religieuse eurent le temps de se
reconnaître. Charles Lameth avait déjà invoqué en faveur des communions dissidentes les maximes de
l'Evangile. L'opinion publique s'agita entre les deux
séances : des rassemblements tumultueux se formèrent
autour de l'enceinte législative; Mirabeau rappela les

terribles souvenirs de la Saint-Barthélemy, et dom
Gerle, mieux éclairé sur les dangers de sa proposition,
la retira.

L'Assemblée constituante ne tarda pas à donner aux
protestants de nouveaux témoignages de sa bonne volonté. Elle fit restituer aux héritiers des légitimes propriétaires les biens confisqués pour cause de religion,
qui étaient encore entre les mains de l'Etat. Par un autre décret, elle rendit tous les droits de citoyens français aux descendants des réfugiés, à la seule condition
de revenir en France et d'y prêter le serment civique.
Enfin, la constitution de 1791 sanctionna en ces termes
la liberté des cultes : « La constitution garantit à tout
» homme d'exercer le culte religieux auquel il est atta-
» ché. »

Le législateur s'était acquitté de sa tâche en procla-
mant les vrais principes ; c'était maintenant au peuple à
remplir la sienne. Mais si, aux époques antérieures, les
mœurs étaient en avant des lois, les lois furent alors en
avant des mœurs, au moins dans les provinces méridionales, où il y avait à la fois plus d'ignorance et plus de
passions religieuses.

La Vendée ne se leva qu'en 1793, parce qu'elle
n'avait point, ou presque point de protestants sur son
territoire. Dans le Midi, au contraire, où ils étaient nombreux, on exploita, dès l'an 1790, les vieilles haines qui
existaient entre les deux communions. Ces faits, qui eurent des conséquences graves, demandent quelques
éclaircissements.

II

Dans les premiers temps de la Révolution, catholiques
et réformés vivaient en bon accord, au midi de la France

comme dans les autres provinces. « Tout s'opérait natu-
» rellement par le concours des volontés, » dit l'historien des troubles du Gard, « et l'on n'y connaissait d'autre
» bruit que celui des fêtes, chaque fois que l'on recevait
» de Paris la nouvelle de quelque événement favorable.
» Dans plusieurs communes on vit les protestants assis-
» ter au *Te Deum* des catholiques, et les catholiques,
» c'est un fait constant, assistaient aussi aux chants
» d'actions de grâces des réformés (1). »

Mais les divisions commencèrent à se manifester dès
le jour où, sur la proposition de l'évêque de Talleyrand,
l'Assemblée constituante décréta la vente des biens du
clergé (2 novembre 1789). Les prêtres et les moines persuadèrent à la multitude qu'on voulait détruire l'Eglise,
abolir la religion, persécuter les catholiques ; et les
classes populaires du Midi, ne pouvant s'en prendre aux
philosophes et aux Jansénistes qu'elles ne connaissaient
point, tournèrent leur fureur contre les protestants, qui
étaient complètement étrangers aux mesures dont on se
plaignait.

De là des séparations et des inimitiés ardentes. Ces
éléments de discorde furent entretenus, agrandis, enve-
nimés par quelques membres des classes privilégiées qui,
à l'aide des collisions religieuses, espéraient donner le
signal de la contre-révolution dans les provinces méridionales, soulever ensuite l'Ouest, marcher sur Paris,
et ressaisir leurs anciennes prérogatives. Non seulement le fait a été avoué, on s'en est vanté hautement,
publiquement, en 1814 et en 1815, comme d'une admirable combinaison pour relever la cause royale, sacer-
dotale et aristocratique.

---

(1) Lauze de Peret, *Eclaircissements historiques*, etc., 2ᵉ livraison, p. 163.

Il y avait, entre autres, un certain François Froment, devenu plus tard secrétaire du cabinet de Louis XVIII, qui, dans une brochure, publiée au mois d'octobre 1815, et intitulée : *Précis de mes opérations pour la défense de la religion et de la royauté pendant le cours de la Révolution*, a raconté, avec une franchise qui ne rougit de rien, et en accompagnant son récit de pièces officielles, tous les détails de ce complot, dont il fut l'un des principaux agents.

« Je me rendis secrètement à Turin auprès des princes » français, » dit-il, « pour solliciter leur approbation et » leur appui. Dans un conseil qui fut tenu à mon arri- » vée (janvier 1790), je leur démontrai que, s'ils vou- » laient armer les partisans de l'autel et du trône, et » faire marcher de pair les intérêts de la religion avec » ceux de la royauté, il serait aisé de sauver l'un et » l'autre. Alors, comme à présent, j'étais convaincu » de cette vérité, qu'on ne peut étouffer une forte » passion que par une plus forte encore, et que le » zèle religieux pouvait seul étouffer le délire républi- » cain. »

François Froment raisonnait juste, à son point de vue. Le peuple des campagnes et des villes n'aurait pas dé- fendu de lui-même des privilèges dont il souffrait le pre- mier. Il devait aimer d'instinct une révolution qui l'avait affranchi de la dîme, des servitudes féodales, et lui avait donné l'égalité civile. Mais, en s'adressant à ses passions religieuses, en ranimant ses haines tradition- nelles contre les hérétiques, on pouvait l'armer pour une cause qui n'était pas la sienne, et, une fois debout, le pousser en aveugle plus loin qu'il ne voulait aller. C'est le secret de tous les conspirateurs, et l'on aura recours à cette tactique sous plus d'un drapeau, tant qu'il y aura

des ambitieux d'un côté, et des ignorants ou des fanatiques de l'autre.

Froment eut peu de peine à faire adopter son projet.
Les princes émigrés le chargèrent (c'est toujours lui qui
le raconte) de former un parti royaliste dans le Midi, de
l'organiser et de le commander. On lui remit de l'argent,
avec promesse de secours en hommes et en munitions,
dès que la lutte aurait commencé. Il revint donc en
France, parcourut tout le Midi, s'entendit avec les nobles
et les prêtres, dont les opinions correspondaient aux
siennes, et, peu de temps après, les deux villes de Montauban et de Nîmes étaient ensanglantées.

Les conjurés suivirent partout une marche réglée
d'avance et uniforme. Ils firent circuler d'atroces calomnies contre les protestants, et répandirent à profusion,
jusque dans les carrefours et sur les places publiques,
des libelles incendiaires. On pourra juger du style de
ces pamphlets par l'extrait suivant (et il s'y trouve des
injures encore plus grossières) : « Fermez aux protes-
» tants la porte des charges et des honneurs civils et
» militaires. Ils vous demandent de participer aux avan-
» tages dont vous jouissez; mais vous ne les y aurez pas
» plus tôt associés, qu'ils ne penseront plus qu'à vous
» en dépouiller, et bientôt ils y réussiront. Vipères in-
» grates, que l'engourdissement de leurs forces mettait
» hors d'état de vous nuire, réchauffés par vos bienfaits,
» elles ne revivent que pour vous donner la mort. Ce
» sont vos ennemis-nés ! »

Ces odieuses provocations ne manquèrent pas leur
effet sur les masses populaires. Les protestants furent
systématiquement exclus de tous les conseils municipaux, et en général de toutes les charges électives.
C'était un premier pas : on pouvait disposer de l'au-

torité communale au profit de la contre-révolution, et
donner aux projets des factieux une apparence de légalité.

Un second moyen d'action fut d'exciter les catholiques
à signer des adresses pour demander l'unité de religion:
Beaucoup de conciliabules se tinrent à ce sujet, d'ordinaire chez les curés ou dans les couvents. Les dévots
accouraient, pensant obéir à la volonté de Dieu en attaquant les droits les plus sacrés de la conscience humaine, et leur fanatisme s'exaltait jusqu'à la frénésie. Les
femmes du peuple surtout, dressées à une servile bigoterie, s'abandonnaient à un emportement sauvage. Les
protestants, de leur côté, voyant que l'on sollicitait contre eux une nouvelle révocation de l'édit de Nantes,
s'en irritaient profondément. Tout cela entrait dans le
plan des conspirateurs.

Ce n'était pas assez : il fallait une force armée. Les
troupes régulières étaient fidèles au gouvernement sorti
de la Révolution. Dans la garde nationale, beaucoup de
protestants avaient obtenu de hauts grades, parce qu'ils
possédaient, en moyenne, plus d'instruction et de fortune que les catholiques. Comment donc avoir des soldats ? On se mit à organiser des compagnies de volontaires qui obéissaient à des chefs occultes. Recrutés
pour la plupart dans la lie du peuple et parmi les tra-
vailleurs de terre, leur ignorance garantissait leur docilité, et l'on pouvait entreprendre la lutte avec quelques
chances de succès.

Ces malheureux ne criaient pas seulement : *Vive le
roi! vive la croix!* ils criaient encore : *A bas la nation!*
comme s'ils n'appartenaient pas eux-mêmes à cette nation, qui venait de reprendre ses droits et ses libertés!
Plusieurs portaient, au lieu de la cocarde nationale, une

croix blanche, à l'exemple des anciens ligueurs. Les confréries de pénitents, qui dataient des guerres de religion
du seizième siècle, avaient fourni leur contingent d'hommes dévoués. C'était enfin la Ligue ressuscitée, la Ligue sans les Guises, la Ligue sans Philippe II et Sixte-
Quint, la Ligue après Voltaire : vain fantôme qu'on
essayait de faire tenir debout sur sa tombe sanglante.

Le 10 mai 1790, jour des Rogations, que le conseil
municipal avait choisi pour visiter les couvents qui devaient être supprimés, le peuple se soulève à Montauban. Six dragons, ou gardes nationaux d'élite, dont cinq
étaient protestants et un catholique, sont tués à l'Hôtel-
de-Ville, avant d'avoir pu préparer leurs moyens de défense. Beaucoup d'autres, après d'indignes traitements,
sont jetés en prison, et y trouvent un refuge contre les
coups des meurtriers. Nous supprimons les détails.

Le 13 juin de la même année, la lutte connue sous le
nom de *bagarre* commence à Nîmes, et dure quatre
jours. On peut voir dans le rapport officiel présenté à
l'Assemblée constituante, après l'enquête la plus minu-
tieuse, quels furent les provocateurs et les agresseurs
dans cette funeste collision. Le complot est évident.
Il est facile d'en découvrir l'origine, d'en suivre les
détours, et de se convaincre que la religion n'avait
servi que de prétexte pour arriver à une contre-révolution.

Les catholiques du dernier ordre, que les chefs de la
faction avaient armés et ameutés, commirent les actes
les plus atroces. Nous n'en citerons qu'un exemple, qui
appartient à la journée du 14. « Le jeune Peyre, âgé de
» quinze ans, portait à manger à son frère ; il passe de-
» vant une troupe postée au pont des Iles ; un homme
» lui demande s'il est catholique ou protestant. Le jeune

» homme répond : Je suis protestant. Aussitôt un homme
» lui tire un coup de fusil, et l'enfant tombe mort. — Il
» aurait autant valu tuer un agneau, s'écrie un compa-
» gnon du meurtrier. — J'ai promis, répondit-il, de
» tuer quatre protestants pour ma part, et celui-ci
» compte pour un (1).

Des négociations furent ouvertes; mais, des coups de
fusils, tirés de l'enceinte du couvent, les interrompirent.
Les catholiques attachés à la cause de la Révolution s'unirent aux protestants, et il y eut de terribles représailles.
On compta de part et d'autre cent trente-quatre individus tués dans ces fatales journées. Que ceux qui ont
préparé, soudoyé, organisé, excité les soulèvements en
soient responsables devant l'impartiale postérité! Il est
consolant de pouvoir ajouter que plusieurs curés des environs de Nîmes, n'écoutant que la voix de leur conscience, vinrent à la tête des gardes nationaux de leurs
communes, afin de concourir au rétablissement de l'ordre et de la paix entre les deux communions.

Dans le rapport lu à l'Assemblée constituante, M. Al-
quier atteste, dans les termes les plus formels, que ce
ne sont pas les protestants qui ont provoqué les conflits.
« Ils ont été, » dit-il, « en butte à la haine d'un parti,
» aussitôt qu'un parti s'est formé contre la constitution,
» à l'époque de vos premiers décrets sur les biens du
» clergé; et devenus l'objet d'un vil ramas de calomnies
» artificieusement pratiquées contre eux pour exciter
» des troubles et faire éclater une contre-révolution, ils
» n'ont eu d'autres ennemis que les ennemis de la Ré-
» volution même. »

Toulouse, Bordeaux, Montpellier, Marseille, où les

(1) Lauze de Peret, 3e livraison, p. 35.

protestants étaient trop peu nombreux pour permettre
d'y subordonner la question politique à la question religieuse, ne remuèrent point. Leur attitude préserva le
Midi de la guerre civile, et les conspirateurs durent
chercher hors de France la force qu'ils ne trouvaient
plus dans leur patrie.

Quand la tranquillité fut bien rétablie à Nîmes, les réformés y ouvrirent un temple, selon le droit qui leur
était garanti par la constitution. Ils avaient fait graver
sur le frontispice l'inscription suivante : « Edifice consa-
» cré à un culte religieux par une société particulière :
» paix et liberté. » Le vénérable Paul Rabaut prononça
d'une voix émue, et le visage baigné de larmes, la prière
d'inauguration.

Dans les autres provinces de la France, les protestants s'occupèrent aussi de leur nouvelle organisation.
payant les pasteurs de leur propre bourse, comme ils y
étaient depuis longtemps habitués, et ne demandant rien
de plus au pouvoir civil que le maintien de leur liberté
sous la sauvegarde de la loi commune.

La Révolution, cependant, devenait de plus en plus
hostile au clergé catholique. Après lui avoir ôté ses
biens, elle voulut lui imposer une constitution et un serment. Ce fut l'œuvre des Jansénistes, et en particulier
du représentant Camus. Ils étaient aigris par le souvenir des longues injures que leur avait fait subir la majorité des prêtres, et ils furent malheureusement assez
puissants pour entraîner dans leur querelle le côté gauche de l'Assemblée constituante, qui pressentait qu'il
allait commettre une faute grave. Les protestants demeurèrent étrangers à ces débats.

La constitution civile imposée à l'Eglise catholique
précipita la Révolution hors des bornes qu'elle aurait dû

respecter. Une grande partie du clergé résista. Les prêtres insermentés ou réfractaires, comme on les appelait,
prirent le chemin des bois et des cavernes, poursuivis
des insultes de ce même peuple qui avait tant de fois
outragé les pasteurs de la Réforme. La France n'avait
pas assez appris de ces conducteurs spirituels à s'incliner devant l'indépendance de la conscience humaine, et
les ministres de Rome furent les victimes des leçons de
persécution qu'ils lui avaient données. Malheur à ceux
qui prennent le glaive de l'intolérance : il se retourne
tôt ou tard contre eux-mêmes !

Ces douloureuses luttes n'appartiennent point à notre
sujet. Le clergé catholique, nous le disons hautement,
fit alors son devoir, et les hommes politiques manquèrent au leur. Ils avaient outre-passé les limites de l'autorité civile, en prétendant régler des points ecclésiastiques dans lesquels la doctrine était nécessairement
impliquée ; et, après avoir eu ce premier tort, ils en commirent un second : celui d'attaquer, de proscrire la religion même, pour se venger des légitimes résistances
qu'ils avaient rencontrées.

Il n'y eut jamais, à la vérité, de loi expresse, contre
la liberté religieuse. La constitution de 1793 contenait
encore un article 22 qui devait *garantir à tous les Français le libre exercice de leur culte.* Mais la Convention
renversait par les actes arbitraires de ses agents les
droits qu'elle écrivait dans sa législation, et fit elle-même
des décrets qui blessaient toutes les communions religieuses. Ainsi, le 22 septembre 1793, elle remplaça l'antique division de la semaine par celle de la
décade , et voulut forcer tous les Français à travailler le dimanche, quels que fussent les scrupules de
leur foi.

Cette injustifiable tyrannie ne s'exerça point sans opposition, malgré la terreur qui pesait sur la France. Voici un fait que Rabaut le jeune raconte dans son *Répertoire ecclésiastique*, et qui appartient à la communion protestante ; il eut lieu dans la commune de La Salle (Gard) : « Un travailleur de terre, nommé Alègre, âgé
» d'environ soixante ans, fut arrêté et mis en prison
» pour n'avoir pas travaillé un jour de dimanche. Huit
» jours après, cet homme revêtu de ses habits de fête,
» se présente au Comité. On lui demande ce qu'il
» veut ; il répond qu'il est déjà vieux ; que lorsqu'il a
» travaillé toute la semaine, il a absolument besoin de
» repos ; que s'il allait à la journée le dimanche, il vo-
» lerait l'argent de celui qui l'emploierait, et qu'il pré-
» férait venir se remettre en prison. Le Comité, qui
» s'attendait sans doute à quelque dénonciation, fut
» étonné de cette réponse, et le renvoya chez lui. »

Le 7 novembre 1793, Gobel, évêque constitutionnel de Paris, vint abjurer la foi catholique à la barre de la Convention, accompagné de quelques prêtres bien dignes de marcher derrière lui. Il déposa sur le bureau les insignes de sa charge, en déclarant qu'il ne fallait plus d'autre culte que celui de la liberté, de l'égalité et de la morale. Certains membres de l'Assemblée, ecclésiastiques catholiques et protestants, suivirent son exemple. L'évêque Grégoire eut seul le courage de monter à la tribune pour désavouer cette apostasie : Rabaut-Saint-Etienne était absent alors et proscrit.

L'abjuration de Gobel fut le signal de l'envahissement des églises et de l'abolition de tous les cultes. On ne parlait plus, selon le langage du temps, que d'invoquer la Raison, d'écouter la voix de la Nature, d'allumer sur les autels le flambeau de la Vérité, et de rendre tous les hommes heureux en étouffant le monstre de la Superstition.

Les temples des protestants, qui ne s'étaient rouverts que de la veille, furent fermés comme les églises catholiques, et les pasteurs, sous peine d'être tenus pour suspects, et par conséquent pour dignes de mort, durent cesser toute fonction. Le délégué de la Convention dans le Gard et la Lozère publia, le 16 prairial an II, un arrêté qui enjoignait aux prêtres et aux pasteurs de se retirer, dans un délai de huit jours, à vingt lieues des communes où ils avaient exercé leur ministère. L'homme de la terreur n'avait rien inventé : il s'était borné à copier une ordonnance dictée par les Jésuites sous le règne de Louis XIV.

Quelques pasteurs périrent sous la hache révolutionnaire, d'autres furent emprisonnés, et parmi eux le vétéran du désert, Paul Rabaut, qui fut conduit à la citadelle de Nîmes sur un âne, son âge et ses infirmités ne lui permettant plus d'y aller à pied. « Après avoir vu » périr son fils aîné et avoir eu à gémir de la proscrip-» tion de ses deux autres enfants (Rabaut-Pomier et » Rabaut-Dupuy), il fut lui-même incarcéré, et nous » sommes témoin de la résignation dont il donna des » preuves dans ce terrible moment. D'un calme imper-» turbable pour lui, il ne témoigna quelque inquiétude » que pour ses enfants, et pour ceux des autres captifs » qui partageaient son sort, et qu'il consolait et soute-» nait tous par son exemple (1). »

Le protestantisme compta proportionnellement autant de victimes que le catholicisme, sinon davantage, soit pasteurs, soit laïques, dans les jours de 93. Le *Dic-*

---

(1) J. Pons, *Notice biographique.*

tionnaire des condamnés indique pour le département du Gard, où les réformés ne composent pas la moitié de la population totale, 46 protestants, 91 catholiques et 1 juif. Les membres du tribunal révolutionnaire de Nîmes étaient tous catholiques, à une seule exception près. La Réforme française, pour employer les expressions de M. Aignan, ne fut jamais nommée dans le deuil et l'épouvante de la France, et paya deux fois l'impôt du sang : d'abord à l'intolérance de Rome, ensuite à celle de l'impiété.

Nous ne pouvons suivre la trace du culte protestant à cette époque. Il paraît qu'à Sainte-Foy et dans les environs, l'exercice public de la religion ne fut jamais complètement interrompu. Les souvenirs des vieillards en ont conservé d'autres exemples, sans doute, mais les livres n'en parlent point. La piété, généralement bien affaiblie, se renferma presque partout dans le fond des consciences ou dans l'asile du toit domestique.

La journée du 9 thermidor marqua le terme de cette oppression ; car dès que l'opinion publique put élever la voix, elle redemanda et obtint la liberté religieuse. Un décret du 3 ventôse an III (21 février 1895) autorisa le libre exercice des cultes, en laissant aux fidèles le soin d'entretenir les pasteurs de leurs propres deniers, et en leur défendant de célébrer aucune cérémonie sur la voie publique. La constitution de l'an III confirma ces dispositions par l'article suivant : « Nul ne peut » être empêché d'exercer, en se conformant aux lois, le » culte qu'il a choisi ; nul ne peut être forcé de contri- » buer aux dépenses d'un culte ; la République n'en sa- » larie aucun. »

Une loi de police, rendue le 7 vendémiaire an III

(28 septembre 1795), ordonna de faire une déclaration préalable pour l'ouverture des lieux de culte, et obligea les ministres des différentes communions à signer cette formule : « Je reconnais que l'universalité des citoyens » français est le souverain, et je promets soumission et » obéissance aux lois de la République. » Plus tard, on y ajouta la condition d'un serment ainsi conçu : « Je jure haine à la royauté et à l'anarchie, attache- » ment et fidélité à la République et à la constitution » de l'an III. » La promesse d'obéir aux lois pure- ment politiques était juste; l'ordre de jurer haine à la royauté ne l'était point et souleva de légitimes réclama- tions.

Quelques Eglises réformées profitèrent de l'apaise- ment des esprits et de la protection du pouvoir pour se relever. Cette restauration fut laborieuse et lente. Il y avait peu de pasteurs; les uns étaient morts pendant l'orage révolutionnaire; d'autres avaient définitivement abandonné le ministère de l'Evangile, et les jeunes gens du séminaire de Lausanne s'étaient dispersés; il y avait également peu de zèle chez les laïques : le scandale de quelques apostasies avait produit sur eux une déplora- ble impression, et plusieurs se laissaient dominer par les négations du scepticisme ou par les chimères de la théophilanthropie.

Au milieu de ce pénible relèvement du protestan- tisme, Paul Rabaut rendit son âme à Dieu. Il avait été remis en liberté après le 9 thermidor; mais le poids des années ne lui permettait plus de prendre part à la re- construction du sanctuaire. Il mourut à l'âge de soixante et seize ans, le 26 septembre 1795, en invoquant le nom du Seigneur qu'il avait confessé devant quatre gé- nérations de chrétiens.

III

Le Premier Consul trouva les affaires de l'Eglise catholique dans un grand désordre. Prêtres assermentés
et non assermentés se livraient à de violentes controverses et divisaient les troupeaux. Les conseillers de
Bonaparte l'engageaient, d'une voix presque unanime,
à ne pas intervenir dans les questions religieuses, disant qu'il en retirerait peu d'avantages et beaucoup
d'embarras, et qu'il valait mieux laisser l'Eglise pacifier
elle-même, comme elle le pourrait, ses luttes intestines.
Le nouveau chef de l'Etat ne tint pas compte de ces
avis, et ouvrit des négociations avec le saint-siège. On
assure qu'il confessa, quinze ans après, que c'était la
plus grande faute de son règne.

Un concordat fut signé entre le Premier Consul et le
légat de Pie VII, le 26 messidor au IX (15 juillet 1801). Ce rétablissement de l'alliance du pouvoir
temporel avec le pouvoir spirituel devait nécessairement réagir sur la position du protestantisme français.

Le pape avait vivement insisté pour que la religion
catholique fût proclamée *religion de l'Etat*, ou tout au
moins *religion dominante*. Ni l'une ni l'autre de ces prétentions ne fut admise, de peur de faire supposer,
comme le disait le négociateur du gouvernement consu-
laire, le retour d'une religion intolérante et oppressive.
On inséra seulement dans le préambule du concordat
la déclaration suivante : « Le gouvernement de la Ré-
» publique reconnaît que la religion catholique, apos-
» tolique et romaine, est la religion de la grande majo-
» rité des Français. »

Ce n'était pas l'expression d'un simple fait. Néan-

moins le Conseil d'Etat crut encore devoir aller au-devant de toute interprétation défavorable aux protestants.
On lit dans un rapport qui fut mis sous les yeux des
consuls, au commencement de 1802, ces remarquables
paroles : « Le gouvernement, en déclarant que le ca-
» tholicisme était en majorité en France, n'a voulu au-
» toriser en sa faveur aucune prééminence politique ou
» civile. Il a seulement motivé l'antériorité des mesu-
» res qu'il a prises pour assurer une indépendance
» qu'il est dans son intention de garantir à tous les
» cultes. Le protestantisme est une communion chré-
» tienne qui réunit à la même croyance et aux mêmes
» rites un très grand nombre de citoyens français. A ce
» seul titre, cette communion a droit à la protection du
» gouvernement. A d'autres égards elle mérite des
» marques de considération et de bienveillance. Ses
» fondateurs ont les premiers répandu en Europe des
» maximes libérales de gouvernement ; ils ont fait faire
» des progrès à la morale, à la philosophie, aux sciences
» et aux arts utiles. Dans les derniers temps, les pro-
» testants se sont rangés les premiers sous les dra-
» peaux de la liberté, et ne les ont jamais abandonnés.
» Il est donc du devoir du gouvernement d'assurer sa
» protection aux réunions paisibles de cette minorité
» éclairée et généreuse de citoyens, rassemblés dans
» des temples avec la vue louable de recueillir les pré-
» ceptes de la religion du Christ... Tout ce qui est as-
» suré aux diverses communions chrétiennes par les
» articles convenus entre Sa Sainteté et le gouverne-
» ment de la République, est également garanti aux
» protestants, à l'exception de la subvention pécuniaire. »
Les pasteurs protestants ne devaient donc recevoir
aucun salaire du trésor public, tandis que les évêques

et les prêtres en avaient un. On était revenu au décret de l'Assemblée constituante qui n'accordait en effet de traitements qu'aux ministres du culte catholique, mais on ne s'appuyait plus sur les mêmes raisons. L'Assemblée constituante regardait le salaire du clergé comme un dédommagement ou une indemnité pour la perte de ses biens. Le conseil d'Etat de 1802 laissait entièrement à l'écart cet ordre de considérations. Il justifiait par trois motifs l'intention de payer les prêtres sans payer les pasteurs. Premièrement, certaines dépenses peuvent être imposées à tous dans l'intérêt du plus grand nombre. Ensuite, les subventions volontaires que les prêtres levaient pour entretenir le culte catholique entraînaient des profusions et des abus qui, pour diverses causes, n'existaient pas au même degré chez les protestants. Enfin, « dans les articles convenus entre le chef de » l'Eglise romaine et le gouvernement de la République, » la charge imposée à l'Etat est compensée par le droit » que le gouvernement s'est acquis d'intervenir directe- » ment et efficacement dans l'administration de l'Eglise » par la nomination des principaux ministres, et par la » surveillance des ministres subordonnés. »

Voici dès lors les deux situations très distinctes qu'on voulait faire aux catholiques et aux protestants. Pour les premiers, un salaire de l'Etat, mais aussi l'intervention du gouvernement dans la nomination des évêques et des curés de canton : le pouvoir civil donnait de l'argent, et par son argent il s'était *acquis* le droit de mettre la main dans les affaires de l'Eglise. Pous les seconds, point de salaire, mais aussi une pleine liberté d'action intérieure : nul sacrifice d'argent d'un côté, et nul sacrifice d'indépendance de l'autre.

On rédigea effectivement, le 21 ventôse an X (12 mars

1802) un arrêté en neuf articles, où il n'était question que de mesures générales de police et de droit commun pour le culte des protestants. Bonaparte écrivit en marge de la minute de cet arrêté qu'il y manquait deux articles : l'un sur le serment des ministres protestants, l'autre sur le mode de nomination, et le projet s'arrêta là (1).

On voit qu'il s'en est fallu de bien peu que la séparation de l'Eglise et de l'Etat n'ait été complètement réalisée pour la communion réformée de France. L'obstacle vint du Premier Consul, qui, voulant avoir autorité sur le protestantisme par le serment et la nomination des pasteurs, sentit bien qu'il devait, en compensation, entretenir le culte réformé aux frais du trésor public; et de cette prétention est sortie la loi du 18 germinal an X (7 avril 1802).

Si l'on se proposait d'écrire des observations sur l'histoire des protestants français, au lieu de raconter l'histoire même, on demanderait quelle eût été la destinée de leurs Eglises, et qu'elle serait aujourd'hui leur position, dans le cas où Bonaparte, se conformant à l'avis de son conseil d'Etat, leur eût laissé une entière indépendance, en ne leur accordant aucun salaire. Des opinions opposées pourraient être soutenues sur cette question avec une égale bonne foi; mais l'examen de cette thèse nous écarterait de notre sujet.

La fait historique, seul point qui doive nous occuper ici, c'est que la plupart des protestants, pasteurs et fidèles, à tort ou à raison, accueillirent comme une précieuse faveur la loi du 18 germinal. Ils furent moins sensibles au sacrifice d'une partie de leur indépendance religieuse

---

(1) M. Artaud donne des détails sur cette négociation curieuse et généralement ignorée, dans son *Histoire du pape Pie VII*, t. I, p. 265 et suiv.

qu'aux avantages qu'ils se promettaient du salaire de l'Etat; car ils trouvaient deux grandes choses : une reconnaissance légale incontestable, et le gage officiel d'une égalité parfaite avec les catholiques-romains.

Rabaut-Dupuy, qui présidait le corps législatif en 1802, se fit l'organe des sentiments de gratitude et de joie de ses coreligionnaires dans la séance de clôture. « Législateurs, » dit-il, « cette loi de justice a été re-
» çue avec reconnaissance par tous les chrétiens; les
» protestants en ont senti tout le prix... Rendus à la li-
» berté des droits civils, politiques et religieux, aujour-
» d'hui que la loi organise tous les cultes *d'une manière*
» *parallèle*, ils seront les plus fermes appuis d'un gou-
» vernement protecteur. »

Il disait encore en 1807, dans une lettre adressée aux réformés de l'Empire : « Vous qui vécûtes comme nous
» sous le joug de l'intolérance, résidu de tant de géné-
» rations persécutées, voyez et comparez. Ce n'est plus
» dans les déserts et au péril de votre vie que vous ren-
» dez au Créateur l'hommage qui lui est dû. Nos temples
» nous sont rendus, et tous les jours il s'en élève de
» nouveaux. Nos pasteurs sont reconnus fonctionnaires
» publics; *ils sont salariés par le gouvernement;* le glaive
» d'une loi barbare n'est plus suspendu sur leur tête...
» Hélas! ceux à qui nous avons survécu sont montés
» sur la montagne de Nébo d'où ils ont vu la terre pro-
» mise; mais nous seuls en avons pris possession. »

Toutefois, quelque unanimité qu'il y ait eu dans les sentiments des protestants de cette époque sur la loi de germinal, il faut reconnaître qu'elle a changé dans des points essentiels la constitution de la Réforme française, et lui a fait payer cher l'avantage de l'égalité politique des religions.

En apportant au Corps législatif les nouveaux articles, organiques, le conseiller d'Etat Portalis, depuis ministre des cultes, annonça que la loi avait été faite sur les instructions verbales ou écrites demandées aux protestants. « S'il appartient aux lois, » disait-il, « d'admettre ou de » rejeter les divers cultes, les divers cultes ont par eux- » mêmes une existence qu'ils ne peuvent tenir des lois, » et dont l'origine n'est pas réputée prendre sa source » dans des volontés humaines. » On croirait donc que le gouvernement s'était borné à interroger les protestants sur leurs articles de foi et de discipline, et qu'il les avait tout simplement sanctionnés. Mais il suffit pour se détromper, de comparer la loi du 18 germinal avec les règles établies par les synodes nationaux.

Dans l'ordre ancien, qui est le système du presbytérianisme calviniste, la société religieuse existe en soi et par soi. Elle a son autorité suprême, ses autorités secondaires, sa doctrine, sa discipline, ses moyens de gouvernement, sa pénalité. Dans l'ordre nouveau, la société religieuse n'ayant plus de confession de foi officiellement reconnue, n'en pouvant pas établir une autre sans la permission du magistrat civil, ne possédant plus de règles générales et fixes en dehors de ses relations avec l'Etat, et subordonnée pour la conduite de ses affaires intérieures au pouvoir séculier, manque d'un gouvernement, dans le sens vrai du mot : elle semble appuyer son existence même sur une force qui ne vient pas de son propre fonds.

Autrefois, c'étaient les pasteurs et les anciens, qui, réunis en colloques, en synodes provinciaux, en synodes nationaux, décidaient souverainement de toutes les questions ecclésiastiques. Ils nommaient les ministres, jugeaient les différends survenus dans les troupeaux, ap-

pliquaient les peines spirituelles, ordonnaient les changements réputés utiles, dirigeaient enfin les Eglises, en
leur qualité d'Eglises, dans tout ce qui intéressait la
piété, les bonnes mœurs, l'édification, la vie chrétienne.
Sous le régime de 1802, tout paraît sortir de l'autorité
temporelle, et tout y revient par une voie ou par une
autre : confirmation et destitution des pasteurs, décisions dogmatiques, modifications dans la discipline, entreprises des ministres du culte ou des consistoires, divisions dans les troupeaux. N'est-ce pas une organisation
essentiellement civile substituée à une organisation essentiellement ecclésiastique ?

Les différences capitales qui existent dans l'ensemble
se retrouvent aussi dans les détails.

L'élément primitif, qui correspondait à celui de la commune dans la société politique, c'est-à-dire l'Eglise particulière ayant son consistoire et son pasteur, est supprimé, au moins dans son autorité propre et distincte,
par les articles de 1802, et remplacé par la création de
l'Eglise consistoriale qui se compose d'un certain chiffre
de protestants agglomérés. Les cinq ou six Eglises particulières dont elle est formée ne sont plus que des sections ou des fragments du corps, et leurs consistoires
n'ont point de titre légal. C'est absolument comme si
l'on supprimait, dans le domaine de l'Etat, toutes les
communes avec leurs conseils municipaux, pour les absorber dans l'existence purement conventionnelle des
cantons.

La loi de l'an X concentre la capacité consistoriale
dans les rangs des plus imposés au rôle des contributions directes. Vingt-cinq de ces plus imposés nomment
le premier consistoire. Ensuite le consistoire même dé-
signe les notables qui doivent, de concert avec lui,

pourvoir aux réélections et aux vacances. Les deux conditions de la piété et de la fortune peuvent se trouver
réunies, sans nul doute ; mais quand elles ne le sont
pas, c'est la fortune qui doit prévaloir, si l'on se conforme rigoureusement au texte légal. La masse des fidèles, ou le peuple, selon l'expression de l'ancienne discipline, n'a aucun droit d'élection, ni d'empêchement,
ni de consentement officiellement réclamé.

A la place des synodes provinciaux, qui comptaient
trente à quarante membres et quelquefois plus, puisque
chaque Eglise particulière de la province y envoyait un
pasteur et un ancien, la loi de germinal a institué des
synodes d'arrondissement formés de cinq Eglises consistoriales. L'assemblée ne peut donc se composer que de
dix membres, et ne doit durer que six jours. Elle n'a le
droit de se réunir qu'avec la permission du gouvernement, après lui avoir donné connaissance des matières
qui seront traitées, et en présence du préfet ou du sous-
préfet. De plus, toutes les décisions qui émaneront de
ces synodes, de quelque nature quelles soient, doivent
être soumises à l'approbation du pouvoir civil. Et cependant, depuis près d'un demi-siècle, malgré ces excessives précautions, il n'y a qu'un seul synode d'arrondissement, celui de la Drôme, qui ait été convoqué en
1850.

Enfin, il n'y a plus de synode national ; car les articles organiques n'ayant rien statué sur la composition et
les attributions de cette assemblée, et n'en ayant pas
même prononcé le nom, tandis qu'ils ont soigneusement
déterminé tout ce qui concerne les synodes d'arrondissement, il est hors de doute que le silence du législateur équivalait, dans sa pensée, à une suspension in-
définie des synodes généraux.

La loi du 18 germinal n'est donc pas la confirmation
de l'ancienne discipline des réformés, comme on aurait
pu l'induire du discours de M. Portalis : elle en est à
quelques égards le renversement. Il est vrai que le changement des idées et des mœurs devait amener des modifications dans les règlements ecclésiastiques, et nul
homme intelligent n'aurait pu vouloir la complète restauration du passé. Il est encore vrai que les défaillances
intérieures du protestantisme ont fait plus de mal à la
liberté que les articles organiques, et que la foi aurait
pu corriger à beaucoup d'égards les vices de la loi : n'im-
putons point au législateur ce qui doit peser avant tout
sur les protestants eux-mêmes. Néanmoins le régime de
1802, établi après les récents excès de la liberté, porte
l'empreinte d'une réaction extrême vers les besoins de
l'ordre. Aucun gouvernement postérieur n'aurait eu de
si grandes exigences; et l'opinion unanime du protestantisme français demande aujourd'hui la révision des articles de l'an X. Les uns veulent plus, les autres moins ;
mais tous désirent une loi qui garantisse mieux l'indépendance des Eglises.

Il n'en était pas ainsi, nous l'avons vu, au temps du
consulat. Un mémoire fut seulement présenté à l'autorité
politique, sollicitant la formation d'une *commission cen-
trale*, qui aurait été composée d'un pasteur et d'un ancien
de chaque synode d'arrondissement. Cette commission,
soumise à toutes les règles imposées aux synodes inférieurs, aurait tâché d'établir, sous l'œil d'un commissaire
du gouvernement, quelque unité dans le dogme, le culte
et la discipline. Mais le mémoire ne produisit rien.

Vingt-sept présidents de consistoire furent appelés au
sacre de Napoléon. Ils examinèrent dans une conférence
préalable s'ils devaient assister au service religieux, et

après quelque hésitation se décidèrent pour l'affirmative,
soit parce que l'Empereur devait prêter serment de protéger la liberté des cultes, soit parce qu'ils craignirent
que leur absence ne fût nuisible aux intérêts des Eglises
réformées. « Il serait absurde de penser, » dirent-ils dans
une délibération consignée sur les registres du consistoire de Paris, « qu'aucun pasteur-président pût être
» compromis, ou avoir quelque scrupule de conscience
» pour une assistance muette à des cérémonies, reli-
» gieuses il est vrai dans leur nature, mais qui n'exigent
» aucun assentiment, aucun signe extérieur d'adoration
» de la part des spectateurs, cérémonies qui sont telle-
» ment unies et associées aux cérémonies civiles qu'elles
» perdent presque le caractère particulier que leur im-
» prime le culte catholique romain. »

Le président du Consistoire de Genève, alors ville
française, M. Martin, présenta ses hommages à l'Empereur au nom de ses collègues et de tous les protestants.
La réponse de Napoléon mérite d'être conservée par l'histoire : « Je vois avec plaisir rassemblés ici les pasteurs
» des Eglises réformées de France. Je saisis avec em-
» pressement cette occasion de leur témoigner combien
» j'ai toujours été satisfait de tout ce qu'on m'a rapporté
» de la fidélité et de la bonne conduite des pasteurs et
» des citoyens des différentes communions protestantes.
» Je veux bien que l'on sache que mon intention et ma
» ferme volonté sont de maintenir la liberté des cultes.
» L'empire de la loi finit où commence l'empire indéfini
» de la conscience ; la loi ni le prince ne peuvent rien
» contre cette liberté. Tels sont mes principes et ceux
» de la nation ; et si quelqu'un de ceux de ma race,
» devant me succéder, oubliait le serment que j'ai prêté,
» et que, trompé par l'inspiration d'une fausse con-

» science, il vînt à le violer, je le voue à l'animadver-
» sion publique, et je vous autorise à lui donner le nom
» de Néron. »

L'Empereur tint fidèlement sa promesse. Point de
persécution contre les protestants sous son règne; point
de violence, en haut ni en bas, qui ait porté atteinte à
leurs droits religieux ou civils; une sécurité pleine et
continue. Mais c'était une liberté interne et murée dans
les temples, pour ainsi parler. Il y avait rigoureuse défense de faire aucun bruit, aucun mouvement dans les
choses de religion. Ni journaux, ni associations, ni controverse, ni prosélytisme; et si quelque idée ou action
religieuse osait franchir l'enceinte où elle était empri-
sonnée, la main de fer de Napoléon l'y refoulait immédiatement.

Nous avons entendu dire que tel village catholique
ayant manifesté le dessein d'entrer dans la communion
réformée, un pasteur crut avoir le droit de s'y rendre.
Aussitôt il se rencontra face à face avec le gouvernement impérial, qui lui ordonna de retourner chez lui et
de s'y tenir en repos. Le pasteur dut baisser la tête et
obéir. Que de faits semblables qui sont restés inconnus!

Si Napoléon défendait aux religions de sortir de leurs
temples, il s'était réservé le privilège d'y pénétrer lui-
même et d'y commander, chaque fois qu'il le jugeait à
propos. Le 19 février 1806, par exemple, il institua
deux fêtes, sur un simple rapport du Conseil d'Etat :
l'une pour l'anniversaire de sa naissance, l'autre pour
celui de son couronnement et de la bataille d'Austerlitz.
« Il sera prononcé, » disait le décret, « dans les églises,
» dans les temples, et par un ministre du culte, un dis-
» cours sur la gloire des armées françaises, et sur l'éten-

» due du devoir imposé à chaque citoyen de consacrer
» sa vie à son prince et à sa patrie. »　　　　　«

Aussi le protestantisme français n'a-t-il pas propre-«
ment d'histoire pendant les quatorze années du Consulat
et de l'Empire. Faible par le nombre, épars, sans lien,
sans discipline commune, contraint de se faire petit et
silencieux, et de ne rien troubler dans le classement
officiel des religions, il vécut d'une vie uniforme et
obscure. « Les prédicateurs prêchaient, » dit M. Samuel Vincent, « le peuple les écoutait ; les consistoires
» s'assemblaient ; le culte conservait ses formes. Hors
» de là, personne ne s'en occupait, personne ne s'en
» souciait, et la religion était en dehors de la vie de
» tous. Cela dura longtemps (1). »

Nous ne connaissons aucun livre important de dogmatique, d'histoire ecclésiastique ou d'éloquence sacrée,
qui soit datée du règne de Napoléon. Quelques sermons
de circonstance, des cours d'instruction religieuse, des
résumés de l'histoire sainte, trois ou quatre ouvrages
traduits de l'anglais et de l'allemand : telle fut la littérature protestante de l'époque. Nous ne comptons pas
des écrits du genre de l'*Essai* de Charles Villers, où les
lettres, les arts et la philosophie tiennent plus de place
que la religion.

A se renfermer dans les limites de la France actuelle,
on n'y comptait pas deux cents pasteurs en 1807 : le
nombre en est plus que double aujourd'hui. Les Eglises
de plusieurs étaient si vastes qu'ils devaient mener une
vie nomade. Gardons-nous, au reste, de juger ces pasteurs avec sévérité. Nous ne connaissons pas tout le
bien qu'ils ont fait dans leurs humbles travaux, tous les

(1) *Vues sur le protestantisme en France*, t. II, p. 265.

malheureux qu'ils ont consolés, tous les pauvres qu'ils ont secourus, toutes les âmes qu'ils ont édifiées et ramenées à Dieu. Leur fardeau était plus lourd que celui des hommes qui les ont remplacés, leur tâche plus ingrate. Ils avaient à lutter, et contre la trop grande étendue de leurs circonscriptions ecclésiastiques, et contre l'indifférence des peuples qui ne s'occupaient que des triomphes militaires de Napoléon.

Quelques-uns de ces pasteurs entretenaient des relations avec les sociétés allemandes des Frères Moraves, et rassemblaient autour d'eux les fidèles qui partageaient leurs convictions. « C'étaient en général, » dit encore M. Vincent, « des gens paisibles et inoffensifs, qui dogmatisaient peu, qui plaçaient la religion dans l'amour, » et surtout dans l'amour pour Jésus, qui se réunissaient » en petit nombre, sans éclat, sans prétention, avec un » prosélytisme très doux et très modéré » (t. II, p. 266).

Le séminaire français de Lausanne avait été transporté à Genève; mais comme il ne suffisait pas aux besoins du corps pastoral, l'Empereur créa une Faculté de théologie protestante à Montauban (1808-1810). La chaîne des souvenirs fut ainsi renouée pour l'une des plus anciennes et des plus célèbres métropoles de la Réforme française. Montauban avait perdu son académie théologique en 1661 par les intrigues des Jésuites; Napoléon la lui rendit. Les hommes passent, les persécutions finissent; mais les institutions nécessaires à l'intelligence et à la conscience humaine ne tombent que pour se relever.

Des projets de réunion entre les communions chrétiennes furent mis en avant dans cette période. L'autorité publique n'y intervint plus, comme au temps de Richelieu et de Louis XIV; elle ne parut pas même y attacher la moindre importance, et l'on ne trouve ici que la pensée et l'œuvre de quelques particuliers.

L'archevêque de Besançon, M. Claude Lecoz, ancien membre de l'Assemblée législative, évêque constitutionnel en 1791, et auteur de brochures très vives contre le pape Pie VI, à propos de la constitution civile du clergé, crut devoir faire preuve de zèle pour la foi catholique. Il adressa, au mois de novembre 1804, une lettre publique à MM. Marron, Rabaut-Pomier et Mestrezat, pasteurs de Paris, dans laquelle il les invitait à profiter du voyage de Pie VII en France pour se rapprocher de l'Eglise romaine. « Avec quelle ardeur il se prêterait, » dit-il, « à tous les moyens de réconciliation compatibles » avec les droits de la vérité! Avec quelle joie il ouvri- » rait ses bras à des enfants dont l'éloignement déchire » son cœur paternel! » Les pasteurs de Paris répondi- rent que nul projet de réunion n'était praticable avec la condition de rentrer comme des brebis égarées et re- pentantes dans l'Eglise de Rome, et que d'ailleurs la complète unité en matière de religion leur paraissait im- possible.

Un jurisconsulte de quelque talent, M. de Beaufort, descendit à son tour dans la lice, et plaçant la question sur le terrain politique, il prétendit qu'une parole de Napoléon réunirait les diverses Eglises. M. Lecoz ré- pondit avec aigreur à ce nouvel antagoniste; M. de Beaufort lui opposa une réplique véhémente, et le pro- jet d'accommodement se termina par des invectives ré- ciproques.

Un ancien prêtre de la congrégation de l'Oratoire, M. Tabaraud, publia aussi un livre sur la réunion des communions protestantes. Il avait défendu leurs droits civils, en 1788, contre un diatribe de l'évêque de La

Rochelle, sur l'édit de Louis XVI. Inflexible adversaire des opinions ultramontaines et Janséniste éclairé, il avait plus de titres que n'en ont habituellement ceux de sa robe à être écouté avec faveur. Ses tentatives n'eurent pourtant pas plus de succès que les précédentes, et l'on admira seulement la science qu'il avait déployée dans l'exposition historique du sujet. Entre l'autorité absolue en matière de dogme, à laquelle Rome ne veut pas renoncer, et le droit d'examen, dont la Réforme ne veut pas davantage faire le sacrifice, où est le point de jonction? Les plus ingénieuses combinaisons ne peuvent pas suppléer au défaut d'un terrain commun.

IV

Quand la dynastie des Bourbons revint en 1814, les protestants ne cherchèrent nulle part à former un parti politique distinct. Agriculteurs, propriétaires, membres des classes éclairées et libérales, ils ne regrettaient point la domination militaire de Napoléon. Ceux d'entre eux qui étaient commerçants et industriels se réjouirent de la paix, qui allait ouvrir à leur activité un horizon plus vaste. S'ils ne pouvaient se défendre de quelque inquiétude, en voyant sur le trône le descendant du prince qui avait révoqué l'édit de Nantes, ils remontaient dans leurs souvenirs jusqu'au roi qui le leur avait donné, et la mémoire de Henri IV les rassurait contre celle de Louis XIV.

On pouvait espérer que les Bourbons, ayant à combattre tant d'adversaires, ne voudraient pas irriter sans motif un million et demi de citoyens paisibles. Et comment supposer, d'ailleurs, qu'ils attaqueraient le protes-

tantisme en France, lorsque Louis XVIII disait qu'il
devait sa couronne, après Dieu, à un prince protestant,
le régent de la Grande-Bretagne ?

Les premiers actes de la Restauration furent dictés
par un esprit d'impartialité et de prudence. Le comte
d'Artois, depuis Charles X, étant allé à Nîmes, en 1814,
fit un accueil bienveillant aux réformés, et distribua
parmi eux plusieurs décorations de la Légion d'honneur. La politique y avait peut-être plus de part que la
confiance ; mais les protestants, satisfaits de la protection qui leur était promise, pouvaient s'abstenir de scru-
ter les intentions.

La charte donnée par Louis XVIII disait, dans son
article 5 : « Chacun professe sa religion avec une égale
» liberté, et obtient pour son culte la même protection. »
Elle ajoutait, à la vérité, dans l'article 6, que la religion catholique, apostolique et romaine était la religion
de l'Etat. Néanmoins, l'égalité entre les cultes ayant été
d'abord et formellement proclamée, la distinction accordée au catholicisme ne devait être, selon les termes
de la constitution, qu'une simple primauté honorifique,
sans aucun privilège blessant ou oppressif, et les protestants étaient tout disposés à céder les honneurs du
pas à l'Eglise romaine, pourvu que leurs droits fussent
aussi respectés que les siens.

Il n'y aurait donc eu ni parti protestant, dans le sens
politique du mot, ni collision d'aucun genre, si la charte
avait été bien comprise par les masses catholiques, bien
exécutée par les hommes du pouvoir, et sincèrement admise par les membres des anciens ordres privilégiés.
Mais l'intelligence manqua aux uns, l'esprit de justice
aux autres, et l'amour des institutions libérales aux derniers.

Dans le Midi surtout, les ouvriers et les paysans qui appartenaient à l'Eglise romaine menaçaient ouvertement les réformés de nouvelles persécutions, sans être suffisamment contredits et réprimés par les autorités locales. Des rumeurs sinistres se répandaient. On parlait de la fermeture des temples et de l'interdiction du culte public. Des catholiques de bas étage, en rencontrant des protestants dans les rues, affectaient de crier : *Vive le roi!* comme s'ils eussent été les seuls royalistes. Plus haut, ceux qui se nommaient les *honnêtes gens*, insultaient en plein théâtre les hommes les plus honorables de la communion réformée.

Les émigrés revenus à la suite des Bourbons, et d'autres, qui, enfermés dans leurs châteaux depuis vingt-cinq ans, n'avaient appris qu'à maudire la Révolution, s'indignaient des libertés octroyées par Louis XVIII; et ne sachant quelle voie suivre pour abolir la charte, ils en revinrent aux plans des conspirateurs de 1790. Une lutte religieuse, qui aurait fait des provinces méridionales une grande Vendée, pouvait remettre la loi fondamentale en question; et le gouvernement occulte, tant de fois dénoncé par les plus sincères amis des Bourbons, aux deux tribunes législatives, commença son œuvre souterraine. On a dit que ces hommes-là étaient plus royalistes que le roi. Non, ils avaient d'autres intérêts que ceux du roi; des intérêts de position et de caste, et ils essayaient de leur donner satisfaction, à tout prix, fût-ce aux dépens de la royauté même.

De nouvelles adresses furent signées, comme en 1790, pour demander qu'il n'y eût en France qu'une seule religion. Dans beaucoup d'églises, on distribua des billets à la main, portant ces mots : « Les fidèles » sont priés de dire tous les jours cinq *Pater* et cinq *Ave*

» pour la prospérité du royaume et le rétablissement des
» Jésuites. » La controverse antiprotestante reparut
dans plusieurs chaires sous les formes les plus âpres, les
plus violentes , dénonçant l'hérésie comme une calamité publique ; et les réformés, poursuivis de tant de
provocations, furent, en quelque sorte, forcés de se
faire des opinions politiques d'après leurs convictions
religieuses.

Nous voulons sans tarder rendre justice à qui le mérite. La faute des attentats, dont le récit va suivre, ne
doit nullement retomber sur la majorité des catholiques ; au contraire, ils en furent aussi indignés et affligés que les protestants. Elle ne doit pas davantage être
imputée à la majorité des prêtres. On ne les aperçoit
plus au premier rang dans les actes de persécution,
comme ils y étaient au dix-septième et au dix-huitième
siècles. La populace, excitée par quelques chefs secrets, agissait sans les prêtres, et souvent malgré les
prêtres. Plusieurs ecclésiastiques romains s'interposè-
rent même avec courage pour sauver des victimes :
nous en citerons bientôt un admirable exemple.

Telle était la situation dans le Midi, lorsque l'Empereur débarqua sur les côtes de France. Les protestants de Nîmes offrirent au duc d'Angoulême leurs services comme volontaires royaux. Le prince était prêt à
les accepter, lorsque des fanatiques les repoussèrent par
cette insulte : « Nous ne souffrirons pas ces coquins de
protestants ! » On puisa dans leur bourse en repoussant
leur personne.

Napoléon étant rentré à Paris, les protestants reprirent les places et la légitime influence dont on les avait
dépouillés. Ils purent compter sur la protection des
lois, et en témoignèrent une satisfaction qui ne se com-

prend que trop bien. Mais ils furent loin de commettre les excès qu'on leur a reprochés. La faction de 1815 a eu besoin de leur inventer des crimes pour atténuer les siens. Tous les massacres des Cent jours dont on les a tant accusés se bornèrent, comme l'attestent des documents officiels, à la mort de deux volontaires royaux qui furent tués à Arpaillargues (Gard), dans une rixe qu'ils avaient eux-mêmes provoquée en s'obstinant à traverser le village avec cinquante de leurs compagnons, les armes à la main.

Aussitôt que la défaite de Waterloo fut connue à Nîmes, les bandes royalistes se réorganisèrent, et enjoignirent au conseil municipal de se déclarer immédiatement pour le gouvernement de Louis XVIII, bien qu'il ne fût encore venu aucun ordre de Paris. Le conseil répondit qu'il fallait attendre des instructions officielles, et publia une proclamation où il disait : « Compatriotes » de toutes les opinions, pour lesquels nous avons une » égale sollicitude, au nom des efforts que nous avons » faits pour détourner les maux qui menacent notre » contrée, au nom de vos plus chers intérêts, au nom » de Dieu qui vous impose la clémence et la con- » corde, ne soyez point sourd à notre voix » (13 juil- » let 1815).

Le lendemain une estafette annonça le retour du roi dans la capitale, et la population réformée reprit sans opposition la cocarde blanche. Cette prompte obéissance ne satisfit pas des hommes qui avaient adopté les couleurs blanche et verte, attestant par cela même qu'ils servaient une autre cause que celle de la royauté. Alors la terreur se leva et pesa sur le Midi.

Le 17 juillet, une hideuse populace recrutée à Nîmes, à Beaucaire et dans les lieux voisins, attaqua la garnison qui, affaiblie par de nombreuses désertions après la nouvelle de la chute de l'Empereur, ne comptait plus que deux cents hommes. Ces braves, assiégés dans leur caserne, reconnurent que toute résistance ne produirait qu'une inutile effusion de sang, et consentirent à capituler. Le lendemain, au point du jour, ayant déposé leurs armes par une convention expresse, ils sortent de la caserne, marchant quatre à quatre dans une attitude ferme et triste. Mais les brigands au milieu desquels ils devaient passer tirent sur eux; par une insigne et lâche violation du droit des gens, et foulent aux pieds les cadavres des vieux soldats de la patrie.

Plus de force régulière à Nîmes! Le pillage, l'incendie et le meurtre désolent cette grande cité. Les détails en sont horribles. « Des crimes, et des crimes encore, » dit avec une éloquente énergie M. Lauze de Peret, « tel sera mon récit; des scélérats sans crainte, la paix » sans repos, une entière soumission sans sécurité, une » cité sans garantie, des victimes sans défense, et des » chefs muets sans être absents. » (p. 192) «

Le comte René de Bernis, commissaire royal, et le marquis d'Arbaud-Jonques, nommé préfet du département, après le marquis Jules de Calvières qui n'avait été que préfet provisoire, ont publié des mémoires justificatifs. Ils ont été contredits sur presque tous les points par M. Madier de Montjau, dans sa pétition à la Chambre des députés, et par d'autres honorables citoyens. Il est bon que les persécuteurs sachent que la vérité a nécessairement son jour; il est bon aussi qu'il se rappellent que l'histoire ne descend point à ramasser dans la boue et le sang le nom des égorgeurs subalternes, mais qu'elle s'en prend à ceux qui auraient dû les contenir et les punir.

« Les attentats d'un fanatisme sauvage s'étendirent
bientôt hors de l'enceinte de Nîmes. Toute la contrée
fut abandonnée aux fureurs de quelques centaines de
misérables qui, imposant des contributions ruineuses,
dévastant les propriétés, saccageant les maisons, maltraitant les citoyens les plus inoffensifs, outrageant les
femmes, profanant la majesté des tombeaux, massacrant
enfin ceux qui étaient désignés par leur position ou par
quelque faux bruit à la rage populaire, criaient : *Vive la
croix ! Vive le roi !* tandis qu'ils commettaient des crimes également contraire aux plus saints intérêts de la
religion et de la royauté.

  Si quelque part de malheureux protestants se rassemblaient et s'armaient pour veiller à leur commune défense, pour protéger l'asile de leurs vieillards et le berceau de leurs enfants, on les traitait de factieux et de
rebelles. Ils étaient traduits devant des juges qui ne
voulaient ou n'osaient pas rendre justice, et ces tribunaux dérisoires sévissaient contre les victimes, au lieu
de frapper les bourreaux.

  La ville d'Uzès, entre autres, avait été envahie par
une bande de sicaires, et c'est là qu'un prêtre fit preuve
d'un sublime dévouement. Les autorités étaient tremblan-
tes ou complices, et la garde nationale inactive. Un
» seul homme, digne ministre de la loi de charité, un
» prêtre du Dieu qui a commandé avant tout de vivre
» en frères, l'abbé Palhien, donna d'autres exemples.
» Près de l'église de Saint-Etienne ; il aborde Graffan
» (Quatretaillons) ; il prie, il insiste, il se met à genoux
» devant lui, mais en vain. Il le suit jusqu'à la place fa-
» tale ; en vain il fait entendre les paroles de la religion
» à ce brigand armé pour la défense de l'autel et du
» trône : dans ce mémorable jour, Uzès parut ne ren-

» fermer qu'un seul chrétien, un seul Français (1). »

La terreur dura plusieurs mois. Vers la fin d'août, quatre mille Autrichiens arrivèrent dans le département du Gard. On leur avait dit que les protestants menaçaient la tranquillité publique, et qu'il fallait défendre contre eux l'ordre et les lois. Ils s'avancèrent avec précaution, l'arme au bras, comme dans un pays ennemi, et furent surpris de ne trouver qu'une population paisible, livrée aux coups de quelques forcenés, et décimée par l'assassinat.

On se demande comment, à notre époque, dans un pays comme la France, de tels excès ont pu s'accomplir sans exciter une indignation universelle. Il faut répondre que le pays tout entier était alors livré à une réaction violente. Point de liberté de la presse; aucun droit sauf celui du vainqueur; l'esprit de parti opprimant et dénaturant tout. Le journal officiel du Gard, qui se rédigeait dans les bureaux de la police ou de la préfecture, osait contester les actes les plus évidents, nier les faits les plus authentiques, vanter la clémence, la générosité de ses amis devant les cadavres des victimes. Et si quelqu'un, même hors de cette malheureuse province, faisait entendre une voix libre, il était réputé calomniateur et séditieux.

M. Voyer-d'Argenson en fit l'expérience, quand, dans la séance du 23 octobre 1815, il demanda une enquête, en disant que son âme était déchirée par des rapports qui annonçaient que des protestants avaient été massacrés dans le Midi. Il fut violemment interrompu par des cris à l'ordre, et malgré les formes dubitatives qu'il employa dans ses explications, le rappel à l'ordre

(1) M. Lauze de Peret, 3ᵉ livraison p. 10.

fut prononcé à une grande majorité. La Chambre de
1815 pensait-elle qu'en fermant la bouche à M. Voyer-
d'Argenson, elle étoufferait le terrible cri du sang et la
voix de la vérité ?

Le gouvernement était mieux instruit qu'il ne le laissait paraître. Louis XVIII, prince éclairé, qui avait l'intelligence de la situation, s'inquiétait de l'impression
que produiraient les crimes du Midi sur l'opinion de la
France et celle de l'Europe. L'Angleterre et la Prusse,
les deux pays dont les armées lui avaient rendu la couronne sur le champ de bataille de Waterloo, commençaient à s'en émouvoir ; et le cabinet de Londres, inter-
pellé dans la Chambre des Communes, invoquait les
garanties de la charte en faveur des protestants français.

Le duc d'Angoulême fut envoyé, au mois de novembre, dans les provinces méridionales. Il trouva les temples de Nîmes fermés, tout exercice public de la religion interrompu depuis le milieu de juillet, une partie de
la population protestante bannie de ses foyers par la
crainte des massacres, les autres cachés dans leurs maisons comme une race proscrite, les égorgeurs marchant
le front haut, les magistrats sans force et les lois sans
autorité.

Quelques délégués du consistoire, confondus dans la
foule des fonctionnaires civils afin d'échapper aux mauvais traitements de la populace, allèrent saluer le duc
d'Angoulême, et reçurent de lui le meilleur accueil. Il
leur donna l'ordre de rouvrir les temples dès le jeudi
suivant, 9 novembre. On attendit jusqu'au dimanche, et
l'on n'en ouvrit qu'un seul. Mais l'événement prouva
qu'on avait trop compté sur les bonnes dispositions du
peuple et de ses meneurs. Des attroupements se formèrent aux abords de l'édifice religieux, criant : « A bas

» les protestants ! mort aux protestants ! qu'ils nous ren-
» dent nos églises ! qu'ils s'en retournent au désert ! »
Les portes furent forcées, et une horde de misérables
pénétra dans le temple. Le général Lagarde, qui soutenait l'assaut avec quelques officiers, reçut en pleine poitrine un coup de feu tiré à bout portant. Ce crime en
empêcha de plus grands peut-être ; car la populace,
frappée d'épouvante, prit la fuite, et ne pensa plus qu'à
sa propre sûreté.

Cet assassinat commis en face de toute une ville, sur
un chef militaire qui n'avait fait qu'obéir aux ordres d'un
prince du sang, ne permettait plus au gouvernement de
nier les excès de la réaction ni de temporiser. Le 21 novembre, Louis XVIII rendit une ordonnance dont voici
le préambule : « Un crime atroce a souillé notre ville de
» Nîmes. Au mépris de la charte constitutionnelle qui
» reconnaît la religion catholique pour la religion de
» l'Etat, mais qui garantit aux autres cultes protection
» et liberté (le ministère s'en souvenait bien tard), des
» séditieux attroupés ont osé s'opposer à l'ouverture du
» temple protestant. Notre commandant militaire, en
» tâchant de les disperser par la persuasion avant que
» d'employer la force, a été assassiné, et son assassin
» a cherché un asile contre les poursuites de la justice.
» Si un tel attentat restait impuni, il n'y aurait plus d'or-
» dre public ni de gouvernement, et nos ministres se-
» raient coupables de l'inexécution des lois. »

Malgré la solennité inaccoutumée de cette ordonnance,
qui enjoignait de poursuivre non seulement l'assassin du
général Lagarde, mais encore les auteurs, fauteurs et
complices de l'émeute du 12 novembre, les juges ne
punirent personne. Le meurtrier même du général fut
acquitté ; et les autres sicaires, qui avaient promené la

dévastation, l'incendie et l'assassinat dans la moitié du département, purent étaler sur le théâtre de leurs forfaits une insolente et odieuse impunité. On avait craint de rendre témoignage contre eux, et de mystérieux protecteurs les firent absoudre.

Le culte protestant fut enfin rétabli à Nîmes, après une interruption de six mois, le 17 décembre 1815. Cependant les appréhensions n'étaient pas calmées, et la sécurité ne revint pleinement qu'à la suite de l'ordonnance du 5 septembre 1816, qui releva les espérances et les forces du parti libéral.

Nous ne terminerons pas le récit des troubles du Gard, sans payer un juste tribut d'hommage aux pasteurs de cette province. Quelques-uns se jetèrent au-devant de leurs paroissiens armés, en les conjurant, au nom de l'Evangile, de ne pas rendre le mal pour le mal. Il y en eut un surtout, M. Juillerat-Chasseur, depuis président du consistoire de Paris, qui, appelé à officier dans la fatale journée du 12 novembre, poursuivit ses prières d'un front serein, d'une voix calme, au milieu des cris de mort d'une populace effrénée, et se fit respecter des furieux qui ne respectaient plus la majesté du sanctuaire. Il avait compris que le moindre signe de faiblesse de sa part aurait pu entraîner une affreuse catastrophe. Ce courage est à la fois plus rare et plus grand que celui du soldat sur un champ de bataille.

Dans les autres départements, sauf deux ou trois exceptions de peu d'importance, les protestants ne furent ni troublés dans leur culte, ni attaqués dans leurs personnes et leurs biens. L'esprit public y vint en aide aux lois pour ôter à l'intolérance tout espoir de renouveler contre eux les persécutions des anciens jours.

40

V

Après le rétablissement de l'ordre, deux influences opposées agirent sur la conduite du pouvoir politique envers les protestants. De là des actes plus ou moins contradictoires, et un singulier mélange de bienveillance et d'hostilité jusqu'à la révolution de 1830.

D'un côté, les promesses de la charte ; le désir de ne pas s'aliéner tant de citoyens qui comptaient, proportionnellement à leur nombre, plus d'électeurs que les catholiques ; le respect de l'opinion, de la conscience nationale, qui se serait soulevée contre toute mesure directe de persécution, la crainte enfin de donner de nouvelles armes à l'opposition, qui faisait volontiers de la cause des protestants la sienne propre : c'en fut assez pour maintenir les Bourbons et leurs ministres dans une sage réserve.

Mais de l'autre côté, l'intime et naturelle alliance qui existait entre l'ancienne dynastie et l'ancienne religion ; le besoin de répondre aux exigences du clergé, afin d'avoir son appui dans la lutte contre l'esprit nouveau, l'influence croissante des Jésuites et des congrégations, particulièrement sous le règne de Charles X ; l'action et les réclamations des hommes de la droite, qui travaillaient au relèvement du catholicisme par intérêt politique ; peut-être aussi quelques vagues inquiétudes sur les tendances du protestantisme, et quelques fâcheux souvenirs dont les descendants de Louis XIV n'ont jamais su complètement se déprendre : tout cela explique l'hostilité tantôt sourde, tantôt avouée, dont les réformés eurent à se plaindre sous la Restauration.

Pour signaler d'abord le point de vue favorable,

doit reconnaître que le budget des cultes protestants s'accrut d'une manière sensible et constante. De nouvelles places de pasteurs furent créées, de nouveaux temples bâtis, des moyens plus abondants d'instruction élémentaire accordés sur les fonds du trésor public. Cet accroissement fut même plus rapide sous Charles X que sous Louis XVIII, et la cause en est facile à indiquer : ce qu'on donnait aux protestants aidait à faire passer les largesses que l'on prodiguait aux catholiques, et quelques milliers de francs de plus pour les uns couvrait d'un vernis d'impartialité les millions qui se distribuaient aux autres.

Dans les présentations annuelles des corps publics, les deux rois ne manquèrent jamais de renouveler aux protestants l'assurance de leur protection et de leur bonne volonté. En montant sur le trône, Charles X, qui sentait qu'il devait encore plus que son prédécesseur donner de solennelles garanties à la liberté de conscience et de culte, dit au consistoire de Paris : « Soyez » sûrs, messieurs, de ma protection, comme vous l'étiez » de celle du roi qui vient de vous être enlevé; tous » les Français sont égaux à mes yeux, tous les Fran- » çais ont des droits égaux à mon amour, à ma protec- » tion, à ma bienveillance. »

Un bureau ou comité protestant, composé de pairs et de députés, se forma sous le ministère de M. Decazes, et fut conservé sous celui de M. de Villèle. Non seulement le pouvoir n'y mit aucun obstacle, mais il approuva et seconda l'intervention de cette commission officieuse. En 1825, M. Georges Cuvier fut placé à la tête des Facultés de théologie protestante ; et, quatre ans après, sous le ministère de M. de Martignac, il exerça les fonctions de directeur des cultes non catholiques. Les

lumières et l'intégrité de cet homme illustre étaient bien
propres à rassurer les protestants contre les entreprises
du parti clérical.

En un mot, de 1817 à 1830, nul acte d'intolérance
en grand, quelquefois des faveurs, toujours de la sécurité pour la masse de la population protestante. C'est
une justice qu'il faut rendre aux Bourbons de la branche aînée, et nous le faisons avec empressement.

Mais cette même justice demande aussi que nous pré-
sentions l'autre face du tableau, en ajoutant toutefois,
pour ne rien ometttre de ce qui est dû à de grandes in-
fortunes, que les paroles et les actes défavorables aux
protestants engagent moins la responsabilité des princes eux-mêmes que celle des imprudents conseillers
qui les entouraient.

Une faction remuante et puissante voulut interpréter
à sa manière l'article de la charte, qui faisait de la religion [catholique la religion d'Etat. Il ne s'agissait plus
d'une primauté d'honneur simplement, mais d'une prééminence réelle appliquée à toutes les institutions, à toutes les mesures de l'autorité publique. Selon ces étranges commentateurs de la loi fondamentale, l'article 6,
qui accordait une prérogative officielle au catholicisme,
devait l'emporter sur l'article 5, qui établissait l'égalité
de protection et de liberté pour tous les cultes, tandis
que, selon le bon sens, la logique et l'ordre même dans
lequel [ces articles étaient placés, le privilège spécial
devait se subordonner au principe général (1).

Les Jésuites et leurs amis déclaraient ouvertement
que c'était une maxime anticatholique, antisociale, im-

---

(1) On rapporte que certains conseillers de Louis XVIII l'avaient engagé
à mettre l'article 6 avant l'article 5. Le roi répondit avec beaucoup de sagesse
qu'il ne convenait pas de mettre l'exception avant la règle.

pie, de mettre sur la même ligne toutes les communions religieuses. Un évêque-ministre ne craignit pas de dire que les cultes non catholiques n'étaient que tolérés, et M. de Peyronnet, en défendant à la tribune la loi du sacrilège, prononça ces imprudentes paroles : « Je con-» nais une égalité de protection promise aux cultes ad-» mis dans le royaume, et je la respecte ; l'égalité des » cultes, je ne sais plus ce que c'est. »

La loi, dont nous venons de parler, confondant le spirituel avec le temporel, et transportant dans le domaine de la législation le dogme catholique, établissait une grande inégalité entre les deux cultes. Aucune profanation contre le culte protestant n'entraînait plus que la peine de la prison, tandis que telle profanation contre le culte catholique était punie de la peine de mort, et même, dans le projet du gouvernement, de celle des parricides. Cela seul aurait dû avertir Charles X et ses ministres qu'ils étaient dans une voie fatale. Le protestantisme n'y perdit rien ; la cause des Bourbons et des prêtres y perdit immensément.

Une autre conséquence qu'on essaya de faire sortir du principe de la religion de l'Etat, ce fut de contraindre les non-catholiques à faire acte, sinon d'adoration, au moins d'hommage et de participation indirecte à certaines cérémonies du catholicisme. Ainsi, l'on prétendit les forces à tapisser la façade de leurs maisons pour le passage des processions catholiques, sous peine de poursuites et d'amende. C'était déjà une question de savoir si les processions hors des églises, dans les communes où il existe différents cultes, ne sont pas une violation des articles organiques, et en général si, dans une société bien organisée, un culte quelconque a le droit de transporter sur la voie publique la célébration

de ses rites particuliers. Mais, sans insister sur ces deux
points, on conçoit que les 'protestants aient énergiquement refusé de tapisser leurs maisons ; car ils voyaient
tout ensemble une atteinte grave à leur ancienne discipline, un défi contre l'indépendance de leur foi personnelle, une entreprise contre l'égalité des 'cultes, et par
cela même contre leur liberté.

On avait mis en avant, pour sonder le terrain, des
fonctionnaires d'un ordre inférieur, tels que le comte de
Narbonne-Lara, sous-préfet de Florac, lequel, tout à
coup, de son autorité propre, publia une circulaire ordonnant à ses administrés, de quelque [religion qu'ils
fussent, de décorer le devant de leurs maisons pour le
passage de la procession du Saint-Sacrement. Le consistoire de Barre répondit à ce sous-préfet, le 19 mai
1818, par un refus catégorique, en invoquant et la discipline protestante et la charte.

Des faits semblables se passèrent ailleurs. Plusieurs
citoyens furent mis à l'amende pour n'avoir pas obtem-
péré à cette inique prétention. Mais il s'en rencontra un,
M. Paul Roman, de Lourmarin, qui ne se courba point
sous la sentence des tribunaux subalternes. Il fit appel
devant la Cour suprême, et gagna son procès après de
longs débats. M. Odilon-Barrot lui prêta l'appui de
son éloquence. Il montra que la liberté religieuse tout
entière était impliquée dans la question. « Cette cause, »
dit-il, « n'est pas celle d'un protestant ; elle n'est pas
» même celle de tous les protestants seulement ; elle est
» celle de tous les citoyens, quel que soit leur culte,
» quelles que soient leurs opinions religieuses, appa-
» rentes ou non apparentes ; tous sont dans ce mo-
» ment représentés par le sieur Roman. »

La Cour de Cassation rendit, le 30 novembre 1818,

un arrêt conforme à la justice, à la loi et aux droits des minorités. Une affaire du même genre fut encore plaidée à Marseille en 1820, et de nouveau gagnée. Le gouvernement lui-même renonça, malgré les clameurs de quelques fanatiques, à cette illégale exigence, et ce fut pour les protestants un point définitivement acquis.

On manifesta une autre prétention plus dangereuse dans son principe, plus grave dans ses effets, plus opiniâtre surtout, et dont aujourd'hui même les hommes politiques ne semblent pas être complètement affranchis. Elle consistait à renfermer, à *parquer* en quelque manière les protestants dans certaines limites, comme si le protestantisme était un mal qu'il fallût resserrer dans les plus étroites bornes possibles. On avait l'air de dire aux disciples de la Réforme : Puisque vous existez dans le royaume, nous vous supportons ; mais restez où vous êtes, et gardez-vous d'aller au delà. L'unité de foi est pour nous la règle, la dissidence est l'exception, et loin de l'autoriser à s'étendre, nous voulons la restreindre autant qu'il est en nous.

Rien de plus contraire à la charte qui assurait aux cultes une égale liberté. Car le clergé romain ayant toujours et partout le droit de faire des prosélytes dans le sein du protestantisme, il est évident que si l'on refusait aux pasteurs celui de faire à leur tour des prosélytes dans le catholicisme, l'égale liberté n'était plus qu'une amère moquerie.

Pour que la charte fût respectée, du moins en un certain sens, on aurait dû interdire aux prêtres de convertir des protestants, comme on défendait aux pasteurs de convertir des catholiques. Or, c'est là une condition que le clergé romain n'acceptera jamais ; il ne le peut pas ;

il ne le doit pas; ce serait de sa part une indigne prévarication, et il a raison de ne pas s'y assujettir, même
dans les contrées protestantes. Mais alors il ne reste
plus, logiquement et légalement, que le droit commun,
ou la liberté du prosélytisme pour tous.

Le gouvernement de la Restauration ne fit pas toujours son devoir en cette matière. Il inventa des entraves administratives, des obstacles judiciaires, et s'appuya
obstinément sur l'article 291 du code pénal, d'après lequel aucune association de plus de vingt personnes ne
peut se former, sans l'agrément du pouvoir. En appliquant cet article aux réunions religieuses, il est clair
que l'établissement de toute nouvelle assemblée, l'ouverture de tout nouveau lieu de culte dépendait du bon
plaisir de l'autorité civile. La liberté de religion n'existait plus pour le protestantisme français hors des temples comptés et numérotés par l'Etat. On en était presque revenu aux mauvaises maximes des premières années
du règne de Louis XIV.

Il en résulta, on aurait dû le prévoir, des luttes in-
cessantes. Nous ne citerons que deux faits dans lesquels
intervinrent les consistoires des deux plus grandes villes
de France. En 1825, le Consistoire de Paris, |bien
qu'il demandât le libre exercice de la religion, non pour
des catholiques convertis, mais pour des protestants de
naissance, fut empêché d'ouvrir un temple dans la commune des Ageux, « parce que, » disait l'arrêté administratif, « il ne serait pas sans inconvénient d'établir de
» faibles fractions de population dissidente au milieu
» d'une population de culte homogène! » C'était le
langage des persécuteurs du seizième siècle. En 1826,
quelques communes des environs de Lyon ayant exprimé le désir d'entendre prêcher les doctrines de la

Réforme, l'autorité s'y opposa, malgré les énergiques réclamations du Consistoire. Mais dans ces deux cas le gouvernement eut la main forcée par la double puissance de la loi et de l'opinion. Ailleurs, il eut le triste avantage de réussir.

Pendant qu'on essayait d'emprisonner le protestantisme derrière ses murailles officielles, toutes les portes étaient largement ouvertes au prosélytisme du clergé catholique. Trois pasteurs ayant embrassé la foi romaine sous la Restauration, leurs pamphlets contre la communion qu'ils avaient abandonnée obtinrent les honneurs de l'imprimerie royale, et ils furent eux-mêmes gratifiés d'une pension.

On imagina aussi de revenir aux missionnaires ambulants du dix-septième siècle, en leur imposant deux tâches au lieu d'une; car ils devaient convertir les fils de Voltaire en même temps que ceux de Calvin. Ces vulgaires déclamateurs s'en allèrent planter des croix de ville en ville, de village en village, vociférant dans les carrefours d'ineptes injures contre la Réforme et la philosophie. Loin de gagner les protestants ou les incrédules, ils ne firent que révolter la portion la plus saine et la plus éclairée des catholiques. Beaucoup de respectables prêtres eurent eux-mêmes honte de pareils auxiliaires, sentant bien que ce n'était point par des scènes où la populace jouait le principal rôle qu'on pouvait relever la puissance du catholicisme.

Dans une région plus haute, les défenseurs des deux communions soutinrent des controverses qui ne blessaient pas, du moins, les lois de la décence publique. Des hommes d'un mérite éminent, quoique théologiens médiocres, M. de Bonald, M. Joseph de Maistre, et M. de Lamennais, qui depuis a mieux combattu

ses propres opinions que n'aurait pu faire aucun de ses
antagonistes, attaquèrent la Réforme d'une main obsti-
née, et lui portèrent des coups plus retentissants que
justes. Ils rencontrèrent en MM. Stapfer, Samuel Vincent, Henri Pyt, et d'autres, des adversaires qui, sans
avoir la même renommée, défendirent les croyances du
protestantisme avec logique et vigueur.

Le fond de cette polémique ressemblait peu, en général, aux grands débats du seizième et du dix-septième
siècles. Alors on soutenait de chaque côté la religion
pour la religion même : c'était le dogme, et par-dessus
tout celui de la sainte Cène, qui occupait les controversistes. Sous la Restauration, les plus célèbres avocats
du catholicisme se placèrent sur un autre terrain : ils
firent de la religion pour la politique. Laissant à l'écart
les matières de doctrine, ils s'efforcèrent d'établir que
l'unité et l'autorité de l'Eglise romaine assurent mieux
que le protestantisme le pouvoir des princes, l'obéissance aux lois et le maintien de l'ordre social. Les intérêts du ciel ne venaient qu'après ceux de la terre, ou
même ne venaient pas du tout.

On trouverait à cette époque, sans doute, quelques
discussions purement dogmatiques ou ecclésiastiques ;
mais elles furent peu écoutées et ne reveillèrent aucun
écho dans les grandes masses du pays. Le flot de l'humanité semble se retirer de ses anciens rivages, et se
creuser un nouveau lit sur des bords inconnus.

Point d'autres faits dignes de mention, jusqu'à la révolution de 1830, dans l'état extérieur du protestantisme français. L'article 3 de la charte, qui déclarait
tous les citoyens également admissibles aux emplois civils et militaires, aurait pu et dû, en certaines circonstances, être mieux observé. Les chaires de l'enseigne-

ment étaient rarement accordées et facilement enlevées aux protestants. La même inégalité se montrait, bien qu'à un moindre degré, dans la distribution des autres charges publiques : à mérite égal, pour ne pas dire plus, le catholique l'emportait presque toujours sur le protestant. Ce mauvais vouloir alla croissant à mesure que l'infortuné Charles X se livrait davantage aux conseils de ceux qui l'ont perdu.

VI

Dans l'état intérieur du protestantisme, nous signalerons, comme nous l'avons fait pour les périodes précédentes, moins les opinions considérées en soi que les hommes qui en ont été les représentants les plus distingués.

Lorsque la paix de 1815 eut mis fin aux ébranlements des peuples et des trônes, il se fit dans les esprits un grand vide. Les illusions de la gloire avaient disparu, les rêves des lointaines conquêtes s'étaient évanouis. On eut le loisir de respirer, de se reconnaître, et on chercha quelque chose à quoi l'on pût se prendre. Les uns se tournèrent vers la culture des sciences, des lettres, des questions sociales, des études historiques, ou vers les travaux industriels ; les autres, en plus petit nombre, demandèrent aux croyances religieuses de satisfaire aux besoins de leur conscience et de leur cœur.

La liberté rendue à la manifestation des idées facilita et féconda ce mouvement religieux : non que la foi ne puisse grandir sous l'oppression du dehors, on en voit dans l'histoire du protestantisme d'éclatants exemples ;

mais l'indépendance de la pensée et de l'action est la véritable atmosphère de l'être spirituel.

Enfin, le retour aux choses religieuses se fortifia par les relations qui se rétablirent entre les protestants de France et ceux des autres pays. La Réforme avait, depuis un demi-siècle, inspiré de grandes œuvres, fondé de grandes associations ; elle avait envoyé ses missionnaires jusqu'aux extrémités du globe, et distribué la Bible dans toutes les langues humaines par millions d'exemplaires. Quand le protestantisme français fut mis en contact avec ces nobles inspirations de la vie chrétienne, il apprit à mieux connaître ses devoirs, et à les remplir avec plus de fidélité.

Beaucoup d'âmes pieuses reprirent l'ancienne foi des Eglises réformées, et déployèrent dans les actes de religion et de prosélytisme une énergie, un zèle, une ardeur dont les générations nouvelles avaient perdu la tradition. Ce changement, qui ne fut pas toujours bien compris, non seulement par les masses, mais par des intelligences élevées, provoqua de pénibles dissensions. Les noms de méthodiste et de rationaliste, empruntés, l'un à l'Angleterre, l'autre à l'Allemagne, devinrent les mots d'ordre des deux partis.

Ces divisions commençaient à poindre lorsque la France protestante perdit un homme qui, héritier des doctrines enseignées dans les Eglises du désert, tout en restant étranger aux nouveaux conflits, aurait pu donner aux études théologiques, par la place qu'il occupait dans la Faculté de Montauban, une haute et forte impulsion. C'était un homme de foi, de science et de bien : à ces divers titres, il a sa place marquée dans cet écrit.

M. Daniel Encontre était né à Nîmes en 1762. Son

père, l'un des pasteurs du désert, ne put donner à son éducation que les rares loisirs d'une vie errante et agitée. Mais le jeune Encontre fit plus par lui seul que d'autres sous les maîtres les plus habiles. « On lui vit » renouveler le phénomène que l'on avait autrefois admiré dans la jeunesse de Pascal : ne pouvant apprendre les mathématiques, il les devina. Avant l'âge » de dix-neuf ans, sans livres, obligé de travailler seul, » en secret, à la dérobée, il trouva en lui-même une » puissance de génie telle qu'il parvint à pénétrer dans » la science, objet de son étonnante ardeur, jusqu'au » calcul infinitésimal. Il cultivait dans le même temps, » avec la même ardeur, sous les yeux et du consentement de son père, l'étude des langues hébraïque, » grecque et latine. Il y fit des progrès si surprenants, » que ces langues, et surtout les deux dernières, ne tardèrent pas à lui être aussi connues et aussi familières » que sa langue maternelle (1). »

Il alla finir ses études dans les académies de Lausanne et de Genève, et y montra tant de supériorité, que ses condisciples le comparaient à ses plus habiles professeurs. Ses convictions religieuses ne furent pas sans troubles ni sans orages ; mais il revint à la foi par le chemin du doute, et s'y arrêta plus affermi.

De retour en France, M. Encontre annonça l'Evangile aux troupeaux du désert. Il réussit peu dans la prédication, parce qu'il manquait des qualités physiques sans lesquelles les meilleurs discours ne sont pas goûtés de la multitude. Sa taille était petite, sa voix grêle, son geste plus vif qu'imposant. Une extinction de voix qui lui survint trancha la question pour sa conscience : il

(1) *Archives du christianisme*, t. III, p. 406 et suiv.

descendit de la chaire des temples et alla s'asseoir dans celle des académies.

La Révolution, qui renversa tant d'existences, pesa aussi sur la sienne. Il chercha un asile à Montpellier. « Il fut réduit, pour gagner son pain, » dit le biographe que nous avons cité, « à donner aux maîtres-maçons et » aux ouvriers des leçons sur la coupe des pierres. Ce- » lui qui eût été digne de professer à côté des La- » grange, des Laharpe ou des Fourcroy, s'estimait en- » core heureux de professer en paix dans les carrières. » Il n'oublia pas non plus, dans ces temps de proscrip- tion, qu'il était ministre de Jésus-Christ, et, au péril de sa vie, il célébra des baptêmes, bénit des mariages, donna des instructions religieuses, entretint la piété des fidèles, à Montpellier et dans les environs.

A l'ouverture des écoles centrales, il se présenta pour disputer la chaire de belles-lettres. Un autre can- didat, craignant la concurrence de M. Encontre, le sup- plia de s'en désister. Celui-ci se présenta immédiate- ment pour la chaire des mathématiques transcendantes, et l'obtint. Il n'appartenait qu'à un tel homme de faire un tel acte. Esprit encyclopédique, également versé dans les lettres, les sciences et la théologie, il était partout original et profond. Le célèbre Fourcroy a dit de lui : « J'ai vu en France deux ou trois têtes compa- » rables à la sienne ; je n'y en ai trouvé aucune qui lui » soit supérieure. »

Nommé doyen de la Faculté des sciences de Mont- pellier, il y exerça un légitime ascendant, et enrichit de plusieurs excellents mémoires les recueils des sociétés savantes. Une carrière aussi paisible qu'honorable était ouverte devant lui, lorsque la voix des Eglises réformées l'appela, en 1814, à la Faculté de théologie de Montauban. M. Encontre sacrifia tout à une vocation qu'on lui montrait sous l'austère image du devoir, et n'exprima que la crainte de rester au-dessous de sa nouvelle .tâche : modestie qui ne pouvait être comparée qu'à son génie.

Arrivé à Montauban, où les doubles fonctions de professeur et de doyen lui avaient été confiées, il raffermit la Faculté de théologie par la solidité de sa doctrine, l'étendue de sa science et l'autorité de son caractère. Tous reconnaissaient qu'il avait le droit d'exiger beaucoup des autres, parce qu'il était encore plus exigeant pour lui-même.

Malheureusement ses forces furent bientôt épuisées par les travaux de sa charge. Souffrant, malade, il y consacrait encore les restes d'une vie qui allait s'éteindre. En voyant approcher sa fin, il se fit transporter à Montpellier où reposaient les cendres de sa première femme et de sa fille, et y mourut le 16 septembre 1818. « Il n'y a qu'un cri dans l'Eglise protestante de France » sur la perte irréparable qu'elle vient de faire, » disait le rédacteur des *Archives du Christianisme*, en annonçant cette triste nouvelle.

Dans quelques brochures qui obtinrent un légitime succès, M. Daniel Encontre s'est occupé de sujets philosophiques et religieux. Sa lettre à M. Combe-d'Ounous sur Platon, et sa dissertation sur le vrai système du monde comparé avec le récit de Moïse, prouvent qu'il avait fait de profondes recherches sur les questions qui, dans tous les siècles, ont le plus intéressé l'esprit humain.

Cependant le protestantisme français essayait de fonder quelques institutions nouvelles. La première assemblée générale de la *Société biblique* de France fut con

voquée le 6 décembre 1819. Nous empruntons au
discours du président les lignes suivantes qui ont une
valeur historique : « D'après nos statuts et l'autorisation
» du gouvernement, la Société biblique de Paris est
» uniquement composée de protestants. Il semble, et
» nous ne devons pas nous en plaindre, que le gou-
» vernement ait ainsi invité les réformés à se connaî-
» tre, à s'édifier, à devenir plus exemplaires, en se
» rapprochant les uns des autres. » Tel fut effectivement, après le motif essentiel puisé dans la foi religieuse, l'un des principaux objets des membres de
l'institution biblique sous la Restauration : celui d'offrir
aux protestants épars sur la face du royaume et sans
organisation commune, un centre de ralliement, un étendard autour duquel ils pussent au besoin se prêter une
assistance réciproque, avantage considérable en face
des intrigues et des empiétements du parti clérical.

D'autres associations s'établirent successivement : la
Société des Traités religieux, en 1821 ; la *Société des Missions évangéliques*, en 1822 ; la *Société pour l'encouragement de l'Instruction primaire parmi les protestants de
France*, en 1829. Chacune de ces institutions contribua
pour sa part à fortifier et à étendre l'empire de la piété
chrétienne.

Entre les hommes qui apportèrent à la fondation de
ces sociétés autant d'intelligence que de dévouement,
on doit en nommer un, qui mourut bientôt après en
laissant une grande place vide : le baron Auguste de
Staël.

Petit-fils de Necker, fils de Mme de Staël, frère de
Mme la duchesse de Broglie, il promettait de rendre aux
Eglises protestantes l'un de ces pieux laïques, si utiles
autrefois, en qui s'unissaient l'influence politique et la

vie chrétienne pour se soutenir l'une par l'autre. On aimait, en tenant compte de la différence des temps, des talents et des choses, à saluer d'avance en lui un nouveau Duplessis-Mornay, ou le Wilberforce de la Réforme française.

Né à Coppet, dans le canton de Vaud, en 1790, il avait reçu du vénérable pasteur Cellerier ses premières leçons religieuses. « Nous ne doutons pas, » dit son biographe, « que M. de Staël n'ait dû une grande par- » tie des idées justes sur la religion, et des excellents » sentiments qu'il manifesta de si bonne heure, à ses » rapports et à son intimité avec ce ministre aussi fidèle » qu'éclairé. Ce que nous pouvons affirmer, c'est que » l'élève garda le plus vif et le plus tendre souvenir de » ses entretiens avec son maître (1). »

La part qu'il prit à l'établissement de la Société biblique servit à développer ses pieuses dispositions. Ayant accepté la tâche de rédiger les rapports du comité, et d'aller de maison en maison exhorter les fidèles à faire des sacrifices pour la dissémination des Ecritures, il s'instruisit à mieux apprécier lui-même le prix des livres saints. Aussi disait-il qu'en s'occupant des œuvres religieuses, il en avait plus reçu qu'il ne pourrait jamais leur donner.

Dans un voyage qu'il fit en Angleterre au printemps de 1822, il visita Wilberforce et d'autres chrétiens éminents, dont la parole et les exemples fortifièrent ses sentiments de piété. Les *Lettres sur l'Angleterre*, qu'il a publiées en 1825, ne donnent qu'une imparfaite idée des observations qu'il avait recueillies à ce sujet; car l'au-

(1) *Archives du christianisme*, t. XI, p. 241 et suiv. Voir une autre notice sur la vie de M. de Stael en tête de ses *Œuvres diverses*, publiées en 1829.

teur s'était réservé de traiter de la religion et des communions chrétiennes de la Grande-Bretagne dans un volume qu'il n'a pas eu le temps de finir.

M. de Staël appliqua son zèle et ses efforts à plusieurs œuvres qu'on pourrait appeler *mixtes*, parce que, tout en ayant la foi évangélique pour base, elles ont pour objet un bien temporel. Nous citerons, entre autres, la fondation des caisses d'épargne, l'instruction élémentaire du peuple, l'abolition de la traite des Noirs.

On n'a pas oublié le frémissement d'indignation qu'il excita dans une assemblée générale de la *Société de la Morale chrétienne*, quand il montra les instruments de torture qui servaient à la traite. Il fit plus. « De salon » en salon, » dit l'un de ses biographes, « de bureau » en bureau, de palais en palais, on le vit promener ces » honteuses preuves de la cruauté et de la cupidité les » plus atroces. Il mit sous les yeux des princes et des » princesses de la famille royale ces machines inven- » tées par le génie du mal, et il leur en expliqua le san- » guinaire usage. Il les montra aux pairs dans le lieu » de leurs séances, et à tous les amis de l'humanité » dans les réunions publiques des sociétés de bienfai- » sance... On peut, sans craindre d'en trop dire, affir- » mer que c'est à ses efforts généreux que nous devons » la cessation du mal, et le changement qui s'est mani- » festé à cet égard dans le système du gouvernement » et dans les actes législatifs. »

Tous les opprimés avaient les mêmes droits aux sympathies de M. de Staël, et il défendit dans le canton de Vaud les victimes d'une loi intolérante. Ses écrits, ses lettres, ses sollicitations émurent toutes les consciences droites, et s'il n'obtint pas que cette mauvaise loi fût retirée, il la fit adoucir dans l'application.

Son caractère offrait un rare mélange d'abandon et de réserve, de zèle et de mesure. Il avait une telle intégrité qu'elle l'empêchait quelquefois d'aller dans ses discours jusqu'à la limite de ses convictions religieuses, de peur de la dépasser. Nul ne comprenait mieux que lui combien il est difficile, au milieu des affaires et des relations sociales, de conformer entièrement sa vie aux préceptes de l'Evangile. « Cette désharmonie de son » être était pour lui, » dit l'éditeur de ses œuvres, « un insupportable fardeau sous lequel on le voyait lan- » guir, et sa physionomie même en portait l'empreinte. » Mais par degrés son âme fut calmée par cette » croyance chrétienne, si consolante et si pure à la » fois, qui, sans rien ôter à la beauté du type moral » que nous devons atteindre, nous apprend à détourner » nos regards de notre propre misère, pour les porter » sur cet être seul saint, seul juste, qui a tout accompli » pour nous. »

Le baron de Staël mourut au château de Coppet, le 17 novembre 1827. Il n'était âgé que de trente-sept ans.

L'attention et les travaux des hommes pieux se dirigèrent aussi, pendant la Restauration, vers les protestants disséminés, qui étaient menacés de perdre toutes leurs croyances, toutes leurs habitudes de religion, en vivant loin d'une action pastorale régulière. De ces nouveaux évangélistes, le plus grand fut, sans contredit, Félix Neff, né à Genève, en 1798. Etranger aux Eglises réformées de notre pays par le lieu de sa naissance, il leur appartient par son œuvre missionnaire ; car c'est dans le Dauphiné surtout qu'il a répandu les semences de l'Evangile, et on l'a surnommé à juste titre l'Oberlin des Hautes-Alpes.

Neff ne cherchait pas la gloire, et il est probable que la pensée même d'un nom célèbre ne s'est jamais présentée à son esprit, quand il s'en allait expliquer la Bible dans les huttes de quelques pauvres montagnards. Aucun nom de la Réforme française, pourtant, n'a retenti de nos jours aussi loin que le sien. On a publié sur sa vie de nombreux écrits originaux et une foule de traductions. Au fond de l'Allemagne, dans les vallons les plus reculés de l'Ecosse, aux bords de l'Orénoque et de l'Ohio, prononcez le nom de Félix Neff, et des milliers de voix répondront : C'était un grand serviteur de Dieu.

Dans sa jeunesse il lut beaucoup Plutarque et Rousseau, étudia les mathématiques, les sciences naturelles, et se distingua par la virilité de son caractère autant que par la force de son esprit. Enrôlé à dix-sept ans dans l'artillerie de Genève, il s'approcha lentement des principes du christianisme ; mais une fois qu'il les eut embrassés, il ne s'en sépara plus. Aussitôt il quitta le service militaire et parcourut plusieurs cantons de la Suisse, en annonçant l'Evangile de lieu en lieu. Puis il alla dans le département de l'Isère, et prit en 1823 le chemin des Hautes-Alpes.

Là, dans des gorges profondes, ou sur des pics recouverts de neiges éternelles, existe une population qui remonte, dit-on, par ses symboles et son culte, jusqu'aux premiers chrétiens des Gaules. Elle se rattache, non seulement aux disciples de Pierre Valdo, mais à l'apostolat d'Irénée, le dixième évêque de Lyon.

Ces chrétiens du Dauphiné, en butte à de cruelles persécutions, et toujours plus resserrés à mesure que s'accroissait l'autorité de Rome, s'étaient réfugiés de roche en roche, de cime en cime, jusqu'à l'extrême limite où l'homme trouve encore de l'air respirable. Ils avaient emporté avec eux leurs Bibles, leurs confessions de foi, et cette ferme piété qui fait préférer les plus affreux supplices à l'apostasie. Lorsque la Réforme parut, ils la saluèrent comme une sœur de leur antique communion, et se réunirent aux Eglises du Dauphiné et de la Provence.

Neff trouva dans les vallées de Fressinières et du Queyras, à Trième, à Lacombe, à Dormillouse, hameaux suspendus aux flancs des Alpes, les débris de cette race fidèle. N'ayant point d'écoles, point de pasteurs à poste fixe ni de culte régulier, ils étaient exposés à vivre de leurs pieux souvenirs plutôt que d'une foi personnelle et active. Neff la leur rendit avec le secours de Dieu et missionnaire de la civilisation en même temps que du christianisme, il fut au milieu d'eux maître d'école, agriculteur, ingénieur, arpenteur, le premier au travail des champs, le dernier aux offices de la prière, se donnant tout entier au peuple qu'il était venu servir.

Trois ans et demi se passèrent dans ces prodiges de l'amour fraternel. Félix Neff abritait sa tête, tantôt sous une cabane, tantôt sous une autre; jamais il ne coucha trois jours de suite dans le même lit. Sa paroisse avait quinze lieues de long, et renfermait douze annexes. Il les visitait hiver comme été, ayant de la neige jusqu'aux genoux, faisant de longs détours pour franchir les glaciers, mangeant le pain noir des habitants, prêchant dans les granges, et ouvrant des écoles dans les étables. Tant de dévouement ne fut pas stérile. Les montagnards des Alpes se réveillèrent à la voix du nouvel apôtre. « Les » rochers, les glaciers mêmes, » écrivait-il, « tout me » semblait animé, et m'offrait un aspect riant; le pays » sauvage me devint agréable et cher du moment qu'il » fut habité par des frères. »

Mais sa santé, si robuste qu'elle fût, se brisa sous le fardeau, et dans ce duel sublime de la charité contre la souffrance physique, son corps succomba. Félix Neff dut quitter les Hautes-Alpes qu'il ne revit plus', et alla mourir dans sa ville natale au mois d'avril 1829.

Il a laissé peu d'écrits : un ou deux fragments de sermons, quelques méditations pieuses, et des lettres qui ont été recueillies et imprimées. Il était plus homme d'action que de cabinet, et il aurait pu adresser aux écrivains religieux le mot d'un grand citoyen de l'antiquité à un philosophe : « Ce que vous dites, je le fais. »

La littérature protestante, sous la Restauration, bien qu'elle soit assez riche par le nombre des ouvrages, est pauvre en livres originaux de quelque valeur. On y compte beaucoup de traductions et de réimpressions. Dans la première catégorie figurent principalement des auteurs anglais : Bogue, Chalmers, Paley, Thomas Scott, Erskine, Milner, Miss Kennedy et autres. Dans la seconde se trouvent des écrits de Nardin, Saurin, Court, Duplessis-Mornay, Dumoulin, Claude et Drelincourt. Le *Mémoire* de M. Alexandre Vinet en faveur de la liberté des cultes, les *Vues sur le protestantisme en France* de M. Samuel Vincent, et le *Musée des protestants célèbres*, publication qui est restée inachevée, se distinguent par des mérites divers de la masse des livres de cette époque maintenant oubliés.

VII

Les protestants n'intervinrent ni de près ni de loin, en leur qualité de protestants, dans la révolution de 1830 ; mais ils s'y rallièrent généralement avec joie, parce qu'elle leur apportait de nouveaux gages de sécurité pour

le libre exercice de leur culte. On a vu que les tracasseries, les vexations, les exclusions s'étaient multipliées
vers la fin du règne de Charles X, et si les droits politiques consacrés par la charte avaient succombé sous les
ordonnances de Juillet, la liberté religieuse qui reposait
sur le même fondement n'aurait-elle pas été exposée aux
plus graves atteintes ? Bien des personnes le crurent ;
et sans admettre les bruits qui circulèrent alors, dans les
masses populaires, sur des projets de persécution contre les protestants, il est probable que leur situation se
serait encore aggravée.

Cela explique la satisfaction qu'ils éprouvèrent à la
nouvelle de la victoire des trois jours. Néanmoins ce
contentement fut calme, réservé, sans la moindre pensée de représailles, et la bonne harmonie entre les deux
Eglises ne fut troublée nulle part, excepté à Nîmes, où
il semble que les communions religieuses doivent toujours subir le contre-coup des événements politiques.

Les protestants ne furent point les agresseurs. Loin de
là, un appel à l'union fut affiché, dès les premiers jours
du mois d'août, avec l'adhésion des notables, sans distinction de culte, et les pasteurs allèrent de famille en
famille, recommandant partout l'oubli des attentats de
1815. Leur voix fut écoutée. Une multitude d'ouvriers
protestants descendirent sur la place publique, en prononçant des paroles de réconciliation, et beaucoup de
catholiques se joignirent à eux. Ils formèrent une procession qui circula autour de la ville, en criant : *Vive
l'union! vive la paix!*

Mais des perturbateurs de la dernière classe du peuple, moitié fanatisme, moitié inquiétude sur le compte
que la justice leur demanderait peut-être de leurs excès
passés, revinrent à Nîmes, le 15 août, avec des étran-

gers suspects, après avoir cherché un refuge à Beaucaire, et leur présence fut signalée par de déplorables
collisions. Heureusement, quelques compagnies de braves agriculteurs descendirent de la Vaunage et imposè-
rent aux séditieux. On compta deux morts et six blessés
du côté des catholiques, et du côté des protestants six
morts et vingt-huit blessés. Ces derniers avaient donc
fourni trois à quatre fois plus de victimes qu'ils n'en
avaient fait : la Réforme française y est habituée depuis
trois cents ants.

La chambre des députés effaça, dans la révision de
la charte, l'article 6 sur la religion de l'Etat, et reprit
les termes du concordat sur la religion de la majorité
des Français. On avait voulu donner satisfaction bien
moins au protestantisme qu'à l'opinion soulevée contre
les usurpations du pouvoir clérical. M. Dupin s'en expliqua nettement dans son rapport : « Les expressions de
» l'article 6, » dit-il, « ont réveillé d'imprudentes pré-
» tentions à une domination exclusive, aussi contraire à
» l'esprit de la religion qu'à la liberté de conscience et à
» la paix du royaume. Il fallait, dans un triple intérêt,
» effacer des termes qui, sans rien ajouter à ce que la
» religion aura toujours de saint et de vénérable à nos
» yeux, étaient devenus la source de beaucoup d'er-
» reurs, et ont causé finalement la disgrâce de la bran-
» che régnante et mis l'Etat sur le penchant de sa
» ruine. »

Deux mois après, comme procureur général à la Cour
de cassation, M. Dupin, qui a depuis soutenu des maximes différentes, revendiqua les vraies conditions de la
liberté religieuse. Il s'agissait toujours de savoir si, pour
ouvrir un nouveau lieu de culte et pour former des
assemblées régulières de protestants dans les communes

où il n'y en avait pas auparavant, il fallait une permission de l'autorité, ou s'il suffisait d'une simple déclaration préalable. C'était la grande question du régime
préventif ou du régime répressif, de la censure ou
de la liberté, de l'intervention arbitraire du pouvoir
dans les choses religieuses ou de l'indépendance des
croyants.

M. Dupin disait alors dans l'affaire des protestants de
Levergies (et ses paroles sont encore bonnes à citer) :
« Qui veut la fin veut les moyens. A quoi servirait, je
» vous prie, une liberté proclamée, si vous refusez les
» moyens d'en jouir? Il sera permis d'exercer son culte,
» et il sera en même temps défendu de l'exercer nulle
» part ! Il sera interdit de l'exercer dans les rues et sur
» les places publiques : cela choquerait les autres croyan-
» ces. Et quand vous demanderez à l'exercer dans un
» édifice quelconque, on ne vous le permettra pas ! Ne
» serait-ce pas une dérision qu'une telle liberté ? et
» l'obligation ainsi imposée d'obtenir une permission
» pour célébrer son culte ne produirait-elle pas le même
» effet que la censure préalable appliquée à la liberté de
» la presse ?... Dans l'état actuel de notre législation
» constitutionnelle, je conçois le droit de l'autorité ad-
» ministrative de surveiller l'exercice des cultes, comme
» toute autre réunion ; le droit de constater et de faire
» punir les délits qui peuvent se rattacher à cet exercice,
» et par cela même l'utilité d'une déclaration préalable
» pour appeler la surveillance. Mais je ne puis admettre
» ni le droit péremptoire de refus, ni le silence équiva-
» lant à ce refus, comme moyen légitime d'empêcher les
» citoyens d'exercer leur culte en toute liberté. Cette
» liberté n'est pas sujette à autorisation préalable ; elle
» n'est pas subordonnée à une permission facultative,

» pas plus pour ceux qui ne sont pas catholiques que
» pour ceux qui le sont » (octobre 1830).

L'état extérieur de la Réforme française paraissait
donc plus favorable qu'il ne l'avait jamais été, et l'on
peut lire, dans les journaux protestants de 1830, l'expression de leurs espérances. Il n'y aura plus d'inégalité
directe ou indirecte entre les deux communions, ni d'obstacles d'aucun genre à la manifestation de la loi réformée ! On sera dispensé désormais d'aller solliciter pour
les affaires ecclésiastiques dans l'antichambre d'un préfet asservi aux prêtres, ou dans les bureaux d'un ministre dominé par des calculs politiques ! La mauvaise
volonté d'un maire ou d'un procureur du roi ne suffira
plus pour dissoudre des réunions religieuses, et les tribunaux ne puniront plus comme des crimes les prières
de quelques hommes paisibles qui ont dépassé le chiffre
fatal de vingt personnes ! Nous verrons bientôt combien
ces espérances furent déçues.

Beaucoup de protestants pensèrent que l'occasion
était propice pour demander le changement de la loi du
18 germinal. Il leur semblait qu'un gouvernement issu
du triomphe des idées libérales ne pouvait, sans se
contredire, garder une loi qui avait été inspirée par une
réaction excessive contre toute liberté. Des réclamations,
des pétitions furent adressées dans ce sens aux ministres de Louis-Philippe ; mais on les mit à l'écart. Si l'origine populaire du gouvernement était un moyen, c'était
aussi un obstacle. Le nouveau pouvoir, se sentant faible
et chancelant, ne voulait pas accroître les difficultés de
sa position en touchant aux questions ecclésiastiques, et
il adopta pour règle de conduite en ces matières de ne
rien changer, hors le cas de nécessité absolue.

Peut-être, s'il ne s'était agi que du protestantisme,

aurait-il été de plus facile composition. Donner de meilleures lois à une si petite minorité, cela ne pouvait soulever aucun orage. Mais derrière la communion protestante était la catholique, avec un clergé mécontent,
secrètement hostile, et qui se plaignait des articles organiques encore plus que les consistoires. Si l'on accordait aux uns quelque chose, comment tout refuser aux
autres ? et fallait-il accroître les agitations de l'Etat par
celles de l'Eglise ?

Le gouvernement refusa donc de faire le moindre
changement dans la loi. Une autre question fut alors
posée. Ne pouvait-on pas, tout en maintenant les articles organiques, en déduire des applications plus libérales, et donner au protestantisme une position moins
dépendante ? L'intervention des corps législatifs n'était
plus nécessaire ici ; la discussion ne se faisait plus qu'à
huis-clos ; on était libre de tout arranger entre les consistoires et le ministre des cultes, et une simple ordonnance royale aurait suffi. Plusieurs consistoires insisté-
rent sur ce point ; des conférences pastorales rédigèrent
des programmes pour l'administration des Eglises réformées ; le gouvernement nomma lui-même une commission chargée de [préparer un projet d'ordonnance, et
l'on put espérer qu'il sortirait quelques réformes de tout
ce travail.

Cependant on y fut trompé. Le nouveau règlement
élaboré par cette commission, au lieu de faire une plus
large part à la liberté, sembla lui imposer des limites
encore plus étroites ; et le ministre des cultes, ayant
consulté les consistoires sur son projet, rencontra sur
plusieurs points une vive opposition. Alors le gouvernement ne fit plus rien, et le régime de 1802 fut maintenu
tout entier.

Du reste, selon le génie des classes moyennes qui dirigeaient alors les affaires publiques, le côté matériel ou pécuniaire de la situation des Eglises réformées, non seulement ne souffrit aucune atteinte, mais fut sensiblement amélioré. Augmentation de traitement pour la majorité des pasteurs, création de nouvelles places, libéralité dans les fonds accordés pour la construction des temples et l'ouverture des écoles : tout cela doit être mentionné avec une juste gratitude. Ce que l'argent peut accomplir pour le développement d'une communion religieuse, on ne le refusa point.

Il faut ajouter à l'honneur du gouvernement de Louis-Philippe, qu'il ne chercha jamais à s'immiscer dans les questions intérieures des Eglises quand son intervention n'était pas réclamée par les Eglises mêmes. S'il prononça la destitution de quelques pasteurs, et fit d'autres actes qui ne devraient pas dépendre de la décision du pouvoir civil, ce fut à contre-cœur, et après de longs ajournements. Le protestantisme aurait pu être beaucoup plus libre chez lui, s'il avait voulu sérieusement se saisir de la liberté.

Mais au-dehors de l'enceinte officielle, les barrières, les entraves se redressèrent bientôt comme sous le règne de Charles X; quelquefois même on parut aller plus loin, et à peine un procès pour cause de religion était-il vidé qu'il en surgissait un nouveau. Nous devons entrer ici dans quelques explications.

Après la révolution de Juillet, les plus zélés des protestants jugèrent le moment venu de multiplier leurs œuvres de prosélytisme. Au point de vue de la liberté et de l'égalité des cultes, c'était leur droit, et à celui de leurs convictions personnelles, c'était leur devoir. Quand le prosélytisme n'emploie que des moyens pacifiques et autorisés par la morale commune, il n'appartient légitimement à aucune puissance humaine de l'interdire.

Les circonstances paraissaient favorables. L'opinion publique était profondément hostile au parti clérical; elle l'accusait d'avoir faussé la conscience d'un vieux roi, pour lui faire violer son serment et renverser les libertés de la nation. Partout les signes extérieurs du catholicisme tombaient devant le cri populaire; les églises étaient désertes, et les prêtres sentaient si bien leur discrédit, que, pendant plusieurs années, ils se tinrent à l'écart, ne se montrant que lorsqu'ils y étaient absolument forcés, ne soulevant aucune dispute, ne disant mot, ne demandant rien de plus que de se faire oublier au pied de leurs autels.

Ce n'était pas tout. Des systèmes philosophiques, des théories sociales se présentaient hardiment au pays sous le nom sacré de religion, et se prêchaient avec éclat. Le saint-simonisme, entre autres, avait ses journaux, ses assemblées publiques, son culte, sa hiérarchie, ses missionnaires, ses comités de propagande. Nous signalons le fait, sans contester le droit : les saint-simoniens devaient être libres, aussi libres que les réformés et les catholiques, de gagner des prosélytes par la voie de la persuasion.

On conçoit que les hommes fervents du protestantisme n'aient pas consenti à s'enfermer dans leur temples, pendant que des doctrines, antichrétiennes et mauvaises à leurs yeux, se propageaient à ciel ouvert. La conscience leur fit une impérieuse, une sainte obligation de s'adresser immédiatement, et aux déserteurs de l'Eglise catholique, immense multitude qui errait çà et là sans guides spirituels, et aux disciples des écoles qui ne leur paraissaient avoir que la vaine apparence d'une

religion. Ce n'était pas tant une pensée d'agression contre le catholicisme qu'un témoignage de sympathie pour
des âmes qui n'avaient |plus de croyances religieuses
d'aucune sorte.

Ils se proposaient encore un autre but, secondaire
pour la conscience religieuse, mais grave cependant :
c'était de raffermir l'ordre menacé par les révolutions
politiques. Ces protestants pensaient qu'un vague spiritualisme ne saurait donner à un peuple libre les mœurs
qui doivent soutenir le noble fardeau de ses lois, et qu'il
y faut une foi positive et forte, la foi dont ils se sentaient eux-mêmes pénétrés.

De là, pour une partie du protestantisme français,
toute une série de publications, d'associations, d'institutions chrétiennes, dans le sens général de ce mot. Un
journal, qui n'arborait que la bannière de l'Evangile, le
Semeur, parut au mois de septembre 1831. Des chapelles non salariées par l'Etat s'ouvrirent, vers le même
temps|, à Paris et ailleurs. En 1833 fut établie une *so-
ciété évangélique*, avec l'intention d'annoncer à tous indistinctement ce qu'elle tenait pour les essentielles vérités du christianisme. On pourrait signaler quelques
autres associations conçues dans le même esprit.

Les commencements de ces travaux ne furent point
entravés. Mais le clergé catholique ayant repris par degrés de la force, le gouvernement crut devoir se rapprocher de lui, et tâcha de le réconcilier par des faveurs de diverse nature avec l'établissement de 1830.
Nous n'avons point à examiner si le gouvernement de
Louis-Philippe y a plus profité que perdu. Ce qu'il nous
importe de dire, c'est qu'il gêna l'œuvre de prosélytisme évangélique dans la mesure de ses relations avec
le corps sacerdotal.

On aurait même supposé, en considérant certains actes et certaines poursuites, qu'il se passait quelque chose d'analogue à ce qu'on avait vu dans les anciens temps. Tous les historiens ont remarqué que Henri IV, à son avènement à la couronne, et Louis XIV, quand il avait des démêlés avec le saint-siège, redoublaient de sévérité contre les protestants, parce qu'ils avaient besoin de se laver du soupçon d'hérésie. La même cause, toutes proportions gardées, et en se rappelant l'extrême différence des époques, produisit des effets semblables sous le règne de Louis-Philippe. Ce prince avait les défiances des prêtres à dissiper, leurs sympathies à conquérir, et craignait en un sens plus que Charles X de laisser le champ libre aux protestants, parce que le clergé aurait été plus prompt à l'accuser d'être de connivence avec eux. Le mariage de l'héritier de la couronne avec une princesse protestante (l'arrière-petite-fille, dit-on, de l'amiral Coligny), loin d'améliorer cet état de choses, l'empira.

On ne se contenta plus, comme sous la Restauration, de faire des procès à ceux qui ouvraient de nouveaux lieux de culte, d'invoquer contre eux les articles restrictifs du code pénal, et de leur appliquer les dispositions de la loi de 1834 sur les associations, quoique le ministre de la justice et des cultes eût solennellement promis aux Chambres de ne jamais s'en servir contre les réunions religieuses ; mais le droit même de controverse, qui se pratiquait sous le régime de l'édit de Nantes, fut remis en question, et il y eut tel arrêté de préfet qui prétendait déterminer, comme du temps de Charles IX et de Catherine de Médicis, le nombre de personnes autorisées à participer au culte protestant. Bien plus, le protestantisme légalement constitué dut.

soutenir des luttes pour conserver le droit de visiter ses propres membres dans les hôpitaux, les prisons et autres établissements publics, et l'on alla quelquefois au point d'imposer des bornes arbitraires à la prédication parmi les protestants disséminés.

Ces mauvais procédés, qu'il est juste d'attribuer surtout à des fonctionnaires subalternes et mal instruits, provoquèrent d'énergiques réclamations. Une société se forma pour défendre, sous le nom d'intérêts généraux du protestantisme français, la liberté et l'égalité des cultes. Tous les pasteurs de Paris, sans exception, se plaignirent de la conduite du pouvoir civil. La tribune nationale retentit de ces griefs. Des hommes éminents de la communion réformée, MM. Pelet de la Lozère, François Delessert et Agénor de Gasparin, s'en firent les interprètes; l'opposition les appuya, et le ministère promit de rendre meilleure justice aux protestants.

Il tint parole à quelques égards. Le protestantisme légal put accomplir, au dehors comme au dedans, sa mission auprès des siens; mais le prosélytisme évangélique se heurta, jusqu'à la fin de la royauté de 1830, contre des obstacles sans cesse renaissants. Il est triste d'avoir à dire que pas un seul gouvernement en France, quelle que fût son origine, n'a encore su pratiquer la liberté religieuse dans toute son étendue. On est libre chez nous d'être incrédule; on n'est pas encore pleinement libre de proclamer sa foi et de célébrer son culte selon sa conscience.

Malgré les résistances du gouvernement, la doctrine réformée gagna du terrain en divers lieux. Un certain nombre de catholiques, et même quelques prêtres, embrassèrent le protestantisme. De nouvelles Eglises vinrent s'ajouter aux anciennes, les unes en se rattachant à l'organisation établie, les autres en conservant une position indépendante. On ne doit pourtant pas exagérer l'importance de ces succès. Les préoccupations politiques et les intérêts matériels semblent absorber de nos jours les forces vives des peuples, et la plupart des Français, il faut bien le reconnaître, ont trop peu de foi pour changer de religion.

Les tentatives de prosélytisme qui se faisaient de part et d'autre devaient augmenter l'ardeur de la controverse. Elle se poursuivit en effet sans relâche, et l'on pourrait citer, de 1830 à 1848, une longue liste d'écrits sur les matières débattues entre les deux communions. Quelques-unes de ces publications sont revêtues de formes populaires qui leur ont fait trouver de nombreux lecteurs.

La même époque offrit de loin en loin des exemples d'une intolérance odieuse ; mais ce ne furent que des actes privés et isolés. Il y eut des enlèvements de jeunes filles, des refus de sépulture dans le cimetière communal, des profanations de tombeaux, des séquestrations de malades, des voies de fait contre plusieurs agents des sociétés évangéliques. On y soupçonna souvent la main des prêtres et des religieuses, et en certains cas on l'y découvrit avec une entière évidence. La responsabilité de ces actes ne doit retomber que sur quelques individus ignorants et fanatiques. Les honnêtes gens du catholicisme s'en indignèrent ; et l'autorité judiciaire ou administrative, tout en méritant le reproche de rechercher et de punir trop mollement les vrais coupables, protégea les droits de la minorité.

Les dernières années du règne de Louis-Philippe furent troublées par une affaire qui émut beaucoup les

protestants de France, bien qu'elle ne fût liée que d'une
manière indirecte à leurs relations avec l'Etat. L'inva_
sion armée de l'île d'O-Taïti révéla au monde l'extrême
complaisance du gouvernement pour le parti clérical, et
en même temps le danger de subordonner aux maximes
de l'Eglise romaine les déterminations du pouvoir tem_
porel. Cette atteinte portée au droit des gens faillit rom_
pre l'alliance avec l'Angleterre, compromit le nom de
la France devant toutes les nations civilisées, accrut
sensiblement les forces de l'opposition, et jeta le ministère dans des embarras dont il n'est jamais complète_
ment sorti. Une si grande et si dure leçon ne doit pas
être perdue.

VIII

La situation intérieure des protestants, sous la royauté
de Juillet, fournira un jour à l'historien d'abondants su_
jets de recherches et de réflexions.

Deux questions dans lesquelles, en y regardant bien,
venaient se renfermer toutes les autres, furent particulièrement débattues : la question des confessions de foi,
et celle de la séparation de l'Eglise et de l'Etat.

Les Eglises de la Réforme doivent-elles avoir une
confession écrite et obligatoire sur les articles fondamentaux de la foi ? ou ne doivent-elles poser que la Bible seule comme règle de croyance et d'enseignement ?
Au point de vue historique, la question serait bientôt
décidée, puisque le protestantisme français a vécu sous
le régime d'un formulaire dogmatique depuis l'an 1559
jusqu'en 1802. Mais ce fait, si important qu'il soit, ne
pouvait rien résoudre ; car la Réforme ne se dit point

immuable, et s'est réservé le droit constant de changer son mode d'organisation, à la seule condition de respecter la souveraine autorité des Ecritures.

Il en résulta donc une polémique véhémente et souvent reprise. Cette controverse avait déjà commencé avant 1830; elle se renouvela sous Louis-Philippe, et n'est pas encore terminée. Partisans et adversaires des confessions de foi invoquent également le témoignage de la Bible; mais les uns considèrent surtout l'intérêt de l'unité de doctrine, les autres celui du droit d'examen et de la liberté. Les premiers ne comprennent pas qu'il puisse y avoir une Eglise, dans la vraie acception du terme, quand la chaire est ouverte à des enseignements contradictoires; les seconds ne comprennent pas davantage que le protestantisme puisse être soumis à une règle qui ne permette plus à chacun de se former par lui-même ses croyances, la Bible à la main.

Peut-être, si l'on descendait au fond du débat, reconnaîtrait-on que ces différences d'opinions tiennent plus encore à la manière de concevoir l'Evangile qu'à celle de le confesser. Les défenseurs des symboles écrits voient des points essentiels là où leurs adversaires ne trouvent que de simples nuances, et ce qui est tout le christianisme pour les uns n'en est pour les autres qu'une interprétation particulière et faillible.

Deux hommes qui ont exercé une légitime influence, MM. Stapfer et Samuel Vincent, ont soutenu dans cette controverse les deux thèses opposées.

M. Philippe-Albert Stapfer, né à Berne, était devenu Français par un long séjour dans notre pays et par ses constantes sympathies pour les protestants de France. Il leur apporta ce qui leur a trop manqué depuis le dix-septième siècle : des connaissances théologiques nour-

ries aux meilleures sources de l'antiquité chrétienne et
de la Réformation.

Une partie de sa carrière fut employée à d'importantes affaires de politique et de diplomatie. Nommé ministre de l'instruction publique et des cultes dans son
pays natal, à l'époque où le Directoire avait fait de la
Suisse une république unitaire, M. Stapfer déploya un
grand zèle pour le développement intellectuel du peuple, et un généreux courage contre les prétentions de
l'étranger. Appelé ensuite à remplir la charge de ministre plénipotentiaire auprès de Bonaparte, il défendit
aussi longtemps que possible, et avec une noble fermeté, l'indépendance des cantons helvétiques contre les
exigences croissantes du vainqueur de Marengo.

Ces laborieuses négociations ne l'empêchèrent point
de consacrer de longues heures à l'étude. Il suivait d'un
œil attentif la savante Allemagne dans sa théologie,
dans sa philosophie, dans toutes ses évolutions scien-
tifiques, et il se fit jusque dans ses vieux jours un devoir de rester au niveau de la pensée moderne.

Eminent par la science, M. Stapfer ne le fut pas
moins par la foi. Ces deux grandes forces de l'être humain se prêtèrent dans cette âme d'élite un mutuel secours. Malheureusement il a peu écrit ; sa faible santé
ne lui permettait pas de tenir longtemps la plume. Quelques brochures et quelques discours forment la plus
grande partie de ses œuvres. On les a recueillies en
deux volumes, avec une notice biographique de M. Vinet : apologie empreinte d'une respectueuse affection
et d'un rare discernement.

M. Stapfer a pris la part la plus dévouée aux travaux
des principales associations du protestantisme. Il y
exerçait un grand ascendant moral. Son esprit droit, ses

vues élevées, son caractère bienveillant, sa fermeté dans les occasions graves, la noblesse de ses sentiments et de ses intentions : tout donnait à sa parole une autorité à laquelle il était honorable de se soumettre. Ce fidèle serviteur de l'Evangile est mort le 27 mars 1840.

M. Samuel Vincent, né à Nîmes en 1787, était fils et petit-fils de pasteurs du désert. Il avait puisé dans les traditions paternelles un profond attachement pour cette communion réformée, couverte du sang de tant de martyrs, et qui s'est tenue debout à travers tant d'orages. On a pu avoir d'autres idées que celles du savant pasteur sur quelques articles de dogme et de discipline, mais nul ne saurait lui contester son ferme et invariable désir de rapprocher les membres épars du grand corps de la Réforme française, et d'y faire pénétrer, sous la bénédiction d'en-haut, de nouveaux germes de vie. M. Vincent reproduisait fidèlement la physionomie, les tendances, le caractère des protestants du Midi, qui ont montré tant de fidélité et d'héroïsme dans les jours de la persécution, et qui se distinguaient déjà, vers la fin du seizième siècle, des protestants du Nord.

Après avoir fait ses études à l'académie de Genève, il fut appelé, en 1810, à desservir, comme son père et son aïeul, l'Eglise réformée de Nîmes. Il s'y distingua par la variété de ses connaissances, l'agrément de ses relations privées et son zèle à exciter autour de lui une activité féconde. C'était un homme de méditation et d'impulsion, toujours prêt à verser à pleines mains les utiles pensées qu'il avait recueillies, et qui laissait volontiers à d'autres les honneurs de l'initiative qu'il leur avait donnée.

De 1820 à 1823, il publia, sous la forme d'un recueil périodique, des *Mélanges de religion, de morale et de critique sacrée*, destinés surtout à initier les pasteurs français

au mouvement de la théologie allemande dans les quatre-vingts dernières années. La tâche était ingrate. Il
fallait en quelque sorte créer son public, avant de pouvoir l'instruire, et M. Samuel Vincent eut lieu de se convaincre qu'il est quelquefois plus difficile d'inspirer le
goût de la science que de communiquer la science même.

Lorsque M. de Lamennais attaqua le protestantisme
avee toute la véhémence de son génie, le pasteur de
Nîmes lui répondit par des *Observations sur la voie d'autorité appliquée à la religion*. Moins habile écrivain que
son illustre adversaire, il soutenait une meilleure cause
et la défendit par des arguments plus solides. On re-
grette que M. de Lamennais ait pris dans sa réplique un
ton hautain, oubliant trop que, dans un pareil débat, la
victoire se gagne, non par la fierté du langage, mais par
de bonnes raisons.

Nous avons déjà eu l'occasion de citer les *Vues sur le
protestantisme en France*, ouvrage où M. Vincent a résumé
ses réflexions sur les principales questions de doctrine
et d'organisation ecclésiastique. Ce livre porte le cachet
d'une intelligence indépendante et forte, et cependant
l'auteur ne paraît pas y avoir donné toute la mesure de
ce qu'il était capable de faire : c'est le premier jet d'un
grand esprit et d'un cœur généreux.

M. Vincent est mort le 10 juillet 1837 : les catholiques s'unirent aux protestants pour accompagner à sa
dernière demeure un homme qui avait honoré tout à la
fois le protestantisme et son pays.

La deuxième question agitée entre les protestants
après 1830 concernait, comme nous l'avons dit, la séparation de l'Eglise et de l'Etat. La révolution de 1789 a
distingué entre le temporel et le spirituel. Elle a renfermé le prêtre dans son domaine, le magistrat dans le

sien, et séparé le citoyen du croyant. Mais faut-il aller jusqu'au bout ? L'Etat ne doit-il plus voir dans l'Eglise ou les Eglises que des sociétés particulières, des institutions libres, qui vivent sous le droit commun de protection, en se conformant aux lois générales, et sans recevoir aucun salaire pour leurs ministres ? Ou bien doit-il traiter avec ces institutions, leur conférer par son alliance un caractère officiel, et les placer, relativement aux autres associations, dans une situation privilégiée ?

Cette question est vaste ; elle implique les notions de l'Etat et de l'Eglise, et la manière dont elle est résolue touche aux plus graves problèmes de la religion et de la politique. On comprend que des hommes également éclairés, sincères et pieux puissent adopter dans cette controverse des avis différents. Le catholicisme s'en est préoccupé comme le protestantisme. MM. de Lamennais et de Lamartine se sont prononcés pour la complète séparation des deux pouvoirs. La même thèse a été soutenue dans la communion protestante par un penseur du premier ordre, dont le nom mérite d'être mis à côté des plus grands : M. Vinet. Quoiqu'il n'ait appartenu à la Réforme française ni par sa naissance ni par voie de naturalisation ou de séjour, il a écrit pour elle, agi sur elle, et quelques lignes du moins ne seront pas ici un hors-d'œuvre.

M. Alexandre Vinet était né dans une bourgade du canton de Vaud. Il fit ses études à Lausanne, et, jeune encore, il occupa la chaire de littérature dans l'université de Bâle. Heureuse position pour un esprit tel que le sien ; car, placé sur la frontière des deux principales civilisations du continent, il put emprunter à l'une et à l'autre ce qu'elles ont de meilleur, en y imprimant le sceau de cette mâle indépendance qui s'acquiert comme

d'instinct dans la plus ancienne république de l'Europe.
Il demanda la science à l'Allemagne, la netteté du jugement et du langage à la France, le sentiment de la
liberté à sa patrie, la foi qui épure, qui redresse tout à
l'Evangile, et de ces éléments divers son génie éminemment individuel composa un harmonieux ensemble qu'il
est plus facile de se représenter que de peindre.

Comme littérateur, peu d'écrivains de notre époque
l'ont égalé, et aucun ne l'a surpassé, au moins dans les
conditions essentielles du genre. Il aimait à découvrir et
à indiquer les beautés des œuvres littéraires plus qu'à
en montrer les défauts, et l'on a pu s'étonner des éloges
par lesquels il relevait quelquefois les écrits médiocres.
C'est qu'il se plaisait naturellement au bien et au beau,
et que partout où il en rencontrait la plus pâle image,
il la faisait resplendir au contact de sa propre intelligence. M. Vinet louait chez les autres, sans le savoir,
les mérites qu'il leur avait communiqués.

Son style a été apprécié en ces termes par M. Sainte-
Beuve, l'un des juges les plus compétents que l'on puisse
nommer en pareille matière : « Il a une originalité qui
» reproduit et condense heureusement les qualités de la
» Suisse française, et en même temps il a une langue en gé-
» néral excellente, attique à sa manière, et qui sent nos
» meilleures fleurs... Si j'osais exprimer toute ma pen-
» sée, je dirais qu'après M. Daunou pour l'ancienne
» école, après M. Villemain pour la plus récente, il est,
» à mon jugement, de tous les écrivains français, celui
» qui a le plus analysé les modèles, décomposé et dé-
» nombré la langue, recherché ses limites et son centre,
» noté ses variables et véritables acceptions (1). »

_____

(1) *Critiques et portraits littéraires*, t. V, p. 144, 147.

Comme prédicateur, Vinet a brisé les vieilles formes du sermon, et s'est rapproché de l'auditeur du dix-neuvième siècle sans quitter d'un seul pas le terrain du christianisme, ou plutôt en sauvegardant d'autant mieux le principe d'unité dans l'Evangile, qu'il faisait de justes concessions à celui de diversité. « Il y avait dans sa » parole, » dit un écrivain, « quelque chose d'intime » et de puissant qui n'était qu'à lui... Il essayait d'abord » de se contenir; mais le ton s'élevait bientôt; la parole » devenait plus rapide ; la voix sonore et vibrante jetait » autour d'elle par tous ses accents l'émotion dont elle » était pleine, et le soin qu'il prenait de s'effacer lui- » même, de disparaître derrière les vérités qu'il annon- » çait, ne faisait que mieux ressortir ce talent si pur, si » vrai, si original (1). »

Comme chrétien, il était de la famille de Pascal par la pénétration et la profondeur de sa pensée, et de la famille de Fénelon par la douce et naïve candeur de sa foi. Une chose en lui surpassait encore la piété et le génie : c'était l'humilité. Comment un homme qui discernait si bien les qualités des autres pouvait-il ignorer si complètement les siennes ? C'est qu'il jugeait les autres avec son cœur et se jugeait lui-même avec sa conscience. Pour eux il avait toutes les complaisances de la charité, et pour lui toutes les sévérités de l'idéal.

Le 4 mai 1847, M. Alexandre Vinet rendit son âme à Dieu. Il a laissé beaucoup de disciples, mais n'a pas eu jusqu'à présent un seul successeur.

La presse protestante, sous le règne de Louis-Philippe, s'est enrichie de quelques ouvrages d'un mérite réel. L'histoire de la Réformation a été traitée avec un

---

(1) *Le Semeur*, t. XVII, p. 141.

remarquable talent. La chaire a compté quelques bons
modèles. La littérature périodique n'a pas été non plus
sans valeur ; et si la France a fait peu d'attention à ces
travaux, la faute en est moins peut-être aux prédicateurs et aux écrivains protestants qu'aux préjugés héré-
ditaires qui pèsent encore sur le protestantisme lui-même
dans notre pays.

Plusieurs institutions de bienfaisance furent établies
dans cette période et entretenues par des souscriptions
volontaires. Les orphelins, les orphelines, les vieillards,
les malades, les enfants dénués d'instruction, ceux que
la justice a dû condamner, d'autres malheureux encore
devinrent l'objet d'une active et libérale sollicitude, et
rendirent témoignage à cette charité protestante qui
n'est décriée que par les hommes qui ne la connaissent
point.

Les sociétés religieuses proprement dites continuèrent
leurs travaux et virent s'accroître considérablement leurs
recettes. La Bible, disséminée par la main des colporteurs comme à l'origine de la Réforme française, répandit au loin la lumière et la vie. Les protestants épars
furent appelés, rassemblés et instruits. La Société évangélique augmenta d'année en année le nombre de ses
agents. La Société des Missions envoya au sud de l'Afri-
que de zélés serviteurs de l'Evangile, qui apportèrent
aux peuplades sauvages, avec toutes les promesses de
la foi chrétienne, les arts les plus utiles des nations civilisées.

Parmi ceux qui montrèrent le plus de zèle et de
dévouement pour la conversion des païens, il y a un
nom qui ne doit pas être oublié : celui de l'amiral Ver-
Huell.

Né en Hollande, il était devenu Français par ses

grands services militaires et par les lettres de naturalisation qui en furent la récompense. Au camp de Boulogne, il avait été chargé de l'organisation de la flottille
batave, et en plusieurs rencontres il donna d'éclatantes
preuves de sang-froid, d'intelligence et de bravoure. Il
amena un corps d'armée au travers de la flotte anglaise
qui lança contre son escadre les projectiles de neuf
cents bouches à feu. Ce trait d'héroïsme remplit de
confiance les cent soixante mille hommes qui bordaient
les rivages de l'Océan.

Napoléon avait pour l'amiral Ver-Huell la plus haute
estime, et c'est à sa garde qu'il voulait confier, après le
désastre de Waterloo, sa personne et sa fortune, pour
être conduit en Amérique. On le lui refusa sous de frivoles prétextes. « Si cette mission avait été confiée à
» Ver-Huell, ainsi qu'on me l'avait promis, » disait le
prisonnier de Sainte-Hélène, « il est probable qu'il eût
» passé. »

L'amiral Ver-Huell fut nommé ministre d'Etat, ambassadeur, pair de France; mais laissons sa vie politique : le côté religieux de son caractère est le seul qui
appartienne à cet écrit. Le célèbre marin était l'un des
membres les plus actifs de toutes les sociétés religieuses ; il les secondait de sa bourse, de son exemple et
de l'autorité de son nom. Il aimait en particulier comme
ses enfants les élèves de la Maison des missions, et les
suivait d'un regard paternel dans leur lointain et périlleux apostolat.

Président de la Société des Missions, l'anniversaire
des assemblées générales était un jour de fête pour lui.
« Quelle joie pure et simple brillait dans ses yeux, »
dit un écrivain qui l'a bien connu, « lorsque les députés
» des sociétés auxiliaires ou quelque ami des missions

» assuraient le Comité de leur sympathie pour l'œuvre,
» et lui adressaient des félicitations chrétiennes ! Com-
» bien était vrai et profondément senti le discours qu'il
» avait coutume de prononcer à l'ouverture de la séance !
» Dix-huit fois, en vingt-trois ans, il a occupé le fau-
» teuil à l'assemblée générale, et chaque fois il a lu
» dans cette circonstance un discours qui portait l'em-
» preinte de son cœur pieux et de son âme énergique...
    » Dès qu'un ami entrait chez lui, son front, que nous
» n'avons pas vu une seule fois chargé de nuages,
» s'éclairait soudainement. Son regard s'animait, sa voix
» prenait un accent de douceur tout particulier ; il y
» avait dans les démonstrations de son amitié quelque
» chose qui tenait à la fois de la franche gaieté du ma-
» rin, de la dignité du général d'armée, de la politesse
» de l'homme du monde, de la simplicité et de la vérité
» du chrétien... La bonté était chez lui dans les senti-
» ments, dans le caractère, dans la vie tout entière ;
» elle faisait partie de lui ; elle était lui : bonté simple,
» franche, affectueuse, cordiale ; bonté inépuisable dans
» sa source et dans ses effets ; bonté désintéressée dans
» son principe et persévérante dans ses fruits ; bonté
» qui ne savait pas soupçonner le mal, et qui ne le
» voyait ni dans les hommes ni dans les choses (1). »

L'amiral Ver-Huell fut enlevé à ses amis et à l'Eglise
le 25 octobre 1845. Il était âgé de soixante-neuf ans.

On pourrait signaler dans le mouvement intérieur de
la communion réformée quelques faits de plus, tels que
l'établissement de troupeaux séparés, wesleyens, bap-
tistes et dissidents de plusieurs dénominations. Mais ce
ne furent que des manifestations locales et peu éten-

---

(1) M. Grandpierre, *Notice sur le vice-amiral Ver-Huell*, p. 38 et *passim*.

dues, qui, tout en offrant dans leur propre sein des exemples de foi vive et de pieux dévouement, n'influèrent point sur l'état général du protestantisme français.

IX

Nous voici presque au terme de notre tâche. La révolution de 1848 n'a exercé aucune action considérable sur la communion réformée prise dans son ensemble. S'il y a eu dans les dernières années, parmi les protestants de France, des assemblées officieuses où l'on a rédigé de nouveaux projets d'organisation ecclésiastique, il n'y a guère eu de faits accomplis jusqu'en 1852.

Le gouvernement provisoire, préoccupé de tant d'autres objets, ne toucha point aux affaires religieuses. Il fit seulement un décret portant que les citoyens détenus pour des actes relatifs au libre exercice des cultes seraient mis immédiatement en liberté, et que remise leur serait faite des amendes qu'ils n'avaient pas encore payées. C'était un hommage rendu, comme on le lisait dans le préambule, à la plus précieuse et à la plus sacrée de toutes les libertés.

La seule question religieuse à la fois et politique, qui ait été discutée le lendemain de la révolution, dans la presse et les assemblées populaires, concernait la séparation de l'Eglise et de l'Etat. Dès le 24 février, un placard affiché sur tous les murs de Paris demandait, sous le nom de *vœux du peuple*, la liberté absolue des consciences et la complète indépendance des deux pouvoirs. On savait que M. de Lamartine, alors au faîte de la popularité, approuvait ce système, et M. de Lamennais le soutint avec beaucoup d'énergie dans son nouveau journal, le *Peuple constituant*.

Ceux des protestants qui avaient arboré la bannière de l'indépendance formèrent une *Société pour l'application du christianisme aux questions sociales*, et publièrent un placard où il était écrit : « Il est injuste d'obliger un » citoyen à contribuer aux frais d'un culte qu'il ne pra- » tique pas. Que l'entretien des cultes ne soit donc plus » à la charge du trésor public, mais qu'on laisse à cha- » cun le soin de soutenir le culte qu'il aura librement » choisi... Ainsi, les croyances seront propagées par » ceux qui les acceptent, et il n'y aura plus de religions » privilégiées. Ainsi, l'Etat n'aura plus à s'occuper de » questions qui deviennent toujours pour lui un embar- » ras ou un péril. Ainsi, le budget sera allégé de plus » de quarante millions. Ainsi enfin, tous les Français » seront libres et égaux en religion, comme ils le sont » en politique. »

Au milieu de l'ébranlement universel des esprits et des institutions, tout était possible. Les défenseurs des communions officiellement reconnues se tenaient donc dans une expectative inquiète, prêts à subir la séparation si elle était prononcée par l'Assemblée constituante, mais laissant voir leurs préférences pour le maintien de l'union.

Quelques délégués des Eglises réformées se réuni- rent spontanément à Paris, au mois de mai 1848. Ils avaient été convoqués en quelque sorte par les néces- sités et les appréhensions communes. Point de régula- rité dans l'origine de leurs mandats : les uns avaient été nommés par le suffrage universel, d'autres par les consistoires, ou même par les présidents des consistoi- res. Point de porportion non plus dans la représenta- tion : certaines Eglises, voisines de Paris, comptaient cinq ou six délégués pour une seule circonscription con-

sistoriale ; d'autres Eglises, au contraire, n'en avaient
envoyé qu'un pour trois ou quatre consistoires. Nulle
uniformité enfin dans les pouvoirs des délégués : les
uns étaient autorisés à entrer dans le fond des débats
ecclésiastiques, et les autres non. Une telle assemblée
ne pouvait que préparer la voie à un corps plus régulièrement choisi par les membres du protestantisme
légal.

Elle s'occupa d'abord de la question des rapports entre l'Eglise et l'Etat, et la grande majorité se prononça
pour la conservation de l'alliance, en réservant expressément la dignité et la liberté de l'Eglise. Elle fit ensuite un règlement électoral pour la formation d'une assemblée qui, ayant des titres bien établis, pourrait
examiner et traiter les affaires pendantes.

Cette nouvelle assemblée commença ses sessions le
11 septembre 1848. Les membres en avaient été élus
par le suffrage à deux degrés, la masse des troupeaux
ayant désigné les électeurs chargés de choisir les délégués. Chacune des quatre-vingt-douze Eglises consistoriales avait été invitée à nommer un mandataire ecclésiastique ou laïque. Trois consistoires seulement
s'abstinrent, outre les deux Facultés de théologie de
Montauban et de Strasbourg qui ne se firent pas repré-
ter. L'assemblée ne compta guère que soixante et dix
à quatre-vingts membres présents. C'était, du reste,
une réunion purement officieuse. Elle ne pouvait s'appuyer sur aucun texte légal. Le gouvernement ne la
reconnut point, et les Eglises étaient pleinement libres
d'accepter ses résolutions ou de les rejeter.

De longs et sérieux débats s'ouvrirent sur la question
des confessions de foi. Enfin, d'une voix presque unanime, l'assemblée décida que, conformément au vœu

de la généralité des Eglises, elle ne toucherait pas aux
matières dogmatiques, et que la question serait réservée
pour un temps plus opportun. Une adresse fut rédigée
dans laquelle, tout en évitant de résoudre dans un sens
ou dans un autre les points de doctrine controversés, la
majorité exprima ses communes croyances.

Quelques membres protestèrent contre cette décision, et se retirèrent. Ils ont formé depuis, avec les
congrégations indépendantes qui existaient déjà, une
nouvelle société religieuse sous le nom d'*Union des
Eglises évangéliques de France*. Leur synode particulier
s'est ouvert le 20 août 1849 ; il a rédigé une profession
de foi et une constitution ecclésiastique pour les troupeaux qu'il représentait.

Après avoir écarté les questions dogmatiques, l'assemblée générale de septembre discuta un projet d'organisation pour l'établissement légal. Elle posa le suffrage universel, avec certaines restrictions, à la base du
projet, reconstitua l'Eglise particulière comme un élément essentiel du système presbytérien, conserva l'institution des consistoires généraux, les subordonna aux
synodes particuliers, et demanda, pour centre et couronnement de l'édifice ecclésiastique, un synode général qui se réunirait à des intervalles réguliers.

Le ministre des cultes, auquel ce projet a été communiqué, s'est adressé aux Eglises pour avoir leur avis
sur son contenu. Les consistoires, tout en étant unanimes à demander que la loi du 18 germinal fût profondément modifiée, n'ont pas été d'accord sur les articles
du nouveau plan d'organisation, et l'on s'est demandé
s'il deviendrait l'objet d'une mesure législative.

Tandis que le protestantisme essayait de modifier son
régime intérieur et ses relations avec l'autorité civile,

l'assemblée nationale discutait la constitution. Elle adopta les deux articles suivants : « Chacun professe librement » sa religion, et reçoit de l'Etat, pour l'exercice de son » culte, une égale protection. Les ministres des cultes » actuellement reconnus par la loi, et de ceux qui se- » raient reconnus à l'avenir, ont droit à recevoir un trai- » tement de l'Etat. »

On remarquera que la religion catholique n'était plus nommée dans la loi fondamentale. Non seulement elle a cessé d'être la religion de l'Etat, mais elle n'a pas même conservé la distinction qu'on lui avait laissée dans le concordat de Napoléon et la charte de 1830, celle d'être désignée comme la religion de la majorité des Français. Nul privilège donc pour le catholicisme, ni apparence de privilège, égalité pleine, parfaite, absolue entre tous les cultes reconnus, de telle manière que la constitution serait violée si le gouvernement accordait à l'Eglise ro- maine une prééminence quelconque. Il a fallu trois siècles d'efforts et de luttes pour faire écrire cette grande règle de justice dans les lois, et peut-être a-t-elle encore be- soin d'être mieux comprise et mieux appliquée par les mœurs. Un peuple élevé dans le catholicisme pratique plus difficilement qu'aucun autre la complète égalité des communions religieuses.

Il est à noter, en outre, que cette égalité n'existe que pour les cultes qui sont ou seront reconnus par l'Etat. Les partisans du système de la séparation n'en ont pas été satisfaits, et la question de la suppression du budget des cultes continue à être agitée par quelques organes de la presse religieuse et politique. C'est un problème que l'avenir se chargera de résoudre.

La conduite des divers gouvernements qui ont présidé aux destinées de la France, depuis la révolution de 1848, a donné·lieu à plus d'une réclamation, soit de la part des sociétés et des Eglises indépendantes, soit même de la part du protestantisme officiel. Mais nous n'insisterons pas sur des faits qui ne datent que d'hier. Le pays est dans une période de crise et de transition ; rien n'y est assis, et cette situation flottante explique bien des choses, sans néanmoins les justifier. Il faut espérer que la liberté et l'égalité des cultes finiront par prévaloir dans les esprits comme elles ont prévalu dans les lois, et deviendront une souveraine maxime de conduite pour les gouvernants et les gouvernés.

Le protestantisme français n'a presque rien écrit dans cette courte période (1848-1851). Il se recueille devant les grands événements politiques ; il observe, il attend. Des idées nouvelles se remuent là comme ailleurs. Qu'en sortira-t-il ? Dieu seul le sait ; à nous, il suffit de savoir que Dieu règne. Il a donné aux Eglises réformées de France des jours de foi et de triomphe ; il les a protégées, durant de longues générations, contre les coups des persécuteurs, et sa main, qui a gardé les pères, n'abandonnera point les enfants.

X

Depuis que les premières éditions de ce livre ont paru, quelques changements se sont accomplis dans le sein de la communion réformée. Le moment n'est pas venu d'en apprécier les caractères et les effets : notre office ne sera ici que celui de simple rapporteur.

La nouvelle loi fondamentale, publiée le 14 janvier 1852, s'ouvre par la déclaration suivante : « La Consti-
» tution reconnaît et garantit les grands principes pro-

» clamés en 1789, et qui sont la base du droit public
» des Français. »

On connaît les principes de 1789 sur les matières religieuses : distinction constante et précise entre le domaine spirituel et le domaine temporel ; liberté et égalité
de tous les cultes reconnus par l'Etat ; admission de tous
les citoyens aux charges publiques, selon leurs capacités
et leurs talents, à quelque communion qu'ils appartiennent. Ces droits ont été placés, par l'article 26 de la
Constitution, sous la garde du premier pouvoir délibérant du pays : « Le Sénat s'oppose à la promulgation
» des lois qui seraient contraires ou qui porteraient at-
» teinte... à la religion ou à la liberté des cultes. »

La Constitution de 1852 ne fait pas plus mention que
celle de 1848 d'une religion de l'Etat, ou d'une religion
de la majorité des Français ; elle ne prononce pas même
le nom d'une Eglise particulière. Dès lors, nulle différence quelconque entre les divers cultes dans la loi souveraine : c'est toujours l'égalité entière et absolue que
nous avons déjà signalée. Il est permis d'espérer que de
la Constitution elle passera de plus en plus dans les idées
et les habitudes nationales.

Un décret, publié le 26 mars 1852, a profondément
modifié le régime intérieur des Eglises protestantes de
France : il mérite à ce titre d'être étudié et analysé avec
soin.

On a vu précédemment que la loi du 18 germinal
an X était loin de donner une pleine satisfaction aux
vœux des réformés, et avait provoqué de fréquentes réclamations. On a vu aussi que les différents projets de
réorganisation avaient échoué, soit devant les plaintes
des consistoires, qui n'y trouvaient pas de suffisantes
garanties de liberté, soit devant les hésitations du pou-

voir civil, qui répugnait à intervenir dans les affaires ecclésiastiques.

L'occasion parut plus favorable après les événements du 2 décembre, et le décret du 26 mars fut rendu afin de corriger les abus contre lesquels on avait réclamé, et de mettre les institutions du protestantisme français en harmonie avec celles de l'Etat.

Il faut remarquer que ce ne fut point un concordat entre l'autorité civile et l'autorité ecclésiastique réguliè-rement saisie de la question. L'acte était sorti tout entier des mains du gouvernement. De là, des objections et des appréhensions de plus d'un genre. Les défenseurs du décret répondirent qu'il en avait été de même de la loi du 18 germinal; qu'on avait dû profiter du moment où tous les pouvoirs publics étaient concentrés en une seule volonté; que le ministre des cultes avait attentivement interrogé les requêtes des consistoires, et s'était efforcé de répondre aux désirs de la majorité des protestants; que le décret, d'ailleurs, ne touchait pas au dogme, ni aux formes de culte, ni à l'administration des sacrements, et que l'Etat, par conséquent, n'avait pas excédé sa compétence ni ses droits.

Sans entrer plus avant dans cette controverse, on peut affirmer que plusieurs des nouvelles dispositions du décret ont obtenu l'assentiment presque unanime des Eglises.

L'article premier reconstitue la commune ecclésiastique ou la paroisse, qui avait été presque entièrement absorbée, comme nous l'avons montré en son lieu, dans l'arbitraire création de l'Eglise consistoriale de six mille âmes. Il y a maintenant une paroisse distincte et légalement reconnue partout où l'Etat rétribue un ou plusieurs pasteurs. C'est un retour à l'ancienne organisation presbytérienne, et l'on s'est accordé à y voir un progrès sur le régime de l'an X. La commune ecclésiastique ayant sa vie en soi, et se distinguant de toute autre par la force même des choses, devait se relever de la déchéance où elle était tombée.

Chaque paroisse possède maintenant un consistoire particulier, où, selon les expressions du décret, un *conseil presbytéral*, composé de quatre membres laïques au moins, de sept au plus, et présidé par un pasteur. Ces conseils locaux administrent les paroisses sous l'autorité des consistoires. Ils sont renouvelés par moitié de trois en trois ans, au moyen du suffrage paroissial, nouveau mode d'élection qui sera expliqué plus loin.

L'article 2 réorganise les consistoires, en y faisant entrer, avec les conseils presbytéraux des chefs-lieux des circonscriptions consistoriales, tous les pasteurs du ressort et un certain nombre de délégués laïques des différentes paroisses. Les consistoires sont soumis, tous les trois ans, comme les conseils presbytéraux, à un renouvellement partiel, et c'est également le suffrage paroissial qui doit prononcer.

Les attributions de ces corps ecclésiastiques ont été modifiées en quelques points par un arrêté ministériel du 20 mai 1853. C'est aux consistoires qu'il appartient de correspondre avec le gouvernement, et de lui transmettre, avec son avis, les délibérations des conseils presbytéraux; de veiller à la célébration régulière du culte, au maintien de la liturgie et de la discipline, à l'expédition des affaires dans les diverses paroisses de son ressort; d'arrêter les budgets; enfin, de nommer aux places de pasteurs sur une liste de trois candidats présentée par le conseil presbytéral de la paroisse intéressée.

L'innovation la plus grave du décret, c'est l'établissement du suffrage paroissial. Auparavant, selon les articles organiques de l'an X, le droit d'élection n'était
exercé que par les protestants les plus imposés au rôle
des contributions directes; et les consistoires se perpétuaient ou se recrutaient comme ils le jugeaient bon,
avec le concours d'un petit nombre de notables qu'ils
désignaient eux-mêmes. C'était accorder un double privilège à la fortune et aux nominations antérieures. Il y
parut bien dans plus d'un consistoire où les désordres
s'étaient immobilisés avec les hommes. La masse des
fidèles se plaignait, non sans de légitimes raisons, de ne
pouvoir pas faire prévaloir sa volonté, ni même, en certaines rencontres, faire entendre ses doléances dans des
corps ecclésiastiques ainsi constitués. Le suffrage paroissial, expliqué par l'arrêté du 10 septembre et la
circulaire ministérielle du 14 septembre 1852, a complètement changé cet état de choses.

Pour être inscrit sur les registres de la paroisse et
posséder le droit de suffrage, il suffit de justifier des
conditions suivantes : être protestant, et âgé de trente
ans révolus; avoir deux ans de résidence dans la paroisse, ou trois ans, si l'on est étranger d'origine. Il n'y
a d'exception que pour ceux qui auraient été judiciairement privés du droit électoral politique ou municipal,
ou qui seraient rayés par le conseil presbytéral, pour
cause d'indignité notoire, à l'unanimité des voix.

Quant aux garanties religieuses qui constatent la qualité de protestant, voici comment elles sont résumées
dans la circulaire ministérielle : « Ceux qui voudront
» jouir du droit électoral paroissial justifieront qu'ils
» ont été admis dans l'Eglise conformément aux règles
» établies, qu'ils participent aux exercices et aux obli-

» gations du culte, et, en cas de mariage, qu'ils ont reçu
» la bénédiction nuptiale protestante. » Ces garanties
religieuses, exprimées dans des termes si généraux,
n'ont pas même été partout exigées.

Le suffrage paroissial équivaut donc à peu près au
vote universel. C'est le principe démocratique de l'autorité du grand nombre introduit dans la société religieuse, après l'avoir été dans la société politique. L'ancienne constitution calviniste, tout en donnant au peuple
un droit positif de consentement ou d'empêchement,
n'avait pas été jusque-là; et, en face d'un changement
si radical, il était naturel d'éprouver quelque inquiétude.
Que sortira-t-il, demandait-on, de l'application du suffrage universel au choix des membres de nos corps ecclésiastiques? Les incrédules et les indifférents n'y
prendront-ils pas la haute main ? Des intrigues locales,
des inimitiés de famille, des passions de parti ne s'agite-
ront-elles pas autour de l'urne électorale? Et le résultat
définitif de ce nouveau mode de nomination ne sera-t-il
pas plus nuisible que favorable au bien des Eglises?

Plusieurs épreuves ont été faites en 1852, 1853,
1856, et l'événement a dissipé ces craintes. Sauf quelques exceptions inévitables, les élections se sont généralement accomplies avec dignité, calme et intelligence.
Les protestants ont compris, pour la plupart, qu'ils
avaient à choisir, non des agitateurs, mais de bons conducteurs spirituels. Dans beaucoup de localités, une
grande partie des membres des précédents consistoires
a été réélue. C'était justice, puisque ces hommes avaient
rendu des services réels aux troupeaux ; c'était sagesse,
puisqu'ils avaient une expérience dont les Eglises pouvaient encore profiter. Dans certaines paroisses, il y a
eu transaction entre les positions acquises et les besoins

nouveaux. A tout prendre, l'action de l'esprit religieux y a moins perdu que gagné.

D'ailleurs les consistoires et les conseils presbytéraux ayant reçu, pour ainsi parler, le baptême populaire, y ont puisé plus de force au dedans et au dehors : au dedans, pour opérer d'utiles réformes; au dehors, pour représenter la commune opinion des protestants auprès du pouvoir civil. La Réforme française est donc entrée, par le suffrage paroissial, dans une voie nouvelle à quelques égards et meilleure.

Le décret du 26 mars a encore institué, sous le nom de *conseil central*, une commission ecclésiastique permanente. Nous copions les propres termes de cette institution : « Il est établi, à Paris, un conseil central des » Eglises réformées de France. Ce conseil représente » les Eglises auprès du gouvernement et du chef de » l'Etat. Il est appelé à s'occuper des questions d'inté- » rêt général dont il est chargé par l'administration ou » par les Eglises, et notamment à concourir à l'exécu- » tion des mesures prescrites par le présent décret. Il » est composé, pour la première fois, de notables pro- » testants nommés par le gouvernement, et des deux » plus anciens pasteurs de Paris. Lorsqu'une chaire de » la communion réformée vient à vaquer dans les Facul- » tés de théologie, le conseil central recueille les vo- » tes des consistoires, et les transmet avec son avis, » au ministre. » A la suite du décret, le *Moniteur* » publiait une liste de quinze membres de cette commission : l'amiral Baudin en avait été nommé président.

Dans son exposé des motifs, le ministre des cultes dit que, depuis cinquante ans, les Eglises réformées de France ont demandé, dans l'intérêt d'une bonne organi-

sation, l'établissement d'un conseil central qui pût servir d'intermédiaire entre le gouvernement et les consistoires. Il ajoute que des commissions analogues avaient
été nommées en 1819 et 1839, et qu'elles avaient produit de bons résultats.

Plusieurs questions furent agitées à propos de cet
établissement qui ne correspondait à aucune des institutions de l'ancienne discipline. Il ne pouvait, évidemment, tenir la place des synodes nationaux, composés
d'un égal nombre de pasteurs et de laïques, délégués
par les corps ecclésiastiques secondaires, et siégeant
tantôt dans une ville, tantôt dans une autre, afin d'éviter
toute apparence de primauté, toute prétention à la permanence. La commission du 14 mars n'offrait rien de
semblable ni d'approchant. Quel est donc son vrai caractère? disait-on de toutes parts. Quelles seront ses
attributions et son autorité? Est-ce un corps simplement
consultatif? ou bien est-ce un corps délibérant, investi
d'une portion de la puissance publique? et à quelle époque les membres de cette commission seront-ils remplacés par les mandataires des Eglises mêmes? Autant de
points sur lesquels le décret gardait le silence, et qui
provoquèrent de grands débats.

Le conseil central se chargea de résoudre les questions en suspens, et proposa au ministre des cultes un
projet de règlement connu sous le nom d'*articles additionnels*. Il y réclamait le droit de délibérer sur les peines applicables aux pasteurs, chaque fois qu'elles exigeaient l'intervention du gouvernement ; de donner son
avis sur les conflits d'administration entre les consistoires et les conseils presbytéraux; de prononcer sur les
questions relatives à la compétence de ces corps, et
ainsi pour d'autres attributions qui auraient donné à la

commission ecclésiastique du pouvoir civil une autorité judiciaire et administrative considérable.

Attaqués à la fois par les consistoires les plus influents et les plus modérés, tels que celui de Nîmes, ces articles additionnels sont restés à l'état de projet, et le ministre des cultes a résumé la discussion de la manière suivante dans la circulaire de mai 1853 : « Si les attri-
» butions du conseil central ne sont pas nettement dé-
» terminées, c'est qu'il résulte des observations pré-
» sentées par les consistoires, et des renseignements
» recueillis par l'administration, que les Eglises sont loin
» d'être d'accord entre elles sur ce point important. Le
» gouvernement entend respecter l'indécision des Egli-
» ses, alors même qu'il ne saurait la partager. Il est con-
» vaincu du reste que les attributions du conseil central
» sont assez largement définies dans le décret du
» 26 mars pour que cette institution produise, dès à
» présent et sans développements nouveaux, la plupart
» des fruits qu'on pouvait s'en promettre à l'avantage
» réciproque des Eglises et de l'Etat. »

Il faut maintenant laisser à l'avenir le soin de montrer plus clairement l'esprit et les conséquences des nouveaux articles organiques. Si la loi fait quelque chose pour le progrès spirituel de la communion réformée, les convictions et les mœurs chrétiennes y feraient encore beaucoup plus. N'oublions pas de signaler un autre bienfait du décret du 26 mars : c'est que les protestants disséminés, qui ne sont pas assez nombreux pour constituer une paroisse avec un pasteur salarié par le budget, ont été rattachés administrativement aux consistoires les plus voisins : d'où il suit que ces corps ecclésiastiques sont légalement investis du droit de pourvoir à leurs besoins religieux par des exercices publics. Vingt-sept départements, qui ne figuraient point sur la carte de France réformée, y ont de la sorte trouvé place avec leurs petites fractions de fidèles.

Le gouvernement a augmenté le nombre des consistoires, et l'a porté à cent cinq par un arrêté du mois de novembre 1852. De nouvelles paroisses ont été créées, et le sont encore à mesure que la légitimité de leurs titres est bien établie. En général les protestants de naissance, et spécialement ceux qui continuent à faire partie des Eglises reconnues, n'ont eu qu'à se louer de l'esprit de justice, de la protection et de la libéralité du pouvoir civil. Leurs corps ecclésiastiques sont toujours admis, dans les réceptions officielles, immédiatement après les membres du clergé catholique, ce qui est, aux yeux des peuples, une éclatante sanction de l'égalité des cultes proclamée sur la loi.

On ne saurait en dire de même de ceux qui, sous l'influence du prosélytisme de la communion nationale ou des congrégations indépendantes, ont embrassé les doctrines de la Réforme. Il semble que dans notre pays, autant il est permis de garder la religion de ses pères, autant il l'est peu d'y renoncer. Œuvre d'évangélisation et de colportage, écoles, chapelles, réunions périodiques d'édification, tout ce qui a été fondé par des prosélytes et pour eux, a suscité de longs et laborieux conflits. En quelques lieux, la liberté religieuse a prévalu ; en d'autres, non.

Les poursuites judiciaires, si fréquentes sous les précédents régimes, se sont incessamment renouvelées. D'un côté, l'autorité administrative et le ministère public, rendant indirectement hommage aux droits sacrés de la conscience, ont soutenu, pour légitimer leurs mesures préventives, que ces prosélytes étaient, non de vrais protestants, mais des hommes inquiets, turbulents, mal famés, qui cachaient de mauvais desseins sous le masque de la religion. D'un autre côté, leurs défenseurs se sont appliqués à prouver que les nouveaux convertis n'avaient fait qu'obéir à de saintes convictions, et que, loin d'être dangereux, ils offraient au gouvernement, par le réveil même de leur piété, de plus solides garanties de soumission et de bonnes mœurs.

Un mémorable arrêt de la Cour de Cassation, daté du 10 décembre 1853, et habituellement suivi par les tribunaux inférieurs, a décidé que les articles 291, 292, 294 du Code pénal, et la loi de 1834 sur les associations, ainsi que le décret du 24 mars 1852, qui aggrave les anciennes dispositions, sont applicables à toutes les nouvelles réunions de culte qui n'auraient pas été préalablement autorisées, lors même qu'elles seraient présidées par le pasteur d'une Eglise reconnue, et dans les limites de sa circonscription consistoriale. Les assemblées de moins de vingt personnes sont exposées à être poursuivies comme les autres, s'il est constaté qu'elles se rattachent à une association plus considérable, divisée en sections.

Les protestants nationaux et les indépendants ont compris leur solidarité dans cette grande cause, et adressé d'un commun accord de nombreuses requêtes à l'autorité séculière. Des réponses encourageantes leur ont été faites à plus d'une reprise, et quelques décisions récentes permettent d'espérer mieux de l'avenir ; mais la question de principe et de droit n'est pas encore vidée. Quoi qu'il en puisse être, le prosélytisme est un impérieux devoir pour toute communion chrétienne, et particulièrement pour une minorité constamment enveloppée de l'action envahissante d'une immense majorité. Si elle renonçait à s'étendre, elle reculerait, et au bout d'une période donnée se condamnerait à périr. Nul ne demandera au protestantisme français cet acte de suicide, ni ne peut l'attendre de lui.

L'opinion s'est profondément émue d'une affaire qui menaçait la liberté religieuse dans le sanctuaire même du foyer domestique. Un honorable père de famille, pour avoir passé de la communion romaine à la protestante, avait été déclaré par quelques parents réunis en conseil indigne ou incapable de présider à l'éducation de ses enfants mineurs : comme si la conversion à la foi réformée était un acte immoral, et imprimait une flétrissure incompatible avec l'exercice de la puissance paternelle ! La Cour impériale d'Orléans, de concert avec l'organe du ministère public, a fait justice de cette inqualifiable entreprise, qui blessait les principes de 1789 tout ensemble et dans leurs conséquences religieuses et dans leurs effets civils.

La controverse entre les Eglises rivales s'est reproduite dans ces dernières années. On ne doit pas plus s'en étonner que s'en plaindre. Sur le pacifique terrain des idées, cette lutte est inévitable ; et pourvu qu'elle n'aille point jusqu'à la calomnie ou l'injure, elle peut servir au développement de la vie spirituelle. Il est seulement regrettable que certains adversaires de la Réforme aient employé contre elle des armes peu loyales, et se soient obstinés à la représenter comme une source de révolutions pour les Etats, de dissolution pour les familles, de dérèglement pour les individus. C'était copier, en les exagérant, les vieux sophismes de MM. de Bonald et Joseph de Maistre. C'était aussi dénoncer les protestants à la défiance des hommes du pouvoir, et l'on n'a pas même eu toujours la pudeur de s'en cacher. Heureusement les catholiques intelligents et réfléchis se sont in-

dignés les premiers d'une pareille polémique, et c'est ce
qui fait comprendre, indépendamment d'autres causes
accidentelles, pourquoi les disciples de la Réforme n'y
ont guère répondu. Ils avaient le droit de s'en remettre
aux données du sens commun, au témoignage de l'histoire, à l'expérience des choses contemporaines, en un
mot à ce qui éclaircit le mieux les questions. Qui donc
aujourd'hui, sauf une poignée d'ultramontains, refuse
d'admettre que le protestantisme soit aussi capable que
le catholicisme, tout au moins, de donner aux sociétés
humaines de l'ordre, du bien-être et des vertus ?

La communion réformée s'est attachée depuis quelque
temps à recueillir avec une pieuse sollicitude les documents inédits de ses annales, et a fondé, pour y réussir,
une *Société de l'Histoire du protestantisme français*. Il était
bien désirable, en effet, d'arracher à la poussière des
bibliothèques, des archives consistoriales et des collections domestiques les pièces, en trop petit nombre, qui
ont échappé aux flammes des persécuteurs et aux ravages des siècles : ce sont de précieux matériaux pour la
construction d'un édifice qui soit digne des glorieuses
traditions de la Réforme française.

Au moment de poser la plume, nous apprenons qu'une
grande lumière s'est éteinte dans l'Eglise : le pasteur
Adolphe Monod a cessé de vivre. La profonde douleur
d'une perte si récente et les souvenirs d'une longue amitié personnelle ne laissent pas à l'historien la liberté
d'esprit nécessaire pour prononcer le jugement calme et
définitif qu'on attendrait de lui. Qu'il nous soit permis,
du moins, de déposer sur cette tombe à peine fermée
l'hommage de nos respects, de notre admiration et de
notre deuil. M. Adolphe Monod était deux fois le premier des pasteurs protestants de France à notre époque,

et par la hauteur de son génie oratoire et par la sainteté de sa vie. Au milieu de nos agitations religieuses, chacun se tournait vers lui, comme le matelot se tourne vers un phare dans la tempête, et quand il parlait dans les heures d'incertitude et de combat, on écoutait sa parole comme la voix de la conscience chrétienne. Humble et fort, aussi jaloux de se faire oublier lui-même que d'autres le sont de se faire applaudir, dévoué sans partage à la cause de la vérité qu'il avait embrassée de toutes les puissances de son âme, parfaitement droit et intègre dans les moindres choses comme dans les plus grandes, patient jusqu'à l'héroïsme sur son lit de souffrance, et ne recueillant ses dernières forces que pour les consacrer au divin Maître qu'il a tant aimé et si fidèlement servi, il nous a rappelé mieux que personne la vénérable image des chrétiens de l'Eglise primitive. M. Adolphe Monod, né le 21 janvier 1802, est mort le 6 avril 1856; hélas! et cette place qu'il a laissée vide, qui donc d'entre les hommes de notre génération pourra la remplir?

Au reste, depuis la révolution de 1848, point de nom nouveau qui ait conquis une place éminente dans la chaire ou dans la littérature du protestantisme français. La théologie allemande, transplantée dans la nôtre, par fragments rares et incomplets, n'a rencontré jusqu'à présent personne qui soit parvenu à lui donner l'empreinte du génie national. Nous sommes évidemment à une époque de transition, mais la foi évangélique n'a rien à en redouter : ses principes essentiels, étant l'expression de la vérité même qui est immuable, prévaudront tôt ou tard dans la conscience du genre humain.

XI (1)

L'événement le plus mémorable des dernières années est la célébration du Jubilé séculaire de la Réforme française, au mois de mai 1859. L'exemple de ces grandes fêtes religieuses avait été donné par l'Allemagne protestante en 1817, et par la république de Genève en 1835. Elles ont produit, en général, de fortes et durables impressions. Il est bon pour un peuple d'associer la mémoire de ses pères aux croyances et aux obligations de la foi. Contemplés à une certaine distance, les hommes des générations éteintes font voir surtout ce qu'ils ont eu de plus digne d'être imité, et ces pieux souvenirs servent à exciter dans le cœur de leurs enfants une féconde émulation.

Le Jubilé français était destiné à rappeler la convocation et les actes du premier synode national (23-29 mai 1559). Cette époque était bien choisie. Ce fut alors, en effet, que les Eglises réformées, longtemps éparses, et n'ayant les unes avec les autres aucun lien officiel, constituèrent un seul corps régulièrement organisé, sous le double étendard de la même doctrine et de la même discipline. Cette union à la fois intérieure et extérieure s'était maintenue jusqu'à l'entrée du dix-neuvième siècle, malgré les persécutions et les calamités les plus terribles. Dès que la tempête se calmait, la communion réformée se redressait tout entière autour de sa confession de foi et de ses lois traditionnelles. On ne pouvait donc trouver un fait plus grand dans les annales des

(1) Ce chapitre est ajouté à la quatrième édition de notre histoire (mai 1861).

protestants français, ni célébrer une œuvre qui eût de meilleurs titres à la reconnaissance de la postérité (1).

Aussi, quand le projet de cette fête séculaire fut proposé aux Eglises par une commission instituée à Paris, il obtint un assentiment presque unanime. Quelques voix seulement s'élevèrent pour demander si, derrière cette commémoration, ne se cachait pas le dessein de relever tout ce qui avait été établi au seizième siècle. On eut peu de peine à calmer ces craintes. Il est évident que, dans ce qui sort de la main des hommes, il y a toujours une part qui doit se modifier avec les besoins et les circonstances.

On se prépara donc de tous côtés à célébrer dignement la fête de la Réforme française. Le principal jour en était fixé au dimanche, 29 mai 1859; mais il ne fut pas rigoureusement adopté partout. Des convenances locales firent avancer ou retarder l'époque dans quelques Eglises. Ailleurs, on voulut célébrer une fête consistoriale après les services des Eglises particulières. Cette diversité, loin de nuire à l'édification générale, ne fit que la prolonger et l'étendre. Le Jubilé de 1859, on peut le dire sans exagération, a été la fête universelle du peuple réformé dans notre pays.

Le jour venu, l'affluence fut immense dans les temples, et jamais peut-être on n'y avait vu de plus grandes assemblées. Les vieillards firent un dernier effort pour participer à un Jubilé qui leur remettait devant les yeux les souffrances du passé et les bénédictions du présent. Les incrédules mêmes et les indifférents furent entraînés par l'impulsion commune; et il parut bien, dans cette

.

(1) Nous avons parlé des actes du premier synode national dans le livre premier de cette histoire, p. 82-86.

44

solennité, que les âmes les plus froides avaient gardé, sous la poussière dont le vent du monde les a recouvertes, un dernier fond d'attachement et de respect pour la glorieuse Eglise de Calvin, de Coligny, de Duplessis-Mornay et de Paul Rabaut.

Un grand nombre de pasteurs n'avaient épargné ni recherches, ni études, ni travail pour intéresser et édifier leurs troupeaux. Quelques-uns ont publié leurs discours : nous n'en signalerons que les principaux traits.

On y retrouve presque partout l'expression d'une profonde reconnaissance envers Dieu pour le repos et la liberté dont jouissent, au temps présent, les réformés de France. Que l'on compare, en effet, leur état légal de siècle en siècle, depuis trois cents ans, et l'on se convaincra que jamais ils n'ont été plus paisibles, mieux protégés par les lois, ni plus fortement défendus contre le retour des persécutions de l'esprit public.

En 1559, les bûchers s'allumaient d'un bout du royaume à l'autre. On était à la veille des guerres de religion, et à l'avant-veille de la Saint-Barthélemy. Nul ne comprenait clairement alors, pas même les victimes, qu'il pût y avoir, dans la même société civile, des membres de différentes sociétés religieuses complètement égaux devant la loi, le pouvoir et l'opinion.

En 1659, l'édit de Nantes, changé en édit de grâce par Richelieu, couvrait encore de sa protection, il est vrai, le peuple réformé; mais ce n'était qu'un gage précaire de liberté religieuse et de paix. Le vingt-neuvième synode national, réuni à Loudun, allait se dissoudre et devait être le dernier. Le jeune roi Louis XIV, élevé dans une étroite bigoterie par une mère espagnole, la fille de Philippe II, et nourri par les prêtres dans la défiance et la haine des huguenots, se préparait à faire de leur extirpation l'une des maximes fondamentales de son règne.

En 1759, les Eglises, à demi soutenues par la tolérance des mœurs, n'avaient pas encore obtenu la moindre garantie dans les institutions. Les échafauds du pasteur Rochette, des trois gentilshommes verriers et de Calas devaient bientôt se dresser en face de l'Europe étonnée et indignée.

Quelle différence en 1859! La liberté et l'égalité des cultes ont été inscrites, depuis soixante et dix ans, dans toutes nos constitutions; et chaque fois que le pays a parlé dans ses assemblées souveraines, il a proclamé que, sous la différence des opinions et des disciplines religieuses, il ne voulait plus connaître qu'une seule et même famille de citoyens. Le prince nommé et sacré par sept millions de suffrages a répété cette grande promesse en montant sur le trône.

Ce n'est pas que les tracasseries subalternes et même les poursuites judiciaires pour cause de religion aient complètement cessé. Nous aurions à signaler, comme dans les chapitres précédents, plus d'un acte contraire à la pleine liberté de conscience et de culte. On est trop habitué en France à ne voir dans la religion, selon l'esprit des jurisconsultes de l'ancienne Rome, qu'un simple moyen d'ordre public, et l'on impose quelquefois d'arbitraires entraves au prosélytisme de la parole et des livres, en invoquant les intérêts de l'Etat, comme s'ils pouvaient être mieux sauvegardés que par la libre manifestation de toutes les croyances! Mais ces restes d'un passé qui achève de disparaître ne peuvent opposer, après tout, que des difficultés locales et passagères au nouveau droit des sociétés religieuses. Les fidèles des diverses communions de la minorité doivent savoir que ce qu'ils voudront fortement et avec persévérance, dans le domaine spirituel, ils finiront par le conquérir. Le succès dépend surtout de la fermeté de leurs propres résolutions, et c'est là ce qui distingue profondément notre siècle des temps antérieurs.

Ce progrès des mœurs et des lois a rendu plus facile une partie de la tâche imposée aux prédicateurs du Jubilé. Ils devaient nécessairement rappeler, dans la célébration de cette fête historique, les cruautés des oppresseurs et les souffrances des victimes ; car aucune communion chrétienne n'a compté proportionnellement autant de prisonniers, d'exilés, de martyrs que la Réforme française, et il y aurait eu quelque chose d'étrange, de blessant même pour la conscience publique, à se taire sur de si longues persécutions et de si héroïques résistances. Les prédicateurs n'y pouvaient consentir, et personne, du reste, n'avait songé à le leur demander. Mais tout en remplissant leur devoir, ils n'ont fait entendre aucune récrimination, aucune parole amère contre les membres de l'église dominante, qui, se dégageant toujours mieux des intolérants préjugés d'un autre âge, témoignent une éclatante sympathie aux minorités religieuses, dès qu'elles sont exposées à quelque nouvelle tentative d'injustice ou d'oppression.

Outre ces traits généraux, les orateurs du Jubilé ont remis en lumière les figures historiques qui appartenaient de plus près à leur ville ou à leur province. Ces traditions locales devaient naturellement exciter un intérêt plus direct et de plus vives émotions. Certaines familles reprenaient possession, pour ainsi parler, de leurs titres de noblesse religieuse ; et ces grands exemples de foi, de renoncement, d'intrépidité chrétienne, fortifiés par la piété envers les ancêtres, étaient bien propres à remuer les cœurs les plus tièdes jusque dans leurs dernières profondeurs.

De tels souvenirs ne manquaient nulle part. Où est en France la cité, le village, qui n'ait eu ses confesseurs et ses martyrs ? Quelle est la famille protestante qui ne puisse découvrir dans l'histoire des trois derniers siècles, si elle a gardé ses archives privées, des pères captifs ou condamnés aux galères pour cause de religion, des enfants enlevés par autorité de justice, des parents réfugiés, les autres dépouillés de leurs biens, ou accablés d'atroces traitements par les dragons, vivant d'ailleurs au jour le jour dans des relations légitimes pour la conscience et illégitimes devant la loi ? La plupart de ces pièces domestiques se sont perdues dans le cours des âges ; mais il en restait assez pour offrir une abondante matière à la prédication du Jubilé.

Les orateurs n'auraient accompli, cependant, que la moitié de leur tâche, si, après avoir dit ce qu'il y a de glorieux dans le passé, ils n'avaient pas fait voir ce qui doit être corrigé ou relevé dans le présent. Ils n'ont point failli à cet autre partie de leur devoir. On trouve dans presque tous leurs discours des regrets et des plaintes sur l'abaissement des convictions, le relâchement des habitudes religieuses, l'excessive prédominance des intérêts matériels, et en même temps d'énergiques invitations à reprendre ce qui peut seul faire vivre une Eglise, la foi et les œuvres de la foi.

Le contraste, en effet, devait frapper les esprits intelligents et les consciences sérieuses. Autrefois une plus grande piété dans l'individu, dans la famille, dans la société spirituelle, avec moins de liberté légale et une discipline plus exactement obéie, même dans les mauvais jours de la révocation et du désert. Maintenant plus d'indépendance et de garanties au dehors, avec moins de fidélité, de zèle et d'ordre au-dedans. La Réforme française n'a-t-elle pas, en y regardant bien, perdu beaucoup plus que gagné? Si l'esprit nouveau la protège, se protège-t-elle suffisamment elle-même par la force de ses croyances? Ne peut-on pas demander si, à côté des droits civils qu'elle a obtenus, elle ne se laisse pas trop entraîner par les idées de notre époque à ne chercher dans la religion qu'une autre sorte d'institution sociale, destinée à sauvegarder la propriété, l'industrie, les biens de ce monde, plutôt qu'à régéner les âmes et à les préparer pour le ciel? La réponse à ces graves questions, elle est dans les discours du Jubilé; et la solidité de la pensée, la vigueur de la parole y égalent çà et là l'importance et la grandeur du sujet.

On n'attendra pas de nous une analyse détaillée des fêtes particulières, ni les noms des prédicateurs. Nous n'en citerons aucun, parce que la préférence accordée aux uns nous exposerait à être injuste envers les autres. Ce travail, au surplus, est déjà fait (1). Quelques indications très générales doivent suffire dans ce résumé.

Au nord de la France, les Eglises avaient à célébrer les plus grands souvenirs et les plus grands hommes : Lefèvre d'Etaples, le savant et pieux précurseur de la Réformation; Louis de Berquin, son premier martyr de naissance noble, et Jean Calvin, son théologien, son législateur, celui de tous les réformateurs, peut-être, qui a marqué le plus profondément de son empreinte la chrétienté protestante.

Les fidèles de Paris, membres de l'Eglise nationale ou

_____

(1) Voir l'ouvrage intitulé : *Le troisième Jubilé séculaire de la Réformation en France;* compte rendu publié par la commission du Jubilé. — Paris, 1859.

des Eglises libres, ont rivalisé de zèle dans la célébration du Jubilé. Des voix autorisées par de longs services ont rappelé l'histoire de la population réformée de cette cité souveraine qui avait abrité le premier synode national. Après les massacres de la Saint-Barthélemy, la capitale descendit à une place secondaire dans le protestantisme français, sinon par ses pasteurs, qui étaient toujours choisis entre les plus éminents, du moins par son action sur l'ensemble des Eglises. Mais depuis l'établissement de la liberté des cultes, Paris a recouvré dans ce domaine une importance qui ne lui est point contestée, et le Jubilé y a été solennisé avec un éclat digne de la métropole du pays.

La France méridionale a sa capitale protestante, Nîmes, où la fête a pris des proportions qu'elle ne pouvait avoir nulle autre part. Cent dix pasteurs y sont venus de toutes les Eglises de la province, et vingt à vingt-cinq mille fidèles se sont réunis près de l'Ermitage, lieu consacré, dans la seconde moitié du dix-huitième siècle, par les assemblées du désert. Quels imposants souvenirs pour ce grand peuple qui s'en allait, de sa libre volonté, entendre la parole de l'Evangile et celle de la Réformation dans l'enclos où se retiraient ses ancêtres de peur de blesser de trop près les yeux de leurs persécuteurs! Ils étaient là les descendants de ces huguenots que Bâville avait écrasés sous un bras de fer; les arrière-petits-fils de ces camisards qui, poussés à bout par les bourreaux, avaient forcé les lieutenants de Louis XIV à signer avec eux un traité de paix sous le nom d'amnistie; les héritiers de ces proscrits, si faibles devant les hommes, et si forts, à les contempler du regard de la foi. Pour eux, plus encore que pour les autres, l'honneur et la joie du Jubilé; car leurs pères avaient reconstruit de leurs mains et cimenté de leur sang les autels à demi brisés de la Réforme française.

Un évêque eut le triste courage de chercher dans cette fête, monument deux fois sacré de la piété chrétienne et de la piété filiale, un texte de sarcasmes et d'invectives contre la communion réformée. Il a reçu aussi une double réponse : la réponse des polémistes protestants et celle de l'improbation publique.

Il serait intéressant de suivre la célébration du Jubilé dans les Cévennes, dans le Vivarais, dans le Béarn, à Sancerre, à Montauban, à La Rochelle, à Sedan : provinces et cités illustres entre toutes dans les annales du passé. Mais les caractères déjà signalés de cette fête séculaire se sont reproduits partout avec les diversités accessoires des lieux et des traditions.

La commission du Jubilé a fait frapper une médaille commémorative de la journée du 29 mai. Elle représente d'un côté les membres du premier synode national, debout, en prière, la Bible sous les yeux. On lit de l'autre la promesse de Jésus-Christ : « Les cieux et la » terre passeront; mes paroles ne passeront point. » Les exemplaires de cette médaille, en bronze, en argent ou en or, se sont rapidement et largement distribués : ils resteront dans les collections des familles comme un témoignage de vénération pour les auteurs de la confession de foi et de l'ordre ecclésiastique du du peuple réformé.

De nombreux écrits ont été inspirés par les circonstances. Accueillis avec faveur et lus avec avidité, ils ont aidé les prédicateurs à ranimer la mémoire des anciens temps, patrimoine spirituel et moral que les Eglises ne doivent ni ne veulent répudier.

Au delà de nos frontières, Genève, les Eglises wallonnes de Hollande, la communauté française de Londres, celle de Berlin et d'autres, se sont associées à la célébration du Jubilé. Les descendants des réfugiés, au bout de huit générations, n'ont pas oublié que la Réforme française a été leur mère. Ils avaient emporté dans l'exil ses croyances et tout ce qu'ils pouvaient retenir de ses institutions synodales. Cette image toujours présente de leur double patrie les a nourris tout à la fois dans l'amour de leur ancienne Eglise et dans le respect de leur ancien pays.

Quel sera l'état des protestants de France au Jubilé du vingtième siècle ? En voyant les affirmations et les négations, les succès et les revers de la piété s'entrechoquer incessamment, on ne peut s'ouvrir à aucune espérance qui ne soit mêlée de pénibles inquiétudes. L'historien doit laisser à l'avenir la solution de cet obscur problème : il se borne à exprimer le vœu que les Eglises réformées, au jour de leur nouvelle fête séculaire, accomplissent mieux qu'à notre époque les grands devoirs de la fidélité envers Dieu et de la bonne volonté envers les hommes.

HISTOIRE

DES

PROTESTANTS

DE FRANCE

LÍVRE SIXIÈME

(1861-1874)

AVANT-PROPOS

Pendant les douze années qui se sont écoulées depuis les deux dernières éditions de l'*Histoire des Protestants de France* (1), la situation extérieure du protestantisme français n'a pas changé. Le nombre de·ses adhérents serait demeuré à peu près le même, si le traité de paix qui a suivi notre dernière guerre avec l'Allemagne, eh arrachant l'Alsace et la Lorraine allemande à la France, n'avait enlevé à l'Eglise réformée et à celle de la confession d'Augsbourg un certain nombre de consistoires, représentant ensemble une population protestante de 250,000 âmes environ.

Les protestants ont continué sous les divers régimes qui se

---

(1) Cette période est celle qui s'est écoulée entre la quatrième et la sixième édition de cette histoire (*Note des éditeurs*).

sont succédé en France , à jouir de la liberté religieuse et de l'égalité civile et politique. Ce sont là des droits qui leur paraissent définitivement acquis. Pour ébranler les principes sur lesquels ils reposent , il faudrait renier les conquêtes de la Révolution française , revenir de plusieurs siècles en arrière , et accomplir dans les idées, dans les mœurs et dans les lois, une transformation que nous ne pouvons ni ne voulons prévoir.

Toutefois , le principe de la liberté religieuse , inscrit depuis tant d'années dans nos codes , est loin encore d'avoir reçu dans la pratique toutes les applications qu'il est susceptible de recevoir. Aussi longtemps que subsisteront les lois sur les réunions de plus de vingt personnes et sur le colportage , la liberté religieuse ne sera pas complète en France. Car la liberté religieuse ne va pas sans la liberté du prosélytisme. Toute conviction , quand elle est sérieuse, cherche à se propager. Cela est vrai surtout des convictions religieuses qui touchent aux intérêts les plus élevés des âmes, et pour qui le prosélytisme est le plus sacré, le plus absolu des devoirs.

C'est dans le domaine de sa vie intérieure et de son organisation ecclésiastique que se sont accomplis, au sein de notre Eglise, pendant ces douze dernières années , les événements les plus graves. C'est donc à l'histoire de la crise intérieure, dont le dénouement s'accomplit sous nos yeux, que nous devrons nous attacher , avant tout , dans les pages qui vont suivre. Raconter une telle histoire, lorsque l'on est encore au milieu des événements et du bruit de la lutte , c'est là , nous le sentons , une tâche difficile et délicate entre toutes. Nous n'aurions jamais songé à l'entreprendre, si d'impérieuses circonstances ne nous en avaient fait un devoir. Nous nous efforcerons, du moins, de nous en acquitter en historien impartial , sans nous interdire , toutefois , d'apprécier les faits et les principes , lorsque notre conscience de protestant et de chrétien nous commandera de le faire.

F. BONIFAS.

LIVRE SIXIÈME

LA CRISE INTÉRIEURE AU SEIN DE L'ÉGLISE RÉFORMÉE.

(1861-1874).

I

AVANT LE SYNODE.

Pour bien comprendre toute la gravité de la crise que traverse l'Eglise réformée, il est nécessaire de reprendre les choses de plus haut. Il faut montrer comment la situation actuelle a été amenée, et comment, en se compliquant de jour en jour davantage, elle a rendu inévitable la séparation qui va s'accomplir.

Lorsque, en 1802, le Premier Consul organisa d'une façon officielle, par la loi du 18 germinal, les Eglises réformées de France, la vie religieuse n'était plus, au sein de ces Eglises, ce qu'elle avait été autrefois. La philosophie du dix-huitième siècle, l'incrédulité railleuse de Voltaire et le déisme sentimental de Rousseau, avaient exercé une profonde et funeste influence sur le protestantisme français. L'indifférence avait presque partout remplacé la foi. Pasteurs et troupeaux participaient également à cet affaiblissement des convictions et de la vie religieuses. Les pasteurs, formés pour la plupart dans les écoles de Genève, en avaient rapporté

les tendances rationalistes qui y prévalaient alors. Ils ne
prêchaient guère que les lieux communs de la morale
ou de la religion naturelle, et laissaient presque entièrement dans l'ombre les grandes doctrines du péché et
du salut. Les laïques, heureux de voir une ère de paix
et de sécurité succéder enfin à la période sanglante des
persécutions religieuses, ne songeaient qu'à bénir le
régime nouveau sous lequel ils étaient appelés à vivre,
sans s'apercevoir de tout ce qu'il laissait à désirer au
point de vue des libertés de l'Eglise.

On continuait d'ailleurs à confesser les doctrines positives du christianisme. Il est vrai que deux tendances
commençaient déjà à se dessiner au sein du protestantisme français. Elles avaient pour représentants, l'une,
le pieux et savant doyen de la faculté de Montauban,
Daniel Encontre; l'autre, Samuel Vincent, le plus distingué des pasteurs français de son temps. D'un côté,
c'était l'orthodoxie rigide, sévèrement attachée au
dogme et à ses formules consignées dans les confessions de foi. De l'autre, c'était le sentiment religieux
préféré à la doctrine et à la morale ; c'était le
christianisme considéré comme un esprit et une vie plutôt que comme un ensemble de faits et de vérités
révélées.

Mais aucune divergence dogmatique vraiment sérieuse ne séparait encore les deux écoles, et aucune
lutte ne s'était engagée sur le terrain ecclésiastique.
Toutes deux se sentaient également à l'aise dans les
cadres de l'Eglise officielle. Elles s'accordaient à reconnaître l'autorité souveraine des Saintes Ecritures, et
les grands faits surnaturels auxquels les Ecritures rendent témoignage et que confessait l'Eglise dans ses
liturgies.

La situation, toutefois, ne tarda pas à changer. Les deux tendances s'accentuèrent chacune dans son propre sens ; les directions qu'elles suivaient devinrent de plus en plus divergentes ; un jour vint où l'opposition entre elles fut si radicale et si complète, que tout accord fut reconnu impossible.

Deux faits, de nature fort diverse, contribuèrent ensemble à amener ce résultat. Ce fut d'abord le mouvement religieux, connu sous le nom de *Réveil*, et qui, après avoir commencé en Suisse vers 1820, se communiqua à la France, où il fortifia puissamment la première des tendances que nous signalions tout à l'heure. Ce fut ensuite le mouvement théologique, provoqué vers 1850, par la *Revue de Strasbourg*, et qui, s'inspirant des travaux de la critique d'outre-Rhin, entraîna dans des voies toutes nouvelles l'école dont Samuel Vincent avait été le chef.

Je n'ai pas à raconter ici l'histoire du *Réveil*. Je me borne à constater l'influence que ce mouvement exerça sur les deux tendances qui se dessinaient alors au sein de l'Eglise protestante.

Les hommes du *Réveil* insistaient surtout, dans leur prédication, sur l'impuissance absolue de l'homme à se sauver par ses propres efforts, sur la nécessité de l'expiation sanglante de la croix, sur la justification par la foi produisant la sanctification de la vie, sur la nouvelle naissance et la conversion individuelle. Toutes ces doctrines, quoique toujours professées en théories par l'Eglise nationale, étaient tellement négligées et méconnues dans la pratique, qu'elles parurent des nouveautés étranges aux pasteurs comme aux troupeaux. Ce qui parut plus nouveau encore, c'était le zèle missionnaire des apôtres du *Réveil*, leur sainte passion du salut des

âmes et l'ardeur infatigable avec laquelle ils profitaient
de toutes les circonstances pour annoncer l'Evangile.
Les ardeurs de ce zèle contrastaient étrangement avec
l'indolence des pasteurs officiels, qui, pour la plupart, dormaient du même sommeil que leurs troupeaux,
et traitaient les nouveaux venus de fanatiques et de sectaires.

L'entente cependant était facile entre les hommes du
Réveil et les représentants de la tendance orthodoxe.
Les uns et les autres affirmaient les mêmes doctrines.
Ce qui manquait aux orthodoxes c'était, avant tout, la
vie religieuse, l'esprit de renoncement et de sacrifice,
le zèle pour la conversion des âmes, c'est-à-dire les
fruits des doctrines mêmes qu'ils prêchaient sans en
comprendre la portée et sans les mettre en pratique.
Aussi, presque tous se laissèrent-ils entraîner par le
mouvement auquel ils avaient résisté tout d'abord.

L'accord était plus difficile avec les représentants de
la tendance libérale. La prédication nouvelle n'était, à
leurs yeux, qu'un ensemble de doctrines surannées,
contraires à ce qu'ils appelaient l'esprit de l'Evangile,
aussi bien qu'aux idées et aux aspirations de la société
moderne. C'est avec eux que les hommes du *Réveil* durent surtout engager la lutte.

L'un des premiers épisodes de cette lutte fut la destitution d'Adolphe Monod par le Consistoire de Lyon.

Je n'ai pas à entrer dans les détails de cette pénible
affaire. Je veux seulement signaler l'attitude prise par
les deux parties, parce que cette attitude me paraît significative et propre à jeter du jour sur la situation où
se trouvait l'Eglise réformée de France sous le régime
de la loi de l'an X.

Adolphe Monod avait mis au service des doctrines du

Réveil, l'autorité de sa vie exemplaire et les ressources de son incomparable éloquence. Il prêchait, avec toute l'ardeur d'un néophyte, la repentance, la conversion, le salut par la seule croix de Christ. En même temps, il avait protesté, avec une indignation dont il n'avait pas su contenir l'expression passionnée, contre la manière dont la sainte Cène était distribuée à tous, sans examen et sans restriction d'aucun genre, dans l'Eglise de Lyon et dans la plupart des autres Eglises de France. Cette prédication et cette attitude produisirent dans le troupeau une agitation très vive, et parurent aux membres du Consistoire un véritable scandale. Une pétition qui demandait l'éloignement de M. Monod fut favorablement accueillie par la majorité de ce corps. Le pasteur contre lequel était dirigée cette pétition était accusé de troubler l'Eglise et d'avoir osé porter atteinte « à la plus belle, à la plus difficile, à la plus sainte des » religions, la religion des bonnes œuvres dictées par » la conscience. »

Le Consistoire invita M. Monod à donner sa démission. Celui-ci s'y refusa. Sa prédication, disait-il, était de tous points conforme à l'enseignement constant des Eglises réformées, et, en particulier, aux doctrines de la confession de La Rochelle. Sa conduite pastorale était d'accord avec les règles de l'ancienne discipline qu'aucune décision ecclésiastique n'avait abrogées. « Je » crois, » ajoutait M. Monod, « qu'il est impossible » que les deux doctrines opposées restent en posses- » sion de la même Eglise, et qu'une séparation doit se » faire. J'estime que la doctrine de la grâce est celle à » laquelle appartient l'Eglise réformée de France » avec toutes les institutions, comme aussi tous les se- » cours qu'elle reçoit de l'Etat; qu'elle est chez elle;

» qu'elle doit y rester, et que c'est à la doctrine des
» œuvres à sortir (1). »

En ce qui concernait la question de la sainte Cène,
Adolphe Monod invoquait à la fois le texte de l'ancienne discipline et celui de la loi de germinal, qui visait cette discipline et chargeait les consistoires de veiller à son maintien (art. VI et XX).

« Là où les règles que je propose, » disait-il,
« ne seraient pas observées, on violerait à la fois
» la Bible, la discipline ecclésiastique et la loi de
» l'Etat (2). »

La destitution d'Adolphe Monod n'en fut pas moins
prononcée par le consistoire de Lyon. Dans la lettre
adressée au ministre des cultes, pour lui notifier cette
mesure et lui en demander la confirmation, le Consistoire s'exprimait en ces termes : « Nous n'entrerons
» pas et nous n'avons jamais voulu entrer dans des dis-
» cussions théologiques qui ne sont pas de notre
» compétence. Nous ne condamnerons ni ne jugerons
» les opinions religieuses de M. Monod. Mais nous
» affirmons que ces opinions sont repoussées par la ma-
» jorité de nos coreligionnaires ; qu'il n'y a plus de rap-
» prochement possible ; que notre établissement reli-
» gieux est inévitablement détruit, si ce pasteur réussit
» à se maintenir au milieu de nous. Nous sommes per-
» suadés que lorsque le gouvernement a reconnu et
» réglé, par une loi, l'exercice du culte protestant en
» France, c'est le culte tel que l'entendaient et le sui-
» vaient les protestants de France, tel que nous l'avons
» entendu et suivi jusqu'ici nous-mêmes, et non les

(1) *Destitution d'Adolphe Monod*; récit inédit rédigé par lui-même, 1864,
p. 119.
(2) *Destitution d'Adolphe Monod*, p. 139.

» pratiques du seizième siècle, nécessaires peut-être à
» l'époque de la Réforme, mais incompatibles avec les
» mœurs et les idées actuelles, et tombées en désué-
» tude, depuis dix générations, en France comme dans
» tous les pays protestants (1). »

Ainsi M. Monod et le consistoire de Lyon invoquaient également la loi de germinal; et chacun le faisait avec quelque apparence de raison. Il est certain que
le gouvernement, en signant les articles de 1802, avait
entendu traiter avec une société religieuse ayant une foi
et une discipline déterminées. La loi organique visait à
plusieurs reprises cette foi et cette discipline; elle réservait expressément à l'Etat le droit de connaître et de
sanctionner les changements qui pourraient être apportés à l'une ou à l'autre (2). — Où se trouvaient consi-
gnés les articles de cette foi et les règles de cette discipline? C'était là une question à laquelle il était moins
facile de répondre. La confession de La Rochelle et la
discipline de 1571, — cette double charte de l'ancienne
Eglise réformée de France, — n'avaient jamais été
abrogées ni remplacées d'une manière officielle. Elles
pouvaient, à ce titre, être considérées comme demeurant la foi fondamentale de l'Eglise avec laquelle le gouvernement avait traité en 1802. C'était là le point de
vue de M. Monod. Mais il est incontestable qu'à l'époque de la signature du Concordat, la confession et la
discipline de La Rochelle étaient toutes deux tombées
en désuétude, et que le gouvernement avait traité, non
pas avec les protestants du seizième siècle, mais avec
ceux du dix-neuvième. C'est l'argument qu'invoquait

(1) Lettre de M. le past. Martin Paschoud. *Revue chrétienne*, 1864, p. 236.
(2) Art. IV et V.

contre Adolphe Monod le Consistoire de Lyon ; et le
ministre des cultes sembla donner raison au Consistoire,
lorsque une ordonnance royale du 19 mars 1832
sanctionna la sentence de destitution prononcée le
15 avril 1831.

Il y avait donc, au fond de la situation, une fâcheuse
équivoque. La faute en était à la loi de germinal, qui,
tout en visant la doctrine et la discipline de l'Eglise réformée, ne disait point si cette doctrine et cette discipline étaient celles des articles de La Rochelle ou celles des liturgies et des usages qui avaient, depuis lors,
prévalu dans l'Eglise. De là, la possibilité de deux interprétations contraires du texte de la loi : celle de
M. Monod et celle du Consistoire de Lyon. Au point
de vue strict du droit et de la logique, M. Monod avait
parfaitement raison de considérer la doctrine orthodoxe
qu'il prêchait , et la sévère discipline dont il invoquait
les règles, comme *chez elles* dans l'Eglise concordataire
constituée par la loi de l'an X. Mais à côté du droit
strict, il y avait les faits et l'histoire des trente dernières années, qui donnaient tort au pasteur de Lyon.
En fait, l'Eglise officielle appartenait aux deux tendances qui se partageaient alors le protestantisme français.
Aucune des deux ne pouvait dire à l'autre :

> La maison est à moi ; c'est à vous de sortir.

Aussi bien y avait-il encore, entre les deux tendances
que le mouvement religieux du *Réveil* venait de mettre
aux prises, un terrain commun et une entente possible.
Des deux côtés, on s'accordait à reconnaître l'autorité
divine des saintes Ecritures ; des deux côtés, l'on ad-
mettait les grands faits surnaturels de l'histoire évangélique, tels que les rappelaient les liturgies en usage et

les fêtes célébrées dans l'Eglise. Les chefs les plus autorisés du libéralisme d'alors, M. Athanase Coquerel père, M. Martin Paschoud et leurs amis, tout en repoussant le principe d'une confession de foi, retenaient, comme drapeau commun de l'Eglise, la Bible d'abord, les liturgies ensuite, et en particulier le Symbole des Apôtres que M. Martin Paschoud déclarait un jour, dans une circonstance solennelle, « être la seule con- » fession de foi aujourd'hui régnante et faisant partie » de nos institutions actuelles (1). »

Les divergences entre les deux partis étaient graves sans doute : elles ne portaient pas seulement sur certaines questions de théologie dont la solution pouvait paraître indifférente à la vie religieuse ; elles portaient sur la doctrine du salut, sur la personne et sur l'œuvre de Jésus-Christ, autant de questions qui intéressent à un haut degré la vie chrétienne. Mais du moins, on avait en commun la foi au christianisme historique et surnaturel, le respect de la Bible et des liturgies. On se sentait encore de la même religion et de la même Eglise. On pouvait soutenir, avec quelque apparence de raison, ainsi que le faisaient les chefs du parti libéral, que chacune des deux tendances avait ses droits et sa raison d'être, que leur coexistence était nécessaire au développement de l'Eglise, comme est nécessaire, en politique, la coexistence de l'élément libéral et de l'élément conservateur. Le Synode officieux de 1848, et l'adresse qui fut envoyée en son nom aux Eglises, montrèrent tout ce qu'il y avait encore d'affirmations et de princi-

---

(1) Ces paroles furent prononcées par M. Martin Paschoud en 1855, aux conférences pastorales de Paris (Voir le *Lien* du 28 avril 1855). Cette opinion était évidemment la sienne en 1855. Il devait l'abandonner plus tard.

pes communs entre les deux fractions du protestantisme
français.

Il ne devait pas en être toujours ainsi.

Sous l'influence du mouvement théologique que j'ai
signalé plus haut comme la seconde des causes qui modifièrent si profondément la situation de l'Eglise réformée, une double évolution s'accomplit au sein des deux
partis en présence. Tandis que l'orthodoxie évangélique entrant dans des voies nouvelles de largeur et de
progrès, abandonnait les formules vieillies de l'ancienne
théologie pour ne s'attacher qu'aux grands faits et aux
grandes doctrines en dehors desquels il n'y a plus de
christianisme véritable, le libéralisme s'engageait dans
la voie des négations audacieuses, et en arrivait peu à
peu à rejeter le contenu essentiel et distinctif de l'Evangile.

Deux hommes de talent, MM. Schérer et Colani,
dont le premier avait appartenu à la fraction la plus
prononcée de l'école orthodoxe, furent les initiateurs de
ce mouvement, dont sans doute ils ne mesurèrent pas
d'abord toute la portée. M. Edmond Schérer avait été
l'ami, le disciple et l'admirateur d'Alexandre Vinet. Il
enseignait la théologie à l'école libre de l'*Oratoire*, à
Genève, à côté de MM. Merle d'Aubigné et Gaussen.
Mais, étant arrivé, sur la question de l'inspiration des
saintes Ecritures, à des opinions qui ne s'accordaient
plus avec celles de ses collègues, il donna sa démission,
quitta l'Eglise de l'Oratoire de Genève, et se retira à
Strasbourg. Il y devint le collaborateur de M. Colani,
qui venait de fonder, en 1850, une *Revue de théologie*
dont l'influence devint bientôt très considérable sur le
jeune clergé protestant en France.

Rien, au premier abord, ne fit pressentir l'attitude

que la nouvelle *Revue* devait prendre plus tard. La plupart de ses rédacteurs, au nombre desquels se trouvait alors M. Ed. de Pressensé, étaient des hommes croyants et pieux, sincèrement attachés au christianisme surnaturel. Préoccupés des besoins nouveaux de la société contemporaine, ils voulaient affranchir la théologie du joug des anciennes formules, lui appliquer les méthodes rigoureuses de la critique, et trouver aux vérités évangéliques, dont ils prétendaient conserver le fond immuable, des formes nouvelles plus en harmonie avec l'état de la science et celui des esprits. Leur programme et leurs principes étaient à peu près les mêmes que ceux de l'école à la fois évangélique et libérale qui s'était fondée en Allemagne sous le nom d'école de la *conciliation*.

Mais l'esprit et les tendances de la *Revue de Strasbourg* ne tardèrent pas à se modifier d'une manière grave. Les hommes évangéliques qui lui avaient d'abord prêté leur concours se retirèrent peu à peu à mesure que ses principaux rédacteurs s'engageaient davantage dans la voie des négations systématiques. La *Revue* se fit de plus en plus l'écho de la critique négative d'outre-Rhin, et en particulier de la fameuse école de Tubingue qui, comme on le sait, renversait les fondements mêmes du christianisme, et prétendait expliquer l'apparition de l'Eglise chrétienne par les lois ordinaires de l'histoire et de l'esprit humain. La *Revue de théologie* en adoptait à la fois la méthode et les résultats, répudiait toute autre autorité que celle de la conscience et de la raison individuelles, et attaquait le caractère divin de la Bible en même temps que l'authenticité et la crédibilité des livres qui la composent. Toute autorité religieuse était dès lors refusée aux saintes Ecritures. Au lieu d'être le document authentique d'une révélation positive et surnaturelle, elles n'étaient plus un recueil littéraire semblable à tout autre recueil, dans lequel, à côté de vérités sublimes et d'incomparables pages d'histoire, se rencontraient de grossières erreurs et d'absurdes légendes. Avec le fait de la révélation et l'autorité de la Bible disparaissaient aussi la divinité de la personne et de l'œuvre du Rédempteur. Jésus-Christ n'était plus le Fils de Dieu descendu sur la terre pour accomplir la rédemption de l'humanité déchue. C'était le premier des sages, le plus grand initiateur religieux de l'humanité. Il avait découvert, au fond de sa conscience, que Dieu est le Père de tous les hommes; et il avait enseigné cette vérité à ses frères, en leur donnant en même temps le modèle d'une vie sans tâche, toute pénétrée par un double sentiment : l'amour de Dieu et l'amour des hommes. Plus de miracle dans sa vie, sinon ce miracle moral de la perfection humaine réalisée.

Une fois engagée sur cette pente, la nouvelle école ne pouvait s'arrêter là. En 1859, parut un livre de M. Pécaut, *Le Christ et la conscience*, dans lequel le procès était fait à la perfection morale et à la sainteté de Jésus. Après être descendu du trône divin où l'avaient placé les adorations de dix-huit siècles, Jésus-Christ était dépouillé de cette auréole de la sainteté parfaite qu'il avait jusque-là conservée; il n'était plus qu'un homme ordinaire, sujet, comme les autres, à l'erreur et au péché. Ce livre, remarquable d'ailleurs par la manière dont il était écrit, produisit une vive et douloureuse impression au sein du public religieux. Mais les chefs les plus autorisés du libéralisme lui rendirent, soit dans la *Revue de théologie*, soit ailleurs, les hommages les plus empressés. Tout en faisant une part à la critique, et en hésitant à suivre l'auteur jusqu'au bout de ses conclusions, ils donnaient à entendre qu'ils approuvaient sans réserve sa méthode, et qu'ils étaient d'accord avec lui sur l'ensemble de ses résultats. Ils ne répudiaient d'ailleurs, en aucune façon, la solidarité qui les avait unis jusqu'alors à M. Pécaut sur le terrain ecclésiastique.

En même temps, des écrivains de talent, M. Athanase Coquerel fils, MM. Albert Réville, Ernest Fontanés, et Théophile Bost, développaient, avec une grande franchise, dans nos Revues les plus répandues et dans des publications spéciales, les derniers résultats de la théologie libérale. Un style élégant et facile, une forme populaire, dégagée de tout appareil scientifique, assuraient à ces articles et à ces livres un grand nombre de lecteurs.

L'apparition du fameux livre de M. Renan, la *Vie de Jésus*, au printemps de 1863, permit de mesurer tout le chemin parcouru par l'école libérale depuis une dizaine d'années. On connaît l'esprit et les conclusions de cette œuvre malsaine, véritable contresens historique à la fois et littéraire, où Jésus nous apparaît tour à tour comme un « charmant rabbin » et comme « un géant sombre, » comme un homme qui a eu recours pendant sa vie aux habiletés les moins avouables, et qui, après sa mort, a été mis au rang des dieux par les visions d'une hallucinée. Eh bien! ce livre étrange, qui eut un si prodigieux succès de scandale, et qui causa à toutes les consciences chrétiennes — je devrais ajouter à toutes les consciences honnêtes, — une indignation si légitime, fut accueilli avec une faveur marquée par les représentants de l'opinion libérale. On vit un certain nombre de théologiens et de pasteurs appartenant à cette ten-

dance prodiguer à M. Renan, dont ils affectaient de se
dire les amis, les éloges les plus flatteurs, le féliciter
d'avoir rendu un service signalé à la religion et à la
science, se rallier à sa méthode, lui donner raison sur le
fond des choses, et ne faire des réserves que sur certaines de ses conclusions.

Une pareille attitude ne pouvait manquer de produire
chez tous les hommes qui, au sein de l'Eglise protestante, étaient demeurés attachés à la foi de leurs pères,
une impression d'étonnement et de tristesse. On se
demandait avec inquiétude ce que deviendrait l'Eglise,
si ses conducteurs étaient les premiers à déserter la
cause de l'Evangile, et à tendre la main d'association
à ceux qui 'en étaient les ennemis déclarés. Tous les
voiles étaient désormais déchirés ; la lumière se faisait
sur une situation toute nouvelle et qui se dessinait toujours plus dans sa menaçante gravité. Ce n'étaient plus
deux façons particulières d'interpréter certains dogmes
ou certains faits de la Révélation, certains points d'histoire ou de théologie : c'étaient deux religions différentes, deux systèmes opposés, entre lesquels il fallait
choisir : d'un côté, la religion du surnaturel, la religion
de la grâce et de la liberté ; de l'autre, la religion de la
nature, de la raison et de la conscience abandonnées à
elles-mêmes, religion dans laquelle il n'y a plus de place
pour le péché et pour la rédemption, pour la conversion
et pour la prière. Ce qui était en cause, c'était le fond
essentiel et distinctif de l'Evangile, ce qui en fait toute
la puissance et l'efficacité religieuse : la personne et l'œuvre de Jésus-Christ. A cette question capitale, d'où toutes les autres dépendent, les deux écoles en présence
apportaient des solutions directement contraires ; et la
contradiction se retrouvait la même sur tous les grands

problèmes qni ont dans tous les temps préoccupé l'âme
humaine : Dieu, l'homme et le monde, la vie présente
et la vie à venir.

Deux conceptions religieuses si opposées ne pouvaient
se rencontrer dans la même Eglise. sans qu'il en résultât, pour la conscience des fidèles, les froissements les
plus douloureux. Il arrivait, par exemple, en certains endroits, que les affirmations les plus contradictoires
étaient portées à la fois dans la même chaire. Les vérités fondamentales de la religion chrétienne étaient, de
dimanche en dimanche, attaquées et défendues ; la divinité de Jésus-Christ, l'efficacité rédemptrice de sa
mort, la réalité et la valeur religieuse de sa résurrection
étaient proclamées et contestées tour à tour. Ailleurs,
le pasteur niait dans le sermon ce qu'il affirmait dans la
liturgie ; il attaquait, dans ses discours et dans ses
écrits, les doctrines qu'il confessait au nom de l'Eglise
et en son propre nom dans le Symbole des apôtres.

Que devenaient, au milieu de tout cela, l'édification
des fidèles, l'autorité de l'Eglise, la paix des troupeaux
et la dignité des pasteurs ?

M. Pécaut prononçait le mot de la situation, lorsqu'il
écrivait, en 1864, à la fin d'une publication nouvelle
qui avait pour titre : *De l'avenir du théisme chrétien* :
« Parlons vrai. Nous sommes d'une autre Eglise que
» les plus modérés des orthodoxes chrétiens. L'oppo-
» sition n'est pas tant dans les doctrines que dans la
» méthode, dans le principe général qui dirige tout.
» Entre ces deux tendances, dignes de respect l'une et
» l'autre, il n'y a nul moyen de s'entendre dans l'en-
» ceinte d'une même Eglise (1). » Et l'auteur adressait,

(1) *De l'avenir du théisme chrétien*, p. 200-201.

en terminant, un éloquent appel à tous ceux qui, ayant cessé de croire au christianisme traditionnel, demeuraient encore dans les anciennes Eglises. Il les conviait, au nom de la sincérité et de la dignité de leur conscience, à faire cesser cette situation équivoque, à quitter ces édifices en ruine et à fonder une Eglise nouvelle à qui appartiendrait certainement, pensait-il, l'avenir (1).

Cet appel ne fut pas entendu. Ce n'est pas que les chefs du parti libéral songeassent à contester la vérité des faits signalés par M. Pécaut. Ils reconnaissaient qu'une distance toujours plus grande les séparait de leurs frères orthodoxes. L'un d'eux avait écrit, quelque temps auparavant, dans le journal *le Lien*, dont il était l'un des principaux rédacteurs : « Ce n'est pas *un peu* » *autrement*, mais *tout autrement* que les orthodoxes, » que nous entendons les questions de la Trinité, du » péché originel, de l'expiation, de l'inspiration, et au- » tres dogmes que l'on appelle fondamentaux. Nous en » convenons très franchement et très volontiers (2). » Mais ils n'en prétendraient pas moins demeurer dans l'Eglise, conserver le droit d'y prêcher et d'y enseigner, et s'efforcer enfin, en usant de tous les moyens d'influence qu'elle mettait entre leurs mains, de la transformer à leur propre image. C'était là, pensaient-ils, lui rendre le plus grand des services, lui témoigner, de la manière la plus efficace, leur attachement et leur zèle, et marcher sur les traces des réformateurs en s'inspirant de leur esprit, pour continuer leur œuvre (3).

---

(1) *De l'avenir du théisme chrétien*, p. 217.

(2) *Lien* du 29 octobre 1860.

(3) C'est pour atteindre plus sûrement ce but que fut fondée à Paris, en 1860, l'*Union protestante libérale*, destinée à diriger et centraliser les efforts du libéralisme.

La majorité de l'Eglise ne pensait pas ainsi; elle ne pouvait reconnaître à des pasteurs qui tenaient d'elle leur mandat et qui parlaient en son nom, le droit d'attaquer et de détruire dans les âmes les croyances qu'elle avait toujours professées. La situation dès lors devenait trop tendue pour se prolonger longtemps sans qu'un éclat vînt à se produire. « La crise est imminente, » avait dit M. Pécaut, dans le livre que nous citions tout à l'heure : Et M. Pécaut avait raison. La crise éclata en effet, à Paris, en cette même année 1864, à l'occasion de la suffragance de M. le pasteur Martin Paschoud.

Depuis plusieurs années déjà, M. Martin Paschoud avait dû, pour des raisons de santé, prendre un suffragant. Il avait choisi M. Athanase Coquerel fils. Le conseil presbytéral de Paris, dont la majorité représentait une tendance et des doctrines qui n'étaient pas celles de M. Coquerel, ne l'avait accepté comme suffragant que pour une période limitée, fixée d'abord à trois ans, puis à deux ans. Il avait tenu à exprimer par là ses réses réserves, et à décliner tout engagement définitif pour l'avenir. Or, le mandat de M. Coquerel, renouvelé pour la dernière fois en décembre 1861, devait être renouvelé de nouveau en décembre 1863. Dès le mois de novembre, M. le pasteur Martin avait adressé au Conseil une demande à ce sujet. Cette demande fut renvoyée par le Conseil à une commission spéciale, composée de sept membres, qui présenta son rapport dans la séance du 5 février 1864. Ce rapport, rédigé avec une intention évidente de modération et d'impartialité, commençait par rendre hommage au caractère, au talent, au zèle pastoral de M. Athanase Coquerel fils. Il rappelait ensuite la situation critique faite à l'Eglise protestante par les attaques violentes dont la foi chrétienne avait été en ces derniers temps l'objet, attaques dont s'étaient faits solidaires des hommes portant le titre et exerçant les fonctions de pasteur. En face de cette situation, M. Coquerel fils paraissait à la commission « ne s'être pas toujours fait une juste idée de son rôle, et n'avoir tenu suffisamment compte ni des croyances religieuses de l'Eglise, ni des droits du Conseil presbytéral. » Les représentants les plus avancés de l'école radicale étaient, de la part de M. Coquerel, l'objet d'une sympathie chaleureuse bien propre à éveiller la sollicitude du Conseil. Tandis qu'il déclarait se séparer entièrement de l'orthodoxie sur les questions les plus capitales (1), M. Coquerel prodiguait à M. Renan et à son livre les éloges les plus compromettants, et donnait sa chaire à des hommes comme MM. Colani et Réville, qui faisaient profession de ne pas croire au surnaturel.

En second lieu, le rapport reprochait à M. Coquerel son attitude hostile envers le Conseil presbytéral de qui il tenait son mandat, et l'approbation ouverte, l'appui efficace donnés par lui à l'*Union protestante libérale*, qui s'était récemment fondée pour organiser la lutte contre les corps constitués de l'Eglise de Paris.

La commission, toutefois, ne se prononçait pas sur la question de savoir s'il y avait lieu de renouveler la suffragance de M. Coquerel fils. Elle s'en remettait sur ce point à la sagesse du Conseil.

La discussion du rapport de la commission fut ajournée au 19 février. Dans la séance de ce jour, le Con-

---

(1) Le rapport citait l'article du 29 octobre 1860, déjà mentionné plus haut.

seil entendit la lecture d'une réponse écrite dans laquelle, sans contester les faits allégués par la commission et sans rien rétracter de ce qu'il avait dit ou écrit,
M. Coquerel s'efforçait d'écarter les interprétations et
les conclusions du rapport, et demandait au Conseil de
l'accepter, tel qu'il était, et à titre définitif, comme suffragant de M. Martin Paschoud. On lut aussi, à la
même séance, un mémoire envoyé par M. Martin Paschoud lui-même, et destiné à appuyer, en la justifiant,
la demande de M. Coquerel. Après cette double lecture et la longue et sérieuse discussion qui la suivit, la
décision finale fut encore ajournée. Ce ne fut que dans
la séance du 26 février, que le Conseil presbytéral de
Paris décida, à la majorité de 12 voix contre 3, que la
suffragance de M. Coquerel fils ne serait pas renouvelée.

Quelques jours après, dans une *Communication* adressée aux fidèles de l'Eglise réformée de Paris, le Conseil presbytéral exposait les faits tels qu'ils s'étaient
passés et expliquait les motifs de la décision qui avait
été prise.

« M. le pasteur Coquerel, » disait-il en terminant,
« est libre de professer ses croyances et de réunir au-
» tour de lui ceux qui les partagent. Mais notre
» conscience ne nous permet pas de l'autoriser à les
» propager en notre nom et sous nos auspices. Nous
» sommes profondément convaincus qu'elles ne sont
» conformes ni aux enseignements de la Parole de
» Dieu, ni aux doctrines de l'Eglise chrétienne univer-
» selle, ni à la foi de nos pères, ni à celle du très
» grand nombre des fidèles de notre Eglise (1). »

(1) Communication du Conseil presbytéral aux fidèles, etc. *Espérance* du
18 mars 1864, p. 100.

Dans sa séance du 1er avril, le Consistoire de Paris confirma la décision prise le 26 février par le Conseil presbytéral. Le Consistoire déclarait que le Conseil presbytéral « 's'était judicieusement et fermement ac- » quité de son devoir envers l'Eglise protestante en » veillant au maintien de la foi sur laquelle cette Eglise » est fondée. Car toute Eglise, ajoutait-il, est essen- » tiellement une association de personnes unies par les » mêmes croyances religieuses et qui les professent en » commun... La liberté religieuse consiste à professer » librement ses croyances personnelles, et à rallier » dans une association religieuse les personnes qui les » partagent, mais non à professer ces croyances au » sein d'une société religieuse qui ne les partage point, » et en lui contestant sa propre foi. Ce ne serait point » là l'usage normal, mais l'abus anarchique de la li- » berté (1). »

La décision du Conseil presbytéral de Paris eut un immense retentissement. C'était une mesure hardie, et qui était de nature à soulever bien des orages. Le pas- teur qu'elle frappait était un homme de talent, jouissant d'une légitime et universelle considération. La question du principe ne s'en trouvait qne plus nettement posée, et devait donner lieu à d'ardentes controverses. Aussi l'acte du 26 février devint-il, dans la presse religieuse, l'occasion d'une polémique passionnée qui eut un re- tentissant écho dans la presse politique. Les journaux d'opinion libérale ouvrirent une véritable campagne con- tre le Conseil presbytéral de Paris. Ils provoquèrent des protestations individuelles et collectives dont ils remplirent toutes leurs colonnes. Le Consistoire de Nî-

---

(1) *Espérance* du 8 avril 1864, p. 139.

mes donna l'exemple en publiant une délibération dans laquelle il infligeait un blâme motivé au Conseil presbytéral de Paris. Ces manifestations bruyantes en provoquèrent d'autres en sens contraire ; aux listes de protestations publiées par les feuilles libérales, les feuilles orthodoxes opposèrent des listes d'adhésion plus longues encore.

Deux choses méritent d'être relevées dans cette polémique : la façon dont la question était posée et les principaux arguments invoqués de part et d'autre pour et contre le Conseil presbytéral de Paris.

La question posée était essentiellement une question de fait, une question d'histoire et de droit ecclésiastique : l'Eglise réformée de France a-t-elle une doctrine et des corps constitués chargés de la faire respecter ? Mais à cette question de fait se rattachait une question de principe, plus générale et plus haute, qui pouvait se formuler ainsi : Qu'est-ce qu'une Eglise, et, en particulier, qu'est-ce qu'une Eglise protestante ? Est-ce une association d'hommes professant en commun certaines croyances, et se réunissant dans la célébration d'un même culte ? Ou bien est-ce une école ouverte à tous les enseignements, une libre arène où peuvent se rencontrer toutes les opinions, même les plus opposées et les plus contradictoires ?

Sur la première question, la question historique et légale, voici comment raisonnaient les adversaires du Conseil presbytéral de Paris.

« Les Conseils presbytéraux et les Consistoires sont incompétents, disaient-ils, en tout ce qui touche à l'enseignement du dogme. La loi les charge, il est vrai, de veiller au maintien de la liturgie et de la discipline, mais elle ne parle pas de la doctrine. Le seul mandat qu'elle leur confie, c'est de veiller à ce que les pasteurs ne donnent, dans leur conduite privée, aucun sujet de scandale, qu'ils lisent les liturgies et qu'ils se conforment, dans la célébration du culte, aux usages de l'Eglise. Quant aux opinions personnelles du pasteur sur les vérités et les faits exprimés par les liturgies, c'est l'affaire de sa conscience ; cela ne regarde que Dieu et lui ; ni les Conseils presbytéraux, ni les Consistoires n'ont le droit d'intervenir dans ce domaine réservé. »

« Et d'ailleurs, continuait-on, « à supposer que les Conseils presbytéraux et les Consistoires fussent investis par la loi du mandat de veiller sur la doctrine, il leur serait impossible de le remplir. Où est, en effet, la doctrine de l'Eglise réformée de France ? Quel est le document qui en contient l'expression authentique et officielle ? Ce n'est pas assurément la confession de La Rochelle, puisqu'il n'est personne aujourd'hui qui en accepte tous les articles. A défaut de la confession de La Rochelle, invoquerait-on les liturgies et le Symbole des apôtres ? Mais il y a plusieurs éditions différentes de la liturgie, et aucune de ces éditions n'a le caractère officiel qui seul pourrait lui donner l'autorité nécessaire. Quant au Symbole des apôtres, ce n'est pas un document *protestant*, et parmi ses articles il en est plusieurs sur l'interprétation desquels on est loin d'être d'accord. Ainsi la loi manque aussi bien que le tribunal pour intenter des procès de doctrine.

» Et cette loi qui n'existe point, il est impossible, en l'état actuel des institutions de notre Eglise, de la promulguer. Qui pourrait, en effet, se charger de réviser ou de remplacer la confession de La Rochelle, de rédiger, au nom de l'Eglise, un formulaire autorisé de sa foi ? Ce n'est pas tel ou tel consistoire, pas plus celui de Paris que tout autre. Un consistoire ne représenterait que lui-même, et ses définitions dogmatiques pourraient être contredites par les définitions d'un consistoire voisin. La diversité des doctrines est d'ailleurs un fait ancien au sein de l'Eglise réformée de France. Elle remonte au Concordat. Le premier consul a traité, non pas avec les protestants du seizième siècle, qui signaient, comme leurs pasteurs, la confession de La Rochelle et se soumettaient à la discipline, mais avec les protestants du dix-neuvième siècle, dont le plus grand nombre avaient abandonné depuis longtemps les dogmes et les coutumes d'autrefois. Les protestants libéraux sont donc chez eux, dans l'Eglise nationale, au même titre et avec les mêmes droits que les protestants orthodoxes. Les édifices du culte et le budget de l'Etat leur appartiennent aussi bien qu'à leurs frères. Ils ont droit à avoir des pasteurs qui les représentent, qui partagent leurs croyances et soient animés de leur esprit. Ce n'est que par un éclatant déni de justice que les corps ecclésiastiques, qui doivent représenter toute l'Eglise et non un parti dans l'Eglise, pourraient leur refuser ces pasteurs. »

A ces arguments des adversaires, qui ne laissaient pas d'avoir, il faut le reconnaître, quelque chose de spécieux, les défenseurs du Conseil presbytéral de Paris n'étaient pas embarrassés de répondre.

Ils revendiquaient d'abord, pour les conseils presbytéraux et les consistoires, au nom de la lettre comme de l'esprit de la loi, le droit de veiller à l'enseignement de la doctrine. « L'article 1er de l'arrêté ministériel du 20 mai 1853, servant de commentaire au décret du 26 mars 1852, charge les conseils presbytéraux de maintenir l'*ordre et la discipline* dans la paroisse. Or, il

est évident qu'il serait contraire « à l'ordre et à la discipline » que les pasteurs vinssent attaquer du haut de
la chaire les doctrines professées par la majorité de
leurs auditeurs, et qui constituent, à leurs yeux, le fond
essentiel et distinctif du christianisme.

» L'article 6, du même arrêté, porte que les consistoires veillent « au maintien de la liturgie et de la discipline. » On ne saurait admettre que cet article signifie
simplement, dans la pensée du législateur, que la liturgie doit être lue dans le service public et que les pasteurs ne doivent donner aucun sujet de scandale. Serait-ce « maintenir la liturgie » que de laisser attaquer
et nier publiquement par les pasteurs, dans leurs sermons ou dans leurs livres, ce que les liturgies lues par
eux chaque dimanche affirment et proclament comme la
vérité? Et quel plus grand scandale un pasteur pourrait-il donner à son troupeau, que de se mettre ainsi en
contradiction avec lui-même, et de dire, avec le Symbole des apôtres : *Je crois*, alors qu'il ne croit pas en
réalité. Veiller au maintien de la liturgie, cela veut dire
évidemment : veiller au maintien de la doctrine exprimée par la liturgie et la faire respecter. Tout autre
interprétation de la loi est inadmissible.

« Prétendre que l'Église réformée de France n'a pas
de doctrine n'est pas plus sérieux. La confession de La
Rochelle n'était pas, il est vrai, en 1802 — et elle est
moins encore aujourd'hui — dans *tous* ses articles,
l'expression de la foi de nos Églises. Elle contient des
affirmations et des formules qu'un certain nombre de
protestants orthodoxes n'acceptent pas plus que les
protestants libéraux. Mais dans son contenu essentiel,
elles exprime les croyances qui étaient celles de l'Église
au moment du Concordat et qui le sont encore mainte-

nant. Elle reproduit les deux grandes affirmations au nom desquelles s'est faite la Réformation du seizième siècle : la divinité et l'autorité souveraine des saintes Ecritures ; le salut par la foi en Jésus-Christ crucifié et ressuscité. Ces doctrines sont affirmées à chaque page de nos liturgies. Aussi longtemps que l'Eglise réformée de France n'aura pas répudié, par l'organe d'un synode général régulièrement assemblé, la foi exprimée par sa confession et par ses liturgies, cette foi demeurera la sienne, et l'on ne pourra enseigner en son nom rien qui lui soit contraire. »

Le conflit entre le Conseil presbytéral de Paris et M. Coquerel fils était à peu près le même que celui qui s'était élevé, trente ans auparavant, entre Adolphe Monod et le Consistoire de Lyon. Adolphe Monod invoquait, pour justifier son enseignement et sa conduite, la foi de l'Eglise et la loi de l'Etat. Le Conseil presbytéral de Paris invoquait contre M. Coquerel la même foi et la même loi. Seulement ce n'était plus à la confession de La Rochelle que l'on faisait appel. Cette confession était désormais hors de cause ; on reconnaissait des deux parts qu'elle était tombée en désuétude. Ce qui était en cause, c'était la foi au christianisme positif et surnaturel, aux grands faits et aux grandes doctrines en dehors desquelles il ne saurait y avoir ni religion ni Eglise chrétiennes. Ces faits et ces doctrines, les protestants libéraux de 1830 les acceptaient aussi bien que les protestants orthodoxes. Mais les libéraux n'étaient pas demeurés ce qu'ils étaient alors. Un grand nombre, il est vrai, restaient encore attachés au contenu essentiel et constitutif de l'Evangile ; mais quelques-uns allaient jusqu'à rompre ouvertement avec le christianisme surnaturel, pour mettre à sa place un théisme vague et impuissant, ou même je ne sais quel panthéisme mystique décoré du nom chrétien. Les premiers étaient certainement beaucoup plus près des orthodoxes que des seconds. Et pourtant, ils acceptaient l'alliance de ces derniers; ils leur tendaient la main d'association, les reconnaissaient pour leurs chefs, recevaient d'eux leur mot d'ordre, et combattaient sous le même drapeau. M. Coquerel fils occupait entre ces deux fractions extrêmes du parti libéral une sorte de position intermédiaire. Ses opinions étaient beaucoup plus éloignées de l'orthodoxie que ne l'étaient celles de M. Coquerel père; mais il allait moins loin que MM. Colani, Réville et Pécaut. Toutefois, quelle que fût la distance qui le séparait d'eux, il acceptait la solidarité de leurs opinions; il louait leurs écrits, il leur ouvrait sa chère, et il ne laissait échapper aucune occasion de proclamer leur droit à être pasteurs dans l'Eglise réformée (1).

Il y avait aussi des nuances diverses, et même assez tranchées, au sein du parti orthodoxe, depuis les rares

(1) Il nous serait facile de montrer, par de curieux rapprochements de textes, quel chemin avaient fait en quelques années les libéraux sur le double terrain des affirmations religieuses et des principes ecclésiastiques.

Au point de vue des doctrines, il nous suffirait d'opposer les écrits de MM. Athanase Coquerel fils, Albert Réville et Théophile Bost, à ceux de M. Athanase Coquerel père.

Au point de vue des principes ecclésiastiques, nous n'aurions qu'à opposer M. Martin Paschoud à lui-même. Le même pasteur qui, en 1864, criait à l'intolérance et à la persécution, parce que le Conseil presbytéral de Paris faisait à M. Coquerel fils un procès de doctrine, déclarait, en 1855, qu'un pasteur n'a pas le droit de tout dire, et que, pour prévenir les abus que pourrait entraîner la liberté illimitée de la chaire, ni la loi ni le tribunal ne faisaient défaut : « Le tribunal, » disait-il, « c'est chaque Consistoire dans son ressort. La loi, c'est l'ensemble de nos liturgies, et, pour plus de précision, le Symbole des apôtres, seule confession de foi aujourd'hui régnante et faisant partie de nos institutions actuelles » (Lien du 28 avril 1855).

partisans de la théopneustie, telle que l'entendait M. Gaussen, de Genève, jusqu'aux hommes qui partageaient les opinions théologiques de M. de Pressensé. Mais tous les membres du parti conservateur, qui prenaient à dessein le nom d'*évangéliques*, pour se distinguer de l'ancienne orthodoxie dont ils n'acceptaient pas toutes les formules, étaient unanimes à confesser les grands faits et les grandes doctrines de la révélation chrétienne. C'était, au fond, la question du surnaturel qui divisait les deux partis en présence. Or, il est évident que, sur ce terrain, le parti conservateur pouvait invoquer les liturgies actuelles de l'Eglise et le texte de la loi concordataire aussi bien que l'ancienne confession et l'ancienne discipline. Il avait pour lui la croyance des masses protestantes dans le présent, comme les traditions et la foi des pères et les glorieux souvenirs du passé.

Que si, de la question de fait nous passons à la question de principe, nous retrouvons entre les deux partis en présence la même divergence d'opinion. L'attitude des libéraux, sur ce point comme sur bien d'autres, s'était profondément modifiée dans l'intervalle des dernières années. En 1830, et même en 1848, ils reconnaissaient, avec Samuel Vincent, l'un de leurs anciens chefs, qu'une Eglise est une association de personnes qui professent les mêmes croyances et s'unissent dans la célébration d'un même culte; ils ne songeaient point dès lors à contester que l'Eglise réformée de France, comme toute Eglise, reposait sur une foi positive, sur un certain ensemble de croyances et de principes communs qui en étaient à la fois la charte et le drapeau. En 1864, au contraire, ils prétendaient fonder l'Eglise sur l'unique base du libre examen, et en

faire une arène ouverte à toutes les opinions. Le libre
examen, c'était à leurs yeux tout le protestantisme.
Prétendre, au sein d'une Eglise protestante, imposer
une doctrine au nom d'un symbole, c'est faire, disaient-
ils, acte de catholicisme, c'est renier le principe même
de la Réformation. Chacun, dans une Eglise issue de
la Réforme, doit se faire sa foi et l'enseigner sous sa
propre responsabilité, sans que personne ait le droit
d'exercer sur lui aucun contrôle. La diversité des opinions n'est-elle pas d'ailleurs la condition du développement et du progrès au sein de l'Eglise?

A cela, les protestants évangéliques répondaient
avec raison « qu'en de telles conditions l'Eglise devient
impossible; qu'une vie religieuse commune, et surtout
un culte en commun, supposent la communauté de certaines croyances et de certains principes. Un royaume
divisé contre lui-même, a dit Jésus-Christ, ne saurait
subsister. Laisser se produire dans l'Eglise les opinions
les plus contradictoires, ce serait en préparer la ruine à
courte échéance. Sous prétexte de liberté de conscience, ce serait porter à la liberté de conscience la
plus cruelle atteinte. Supposons, en effet, un homme
qui croit en Jésus-Christ comme au Sauveur de son
âme, et qui l'adore comme le Fils unique de Dieu. Supposons que cet homme entende attaquer du haut de la
chaire, — dans le temple où il est venu chercher l'édification religieuse que l'Eglise promet à tous ses enfants, — ces grandes vérités qui font la consolation et
la joie de sa vie, sa conscience ne sera-t-elle pas douloureusement froissée? Et si cet homme est obligé, ou
bien de se passer du culte public, ou bien d'entendre
des paroles qui pour lui sont autant de blasphèmes, que
devient, je vous prie, la liberté de sa conscience? N'est-

elle pas outrageusement méconnue? Et n'est-ce pas
d'ailleurs une question de conscience, n'est-ce pas un
devoir absolu pour une Eglise qui croit d'empêcher
qu'on ne prêche l'incrédulité en son nom et du haut de
ses chaires? Le pasteur qui s'engage au service d'une
Eglise ne fait-il pas par cela même profession de partager sa foi, et ne promet-il pas de travailler à la répandre? Il est libre de s'attacher à cette Eglise ou de lui
refuser ses services. Mais ce que la loyauté et l'honneur lui défendent, c'est de travailler à détruire la foi de
cette Eglise, en lui empruntant ses propres armes, je
veux dire ses temples, ses chaires, son budget, l'autorité de son nom et du mandat qu'elle confère. Toutes
les convictions doivent être libres, sans doute. Elles ont
le droit de se propager librement; mais non pas dans
la même Eglise. Il y a place pour tous au grand soleil
de la liberté; mais il ne faut pas confondre le temple
avec la place publique. Que ceux qui ne partagent plus
la foi de l'Eglise fondent à côté d'elle une Eglise nouvelle, où pasteurs et troupeaux se trouvent en communion de pensées et de sentiments. Mais qu'on laisse
ceux qui ont encore la foi de l'Eglise s'édifier ensemble
selon les besoins de leur conscience et rester maîtres
chez eux. »

Cette question de principe, à laquelle revenait au
fond tout le débat, fut solennellement posée aux conférences pastorales de Paris (avril 1864). Dans les conférences générales, auxquelles prenaient part les représentants des Eglises indépendantes avec ceux des deux
Eglises nationales, la question fut introduite par MM. les
pasteurs Dhombres et Bersier, qui proposèrent à l'assemblée d'examiner « si l'existence de toute Eglise et

» les droits des fidèles ne sont pas compromis par la li-
» berté illimitée de l'enseignement religieux? » Après
une discussion animée qui ne dura pas moins de trois
séances, la conférence à une majorité très considérable, vota une déclaration rédigée par M. le pasteur Rognon et portant : « Que la libre expression, soit dans la
» chaire, soit par tout autre moyen public et officiel,
» des opinions dogmatiques des pasteurs, a pour limite
» légitime et nécessaire les croyances professées par la
» société religieuse à qui ces pasteurs doivent leur
» mandat. L'autorité que donne aux pasteurs leur mi-
» nistère sacré réside tout entière dans la conformité de
» leurs enseignements aux déclarations des saintes
» Ecritures, et en particulier aux dogmes fondamen-
» taux de la divinité de Jésus-Christ et de la rédemp-
» tion, que l'Eglise chrétienne universelle a toujours
» considérés comme notoirement contenus dans la Bi-
» ble, et qui sont exprimés dans toutes les liturgies pro-
» testantes. C'est donc un abus de pouvoir et une
» tyrannie spirituelle que de profiter de la qualité de mi-
» nistre de Jésus-Christ et d'une Eglise chrétienne,
» pour propager directement ou indirectement des doc-
» trines contraires (1). »

Dans les conférences spéciales auxquelles n'assistaient que les représentants des deux Eglises unies à

(1) Les orateurs du parti libéral avaient formulé une contre-proposition
dans laquelle il était dit « qu'il serait vain et dangereux de chercher l'unité
sur le terrain de la dogmatique, attendu que l'Evangile de Jésus-Christ est
essentiellement un principe de vie religieuse et morale. » En même temps,
M. le professeur Jalabert, se faisant l'organe d'un groupe qui devait plus
tard prendre le nom de *centre-gauche*, proposait à l'assemblée de déclarer
« que les limites naturelles de l'enseignement religieux se trouvent dans la
conscience de l'Eglise s'exprimant par l'organe de ses mandataires. » Ces
deux propositions furent écartées par le fait de l'adoption de la proposition
présentée par M. le pasteur Rognon (*Lien* du 16 avril 1864, p. 161 et 162).

l'Etat, la même question fut posée sous une forme nouvelle par la proposition suivante de M. le professeur
Pédézert :

« L'Eglise réformée de France a des doctrines posi-
» tives et des corps officiels chargés de les faire res-
» pecter. »

C'était l'application particulière à l'Eglise réformée de
France du principe général solennellement proclamé
dans les conférences de la veille. L'auteur de la proposition en développa le texte daus un remarquable discours que nous regrettons de ne pouvoir reproduire.
Dans la séance suivante, M. Guizot, reprenant et développant, pour la préciser davantage, la proposition de
M. Pédézert, demandait à la conférence de voter une
déclaration dont voici les passages les plus importants :

« Nous, pasteurs et anciens de l'Eglise réformée de
» France, profondément attristés et préoccupés de l'es-
» prit de doute et de négation qui se manifeste depuis
» quelque temps quant aux bases fondamentales de la
» religion chrétienne, regardons comme un devoir im-
» périeux envers Dieu, envers notre Seigneur Jésus-
» Christ et notre Eglise, d'exprimer hautement à ce
» sujet notre ferme et commune conviction. »

« Nous avons pleinement foi à l'action surnaturelle
» de Dieu dans le monde ; à l'inspiration divine et sur-
» naturelle des Livres saints, ainsi qu'à leur autorité
» souveraine en matière religieuse ; à la divinité éter-
» nelle et à la naissance miraculeuse comme à la ré-
» surrection de Notre Seigneur Jésus-Christ, Dieu-
» homme, Sauveur et Rédempteur des hommes. Nous
» sommes convaincus que ces fondements de la religion
» chrétienne sont aussi les fondements de l'Eglise ré-
» formée, qui les a positivement reconnus comme tels

» dans toute sa liturgie, et qui en fait, avec l'Eglise
» universelle, dans le Symbole des apôtres, l'expression
» publique de sa foi. Nous ne saurions comprendre ce
» que serait une Eglise qui n'aurait pas de foi commune,
» et dans laquelle les croyances les plus diverses, et
» même les plus contraires, pourraient être indifférem-
» ment professées. L'Eglise réformée de France est
» une société religieuse ancienne et organisée ; elle a
» des principes vitaux et des institutions historiques, et
» même en l'absence et dans l'attente de ses Synodes,
» elle a, dans ses Conseils presbytéraux et ses Consis-
» toires, des pouvoirs légaux qui ont, aux termes des
» lois de l'Etat comme de sa propre discipline, le droit
» et le devoir de maintenir ces principes. »

Les membres de la gauche proposèrent au vote de la
conférence une déclaration qui repoussait le principe
des confessions de foi et reconnaissait à chacune des
deux tendances qui se partageaient le protestantisme
français les mêmes droits à faire partie de l'Eglise réformée, telle que l'avaient constituée la loi de l'an X et
les décrets de 1852.

Enfin, M. le professeur Jalabert, fidèle à l'attitude
qu'il avait déjà prise la veille, dans les conférences générales, proposa à l'assemblée de déclarer :

« Que l'Eglise réformée de France a des doctrines
positives affirmées dans ses liturgies et exprimées dans
l'adresse aux Eglises émanée du Synode de 1848, seule
représentation exacte et fidèle de la communion réformée au dix-neuvième siècle.

» Et qu'il existe des Conseils presbytéraux et des
Consistoires chargés de faire respecter ces doctrines,
en ne procédant à des exclusions de pasteurs qu'en cas
de nécessité absolue et d'évidence, sous l'autorité du

Synode national périodique auquel doit toujours appartenir la décision définitive. »

Cette proposition de M. Jalabert mérite d'être remarquée. C'était le manifeste de l'ancien libéralisme, — celui qui restait encore attaché aux doctrines fondamentales du christianisme positif, — se séparant du libéralisme nouveau dont les négations audacieuses lui causaient de légitimes inquiétudes. La situation s'était modifiée depuis 1848. Ce que l'on était unanime à affirmer à cette époque, une partie de la gauche nouvelle ne l'affirmait déjà plus. La question du surnaturel divisait désormais en deux fractions distinctes l'ancien parti libéral, et la fraction conservatrice était de plus en plus débordée par l'autre. Il parut habile toutefois à quelques-uns des chefs de la gauche de se rallier à la proposition de M. Jalabert. C'est là ce qui empêcha la droite de l'assemblée de s'y rallier elle-même. La question était maintenant posée de telle sorte que la déclaration de 1848 devenait entièrement insuffisante : il fallait, pour rassurer les consciences alarmées, des affirmations plus précises et ne pouvant donner lieu à aucune équivoque. C'est ce que montra fort bien M. Guizot dans un discours qui décida du vote. La déclaration qu'il avait proposée fut adoptée par une majorité de 141 voix contre 23, sur 164 votants.

Si nous sommes entrés dans quelques détails à propos des conférences de Paris en 1864, c'est que ces conférences empruntaient aux circonstances une importance et une signification considérables. On était encore au milieu de l'agitation provoquée par la décision du 26 février. Sans entrer dans l'examen de la conduite du Conseil presbytéral de Paris, la majorité de la conférence avait sanctionné les principes qui l'avaient inspi-

rée. La question si nettement posée par la mesure de
rigueur dont M. Athanase Coquerel fils avait été l'objet
se trouvait donc tranchée dans le sens de l'opinion conservatrice. Une imposante majorité de pasteurs et d'anciens avait déclaré que l'Eglise réformée de France
avait une foi positive et des corps officiels chargés de la
faire respecter. Une telle déclaration ne pouvait manquer d'avoir de sérieuses conséquences dans l'avenir.

La situation, d'ailleurs, se dessinait avec une netteté
croissante. La séparation se faisait tous les jours davantage entre les deux fractions de l'Eglise. Je n'en veux
pour preuve que la scission qui s'accomplit, au mois de
juin de cette même année 1864, au sein de la conférence du Gard. Depuis leur origine, les conférences
pastorales du Gard étaient fréquentées à la fois par les
représentants du libéralisme et par ceux de l'orthodoxie.
Mais la majorité, qui dans les conférences de Paris se
trouvait du côté du parti orthodoxe, appartenait dans
les conférences du Gard au parti libéral. Aussi, les libéraux se persuadaient-ils à eux-mêmes, en s'efforçant
de persuader aux autres, que si le Nord était contre
eux, ils avaient pour eux le Midi, et qu'en toute occasion, ils pouvaient avec confiance en appeler de Paris à
Nîmes (1). Depuis que les tendances négatives du libéralisme s'accentuaient davantage, les pasteurs et les
laïques évangéliques s'étaient peu à peu retirés des conférences du Gard. Ils préféraient s'abstenir d'y paraître
plutôt que de prendre part à des débats qui froissaient
leur conscience et scandalisaient l'Eglise. Mais en 1864,
la situation était si grave, les questions posées par la

(1) C'est ce qu'ils ne manquaient jamais de faire ; et la conférence du Gard
tenait à honneur de prendre, sur toutes les questions qui préoccupaient
l'Eglise, des décisions contraires à celles des conférences de Paris.

récente décision du Consistoire de Paris et par le vote des conférences d'avril étaient si solennelles, que les membres évangéliques des Eglises du Midi résolurent de ne pas persévérer dans l'abstention dont ils s'étaient fait une règle. Ils se rendirent en grand nombre à Nîmes pour les conférences de juin. La majorité libérale n'avait pas compté sur un pareil concours. Elle craignit de se voir débordée et de perdre ainsi la revanche que le parti libéral s'était promis de prendre, après l'échec qu'il venait de subir à Paris.

Par une interprétation arbitraire, et à coup sûr fort peu libérale du règlement, — interprétation qui avait contre elle des précédents nombreux et incontestés, — le droit de vote fut refusé à tous les laïques qui ne faisaient pas partie du Consistoire de Nîmes, ainsi qu'aux pasteurs qui n'étaient pas inscrits comme membres-souscripteurs de la Conférence. Les laïques privés ainsi du droit de vote quittèrent l'assemblée. Ils furent suivis par les pasteurs appartenant à la minorité évangélique. Réunis au nombre de 121 chez l'un des pasteurs de Nîmes, ils se constituèrent en *Conférence nationale évangélique du Midi*. Une commission, composée de sept membres, fut chargée de préparer un règlement qui devait être discuté et voté dans une nouvelle réunion indiquée pour le mois d'octobre suivant.

Il n'est pas inutile d'ajouter qu'avant la décision de la majorité qui avait provoqué la retraite des membres évangéliques de la conférence, M. le pasteur Jean Monod avait proposé à l'assemblée, — comme conclusion pratique du rapport qui venait d'être lu sur le Symbole des apôtres, — de déclarer « qu'elle acceptait ce Sym- » bole, ainsi que l'ont fait les réformateurs, non comme » le résumé complet de la foi de l'Eglise, mais comme

» exprimant, conformément aux saintes Ecritures, cer-
» tains faits de révélation inébranlables sur lesquels doit
» se baser l'enseignement religieux. » La majorité libérale de la conférence avait repoussé énergiquement
cette proposition. Le Symbole des apôtres, disait-on,
n'exprime point la foi protestante ; on est obligé de
l'interpréter, de le *traduire ;* et chacun le fait à sa manière. Il vaut donc mieux s'en tenir « à l'Evangile interprété par la conscience. » — Ainsi, le parti libéral,
qui, en 1855, considérait le Symbole des apôtres comme
« la seule confession de foi actuellement régnante, » le
désavouait formellement en 1864, et refusait de déclarer
qu'il résume les faits surnaturels qui doivent servir de
base à l'enseignement religieux. C'est que l'affirmation
de ces faits par le Symbole des apôtres était précisément ce qui embarrassait les libéraux de 1864 ; quelques-uns d'entre eux en étaient venus à ne plus admettre ces faits tandis que ceux qui les admettaient encore
tenaient à ne pas se séparer des premiers. Preuve nouvelle et bien significative de l'évolution qui s'était accomplie au sein du parti libéral et que nous avons déjà
eu l'occasion de constater plus haut.

La rupture était consommée. Une nouvelle conférence s'était constituée à côté de l'ancienne. Au point
où en étaient venues les choses, la sincérité des situations et la paix de l'Eglise avaient tout à y gagner.

La première réunion des conférences nationales évangéliques du Midi eut lieu à Alais, le 19 et le 20 octobre 1864. Environ cent soixante et dix pasteurs et
anciens, appartenant presque tous aux Eglises méridionales, y prirent part.

L'article III du règlement voté dans la première
séance était une sorte de confession de foi, ou de dé-

claration de principes, à laquelle il fallait adhérer pour être membre de la conférence. Cet article était formulé de la manière suivante :

« La conférence est fondée sur la double base de la
» foi et de l'organisation de l'Eglise réformée. En con-
» séquence, elle proclame, avec cette Eglise, la foi à la
» révélation surnaturelle de Dieu, contenue dans les
» livres inspirés de l'Ancien et du Nouveau Testament,
» résumée dans le Symbole des apôtres, ayant son objet
» et son expression suprêmes en la personne de notre
» Seigneur et Sauveur Jésus-Christ, vrai Dieu et vrai
» homme.

» Elle affirme la nécessité, pour constituer une
» Eglise, de croyances communes et déterminées, et le
» droit et le devoir des laïques de participer à tout ce
» qui touche aux intérêts de l'Eglise. »

Le lendemain, dans une seconde séance, la conférence vota par acclamation la déclaration de la conférence de Paris. La lecture de cette déclaration fut accueillie par d'unanimes applaudissements. L'assemblée tout entière se leva. Sous l'empire d'un de ces sentiments profonds qui, à certaines heures, s'emparent des foules et font de toutes les âmes une seule âme, elle entonna d'une même voix cette strophe d'un de nos cantiques :

> Gloire à Jésus-Christ, mon Sauveur,
> Car en lui seul j'espère !
> Heureux celui qui dans son cœur
> L'adore et le révère !

Ce fut un moment solennel. Tous ceux qui se trouvaient là s'en souviennent encore. Quelqu'un s'écria : « Nous écrivons une page glorieuse de notre histoire ! »

Et il disait vrai. C'était l'Eglise protestante qui reprenait conscience d'elle-même, et qui, en face des négations du jour, affirmait solennellement que la foi des pères vivait encore dans le cœur des enfants. Le protestantisme évangélique retrouvait son unité au pied de la croix; il déclarait hautement que, dans le Midi comme dans le Nord, la grande majorité des Eglises et de leurs conducteurs demeurait fermement attachée aux grandes vérités qui sont à la fois la folie et la puissance de l'Evangile.

En même temps qu'elle affirmait avec éclat la doctrine évangélique, la conférence d'Alais posait des principes ecclésiastiques d'une haute portée au milieu des circonstances où se trouvait l'Eglise réformée. Elle affirmait qu'«il n'y a point d'Eglise possible sans croyances com» munes et déterminées. »

Mais ce qui était peut-être plus grave et plus significatif encore que cette double affirmation, c'était le fait même de la séparation qui venait de s'accomplir.

Fonder une conférence *évangélique*, d'où se trouvaient exclus, par la déclaration de principes énoncée dans l'art. III du règlement, les représentants du parti libéral, c'était déclarer que l'on ne s'entendait plus suffisamment entre les deux partis pour débattre en commun des questions théologiques ou ecclésiastiques. Cela signifiait que le protestantisme officiel renfermait deux Eglises opposées. Or, si ces deux Eglises ne pouvaient déjà plus se rencontrer dans une conférence qui n'était, après tout, qu'une réunion de discussion, comment pourraient-elles se rencontrer longtemps encore dans les mêmes temples, aux pieds des mêmes chaires, à l'heure de l'adoration et du culte, et autour de la sainte table pour la célébration de la Cène du Seigneur? La séparation morale était consommée. L'heure devait venir tôt ou tard où cette séparation passerait dans les faits ; car il y a une logique des situations à laquelle on ne saurait longtemps échapper. La question d'ailleurs cessait d'être une question ecclésiastique pour devenir une question religieuse, c'est-à-dire une question de conscience ; et les questions de cet ordre ne sont pas de celles qui peuvent définitivement s'ajourner.

L'année 1864, on le voit, marque une date importante dans l'histoire du protestantisme français. La décision prise par le conseil presbytéral de Paris ; le vote de la conférence d'avril qui en avait été la consécration solennelle quoique indirecte ; la scission accomplie au sein des conférences du Gard ; la fondation d'une conférence *évangélique* séparée, et les principes posés à Alais par cette nouvelle conférence ; tout cela constitue un ensemble de faits très significatif. La crise intérieure, qui depuis longtemps déjà agitait l'Eglise réformée, entrait dans une période aiguë. Elle se hâtait vers une solution que l'on pouvait désormais prévoir.

Les années suivantes, sans être aussi fécondes en événements considérables, virent se développer les conséquences des faits déjà accomplis, et la situation se dessiner toujours mieux.

En 1865, les élections triennales du mois de janvier eurent, à Paris, une célébrité exceptionnelle. Il s'agissait de réélire trois membres sortants qui appartenaient à la majorité évangélique du Conseil presbytéral. Parmi eux se trouvait M. Guizot, dont on n'a pas oublié le rôle considérable dans l'affaire de M. Coquerel fils, et aux conférences de Paris. A ces candidats, l'*Union protestante libérale* avait opposé les siens. Chaque parti déploya la plus grande activité pour assurer son triomphe à l'heure du vote. Dans une circulaire adressée, le 13 janvier, par le Conseil presbytéral aux fidèles, la question était posée dans ses véritables termes et dans toute sa religieuse gravité : « Il s'agit aujourd'hui, pour » notre Eglise, de toute autre chose que d'une ques- » tion de personnes : il s'agit de rester toujours ou de » n'être plus *chrétienne.* »

La liste évangélique passa presque tout entière, et avec une centaine de voix de majorité, dès le premier tour de scrutin. M. Guizot seul ne fut pas réélu. Le parti libéral avait exploité contre lui certains actes de sa carrière politique, laquelle était entièrement hors de cause dans cette élection essentiellement religieuse. M. Guizot n'en passa pas moins, avec une faible majorité, il est vrai, à un second tour de scrutin. Les élections de 1865 vinrent donc sanctionner l'attitude énergique prise l'année précédente par le Conseil presbytéral de Paris, et, en particulier, sa mémorable décision du 26 février 1864.

Au mois d'avril suivant, dans les conférences pastorales de Paris, la question dogmatique, — la question du surnaturel, en particulier, — se posa de nouveau entre les deux partis. Le débat avait été nettement circonscrit par le rapport de M. le pasteur Matter : il s'agissait du fait de la résurrection de Jésus-Christ et de son importance au point de vue religieux et chrétien. M. de Pressensé proposait à la conférence de déclarer, conformément aux conclusions de ce rapport, « qu'il n'y a pas d'Eglise possible sans la foi explicite » en la résurrection de Jésus-Christ. » De son côté, M. Athanase Coquerel fils, au nom des membres de la gauche, lut et proposa au vote de l'assemblée une dé-

claration portant « que, partagés entre eux sur la ques-
» tion historique, les signataires s'accordaient pleine-
» ment à distinguer de cette question le christianisme
» lui-même, et à fonder la démonstration simple et vi-
» vante de la foi sur l'accord de la parole sainte de Jé-
» sus-Christ avec les principes et les besoins de l'âme
» humaine. » Cette déclaration, signée par cinquante-
deux membres de la conférence, signifiait deux choses
également graves. La première, qu'il y avait dans les
rangs de la gauche des pasteurs et des anciens qui ne
croyaient pas à la réalité historique de la résurrection
de Jésus-Christ. La seconde, que ceux qui y croyaient
encore considéraient ce fait comme sans importance, et
estimaient que l'on peut parfaitement être chrétien sans
y croire. La proposition de M. de Pressensé réunit
106 voix sur 170 votants.

La question du surnaturel était si bien le point vif du
débat entre les deux fractions hostiles de l'Eglise réformée, qu'elle fut posée à la fois et dans les mêmes termes par les deux conférences du Midi. La conférence
libérale, réunie à Nîmes au mois de juin, entendit un
travail de M. le pasteur Cahous, sur les *rapports du surnaturel avec la foi et la vie chrétiennes*. Le rapporteur
arrivait à cette conclusion, que la foi au surnaturel est
absolument étrangère à la vie religieuse, et que la vie
chrétienne peut s'en passer. — Quatre mois après,
M. le professeur Bois présentait un rapport sur *la valeur religieuse du surnaturel;* il y développait des conclusions contraires qui provoquaient l'approbation unanime
et enthousiaste de l'assemblée.

Ainsi, le débat se concentrait toujours plus autour de
cette question : Le christianisme est-il une révélation
positive, un fait surnaturel, un grand miracle de l'histoire

accompli par le libre et tout-puissant amour de Dieu
pour le relèvement de l'humanité? Ou bien n'est-ce
qu'une doctrine morale et religieuse, d'une incomparable pureté, mais qui ne nous apprend rien que les lumières naturelles de l'homme ne suffisent à découvrir?

A cette première question s'en ajoutait une seconde :
Laquelle de ces deux conceptions du christianisme est
celle que l'Eglise réformée de France professe et entend professer? — On sentait qu'entre ces deux conceptions aucun accord sérieux et durable n'était possible; que l'Eglise réformée de France devait choisir entre elles, et que se prononcer en faveur de l'une c'était
nécessairement proscrire l'autre.

La situation continua à se dessiner pendant l'année 1866. Je ne mentionne que pour mémoire la mise
à la retraite de M. le pasteur Martin Paschoud, bientôt
suivie d'une destitution pure et simple prononcée par
le Consistoire de Paris. Cette mesure, qui ne fut point
sanctionnée par le gouvernement, ne produisit qu'une
agitation stérile.

Une scission s'accomplit au sein des conférences de
Paris, à l'exception de celle qui, deux ans auparavant,
s'était faite au sein de la conférence du Gard. La proposition suivante fut présentée dès la première séance :
« Les conférences reconnaissent comme base de leurs
» délibérations l'autorité souveraine des saintes Ecritu-
» res en matière de foi, et le Symbole des apôtres
» comme résumé des faits miraculeux qui y sont con-
» tenus. » Cette proposition ayant été adoptée à une
très grande majorité, la minorité se retira et se constitua en conférence distincte.

Dans la conférence libérale du Gard, réunie au mois
de juin de la même année, la question de la **résurrec-**

tion de Jésus-Christ fut de nouveau discutée. Les conclusions du rapport, et certaines paroles prononcées
au cours des débats qui suivirent, produisirent une vive
et douloureuse émotion au sein des Eglises. C'était la
déclaration des cinquante-deux membres des conférences de Paris qui se reproduisait avec de singulières hardiesses de langage et avec l'adhésion d'une soixantaine
de pasteurs (1).

Mais le grand événement de l'année fut la résolution
votée par la conférence évangélique du Midi, à propos
des conditions religieuses de l'électorat. La législation
de 1852 avait introduit le suffrage universel dans l'Eglise
réformée. Or, le suffrage universel ne peut s'appliquer
à des élections religieuses dans les mêmes conditions
qu'aux élections politiques. On n'est pas membre d'une
Eglise, comme on est citoyen d'une ville ou d'un pays,
par le seul fait de la naissance. Il faut, pour faire partie
d'une société religieuse, adhérer librement à la foi qu'elle
professe et aux principes de son organisation. Ceux-là
seulement qui, en vertu de cette libre adhésion, font
partie de l'Eglise, peuvent participer par leur vote à
l'administration de ses affaires intérieures. Il suit de là
qu'il faut à l'électorat religieux des conditions religieuses. Ces conditions, c'est à l'Eglise elle-même, — et à
elle seule, — qu'il appartient de les déterminer.

Le législateur de 1852 avait reconnu ce principe.
Après avoir déterminé les conditions civiles de l'électorat paroissial, il avait laissé au Conseil central des
Eglises réformées le soin d'en indiquer, de concert avec
les Consistoires, les conditions religieuses. C'est en s'en
référant à l'avis de ce corps que le ministre des cultes,

---

(1) Voir le *Lien* et le *Protestant libéral* de juin 1866.

dans sa circulaire du 14 septembre 1852, prescrivait à
« ceux qui voudraient jouir du droit électoral, de jus-
» tifier qu'ils ont été admis dans l'Eglise, conformément
» aux règles établies, qu'ils participent aux exercices
» et aux obligations du culte, et, en cas de ma-
» riage, qu'ils ont reçu la bénédiction nuptiale protes-
» tante. »

Ces garanties étaient loin d'être suffisantes. L'admission dans l'Eglise et la bénédiction nuptiale protestante
ne prouvaient absolument rien au point de vue des convictions religieuses et des principes ecclésiastiques de
l'électeur. La fréquentation du culte, quoique plus significative à cet égard, était elle-même une garantie
bien précaire dans les circonstances si graves où se
trouvait l'Eglise réformée.

Les Consistoires, d'ailleurs, n'avaient pas été consultés en 1852; et l'Eglise n'avait pu, en l'absence des
Synodes, se prononcer sur cette grave question avec
l'autorité qui n'appartenait qu'à elle.

La nécessité de revenir sur ces conditions et de les
déterminer d'une manière plus précise et plus efficace,
se faisait universellement sentir dans les rangs du parti
conservateur. Cette nécessité devait paraître plus impérieuse encore aux membres des conférences évangéliques du Midi. Elle était la conséquence logique du principe solennellement posé à Alais en 1864, savoir,
« qu'une Eglise ne peut se constituer que sur la base
de croyances communes et déterminées. » Ces croyances « communes et déterminées » que l'on veut conserver dans l'Eglise comme le seul fondement sur lequel elle puisse reposer, il faut que les électeurs y
adhèrent. Dans une Eglise dont les conducteurs sont
choisis par le suffrage de tous, il faut, pour que ces

conducteurs soient évangéliques, que le corps électoral le soit aussi.

C'est sous l'empire de cette conviction que la conférence nationale évangélique du Midi, réunie à Valence au mois d'octobre 1866, mit la question de l'électorat religieux à son ordre du jour (1).

M. le pasteur Abelous fut chargé de présenter le rapport. Il proposait d'ajouter aux conditions existantes une déclaration de l'électeur portant « qu'il adhère aux » principes constitutifs de l'Eglise réformée, savoir, la » Bible comme la Parole de Dieu et la règle unique de » notre foi (2), et le Symbole des apôtres comme » l'abrégé de ses divines révélations. »

Les conclusions du rapport furent adoptées par la conférence, et il fut décidé, en outre, qu'un appel serait adressé en son nom aux Consistoires pour les inviter à mettre en pratique la règle nouvelle, dès les élections prochaines.

Le Consistoire de Caen fut le seul qui répondit à cette invitation. Par une délibération en date du 13 novembre 1866, il décida, à l'unanimité moins une voix, que, lors de l'inscription au registre paroissial comme au moment du vote, l'électeur serait appelé à répondre de vive voix à la question suivante : « Adhérez-vous à la foi évangélique, telle qu'elle est résumée dans le Sym-

---

(1) Cette question avait déjà été discutée, quelques semaines auparavant, par les conférences fraternelles du Lot-et-Garonne. Le rapporteur, M. le pasteur Robin, après avoir démontré l'insuffisance des garanties religieuses stipulées par la législation existante, demandait que « tout électeur, appelé » à exercer pour la première fois le droit de suffrage dans l'Eglise réformée, » déclarât qu'il adhère aux principes et aux règles déterminés par elle. »

(2) D'après une décision prise par le Synode officieux de 1848, l'électeur, avant d'être inscrit, devait déclarer « qu'il reconnaissait la Bible pour la » Parole de Dieu et l'unique règle de sa foi. »

bole des apôtres ? » Cet arrêté était exécutoire dans
toutes les Eglises du ressort, à partir du jour de sa publication (1).

La décision du Consistoire de Caen fut un événement
presque aussi considérable que la non-réélection de
M. Coquerel en 1864. Une ardente polémique s'engagea de nouveau à ce sujet dans la presse religieuse.
Les organes du parti libéral protestèrent bruyamment
contre ce qu'ils appelaient « la suppression du suffrage
universel dans les Eglises réformées de France. » Ils
ne protestaient pas avec moins d'énergie contre l'illéga-
lité de l'acte du Consistoire de Caen, prétendant que
les attributions des Consistoires étant exclusivement
administratives, ces corps n'avaient pas le droit de trancher les questions de foi et de discipline.

Les feuilles orthodoxes défendaient les principes posés par le Consistoire de Caen, et lui donnaient raison
sur le fond des choses. Régler le suffrage universel, di-
saient-elles, ce n'est en aucune façon le supprimer.
L'exercice d'un droit doit être toujours accompagné de
certaines garanties. Il y a des incapacités religieuses
comme il y a des incapacités politiques. Les libéraux
de 1848 n'étaient-ils pas d'accord sur ce point avec les
orthodoxes ? N'est-ce pas M. le pasteur Buisson, l'un
des chefs les plus respectés du libéralisme d'alors, qui
a prononcé ces remarquables paroles : « Le suffrage

---

(1) Dans une nouvelle séance, le 10 janvier 1867, le Consistoire de Caen,
auquel quelques observations avaient été présentées, modifia son premier
arrêté de la manière suivante : « Au moment de l'inscription au registre paroissial, l'électeur devra déclarer que, conformément à la liturgie de l'Eglise
réformée de France, il adhère à la doctrine chrétienne révélée dans les livres
sacrés de l'Ancien et du Nouveau Testament, et dont nous avons un abrégé
dans la confession de foi qui commence par ces mots : Je crois en Dieu,
etc. »

» universel a besoin, plus que tout autre mode d'élec-
» tion, d'être soigneusement réglé ? » Et le Synode officieux de 1848 dont la majorité était libérale, n'a-t-il
pas pris la décision suivante : « Tout électeur, avant
» d'être inscrit, devra déclarer qu'il recc :naît la Bible
» pour la Parole de Dieu et l'unique règle de sa foi ? »

Sur la question de forme, la presse évangélique n'hésitait pas non plus à donner raison au Consistoire de
Caen, et à défendre la légalité de sa décision. Elle
soutenait, — avec raison, selon nous, — qu'en l'absence du Synode général, seul compétent pour promulguer des règlements d'une application générale, les
Consistoires avaient le droit de prendre, et de rendre
exécutoires dans toute l'étendue de leur ressort, toutes
les mesures qu'ils jugeaient nécessaires au maintien de
la liturgie et de la discipline que la loi les charge expressément de faire respecter.

Toutefois, les représentants du parti conservateur,
d'accord sur la question de principes et sur la question
de légalité, l'étaient beaucoup moins sur la question
d'opportunité et de convenance. Tout en approuvant la
décision du Consistoire de Caen, ils s'abstenaient de la
proposer en exemple aux autres Consistoires évangéliques (1). On sentait combien il était difficile d'arriver à
un accord unanime et à une action commune des Consistoires. Pour éviter les inconvénients qui pourraient
résulter de décisions consistoriales contradictoires, on
conseillait d'attendre le rétablissement des synodes demandé depuis longtemps avec les plus vives instances
par la fraction évangélique de l'Eglise, et de réserver

(1) C'est à peine si l'on peut citer deux Consistoires, celui d'Orpierre et
celui de Jarnac, qui prirent une décision analogue à celle du Consistoire de
Caen.

au Synode général l'examen et la décision de la question électorale.

.Cependant une certaine agitation s'était produite au
sein de la consistoriale de Caen. Une pétition, revêtue
de vingt-neuf signatures, fut adressée à M. le ministre
des cultes, pour lui demander l'annulation de l'arrêté du
Consistoire (1). Une lettre ministérielle, en date du
26 mars 1867, prononça en effet l'annulation de cet
arrêté comme contraire aux dispositions de la loi existante.

Mais l'affaire n'en resta pas là. Le Consistoire de
Caen en appela devant le Conseil d'Etat. La cause fut
entendue en audience publique le 17 décembre 1869.
Après les plaidoiries de M. Alfred Monod, avocat du
Consistoire, et de M. Larnac, avocat des signataires
de la protestation, M. le comte de Belbeuf, maître des
requêtes, prit des conclusions tendant à établir l'incompétence du ministre et à faire annuler sa décision.
« Une délibération de consistoire portant sur une question d'ordre purement religieux ne peut en aucun cas,
disait M. de Belbeuf, être cassée par le ministre des
cultes. Si une délibération de ce genre paraît contraire
aux lois établies ou à la liberté des consciences, c'est
au Conseil d'Etat seul qu'il appartient d'en connaître et
de prononcer, s'il y a lieu, l'annulation. » Conformément à ces conclusions, le Conseil d'Etat présenta à
l'approbation de l'Empereur un décret annulant, pour
cause d'excès de pouvoirs, la décision ministérielle du
26 mars 1867.

Les conclusions de M. de Belbeuf et les considérants
du décret étaient également remarquables. Le principe

---

(1) Le ministre des cultes était alors M. Baroche.

de l'autonomie de l'Eglise, en tout ce qui touche aux
questions de foi et de discipline intérieure, y était solennellement proclamé. Le gouvernement déclarait, en
particulier, que « la détermination des justifications et
» des garanties religieuses à exiger des citoyens qui
» prétendaient être admis à l'exercice du culte et aux
» droits électoraux reste en dehors des attributions du
» pouvoir civil. » Il reconnaissait aussi que l'Eglise réformée de France a une foi et une discipline déterminées, antérieures à la loi de germinal et aux décrets
de 1852, lesquels les ont visées et sanctionnées l'une
et l'autre.

C'était pour l'orthodoxie une victoire importante que
cette reconnaissance officielle des principes qu'elle
avait toujours défendus. Mais au point de vue pratique,
la décision du Conseil d'Etat ne pouvait trancher la
question. A supposer même que les consistoires eussent le droit de déterminer les garanties religieuses à
exiger des électeurs, — droit que le Conseil d'Etat
n'avait pas formellement reconnu, — la difficulté subsistait tout entière. Ce que le Consistoire de Caen
avait décidé dans un sens, un autre consistoire pouvait
le décider dans un autre; et l'on arrivait ainsi au désordre organisé. Pour éviter ce résultat, il fallait une mesure générale, applicable à l'Eglise tout entière, et il
n'appartenait qu'au Synode général, seule représentation légitime de toutes les Eglises, de prendre une mesure de ce genre.

C'est ainsi que la question électorale ramenait à la
question synodale, posée depuis longtemps déjà au sein
de l'Eglise et dont la prompte solution devenait chaque
jour plus urgente. La convocation d'un Synode général
était, de l'avis de tous les esprits clairvoyants et vrai-

ment libéraux, le seul moyen de sortir de la crise que
traversait l'Eglise réformée de France. C'était à
l'Eglise elle-même qu'il appartenait de déclarer, par
l'organe de ses représentants régulièrement réunis en
assemblée générale, ce qu'elle était et ce qu'elle prétendait rester ou devenir. C'était à elle qu'il appartenait
de statuer sur la doctrine et sur la discipline, de confirmer, de réviser, ou de remplacer son ancienne confession de foi et son ancienne organisation ecclésiastique.
Convoquer les grandes assises du protestantisme français, et lui remettre à lui-même le soin de ses propres
destinées, c'était là, à coup sûr, le parti le plus sage et
le plus libéral ; c'était l'unique moyen de résoudre toutes les questions pendantes, et d'asseoir enfin, sur des
bases durables, au sein d'une Eglise pacifiée, l'ordre et
la liberté.

C'est là ce que répétaient depuis longtemps les protestants orthodoxes qui ne cessaient de réclamer le rétablissement des synodes. Les protestants libéraux
s'étaient d'abord unis à eux pour le demander aussi. Le
principe de l'organisation synodale avait été solennellement proclamé par le Synode officieux de 1848.
En 1854, la conférence du Gard, composée en grande
majorité de pasteurs libéraux, après avoir entendu un
rapport de M. le pasteur Hugues sur *la situation ecclésiastique*, prenait, à l'unanimité, la résolution suivante :
« L'assemblée, reconnaissant qu'il est urgent d'arriver
» au complément de notre organisation ecclésiastique,
» prie instamment M. le ministre de l'instruction pu-
» blique et des cultes de vouloir bien, aux termes de
» l'article XVII de la loi du 18 germinal an X, procé-
» der à la répartition des consistoires en arrondisse-
» ments synodaux, et mettre ledit article en exécution

» par la convocation des synodes (1). » Et nous pourrions citer plus d'un consistoire où dominait l'opinion libérale qui, vers la même époque, émit des vœux en faveur du rétablissement de l'organisation synodale. Mais,
depuis lors, l'attitude du parti libéral s'était modifiée. Il
commençait à craindre sans doute, que, si le Synode
général se réunissait, la majorité de cette assemblée ne
lui fût contraire; et il redoutait les décisions que pourrait
prendre cette majorité en matière de foi et de discipline. Aussi, tandis que les consistoires et les conférences évangéliques émettaient périodiquement des vœux en
faveur du rétablissement des synodes, les consistoires
et les conférences où les libéraux avaient la majorité,
formulaient non moins périodiquement des vœux tout
contraires. Quelques-uns de ces consistoires n'osaient
pas, il est vrai, se prononcer contre le principe des
institutions synodales, mais ils se prononçaient contre
l'opportunité de leur rétablissement immédiat. Il fallait,
disaient-ils, attendre des temps plus propices; il fallait
laisser se calmer l'agitation des esprits, et s'apaiser les
luttes actuelles. — Ce qui revenait à dire, comme le
faisait remarquer un spirituel écrivain, qu'il fallait attendre, pour appeler le juge, qu'il n'y eût plus de procès.

Toutefois la majorité des consistoires, et même une
majorité considérable (2), s'était prononcée pour le rétablissement de l'organisation synodale, et pour la convocation immédiate d'un synode général.

(1) Voir le *Lien* du 11 juin 1854.

(2) Soixante consistoires sur cent cinq, parmi lesquels se trouvaient ceux
des villes les plus considérables de France : Paris, Marseille, Lille, Toulouse, Nantes, etc. Beaucoup d'entre eux renouvelèrent jusqu'à trois et quatre fois l'expression de leurs vœux. Une vingtaine de consistoires seulement
se prononcèrent formellement contre la réunion des synodes. Les autres ne
délibérèrent pas sur cette question.

En même temps, un membre laïque du Consistoire du Havre, M. F. de Connick, adressait au Sénat pétition sur petition, pour réclamer le fonctionnement régulier des synodes d'arrondissement institués par l'article XVII de la loi de germinal. Deux premières pétitions avaient été, en 1862 et en 1863, écartées sans discussion. Une troisième fut plus heureuse en 1866. Elle fut l'objet, au sein de la haute assemblée, d'un rapport étendu et d'une discussion sérieuse. Contrairement aux conclusions du rapport et à l'opinion de M. Rouland, ancien ministre des cultes, qui intervint dans la discussion pour soutenir les réclamations de l'infatigable pétitionnaire, le Sénat passa à l'ordre du jour. C'était là un échec, sans doute. Mais la cause des synodes ne pouvait que gagner au retentissement d'une discussion de ce genre. La situation qui rendait nécessaire le rétablissement des synodes — et surtout la convocation d'un Synode général qui pût résoudre efficacement toutes les questions pendantes — était mieux connue. L'opinion du public éclairé et libéral devenait sympathique aux efforts de ceux qui revendiquaient pour l'Eglise réformée le droit de faire elle-même ses propres affaires, et la possession des antiques institutions qui seules pouvaient assurer son indépendance et son unité.

En 1867, la question synodale parut faire un nouveau pas vers sa solution. Les conférences évangéliques de Paris avaient nommé une commission de quatorze membres, — au nombre desquels se trouvait M. le professeur de Félice, alors doyen de la Faculté de Montauban, — chargée de réclamer auprès du gouvernement le rétablissement des synodes que demandait avec tant d'instances la majorité des consistoires de l'Eglise ré-

formée. Cette commission sollicita et obtint une audience de l'Empereur. Elle en reçut le plus bienveillant
accueil, avec la promesse de la prochaine convocation
du synode général. La commission fut invitée à se con-
certer avec le ministre des cultes, sur les moyens d'éxé-
cution. Une entrevue eut lieu entre les membres de la
commission et le ministre auquel fut adressé un mémoire étendu sur tout ce qui avait rapport à la question
synodale. Ce mémoire dû à la plume de M. de Félice,
traitait successivement la question de principe, la question d'opportunité, et celle des règles à suivre pour la
formation du futur Synode général. Cette dernière question était la plus délicate. Le mémoire se prononçait
pour l'observation combinée des règles de l'ancienne
discipline des Eglises réformées de France et des dispositions de la loi de l'an X. D'après l'ancienne discipline, chaque synode provincial envoyait au Synode
général deux pasteurs et deux anciens. Or, la loi de germinal reconnaissait les synodes provinciaux, qu'elle appelait synodes d'arrondissement, et en réglait la composition et le fonctionnement. La voie la plus simple et la
plus rationnelle, en même temps que la plus légale,
était donc, aux yeux de la commission, de commencer
par rétablir les synodes d'arrondissement, en répartis-
sant les consistoires en circonscriptions synodales, conformément aux dispositions de l'article XVII de la loi
de germinal. Cette répartition faite, chacun des vingt et
un synodes d'arrondissement enverrait quatre délégués
au synode général, conformément aux dispositions de
l'ancienne discipline (1).

_____

(1) Le texte de ce remarquable mémoire a été reproduit tout entier par le
journal l'*Espérance*, année 1868, p. 347 et suiv.

La cause du rétablissement des synodes paraissait gagnée en principe, et l'on pouvait espérer venir à bout des difficultés de l'exécution en suivant la voie si sagement tracée dans le mémoire que nous venons de citer, lorsque surgirent de nouvelles complications qui vinrent tout ajourner et tout compromettre.

Depuis que le rétablissement des synodes paraissait certain, le parti libéral avait changé de tactique. Au lieu de protester contre la convocation du synode général, il demandait que les membres de ce synode fussent nommés par le suffrage universel direct; il espérait ainsi y obtenir plus facilement la majorité. Le parti conservateur ne pouvait accepter un pareil mode d'élection, contraire à toutes les traditions anciennes, et que l'insuffisance des garanties religieuses exigées des électeurs par la législation existante rendait tout particulièrement dangereux. — En même temps, les protestants libéraux contestaient à l'avance l'autorité dogmatique du futur synode. Ils ne voulaient lui reconnaître que des attributions exclusivement administratives. Ce point de vue ne pouvait être admis par les protestants orthodoxes, qui avaient toujours considéré le Synode général comme compétent pour décider les questions de foi et de discipline. D'autre part, les conservateurs n'étaient pas entièrement d'accord entre eux sur le mode de formation du Synode général, ni sur les mesures qu'il devait prendre, une fois réuni.

De là l'embarras du gouvernement, qui, ne sachant à qui entendre, prenait le facile parti de ne rien faire.

Cependant la question synodale se posait de nouveau à propos de la question électorale et de l'affaire du Consistoire de Caen. Dans la mémorable séance du Conseil d'Etat où cette affaire fut discutée, le comte de

Belbeuf reconnaissait le droit de l'Eglise réformée à être remise en possession de ses synodes. « La consti-
» tution de l'Eglise réformée en France, » disait-il, « ne
» date pas d'hier. Ce n'est ni du décret législatif du
» 26 mars 1852, ni même de la loi du 18 germinal
» an X, que procède son organisation. D'ailleurs, le
» magistrat politique qui a le droit de reconnaître un
» culte ne saurait lui imposer sa doctrine, sa discipline,
» sa hiérarchie. La loi de l'an X, traité d'alliance entre
» l'Etat et le protestantisme, n'a donc pu ni voulu inno-
» ver. Elle a reconnu l'Eglise réformée comme commu-
» nion chrétienne, avec ses conditions d'établissement
» préexistantes, avec les principes et les règles de son
» ancien gouvernement. La constitution de l'Eglise ré-
» formée, tracée de la main même de Calvin, a été dé-
» terminée par le premier synode national tenu à Paris,
» en 1559. Son organisation définitive date du synode
» national tenu à La Rochelle en 1571. Cette organisa-
» tion est presbytérienne synodale... Le jour où le
» gouvernement reconnaîtrait l'opportunité de la convo-
» cation d'un synode national, l'Eglise réformée se re-
» trouverait en possession de son ancienne et complète
» organisation (1). »

De telles paroles, prononcées en un tel lieu, étaient significatives. Elles montraient que le gouvernement, d'accord en cela avec la fraction évangélique du protestantisme français, voyait dans le Synode général le couronnement nécessaire des institutions de l'Eglise réformée. D'ailleurs, les difficultés croissantes de la situation et les embarras incessants que ces difficultés suscitaient au gouvernement lui faisaient désirer d'y mettre un

_____

(1) .Espérance du 31 décembre 1869, p. 423 et suiv.

terme, en donnant à l'Eglise par la convocation du Synode général, les moyens de les résoudre elle-même.

Tel était l'état des esprits, lorsque fut constitué, le 2 janvier 1870, le ministère libéral présidé par M. Emile Ollivier. Cette évolution de la politique impériale ne pouvait que profiter à la cause du Synode. Les hommes influents qui s'étaient faits, depuis plusieurs années, les avocats de cette cause renouvelèrent leurs instances auprès du nouveau cabinet, et obtinrent de lui la promesse formelle d'une prompte solution. Le décret de convocation était, dit-on, déjà rédigé et prêt à être signé, lorsqu'éclata la guerre funeste qui amena l'effondrement de l'Empire.

Il était réservé au gouvernement de la République d'accomplir enfin cet acte de justice si longtemps ajourné. Un décret en date du 29 novembre 1871, et portant la signature de M. Thiers, convoquait les synodes d'arrondissement, à l'effet de nommer des délégués au Synode général qui devait se réunir à Paris.

Conformément aux dispositions de la loi de germinal, visée par ce décret, cinq consistoires formaient une circonscription synodale ; chaque consistoire devait élire un pasteur et un laïque pour le représenter au Synode de sa circonscription. Les cent trois consistoires de l'Eglise réformée se trouvaient ainsi répartis en vingt et une circonscriptions synodales déterminées par un tableau annexé au décret. Chaque synode d'arrondissement devait envoyer au Synode général un nombre de délégués « fixé d'après le nombre des pasteurs de la circonscription, à raison d'un délégué par six pasteurs, et selon la progression suivante : deux délégués pour tout nombre de six à douze pasteurs; trois délégués pour tout nombre de treize à dix-huit pasteurs, etc. »

La réunion des synodes particuliers eut lieu dans le courant du mois de mars 1872, et l'ouverture du Synode général fut fixée au jeudi 6 juin de la même année.

Le but poursuivi avec tant de persévérance par la fraction évangélique de l'Eglise réformée était donc atteint. Cette Eglise rentrait, après deux siècles, en possession de ses anciennes institutions et redevenait maîtresse de ses propres destinées.

II

LA PREMIÈRE SESSION DU SYNODE.

Le mercredi 5 juin, veille du jour fixé pour la réunion du Synode, M. le pasteur Babut, de Nîmes, prêcha, dans le temple de l'Oratoire, le sermon d'ouverture.

Le lendemain, à midi, dans le temple du Saint-Esprit, s'ouvrait la première séance du Synode, sous la présidence provisoire de M. le pasteur Emilien Frossard, le plus âgé des pasteurs présents. Cette première séance fut consacrée tout entière à la vérification des pouvoirs. L'assemblée se partagea en sept bureaux, qui se retirèrent dans leurs salles respectives pour examiner les procès-verbaux des élections. Ces élections furent toutes validées.

Dans la séance du lendemain, le synode nomma son bureau : un président, — qui prit le nom de *modérateur* porté autrefois par les présidents de nos anciens synodes ; deux vice-présidents, et six secrétaires. Chacune des deux fractions de l'Eglise représentées au synode avait son candidat à la présidence, et le vote fut une

première et naturelle occasion de se compter (1). M. le
pasteur Bastie, de Bergerac, candidat des orthodoxes,
fut élu contre M. le pasteur Viguié, président du Consistoire de Nîmes, candidat des libéraux, à une majorité de onze voix, c'est-à-dire par 56 suffrages contre
45, sur 101 votants.

Nos lecteurs n'attendent pas de nous que nous ra-
contions en détail, et séance après séance, les travaux
du Synode. Nous les renvoyons aux *Procès-verbaux* du
Synode qui viennent d'êtres publiés, et à l'intéressant
ouvrage de M. le pasteur Bersier (2). Il nous suffira
d'indiquer la physionomie générale des débats et les principales résolutions prises par l'assemblée.

Trois sortes de questions furent abordées tour à tour :

1° La légalité et les attributions du Synode;

2° La déclaration de foi ;

3° L'organisation ecclésiastique.

La première question fut soulevée au commencement
de la troisième séance par une proposition signée de
M. Bordier et d'une quarantaine de membres de la gauche. Les signataires de cette proposition, s'appropriant
une déclaration récemment votée par le Consistoire de
Lyon, contestaient la légalité et la compétence du Synode. Ils trouvaient également « vicieux la manière dont
» les consistoires avaient été groupés pour former les

---

(1) Parmi les membres de la gauche, se trouvaient les représentants le
plus avancés de l'opinion libérale : MM. Athanase et Etienne Coquerel, Colani, Pécaut, Jules Steeg, etc.

On remarquait sur les bancs de la droite, MM. Guizot, Mettetal, de Cha-
beaud-Latour; MM. les pasteurs Babut, Bastie, Dhombres ; Delmas, Vauri-
gaud, et M. le professeur Bois.

(2) *Histoire du Synode général de l'Eglise réformée de France.* Paris, juin,
juillet 1872, par Eugène Bersier. 2 vol. in-8°. Paris, Sandoz et Fischba-
cher, 1872.

» synodes particuliers, et le mode de votation institué
» dans ces dernières assemblées pour choisir les délé-
» gués au Synode général. » Le Synode actuel, n'étant
pas à leurs yeux la représentation vraie de l'Eglise,
manquait de l'autorité nécessaire pour trancher les grandes questions pendantes. Il ne devait s'occuper, officiellement du moins, que du remaniement des circonscriptions synodales, et du meilleur mode de répartition des
suffrages en vue de la réunion plus ou moins prochaine
d'un nouveau Synode général. Sur toute autre question
ses décisions ne pouvaient avoir qu'un caractère officieux et consultatif. Enfin les signataires « protestaient
» d'avance contre toute tentative que le Synode pour-
» rait faire de scinder en deux ou plusieurs fractions
» l'Eglise réformée de France, par exemple en édictant
» une confession de foi obligatoire et exclusive. »

La discussion de cette proposition, qui mettait en
cause l'existence même du Synode et la validité de ses
décisions ultérieures, remplit plus de trois séances.

Les orateurs qui vinrent défendre à la tribune les
opinions de la gauche invoquaient contre la légalité du
Synode le silence de la loi de germinal qui ne reconnaissait que des synodes d'arrondissement. Il faudrait,
disaient-ils, une loi nouvelle pour instituer un Synode
général; car une loi ne peut être modifiée que par une
autre loi. Pour établir l'incompétence de l'assemblée actuelle, ils insistaient sur ce fait qu'elle n'était pas, grâce
au mode essentiellement vicieux d'élection qui avait été
suivi, la représentation exacte de l'Eglise. Un grand
nombre de consistoires, disaient-ils, n'étaient pas représentés au Synode. Certains consistoires, comprenant
une population protestante très considérable, n'avaient
pas envoyé au Synode plus de délégués que certains

autres qui représentaient une population trois ou quatre fois moindre.

M. Laurens, de Saverdun, dans un discours qui révélait une connaissance très approfondie du sujet, réfuta d'une manière victorieuse cette double argumentation.

En ce qui concerne la légalité du Synode et la loi du 18 germinal, l'orateur faisait remarquer que l'Eglise réformée de France préexistait à la loi de l'an X, qu'au moment où le Premier Consul traita avec elle, elle avait son organisation et sa discipline, et que cette discipline instituait non seulement des colloques et des synodes provinciaux, auxquels correspondaient, dans la loi de germinal, les consistoires et les synodes d'arrondissement, mais aussi des conseils de paroisses, appelés *consistoires*, et un synode général, représentation suprême de l'Eglise. La loi de germinal, continuait-il, reconnaît l'existence de cette discipline, puisqu'après l'avoir visée dans son préambule, elle interdit d'y apporter aucune modification sans l'autorisation du gouvernement, et charge les consistoires de veiller à ce qu'elle soit maintenue (1). Le silence gardé par la loi sur les conseils de paroisse et sur le Synode général n'entraîne en aucune façon la suppression définitive de ces deux éléments si essentiels de l'ancienne organisation des Eglises réformées. Le silence de la loi, en effet, peut être considéré comme la suspension de l'exercice d'un droit, mais jamais comme la condamnation du principe de ce droit lui-même. Ce droit subsiste tout entier parce qu'il est antérieur et supérieur à la loi. Il n'est pas besoin, par conséquent, d'une loi nouvelle pour en rétablir

---

(1) Art. VI et art. XX.

l'exercice. Quant aux règles suivies pour la formation du Synode, elles ont été parfaitement conformes à la loi. Il était impossible, sans sortir des voies de la légalité, de procéder autrement qu'on ne l'a fait. Qu'il y ait quelque chose de défectueux dans la répartition des consistoires en circonscriptions synodales, ou dans la détermination du nombre de délégués à élire par chaque circonscription, cela est possible. Mais c'est à l'Eglise elle-même, représentée par son Synode général, qu'il appartient d'apporter aux dispositions du décret de novembre toutes les modifications qui paraîtront nécessaires.

Il n'y a donc aucune raison légitime, concluait M. Laurens, de contester l'autorité ou la compétence du Synode actuel. On ne saurait non plus limiter cette compétence d'une façon arbitraire. Il y aurait, en effet, une contradiction évidente à déclarer le Synode compétent sur un point et incompétent sur un autre. S'il a l'autorité nécessaire pour remanier les circonscriptions synodales et instituer un mode nouveau de délégation au Synode général, pourquoi ne pourrait-il pas, avec la même autorité, s'occuper des questions de foi et de discipline ? « En droit, la validité d'un acte accompli par le mandataire a toujours pour condition absolue la validité du mandat lui-même. Si le nôtre est contestable, tout ce que nous ferons en vertu de ce mandat le sera fatalement aussi. La limitation que nous pourrions en faire n'en corrigerait pas l'origine, et l'assemblée prochaine, issue de notre loi électorale, aurait le même vice d'origine qui infirmerait toutes ses délibérations comme les nôtres (1). »

M. le professeur Jalabert avait proposé un ordre du

(1) Discours de M. Laurens, p. 30.

jour motivé qui, tout en formulant des réserves sur la
manière dont le protestantisme français était représenté
au Synode, déclarait que « l'assemblée se considérait,
» dans ses différentes fractions, comme étant auprès du
» gouvernement l'organe autorisé des besoins, des vœux
» et des sentiments des différentes parties de l'Eglise. »
M. le professeur Bois combattit avec succès cet ordre
du jour. Enfin, dans sa séance du 12 juin, l'assemblée
vota, à une majorité de soixante et une voix contre quarante-six, un ordre du jour constatant :

« Que le présent Synode général avait été convoqué
» et s'était réuni aux termes des lois existantes;

» Que les élections s'étaient faites en pleine liberté,
» avec le concours de toutes les autorités religieuses
» appelées à y prendre part;

» Et que, d'ailleurs, le droit de l'Eglise réformée à
» modifier son régime intérieur, et en particulier son
» système électoral, demeurait pleinement réservé. »

Après avoir ainsi affirmé son autorité et la plénitude
de son pouvoir constituant, le Synode aborda la seconde
et la plus importante des questions qui se posaient devant lui : la question de doctrine.

Elle fut introduite par une proposition déposée par
M. le professeur Bois au nom de quelques membres de
la majorité, et conçue dans les termes suivants :

» Au moment où elle reprend la suite de ses synodes,
» interrompus depuis tant d'années, l'Eglise réformée
» de France éprouve, avant toutes choses, le besoin de
» rendre grâces à Dieu, et de témoigner son amour à
» Jésus-Christ, son divin chef, qui l'a soutenue et con-
» solée durant le cours de ses épreuves.

» Elle déclare qu'elle reste fidèle aux principes de
» foi et de liberté sur lesquels elle a été fondée.

» Avec ses pères et ses martyrs dans la confession de
» La Rochelle, avec toutes les Eglises de la Réforma-
» tion dans leurs symboles, elle proclame l'autorité sou-
» veraine des saintes Ecritures en matière de foi et le
» salut par la foi en Jésus-Christ, Fils unique de Dieu,
» mort pour nos offenses et ressuscité pour notre justi-
» fication.

» Elle conserve donc et elle maintient à la base de
» son enseignement, de son culte et de sa discipline
» les grands faits chrétiens représentés dans ses solen-
» nités religieuses et exprimés dans ses liturgies, no-
» tamment dans la confession des péchés, dans le
» Symbole des apôtres et dans la liturgie de la sainte
» Cène. »

Une longue discussion s'engagea à l'occasion de cette
proposition. Elle ne remplit pas moins de sept séances.
Ce fut, sans contredit, la plus importante et la plus
remarquable de toutes celles qui eurent lieu pendant
cette première session du Synode. Tout le monde sentait la gravité de la question posée : il s'agissait de savoir si l'Eglise réformée de France avait ou non une foi
positive, il s'agissait de savoir si elle croyait encore
aux grandes doctrines de la Réformation, aux faits et
aux vérités évangéliques en dehors desquels il n'y a
plus ni christianisme ni Eglise chrétienne. Il s'agissait
de savoir enfin, si, ayant conservé cette foi, elle devait
la proclamer et la faire respecter. La décision prise par
le Synode sur cette question capitale devait avoir les
conséquences les plus graves. Il pouvait en résulter un
schisme entre les deux partis qui se trouvaient en présence au sein de l'Eglise réformée. C'est là ce qu'avaient
compris et prévu les membres de la minorité, lorsqu'ils
avaient protesté d'avance contre toute promulgation

d'une confession de foi qui aurait pour résultat de séparer en deux ou en plusieurs fractions l'Eglise nationale.
La gravité des intérêts engagés dans le débat explique
l'ardeur avec laquelle la proposition de la majorité fut
tour à tour attaquée et défendue.

Elle se trouvait en présence de deux autres propositions, émanant, l'une de la gauche, l'autre du centre
gauche, dont M. Jalabert s'était fait, au Synode, le
chef et l'interprète.

La première affirmait simplement la liberté d'examen
et la responsabilité individuelle de la foi comme étant
l'unique et distinctif caractère de l'Eglise protestante. Au
nom de ce principe, on réclamait l'union, dans les cadres
de la même Eglise, de toutes les fractions du protestantisme français, quelles que fussent d'ailleurs les divergences graves qui pouvaient exister entre elles, .

La seconde, beaucoup plus religieuse dans son accent
et beaucoup plus chrétienne dans ses affirmations, pro-
clamait comme le seul fondement qui pût être posé :
« Jésus-Christ, le Fils du Dieu vivant, celui que Dieu,
» dans son amour, a donné au monde, afin que qui-
» conque croit en lui ne périsse point, mais qu'il ait la
» vie éternelle. » Mais les signataires de cette proposition protestaient contre toute déclaration de foi pouvant conduire au schisme, et indiquaient comme but à
atteindre, « l'union en un seul corps d'Eglise de toutes
» les fractions du protestantisme français. »

La discussion s'ouvrit par un remarquable discours
de M. le professeur Bois, dans lequel, en développant
la proposition dont il était l'auteur, il déterminait, avec
une grande netteté, le but et la portée de la déclaration de
foi qui devait être soumise au vote de l'assemblée. « A
notre sens, disait-il, il n'y a pas d'Eglise sans une foi

commune. Qui dit Eglise, dit société de croyants. Il nous est impossible d'admettre que l'Eglise se recrute par les accidents de la naissance. Notre Eglise réformée n'a jamais accepté ce principe : chacun de ses membres est appelé, au jour de la réception des catéchumènes, à contracter par un *oui* personnel et public un engagement sacré. Et nous estimons que c'est là le point de vue vraiment protestant et vraiment libéral. Quoi de plus libéral, en effet, que le principe d'après lequel toute Eglise se recrute par des adhésions individuelles à la foi et aux principes qu'elle professe ? Nous estimons aussi que c'est un devoir pour une Eglise de rendre témoignage à cette foi commune qui la constitue. Il faut qu'elle dise au monde et à ses propres enfants ce qu'elle croit. C'est ce devoir que nous voulons remplir. Nous voulons déclarer, par un acte solennel, quelle est l'affirmation fondamentale qui est à la base de notre Eglise. Ce n'est pas une confession de foi achevée que nous avons prétendu faire. Dans une pensée d'union et de largeur, nous avons voulu nous borner au *minimum* absolument nécessaire à notre conscience, et sans lequel nous ne comprenons pas une Eglise chrétienne. Nous n'avons pas la prétention de faire quelque chose de nouveau ; nous n'avons pas davantage le dessein de retourner en arrière de trois siècles. Nous ne voulons qu'une chose : déclarer ce qu'est actuellement la foi de nos Eglises ; et nous en cherchons l'expression dans les actes de leur culte et dans le texte de leurs liturgies. »

L'orateur démontrait ensuite l'opportunité et l'urgente nécessité d'une pareille déclaration. Aujourd'hui, disait-il, se trouvent en présence, au sein de notre Eglise, deux conceptions opposées de la religion ou plutôt deux religions différentes. Il s'agit de savoir laquelle de ces

deux religions est celle de l'Eglise réformée de France.
Il s'agit de savoir si notre Eglise veut changer de religion ; si elle veut conserver la religion de ses pères, la
foi en Jésus-Christ venu du ciel sur la terre pour sauver
les hommes pêcheurs, ou si elle veut accepter la religion nouvelle qu'on lui propose, religion sans dogmes,
sans surnaturel et sans prière, qui n'a plus du christianisme que le nom.

Après M. Bois, parlèrent tour à tour les représentants de la gauche et ceux du centre gauche. Les
premiers, — parmi lesquels il faut citer MM. Athanase
Coquerel et Colani, — reprochaient, avant tout, à la déclaration proposée par la majorité d'être une confession
de foi, et ils en contestaient les divers articles au nom
de la science théologique comme au nom de ce qu'ils
appelaient le spiritualisme chrétien. Les seconds l'accusaient d'être à la fois trop dogmatique et pas assez religieuse. Les uns et les autres s'accordaient à y voir un
instrument dangereux, une sorte de machine de guerre
dont voulait se servir la majorité pour provoquer le
schisme. La déclaration de foi fut défendue, du côté de
la droite, par MM. Guizot, Babut, Dhombres, Vauri-
gaud, Delmas fils. M. Bois dut remonter à la tribune
pour dissiper les malentendus et réfuter les objections.
Il déclara en outre que la question de savoir si la déclaration de foi serait obligatoire pour les pasteurs et
pour les anciens était formellement réservée.

L'un des articles de la déclaration sur lequel s'engagea
la discussion la plus vive fut celui où était affirmée la
résurrection de Jésus-Christ. Preuve nouvelle que ce
qui séparait désormais les deux fractions du protestantisme français, c'était la grande question du surnaturel.
Les membres du centre gauche croyaient, il est vrai,

aux faits surnaturels de l'Evangile et acceptaient dans son contenu essentiel la déclaration de foi proposée par la droite. Ils ne la votèrent pas cependant, parce qu'ils s'accordaient avec la gauche pour refuser au Synode le droit de proclamer la foi de l'Eglise. L'un d'eux, M. Pelon, proposa de faire précéder la déclaration de foi d'un préambule dont voici le texte : « Les membres » du Synode général, sans prétendre au droit de décré- » ter la foi de leurs frères, adoptent comme l'expression » des doctrines religieuses professées par les Eglises » réformées de France la déclaration suivante, qu'ils re- » commandent à la conscience des fidèles. » La droite, qui n'avait jamais songé à « décréter » la foi de per- sonne, pouvait se rallier à l'amendement de M. Pelon, et elle parut un instant disposée à le faire. Mais comme, dans le cours de la discussion, cet amendement sembla donner lieu à plusieurs interprétations différentes, elle finit par l'abandonner.

Enfin, dans la séance du jeudi 20 juin, la déclaration de foi fut votée par une majorité de 61 voix contre 45, sur 106 votants.

Le synode venait de proclamer solennellement la foi de l'Eglise réformée de France; il avait ainsi posé le fondement sur lequel reposait cette Eglise, et arboré d'une main ferme le drapeau autour duquel devaient se rallier tous ses enfants. Il s'agissait maintenant pour achever l'œuvre commencée, de donner à l'Eglise ré- formée une constitution capable d'assurer son libre et normal développement. Nous arrivons ainsi au troisième ordre de questions dont nous avons parlé plus haut : les questions relatives à l'organisation ecclésiastique. Elles occupèrent le Synode pendant les dix-sept dernières séances de cette première session.

Une commission de vingt et un membres avait été
chargée de présenter à l'assemblée un projet de loi organique qui devait, après avoir été voté par le Synode,
être soumis à l'approbation du gouvernement.

Nous ne reproduirons pas les discussions qui s'engagèrent sur les différents articles de ce projet. Nous nous
bornerons à signaler les points principaux sur lesquels
portèrent les débats, et les dispositions nouvelles qui
vinrent modifier ou compléter les institutions existantes.

La question de l'électorat religieux semblait devoir
s'imposer la première à l'attention de l'assemblée. Toutefois le Synode commença par voter, à la presque unanimité des suffrages, un premier article ainsi conçu :
« Le régime presbytérien synodal est celui de l'Eglise
» réformée de France. Le Synode général est la plus
» haute représentation de l'Eglise. Il se réunit pério-
» diquement. »

Puis, la question des attributions du Synode général
ayant été ajournée, on passa à la discussion de la loi
électorale. Les conditions civiles de l'électorat paroissial furent maintenues telles que les avaient déterminées
les décrets et règlements de 1852, avec une double modification toutefois : l'âge fut abaissé de trente ans à
vingt-cinq ans ; la durée de la résidence fut réduite de
deux ans à un an pour les Français, et de trois ans à
deux, pour les étrangers.

La question importante était celle des garanties religieuses à exiger des électeurs. Elle fut abordée et résolue dans la séance du mercredi 26 juin. La discussion
fut très animée et la séance assez orageuse. S'inspirant
du projet de loi organique élaboré par le Synode officieux de 1848, la commission proposait que l'on deman-

» dât à l'électeur de reconnaître l'autorité souveraine
» des saintes Ecritures en matière de foi. » Cette formule fut attaquée de divers côtés de l'assemblée. Les
membres de la gauche repoussaient absolument toute
condition religieuse nouvelle ajoutée aux conditions déterminées par les lois existantes. Exiger de l'électeur
une déclaration du genre de celle que proposait la commission, c'était, selon eux, changer le caractère de notre Eglise, et en faire d'une Eglise de multitude une
Eglise de professants.

Les membres du centre gauche reconnaissaient en
principe la nécessité de garanties religieuses nouvelles
à exiger de l'électeur. Ils s'accordaient à penser, avec
la majorité, que, pour être électeur dans une Eglise, il
faut adhérer à sa foi. Mais ils n'acceptaient pas la formule de la commission, qu'ils trouvaient à la fois trop
dogmatique dans le fond et trop inquisitoriale dans la
forme. Quelques-uns auraient voulu que le seul fait de
l'inscription sur le registre paroissial demandée par
l'électeur impliquât son adhésion à la foi de l'Eglise réformée. Une proposition de M. Maurin, rédigée dans ce
sens, ne put réunir que cinq voix. Un autre membre du
même groupe, M. le pasteur Corbière, de Montpellier,
proposa d'adresser à l'électeur, au moment de son inscription, la question suivante : « Persévérez-vous dans
la profession de l'Evangile, et appartenez-vous de
» cœur à l'Eglise réformée de France ? »

Enfin, un membre de la droite, M. le pasteur Abt, de
Besançon, d'accord avec la commission sur la question
de principe, mais trouvant, lui aussi, sa formule défectueuse, proposa l'amendement suivant : « Seront élec-
» teurs ceux qui déclarent rester attachés de cœur à
» l'Eglise réformée et *à la foi chrétienne contenue dans*

» *les livres sacrés de l'Ancien et du Nouveau Testament.* »
Plusieurs membres du centre gauche et de la gauche
déclarèrent accepter cet amendement. La droite se di_
sait prête à s'y rallier aussi, pourvu que la dernière
phrase en fût **modifiée** de la manière suivante : « et à
» la *vérité* RÉVÉLÉE *telle quelle est contenue* dans les livres
» sacrés de l'Ancien et du Nouveau Testament. »

Cette formule ainsi corrigée fut votée par soixante et
dix-sept voix, c'est-à-dire par la droite et par le centre
gauche tout entier. La gauche s'abstint de voter, ce qui
porta à vingt-quatre le chiffre des abstentions.

Une autre question, non moins grave que celle des
conditions religieuses de l'électorat, fut abordée en_
suite par le Synode. La déclaration de foi, votée dans
la séance du 20 juin, devait-elle être obligatoire pour
les pasteurs et pour les membres laïques des conseils
presbytéraux et des consistoires ? Sur le dernier point
le Synode se décida pour la négative. On n'exigea,
comme condition d'éligibilité à la charge d'ancien, que
deux choses : 1º Etre électeur, c'est-à-dire réunir toutes conditions civiles et religieuses determinées par la
loi électorale déjà votée ; 2º être âgé de trente ans révolus. — La question concernant les pasteurs fut discutée
dans la séance du 5 juillet. La proposition de la commission, défendue à la tribune par MM. Dhombres, Babut, Delmas et Bois, fut adoptée par 62 voix contre 39,
sur 101 votants. Elle était ainsi conçue : « Tout candi-
» dat au Saint-Ministère devra, avant de recevoir la
» consécration, déclarer qu'il adhère à la foi de l'Eglise
» telle qu'elle est constatée par le Synode général. »
Suit le texte de la déclaration de foi précédemment votée.

Les derniers articles de la loi organique et du projet

de règlement qui devait y être annexé, furent discutés dans les deux séances suivantes, et, le 9 juillet, dans sa vingt-huitième séance, le Synode vota sur l'ensemble de ce double projet (1).

(1) Nous croyons devoir indiquer ici les dispositions les plus importantes de la loi nouvelle :

1° La nomination des pasteurs, au lieu d'appartenir aux consistoires, appartient aux conseils presbytéraux :

2° Certaines modifications sont apportées à la composition comme aux attributions des conseils presbytéraux et des consistoires.

3° Les électeurs, au moment de leur inscription au registre paroissial, doivent déclarer qu'ils « restent attachés de cœur à l'Eglise réformée de France, et à la vérité révélée, telle qu'elle est contenue dans les livres sacrés de l'Ancien et du Nouveau Testament. »

4° Les pasteurs, avant leur consécration, doivent adhérer à la déclaration de foi votée par le Synode.

5° Les synodes particuliers, au lieu de se composer invariablement de cinq consistoires représentés chacun par un pasteur et par un laïque, sont formés d'un certain nombre de circonscriptions consistoriales, conformément à un tableau dressé par le Synode général. Les conseils presbytéraux délèguent au synode particulier autant de représentants qu'il y a de pasteurs dans la circonscription synodale. Ces représentants sont pris moitié parmi les pasteurs, moitié parmi les laïques ;

6° Les synodes particuliers présentent au gouvernement les candidats aux chaires de théologie, les Facultés de théologie étant elles-mêmes appelées à donner leur avis.

7° Les synodes particuliers nomment les délégués au Synode général. Mais pour procéder à cette élection, ils doivent s'adjoindre : 1° Tous les pasteurs de la circonscription qui ne font pas partie du synode particulier ; 2° un nombre de nouveaux délégués laïques nommés par les conseils presbytéraux, de manière à ce que chaque paroisse soit représentée par autant de laïques qu'elle a de pasteurs. Les synodes particuliers, ainsi composés, nomment, à la majorité absolue des suffrages, un nombre égal de pasteurs et de laïques selon la progression suivante : chaque synode nomme autant de délégués qu'il y a de fois six pasteurs dans sa circonscription. Quand le nombre de ces pasteurs dépasse un multiple de six, le Synode nomme un député de plus pour une fraction égale ou supérieure à trois. La moitié de ces députés, si leur nombre est pair, la moitié plus un, s'il est impair, sont laïques. Les Facultés de théologie reconnues par l'Etat, se font représenter au Synode général, chacune par un professeur élu par la majorité de ses collègues.

8° Le Synode général arrête les règlements généraux relatifs au culte, à la

Deux questions furent encore discutées par le Synode dans ses deux dernières séances : celle de la réorganisation des facultés de théologie et celle de la séparation de l'Eglise de l'Etat.

La première question avait été posée par les événements de la dernière guerre. La perte de l'Alsace avait enlevé à la France protestante l'une de ses deux facultés de théologie, celle de Strasbourg. Il fallait songer à la remplacer ou à la reconstituer ailleurs. Le Synode émit le vœu que la faculté de Strasbourg et celle de Montauban fussent transportées à Paris et réunies en une seule Faculté.

Quant à la question de la séparation de l'Eglise et de l'Etat, elle avait été l'objet de diverses propositions déposées sur le bureau du Synode. L'examen de ces propositions avait été confié à une commission spéciale qui choisit pour rapporteur M. le pasteur Viguié. La commission, disait le rapport, s'était trouvée en présence de quatre propositions différentes. La première, signée par MM. Babut, Bois et Capillery, invitait le Synode à adresser à l'Assemblée nationale un vœu formel en faveur de la séparation de l'Eglise et de l'Etat ; mais les signataires ne se prononçaient pas sur la question de savoir s'il serait ou non opportun, pour l'Eglise réformée, de se séparer de l'Etat isolément et immédiatement.

discipline, à l'enseignement de la doctrine, à l'organisation et à l'administration de l'Eglise.

Il statue définitivement sur tous les conflits qui peuvent s'élever, soit entre les corps ecclésiastiques, soit entre ces corps et les pasteurs, soit entre les pasteurs.

Il statue sur les suspensions de pasteurs prononcées ou maintenues par les synodes particuliers. Il prononce, s'il y a lieu, la révocation des pasteurs, après avoir pris l'avis des synodes particuliers, et à la charge d'en référer immédiatement au gouvernement.

La seconde proposition, signée par M. Colani et quelques membres de la gauche, demandait la séparation de toutes les Eglises à partir de 1874, mais en ajoutant que l'Eglise réformée ne devait pas se séparer seule.

Les deux dernières propositions demandaient la séparation immédiate pour l'Eglise réformée, alors même que les autres Eglises concordataires devraient demeurer unies à l'Etat.

Le rapport, examinant tour à tour la question de principe et celle d'opportunité, se prononçait pour le principe de la séparation, mais déconseillait toute démarche immédiate ayant pour effet la résiliation du Concordat. Ce serait là, dans la pensée de la commission, excéder le mandat confié par les Eglises aux membres du Synode. Cependant la commission, estimant que la séparation était une éventualité possible et peut-être même désirable, proposait à l'assemblée de voter la résolution suivante :

« Le Synode général,

» Reconnaissant que le principe de l'indépendance réciproque des Eglises et de l'Etat doit être inscrit dans le droit des nations modernes ;

» Convaincu d'ailleurs que l'Eglise réformée de France est disposée à accepter avec confiance, en ce qui la concerne, la séparation d'avec l'Etat, quand les pouvoirs publics la jugeront nécessaire pour tous les cultes ;

» Croit bon d'inviter l'Eglise à s'y préparer. »

Cette résolution fut adoptée par le Synode à une très grande majorité. On vit par là combien l'idée de la séparation de l'Eglise et de l'Etat avait fait de progrès, en ces dernières années, au sein de l'Eglise nationale.

Avant de se séparer, l'assemblée nomma une com-

mission de sept membres (trois pasteurs et quatre laïques), dite *Commission permanente*, qui fut chargée « de
soutenir auprès du gouvernement le projet de loi organique et le projet de règlement adoptés par le Synode
général. » N'ayant pas pour mandat de consentir les
changements qui pourraient être demandés, elle devait
soumettre de nouveau les deux projets au Synode avec
les modifications proposées par le gouvernement. « Au
Synode seul il appartenait d'arrêter, de concert avec
l'Etat, les nouvelles dispositions de la loi concordataire
qui devaient être présentées à l'Assemblée nationale, et
les dispositions du règlement destiné à assurer l'exécution de la loi. »

Une nouvelle session du Synode fut indiquée pour le
mois de novembre suivant. Puis, après la lecture d'une
adresse envoyée par le Synode aux fidèles, le président
prononça le discours de clôture, dans lequel il résumait
les travaux du Synode et exprimait les vœux et les espérances de l'Eglise. Il relevait ce fait significatif : que
les dernières décisions synodales — sur les questions
qui divisaient les deux fractions de l'assemblée —
avaient été prises à la même majorité que les premières.
Ce qui montrait combien l'attitude des partis était nettement dessinée, et combien peu elle avait été modifiée
par le cours des débats. « L'Eglise réformée de
France, » ajoutait le modérateur du Synode, « vient
» d'affirmer les bases sur lesquelles repose la foi de ses
» membres. Elle a usé du droit naturel, qui appartient
» à toute société comme à tout individu, de protéger et
» de défendre son existence. Y a-t-il péril ? Messieurs,
» vous le savez. Si le péril n'avait pas existé, vous ne
» seriez pas ici. Avez-vous écarté ce péril, ou n'avez-
» vous fait qu'en créer un autre plus dangereux et plus

» funeste ? L'avenir, et un avenir prochain, le dira. »

Le Synode se sépara le mercredi 10 juillet, après une session qui n'avait pas compté moins de trente séances. C'était assurément l'événement le plus considérable qui se fût accompli au sein de l'Eglise réformée de France depuis le commencement du siècle. Aussi eut-il un grand retentissement au dehors. Les Eglises protestantes du monde entier avaient salué avec d'unanimes sympathies la restauration de l'ancienne constitution de l'Eglise française. Toutes avaient tenu à honneur d'envoyer à l'assemblée de Paris des délégués chargés de lui apporter, avec leurs salutations fraternelles, l'expression de leurs félicitations et de leurs vœux. Elles comprenaient que, dans la situation si critique où se trouvait depuis quelques années, l'Eglise réformée de France, les décisions du Synode devaient avoir les plus graves conséquences. Aussi suivaient-elles les débats de l'assemblée de Paris avec le plus vif intérêt. La presse religieuse de tous les pays en entretenait ses lecteurs. Le télégraphe transmettait par delà l'Atlantique le résumé des discussions synodales et le résultat des votes qui les avaient suivies. La presse politique se faisait l'écho de la presse religieuse. Les grands journaux français et, à leur exemple, quelques journaux étrangers, s'occupaient de notre Synode. Ils publiaient le compte rendu de ses séances, et essayaient même quelquefois d'en apprécier et d'en discuter les résultats. Le Synode de 1872 était l'un des événements du jour.

III

ENTRE LES DEUX SESSIONS DU SYNODE ˙

La nouvelle session, indiquée pour le mois de novembre, ne put avoir lieu. La Commission permanente, dont l'unique rôle était de servir d'intermédiaire entre le Synode et le gouvernement pour arriver à la reconnaissance officielle des décisions de l'assemblée, s'était empressée de transmettre au ministre des cultes les projets de loi et de règlement votés dans la séance du 9 juillet. Elle n'avait plus qu'à attendre la réponse et les observations du ministre. Cette réponse fut longtemps retardée. Le gouvernement prévoyait un schisme et redoutait les complications qui devaient en être pour lui la conséquence. Une lettre adressée, avant l'ouverture du Synode, par le ministre des cultes à M. le pasteur Martin-Paschoud, donnait à entendre que l'Etat était disposé à reconnaître, s'il y avait lieu, et à constituer comme Eglise distincte la minorité du Synode, de quelque côté qu'elle fût. C'était là, sans contredit, la solution la plus équitable et la plus libérale. Elle aurait été facile, si la minorité avait consenti à la séparation. Au lieu de s'opprimer et de se combattre mutuellement, au grand détriment de la liberté, de la paix et de la vie religieuse, les deux fractions du protestantisme se seraient développées librement, chacune selon ses propres principes. Mais la minorité libérale ne voulait pas se séparer de la majorité. Elle refusait cette liberté et cette indépendance qui lui étaient offertes. Peut-être se défiait-elle de l'efficacité de ses principes pour fonder une Eglise et la faire durer. Quoi qu'il en soit, elle pré-

tendait conserver l'unité de l'Eglise officielle, et demeurer dans ses cadres, où elle pensait avoir sa place au
même titre que la majorité orthodoxe. Elle protestait
à la fois contre l'autorité du Synode et contre toutes les
conséquences que l'on pourrait tirer de ses décisions.

Au moment où finissait la première session du Synode,
les membres de la gauche avaient publié, sous le titre
de *Compte rendu des travaux du Synode général*, une sorte
de manifeste adressé aux Eglises. Ce manifeste se terminait par un appel aux fidèles et aux corps ecclésiastiques. Ils étaient invités à protester énergiquement auprès du gouvernement contre les décisions synodales.
« Que les consistoires et les conseils presbytéraux
» que l'on veut dépouiller, » disaient les signataires de
l'adresse, « s'agitent donc ; qu'ils se mettent à la tête
» des protestations. Qu'ils exposent au peuple l'immense
» danger dont on le menace ; qu'ils sauvent les Eglises
» réformées de France. Car, il ne faut pas se le dissi-
» muler, c'en est fait d'elles, s'ils laissent faire le parti
» si actif et si intolérant qui formait la majorité du
» Synode. »

Cet appel fut entendu. Les consistoires et les conseils presbytéraux où dominait l'opinion libérale prirent
des délibérations pour protester contre le Synode et
pour supplier le gouvernement de ne pas donner à ses décisions la sanction officielle dont elles avaient besoin
pour devenir exécutoires. Fidèle à ses traditions, le
Consistoire de Nîmes donna l'exemple. Dans sa séance
du 13 juillet 1872, il décida qu'une lettre serait adressée en son nom à M. Thiers, pour lui exposer les raisons qu'avait le consistoire de considérer les décrets
du Synode comme nuls et non avenus, et lui demander
de ne pas les confirmer. Après le Consistoire de Nîmes

ce fut le Consistoire de Tonneins qui protesta contre le Synode dans des termes analogues, et défendit aux pasteurs de son ressort de lire, du haut de la chaire, la lettre synodale. Puis le Consistoire de Saint-Maixent, qui, « au » nom de l'Evangile, protestait contre les actes du Sy-» node, répudiait sa confession de foi et refusait de la » recevoir. » Il déclarait, en outre, qu'il ne consenti-rait jamais « à la scission de l'Eglise que préparait la » majorité du Synode. » Le Consistoire de Vézenobres et d'autres encore se prononcèrent dans le même sens.

En même temps, les protestants libéraux du Havre profitaient d'un voyage du président de la République pour lui présenter une protestation dont les journaux du parti parlèrent beaucoup. Elle ne renfermait rien de nouveau, et reproduisait les déclarations déjà formulées dans les délibérations consistoriales.

Enfin les hommes considérables qui étaient les chefs reconnus du libéralisme parcouraient les Eglises pour y faire une active propagande de protestation et de résis-tance, tandis que les feuilles libérales entreprenaient une campagne en règle contre le Synode et ses actes. La *Renaissance* et l'*Avenir*, qui avaient remplacé le *Lien* et le *Protestant libéral*, se signalaient surtout par la vio-lence passionnée de leurs attaques. Nous n'avons pas à apprécier ici la valeur et la convenance de cette polé-mique. Qu'on nous permette seulement de relever l'es-pèce de contradiction dans laquelle tombaient les mem-bres de la minorité du Synode. Pouvaient-ils, en effet, sans inconséquence, contester l'autorité d'une assem-blée où ils avaient siégé eux-mêmes, après avoir accepté le mandat qui les y avait envoyés? Pouvaient-ils pro-tester à bon droit contre des décisions prises après de longs et consciencieux débats, auxquels ils avaient pris part, en exerçant librement leur droit de parole et de vote? N'était-ce pas d'ailleurs un étrange spectacle, que de voir des hommes qui se prétendaient libéraux en appeler à l'Etat des décisions de l'Eglise, et refuser à celle-ci le droit de faire elle-même ses propres affaires?

L'attitude des membres du centre gauche, quoique moins violente, n'était pas moins hostile. Dans un manifeste revêtu de dix-sept signatures, ils protestaient contre ce qu'ils appelaient la restauration de l'Eglise du seizième siècle. Se donnant comme les vrais représentants du protestantisme dans la France moderne, ils voulaient rester, au lendemain du Synode, ce qu'ils étaient la veille sous le régime de la loi organique de l'an X. « Là, disaient-ils, nous sommes inexpugnables. » Nos frères orthodoxes veulent établir une Eglise sy- » nodale dans toute la rigueur du terme, et par-dessus » tout une confession de foi, dant ils se réservent de » faire sortir, à l'heure qu'ils choisiront, toutes les con- » séquences logiques. C'est toute l'organisation du sei- » zième siècle qu'ils veulent ressusciter. Pour nous, » hommes du dix-neuvième siècle, nous voulons con- » server les institutions sous lesquelles nos pères à tous, » orthodoxes et libéraux, ont vécu depuis 1802. » Ce » manifeste était accompagné d'une lettre au président de la République. On y invitait le chef de l'Etat à conserver aux protestants de la minorité les institutions actuelles de l'Eglise qu'ils déclaraient leur suffire, — sauf à conclure ensuite avec la majorité un nouveau concordat qui la constituerait, selon ses désirs, en Eglise synodale. Ainsi, il y avait entre le centre gauche et la gauche cette différence, que tandis que la gauche prétendait contraindre les orthodoxes à vivre avec elle dans les cadres de la même Eglise, sous le régime de la loi de germinal et des décrets de 1852, le centre gauche les déclarait libres de se retirer et de se constituer en Eglise nouvelle. Il leur laissait, en un mot, la liberté du schisme. Car le centre gauche, d'accord en cela avec la gauche proprement dite, considérait la majorité du synode comme un parti révolutionnaire et schismatique tout en prétendant représenter lui-même la véritable Eglise protestante au dix-neuvième siècle. Comme si les vrais représentants de la tradition et de l'Eglise pro-testantes n'étaient pas ceux qui défendaient la foi de cette Eglise et ces institutions synolales qui avaient fait sa force et sa gloire dans le passé! Si, au lieu de pren-dre cette attitude, les membres du centre gauche s'étaient ralliés à la majorité du synode, dont ils acceptaient au fond les doctrines et les principes, le schisme aurait pu être prévenu. « Devant l'immense majorité qui se serait alors produite, il aurait pu y avoir des retraites indivi-duelles, toutes au profit de l'Eglise et de la sincérité des situations, mais il n'y aurait pas eu de schisme (1). »

De leur côté, les partisans du Synode ne restaient pas inactifs. Aux protestations des consistoires libéraux répondaient les adhésions motivées des consistoires évangéliques. Les conférences nationales évangéliques du Midi, réunies à Cette au mois d'octobre 1872 votèrent à l'unanimité une déclaration qui fut rendue pu-blique. On y remerciait Dieu pour l'œuvre de reconstruc-tion si heureusement commencée dans l'Eglise réfor-mée de France par le dernier Synode, et on exprimait le vœu que cette œuvre fût continuée et menée à bonne fin. En même temps la conférence instituait un comité

(1) *Le Christianisme au dix-neuvième siècle* du 15 novembre 1872, p. 185.

expressément chargé de veiller à ce que le but poursuivi par le Synode pût être atteint. Par ses soins, des
brochures furent publiées pour éclairer l'opinion des
Eglises et combattre les funestes effets de la propagande antisynodale. Ces opuscules, où toutes les questions pendantes étaient élucidées en un langage incisif
et populaire, portaient ces titres significatifs : *Voulez-
vous changer de religion? Qui en veut à la liberté? Qui fait
le schisme? Ce que veut le Synode.* Elles contribuèrent
puissamment, en plaçant les questions sur leur véritable
terrain, à dissiper les préventions, à écarter les malentendus et à justifier ainsi le Synode et son œuvre.

Le gouvernement, toutefois, hésitait encore. L'attitude du parti libéral, les protestations nombreuses dont
le Synode était l'objet, les difficultés pratiques que présentaient la reconnaissance et l'organisation de deux
Eglises réformées distinctes, appelées à se partager les
crédits du budget et les édifices du culte, tout cela l'ef-
frayait et lui donnait à réfléchir.

La Commission permanente·avait eu, au mois de décembre 1872, une entrevue avec le chef de l'Etat et avec
le ministre des cultes. Elle avait reçu les assurances les
plus encourageantes; mais on ne lui avait pas laissé
ignorer les difficultés qui arrêtaient le gouvernement.
On redoutait, en particulier, la discussion, au sein de
l'Assemblée nationale, des articles organiques votés par
le Synode. On cherchait les moyens d'éviter cet écueil
et de donner à l'œuvre du Synode une sanction officielle
sans recourir à l'intervention du pouvoir législatif. Pour
atteindre ce but, et pour faciliter la tâche du gouvernement, qui désirait pouvoir se passer de l'assemblée, la
Commission permanente fut invitée par le ministre des
cultes à lui adresser un tableau dans lequel les déci-

sions synodales seraient rangées sous les quatre chefs
suivants :

1º Dispositions anciennes ;

2º Dispositions considérées comme étant plus spécialement du domaine de l'Eglise, mais appelées néanmoins
à recevoir l'approbation du gouvernement ;

3º Matières mixtes, ou dispositions réglementaires de
nature à exiger d'une part les décisions de l'Eglise, et de
l'autre, l'assentiment de l'Etat ;

4º Dispositions modifiant certains textes de la loi de
l'an X et des décrets de 1852.

La commission s'empressa de faire et d'envoyer au
ministre le travail de classification qui lui était demandé.
Dans les premiers jours de mai 1873, elle adressa aux
membres du Synode une circulaire pour leur rendre
compte de ce qui s'était passé depuis la réunion du
mois de décembre. La commission exprimait l'espoir
que l'ouverture de la seconde session du Synode pourrait avoir lieu dans les premiers jours de juin .

Sur ces entrefaites survinrent les événements du
24 mai. Le gouvernement de M. Thiers fut renversé. La
Commission permanente s'empressa de reprendre avec le
gouvernement qui l'avait remplacé les négociations déjà
commencées au sujet du Synode. Elle se réunit de nouveau à Paris dans les derniers jours de juin ; et elle
annonça, dans une nouvelle circulaire, que le conseil
d'Etat allait être saisi par le ministre des cultes d'un
projet de décret autorisant la promulgation de la déclaration de foi votée par le Synode. « Quant aux décisions
relatives à la discipline et à l'organisation ecclésiastique, »
ajoutait la commission, « le décret les réservait pour un
examen ultérieur et pour une entente commune avec le
Synode général. »

On fit grand bruit, dans la presse libérale, de ce projet de décret. C'était un complot, disait-on, un coup d'état tramé dans l'ombre contre les libertés protestantes. Et l'on invitait les pasteurs et les consistoires à protester contre de pareils desseins.

Le projet de décret contre lequel on s'élevait avec tant de violence n'était pourtant que l'application de l'article IV de la loi de l'an X, en vertu duquel « aucune déci-
» sion doctrinale ou dogmatique, aucun formulaire sous
» le titre de confession, ou sous tout autre titre, ne
» peuvent être publiés ou devenir la matière de l'en-
» seignement, avant que le gouvernement en ait autorisé
» la publication ou la promulgation. »

La doctrine étant de la compétence exclusive de l'Eglise, l'Etat n'avait pas à discuter avec le Synode les articles de la déclaration de foi votée le 20 juin 1872. Il se bornait, selon le droit que lui conférait la loi de germinal, à en autoriser la publication. Le Synode, dans sa seconde session, devait s'entendre avec le gouvernement sur toutes les questions d'organisation et de discipline qui ne pouvaient se résoudre sans lui.

Au milieu de l'émotion causée par la nouvelle de ce projet de décret, quelques pasteurs des Eglises du Sud-Ouest, appartenant à la fraction évangélique et entièrement d'accord d'ailleurs avec la majorité du Synode sur le terrain des principes, avaient envoyé à la Commission permanente une adresse pour réclamer l'ouverture immédiate de la seconde session synodale. « Nous som-
» mes également convaincus, » disaient les signataires de cette adresse, « qu'on ne peut pas faire vivre en-
» semble les deux partis qui divisent notre Eglise, et
» qu'on ne peut pas sacrifier l'un des deux à l'autre. Il
» nous paraît évident qu'on ne peut, qu'on ne doit songer

» aujourd'hui qu'à faire à chacun sa part. En ce qui
» nous concerne, nous sommes avec le Synode. Dans
» sa déclaration de principes nous avons trouvé l'ex-
» pression de notre foi ; nous sommes prêts à nous sou-
» mettre à ses décisions. Mais nous voulons que toutes
» les consciences soient également respectées, et pour
» qu'elles le soient réellement, il faut que les protes-
» tants dont la foi n'est pas la nôtre aient le pouvoir de
» se constituer et de s'organiser d'une manière con-
» forme à leurs principes, sans rien sacrifier des privi-
» lèges qui découlent de l'union avec l'Etat... Nous de-
» mandons que le Synode déclare expressément qu'il
» ne s'oppose pas à ce que le gouvernement fasse droit
» à la réclamation qui lui a été adressée par les membres
» du centre gauche (1), et qu'ainsi il est bien entendu
» que les *décisions synodales ne seront pas imposées aux*
» *paroisses, ou sections de paroisses, correspondant ou non*
» *à un pasteur, qui refuseront de les accepter.* »

C'était assurément une pensée généreuse qui inspirait les signataires de cette lettre. Mais si leurs préoccupations étaient honorables, les craintes qu'ils paraissaient avoir n'étaient point fondées. Jamais la majorité
du Synode n'avait songé à *imposer* ses décisions à ceux
qui refuseraient de les accepter. Jamais non plus il n'avait
été dans sa pensée d'empêcher le gouvernement de
continuer les faveurs de son alliance à la minorité de
l'Eglise qui ne se soumettait pas au Synode. Toute liberté devait être laissée à cet égard à l'Eglise de la minorité comme au gouvernement.

(1) Les membres du centre gauche, ainsi qu'on la vu plus haut, demandaient pour la minorité le maintien des cadres actuels et des institutions existantes, avec la liberté pour la majorité de s'entendre avec le gouvernement
en vue de la constitution d'une Eglise synodale.

Mais les signataires de l'adresse semblaient reconnaître en principe aux deux fractions du protestantisme français un droit égal à faire partie de l'Eglise réformée concordataire. C'est là ce que la majorité évangélique du Synode ne pouvait leur accorder. Elle estimait que ceux qui avaient abandonné la foi et les principes de l'Eglise réformée n'avaient plus le droit d'en faire partie, et qu'ils devaient en sortir pour fonder une Eglise nouvelle.

Les conférences nationales évangéliques du Midi, réunies à Bordeaux les 28 et 29 octobre 1873, ne pouvaient manquer de s'occuper de la situation ecclésiastique. Après avoir entendu sur cette question un remarquable rapport de M. le pasteur Babut, et en avoir longuement discuté les conclusions la conférence émit le vœu « que le Synode maintînt les principes de foi et » d'organisation ecclésiastique, qu'il avait proclamés en » 1872 comme étant ceux de l'Eglise réformée de » France ; qu'il déclarât en même temps que les Eglises » qui croiraient devoir protester contre les décrets du » Synode ne seraient nullement inquiétées dans leur » situation vis-à-vis de l'Etat, dans la gestion de leurs » affaires intérieures et dans le choix de leurs pasteurs, » mais seraient considérées comme s'étant volontaire- » ment retirées de l'Eglise réformée synodale, et que » leurs représentants ne pourraient être admis au Synode » qui devra se réunir en 1874. »

Les conférences de Bordeaux étaient à peine terminées qu'une circulaire de la commission permanente convoquait, avec l'autorisation du ministre, la seconde session du Synode pour le jeudi 20 novembre 1873.

Quelques jours avant l'ouverture de la seconde session du Synode, le conseil d'Etat, par un avis délibéré

dans les séances du 13 et du 15 novembre, établissait
la parfaite légalité du Synode de 1872. La question
avait été, au sein de la haute assemblée, l'objet de
l'examen le plus sérieux et le plus approfondi. Toutes
les objections formulées par le parti libéral contre la
légalité et l'autorité du Synode et récemment résumées dans un long mémoire adressé au conseil d'Etat
par M. Jalabert, doyen de la Faculté de droit de
Nancy, y avaient été discutées et réfutées d'une manière
victorieuse (1).

(1) Il vaut la peine de faire connaître, par une courte analyse, ce document si remarquable. Le conseil d'Etat commençait par établir que la loi de
germinal n'avait nullement prétendu abolir le Synode général, et que, par
conséquent, il suffisait d'un simple décret pour en rétablir le fonctionnement
régulier.

« Il n'est point contesté, disait-il, que, jusqu'en 1802, l'Eglise réformée
était presbytérienne synodale. Le Synode général était un des organes essentiels de sa constitution. Avant 1789, vingt-neuf synodes généraux ont été
tenus, en vertu de lettres royales, sous la surveillance d'un commissaire du
roi. Et même après la révocation de l'édit de Nantes, les synodes généraux
se sont réunis au Désert. Les lois de l'an X n'ont pas fait table rase des institutions intérieures et traditionnelles des divers cultes dont elles rouvraient les
temples. Dans les exposés de motifs, et dans ses rapports au premier consul,
Portalis déclara, à plusieurs reprises, que la tâche du législateur est de régler
les rapports des Eglises avec le pouvoir civil et non de refaire leurs lois
religieuses. Il dit notamment : « Quand une religion est admise, on admet,
par voix de conséquence, les principes et les règles par lesquels elle se gou-
verne. » Ces paroles et l'esprit général des lois de l'an X ne permettent pas
de supposer que le législateur ait, par simple prétérition, et sans accord
préalable avec les représentants du culte intéressé, transformé une Eglise
presbytérienne synodale en Eglise congrégationaliste.

» Dans ses travaux préparatoires, Portalis rappelle à deux reprises le rôle
du Synode général, sans manifester la pensée de le supprimer. En soumettant
à l'autorisation de l'Etat tout changement dans la discipline, l'article 5 de la
loi de germinal a, par cela même, reconnu l'existence légale de ladite discipline, qui n'est autre que la constitution synodale des Eglises réformées. Si la
loi eût supprimé le Synode général, tout au moins l'eût-elle remplacé. Or,
elle ne l'a pas fait. Car les articles 20 et 30 ne donnent aux consistoires et
aux synodes d'arrondissements aucune des attributions des synodes généraux.
L'Eglise réformée ne possède aucune autorité, autre que le Synode général,

Le conseil. d'Etat était d'avis qu'il n'y avait pas lieu, pour le moment, « d'adopter le projet de décret, » autorisant la promulgation de la déclaration de foi votée par le Synode dans sa séance du 20 novembre 1872: « Le Synode, en effet, disait-il, n'a pas demandé l'autorisation de publier isolément cette déclaration de foi. Le gouvernement a, sans aucun doute, le droit de soumettre d'office à l'examen du conseil d'Etat, dans le but d'autoriser leur publication, les actes énumérés dans l'article 4 de la loi du 18 germinal an X. Mais le Synode devant se réunir très prochainement, il n'y a pas motif suffisant de procéder d'office. »

L'autorisation de promulguer la déclaration de foi du Synode n'était donc pas encore accordée. Mais c'était là une pure question de forme. Le conseil d'Etat, en pro-

qui puisse édicter, soit les modifications à la discipline prévues par l'article 5, soit les diverses décisions énumérées à l'article 4; d'où il résulte que, dans l'hypothèse de la suppression du Synode général, ces dispositions seraient dénuées de sens, et aussi impossibles à appliquer qu'à comprendre. »

Le conseil d'Etat établissait ensuite qu'un décret avait suffi pour autoriser régulièrement la tenue du Synode de 1872. « En effet, disait-il, si l'intervention du législateur a été reconnue nécessaire en 1852, c'est qu'il s'agissait de modifier les dispositions expresses de l'article 18 de la loi de l'an X, et d'organiser sur les bases nouvelles les conseils presbytéraux et les consistoires. La mesure qui a ordonné la convocation du Synode général ne présente aucun caractère analogue. Elle ne déroge à aucune loi, et elle rentre dans les pouvoirs qui appartiennent au gouvernement sur la police des cultes. »

Passant enfin aux griefs articulés contre la répartition des consistoires en arrondissements synodaux, et contre le mode suivi dans les synodes particuliers, pour l'élection des délégués au Synode général, le conseil d'Etat déclarait « que le décret du 29 novembre 1871, légal dans son principe, s'est conformé, dans le détail de ses dispositions, à l'ensemble des règles et des traditions anciennes, combinées avec les lois de l'an X et de 1852. »

Le conseil concluait de la manière suivante : « De tout ce qui précède, il résulte que *la légalité du Synode de 1872 est certaine.* »

(Voir pour le texte complet de l'*Avis* du conseil d'Etat, le *Christianisme au dix-neuvième siècle*, du 24 novembre 1873).

clamant la parfaite légalité du Synode de 1872, avait
sanctionné d'avance tous les actes émanés de lui. L'autorité et la compétence de cette assemblée étaient désormais hors de toute contestation. Ses décisions passées comme ses décisions à venir devaient, par cela
même, être considérées comme ayant force de loi. Le
gouvernement ne pouvait, sans se déjuger lui-même, se
refuser à en autoriser la promulgation (1).

L'Eglise réformée de France était donc, d'une manière légale et définitive, rentrée en possession de ses
anciennes institutions synodales. Ces institutions pouvaient désormais fonctionner régulièrement. On n'avait
plus à craindre que l'œuvre du Synode de 1872, ou celle
des Synodes futurs, fût mise en question. C'était là un
résultat dont l'importance ne pouvait échapper à personne.

IV

DEUXIÈME SESSION DU SYNODE

C'est sous l'impression produite par la décision du
conseil d'Etat que s'ouvrit à Paris, le 20 novembre 1873,
dans le temple du Saint-Esprit, la seconde session du
trentième Synode de l'Eglise réformée.

Le bureau demeura constitué comme il l'était l'année
précédente.

Dès le commencement de la première séance, on remarqua que les membres de la gauche n'étaient pas venus occuper leurs sièges. Une lettre avait été déposée en

(1) Depuis que ces lignes ont été écrites, un décret, en date du 28 février 1874,
a autorisé la promulgation de la déclaration de foi.

leur nom sur le bureau de l'assemblée. Les signataires
de cette lettre s'exprimaient en ces termes :

« En présence des protestations soulevées dans
l'Eglise par la décision que la majorité du Synode a
prise dans sa précédente session, de rendre obligatoire
la déclaration de foi ; interprètes, des craintes légitimes
inspirées à nos commettants par les démarches faites récemment auprès de l'Etat pour donner à cette déclaration un caractère exécutoire ;

» Nous déclarons que nous ne saurions prendre part
aux délibérations du Synode, tant qu'il n'aura pas, par
un vote formel, affirmé que la confession de foi adoptée
par la majorité de ses membres n'est qu'une déclaration
de principes religieux n'engageant que ses auteurs et
ses adhérents, et qu'elle ne pourra directement ou indirectement être imposée par l'assemblée actuelle à aucun des membres présents ou futurs, pasteurs ou laïques,
de l'Eglise réformée de France, »

C'était demander au Synode de se déjuger. Il ne pouvait le faire. Après une courte discussion, le Synode répondit aux membres de la gauche par l'ordre du jour
suivant :

« Le Synode,

» Considérant que, tout en étant toujours prêt à
apporter à son œuvre les améliorations qui lui seraient
démontrées nécessaires, il ne saurait abandonner les
principes qu'il a proclamés et qu'il regarde comme
constitutifs de la foi chrétienne et de l'Eglise réformée ;

» Considérant qu'il n'a pris et qu'il est résolu à ne
prendre aucune décision contraire à la liberté des Eglises et attentatoire à l'indépendance des consciences,

» Maintient ses votes précédents sur la déclaration de
foi et passe à l'ordre du jour. »

Les membres libéraux du Synode s'abstinrent en conséquence de prendre part aux délibérations de l'assemblée. Leurs bancs demeurèrent vides pendant tout le cours de cette seconde session. Les séances du Synode y perdirent beaucoup de l'animation et de l'intérêt dramatique qu'elles avaient offerts l'année précédente. Mais pour être devenues plus calmes, elles n'en furent pas moins fécondes en résultats importants.

N'était-ce pas déjà un résultat singulièrement grave que cette rupture qui venait d'être consommée entre les deux fractions du Synode ? N'était-ce pas le signe précurseur du schisme qui devait bientôt s'accomplir au sein de l'Eglise ?

Pendant que les membres de la gauche se réunissaient entre eux pour aviser aux nécessités de la situation nouvelle, le Synode continuait paisiblement ses travaux. La Commission permanente commença par rendre compte à l'assemblée de ce qu'elle avait fait depuis la clôture de la première session. Elle terminait son rapport en proposant au Synode de demander au gouvernement l'autorisation de publier la déclaration de foi ainsi que l'article disciplinaire exigeant de tous les nouveaux pasteurs, au moment de leur consécration, l'acceptation de cette déclaration. Ces deux propositions furent votées par le Synode dans sa seconde séance. La Commission permanente avait proposé, en outre, qu'une commission spéciale, dite *Commission de révision* fût chargée de présenter un rapport sur les modifications qui paraîtraient devoir être utilement apportées aux projets de la loi organique et de règlement votés dans la précédente session. Conformément à cette proposition, une commission de quatorze membres fut nommée. Tous les membres de la commission permanente en faisaient partie.

La Commission se mit immédiatement à l'œuvre. Elle put, dès la séance suivante, soumettre à l'assemblée les premiers résultats de ses travaux. Pour éviter toutes les complications qu'aurait inévitablement provoquées la nécessité d'une intervention législative, et pour obtenir plus sûrement la prompte reconnaissance officielle des décisions synodales, la Commission s'efforça de se conformer autant que possible, soit aux dispositions de l'ancienne discipline visée par la loi de l'an X, soit à celles de cette loi elle-même et des décrets et règlements de 1852. Aussi crut-elle devoir s'occuper en premier lieu du Synode général au sujet duquel la loi de germinal n'avait rien statué. Elle se bornait à reproduire, sans modifications, les articles votés l'année précédente et relatifs à la périodicité et aux attributions du Synode général, comme au mode d'élection à suivre pour le choix de ses membres. Ces articles, étant de tous points conformes aux dispositions de l'ancienne discipline, ne pouvaient donner lieu à aucune difficulté de la part du gouvernement.

Il n'en était pas ainsi des dispositions de l'ancien projet relatives aux synodes particuliers. On avait décidé, en 1872, que les circonscriptions réunies de plusieurs consistoires formeraient le ressort d'un synode particulier, conformément au tableau dressé par le Synode général. Or, cette décision était contraire aux dispositions expresses de l'article 17 de la loi de germinal, d'après lequel cinq consistoires forment l'arrondissement d'un synode. L'intervention du pouvoir législatif aurait donc été nécessaire pour sanctionner l'article voté en 1872. Une nouvelle répartition des consistoires en circonscriptions synodales offrait d'ailleurs, dans la situation actuelle de l'Eglise, des inconvénients et des difficultés de plus d'un genre. La Commission de révision jugea donc plus sage de s'en tenir provisoirement aux termes de la loi de l'an X et du décret du 29 novembre 1871, soit pour la composition des synodes particuliers, soit pour la répartition des consistoires en arrondissements synodaux. Les propositions de la Commission furent adoptées par l'assemblée. Il fut décidé, en outre, que les consistoires conserveraient le droit de présenter les candidats aux chaires vacantes dans les facultés de théologie (1).

Le Commission de révision avait proposé une modification grave à la loi électorale votée dans la précédente session. Elle demandait qu'on exigeât des électeurs une adhésion à la déclaration de foi du 20 juin 1872. Les conditions de l'électorat paroissial devaient être formulées de la manière suivante :

« Sont inscrits ou maintenus sur le registre paroissial, ceux qui, remplissant les conditions actuellement exigées, et faisant élever leurs enfants dans la religion protestante, reconnaissent le régime presbytérien synodal comme étant celui de l'Eglise réformée de France, et acceptent, pour base de cette Eglise, la déclaration de foi formulée par le Synode général. »

Une discussion assez animée s'engagea sur la proposition de la Commission. Le nouvel article fut vivement attaqué de divers côtés de l'assemblée. On lui reprochait à la fois de n'être pas assez populaire et de formuler à l'égard des électeurs des exigences excessives. Nos populations protestantes, disait-on, ne savent pas ce que c'est que le régime presbytérien synodal. Exiger

---

(1) Un article du projet voté en 1872 investissait de ce droit les synodes particuliers.

des électeurs qu'ils adhèrent à ce régime dont ils connaissent à peine le nom, et qu'ils acceptent la déclaration de foi votée par le Synode, c'est une prétention qui pourra paraître à plusieurs excessive et inquisitoriale. Il ne faut pas oublier que l'Eglise réformée est une Eglise de multitude et non pas une Eglise de professants. Prenons garde d'écarter, par des mesures inopportunes, un grand nombre d'électeurs qui demeurent sincèrement attachés à notre Eglise, mais qui ne savent qu'imparfaitement quels sont ses principes ecclésiastiques et quelle est leur propre foi. Ne rendons pas plus étroites les conditions électorales votées en 1872 ; tenons-nous-en à l'article de l'ancien projet, qui a le grand mérite d'avoir réuni 77 voix sur 105, c'est-à-dire plus des deux tiers des suffrages, ceux du centre gauche aussi bien que ceux de la droite de l'assemblée.

Quelques membres du Synode adressaient à l'article de la Commission un reproche tout contraire. Au lieu d'y voir une aggravation imprudente de l'ancien article, ils l'accusaient d'en être une regrettable atténuation. On ne demande pas, disaient-ils, une adhésion personnelle à la vérité chrétienne, telle que la professe l'Eglise réformée, mais la pure et simple reconnaissance de ce fait : l'Eglise réformée a pour base certaines doctrines que le Synode a formulées. « Un mahométan, s'écriait M. le pasteur Lasserre, pour peu qu'il sût ce qu'est notre Eglise, pourrait faire la déclaration demandée. »

Tandis que d'un certain côté de l'assemblée on voulait le maintien pur et simple de l'article voté dans la première session, on demandait, de l'autre côté, qu'une adhésion personnelle à la déclaration de foi du Synode fût exigée des membres des corps ecclésiastiques comme des électeurs.

L'article de la Commission fut défendu par MM. Dhombres et Bois. Ils développaient des arguments qui n'étaient pas assurément sans valeur. L'œuvre du Synode, disaient-ils, aura plus d'unité, elle sera plus complète et plus conséquente avec elle-même, s'il n'y a qu'une déclaration de foi au lieu de deux, l'une pour les laïques, l'autre pour les pasteurs. L'article proposé par la Commission maintient d'ailleurs entre les pasteurs et les laïques une distinction que l'on ne saurait méconnaître sans injustice. On ne peut exiger des électeurs tout ce que l'on demande des pasteurs. Pour être pasteur dans une Eglise, il faut partager la foi de cette Eglise, et s'engager à en faire la base et la règle de l'enseignement que l'on est chargé de donner aux fidèles en son nom. Pour être membre d'une Eglise qui prétend être une Eglise de multitude et non une Eglise de professants, il suffit de reconnaître qu'une certaine foi et de certains principes sont les fondements sur lesquels elle repose, et de s'engager à maintenir ces fondements. Alors même qu'on ne partage pas la foi de l'Eglise, on peut la croire salutaire, et désirer qu'elle soit maintenue et propagée. C'est là tout ce que le nouvel article réclame des électeurs. Il respecte le sanctuaire intime de leur conscience ; il ne leur demande pas s'ils croient ou s'ils ne croient point : il exige seulement qu'ils reconnaissent que l'Eglise a une foi déterminée et qu'ils s'engagent à faire respecter cette foi. A la fin de son discours, M. Bois citait, à l'appui de la thèse qu'il avait soutenue, quelques paroles d'une lettre de M. Pédézert que nous croyons devoir reproduire : « Une fois les croyances » générales de l'Eglise fixées et déterminées, on dirait » à quiconque veut s'approcher de l'urne : Vous fûtes » un membre de l'Eglise ; l'êtes-vous encore ? Adhérez-

» vous aux bases sur lesquelles elle repose? Voulez-
» vous les conserver ou les renverser ? Si vous voulez
» les conserver, entrez, vous êtes de la maison. Si vous
» voulez les renverser, souffrez qu'on ferme la porte
» sur un ennemi. Si vous n'êtes ni favorable ni hostile
» à la foi protestante, permettez qu'on écarte un indif-
» férent. »

Ces considérations toutefois ne parurent pas décisives
à tous les membres de l'assemblée. Divers amendements furent renvoyés à la Commission. Au commencement de la séance suivante, la Commission déclara que,
pour éviter des divisions regrettables sur une question
de cette importance, et pour arriver à un vote unanime,
elle retirait sa proposition, espérant, ajouta-t-elle, que
son exemple serait suivi par les auteurs des amendements présentés. L'exemple donné par la Commission
fut suivi en effet. Tous les amendements furent retirés.
Le Synode vota, à l'unanimité moins une abstention, le
maintien des conditions électorales formulées par l'ancien projet de loi (1).

Il est bon d'ajouter que, pour éviter autant que possible des modifications d'articles de loi pouvant susciter
des difficultés de la part du gouvernement, on en revint, pour ce qui concerne les conditions d'âge, à l'âge
de trente ans, déterminé par les lois et règlements de
1852 (2).

La question de la composition et des attributions des
conseils presbytéraux et des consistoires fut réservée :
elle devait être examinée par la prochaine assemblée
synodale. Il fut décidé que l'on ne soumettrait à l'appro-

(1) C'était le 27 novembre 1873.
(2) En 1872, le Synode avait substitué l'âge de vingt-cinq à celui de trente
ans.

bation du gouvernement que la partie du projet de loi organique concernant le Synode général, les synodes particuliers, et l'électorat ecclésiastique.

Les quatre dernières séances furent remplies par l'examen de certaines questions spéciales qui avaient été portées devant le Synode et dont nous n'avons pas à parler ici. Mais nous ne pouvons passer sous silence la discussion que provoqua, au sein de l'assemblée, la lettre des pasteurs du Sud-Ouest dont nous avons parlé plus haut.

La Commission des vœux, chargée par le Synode de présenter un rapport sur la lettre des pasteurs du Sud-Ouest, avait choisi pour rapporteur M. le pasteur Arnaud, de Crest. Après avoir rendu hommage aux sentiments de modération et de charité qui avaient inspiré les pétitionnaires, le rapporteur démontrait que leur demande n'était motivée par aucun fait. Le Synode, disait-il, n'a pas eu un seul instant la pensée d'imposer ses décisions à personne. Il a toujours professé et il professera toujours le plus absolu respect pour la liberté des consciences. Tous ceux qui n'accepteront pas son autorité et qui voudront se séparer de l'Eglise dont il est la représentation légale, pourront se constituer en Eglise distincte. Le Synode ne s'y opposera pas. Il ne s'opposera pas davantage à ce que l'Etat reconnaisse cette Eglise nouvelle et lui fasse une part dans son budget. Mais le Synode ne peut, — comme l'y invitent les pétitionnaires, — prendre l'initiative et opérer ou provoquer lui-même le schisme. Aucun synode particulier, aucun consistoire n'a manifesté son intention de se séparer de l'Eglise réformée. Le Synode est le représentant authentique de cette Eglise. Il ne doit rien faire pour favoriser une séparation douloureuse. Il doit souhaiter, au contraire, qu'elle ne s'accomplisse pas. Et si le schisme doit se produire, le Synode doit désirer que ce soit une fraction minime qui se sépare, et pour peu de temps.

M. Bois prit la parole pour appuyer les conclusions du rapport. Il insistait avec beaucoup de force sur ce fait, que l'Eglise réformée de France « est avec le Synode, et pas ailleurs. » — « Le Synode, disait-il, est la représentation légale de cette Eglise, dont il continue les traditions et maintient les principes et la foi. C'est à tort qu'on l'accuse d'avoir innové et d'avoir fondé une Eglise nouvelle. Il n'a fait que maintenir et affirmer l'ancienne : celle de nos pères du seizième siècle, celle du Désert, celle du Concordat, celle de 1852. Il a formulé les principes ecclésiastiques qui ont été de tout temps les siens ; il a proclamé la foi qu'elle n'a jamais cessé de confesser et qu'elle confesse encore aujourd'hui dans ses liturgies. Au point de vue légal, comme au point de vue de la foi, nous sommes l'Eglise réformée de France, et il n'y en a point d'autre. »

« Et maintenant, continuait l'orateur, s'il y en a qui ne veulent pas de cette Eglise, ils sont libres de ne pas en faire partie. S'ils ne veulent pas de son organisation et de sa foi, personne ne songe à les leur imposer. Mais il est évident que ceux qui n'acceptent ni cette organisation ni cette foi cessent de faire partie de cette Eglise. Nous n'avons jamais eu la pensée de contester qu'on ait le droit de professer une autre foi que la nôtre et de faire partie d'une autre Eglise. Nous comprenons que l'on sorte de l'Eglise réformée. Ce que nous ne comprenons pas, c'est que l'on en sorte en ayant l'air d'y rester. Si la question du schisme se produit, nous ne ferons aucune opposition à ce que l'Etat reconnaisse l'Eglise séparée et salarie ses ministres. Personne ne sera plus large que nous pour tout ce qui concerne le temporel ecclésiastique. Nous sommes prêts à tout livrer ; tout, excepté le nom de l'Eglise réformée. »

Pour formuler d'une manière plus précise l'opinion du Synode sur la lettre des pasteurs du Sud-Ouest, M. Bois proposait l'ordre du jour suivant :

« Le Synode,

» Considérant que le Synode général est, en vertu de la discipline de l'Eglise réformée, la plus haute représentation de cette Eglise, et que l'Etat l'a reconnu comme légalement fondé en cette qualité ;

» Considérant que les décisions fondamentales du Synode de 1872-1873 ne font que reproduire les principes de foi et d'organisation sur lesquels l'Eglise réformée a été établie, et que, par conséquent, repousser ces principes et se refuser à les appliquer, ce serait se mettre en dehors de cette Eglise ;

» Considérant que nul ne peut être contraint de rester dans une société religieuse dont il ne partage plus les croyances et dont il veut sortir ; que chacun doit conserver la plus entière liberté de suivre à cet égard les inspirations de sa conscience ;

» Considérant que le Synode n'a pris aucune résolution qui fût de nature à restreindre directement ou indirectement cette liberté ; qu'il n'a jamais eu la pensée de s'opposer à ce que des pasteurs et des paroisses, rejetant la foi et les institutions de l'Eglise réformée, se séparent d'elle pour fonder, sur des bases différentes, une nouvelle Eglise, et obtiennent pour celle-ci la reconnaissance de l'Etat, les avantages d'un concordat et une part équitable du temporel ecclésiastique ;

» Considérant qu'il n'appartient pas au Synode général de provoquer lui-même la formation d'une Eglise nouvelle en dehors de l'Eglise réformée qu'il a mission de reconstruire et non de déchirer,

» Passe à l'ordre du jour. »

Cet ordre du jour fut adopté, après une courte discussion ; et il fut décidé qu'on l'enverrait aux pétitionnaires avec le rapport de la commission.

Avant de se séparer, le Synode porta à quinze, — par la nomination de huit nouveaux membres, — le nombre des membres de la commission permanente, et il décida qu'il se réunirait de nouveau dans le courant de l'année 1874, à une date qu'on laissait à la commission permanente le soin de fixer.

La onzième et dernière séance du Synode eut lieu le 3 décembre 1873. Après l'expédition rapide des dernières affaires incrites à l'ordre du jour, M. le pasteur Gaufrès, de Crest, donna lecture de la lettre qui devait être adressée aux fidèles de la part de Synode. Cette lettre, empreinte d'une modération et d'une largeur qui n'excluait ni la fidélité ni la fermeté chrétiennes, exposait brièvement l'œuvre accomplie par le Synode pendant sa seconde session. Elle rappelait l'acte solennel par lequel le conseil d'Etat avait consacré la légalité et l'autorité du Synode de 1872. Elle déplorait la retraite des membres de la gauche, qui avaient cru devoir quitter l'assemblée, « lorsqu'il s'est agi d'affirmer les croyances de no-
» tre Eglise et de rétablir sur ses antiques fondements
» l'édifice de nos ancêtres. Il eût été si beau de travail-
» ler ensemble d'un même esprit et d'un même cœur à
» réparer les brèches de Sion ! » La lettre se terminait par un chaleureux appel adressé à tous les pasteurs et à tous les fidèles, les invitant à se rallier autour du drapeau de l'Evangile et de l'Eglise et « à demeurer unis

» avec la majorité du Synode sous un régime **qui** sau-
» vegarde les principes de foi et de liberté qui ont fondé
» et conservé le protestantisme. »

M. le pasteur Bastie, modérateur du Synode, prononça ensuite le discours de clôture. Après avoir exprimé, avec l'accent de l'émotion la plus vraie, sa profonde tristesse à la pensée du schisme qui semblait se
préparer au sein de l'Eglise réformée, l'orateur ajoutait :

« Toutefois, Messieurs, s'il peut y avoir une conso-
» lation dans un tel malheur, nous la trouverions dans
» notre conscience. Malgré tant d'attaques, dont je ne
» veux rappeler ni le nombre ni la violence, nous n'avons
» pas voulu le schisme, et nous ne l'avons pas fait.
» Nous avons purement et simplement affirmé que notre
» Eglise a une foi, et que cette foi doit être respectée.
» Nous avons constaté cette foi sous la forme la plus
» élémentaire et la plus large. Nous en avons confié le
» maintien aux corps religieux que nos pères avaient
» organisés avec une sagesse que l'histoire admire et
» qui a fourni aux nations modernes les bases des cons-
» titutions politiques qui ont le mieux assuré le déve-
» loppement de la liberté. »

» Nous avons, en un mot, mis en lumière ce qui
» n'avait pas cessé d'être, mais ce qu'on avait oublié :
» l'Eglise presbytérienne synodale de France.

» Cette restauration si légitime à la fois et si bienfai-
» sante, sera-t-elle considérée comme une nouveauté
» sans raison, comme une atteinte portée à la liberté
» des consciences ? C'est à vous, Messieurs, de faire
» cesser des malentendus qui durent depuis trop long-
» temps. C'est à vous de répéter dans nos Eglises de
» multitude que nous n'avons rien changé, **rien intro-**

» duit de nouveau ; que nous sommes et que nous enten-
» dons rester la vieille Eglise de nos pères, l'Eglise ré-
» formée de France. »

Le soir du même jour, un service de communion fut célébré dans le temple de l'Oratoire, pour clore, conformément à l'antique usage de nos pères, la dernière session du XXXe synode de l'Eglise réformée.

V

LE LENDEMAIN DU SYNODE.

Les membres du Synode étaient à peine dispersés que le Consistoire de Nîmes, par une délibération en date du 12 décembre 1873, et communiquée à tous les conseils presbytéraux et à tous les consistoires, déclarait que, d'accord avec les membres de la gauche du Synode, — dont il approuvait sans réserve la conduite, — « il repoussait le joug d'une confession de foi qui change absolument le caractère de l'Eglise protestante telle qu'elle existe depuis le commencement de ce siècle. » Le Consistoire se disait fermement décidé, — si cette confession de foi était décrétée, — à continuer à vivre, comme par le passé, sous le régime de la loi de germinal et des décrets de 1852.

Les plus importants des consistoires libéraux suivirent l'exemple du Consistoire de Nîmes et manifestèrent les mêmes intentions.

Mais une occasion allait bientôt être offerte à toutes les Eglises de France de dessiner leur attitude à l'égard du Synode. Les élections pour le renouvellement triennal des Conseils presbytéraux et des Consistoires devaient avoir lieu, aux termes de lois existantes, dans le

I

courant du mois de janvier 1874. Une circulaire ministè-
rielle, en date du 20 novembre, antérieure par conséquent à la seconde session du Synode, avait déjà convoqué les électeurs pour la dernière quinzaine de janvier.
Cette circulaire ne faisait aucune mention des nouvelles
conditions religieuses de l'électorat déterminées par le
Synode. Aussi les libéraux l'avaient-ils accueillie avec
une joie bruyante. Ils avaient espéré que le gouvernement ne sanctionnerait pas la nouvelle loi électorale et
interprétaient le silence du ministre dans le sens de leurs
espérances. Mais ces espérances ne tardèrent pas à être
déçues. Le gouvernement ne pouvait pas se déjuger
lui-même et méconnaître à ce point l'autorité du Synode
dont le Conseil d'Etat venait de proclamer avec tant
d'éclat la légalité. La circulaire du 20 novembre avait
été prématurément lancée par le ministre d'alors, M. Bat-
bie. Elle fut retirée par son successeur, M. de Fourtou,
qui publia, le 22 décembre, une circulaire nouvelle, visant les conditions électorales édictées par le Synode
et retardant les élections prochaines jusqu'à la seconde
quinzaine d'avril. Les registres paroissiaux devaient rester ouverts jusqu'au 31 mars, « afin disait le ministre,
que tous les intéressés pussent être informés et toutes
les réclamations entendues. »

Les consistoires qui avaient protesté contre l'autorité
du Synode devaient nécessairement protester aussi contre les nouvelles conditions électorales formulées par
lui et visées par la circulaire ministérielle du 22 décembre. C'est ce que s'empressa de faire le Consistoire de
Nîmes, dans une nouvelle délibération communiquée à
tous les conseils presbytéraux et à tous les consistoires.
On y déclarait que, par déférence pour la circulaire
ministérielle, les élections seraient retardées jusqu'à la

seconde quinzaine d'avril. Mais on refusait formellement
d'appliquer la loi électorale votée par le Synode, et les
élections devaient se faire sur la base des règlements
de 1852. L'exemple de Nîmes fut suivi par tous les
consistoires qui avaient adhéré à ses premières protestations contre le Synode.

Au moment où nous écrivons ces lignes, on se prépare au scrutin qui va s'ouvrir. Il aura sans doute pour
résultat de séparer l'Eglise nationale en deux Eglises
distinctes. La fraction qui se ralliera au Synode demeurera l'*Eglise réformée de France*. Mais il est probable
que la fraction qui sera séparée du Synode sera reconnue par l'Etat comme une *Eglise nouvelle*, ave laquelle
devra être conclu un nouveau concordat.

Ce n'est pas sans un sentiment de profonde tristesse
que nous envisageons la perspective du schisme qui se
prépare. Le protestantisme est une trop petite minorité
en France pour que nous nous résignions volontiers à
le voir encore divisé et affaibli. N'y a-t-il pas d'ailleurs
entre les deux fractions du protestantisme français tout
un trésor commun de traditions et de souvenirs ?

Mais quelque douloureuse que soit la séparation,
elle est devenue nécessaire du jour où s'est produite,
au sein de notre Eglise, une tendance qui en reniait les
principes et la foi. La responsabilité du schisme retombe
tout entière sur ceux qui ont abandonné les grandes
croyances évangéliques qui ont été celles de nos pères,
et en dehors desquelles il ne saurait y avoir ni religion
ni Eglise chrétienne. Le devoir de l'Eglise réformée de
France était d'affirmer sa foi à ses croyances et de la
faire respecter. Lorsque la conscience commande, il
faut obéir, même au prix des plus douloureux sacrifices. Mieux vaut une Eglise petite par le nombre, mais

grande par le zèle et par la foi, fortement unie sous la
bannière de l'Evangile, qu'une Eglise nombreuse mais
divisée et que l'anarchie condamne à l'impuissance.

Nous espérons, d'ailleurs, que le schisme, s'il doit
se produire, ne s'accomplira que dans des proportions
restreintes et pour un temps limité. On ne tardera pas à
reconnaître que les principes du libéralisme ne suffisent
pas à fonder une Eglise et à la faire prospérer. On re-
viendra alors à la foi et aux principes sans lesquels il
est également impossible aux âmes de vivre et à une
Eglise d'exister. L'unité de l'Eglise réformée de France
se reconstituera sur le large et solide terrain des croyances évangéliques. Nous verrons alors refleurir la foi et
le zèle des anciens jours ; et notre Eglise, redevenue la
glorieuse Eglise d'autrefois, pourra travailler efficacement au relèvement de la France.

VI

Nous ne voulons pas poser la plume sans dire quelques mots d'une Eglise sœur de la nôtre, et pour laquelle nous ne cesserons jamais d'éprouver les plus vives
sympathies. — L'Eglise de la confession d'Augsbourg
a eu cruellement à souffrir de la dernière guerre. Non
seulement elle a perdu plus de la moitié de ses membres depuis que l'Alsace n'est plus française, mais elle
a perdu aussi, avec la ville de Strasbourg, le centre de
son administration ecclésiastique. Affaiblie et désorgani-
sée, elle avait besoin de se reconstituer, de se donner
l'unité et la cohésion qu'elle n'avait plus, depuis qu'elle
était privée du corps supérieur chargé jusque-là de la
direction générale de ses affaires.

C'est pour accomplir cette œuvre de réorganisation

devenue nécessaire que fut réuni à Paris, le 23 juillet 1872, le Synode de l'Eglise de la confession d'Augsbourg.

Les deux tendances qui se partageaient l'Eglise réformée se retrouvaient au sein de l'Eglise luthérienne, Mais la lutte n'y avait pas pris ce caractère de violence qui rend la vie commune impossible. Aussi les membres du Synode purent-ils affirmer l'unité de l'Eglise luthérienne, et sa fidélité aux principes sur lesquels elle avait été fondée.

Le préambule du projet de loi organique voté par le Synode était ainsi conçu :

« Avant de procéder à l'œuvre de réorganisation » pour laquelle il a été convoqué, le Synode fidèle aux » principes de foi et de liberté sur lesquels les réforma- » teurs ont fondé notre Eglise, proclame l'autorité sou- » veraine des saintes Ecritures en matière de foi et » maintient à la base de sa constitution légale la con- » fession d'Augsbourg. »

Quant à la loi organique votée par le Synode, qu'il nous suffise de dire qu'elle donnait à l'Eglise de la confession d'Augsbourg une constitution synodale analogue à celle de l'Eglise réformée.

A côté des pasteurs et des inspecteurs ecclésiastiques se trouvent des conseils presbytéraux, des consistoires, des synodes particuliers et un synode général. Les pasteurs sont nommés par les consistoires, qui s'adjoignent à cet effet tous les membres du conseil presbytéral de la paroisse intéressée. Les inspecteurs sont nommés par les synodes particuliers. Le synode général est l'autorité suprême de l'Eglise. Il veille au maintien de sa constitution, approuve les livres ou formulaires liturgiques qui doivent servir au culte et à l'enseignement religieux, et il juge en dernier ressort les difficultés auxquelles peut donner lieu l'application des règlements concernant le régime intérieur de l'Eglise.

Les Eglises indépendantes de l'Etat ont aussi droit à une mention de notre part. Elles se sont, pendant ces douze dernières années, développées et affermies. Leurs synodes se sont régulièrement réunis; ils ont maintenu au milieu d'elles la cohésion et l'unité qui sont les conditions même de l'existence des Eglises comme de la vie des peuples. Le principe de la séparation de l'Eglise et de l'Etat a fait, d'ailleurs, en ces derniers temps, beaucoup de chemin dans les esprits. Le jour n'est pas éloigné, peut-être, où ce principe recevra une application plus complète et plus générale, au grand profit selon nous, et de l'Etat et des Eglises.

En attendant, l'union de tous les éléments évangéliques du protestantisme français tend à s'affirmer tous les jours davantage. Je n'en veux pour preuve que la fondation récente d'une œuvre nouvelle, — la *Mission intérieure*, — réunissant sur le terrain de l'alliance évangélique et dans un but commun d'évangélisation populaire « tous ceux qui croient en Jésus-Christ comme en leur Sauveur, et qui veulent travailler à l'avancement de son règne. » La *Mission intérieure évangélique* fut fondée à Nîmes au mois d'octobre 1871. C'était la première fois que se réunissaient les conférences nationales évangéliques depuis nos derniers malheurs. On sentait vivement la douloureuse gravité des circonstances. Ce fut sous le regard de Dieu, et comme par une inspiration irrésistible de son Esprit, que fut votée d'enthousiasme, à la suite d'un éloquent rapport de M. le pasteur Recolin, la fondation de la société nouvelle. Faire appel à toutes les énergies individuelles, réunir en un seul faisceau toutes les forces vives du protestantisme évangélique, pour accomplir, en dehors de toute préoccupation ecclésiastique, une œuvre d'évangélisation et de sainte propagande, tel était le programme de la *Mission intérieure*. Nous voudrions pouvoir reproduire ici le texte de ses statuts, qui fait si bien connaître l'esprit et le but de la nouvelle société. Nous voudrions aussi pouvoir raconter ce qu'elle a déjà fait et ce qu'elle se propose de faire encore. Mais nous devons nous contenter de renvoyer nos lecteurs au journal que la Société publie à Nîmes sous le nom de *Bulletin de la mission intérieure*.

Qu'il nous soit permis, en terminant, de rapprocher de ce fait réjouissant un autre fait plus réjouissant encore, parce qu'il nous montre un nouveau progrès accompli dans le sens de l'union entre tous les chrétiens, à quelque dénomination religieuse qu'ils appartiennent.

Les Vieux Catholiques de Genève, en la personne d'un de leurs prêtres les plus distingués, le père Hyacinthe, viennent d'adhérer à l'*Alliance évangélique*. Le dimanche 11 janvier 1874, dans la salle de la Réformation, où se célébrait le service de clôture de la semaine annuelle de prières, le père Hyacinthe prononçait un mémorable discours. Il y affirmait l'union présente des catholiques réformés et des protestants évangéliques. Et il demandait à Dieu qu'à cette union présente succédât bientôt l'unité future, cette unité promise à l'Eglise par son divin fondateur. M. le pasteur Coulin, répondant ensuite au père Hyacinthe, lui a tendu, — aux applaudissements enthousiastes de l'immense assemblée, — la main d'association fraternelle.

Recueillons avec joie et avec espérance ces signes

précurseurs des temps nouveaux. Rappelons-nous que
Celui dont la prière est toujours exaucée a dit, en parlant de ses disciples : « Qu'ils soient un, ô Père,
comme nous sommes un ! » Hâtons de nos vœux et de
nos efforts l'avènement de ce jour glorieux où toutes
les barrières tomberont entre les Eglises comme entre
les peuples, et où il n'y aura plus, selon la parole du
Maître, « qu'un seul berger et un seul troupeau ! »

FIN.

TABLE DES MATIÈRES

INTRODUCTION.

LIVRE PREMIER.

DEPUIS LES COMMENCEMENTS DE LA RÉFORME EN FRANCE JUSQU'A L'OUVERTURE DU COLLOQUE DE POISSY.

(1521—1561.)

I

II

III

IV

LIVRE DEUXIÈME.

DEPUIS L'OUVERTURE DU COLLOQUE DE POISSY JUSQU'A L'ÉDIT DE NANTES.

(1561—1598.)

I

II

III

IV

V

VI

VII

LIVRE TROISIÈME.

DEPUIS LA PROMULGATION JUSQU'A LA RÉVOCATION DE L'ÉDIT DE

NANTES.

(1598—1685.)

I

LIVRE QUATRIÈME.

DEPUIS LA RÉVOCATION DE L'ÉDIT DE NANTES JUSQU'A L'ÉDIT DE TOLÉRANCE.

(1685—1787.)

I

Influence de deux esprits opposés dans cette période. — Rigueurs exercées contre les pasteurs. — Leur arrivée sur la terre étrangère. — Grande

LIVRE CINQUIÈME.

DEPUIS L'ÉDIT DE TOLÉRANCE JUSQU'AU TEMPS PRÉSENT.

(1787—1861.)

LIVRE SIXIÈME.

LA CRISE INTÉRIEURE AU SEIN DE L'ÉGLISE RÉFORMÉE.

(1861—1874.)

FIN DE LA TABLE DES MATIÈRES.

Lightning Source UK Ltd.
Milton Keynes UK
UKHW020637191218
334233UK00008B/692/P